서   명 : 연해자평주석
발행인 & 번역인 : 최기우
현무사 주소 : 서울 서초구 1697-2 중앙서초프라자 B-134
전   화 : 02-887-5298
ISBN 979-11-953039-0-8

가격 : 70,000원

연해자평주석

淵海子平注釋

락록자삼명소식부주(珞琭子三命消息賦注)
송(宋) 서자평(徐子平) 찬(撰)

현무사

자평서의 내력

저자(著者) 서자평(徐子平)은 907년에 태어나 960년에 졸(卒)하였다고 한다. 이름은 거역(居易)이었고 북송인(北宋人)으로 알려져 있다. 그의 일생에 대하여 자세하게 전해진 것은 없고 다만 오대(五代)의 말년에 화산(華山)에 은거하였다고 한다. 그는 이허중(李虛中)의 삼주(三柱)로 보는 年月日의 추산(推算)법에 기초를 두고 다시 사주(四柱)로 보는 年月日時의 추산(推算)법을 만들었다. 삼주법(三柱法)은 납음오행을 써서 命을 논하는데 비해 사주법(四柱法)은 우리가 익히 알고 있는 일간을 중심으로 하여 왕쇠(旺衰)와 평형(平衡)을 근본으로 하고 정오행(正五行)을 써서 생극제화(生剋制化)하는 방법으로 예측(預測)의 체계를 세웠다. 당시에 널리 알려지게 되어 후세 사람들에 의하여 일간위주 사주법을 자평법이라고 부르게 되었다. 송(宋)나라 말 호(號)를 동재(同齋)라고 하는 서대승(徐大升)이 자평법을 연구하여 "자평삼명통변연원(子平三命通變淵源)" "오행생극부(五行生剋賦)" "원리부(元理賦)"등을 저술하였다고 한다. 자평삼명통변연원이 바로 자평연원(子平淵原)인데 국립중앙도서관에서 소장하고 있다. 지금 이 책은 明나라의 양종(楊淙)과 이흠(李欽)이 증보(增補)한 것으로 알려져 있다.

머리말

자평서는 명리학의 기본이므로 명리학을 공부하는 사람은 누구나 읽어 보는 것이 당연하다. 그러나 읽어본 사람이 많지 않은데 쉽지 않기 때문이다. 우선 한문이 어렵고 깊은 의미를 이해하는 것이 어렵다.

역자가 겪은 어려움을 독자들이 밟지 않도록 덜기 위하여 주석(注釋)을 더하였으나 책의 부피가 부담이 되어 자세히 할 수 없었다. 그에 따라 좀 더 자세히 설명하여 책에서 부족한 것을 채우고 또 독자와 함께 연구하고 토론할 수 있는 자리를 같이 마련하였다.

바로 다음 카페 "연해자평주석" http://cafe.daum.net/yeunhai 이다. 부족하지만 그동안 얻은 지식이 독자들에게 작은 도움이라도 되고자 하는 취지에서 만들었다. 독자를 위하여 만든 자리이므로 의문이 생길 때마다 카페에 들려서 문제의 해결을 구할 수 있다. 또한 잘못된 점을 지적할 수 있는 곳이기도 하다.

이 책은 몇 번 읽어서 될 일이 아니고 수십 번 읽고 궁구하여 책을 장악하기를 권장하는 바이다. 세상에 쉬운 일이 어디 있겠는가?

권하고 싶은 책은 곽박이 지은 옥조신응진경(玉照神應眞經)이다. 이 책은 오행의 상(象)을 연구하여 활용할 수 있다.

2014년 庚午월   역자 최기우

일러두기

1. 주석이 들어간 부분을 "-{ }-" 이와 같은 부호로 표시하였다. 주석(注釋)은 사견(私見)이라는 전제하에 참고 할 수 있다.
2. 원문의 목록을 바꾸어 찾기 쉽게 하였다. 선현이 정해 놓은 목록의 순서를 그대로 두어야 하지만 불편함을 줄이기 위하여 같은 부류끼리 모았다.
3. 론사계대절결(論四季大節訣)과 론미래월삭절기오결(論未來月朔節氣奧訣)과 론유년절기일시각수요결(論截流年節氣日時刻數要訣)은 실용성이 없기에 싣지 않았다. 기회가 주어지면 만세력 없이 네 기둥과 대운을 뽑는 유성간월(流星赶月)을 소개할 계획이다.

목 록 (目 錄)

항목	쪽	항목	쪽
론오행소생지시	1	론삼원　　論三元	33
론천지간지소출	2	론십간록　論十干祿	33
천간상합　　天干相合	3	론역마　　論驛馬	34
십간소속방위십이지소속	4	론천사　　論天赦	35
론십이지지음양소속	6	론화개　　論華蓋	35
론십이지육합　十二支六合	7	론십간학당　論十干學堂	36
론십이지삼합　十二支三合	7	론십간식록　論十干食祿	36
론십이지상충　十二支相冲	8	론금여록　論金輿祿	37
론십이지상천　十二支相穿	8	론공록　　論拱祿	37
론십이지상형　十二支相刑	8	론교록　　論交祿	38
론간지자의　　干支字義	9	론암록　　論暗祿	38
론십이지생초　十二支生肖	11	론협록　　論夾祿	38
론육십화갑자납음병주해	14	론원성　　論垣城	39
론천간생왕사절	23	론제좌　　論帝座	39
월율분야도　　月律分野圖	24	론육갑공망　論六甲空亡	39
천간오양통변	25	론절로공망　論截路空亡	40
천간오음통변	25	론사대공망　論四大空亡	41
년상기월예　　年上起月例	26	론십악대패　論十惡大敗	41
일상기시예　　日上起時例	26	론사폐일　　論四廢日	42
론기태법　　論起胎法	27	론천지전살　論天地轉殺	43
론기식법　　論起息法	27	론천라지망　論天羅地網	44
론기변법　　論起變法	28	론양인　　　論陽刃	45
론기통법　　論起通法	28	론기대운법　論起大運法	45
천을귀인　　論天乙貴人	28	론행소운법　論行小運法	46
기천관귀인　起天官貴人	29	론오행상생상극	47
론태극귀인　論太極貴人	29	론절후가　　論節侯歌	47
론삼기귀인　論三奇貴人	30	론천지간지암장총결	48
론월덕귀인　論月德貴人	31	우론절기가　又論節氣歌	50
론월덕합　　論月德合	31	우지지장둔가　又地支藏遁歌	51
론천덕귀인　論天德貴人	32	십간체상　　十干體象	53
론천주귀인　論天廚貴人	32	십이지체상　十二支體象	57
론복성귀인　論福星貴人	33	론일위주　　論日爲主	61

론월령	論月令 ……………	63	론식신	論食神 ……………	124
월건시결	月建詩訣 12개월 ‥	64	식신시결	食神詩訣	126
론생왕	論生旺 ……………	76	론도식	論倒食 ……………	127
우론오행생왕쇠절길흉 …………		77	론상관	論傷官 ……………	129
론천간생왕사절 …………………		78	상관시결	傷官詩訣 …………	132
생왕사절시결 ……………………		78	상관생재격	傷官生財格 ……	134
오행묘고재인	五行墓庫財印 ‥	82	상관대살격	傷官帶殺格 ……	134
관살혼잡요제복 …………………		82	론겁재	論劫財 ……………	135
론오행생극제화소희소해에 …		83	론양인	論陽刃 ……………	136
이지음양상생리 …………………		85	론일인	論日刃 ……………	139
간명입식	看命入式 …………	86	양인시결	陽刃詩訣 …………	140
정관론	正官論 ……………	87	론잡기	論雜氣 ……………	142
론관성태과	論官星太過 ……	89	잡기재관격	雜氣財官格 ……	144
정관격	正官格 ……………	90	잡기재관시결	雜氣財官詩訣	145
정관시결	正官詩訣 …………	92	기명종재격	棄命從財格 …	146
론편관	論偏官 ……………	93	기명종재시결 ……………………		147
론칠살	論七殺 ……………	96	기명종살격	棄命從殺格 …	147
월상편관격	月上偏官格 ……	99	종살시결	棄命從殺詩訣	148
편관시결	偏官詩訣 …………	101	염상격	炎上格 ……………	149
살중유구	殺中有救詩訣 …	103	염상시결	炎上詩訣 …………	150
시상일위귀격	時上一位貴格 ‥	103	윤하격	潤下格 ……………	150
시상일위귀시결 …………………		105	윤하시결	潤下詩訣 …………	152
론인수	論印綬 ……………	106	종혁격	從革格 ……………	152
인수격	印綬格 ……………	110	종혁시결	從革詩訣 …………	153
잡기인수격	雜氣印綬格 ……	111	가색격	稼穡格 ……………	153
인수시결	印綬詩訣 …………	112	가색시결	稼穡詩訣 …………	154
론정재	論正財 ……………	115	곡직격	曲直格 ……………	154
정재시결	正財詩訣 …………	119	곡직시결	曲直詩訣 …………	156
론편재	論偏財 ……………	120	론복덕수기	論福德秀氣 ……	156
편재시결	偏財詩訣 …………	121	복덕격	福德格 ……………	159
시상편재격	時上偏財格 ……	122	복덕격시결	福德格詩訣 ……	159
시상편재시결 ……………………		123	론일귀	論日貴 ……………	161

일귀시결　　日貴詩訣 ……………	161	우격-도충격 ……………………	197
론일덕　　　論日德 ………………	162	비천록마시결 飛天祿馬詩訣	197
일덕시결　　日德詩訣 ……………	163	임기용배격　壬騎龍背格 ……	200
론괴강　　　論魁罡 ………………	164	임기용배시결 ……………………	201
괴강시결　　魁罡詩訣 ……………	165	형합격　　　刑合格 ……………	202
구진득위격　勾陳得位格 …………	166	형합시결 …………………………	203
구진득위시결 ……………………	167	을기서귀격　乙己鼠貴格 ………	205
현무당권격　玄武當權格 …………	168	육을서귀격　六乙鼠貴格 ………	205
현무당권시결 ……………………	169	육을서귀시결 ……………………	207
론형합　　　論刑合 ………………	169	정란차격　　井欄叉格 …………	208
귀록격　　　歸祿格 ………………	171	정란차시결 ………………………	209
귀록격시결 ………………………	172	합록격　　　合祿格 ……………	210
론금신　　　論金神 ………………	173	우합록격　　又合祿格 …………	211
금신시결　　金神詩訣 ……………	174	합록시결 …………………………	212
론시묘　　　論時墓 ………………	175	자요사격　　子遙巳格 …………	213
시묘시결　　時墓詩訣 ……………	176	자요사시결 ………………………	214
천원일기격　天元一氣格 …………	177	축요사격　　丑遙巳格 …………	215
천원일자시결 ……………………	178	축요사시결 ………………………	216
지진일자격　支辰一字格 …………	179	육음조양격　六陰朝陽格 ………	217
봉황지격　　鳳凰池格 ……………	179	육음조양시결 ……………………	218
천원일기시결 ……………………	180	육임추간격　六壬趨艮格 ……	219
일덕수기격　日德秀氣格 …………	181	육임추간시결 ……………………	220
세덕부살격　歲德扶殺格 …………	182	육갑추건격　六甲趨乾格 ……	220
세덕부재격　歲德扶財格 …………	182	육갑추건시결 ……………………	221
양간부잡격　兩干不雜格 …………	182	공록격　　　拱祿格 ……………	222
오행구족격　五行俱足格 …………	183	공귀격　　　拱貴格 ……………	223
론운화기　　論運化氣 ……………	184	공록공귀시결 ……………………	224
화기십단금　化氣十段錦 …………	187	협구격　　　夾丘格 ……………	225
화기시결　　化氣詩訣 ……………	191	신취팔법　　神趣八法 …………	226
불견지격　　不見之格 ……………	194	론정태세　　論征太歲 …………	229
비천록마격　飛天祿馬格 …………	194	육친총론　　六親總論 …………	230
도충격　　　倒冲格 ………………	196	론부　　　　論父 ………………	232

론모	論母	233	론팔자촬요법	論八字撮要法	284
론처첩	論妻妾	234	잡론구결	雜論口訣	285
극처시결	剋妻詩訣	235	촌금수수론	寸金搜髓論	293
론형제저매	論兄弟姐妹	236	론명세법	論命細法	299
론자식	論子息	237	상관설	傷官說	308
극자시결	剋子詩訣	239	심경가	心鏡歌	311
육친첩요가	六親捷要歌	241	요상부	妖祥賦	314
형충시결	刑冲詩訣	241	락역부	絡繹賦	319
론부인총결	論婦人總訣	242	상심부	相心賦	322
여명시결	女命詩訣	246	현기부	玄機賦	325
음명부	陰命賦	248	유미부	幽微賦	331
여명부귀빈천	女命富貴貧賤	249	오행원리소식부		337
여명귀격	女命貴格	251	금옥부	金玉賦	347
여명천격	女命賤格	252	벽연부	碧淵賦	358
곤랑도화	滾浪桃花	252	조미론	造微論	372
여명총단가	女命總斷歌	254	인감론	人鑑論	377
론소아	論小兒	256	애증부	愛憎賦	384
소아관살예	論小兒關殺例	258	만금부	萬金賦	393
론성정	論性情	259	설요첩치	挈要捷馳	396
론질병	論疾病	261	연원집설	淵源集說	403
대질시결	帶疾詩訣	265	자평백장론과갑가		407
론대운	論大運	266	사언독보	四言獨步	408
운회시결	運晦詩訣	269	신약론	身弱論	419
운통시결	運通詩訣	270	기명종살론	棄命從殺論	421
론태세길흉	論太歲吉凶	271	오언독보	五言獨步	423
론격국생사인용		272	오행생극부	五行生剋賦	427
수원시결	壽元詩訣	274	자평거여요가	子平擧與要歌	433
표탕시결	飄蕩詩訣	274	상해정진론	詳解定眞論	437
군흥론	群興論	275	희기편	喜忌篇	460
론흥망	論興亡	278	계선편	繼善篇	495
보법제일	寶法第一	281	락록자소식부	珞琭子消息賦	523
보법제이	寶法第二	282			

론오행소생지시 (論五行所生之始)

蓋聞天地未判 其名混沌 乾坤未分 是名胚暈 日月星辰未生 陰陽寒暑未分也 在上則無雨露 無風云 無霜雪 無雷霆 不過杳合而冥冥 在下則無草木 無山川 無禽獸 無人民 不過昧昧而昏作

◉ 천지(天地)가 나뉘지 않았을 때를 혼돈(混沌)이라 하고 건곤(乾坤-음양)이 나뉘지 않은 것을 배훈(胚暈)이라 한다. 일월성신(日月星辰)이 없고 음양한서(陰陽寒暑)가 없으니 위로는 우로(雨露) 풍운(風云) 상설(霜雪) 뇌정(雷霆-천둥)이 없고 어둡고 아득하였다. 아래는 초목(草木) 산천(山川) 금수(禽獸)나 인간이 없고 어둡고 희미하였다.

是時一氣盤中結 於是太易生水(未有氣曰太易) 太初生火(有氣未有體曰太初) 太始生木(有形未有質曰太始) 太素生金(有質未有體曰太素) 太極生土(形體已具乃曰太極)

◉ 이때 하나의 일기(一氣)가 쌓이고 맺혀
태역(太易)은 水를 낳고 (아직 氣가 없는 것)
태초(太初)는 火를 낳고 (氣는 있으나 體가 없는 것)
태시(太始)는 木을 낳고 (形은 있으나 質이 없는 것)
태소(太素)는 金을 낳고 (質은 있으나 體가 없는 것)
태극(太極)은 土를 낳았다. (形과 体가 모두 있는 것)

所以 水數一 火數二 木數三 金數四 土數五 迨夫三元旣極 混沌一判 胚暉乃分 輕淸爲天 重濁爲地 二氣相承 兩儀旣生 化而成天 其始也 或人形鳥啄 或人首蛇身 無嗜欲 無姓名 無邦國 無君臣 巢處穴居 任其風雨 親疏同途 莫知其父子

◉ 그래서 水一 火二 木三 金四 土五가 된 것이다. 이에 따라 三元이 극에 달하여 혼돈(混沌)이 갈라지고 배훈(胚暈)이 나뉘어 가볍고 맑은 것은 天이 되고 무겁고 탁(濁)한 것은 地가 되었다. 이기(二氣)가 이어져 양의(兩儀-음양)를 생하고 양의(兩儀)가 천(天-자연계)을 이룬 것이 시작이다. 인간의 형상에 새의 부리가 있거나 사람의 머리에 뱀의 몸을 가졌으며 향락이나 욕심이 없었고 성명이나 국가(國家)나 군신(君臣)이

없었다. 나무둥지나 동굴에 살면서 비바람에 노출되고 가까운 사람도 먼 사람도 없고 부자간의 관계도 모른다.

五穀未植 飮血茹毛 其名蕩蕩 其樂陶陶 及其聖賢一出(伏羲 神農 黃帝 名) 智愚兩分 遂有君臣父子之分 禮樂衣冠之制

◉ 곡식을 심고 기르지 않았고 피를 마시고 날것을 먹으며 호탕하게 지냈다. 드디어 성현(聖賢)이 나타나 지(智)와 우(愚)로 나누고 군신(君臣)과 부자(父子)를 구분하였고 예악(禮樂)과 의관(衣冠)의 제도가 생겼다. -{복희(伏羲) 신농(神農) 황제(皇帝)가 성현(聖賢)에 속한다.}-

嗚呼! 大道廢而奸詐生 妖怪出 (是時天開於子 地辟於丑 人生於寅 始立天地之義 萬物生焉 奸詐並起 妖怪騰出)

◉ 아! 간사한 요괴(妖怪)가 출현하여 대도(大道)가 쓸모없게 되었도다. (이때 子에서 하늘이 열리고 丑에서 땅이 열리고 寅에서 인간이 태어나니 天地의 시작이다. 만물이 생기면서 요괴(妖怪)가 나타나니 간교함도 같이 일어난 것이다.)

론천간지지소출(論天干地支所出)

※ 천간과 지지가 나오다.

竊以奸詐生 妖怪出 黃帝時有蚩尤神擾亂 當是之時 黃帝甚憂民之苦 遂戰蚩尤於逐鹿之野(逐鹿 郡名) 流血百裏 不能治之(時帝始制干戈刀劍之器) 黃帝於是齋戒築壇祭天 方丘禮地 天乃降十干(甲乙丙丁戊己庚辛壬癸) 十二支(子丑寅卯辰巳午未申酉戌亥) 帝乃將十干圓布 象天形 十二支方布 象地形 始以干爲天 支爲地 合光仰職門放之 然後乃能治也 (此十干 十二支之所出也)

◉ 간사하고 도둑질하는 요괴가 나타났는데 황제(皇帝)시대에 치우신(蚩尤神-요괴)이 나타나 세상을 어지럽힌 것이다. 당시 백성의 고통을 심히 우려한 황제가 축록(逐鹿)의 벌판에서 치우(蚩尤)와 전쟁을 벌였지

만 피가 백리에 흘렀고 평정하지도 못했다. (이때 황제는 방패와 창과 칼을 만들기 시작했다.) 황제는 재계(齋戒)하고 천제(天祭) 제단을 쌓고 쌓고 제(祭)를 올렸다. 이에 하늘에서 十干(甲乙丙丁戊己庚辛壬癸)과 十二支(子丑寅卯辰巳午未申酉戌亥)를 내리었다. 황제(黃帝)는 十干은 둥글게 하늘의 형상을 하였고 十二支는 사방(四方)으로 펼쳐서 땅의 형상으로 하였다(天圓地方). 이때부터 干을 天으로 삼았고 支를 地로 삼았다. 일월성신(日月星辰)을 우러러 인재를 가르치고 배출한 연후 천하를 다스릴 수 있었다. (이렇게 해서 나온 것이 十干과 十二支다.)

自後有大撓氏 爲後人憂之曰 嗟呼！黃帝乃聖人 尚不能治其惡殺 萬一後世見災被苦 將何奈乎！遂將十干 十二支分配成六十甲子云
그 후 대요씨(大撓氏)가 후세 사람들을 걱정하여 말하길 아! 황제(皇帝)가 성인(聖人)인데도 불구하고 악살(惡殺)을 다스리지 못하여 후세에 재난을 만나 고통을 당할 텐데 장차 이를 어찌할까! 하고는 결국 10干을 12支에 분배하여 60甲子를 만들었다.

천간상합(天干相合)

甲與己合 (甲屬木 己屬土 木以土爲妻財 所以得合) 乙與庚合 丙與辛合 丁與壬合 戊與癸合 (同上相剋之意)
◉ 甲은 己와 합이 된다. (甲은 木에 속하고 己는 土에 속한다. 木은 土를 妻財로 삼아 합을 얻는 것이다.) 乙은 庚과 합하고. 丙은 辛과 합하고. 丁은 壬과 합하고. 戊는 癸와 합한다. (상극[相剋]의 의미가 같이 있다.)

-{天干의 합은 數에서 발생했다고 한다. 一六[甲己]. 二七[乙庚]. 三八[丙辛]. 四九[丁壬]. 五十[戊癸]. 또한 음양의 합이 되므로 부부(夫婦)합이 된다. 양간은 妻財를 합하고 음간은 官星을 합한다.}-

1	2	3	4	5	6	7	8	9	10
甲	乙	丙	丁	戊	己	庚	辛	壬	癸

십간소속방위십이지소속론
(十干所屬方位十二支所屬論)

甲乙木屬東方(寅卯辰之位爲東方 靑龍之象)

甲乙木은 東方에 속한다.(寅卯辰은 東方이고 청룡(靑龍)의 象이다.)

丙丁火屬南方(巳午未之位爲南方 朱雀之象)

丙丁火는 南方에 속한다.(巳午未는 南方이고 주작(朱雀)의 象이다.)

戊己土主中央(辰戌丑未位爲 勾陳騰蛇之象)

戊己土는 中央에 속한다.(辰戌丑未는 구진등사(勾陳騰蛇)의 象이다.)

庚辛金屬西方(申酉戌之位爲西方 白虎之象)

庚辛金은 西方에 속한다.(申酉戌은 西方이고 백호(白虎)의 象이다.)

壬癸水屬北方(亥子丑之位爲北方 玄武之象)

壬癸水는 北方에 속한다.(亥子丑은 北方이고 현무(玄武)의 象이다.)

是時大撓氏雖以甲乙屬木 丙丁屬火 戊己屬土 庚辛屬金 壬癸屬水. 又以支元寅卯屬木 巳午屬火 申酉屬金 亥子屬水 辰戌丑未屬土 其理何義？

◉ 이때 대요씨(大撓氏)가 甲乙은 木에 속하고, 丙丁은 火에 속하고, 戊己는 土에 속하고, 庚辛은 金에 속하고, 壬癸는 水에 속하고, 또 支元의 寅卯는 木에 속하고 巳午는 火에 속하고 申酉는 金에 속하고 亥子는 水에 속하고 辰戌丑未는 土에 속한다고 했는데 그 이치는 무엇인가？

或曰 東方有神太昊 乘震執規司春 生仁風和氣 萬物發生 所以木居之 故甲乙寅卯同也

◉ 東方에는 태호(太昊-복희)신(神)이 있으니 진궁(震宮-동방)에 올라 봄을 관장하니 인풍(仁風)과 화기(和氣)가 나오고 만물이 발생하고 木이 차지하기 때문에 甲乙과 寅卯는 같은 것이다.

南方有神農帝 乘離執衡司夏 生豔陽酷氣 萬物至此咸齊 所以火居之故 丙丁巳午同也 (夏天主長育萬物 草木茂盛 咸賴火德之功也
◉ 南方에는 신농제(神農帝)가 있고 이궁(離宮-남방)에 올라 여름을 관장하니 밝고 준엄한 氣가 나와 만물이 갖추어지고 火가 차지하기 때문에 丙丁과 巳午는 같은 것이다. 하천(夏天-여름)에 만물을 기르고 초목이 무성한 것은 모두 화덕(火德)의 공(功)으로 된 것이다.
-{신농(神農-炎帝)은 삼황오제(三皇五帝)중 하나로 농업을 발명했고 중의(中醫)의 시조(始祖)가 된다.}-

西方有神少昊 乘兌執矩司秋 生肅殺靜氣 萬物到此收斂 所以金居之故 庚辛申酉同也 (秋氣謂金如刀 英氣肅殺 草木凋零 成熟收氣之時
◉ 西方에는 소오(少昊)신(神)이 있고 태궁(兌宮)에 올라 가을을 관장하고 숙살(肅殺)과 정기(靜氣)를 낳고 만물을 수렴(收斂)하고 金이 차지하기 때문에 庚辛과 申酉는 같은 것이다. (秋氣는 金이므로 칼과 같고 영기(英氣)와 숙살(肅殺)에 의해 초목이 시들고 익고 거두어들인다.)

北方有神顓帝 乘坎執權司冬 生凝結嚴氣 萬物到此藏伏 所以水居之故 壬癸亥子同也
◉ 北方에는 전제(顓帝)신이 있고 감궁(坎宮-북방)에 올라 겨울을 사령하니 응결(凝結)하고 엄(嚴)한 氣를 생하여 만물을 간직하고 水가 차지하기 때문에 壬癸와 亥子는 같은 것이다.

中央有神黃帝 乘坤執繩司中土 況木火金水皆不可無土 故將戊己居中央 辰戌丑未散四維 各得所主 (四維 春三月 夏六月 秋九月 冬十二月.)
◉ 중앙에는 황제가 있고 곤궁(坤宮)에 올라 중앙 土를 사령(司令)한다. 더구나 木火金水는 모두 土가 없으면 있을 수 없다. 戊己는 中央에서 사유(四維)에 흩어져 있는 辰戌丑未를 거느리고 있다. (사유(四維)는 봄은 辰月 여름은 未月 가을은 戌月 겨울은 丑月이다)

何公論曰　天若無土　不能圓蓋於上　地若無土　不能厚載於地　五穀不生　人若無土　不能營運於中　五行不立(謂仁義禮智信爲五常　金木水火土爲五行)　此三才不可闕土也(三才謂天地人)

◉ 누군가 말하길 하늘에 土가 없으면 위에서 둥글게 덮지 못하고 땅에 土가 없으면 땅이 후(厚)하지 못하여 오곡(五穀)이 자랄 수 없고 사람은 土가 없으면 중심에서 운영할 수 없고 오행이 존립할 수 없으니 (仁義禮智信으로 오상(五常)이 되고 金木水火土로 五行이 된다) 이 삼재(三才)에서 土가 빠질 수 없다. (三才는 천지인을 말한다.)

木若無土　有失載培之力　火若無土　不能燭照四方　金若無土　難施鋒銳之氣　水若無土　不能堤泛濫之波　土若無水　不能長育萬物　此所以五行皆不可無土　所以土居中央　支散四維　建立五行而成也

◉ 木은 土가 없으면 자라날 힘이 없고, 火는 土가 없으면 사방을 비추지 못하고, 金은 土가 없으면 날카로운 氣를 시행할 수 없고, 水는 土가 없으면 범람하는 물결을 막을 수 없고, 土는 水가 없으면 만물을 길러낼 수 없다. 그래서 五行에 土가 없으면 안 된다. 土는 中央에 있으면서 지(支)가 사유(四維-辰戌丑未)에 흩어져서 五行을 세우고 이룬다.

론십이지지음양소속(論十二地支陰陽所屬)

子	丑	寅	卯	辰	巳	午	未	申	酉	戌	亥
양	음	양	음	양	음	양	음	양	음	양	음

론십이지 육합(論十二支 六合)

子與丑合-土　寅與亥合-木　卯與戌合-火　辰與酉合-金
자여축합-土　인여해합-木　묘여술합-火　진여유합-金

巳與申合-水　午與未合-太陽 太陰
사여신합-水　오여미합-태양 태음

-{六合은 三合에서 나온다. 즉 巳酉丑-金局은 申子辰-水局을 생하고 亥卯未-木局은 寅午戌-火局을 생하는 과정에서 六合이 일어난다.}-

론십이지 삼합(論十二支 三合)

申子辰 水局,　亥卯未 木局,　寅午戌 火局,　巳酉丑 金局,
신자진 수국,　해묘미 목국,　인오술 화국,　사유축 금국,

辰戌丑未 土局
진술축미 토국

凡看命以三合取用爲局入格
命을 볼 때 삼합을 취하여 局을 삼고 格이 된다.

-{三合은 十二運星의 생왕묘(生旺墓)가 모여 이루어진다. 예를 들면 木은 亥에 장생(長生)이 되고 卯에 왕지(旺地)가 되고 未에 묘지(墓地)가 된다. 삼합(三合)이 쓰이는 경우가 아주 많다. 그에 따라 일어나는 변화도 많다. 합(合)은 하나의 세력(勢力)을 구축(構築)하기 때문에 대운에서 합이 일어나면 다시 유년(流年)을 보고 합충(合冲)의 관계를 충분히 살펴야 한다.}-

론십이지 상충(論十二支 相冲)

子午相冲 卯酉相冲 寅申相冲 巳亥相冲 辰戌相冲 丑未相冲
자오상충 묘유상충 인신상충 사해상충 진술상충 축미상충

子宮癸水 午宮丁火 水能剋火之故也 寅宮甲木 申宮庚金 因金剋木之故也
以支中暗害爲冲 餘倣此
◉ 子宮의 癸水와 午宮의 丁火는 水가 火를 극하기 때문에 冲이 되고 寅宮의 甲木과 申宮의 庚金에서는 金이 木을 剋하기 때문에 冲이 된다. 즉 支中에 있는 암해(暗害)가 冲이 된다. 나머지도 이와 같다.
-{冲은 방위상 서로 마주보고 있다.}-

론십이지 상천(論十二支 相穿)

子未相穿 丑午相穿 寅巳相穿 卯辰相穿 申亥相穿 酉戌相穿
자미상천 축오상천 인사상천 묘진상천 신해상천 유술상천

-{상천(相穿-六害)은 六合을 冲하여 일어난 것이다. 육합이 충(冲)으로 깨지는 것이다. 子丑 六合합이 未를 만나면 未가 丑을 冲하여 子未-相穿이 되고 午를 만나면 午가 子를 冲하여 丑午-相穿이 된다. 상천(相穿)은 대개 육친(六親)에게 흉(凶) 나타나는데 여명은 더욱 꺼린다. 年月은 비교적 가볍고 日時는 중하게 나타난다.}-

론십이지 상형(論十二支 相刑)

寅刑巳 巳刑申 申刑寅--무은지형(無恩之刑)
丑刑戌 戌刑未 未刑丑--시세지형(恃勢之刑)
子刑卯 卯刑子---------무례지형(無禮之刑)
辰午酉亥--------------자형지형(自刑之刑)

-{三刑은 三合과 方合에서 나온다. 예를 들면 寅午戌三合과 巳午未方合은 모두 火에 속하는데 이들이 만나면 寅巳 午午 戌未 刑이 된다. 또 巳酉丑金局과 申酉戌方合은 모두 金이 되는데 이들이 서로 만나면 巳申 酉酉 丑戌 刑이 된다. 亥子丑方合은 亥卯未木局을 生하는데 이들이 서로 만나면 亥亥 子卯 丑未 刑이 된다. 방합(方合)이 서로 생하여 지나치게 강하기 때문에 부러지는 상(象)이다. 형(刑)은 형벌에 속하므로 관재송사나 질병이나 재난으로 인한 고통이 되고 심하면 죽는다.}-

론간지자의(論干支字意)

群書巧異曰
군서교이(群書巧異)에 이르길

甲一坼也 言萬物剖符甲而出也 易曰 百果草木皆甲坼.
甲 탁(坼)이므로 만물의 갈라져 나오는 것이다. 易에 이르길 백과(百果) 초목(草木)은 껍질이 터진 것이라고 했다.

乙一言萬物初生曲蘗而未伸也.
乙 만물이 갓 태어나면 굽은 모양인데 아직 펴지지 않은 것이다.

丙一言萬物炳然著見.
丙 만물은 빛으로 인하여 환하게 보인다.

丁一言萬物壯實之形 故邦國圖藉曰成丁.
丁 만물이 튼튼한 형상이다. 방국도자(邦國圖藉)에 이르길 성정(成丁-성년이 된 남자)이라고 하였다.

戊一茂也 言物之茂盛 故漢志曰 蘗茂於戊是也.
戊 무(茂)는 만물이 무성(茂盛)한 것이다. 한지(漢志)에 이르길 움은 戊에서 무성하다고 했다.

己一紀也 言物有形 可紀識也.

己 기록(記錄)이다. 만물은 형체가 있고 기록하여 알 수 있다.

庚―堅强貌 言物收斂而有實也.
庚 튼튼하고 강한 모양이다. 만물을 수렴(收斂)하고 열매가 있다.

辛―言萬物方盛而見制 故辛痛也.
辛 만물이 왕성(旺盛)하면 제약을 만나게 되므로 고통이다.

壬―妊也 陰陽之交 言萬物懷妊至子而萌也.
壬 임신(姙娠)이다. 음양이 교접(交接)하면 만물을 잉태(孕胎)하여 새끼가 되고 싹이 나오는 것이다.

癸―冬時土旣平 萬物可揆度也.
癸 동절(冬節)에는 土가 공평하므로 만물을 헤아릴 수 있다.

++

子―孶也 陽氣始萌 孽生於下也
子 자(孶)는 번식이다. 양기(陽氣)가 아래에서 올라오는 것이다.

丑―紐也 寒氣自屈曲也
丑 뉴(紐)는 끈이다. 한기(寒氣)가 스스로 굽어 꺾이는 것이다.

寅―髕也 陽氣欲出 陰尙强而髕演於下
寅 빈(髕)은 무릎 뼈다. 양기(陽氣)가 아직 무릎에 있는 것이다.

卯―冒也 萬物冒地而出
卯 모(冒)는 내미는 것이다. 만물이 땅에서 밀고 나온다.

辰―伸也 物皆舒伸而出
辰 신(伸)은 펼치는 것이다. 만물이 활짝 펴고 나온다.

巳―已也 陽氣畢布已矣
巳 이(已)는 그치는 것이다. 양기가 퍼지는 것을 마친다.

午―忤也 陰陽交相愕而忤也
午 오(忤)는 방향을 바꾸는 것이다. 갑자기 양이 음으로 바뀐다.

未―昧也 日中則昃 陽向幽也
未 매(昧)는 어둠이다. 한 낮에서 어두운 쪽으로 향하는 것이다.

申―伸速以成 故晉志曰 萬物之體皆成也
申 신(伸)은 빠르게 이루는 것이다. 그래서 진지(晉志)에 이르길 만물의 체(體)는 다 이루어진 것이라고 했다.

酉―就也 萬物成熟
酉 취(就)는 성취(成就)다. 만물이 성숙(成熟)한 것이다.

戌―滅也 萬物滅盡
戌 멸(滅)은 멸망이다. 만물이 소멸하는 것이다.

亥―核也 萬物收藏 皆堅核也
亥 핵(核)은 씨앗이다. 만물 수장(收藏)은 단단한 씨앗을 말한다.

론십이지생초(論十二支生肖)

子	丑	寅	卯	辰	巳	午	未	申	酉	戌	亥
陽	陰	陽	陰	陽	陰	陽	陰	陽	陰	陽	陰
鼠	牛	虎	兔	龍	蛇	馬	羊	猴	雞	狗	豬
쥐	소	호	토	용	뱀	말	양	원	닭	개	돼

-{생초(生肖)는 생년의 띠를 말한다.}-

(七修類纂)曰 仁和郎漢云 地支肖屬十二物 人言取其不全者 予以庶物 何豈止十二不全者哉 以地支在下 各取其足爪於陰陽上分之

◉ 칠수유찬(七修類纂)에 인화랑(仁和郎)이란 사람이 말하길 地支가 12가지 동물에 속하는 것은 사람들이 온전치 않은 것을 취하여 말한 것이다. 많은 것 중에 온전치 못한 것이 어찌 열둘뿐이겠는가. 地支는 아래에 있기 때문에 각 발톱을 취하여 음양으로 나눈 것이다.

如子雖屬陽 上四刻乃昨夜之陰 下四刻今日之陽 鼠前足四爪象陰 後足五爪象陽故也, 丑屬陰 牛蹄分也, 寅屬陽 虎有五爪, 卯屬陰 兔缺唇且四爪也, 辰屬陽 乃龍五爪, 巳屬陰 蛇舌分也, 午屬陽 馬蹄圓也, 未屬陰 羊蹄分也, 申屬陽 猴五爪, 酉屬陰 雞四爪也, 戌屬陽 狗五爪也, 亥屬陰 豬蹄分也.

◉ 子는 양에 속하지만 상사각(上四刻)은 지난 밤의 陰이 되고 하사각(下四刻)은 오늘의 陽이 된다. 쥐의 앞발은 네 발톱으로 陰이지만 뒷발은 다섯 발톱으로 陽이 된다.

丑은 음에 속한다. 소 발굽은 둘로 갈라져 있다.

寅은 양에 속한다. 호랑이는 발톱이 다섯이다.

卯는 음에 속한다. 토끼는 언청이이고 또 발톱이 넷이다.

辰은 양에 속한다. 용은 발톱이 다섯이다.

巳는 음에 속한다. 뱀의 혓바닥은 둘로 갈라져 있다.

午는 양에 속한다. 말발굽은 둥글고 하나로 되어있다.

未는 음에 속한다. 양 발굽은 둘로 갈라져 있다.

申은 양에 속한다. 원숭이의 발톱은 다섯이다.

酉는 음에 속한다. 닭은 발톱이 넷이다.

戌은 양에 속한다. 개의 발톱은 다섯이다.

亥는 음에 속한다. 돼지의 발굽은 둘로 갈라져 있다.

-{일각(一刻)은 지금 시간의 15分에 해당한다.}-

子爲陰極 幽潛隱晦 以鼠配之 鼠藏跡也

○ 자(子-쥐)는 陰이 극(極)에 달하여 어두운 곳에서 모습을 감추는 것이므로 쥐에 배속하였는데 쥐는 흔적을 감춘다.

午爲陽極 顯明剛健 以馬配之 馬快行也

○ 오(午-말)는 陽이 극에 달해 강건(剛健)함이 뚜렷하여 말에 배속하였고 말은 빠르게 달린다.

丑爲陰也 府而慈愛生焉 以牛配之 牛有甜犢

○ 축(丑-소)은 陰이다. 사랑으로 새끼를 돌보는 소에 배속하였고 귀여운 송아지가 있다.

未爲陰也 仰而采禮行焉 以羊配之 羊有跪乳

○ 미(未-양)는 陰이다. 우러러 예(禮)를 행하는 제물에 쓰이므로 양에 배속하였고 양은 무릎을 꿇고 젖이 있다.

寅爲三陽 陽勝則暴 以虎配之 虎性暴也
○ 인(寅-호)은 三陽에 속하고 陽이 승(勝)하여 흉포하므로 호랑이에 배속하였고 성질이 난폭하다.

申爲三陰 陰勝則黠 以猴配之 猴性狡也
○ 신(申-원)은 三陰에 속하고 陰이 승(勝)하여 영리하여 원숭이에 배속하였고 원숭이는 교활하다.

日生東而有西酉之雞 月生酉而有東卯兔 此陰陽交感之義 故曰卯酉爲日月之私門也 夫兔舐雄毛則成孕 雞合踏而無形 皆藏而不交者 故卯酉屬雞兔
○ 태양은 동에서 떠서 서쪽의 酉(닭)에 있으면 달은 酉에서 떠서 동쪽의 卯(토끼)에 있게 된다. 이것은 음양이 감응하는 것이기 때문에 卯酉는 해와 달의 은밀한 門이다. 토끼는 수컷이 털을 핥으면 새끼를 배고 닭은 밟고 올라서서 교배하지만 새끼가 아닌 무형(無形)의 알이 된다. 토끼나 닭 모두 감응(感應)하지만 교배한 것이 아니므로 卯酉를 토끼와 닭에 배속한 것이다.

辰巳陽起而動作 龍爲盛 蛇次之 故龍蛇配焉 龍蛇變化之物也
○ 진사(辰巳)는 양(陽)이 일어나고 부지런한 것이다. 용(龍)은 왕성하고 사(蛇)는 그 다음이 되므로 용사(龍蛇)는 辰巳에 배속하였는데 용사(龍蛇)는 변화하는 物이다.

戌亥陰斂而潛寂 犬司夜 豬鎭靜 故狗豬配焉 狗豬 時守之物也 此亦明儒之論 故詳記之
○ 술해(戌亥)는 음(陰)을 거두고 잠적(潛寂)한 것이다. 개는 밤을 담당하고 돼지(亥)는 진정(鎭靜-고요)한 것이므로 개와 돼지를 배속하였다. 개와 돼지는 때를 지키는 동물이다. 이 역시 명유(明儒-明代의 理學)의 이론이므로 자세히 기록했다.

론육십화갑자납음병주해
(論六十花甲子納音並注解)

甲子乙丑	海中金	丙寅丁卯	爐中火	戊辰己巳	大林木	庚午辛未	路旁土
갑자을축	해중금	병인정묘	노중화	무진기사	대림목	경오신미	노방토
壬申癸酉	劍鋒金	甲戌乙亥	山頭火	丙子丁丑	澗下水	戊寅己卯	城頭土
임신계유	검봉금	갑술을해	산두화	병자정축	간하수	무인기묘	성두토
庚辰辛巳	白臘金	壬午癸未	楊柳木	甲申乙酉	井泉水	丙戌丁亥	屋上土
경진신사	백랍금	임오계미	양류목	갑신을유	정천수	병술정해	옥상토
戊子己丑	霹靂火	庚寅辛卯	松柏木	壬辰癸巳	長流水	甲午乙未	沙中金
무자기축	벽력화	경인신묘	송백목	임진계사	장류수	갑오을미	사중금
丙申丁酉	山下火	戊戌己亥	平地木	庚子辛丑	壁上土	壬寅癸卯	金箔金
병신정유	산하화	무술기해	평지목	경자신축	벽상토	임인계묘	금박금
甲辰乙巳	覆燈火	丙午丁未	天河水	戊申己酉	大驛土	庚戌辛亥	釵釧金
갑진을사	복등화	병오정미	천하수	무신기유	대역토	경술신해	채천금
壬子癸丑	桑柘木	甲寅乙卯	大溪水	丙辰丁巳	沙中土	戊午己未	天上火
임자계축	상자목	갑인을묘	대계수	병진정사	사중토	무오기미	천상화
庚申辛酉	石榴木	壬戌癸亥	大海水				
경신신유	석류목	임술계해	대해수				

夫甲子者 始成於大撓氏 而納音成之於鬼谷子 象成於東方曼倩子 時曼倩子旣成其象 因號曰 "花甲子"

◉ 甲子는 대요씨(大撓氏-황제시대 인물)가 처음 완성했고 납음(納音)은 귀곡자(鬼谷子)가 완성했고 상(象)은 동방만천자(東方曼倩子)가 이루었는데 만청자가 象을 이룰 때부터 화갑자(花甲子)라고 부른 것이다.
-{동방만천자(東方曼倩子)는 동방삭(東方朔)을 말하는데 서한(西漢) 시대의 인물로 음양술수(陰陽術數)에 정통(精通)했다고 한다.}-

然甲子者 自子至亥 十二宮皆有金木水火土之屬 始起於子 是一陽 終於亥 爲六陰 其五行所屬 但如人之世事也 何以謂之世事？大率五行金木水火土 在天爲五星 於地爲五嶽 於德爲五常 於人爲五臟 其於命也爲五行

◉ 甲子는 子에서 亥까지 十二宮이 모두 金木水火土에 속하고 子에서 일양(一陽)이 시작하여 亥에서 육음(六陰)으로 끝난다. 그 五行의 소속이 인간 세상사와 같다. 왜냐? 대체로 金木水火土 오행은 天에는 오성(五星-金星·木星·水星·火星·土星)이 있고 地에는 오악(五嶽·東岳·西岳·南岳·北岳·中岳)이 있고 덕(德)에는 오상(五常-仁·義·禮·智·信)이 있고 인간은 오장(五臟-肝·心·脾·肺·腎)이 있고 사람의 命도 역시 五行으로 되어 있기 때문이다.

是故甲子之屬乃應之於命 命則一世之事 故甲子納音象之. 時聖人喩之亦如人一世之事體也 一世之事者 宣聖所謂三十而立 四十而不惑 五十而知天命 六十而耳順 七十而從心

◉ 그래서 甲子는 사람의 命에 부합하고 命은 평생의 일이 되므로 甲子는 납음(納音)의 象이 된다. 시기(時期)는 성인(聖人)이 깨우친 것인데 이 역시 사람의 평생의 상황(狀況)이다. 평생의 일이란 공자가 말한 것으로 三十은 입신(立身), 四十은 불혹(不惑), 五十은 지천명(知天命), 六十은 이순(耳順), 七十은 종심(從心)이라고 하였다.
-{입신(立身)은 사회에 진출하는 것, 불혹(不惑)은 미혹(迷惑)되지 않은 것, 지천명(知天命)은 명(命)을 아는 것, 이순(耳順)은 수행이 성숙한 것, 종심(從心)은 자연에 순응하는 것이라고 한다.}-

其甲子之象 自子而至於亥 其理灼然而可見矣
◉ 甲子의 象은 子에서 亥까지 그 이치가 뚜렷하다.

且如子丑二位者 陰陽始孕 人在胞胎 物藏根核 未有涯際也
○ 예를 들어 子丑은 음양이 잉태한 것과 같다. 인간이 포태(胞胎-뱃속)에 있는 것으로 물(物)은 씨앗 안에 있고 아직 생겨난 것이 없는 것이다.

寅卯二位者 陰陽漸辟 人漸生長 物以坼甲 群葩漸剖 如人將有立身也
○ 寅卯는 음양이 차차 열리므로 사람은 점차 생장하고 만물은 껍질이 터지고 꽃은 피기 시작하고 인간은 입신(立身)을 계획한다.

辰巳二位者 陰陽氣盛 物當華秀 人至三十 四十 而有立身之地 進取之象
○ 辰巳는 음양의 氣가 성(盛)하여 물(物)이 빛을 발휘하고 사람은 30~40代의 연령으로 立身의 자리에서 진취(進取)하는 象이다.

午未二位者 陰陽彰露 物色成齊 人至五十 六十 富貴貧賤可知 凡事興衰可見也
○ 午未는 음양이 밝게 드러나고 物色이 완전하니 사람은 50~60대의 연령으로 부귀빈천을 알고 모든 흥망성쇠를 볼 수 있다.

申酉二位者 陰陽肅殺 物已收成 人已龜縮 各得其靜矣
○ 申酉는 음양의 숙살(肅殺)이므로 만물은 이루어서 이미 거두었고 사람은 움츠리고 조용히 있는 것이다.

戌亥二位者 陰陽閉塞 物氣歸根 人當休息 各有歸者也 但只詳此十二位 先後灼然可見 於六十甲子可以次第而知矣.
○戌亥는 음양이 닫히고 만물의 氣가 뿌리로 돌아가므로 사람은 휴식하고 각자의 자리로 돌아간다. 열두 자리이므로 앞뒤를 뚜렷이 볼 수 있고 60甲子의 순서를 알 수 있다.

++

甲子-乙丑 海中金 以子屬水 又爲湖 又爲水旺之地 兼金死於子 墓於丑 水旺而金死墓 故曰海中之金也 ○又曰 氣在包藏 使極則沉潛
● 甲子-乙丑 해중금(海中金) : 子는 水에 속하므로 호수(湖水)가 되고 또 水가 旺한 곳이다. 겸하여 金은 子에 사지(死地)가 되고 丑에 묘지(墓地)가 된다. 水는 旺하지만 金은 사묘(死墓)가 되므로 해중금이 된다. ○또 氣가 감추어져 있으니 극(極)에 달하면 가라앉아 잠긴다.

丙寅-丁卯 爐中火 以寅爲三陽 卯爲四陽 火旣得位 又以寅卯之木生之 此時天地開爐 萬物始生 故曰爐中火也 ○天地爲爐 陰陽爲炭.
◉ 丙寅-丁卯 노중화(爐中火) : 寅의 삼양(三陽)과 卯의 사양(四陽)에 火는 이미 자리를 잡았고 또 寅卯木이 火를 生한다. 이때는 天地가 열리고 따뜻하여 만물이 태어나기 시작하므로 노중화라고 한다. ○天地를 화로(火爐)로 삼으면 음양은 숯이다.

戊辰-己巳 大林木 以辰爲原野 巳爲六陽 木至六陽則枝榮葉茂 以茂盛之大林木而生原野之間 故曰大林木也 ○聲播九天 陰生萬頃
◉ 戊辰-己巳 대림목(大林木) : 辰은 벌판이고 巳는 육양(六陽)이다. 木이 六陽에 이르면 지엽(枝葉)이 무성(茂盛)한데 무성한 큰 숲이 들판에 자라므로 대림목이 된다. ○소리가 구천(九天-팔방)에 퍼지고 그늘이 끝없이 펼쳐진다.

庚午-辛未 路旁土 以未中之木 生午中之旺火 火旺則土於斯而受刑 土之所生 未能育物 猶路旁土也 ○壯以及時 乘厚載木多不喜木
◉ 庚午-辛未 노방토(路旁土) : 未중에 있는 乙木이 午중에 있는 旺한 火를 生하기 때문에 火가 旺하면 土가 바로 刑을 받는다. 土의 맡은 바는 생육인데 만물을 기르지 못하므로 노방토와 같다. ○時에 있고 튼튼하여도 木이 크고 많이 실려 있으면 木을 좋아하지 않는다.
-{만물을 기르는 土가 아니다.}-

壬申-癸酉 劍鋒金 以申酉金之正位 兼臨官申 帝旺酉 金旣生旺 則成剛矣 剛則無踰於劍鋒 故曰劍鋒金也 ○虹光射斗牛 白刃凝霜雪
◉ 壬申 癸酉 검봉금(劍鋒金) : 申酉金이 제자리인데 申은 金의 官地이고 酉는 旺地이므로 金은 이미 生旺하여 강(剛)하다. 검봉(劍鋒)보다 강(剛)한 것은 없기 때문에 검봉금이 된다. ○무지개가 북두와 견우에 비추고 하얀 칼날이 응결된 눈서리와 같다.

甲戌-乙亥 山頭火 以戌亥爲天門 火照天門 其光至高 故曰山頭火也 ○天際斜暉 山頭落日 散綺因以反照 舒霞本自餘光
◉ 甲戌-乙亥 산두화(山頭火) : 戌亥는 天門인데 火가 天門을 비추므로

그 빛이 가장 높다. 그래서 산두화가 된다. ○서쪽 끝 산머리에 지는 저녁 햇빛은 비단결 같이 흩어져 반사하는 여광(餘光)의 노을이다.

丙子-丁丑 澗下水 以水旺於子衰於丑 旺而反衰 則不能爲江河 故曰澗下水也 ○山環細浪 雪涌飞湍 源流三峽之傾 澗壑千尋之例

● 丙子-丁丑 간하수(澗下水) : 水는 子에 旺地이고 丑에 衰地이므로 旺이 衰로 변했다. 즉 江河가 되지 못하기 때문에 간하수가 된다. ○산을 둘러싼 가느다란 물줄기는 여울이 되어 삼협(三峽)으로 흘러드는 것도 산골의 웅덩이 천여 개가 이어진 것이다.
-{삼협(三峽)은 장강에 있는 거대한 협곡(峽谷)이 만나는 곳이다.}-

戊寅-己卯 城頭土 以天干戊己屬土 寅爲艮山 土積而爲山 故曰城頭之土也 ○天京玉壘 帝里金城 龍蟠千里之形 虎踞四維之勢也

● 戊寅-己卯 성두토(城頭土) : 戊己는 土에 속하고 寅은 간산(艮山)인데 土가 쌓여 山이 되므로 성두토가 된다. ○하늘의 서울은 옥루(玉壘)가 되고 제왕(帝王)은 황금성에 있으니 용의 형상은 천리에 서려있고 호랑이의 형세는 사유(四維-辰戌丑未)에 웅크리고 있다.

庚辰-辛巳 白臘金 以金養於辰 生於巳 形質初成 未能堅利 故曰白臘金也 ○氣漸發生 金弱在礦 交棲日月之光 凝象陰陽之氣

● 庚辰-辛巳 백랍금(白臘金) : 金은 辰에 양지(養地)가 되고 巳에 長生이므로 초기에 이루어진 형질(形質)은 아직 단단하고 날카로운 것이 아니므로 백랍금이다. ○氣가 점차 발생하지만 광물(鑛物)에 있는 金은 약하고 해와 달빛이 번갈아 깃들어 음양의 氣가 엉켜있는 象이다.

壬午-癸未 楊柳木 以木死於午 墓於未 木旣死墓 雖得天干壬癸之水以生之 終是柔木 故曰楊柳木 ○萬縷不蠶之絲 千條不針之線

● 壬午-癸未 양류목(楊柳木) : 木은 午에 死가 되고 未에 墓가 되므로 木이 이미 死墓에 있다. 비록 天干의 壬癸水가 生하지만 결국 유약한 木이므로 양류목이라고 한다. ○만 올의 실은 잠사(蠶絲-누에고치실)가 아니고 천 가닥 실은 바느질하는 실이 아니다.

甲申-乙酉 井泉水 金臨官在申帝旺在酉 金旣生旺 則水由以生 然方生之際 力量未洪 故曰井泉水也 ○氣息而靜 過而不竭 出而不窮

◉ 甲申-乙酉 정천수(井泉水) : 金은 申에 官地가 되고 酉에 旺地가 되어 金이 이미 生旺하므로 水를 生한다. 그러나 이제 막 生을 시작하므로 역량(力量)이 크지 않기 때문에 정천수라고 한다. ○氣가 자라고 고요하여 넘치거나 마르지 않으므로 쉼 없이 나온다.

丙戌-丁亥 屋上土 以丙丁屬火 戌亥爲天門 火旣炎上 則土非在下而生 故曰屋上土也 ○以火木而生旺 是從增其勢 至於死絶 喜以安

◉ 丙戌-丁亥 옥상토(屋上土) : 丙丁은 火에 속하고 戌亥는 天門이다. 火는 타서 이미 위로 올라가 버려 아래에 있는 土를 生하지 못하기 때문에 옥상토가 된다. ○木火가 生旺하면 기세(氣勢)가 증가 하므로 사절(死絶)에 이르러야 안정되어 좋다.

戊子-己丑 霹靂火 丑屬土 子屬水 水居正位而納音乃火 水中之火 非龍神則無 故曰霹靂火 ○電掣金蛇之勢 云驅鐵騎之奔 變化之象

◉ 戊子-己丑 벽력화(霹靂火) : 丑은 土에 속하고 子는 水에 속하는데 水는 정위(正位-제자리)에 있고 납음은 火가 되는데 水중에 火(벼락)는 龍이 아니면 생기지 않기 때문에 벽력화라고 한다. ○벽력화는 전광석화(電光石火)의 기세로 구름을 몰고 철마가 달리는 변화의 象이다.

庚寅-辛卯 松柏木 以木臨官在寅 帝旺在卯 木旣生旺 則非柔弱之比 故曰松柏木也 ○欺雪淩霜 參天覆地 風撼奏笙簧 雨餘張旌旆

◉ 庚寅-辛卯 송백목(松柏木) : 木이 寅에 官地이고 卯에 旺地이므로 木은 이미 生旺하다. 즉 유약(柔弱)한 木은 비교할 바가 못 되므로 송백목이 된다. ○설상(雪霜)의 위력을 무시하고 땅에 뿌리를 두고 높이 솟아 바람이 불면 피리소리가 날리고 비가 오면 나뭇가지가 휘날린다.

壬辰-癸巳 長流水 辰爲水庫 巳爲金長生之地 金則生水 水性已存 以庫水而逢生金 泉源終不竭 故曰長流水也 ○勢居東南 貴安靜

◉ 壬辰-癸巳 장류수(長流水) : 辰은 水의 고(庫)가 되고 巳는 金의 長生이 된다. 金은 水를 生하는데 水는 이미 있고 庫중에 있는 水가 金을

만나 천원(泉原)이 마르지 않으므로 장류수가 된다. ○수세(水勢)가 東南(巽-辰巳方)에 있고 안정(安靜)하므로 귀(貴)하다.

甲午-乙未 沙中金 午为火旺之地 火旺則金敗 未爲火衰之地 火衰則金冠帶 敗而方冠帶 未能砍伐 故曰沙中金也

◉ 甲午-乙未 사중금(沙中金) : 午는 火가 旺한 곳이다. 火가 왕하면 金이 敗한다. 未는 火의 쇠지(衰地)인데 火의 衰地는 金의 관대(冠帶)가 되므로 金이 패(敗)에서 이제 막 冠帶가 된 것이다. 아직 벌목을 할 수 없으므로 사중금이라고 한다.

丙申-丁酉 山下火 申爲地戶 酉爲日入之門 日至此時而藏光也 故曰山下火 ○酉沉兌位 復喜東南 出震明離 其光愈輝 暗惡火 明喜濟

◉ 丙申-丁酉 산하화(山下火) : 申은 지호(地戶-土의 출입구)이고 酉는 해가 지는 門이다. 태양이 빛을 감추는 때이므로 산하화라고 한다. ○火는 酉金의 태위(兌位)에 잠기고 다시 돌아오는 동남(東南-辰巳)을 좋아한다. 진(震-동방)에서 나와 이(离-남방)에서 더욱 빛이 난다. 어두움은 火를 싫어하고 밝음이 구제한다.

戊戌-己亥 平地木 戌爲原野 亥爲木生之地 夫木生於原野 則非一根一林之比 故曰平地木也 ○惟資雨露之功 不喜雪霜之侵

◉ 戊戌-己亥 평지목(平地木) : 戌은 평야가 되고 亥는 木의 長生地이므로 들판에서 木이 자라는 것인데 나무 한 그루를 숲에 비할 수 없으므로 평지목이라고 한다. ○오직 우로(雨露)로 길러야하고 설상(雪霜)이 침범하면 좋지 않다.

庚子-辛丑 壁上土 丑雖土家正位 而子則水旺之地 土見水多則爲泥也 故曰壁上土也 ○氣居閉塞 物尚包藏 掩形遮體 內外不及故也

◉ 庚子-辛丑 벽상토(壁上土) : 丑은 土의 정위(正位)이지만 子는 水의 왕지(旺地)가 된다. 土에 水가 많기 때문에 진흙이 된다. 그래서 벽상토라고 한다. ○氣를 가두고 物을 포장(包藏)하여 형체를 가리고 안팎을 차단한다.

壬寅-癸卯 金箔金 寅卯爲木旺之地 木旺則金羸 且金絶於寅 胎於卯 金旣無力 故曰金泊金 ○木氣在寅 則金爲絶地 薄若繪縞 乃云
◉ 壬寅-癸卯 금박금(金箔金) : 寅卯는 木旺地이다. 木이 旺하면 金이 쇠약한데 金은 寅에 절지(絶地)이고 卯는 태지(胎地)가 되어 金이 무력하므로 금박금이라고 한다. ○木氣가 寅에 있고 金은 絶地가 되므로 얇기가 비단 같으므로 그런 것이다.

甲辰-乙巳 覆燈火 辰爲食時 巳爲隅中 日之將午 豔陽之勢 光於天下 故曰覆燈火 ○金盞搖光 玉臺吐豔 照日月不照處 明天地未明時
◉ 甲辰-乙巳 복등화(覆燈火) : 辰은 조반(朝飯)시간이고 巳는 우중(隅中-午時 이전)인데 午時에는 태양이 천하를 비추어 밝아지므로 甲辰 乙巳를 복등화라고 한다. ○복등화는 금잔(金盞)에는 빛이 흔들리고 옥대(玉臺)는 아름다움을 토하고 해와 달이 비추지 않은 곳을 비추므로 아직 천(天)은 밝아도 지(地)는 아직 밝지 않다.

丙午-丁未 天河水 丙丁屬火 午爲火旺地 而納音乃水 水自火出 非銀漢不能有也 故曰天河水 ○氣當升降 沛然作霖 生旺有濟物之功
◉ 丙午-丁未 천하수(天河水) : 丙丁은 火에 속하고 午는 화왕지(火旺地)인데 납음은 水가 된다. 火에서 나온 수(水)이므로 은하수(銀河水=銀漢)가 아니면 있을 수 없다 그래서 천하수라고 한다. ○천하수는 氣가 승강(升降-오르고 내림)하여 큰 비가 내리고 장마를 만드니 생왕(生旺)하면 物을 구제하는 功이 있다.

戊申-己酉 大驛土 申爲坤 坤爲地 酉爲兌 兌爲澤 戊己之土加於坤澤之上 非其他浮薄之土 故曰大驛土 ○氣以歸息 物當收斂 故云
◉ 戊申-己酉 대역토(大驛土) : 申은 곤(坤)괘의 지(地)가 되고 酉는 태(兌)괘의 택(澤-연못)이다. 戊己土가 곤택(坤澤-땅과 연못)의 위에 있는 것이다. 부박토(浮薄土-가벼운 土)와 다르므로 대역토라고 한다. ○氣가 돌아와 쉬고 만물을 수렴(收斂)하기 때문이다.

庚戌-辛亥 釵釧金 金至戌而衰 至亥而病 金旣衰病 則誠柔矣 故曰釵釧金 ○形已成器 華飾光發 厭乎生旺 貴乎藏體 火盛傷形 終爲不喜

◉ 庚戌-辛亥 차천금(釵釧金) : 金은 戌에 衰地가 되고 亥에 病地가 된다. 金은 이미 衰病이 되어 정말 유약(柔弱)하므로 차천금이라고 한다. ○이미 형체를 이룬 기물(器物)은 화려한 장식으로 빛이 나므로 生旺을 싫어하고 귀중하므로 몸에 간직한다. 火가 성(盛)하면 결국 형체를 상(傷)하므로 좋아하지 않는다.

壬子-癸丑 桑柘木 子屬水 丑屬金 水方生木 金則伐之 猶桑柘方生 人便以戕伐 故曰桑柘木也 ○氣居盤屈 居於水也 未施刀斧之勞
◉ 壬子-癸丑 상자목(桑柘木) : 子는 水에 속하고 丑은 金에 속한다. 水는 木을 자라게 하고 金은 베어내므로 뽕나무를 기르는 것과 같다. 베어내서 인간에게 편리하므로 상자목이다. ○氣가 바닥의 水에 서려 있으므로 칼이나 도끼를 쓰지 않는다.

甲寅-乙卯 大溪水 寅爲東旺 惟卯爲正東 水流正東 則其性順 而川澗池沼 俱合而歸 故曰大溪水 ○氣出陽明 水勢恃源 東流滔注 故云
◉ 甲寅-乙卯 대계수(大溪水) : 寅은 東에 旺하지만 정동(正東)은 오직 卯가 된다. 水가 正東으로 흐르면 성질이 順하고 냇가 계곡 늪이 모두 한데 모이므로 대계수라고 한다. ○氣가 양명(陽明-따뜻하고 밝은 곳)으로 나와 수세(水勢)의 근원이 東으로 도도히 흐르기 때문이다.

丙辰-丁巳 沙中土 土庫在辰而絶在巳 而天下丙丁之火 至辰冠帶 而臨官在巳 土旣庫絶 旺火復興生之 故曰沙中土 ○土疏氣散故不宜
◉ 丙辰-丁巳 사중토(沙中土) : 土庫가 辰에 있으면 巳에 絶이 되지만 丙丁은 辰에 관대(冠帶)가 되고 巳에 官地가 된다. 土는 이미 고절(庫絶)되었지만 대관지(帶官地)의 旺한 火가 다시 土를 生하므로 사중토라고 한다. ○木으로 소토(疏土)하면 氣가 흩어지기 때문에 좋지 않다.

戊午-己未 天上火 午爲火旺之地 未中之木又復生之 火性炎上 及逢生地 故曰天上火 ○氣過陽宮 重能相會 炳靈交光 發焰炎主 故云
◉ 戊午-己未 천상화(天上火) : 午는 火의 旺地이고 未 중의 乙木이 또 火를 生한다. 火는 타서 위로 올라가는데 生地를 만났기 때문에 천상화라고 한다. ○氣가 양궁(陽宮)을 지나 모여 重하고 병영(炳靈-밝은 위

엄)이 서로 빛을 내고 불꽃이 피어나기 때문이다.

庚申-辛酉 石榴木 申爲七月 酉爲八月 此時木則絶矣 惟石榴之木復實 故曰石榴木 ○氣歸靜肅 物漸成實 木居金生其味 秋果成實云

◉ 庚申-辛酉 석류목(石榴木) : 申은 七月이고 酉는 八月이다. 이때는 木의 絶地인데 오직 석류(石榴)나무에 과일이 맺히므로 석류목이라고 한다. ○氣가 정숙(靜肅-고요하고 엄숙)한 곳으로 돌아오면 物은 점차 열매가 되는데 木이 金에 있으면 맛을 내므로 가을에 과일이 익는다.

壬戌-癸亥 大海水 水冠帶在戌 臨官在亥 水則力厚矣 兼亥爲江 非池水之比 故曰大海水 ○勢趨天門 歷事已畢 生旺不泛 死絶不涸云

◉ 壬戌-癸亥 대해수(大海水) : 水는 戌에 冠帶가 되고 亥에 官地가 되므로 水의 힘이 넉넉하고 겸하여 亥는 강에 속하여 저수지는 비교가 안되므로 대해수라고 한다. ○勢가 천문(天門-술해)을 향하는 것은 일을 이미 겪고 마친 것이다. 生旺하여도 범람하지 않고 사절(死絶)되어도 마르지 않기 때문에 대해수이다.

론천간생왕사절(論天干生旺死絶)

	長生	沐浴	冠帶	臨官	帝旺	衰	病	死	墓	絶	胎	養
甲	亥	子	丑	寅	卯	辰	巳	午	未	申	酉	戌
乙	午	巳	辰	卯	寅	丑	子	亥	戌	酉	申	未
丙	寅	卯	辰	巳	午	未	申	酉	戌	亥	子	丑
丁	酉	申	未	午	巳	辰	卯	寅	丑	子	亥	戌
戊	寅	卯	辰	巳	午	未	申	酉	戌	亥	子	丑
己	酉	申	未	午	巳	辰	卯	寅	丑	子	亥	戌
庚	巳	午	未	申	酉	戌	亥	子	丑	寅	卯	辰
辛	子	亥	戌	酉	申	未	午	巳	辰	卯	寅	丑
壬	申	酉	戌	亥	子	丑	寅	卯	辰	巳	午	未
癸	卯	寅	丑	子	亥	戌	酉	申	未	午	巳	辰

월율분야도(月律分野圖)

4月 (巳)	5月 (午)	6月 (未)	7月 (申)
戊5일1分半 庚9일3分 丙16일5分	丙10일3分半 己10일3分半 丁10일3分半	丁9일3分 乙3일2分 己18일6分	己7일1分半 戊3일1分半 壬3일1分半 庚17일6分
3月 (辰) 乙9일3分 癸3일1分 戊18일6分	월율분야도 月律分野圖		8月 (酉) 庚10日5分半 辛20日7分半
2月 (卯) 甲10일5分半 乙20일6分半			9月(戌) 辛9일3分 丁3일2分 戊18일6分
1月 (寅)	12月 (丑)	11月 (子)	10月(亥)
戊7일2分半 丙7일2分半 甲16일3分半	癸9일3分 辛3일1分 己18일6分	壬10일5分 癸20일7分	戊7일2分半 甲5일5分半 壬18일6分

천간오양통변(天干五陽通變)

甲 丙 戊 庚 壬	五陽의 天干은 合을 좋아한다.					
甲 丙 戊 庚 壬	비견	[형제부류]				
乙 丁 己 辛 癸	겁재	[패재(敗財) 극부(剋父) 극처(剋妻)]				
丙 戊 庚 壬 甲	식신	[천주(天廚) 수성(水性) 아들]				
丁 己 辛 癸 乙	상관	[퇴재(退財) 모기(耗氣) 조카]				
戊 庚 壬 甲 丙	편재	[애인 첩(妾) 극자(剋子)]				
己 辛 癸 乙 丁	정재	[정처(正妻) 극모(剋母) 합신(合神)]				
庚 壬 甲 丙 戊	편관	[칠살 관귀(官鬼) 장성(將星)]				
辛 癸 乙 丁 己	정관	[록마(祿馬) 영신(榮神) 부모]				
壬 甲 丙 戊 庚	도식	[편인 효신(梟神) 극여(剋女)]				
癸 乙 丁 己 辛	인수	[정인(正人) 군자(君子) 산업(産業)]				

剋我者爲正官偏官 生我者爲正印偏印 我剋者爲正財偏財 我生者爲傷官食神 同我者爲劫財敗財

◉ 나를 극(剋)하는 것은 정관 편관이고 나를 생하는 것은 정인(正印) 편인(偏印)이고 내가 극하는 것은 정재 편재가 되고 내가 생하는 것은 상관 식신이고 나와 같은 것은 겁재(劫財) 패재(敗財)가 된다.

천간오음통변(天干五陰通變)

乙 丁 己 辛 癸	五陰의 天干은 冲을 좋아한다.					
乙 丁 己 辛 癸	비견	[兄弟 친구]				
丙 戊 庚 壬 甲	상관	[小人 도기(盜氣) 조카]				
丁 己 辛 癸 乙	식신	[천주(天廚) 수성(水性) 자손(子孫)]				
戊 庚 壬 甲 丙	정재	[정처(正妻) 극모(剋母)]				
己 辛 癸 乙 丁	편재	[편처(偏妻) 편첩(偏妾) 극자(剋子)]				
庚 壬 甲 丙 戊	정관	[록마(祿馬) 극부모(剋父母)]				
辛 癸 乙 丁 己	편관	[칠살(七殺) 관귀(官鬼) 중매쟁이]				
壬 甲 丙 戊 庚	인수	[정인(正人) 군자(君子) 기살(忌殺)]				
癸 乙 丁 己 辛	도식	[편인(偏印) 효신(梟神) 극모(剋母)]				
甲 丙 戊 庚 壬	패재	[축마(逐馬) 극처(剋妻)]				

론년상기월예(論年上起月例)

甲己之年丙作首 乙庚之歲戊爲頭 丙辛之歲尋庚上 丁壬壬位順行流 若言戊癸何方發？甲寅之上好追求 其法假如甲己生 於月上起丙寅 以正月爲丙寅 二月丁卯 一順數去 至其所生之月止 一月一位順行

甲己年-	丙寅月 丁卯月 戊辰月 己巳月 .....
乙庚年-	戊寅月 己卯月 庚辰月 辛巳月 .....
丙辛年-	庚寅月 辛卯月 壬辰月 癸巳月 .....
丁壬年-	壬寅月 癸卯月 甲辰月 乙巳月 .....
戊癸年-	甲寅月 乙卯月 丙辰月 丁巳月 .....

● 甲己年은 丙에서 시작하고 乙庚年은 戊에서 시작하고 丙辛年은 庚에서 시작하고 丁壬年은 壬에서 시작하고 戊癸年은 甲에서 시작한다. 가령 甲己年에 태어난 경우 월에서 丙寅을 일으킨다. 正月은 丙寅, 2月은 丁卯, 하나씩 순서대로 가고 태어난 달에서 멈춘다. 한 달에 한 자리씩 순행한다.

론일상기시예(論日上起時例)

甲己還加甲 乙庚丙作初 丙辛從戊起 丁壬庚子居 戊癸何方發？ 壬子是眞途 其法以甲己日從時上起甲子 至本人生時 餘皆仿此

甲己日-	甲子時 乙丑時 丙寅時 丁卯時 .....
乙庚日-	丙子時 丁丑時 戊寅時 己卯時 .....
丙辛日-	戊子時 己丑時 庚寅時 辛卯時 .....
丁壬日-	庚子時 辛丑時 壬寅時 癸卯時 .....
戊癸日-	壬子時 癸丑時 甲寅時 乙卯時 .....

◉ 甲己日은 甲子時에서 시작하고 乙庚日은 丙子時에서 시작하고 丙辛日은 戊子時에서 시작하고 丁壬日은 庚子時에서 시작하고 戊癸日은 壬子時에서 시작한다. 甲己日에 태어날 경우 甲子時에서 시작하여 본인이 태어난 時에 이른다. 나머지도 이와 같다.

론기태법(論起胎法)

胎元 受胎之月也 子平有曰 先推胎息之位 次斷變息之理 精命者不可不用此例也
◉ 태원(胎元)은 본인이 뱃속에 임신이 시작된 月이다. 子平이 말하길 먼저 태식위(胎息位)를 추론하고 다음으로 변식(變息)의 이치를 본다. 命을 정밀히 보려면 이것을 쓰지 않으면 안 된다고 했다.

推法但從本生月前四位是也 其法如己巳月 則前申上是胎 却數退一位 於未上將生月天干己字 喚起己未 數至庚申 乃受胎之月也 其餘皆仿此
◉ 추산법(推算法)은 본인 生月 앞의 四位가 된다. 만약 생월이 己巳月이면 천간의 己는 다음 字인 庚이 되고 巳의 네 번째 字는 申이 된다. 즉 "庚申"이 수태(受胎)월에 해당한다. 나머지도 이렇게 한다.

론기식법(論起息法)

取日主上天干合處 地支合處是也
◉ 日主를 취하여 天干이 합하고 地支가 합이 되는 곳이다.
○假如甲子日生人 天干年月時有己字 乃甲與己合 又取地支年月時有丑字 卽己丑也 餘皆仿此而推 此胎息之由
○예를 들면 甲子日의 경우 年月時의 天干에 己-字가 있으면 甲己合이 되고 年月時의 地支에 丑-字가 있으면 己丑이 된다. 나머지도 이와 같은 방법으로 하는데 이것이 태식(胎息)의 유래다.

론기변법(論起變法)

取時上天干合處 時下地支合處 假如丙寅時 取天干丙與辛合 地支寅與亥合 卽辛亥是也 如柱中天干無辛字 地支無亥字 乃只虛邀爲是 不必拘泥

◉ 時를 취하여 天干이 합하고 地支가 합하는 곳이다. 예를 들면 丙寅時일 경우 천간은 丙辛合이 되고 지지는 寅亥合이 되므로 辛亥가 된다. 그러나 天干에 辛-字가 없고 地支에 亥-字가 없으면 허요(虛邀)하기 때문에 구애받을 필요 없다.

론기통법(論起通法)

假如甲子月寅時生 卯上安命. 取甲己之年丙作首之丙寅 卽丁卯是通. 其法寅卯相通 辰巳相通 午未相通 申酉相通 戌亥相通 子丑相通是也

◉ 가령 甲子月 寅時에 태어나면 卯가 안명(安命)이 된다. 甲己年은 丙에서 시작하여 丙寅이 되므로 丁卯가 통(通)이 된다. 그 법은 寅卯상통(相通), 辰巳상통, 午未상통, 申酉상통, 戌亥상통, 子丑상통이다.

론기옥당천을귀인(論起玉堂天乙貴人)

甲戊庚牛羊 乙己鼠猴鄉 丙丁豬雞位 壬癸兔蛇藏 辛逢馬虎 此是貴人方 命中如遇此 定作紫薇郎 (十干臨十支皆貴人所臨之方 惟辰戌二宮貴人不臨 殊不知辰戌乃魁罡惡曜之地 天乙不臨 所以不爲貴也)

◉ 甲戊庚은 丑未, 乙己는 申子, 丙丁은 亥酉, 壬癸는 巳卯, 辛은 寅午가 貴人方이다. 이것을 命 中에 만나면 자미랑(紫薇郎)이 된다. (10干은 10支에만 귀인이 임(臨)하고 오직 辰과 戌 두 宮에는 貴人이 임(臨)하

지 않는다. 의외로 辰戌은 괴강(魁罡)인 악요(惡曜)地가 되어 天乙이 臨하지 않기 때문에 귀(貴)가 되지 못하는 바이다.)

天干	甲戊庚	乙己	丙丁	辛	壬癸
貴人	丑未	子申	亥酉	寅午	卯巳

-{천을귀인은 가장 吉星으로 총명 공정 다복하고 나쁜 살(煞)을 제압(制壓)한다. 旺地에 있으면 더욱 吉하여 좋게 작용하지만 쇠지(衰地)에 있거나 형충(刑冲) 공망(空亡) 파(破) 등이 되면 무용지물이다.}-

기천관귀인(起天官貴人)

天官遁甲火羊群 乙誨青龍事可陳 丙見巳兮爲官貴 丁見酉兮戊戌尋 己用卯兮庚宜亥 辛喜申兮壬愛寅 六癸之人逢見午 必作朝廷顯代人 (其法以生年干論 甲申年生見未是 若時上見極佳)

◉ 甲見未 乙見辰 丙見巳 丁見酉 戊見戌 己見卯 庚見亥 辛見申 壬見寅 癸見午인데 조정(朝廷)에서 지위가 높다. (生年의 干으로 본다. 甲申年生이 未가 보이는 것인데 時에 있으면 아주 좋다.)

年干	甲	乙	丙	丁	戊	己	庚	辛	壬	癸
官貴	未	辰	巳	酉	戌	卯	亥	申	寅	午

론태극귀인(論太極貴人)

甲乙生人子午中 丙丁雞兔定亨通 戊己兩干臨四季 庚辛寅亥祿盈豐 壬癸巳申偏喜美 值此應當福氣鍾 更須貴格相扶合 侯封萬戶列三公 (其法以生年爲主 取別干則非也)

年干	甲乙	丙丁	戊己	庚辛	壬癸
地支	子午	卯酉	辰戌丑未	寅亥	巳申

◉ 甲乙年生은 子午 丙丁年生은 卯酉 戊己年生은 辰戌丑未 庚辛年生은 寅亥 壬癸年生은 巳申이 태극귀인이다. 貴格에 속하고 태극귀인(太極貴人)이 있으면 만호(萬戶)의 작위를 받는 삼공(三公-고위직)에 이른다. (生年을 위주로 보고 月日時로 보면 안 된다.)

론삼기귀인(論三奇貴人)

天上三奇甲戊庚 地下三奇乙丙丁 人中三奇壬癸辛
(甲戊庚者 以甲爲日 以戊爲月 以庚爲星 旣有日月星 地支須得戌亥爲天門 方得爲奇 若無戌亥 須有日月星而無天門 則不爲奇矣 而有天門 若無丑卯酉巳又不爲奇 寅中有箕星好風 酉中有畢宿主雨 丑卯爲風雷 則三光失明 奇不得時也 地下三奇 乙木爲陰木之魁 丙火爲陽火之君 丁火爲陰火之精 此地有之爲奇 須用乙 乙屬坤土 若無則不吉)

天上三奇	地下三奇	人中三奇
甲戊庚	乙丙丁	壬癸辛

◉ 天上三奇는 甲戊庚, 地下三奇는 乙丙丁, 人中三奇는 壬癸辛이다. 甲戊庚은 甲-일(日) 戊-월(月) 庚-성(星)이다. 日月星(태양 달 별)이 있고 地支에 戌亥 天門이 있어야 좋다. 만약 戌亥가 없으면 日月星이 있어도 소용없고 천문(天門-戌亥)이 있어도 巳酉丑卯가 없으면 좋은 게 없다. 寅中의 기성(箕星)은 풍(風)을 좋아하고 酉中의 필수(畢宿)는 우(雨)를 主로 하고 丑卯가 풍뢰(風雷)가 되면 삼광(三光-日月星)이 빛을 잃고 三奇가 때를 얻지 못한다. 地下三奇의 乙木은 음목(陰木)의 우두머리이고 丙火는 양화(陽火)의 왕이고 丁火는 陰火의 정신이다. 이렇게 있으면 三奇가 된다. 모름지기 乙을 써야 하는데 乙은 坤土에 속하기

때문에 乙이 없으면 不吉하다. 乙丙丁이 地下三奇가 되는 것은 乙(坤)이 있기 때문이다.

론월덕귀인(論月德貴人)

寅午戌月在丙 申子辰月在壬 亥卯未月在甲 巳酉丑月在庚 (其法從寅起 丙壬甲庚 逐月順數 周而復始 亦須在日上見之 更有福神助爲吉)

丙	壬	甲	庚
寅午戌月	申子辰月	亥卯未月	巳酉丑月

◉ 寅午戌月에 丙이 있거나 申子辰月에 壬이 있거나 亥卯未月에 甲이 있거나 巳酉丑月에 庚이 있으면 월덕귀인(月德貴人)이다. (그 법은 寅에서 일어나 丙壬甲庚으로 月마다 순차적으로 반복된다. 月德貴人은 日에 있어야 하고 또한 福神이 도와주면 吉하다.)
-{天德과 月德을 합하여 "이덕(二德)"이라고 한다. 女命이 천월덕(天月德)을 만나면 훌륭한 남편을 만나 총명하고 貴한 자식을 낳고 산액이 없다. 刑沖이나 나쁜 살(殺)을 만나면 작용력이 약하다.}-

론월덕합(論月德合)

寅午戌月在辛 申子辰月在丁 亥卯未月在己 巳酉丑月在乙 其法從寅上起 辛己丁乙逐位順數

月德合	辛	丁	己	乙
月	寅午戌(丙)	申子辰(壬)	亥卯未(甲)	巳酉丑(庚)

◉ 寅午戌月에 辛이 있거나 申子辰月에 丁이 있거나 亥卯未月에 己가

있거나 巳酉丑月에 乙이 있으면 月德合이다.
-{月德合의 작용은 月德과 비슷하지만 약간 약하다고 한다.}-

론천덕귀인(論天德貴人)

正丁二坤(申)中 三壬四辛同 五乾(亥)六甲上 七癸八寅同 九丙十歸乙
子巽(巳)丑庚中 其法以生月分見之 正月生人見丁 二月生人見申卽是也

月支	寅	卯	辰	巳	午	未	申	酉	戌	亥	子	丑
天德	丁	申	壬	辛	亥	甲	癸	寅	丙	乙	巳	庚

◉ 寅月은 丁. 卯月은 申. 辰月은 壬. 巳月은 辛. 午月은 亥. 未月은 甲. 申月은 癸. 酉月은 寅. 戌月은 丙. 亥月은 乙. 子月은 巳. 丑月은 庚.이 천덕귀인다. 月支를 기준으로 한다.
-{월덕귀인보다 천덕귀인이 더 좋고 귀인에 財官印이 임(臨)하면 복(福)이 배로 불어난다. 刑冲 惡殺을 만나면 작용력이 약하다.}-

론천주귀인(論天廚貴人)

甲丙-愛行雙女(巳)遊 乙丁-獅子(午) 己-金牛(酉) 戊坐-陰陽(申) 庚-魚腹(亥) 二千石祿坐皇州 癸-用天蠍(卯) 壬-人馬(寅) 辛-到寶瓶(子) 祿自由 此是天廚注天祿 令人福慧兩優遊 (此以甲木生丙爲命時 丙祿在巳 故乙巳爲祿 如母食子也)

年日干	甲	乙	丙	丁	戊	己	庚	辛	壬	癸
四地支	巳	午	巳	午	午	酉	亥	子	寅	卯

◉ 甲丙은 巳(쌍녀) 乙丁은 午(사자) 己는 酉(금우) 戊는 申(쌍자) 庚은

亥(어복) 癸는 卯(천헐) 壬은 寅(인마) 辛은 子(보병)가 천주귀인이다. 천주(天廚)는 하늘에서 주는 봉록(俸祿)이다. 복과 지혜가 있고 여유로운 생활을 한다.

론복성귀인(論福星貴人)

甲丙相邀入虎鄕 更遊鼠穴最高强 戊猴己未丁宜亥 丙人惟喜戌中藏 庚趁馬頭辛到巳 壬騎龍背喜非常 更有丁人愛尋酉 癸乙宜牛卯自昌

年干, 日干	甲丙	乙癸	戊	己	丁	庚	辛	壬
福星貴人	寅子	卯丑	申戌	未	酉亥	午	巳	辰

론삼원(論三元)

假令甲子 以甲木爲天元 子爲地元 子中所藏癸水爲人元
◉ 가령 甲子는 甲木이 천원(天元)이 되고 子는 지원(地元)이 되고 子중에 소장(所藏)된 癸水는 인원(人元)이 된다.

론십간록(論十干祿)

十干	甲	乙	丙戊	丁己	庚	辛	壬	癸
祿	寅	卯	巳	午	申	酉	亥	子

甲祿在寅 乙祿在卯 丙戊祿在巳 丁己祿在午 庚祿在申 辛祿在酉 壬祿在亥 癸祿在子
◉ 甲祿은 寅에 있고, 乙祿은 卯에 있고, 丙戊의 祿은 巳에 있고, 丁己

의 祿은 午에 있고, 庚祿은 申에 있고, 辛祿은 酉에 있고, 壬祿은 亥에 있고, 癸祿은 子에 있다.

○夫祿者 以天干地支所旺之鄕 如甲祿在寅 乃東方甲乙之地支辰 寅卯配之 餘皆同此 辰戌丑未乃天罡惡殺 祿神不臨也 凡人命帶祿 或凶或吉 或貴或賤 何以論之? 天乙妙旨云 祿馬貴人無准托 考究五行之善惡 天元贏弱未爲災 地氣堅牢足歡樂 源髓歌曰 祿馬更有多般說 自衰自死兼敗絶 若無吉殺加助時 定知破祖多浮劣.

○록(祿)이란 天干이 왕한 地支가 있는 곳이다. 甲祿은 寅에 있는 것처럼 甲乙의 地支는 寅卯가 된다. 나머지도 이와 같다. 辰戌丑未에는 천강(天罡)의 악살(惡殺)이므로 록(祿)이 임(臨)하지 않는다. 명에 祿을 가지고 있으면 길흉(吉凶)과 귀천(貴賤)을 어떻게 논할 것인가? 천을묘지(天乙妙旨)에 이르길 록마(祿馬) 귀인(貴人)이 없으면 어디에 기준을 두어야할지 오행의 선악(善惡-희기신)을 깊이 연구해보았는데 천원(天元-일간)이 약해도 재앙이 되지 않고 지기(地氣)가 튼튼하여 기쁘다고 했다. 원수가(源髓歌)에 말하길 록마(祿馬-재관)는 갖가지 설이 있는데 日主가 자쇠(自衰)나 자사(自死)나 패절(敗絶)을 겸하고 길신(吉神)의 도움이 없으면 조상이 깨지고 대부분 공허하고 좋지 않다고 했다.

론역마(論驛馬)

年 日	寅午戌	申子辰	亥卯未	巳酉丑
驛馬	申	寅	巳	亥

申子辰馬在寅 寅午戌馬在申 巳酉丑馬在亥 亥卯未馬在巳. 其法以水生申 病寅木 水生木 木爲水子 此乃病處見子來相接. 如人病不能進 待子來接之 如驛馬來接 餘依此推.

◉ 申子辰의 역마는 寅에 있고 寅午戌의 역마는 申에 있고 巳酉丑의 역마는 亥에 있고 亥卯未의 역마는 巳에 있다. 이 법은 水가 申에 장생

(長生)이 되고 寅에 병지(病地)가 되는데 水는 木을 生하므로 木은 水의 자식이 된다. 즉 水가 병(病)든 곳에서 자식(寅)을 만나는 것이다. 사람이 병이 들어 호전되지 않으면 자식이 오는 것을 기다리고 만나는 것처럼 역마(驛馬-자식)가 와서 만나는 것이다. 나머지도 이렇게 본다.

론천사(論天赦)

春戊寅 夏甲午 秋戊申 冬甲子 凡人生日干遇之方得用 (此星解人災禍)

◉ 春月에 戊寅日, 夏月에 甲午日, 秋月에 戊申日, 冬月에 甲子日을 만나면 천사라고 한다. (이 별은 사람의 재화(災禍)를 해소(解消)한다.)

론화개(論華蓋)

화개	戌	辰	未	丑
年 日	寅午戌	申子辰	亥卯未	巳酉丑

寅午戌見戌 巳酉丑見丑 申子辰見辰 亥卯未見未 華蓋本爲吉 凡人命中得之 多主孤寡 縱貴亦不免爲孤獨也 遇之多爲僧道術論 (壺中子)云 華蓋爲藝術之星 主孤

◉ 寅午戌에 戌이 보이거나 巳酉丑에 丑이 보이거나 申子辰에 辰이 보이거나 亥卯未에 未가 보이는 것인데 원래 화개는 吉한 것이다. 보통 사람의 명 중에 화개가 있으면 대부분 홀아비나 과부가 된다. 신분이 귀(貴)하여도 고독(孤獨)을 면치 못하고 많으면 중이나 도사로 논한다. 호중자(壺中子)에 이르길 화개(華蓋)는 예술성이 되고 외롭다고 했다.

론십간학당(論十干學堂)

納音 年日	地支	干支
납음 金命人	巳	辛巳 正學堂
납음 木命人	亥	己亥 정학당
납음 水命人	申	甲申 正학당
납음 火命人	寅	丙寅 正학당
납음 土命人	申	戊申 正학당

金生人見巳 辛巳爲正 木生人見亥 己亥爲正 水生人見申 甲申爲正 土生人見申 戊申爲正 火生人見寅 丙寅爲正

◉ 납음(納音)이 금일이나 금년에 태어나고 巳가 보이면 학당이 되고 辛巳가 보이면 정학당(正學堂)이 된다. 나머지도 이렇게 한다.

론십간식록(論十干食祿)

甲食丙 乙食丁 丙食戊 丁食己 戊食庚 己食辛 庚食壬 辛食癸 壬食甲 癸食乙

天干	甲	乙	丙	丁	戊	己	庚	辛	壬	癸
食祿	丙	丁	戊	己	庚	辛	壬	癸	甲	乙

歌曰
時人欲識食神名 甲人食丙乙人丁 丙食戊兮丁食己 己食辛兮戊食庚
庚壬辛癸偏相喜 壬甲癸乙最光榮 若遇食神騎祿馬 必居豪富立功名.
不食空亡陽刃殺 不食休囚並死絶 食生食旺食貴神 食印食財別優劣.
若能推究得其眞 祿食天廚無休歇.

◉ 가(歌)에 이르길 식신의 이름은 甲日 丙, 乙은 丁, 丙은 戊, 丁은 己, 戊는 庚, 己는 辛, 庚은 壬, 辛은 癸, 壬은 甲, 癸는 乙이 식신이다. 식신이 록마(祿馬)위에 있으면 호부(豪富)로 공명을 세운다. 만약 식신

이 공망(空亡)에 있거나 양인(陽刃)에 있거나 휴수(休囚)되거나 사절(死絶)되면 식신이 못된다. 식신(食神)이 생지나 왕지에 있으면 귀(貴)가 된다. 식신에 인성이 있는 것과 식신에 재성이 있을 경우 우열(優劣)을 구분하라. 진정한 식신은 록에 있는 식신이다.

론금여록(論金輿祿)

十干祿前第二位是也 如甲祿在寅 辰上是也 餘皆仿此而推

◉ 十干 祿에서 두 자리 앞으로가면 금여(金輿)가 된다. 예컨대 甲祿은 寅에 있으므로 辰이 금여(金輿)가 된다. 나머지도 이렇게 찾는다.

日干	甲	乙	戊丙	丁己	庚	辛	壬	癸
金輿	辰	巳	未	申	戌	亥	丑	寅

론공록(論拱祿)

假如戊辰生人見丙午 丙午生人見戊辰 丁巳生人見己未 己未生人見丁巳 前後相拱 只此四位 其餘不是

◉ 가령 戊辰日에 丙午가 보이거나 丙午日에 戊辰이 보이거나 丁巳日에 己未가 보이거나 己未日에 丁巳가 보이는 것이다. 앞뒤에서 祿을 잡고 있는 것이다. 단지 이 넷에만 적용된다.

戊辰生人-見丙午	丙午生人-見戊辰
丁巳生人-見己未	己未生人-見丁巳

론교록(論交祿)

假如甲申生人見庚寅 庚寅生人見甲申 是甲祿在寅 庚祿居申 互換往來
◉ 가령 甲申生人이 庚寅을 만나거나 庚寅生人이 甲申을 만나면 甲의 祿은 寅에 있고 庚의 祿은 申에 있으므로 록의 자리가 서로 바뀌고 왕래하는 것이다.

론암록(論暗祿)

假如甲生人逢亥 是甲祿在寅 寅與亥合 乙生人逢戌 是乙祿在卯 卯與戌合是也 其餘仿此
◉ 가령 甲日이 亥를 만난 것이다. 甲의 祿은 寅에 있고 寅과 亥가 合한 것이다. 乙日이 戌을 만나도 暗祿인데 乙의 祿인 卯를 戌이 暗으로 合한 것이다. 나머지도 이렇게 한다.

日干	甲	乙	丙	戊	丁	己	庚	辛	壬	癸
暗祿	亥	戌	申		未		巳	辰	寅	丑

론협록(論夾祿)

假如 甲生人遇見丑卯是 甲祿在寅 前有丑 後有卯 乙生人 遇寅辰 是乙祿在卯 前有辰後有寅 他仿此
◉ 가령 甲日生이 丑卯를 만나는 것인데 甲의 祿은 寅에 있고 앞에 丑이 있고 뒤에 卯가 있다. 乙日에 寅辰을 만나면 乙의 祿은 卯에 있고 앞에는 辰이 있고 뒤에는 寅이 있다. 나머지도 이렇게 한다.

론원성(論垣城)

垣城主妻宮與驛馬合者 主有淫
◉ 원성(垣城)은 처궁에서 역마를 일으켜 일간의 장생지와 합한 것인데 주로 음란함을 나타낸다.
其法取日上天干長生是也 如甲辰日生在時亥上 甲長生亥 申子辰馬在寅 亥與寅合卽是也
○ 그 법은 日干의 長生을 취(取)한다. 예컨대 甲辰日의 時에 亥가 있으면 甲은 **亥**에 長生이 되고 申子辰의 역마는 **寅**이 되므로 寅亥 합이 된다.
-{妻宮에서 역마를 일으켜 일간의 장생지와 합한 것이다. 자평에 이르길 원성(垣城)이 있으면 처가 사통하여 달아난다고 했다.}-

론제좌(論帝座)

其取法時下納音旺處是也 如甲子時 納音屬金 金旺於酉 卽酉上是也 其餘仿此 帝座主兒女宮也.
◉ 제좌(帝座)를 取하는 法은 時柱 納音의 旺地를 말한다. 예컨대 甲子時의 납음은 金에 속하고 金은 酉에 旺地가 되므로 酉를 말한다. 나머지도 이와 같다. 제좌(帝座)는 자녀궁이다.

론육갑공망(論六甲空亡)

甲子旬中無戌亥 甲戌旬中無申酉 甲申旬中無午未 甲午旬中無辰巳 甲辰旬中無寅卯 甲寅旬中無子丑 空亡 一名天中殺. 甲子屬金 至酉而十干足矣 以獨無戌亥 是爲空亡. 陽空爲空 陰空爲亡. 是戌爲空 亥爲亡 對宮辰巳爲孤虛. 餘均仿此.

六甲	甲子旬	甲戌旬	甲申旬	甲午旬	甲辰旬	甲寅旬
空亡	戌亥	申酉	午未	辰巳	寅卯	子丑
孤虛	辰巳	寅卯	子丑	戌亥	申酉	午未

◉ 甲子旬中에는 戌亥가 없고 甲戌旬中에는 申酉가 없고 甲申旬中에는 午未가 없고 甲午旬中에는 辰巳가 없고 甲辰旬中에는 寅卯가 없고 甲寅旬中에는 子丑이 없다. 空亡은 일명 천중살(天中殺)이다. 양공(陽空)은 空이 되고 음공(陰空)은 亡이 된다. 즉 戌은 空이고 亥는 亡이다. 戌亥 공망의 대궁(對宮)은 辰巳가 되는데 고허(孤虛)라고 한다.

론절로공망(論截路空亡)

甲己申酉最爲愁 乙庚午未不須求 丙辛辰巳何勞問 丁壬寅卯一場空 戊癸子丑君須記 人生值此也多憂 忽然更得胎中遇 白髮盈盈苦未休

日干	甲己	乙庚	丙辛	丁壬	戊癸
時支	申酉	午未	辰巳	寅卯	子丑

◉ 甲己가 申酉를 보거나 乙庚이 午未보거나 丙辛이 辰巳를 만나거나 丁壬이 寅卯를 보거나 戊癸가 子丑을 만난 것이다.
-{時의 天干에 水를 만나면 모두 절로공망(截路空亡)이다. 截路空亡을 만난 사람은 근심걱정이 많다고 했다. 또한 입태월(入胎月)이 절로공망이 되면 백발이 되도록 쉬지 못하고 고생이 많다고 한다.}-

以日取時見之方是 以年在日時論者非也. 甲己日遁十二時中 有申酉二時上見壬癸爲水 故甲己見申酉是也 餘皆仿此. 假如甲子日見申酉時乃爲正犯 其餘者見之非也. 此空亡非但命中見之不美 以至百事 求財主官 皆不利也

◉ 절로공망은 日干으로 時를 論하고 年干으로 日時를 論하지 않는다. 그래서 甲己日에 申酉時가 해당된다. 나머지도 이렇게 한다. 예컨대 甲

子日에 壬申 癸酉時가 절로공망이 되고 나머지는 아니다. 이 공망은 원명(原命)에 만난 경우뿐만 아니라 대운이나 유년 택일 등 모든 일에도 좋지 않고 재물을 구하는 경우에도 불리하다.
[절로(截路)는 길을 가는 중에 물(壬癸)이 길을 막는 것이다.]

론사대공망(論四大空亡)

甲子와 甲午旬에는 납음오행의 水가 없다. (水 공망)
甲寅과 甲申旬에는 납음오행의 金이 없다. (金 공망)

甲子 甲午 旬中水絶流 甲寅與甲申 金氣杳難求. 六甲中只有甲辰 甲戌 二旬之中 有金木水火土全 內甲子 甲午旬中獨無水 甲寅 甲申旬無金 此四旬中 五行不全 謂之四大空亡 如甲子 甲午旬 主人見水者謂之正犯 如當生命中不犯 行運至水者亦爲犯也 甲申 甲寅旬亦同此論

◉ 甲子 甲午旬 중에는 水가 없고 甲寅과 甲申은 金이 없다. 六甲중에 甲辰 甲戌의 두 개의 旬에는 金木水火土가 온전하지만 甲子와 甲午 旬중에는 水가 없고 甲寅과 甲申 旬중에는 金이 없다. 이 네 개의 旬中에는 五行이 온전치 못하여 사대공망(四大空亡)이 된다. 예컨대 甲子 甲午가 있는 사람이 水를 만나면 四大空亡을 정확히 만난 것이다. 만약 命 중에 없고 運에서 水를 만나도 역시 만난 것이다. 甲申 甲寅 旬도 같은 방법으로 논한다.

론십악대패일(論十惡大敗日)

甲辰乙巳与壬申 丙申丁亥及庚辰 戊戌癸亥加辛巳 乙丑都来十位神 邦國用兵須大忌 龍蛇出穴也難伸 人命若還逢此日 倉庫金銀化作塵

◉ 甲辰 乙巳 壬申 丙申 丁亥 庚辰 戊戌 癸亥 辛巳 乙丑일로 모두 열 개에 해당한다. 국가에서 용병(用兵)할 때 크게 꺼릴 수밖에 없는데 용

이나 뱀이 구멍을 나와 몸을 펴지 못하는 것이다. 이 日을 만난 사람은 창고(倉庫)에 있는 금은재화(金銀財貨)가 먼지로 변한다.

十惡者 凶也 大敗者 怯敵也 謂六甲旬中 有十個日値祿入空亡 此十日謂之大敗 故曰十惡大敗 命中犯者 當以日主見之方是 其餘見之 未可便作十惡論 若有吉神扶之稍吉 何以謂之祿入空亡? 如甲辰 乙巳者 甲以寅爲祿 乙以卯爲祿 是甲辰祿以寅卯木爲空 逢此爲祿入空亡 是以敗也 壬申者 壬以亥爲祿 甲子旬以亥爲空亡 是以敗也 餘皆仿此.

◉ 십악(十惡)은 흉을 말하고 대패(大敗)는 겁적(怯敵-적을 두려워하는 것)을 말한다. 六甲의 순(旬)중에 十日의 祿이 공망이 되므로 이 10日을 대패(大敗)라고 하기 때문에 십악대패(十惡大敗)라고 부른다. 日主에 있을 경우에만 十惡으로 논하고 그 외에 나머지는 십악으로 논하지 않는다. 만약 吉神이 부조(扶助)하면 점차 좋아진다. 祿이 공망(空亡)에 든다는 것은 무슨 말인가? 예컨대 甲辰이나 乙巳日의 경우 甲의 祿은 寅이고 乙의 祿은 卯가 되는데 甲辰旬은 寅卯록이 공망이므로 록입공망(祿入空亡)이 되므로 敗가 맞다. 壬申日의 경우 壬의 祿은 亥가 되고 甲子旬은 亥가 空亡이므로 敗가 된다. 나머지도 이렇게 본다.

론사폐일(論四廢日)

春月에	庚申日	(金囚-금수)
夏月에	壬子日	(水囚-수수)
秋月에	甲寅日	(木囚-목수)
冬月에	丙午日	(火囚-화수)

今人以春見庚辛 夏見壬癸 秋見甲乙 冬見丙丁爲廢者 皆非也

◉ 春月에 庚辛이 보이거나 夏月에 壬癸가 보이거나 秋月에 甲乙이 보이거나 冬月에 丙丁이 보이면 모두 좋지 않다.

○囚死 囚而無用謂之廢 春乃木神用事 金囚而無用 故以庚金爲廢 夏用火而壬水爲廢 秋用金而甲木爲廢 冬用水而丙火爲廢 凡命中有遇之者 主作事無成 要分春夏秋冬四季看方准

○수(囚)는 죽은 것이다. 수(囚)는 쓸모없으므로 폐(廢)라고 한다. 春月은 木이 용사(用事)하므로 金은 囚가 되어 무용지물이 되고 庚金이 폐(廢)가 되고, 夏月은 火가 用事하므로 壬水가 폐(廢)가 되고 秋月은 金이 用事하므로 甲木이 폐(廢)가 되고 冬月은 水가 용사(用事)하므로 丙火가 폐(廢)가 된다. 命中에 수(囚)를 만나면 일을 이루지 못한다. 춘하추동으로 구분하여 본다.

론천지전살(論天地轉殺)

春兎夏馬天地轉 秋雞冬鼠便爲殃 行人在路須憂死 造屋未成先架喪

◉ 春에 토(兎-卯) 夏에 마(馬-午)가 秋에 계(雞-酉) 冬에 서(鼠-子)가 천지전(天地轉)인데 재앙(災殃)이다. 길을 가다 죽을 수도 있고 집을 짓는 중에 상사(喪事)를 당할 수 있다.

○物極而反謂之轉 旺連天干曰天轉 旺連納音曰地轉 謂之天地轉 如春木旺之時 見乙卯乃天連天 謂之天轉 見辛卯乃旺連納音 謂之地轉 夏乃火旺 見丙午爲天轉 見戊午爲地轉 秋乃金旺 見辛酉爲天轉 見癸酉爲地轉 冬乃水旺之時 見壬子爲天轉 丙子爲地轉 地轉取納音爲是 其日最忌 上官受職 出行商賈 造作 嫁娶 必主凶 命逢此日 必主夭折.

天地轉殺	天轉殺	地轉殺
寅卯辰月-卯	乙卯日	辛卯日
巳午未月-午	丙午日	戊午日
申酉戌月-酉	辛酉日	癸酉日
亥子丑月-子	壬子日	丙子日

○物이 극(極)에 달하면 반전(反轉)되듯이 천간의 旺이 연속되는 천전

(天轉)이 있고 납음으로 旺이 연속되는 지전(地轉)이 있는데 이를 천지전(天地轉)이라고 한다. 예컨대 春月은 木이 旺하므로 乙卯를 만나면 천전(天轉)이 되고 辛卯(송백목)를 만나면 지전(地轉)이 된다. 夏月은 火가 旺하므로 丙午를 만나면 천전이 되고 戊午(천상화)를 만나면 地轉이 된다. 秋月은 金이 旺하므로 辛酉를 만나면 천전이 되고 癸酉(검봉금)를 만나면 지전이 된다. 冬月은 水가 旺하므로 壬子를 만나면 天轉이 되고 丙子(간하수)를 만나면 지전이다. 지전(地轉)은 납음을 취하는 날로 가장 꺼리는데 승진 구직 외출 상업 제조 결혼에 흉하기 때문이다.

론천라지망(論天羅地網)

辰爲地網 戌爲天羅 又爲魁罡所占 天乙不臨之地也

◉ 辰은 지망(地網)이 되고 戌은 천라(天羅)가 된다. 辰戌은 괴강(魁罡)이 차지하고 있어서 天乙貴人이 임(臨)하지 않는다.

| 辰-지망(地網) | 戌-천라(天羅) |

○何以見戌與亥爲天羅 辰與巳爲地網 ? 凡火命人遇戌亥是爲天羅 水土命人逢辰巳是爲地網 乃五行墓絶處也 乃暗昧不明 不決之謂也 若金木生人 無天羅地網之說 男子忌之於天羅 女子忌之於地網 多主塞滯 加惡殺必至死亡.

○왜 戌亥가 보이면 천라(天羅)가 되고 辰巳는 지망(地網)이 되는가? 납음의 火命이 戌亥를 만나면 천라가 되고 납음의 水土命이 辰巳를 만나면 지망이 되는데 진술(辰戌)은 오행(水火)이 묘절(墓絶) 처(處)에 속하여 진위(眞僞)가 분명치 않기 때문이다. 납음이 金木에 속하는 사람은 천라지망이 없다. 남자는 천라(天羅-戌)를 꺼리고 여자는 지망(地網-辰)을 꺼리는데 일이 막히고 나쁜 살이 가세하면 반드시 죽는다.

론양인(論陽刃)

陽刃對宮卽飛刃 羊 詳剛也 刃者 主刑也 祿過則刃生 功成當退不退 乃狼而進也 言進而有傷官 陽刃當居祿前一辰 謂吉極則否矣

◉ 陽刃을 冲하는 宮이 비인(飛刃)이다. 양(羊)은 강(剛)이 되고 인(刃)은 刑이 된다. 祿을 지나 刃이 생기는 것은 功을 이루면 당연히 물러나는 것인데 물러나지 않기 때문이다. 한 걸음 더 가면 상관이 있다. 陽刃은 祿 앞에 있고 吉이 극에 달하여 막히는 것을 말한다.

甲生人	卯陽刃 酉飛刃	乙生人	辰陽刃 戌飛刃
丙生人	午陽刃 子飛刃	丁生人	未陽刃 丑飛刃
戊生人	午陽刃 子飛刃	己生人	未陽刃 丑飛刃
庚生人	酉陽刃 卯飛刃	辛生人	戌陽刃 辰飛刃
壬生人	子陽刃 午飛刃	癸生人	丑陽刃 未飛刃

론대운기법(論大運起法)

凡起大運 俱從所生之日 陽男陰女順行 數至未來節 陽女陰男逆行 數已過去節 但折除三日爲一歲

◉ 大運의 수(數)를 일으키는 것은 모두 生日을 따른다. 年干이 양남음녀(陽男陰女)는 순행(順行)하므로 미래절(未來節)에 이르는 수(數)를 세고 음남양녀(陰男陽女)는 역행(逆行)하므로 지난 과거절(過去節)에 이르는 수(數)를 센다. 단 그 數를 3日로 절제(切除)한 것을 1세(歲)로 삼는다.

陽男陰女順運 假如甲子年 甲己之年丙作首 正月建丙寅 初一日立春後一日生男 順數至二月節驚蟄 且得三十日 起十歲運 順行丁卯 如乙丑年 乙庚之歲成爲頭 正月起戊寅 初一立春 十八日生女 順數至二月驚蟄節止 得四三十二日 起四歲運 順行己卯 餘皆仿此

● 양남음녀는 순운(順運)이므로 가령 甲子年이면 甲己之年은 丙寅이 시작이 되므로 正月은 丙寅이 된다. 초1일이 立春일 경우 다음날 태어난 남자는 二月節의 경칩(驚蟄)까지 수(數)를 세면 30日을 얻게 되므로 10세 運이 일어나고 순행하므로 丁卯가 된다. 만약 乙丑年이면 乙庚之年은 正月이 戊寅이다. 初 1日이 입춘일 경우 18日에 태어난 여자는 二月의 경칩절(驚蟄節)까지 數를 세면 12가 된다. 3으로 제하면 4가 되므로 4세부터 大運이 일어나고 순행하면 己卯가 된다. 나머지도 모두 이와 같다.

陰男陽女逆運 假如乙丑年 乙庚之歲戊爲頭 正月起戊寅 初一日立春後 十五日生男 逆數至初一立春節止 得五三十五日 起五歲運 運行丁丑 如 甲子年 甲己之年丙作首 正月雨寅 初一立春後十日生女 逆數至初一日 立春止 得九日 三三單九日 起三歲運 逆行乙丑 餘皆仿此 若多一日 減 一日 少一日 增一日

● 음남양녀는 역운(逆運)이므로 가령 乙丑年이면 乙庚之年은 戊가 시작이므로 戊寅이 정월이다. 初 1日이 입춘일 경우 입춘 후 15日에 태어난 남자는 역수(逆數)로 입춘 절까지 세어 가면 15가 되므로 3으로 제하면 5가 된다. 즉 5歲부터 대운이 일어나고 역행하여 丁丑 大運이 된다. 만약 甲子年이면 甲己之年는 正月이 丙寅이다. 初 1日이 입춘일 경우 입춘 후10日에 태어난 여자는 역수(逆數)로 初 1日인 立春까지 세어 가면 9日이 되므로 3으로 제하면 3이 나온다. 즉 3歲부터 運이 일어나고 역행하므로 乙丑 대운이 된다. 모두 이런 방식이다. 만약 3으로 제하여 1이 남으면 1을 버리고 2가 남으면 1을 더해준다.

론행소운법(論行小運法)

凡小運不問陰陽二命 男一歲起丙寅 二歲丁卯順行 截法 十一丙子二十一丙戌 周而復始 女一歲起壬申 二歲辛未逆行 截法 一歲壬申 十一壬戌 二十一壬子 周而復始

◉ 小運은 양남음녀나 음남양녀를 구분하지 않고 남자는 1세에 丙寅 2세에 丁卯로 순행(順行)하여 11세는 丙子 21세는 丙戌이 된다. 여자는 1세에 壬申 2세에 辛未로 역행(逆行)하여 11세는 壬戌 21세는 壬子가 된다.

론오행상생상극(論五行相生相剋)

論五行相生 金生水 水生木 木生火 火生土 土生金 論五行相剋 金剋木 木剋土 土剋水 水剋火 火剋金 生我者爲父母 我生者爲子孫 剋我者爲官鬼 我剋者爲妻財 比和者爲兄弟 詳五陽五陰通變圖

◉ 相生은 金生水 水生木 木生火 火生土 土生金이 되고 相剋은 金剋木 木剋土 土剋水 水剋火 火剋金이 된다. 나를 生하는 것은 부모가 되고 내가 生하는 것은 자손이 되고 나를 剋하는 것은 관귀(官鬼)가 되고 내가 剋하는 것은 처재(妻財)가 되고 비화(比和-비겁)는 형제가 된다. 오양오음통변도(五陽五陰通變圖)에 있다.
-{양오음통변도(五陽五陰通變圖)는 22페이지에 도표가 있다.}-

론절후가(論節侯歌)

正月-立春 雨水	二月-驚蟄 春分	三月-淸明 穀雨
正月-입춘 우수	二月-경칩 춘분	三月-청명 곡우
四月-立夏 小滿	五月-芒種 夏至	六月-小暑 大暑
四月-입하 소만	五月-망종 하지	六月-소서 대서
七月-立秋 處暑	八月-白露 秋分	九月-寒露 霜降
七月-입추 처서	八月-백로 추분	九月-한로 상강
十月-立冬 小雪	子月-大雪 冬至	丑月-小寒 大寒
十月-입동 소설	子月-대설 동지	丑月-소한 대한

론천지간지암장총결 (論天地干支暗藏總訣)

立春念三丙火用 餘日甲木旺提綱
◉ 立春 ; 입춘부터 23日은 丙火가 주관하고 나머지 7日은 甲木이 왕하여 제강(提綱)이 된다.

驚蟄乙木未用事 春分乙木正相當
◉ 驚蟄 ; 경칩이지만 乙木이 아직 주관하지 못하고 甲木이 계속 15日 다스리고 春分이 되면 乙木을 관장한다.

淸明乙木十日管 後來八日癸水詳 穀雨前三戊土盛 其中土旺要消詳
◉ 淸明 ; 청명부터 10日은 乙木이 주관하고 뒤의 8日은 癸水가 관장하고 곡우(穀雨)에서 3日이 지나면 戊土가 12日 관장한다.

立夏又伏戊土取 小滿過午丙火光
◉ 立夏 ; 입하부터 戊土가 15日을 관장하고 소만(小滿)당일 정오(正午) 이후 15日은 丙火가 관장한다.

芒種己土相當好 中停七日火高强 夏至陰生陽極利 丙丁火旺有主張
◉ 芒種 ; 망종부터 7日은 己土가 관장하고 7日이 지난 후 8日일부터 丙丁火가 관장한다. 夏至에서 陽이 극(極)에 달하여 陰이 생하는 하지부터 다시 丙丁火가 15日 관장한다.

小暑十日丁火旺 後來三日乙木芳 己土三日威風盛 大暑己土十日黃
◉ 小暑 ; 소서부터 10日은 丁火가 관장하고 소서에서 11日이 되는 날부터 3日은 乙木이 관장하고 소서에서 14日이 되는 날부터 3日은 己土가 관장하고 大暑부터 10日을 다시 己土가 관장하고 나머지 4日은 壬水가 관장한다.

立秋十日壬水漲 處暑十五庚金良
◉ 立秋 ; 입추부터 10일은 壬水가 관장하고 나머지 5日은 庚金이 관장하고 처서부터 15日은 다시 庚金이 관장한다.

白露七日庚金旺 八日辛兮福獨行

◉ 白露 ; 백로부터 7日은 庚金이 관장하고 8日부터 시작하여 23日동안 辛金이 관장한다.

寒露七日辛金管 八日丁火又水降 霜降己土十五日 其中雜氣取無妨
◉ 寒露 ; 한로부터 7日은 辛金이 관장하고 8日이 되는 날부터 시작하여 8日동안 丁火가 관장하고 상강부터 15일은 己土가 관장한다. 그중에 丁辛 잡기(雜氣)를 취하여도 무방하다.

立冬七日癸水旺 壬水八日更流忙 小雪七日壬水急 八日甲木又芬芳
◉ 立冬 ; 입동부터 7日은 癸水가 관장하고 그 후 8日은 壬水가 관장하고 이어서 소설(小雪)부터 다시 壬水가 7일 동안 관장하고 나머지 8日은 甲木이 관장한다.

大雪七日壬水管 冬至癸水更深旺
◉ 大雪 ; 대설부터 7일은 壬水가 관장하고 그 후 8日은 癸水가 관장하고 동지부터 15日은 癸水가 관장한다.

小寒七日癸水養 八日辛金丑庫藏 大寒十日己土盛 術者精研仔細詳
◉ 小寒 ; 소한부터 7日은 癸水가 관장하고 그 후 8日은 辛金이 관장하고 대한(大寒)부터 5일은 다시 辛金이 관장하고 10일은 己土가 관장한다. 술자(術者)는 정밀히 연구하고 자세히 살피라.

-{천지간지암장총결(天地干支暗藏總訣)을 정밀히 연구하고 자세히 살피라고 했으나 역자는 아직 까지 원리와 용도를 알 수 없고 해설이 있는 서적을 볼 수 없었다.}-

우론절기가(又論節氣歌)

看命先須看日主 八字始能究奧理
◉ 看命은 먼저 日主를 보아야 八字의 오묘한 이치를 궁구할 수 있다.

假如子上十日壬 中旬下旬方是癸
◉ 子宮 대설부터 10日은 壬水가 되고 소한까지 20日은 癸水가 된다.

丑宮九日癸之餘 除却三辛皆屬己
◉ 丑宮 소한(小寒)부터 9日은 癸水가 되고 겸하여 3日은 辛金이 된다. 그 후 입춘까지 18日은 己土에 속한다.

寅宮戊丙各七朝 十六甲木方堪器
◉ 寅宮 입춘(立春)에서 7日은 戊土가 되고 다시 7日은 丙火가 되고 경칩까지 16日은 甲木이 감당한다.

卯宮陽木朝初旬 中下兩旬陰木是
◉ 卯宮 경칩(驚蟄)부터 10日은 甲木이고 청명까지 20日은 乙木이다.

三月九朝仍是乙 三日癸庫餘戊奇
◉ 辰宮 청명(淸明)부터 9日은 乙이고 3日은 癸水가 되고 나머지 18日은 戊土가 된다.

初夏九日生庚金 十六丙火五戊時
◉ 巳宮 입하(立夏)에서 5日은 戊土가 되고 9日은 庚金이 된다. 망종까지 16日은 丙火가 된다.

午宮陽火屬上旬 丁火十日九日己
◉ 午宮 망종(芒種)부터 10日은 丙火가 되고 9日은 己土를 취하고 소서까지 10日은 丁火가 된다.

未宮九日丁火明 三朝是乙餘是己
◉ 未宮 소서(小暑)부터 9日은 丁火가 되고 3日은 乙木이 되고 나머지 18日은 己土가 旺하다.

孟秋己七戊三朝 三壬十七庚金備
◉ 申宮 입추(立秋)부터 7일은 己土가 되고 겸하여 3일은 戊土가 되고 3日은 壬水로 보고 17日은 庚金이 된다.

酉宮還有十日庚 二十辛金屬旺地
◉ 酉宮 백로(白露)부터 10日은 庚金이 주관하고 나머지 20일은 辛金이 주관한다.

戌宮九日辛金盛 三丁十八戊土具
◉ 戌宮 한로(寒露)부터 9日은 辛金이 왕하고 3일은 丁火가 된다. 立冬까지 18일은 戊土가 旺하다.

亥宮七戊五日甲 餘皆壬旺君須記
◉ 亥宮 입동(立冬)부터 7일은 戊土가 되고 5日은 甲木이 되고 大雪까지 18日은 壬水가 된다.

須知得一擬三分 此訣先賢與驗秘
◉ 지(支) 하나로 셋의 분담을 헤아리는 선현(先賢)이 증험한 비결이다.

우지지장둔가(又地支藏遁歌)

支	子	丑	寅	卯	辰	巳	午	未	申	酉	戌	亥
藏遁	癸	癸辛己	戊丙甲	乙	乙癸戊	戊庚丙	丁己	丁乙己	戊壬庚	辛	辛丁戊	甲壬

子宮癸水在其中　丑癸辛金己土同　寅宮甲木兼丙戊　卯宮乙木獨相逢　辰藏乙戊三分癸　巳中庚金丙戊叢　午宮丁火拼己土　未宮乙己丁其宗　申位庚金壬水戊　酉宮辛字獨豐隆　戌宮辛金及丁戊　亥中壬甲是眞蹤
◉ 子중에는 癸, 丑중에는 癸辛己, 寅중에는 甲丙戊, 卯중에는 乙, 辰중

에는 乙癸戊, 巳중에는 戊庚丙, 午중에는 丁己, 未중에는 丁乙己, 申중에는 戊壬庚, 酉중에는 辛, 戌중에는 辛丁戊, 亥중에는 甲壬이 있다.

-{장둔(藏遁)은 支中에 있는 인원(人元)을 말한다. 인원(人元-藏遁)에서 격(格) 용신(用神) 육친(六親)등을 취한다. 아래의 인원(人元) 구성 원리는 역자(譯者)의 견해(見解)를 밝힌 것이다. 강한 것이 人元이 되는 것을 알 수 있다.}-

● 寅申巳亥는 장생(長生) 관지(官地) 지지(地支)가 인원(人元)이 된다.
○ 寅은 長生이 되는 戊丙과 地支의 甲이 人元이 된다.
○ 申은 長生이 되는 戊壬과 地支의 庚이 人元이 된다.
○ 巳는 長生이 되는 庚과 官地가 되는 戊와 地支의 丙이 人元이 된다.
○ 亥는 長生이 되는 甲과 地支의 壬이 人元이 된다. 寅申巳에는 모두 戊土-人元이 있지만 오직 亥중에는 戊土가 없는 것은 戊土가 亥에 絶地가 되어 무력하기 때문이다.

寅宮(艮土)과 申宮(坤土)은 모두 土의 장생지가 되는데 寅중에는 土를 생하는 火가 있지만 申중에는 土를 생하는 火가 없다. 역경에 이르길 土는 艮宮에서 생하고 坤宮에서 마친다고 했다. 따라서 申에서 장생한 戊土는 그 자리에서 장생이 될 뿐 더 이상 순환하지 않는 것으로 보인다. 인(寅)중 丙火는 甲木의 生을 받고 戊土는 丙火의 생을 받고 순환한다. 또 寅에서 丙戊가 함께 長生이 되는 것은 戊土는 火에 기생(寄生)하기 때문이다. 즉 土는 춘하추동(春夏秋冬)의 사계(四季)에 속하지 않기 때문에 火에 기생(寄生)한다. 申에서 戊가 長生이 되는 것은 申은 坤土의 자리가 되기 때문이다. 申 중 壬水는 庚金의 생을 받고 순환하고 巳중 庚金은 戊土의 생을 받고 순환한다. 亥중에 甲木 역시 壬水의 생을 받고 순환한다. 그러나 申중의 戊土는 火가 없기 때문에 생을 받지 못한다. 亥중에 戊土-人元이 없는 것은 戊土가 亥에 絶地가 되기 때문이다.

● 子午卯酉는 관지(官地)와 地支가 인원(人元)이 된다.
○ 子는 癸 관지(官地)와 地支의 癸가 人元이 된다.

○ 午는 己 관지(官地)와 地支의 丁이 人元이 된다.
○ 卯는 乙 관지(官地)와 地支의 乙이 人元이 된다.
○ 酉는 辛 관지(官地)와 地支의 辛이 人元이 된다.
※ 子午卯酉에는 장생이 없고 오직 官地가 되는 天干만 있다. 子午卯酉에 장생이 없는 것은 장생지에서 설기 당하기 때문이다. 午는 丁己가 官地가 되면서 동시에 地支의 丁이 人元이 된다.

● 辰戌丑未는 장생(長生)과 관지(官地)가 되는 천간이 나오지 않기 때문에 長生의 앞자리인 양지(養地)와 임관(臨官)의 앞자리에 있는 관대(官帶)와 지지(地支)가 인원(人元)이 된다. 이로 미루어보면 관대(官帶)와 양지(養地)는 관지(官地)와 장생(長生) 다음으로 강하다는 것을 알 수 있다.
○ 辰은 乙木 冠帶와 癸水 養地와 地支의 戊土가 人元이 된다.
따라서 辰중에는 乙癸戊가 있게 된다.
○ 戌은 辛金 冠帶와 丁火 養地가 地支의 戊土가 人元이 된다.
따라서 戌중에는 辛丁戊가 있게 된다.
○ 丑은 癸水 관대(冠帶)와 辛金 양지(養地)와 地支의 己土가 人元이 된다. 丑중의 己土는 人元이 되기는 하지만 己土를 생하는 火가 없고 辛金이 설기하므로 약하다.
○ 未는 丁火 관대(冠帶)와 乙木 양지(養地)와 地支의 己土가 人元이 된다. 未중의 己土는 未중의 丁火가 생하기 때문에 丑중의 己土와 달리 아주 강하다.

십간체상(十干體象)

※ 醉醒子集 附之便覽 ※취성자의 문집이다.

甲木天干作首排 原無枝葉與根荄 欲存天地千年久 直向泥沙萬丈埋
斲就棟梁金得用 化成灰炭火爲災 蠢然块物无机事 一任春秋自往來

⊙ 甲木은 천간의 시작으로 하였고 원래 지엽(枝葉)과 뿌리가 없으므로 天地에서 천년을 버티려면 모래진흙에 만장(萬丈)이 묻혀야한다.

⊙ 깎아서 동량(棟梁)을 이루려면 金을 써야하고 타면 재(灰)가 되므로 火를 재난(災難)으로 본다. 미욱하여 기교가 없고 오가는 세월에 맡긴다.

乙木根荄種得深 只宜陽地不宜陰 漂浮最怕多逢水 刻斫何須苦用金
南去火炎災不淺 西行土重禍猶侵 棟梁不是連根木 辨別工夫好用心

⊙ 乙木은 풀뿌리이므로 씨가 깊고 양지(陽地-丙巳)가 되어야 하고 음지(陰地-丁午)는 좋지 않다. 水가 많으면 떠돌게 되므로 가장 꺼리고 金으로 깎아내고 찍어내면 괴롭다.

⊙ 남방의 화염(火炎)으로 가면 재난이 가볍지 않고 토(土)가 중(重)하고 西方의 金으로 가면 화(禍)가 침범한다. 동량(棟梁)아니고 뿌리가 이어진 木이므로 변별(辨別)할 때 정신을 집중해야한다.

丙火明明一太陽 原從正大立綱常 洪光不獨窺千里 巨焰猶能遍八荒
出世肯爲浮木子 傳生不作濕泥娘 江湖死水安能剋 惟怕成林木作殃

⊙ 밝은 丙火는 하나의 태양으로 공정(公正)하여 삼강(三綱)과 오상(五常)을 세운다. 큰 빛은 천리에 비출 뿐만 아니라 큰 불꽃이므로 온 세상에 퍼진다.

⊙ 부목(浮木-乙木)의 자식으로 세상에 나왔으나 습토(濕土)를 생하는 인수가 아니다. 강호(江湖)의 사수(死水-壬)가 어찌 극(剋)할 수 있겠는가. 오히려 숲을 두려워하고 木이 재앙을 만든다.

丁火其形一燭燈 太陽相見奪光明 得時能鑄千斤鐵 失令難熔一寸金
雖少乾柴尤可引 縱多濕木不能生 其間衰旺當分曉 旺比一爐衰一熒

⊙ 丁火의 형상은 등불이므로 태양이 보이면 빛을 빼앗긴다. 득시(得時)하면 천근의 철도 주물(鑄物)로 만들지만 실령(失令)하면 한 치의 쇠도 녹이지 못한다.

⊙ 마른 쏘시개는 큰 불이 되지만 습목(濕木)은 많아도 화(火)로 변하지 못한다. 旺과 衰를 알아야하니 왕(旺)하면 화로(火爐)와 같지만 쇠(衰)

하면 등잔(燈盞)에 불과하다.

**戊土城牆堤岸同　鎮江河海要根重　柱中帶合形還壯　日下乘虛勢必崩
力薄不勝金漏泄　功成安用木疏通　平生最要東南健　身旺東南健失中**

⊙ 戊土는 성곽(城郭)이 되고 제방(堤防)이 되는데 강하(江河)와 바다를 제압하려면 뿌리가 重해야한다. 柱中에 합을 가지고 있으면 튼튼하나 日支가 허(虛)하면 무너진다.

⊙ 힘이 약하면 金의 설기를 감당하지 못하고 木이 소통(疏通)해주면 功을 이룬다. 평생 동남(東南-巳)운을 가장 원하지만 신왕한데 동남(東南-巳)을 만나면 너무 강하여 중화를 잃는다.

**己土田園屬四維　坤深能爲萬物基　水金旺處身還弱　火土功成局最奇
失令豈能埋劍戟　得時方可用鎡基　漫誇印旺兼多合　不遇刑冲總不宜**

⊙ 己土는 전원(田園)으로 사유(四維)에 속하므로 곤(坤-己)이 왕하면 만물의 터가 된다. 水-財나 金-식상이 왕한 곳에서 신약하게 되므로 火土로 功을 이루면 가장 좋은 국(局)이 된다.

⊙ 실령(失令)하면 검극(劍戟)을 묻을 수 없고 득시(得時)하면 호미를 쓸 수 있다. 인수가 왕하고 합이 많으면 身이 너무 왕하고 刑冲하면 불우(不遇)하니 모두 마땅치 않다.

-{검극(劍戟)은 칼이 아닌 木을 말한다.}-

**庚金頑鈍性偏剛　火制功成怕水鄉　夏産東南過鍛煉　秋生西北亦光芒
水深反是他相剋　木旺能令我自傷　戊己干支重遇土　不逢衝破即埋藏**

⊙ 庚金은 무디고 강(剛)하여 火로 制하면 功을 이루지만 水를 두려워한다. 여름에 태어나고 東南-木火운으로 가면 단련(鍛鍊)이 지나치고 가을에 태어나고 西北-金水운으로 가면 금수쌍청(金水雙淸)으로 빛이 난다.

⊙ 水가 왕성하면 水를 극하는 土가 있어야하고 木이 왕하면 나로 하여금 스스로 상(傷)한다. 干支에 戊己가 있고 土가 많을 경우 충파(冲破)를 만나지 못하면 매장된다.

辛金珠玉性通靈　最愛陽和沙水清　成就不勞炎火煆　滋扶偏愛濕泥生

木多火旺宜西北 水冷金寒要丙丁 坐祿通根身旺地 何愁厚土沒其形

⊙ 辛金 보석은 영민(靈敏)한 性이므로 丙火로 비추고 사수(沙水)로 씻어주는 것을 가장 좋아 한다. 불로 달구지 않아야 성취(成就)하게 되므로 습토로 생하는 것을 아주 좋아한다.

⊙ 木이 많고 火가 旺하면 西北이 마땅하고 수랭금한(水冷金寒)하면 丙丁이 있어야 하고 日支의 酉金에 통근하면 신왕지가 되므로 후토(厚土)에 묻힐 걱정이 없다.

壬水汪洋並百川 漫流天下總無邊 干支多聚成漂蕩 火土重逢涸本源
養性結胎須未午 長生歸祿屬乾坤 身强原自無財祿 西北行程厄少年

⊙ 壬水는 백천(百千)이 모여 왕양(汪洋)하므로 천하(天下)에 가득하다. 壬水가 干支에 많이 모여 있으면 떠돌이가 되고 火土를 중봉(重逢)하면 수원(水源)이 고갈한다.

⊙ 午에 태(胎)가 되고 未에 양(養)이 되고 申에 長生이 되고 亥에 祿이 되는 것을 보라. 自旺하여 신강하면 재록(財祿)이 없고 西北 운으로 가면 소년(少年)에 액(厄)을 만난다.

癸水應非雨露麽 根通亥子卽江河 柱無坤坎身還弱 局有財官不尙多
申子辰全成上格 午寅戌備要中和 假饒火土生深夏 西北行程豈太過

⊙ 癸水는 비나 이슬인데 亥子에 통근하면 강하(江河)가 되고 柱중에 申이나 子가 없으면 신약하므로 局중에 재관이 많으면 안 된다.

⊙ 申子辰이 온전하여 上格이 되려면 寅午戌이 구비되어 중화(中和)되어야 한다. 여름에 태어나면 火土가 왕하니 西北 운으로 가는 것을 어찌 태과(太過)하다고 하겠는가.

십이지체상(十二支體象)

月支子水占魁名 溪澗汪洋不盡淸 天道陽回行土旺 人間水暖寄金生
若逢午破應無定 縱遇卯刑還有情 柱內申辰來合局 卽成江海發濤聲

⊙ 子水는 월지의 첫 字로 냇물이 모여 큰물이 되어 넘치면 맑을 수 없다. 천도(天道)가 陽으로 돌아서 土가 旺한 곳으로 가면 따뜻한 水가 되므로 金의 生에 의지한다.

⊙ 午를 만나 깨지면 안정하지 못하나 卯를 만나 刑이 되지만 유정(有情-吉)하게 된다. 柱 중에 申이나 辰으로 합국이 되면 강이나 바다가 되어 파도소리가 난다.

-{子가 午를 만나면 子중의 癸가 깨지는데 이때 卯를 만나면 卯중의 乙이 午중의 己를 극하여 유정(有情)하게 된다.}-

隆冬建丑怯冰霜 誰識天時轉二陽 暖土誠能生萬物 寒金難道只深藏
刑沖未戌非無用 類聚雞蛇信有方 若在日時多水木 直須行入巽離鄕

⊙ 丑月은 엄동이니 빙상(氷霜)이 겁나지만 알다시피 이양(二陽)이 되어 土가 따뜻해지고 만물을 길러낼 수 있기 때문에 한금(寒金-丑중 辛金)이 숨어 있어도 버티지 못한다.

⊙ 戌未가 刑沖하여도 쓸모가 없는 것이 아니니 巳酉丑 합이 되면 확실히 쓸모가 있다. 만약 日時에 水木이 많으면 巳午 운으로 가는 것이 맞다.

艮宮之木建於春 氣聚三陽火在寅 志合蛇猴三貴客 類同卯未一家人
超凡入聖唯逢午 破祿傷提獨慮申 四柱火多嫌火地 從來燥木不南奔

⊙ 간(艮)궁의 寅木은 봄의 시작이고 삼양(三陽)의 氣가 모인데다 寅중에는 火가 있다. 巳申과 뜻이 맞으면 삼귀(三貴)객이 되고 卯未는 寅木과 한 집안 사람으로 보라.

⊙ 성인(聖人)의 경지에 오르는 것은 오직 午火를 만나야하고 인록(寅祿)을 깨거나 제강(提綱)을 상하는 신(申)이 걱정이다. 火가 많은 사주는 火地를 싫어하고 寅木이 말라 있으면 남방으로 가면 안 된다.

卯木繁華秉氣深 仲春難道不嫌金 庚辛疊見愁申酉 亥子重來忌癸壬
禍見六冲應落葉 喜逢三合便成林 若歸日時秋金重 更向西行患不禁

◉ 卯木은 木氣가 깊숙이 장악하여 무성한데 卯가 어찌 金을 싫어하겠는가. 그러나 庚辛이 겹쳐있으면 申酉를 꺼리고 亥子가 重하면 壬癸를 꺼린다.

◉ 酉가 卯를 冲하면 잎이 떨어지므로 亥卯未 三合을 좋아하는데 바로 숲이 되기 때문이다. 만약 日時에 金이 중한데 金운으로 가면 화환(禍患)을 막을 수 없다.

辰當三月水泥溫 長養堪培萬木根 雖是甲衰乙餘氣 縱然壬墓癸還魂
直須一鑰能開庫 若遇三冲即破門 水木重逢西北運 只愁厚土不能存

◉ 辰月은 따뜻한 습토가 되므로 모든 木의 뿌리를 길러준다. 甲木이 衰하면 辰중에 乙木의 여기가 있고 壬水는 辰에 墓가 되지만 癸水가 다시 소생(甦生)한다.

◉ 열쇠 하나로만 고(庫)를 열어주어야(辰戌冲) 하고 三冲(戌戌辰)을 만나면 門이 부서진다. 水木이 많고 西北 운으로 가면 후토(厚土)지만 견디지 못한다.

-{문(門)이 부서지면 그때부터 고(庫)가 아니다.}-

巳當初夏火增光 造化流行正六陽 失令庚金生賴母 得時戊土祿隨娘
三刑傳送反無害 一撞登明便有傷 行到東南生發地 燒天烈焰豈尋常

◉ 巳月은 초여름이라 火가 더욱 빛을 발휘하는데 조화(造化)의 흐름을 따라 육양(六陽)에 이르렀다. 庚金이 실령(失令)하였지만 母(戊)를 의지하니 戊土가 得時하여 祿이 되므로 어미(戊)를 따른다.

◉ 申으로 三刑이 되어도 해가 없으나 亥가 冲하면 바로 상(傷)한다. 운이 東南에 이르면 生發地가 되어 불길(火)이 맹렬(猛烈)하므로 예사롭지 않게 봐야 한다.

-{예사롭지 않다는 것은 강하게 작용한다는 의미다.}-

午月炎炎火正升 六陽氣續一陰生 庚金失位身無用 己土歸垣祿有成
申子齊來能戰剋 戌寅同見越光明 東南正是身强地 西北休囚已喪形

◉ 午月은 火가 타오르는 더위로 육양(六陽)의 氣가 이어지고 일음(一陰)이 생하는 곳이다. 庚金은 자리를 잃고(敗地) 신(身)이 쓸모없게 되나 己土는 祿을 이루는 곳이다.
◉ 申子가 함께 있으면 싸움이 되고 戌寅이 함께 보이면 빛이 넘치고 東南은 신강한 곳이 되지만 西北에서는 휴수(休囚)되어 이미 죽은 형상이다.

未月陰深火漸衰 藏官藏印不藏財 近無亥卯形難變 遠帶刑冲庫亦開
無火怕行金水去 多寒偏愛丙丁來 用神喜忌當分別 莫把圭璋作石猜
◉ 未月은 陰이 깊어지고 火는 점차 衰한다. 관성이나 인성은 장간(藏干)에 있어도 되지만 財는 庫중에 있으면 안 된다. 즉 財庫는 冲해야 한다. 亥卯가 가까이 있지 않으면 형(形)이 변하기 어렵고 刑冲이 멀리 있어도 庫가 열린다.
-{亥卯가 옆에 있으면 未土가 木으로 변한다.}-
◉ 火가 없으면 金水 운을 꺼리고 한기(寒氣)가 많으면 丙丁을 아주 좋아한다. 마땅히 용신과 희신과 기신을 분별하는 것이 중요하므로 用喜忌神을 하찮은 돌로 보면 안 된다.

申金剛健月支逢 水土長生在此宮 巳午爐中成劍戟 子辰局裏得光鋒
木多無水終能勝 土重埋金卻有凶 欲識斯神何所似 溫柔珠玉不相同
◉ 강건한 申金을 월지에 만났으니 이곳은 水土가 장생하는 宮이다. 巳午(용광로)가 있으면 검극(劍戟)을 이루고 子辰이 국을 이루면 광봉(光鋒)을 얻는다.
◉ 木이 많아도 水가 없으면 결국 木을 이길 수 있고 土가 중하면 金이 묻히게 되므로 오히려 흉하다. 이 申金과 같은 것이 무엇인가 알아 봤는데 주옥(珠玉-酉)은 따뜻하고 부드러워 신금(申金)과 같지 않더라.

八月從魁已得名 羨他金白水流淸 火多東去愁寅卯 木旺南行怕丙丁
柱見水泥應有用 運臨西北豈無情 假若三合能堅銳 不比頑金未煉成
◉ 酉月은 종괴(從魁)라는 이름을 얻었는데 남들(다른 地支)이 부러워하는 금백수청(金白水淸)이다. 火가 많고 東으로 가면 寅卯가 두렵고 木

이 왕하고 南으로 가면 丙丁이 두렵다.
⊙ 柱 중에 습토가 보이면 쓸모 있으니 운이 西北으로 가도 나쁘지 않다. 만약 巳酉丑이 되어 단단하고 강하여도 단련(鍛鍊)되지 않은 庚金하고 비교하지마라.

九月河魁性最剛 漫云於此物收藏 洪爐巨火能成就 鈍鐵頑金賴主張
海窟冲龍生雨露 山頭合虎動文章 天羅雖是迷魂陣 火命逢之獨有傷
⊙ 戌月-하괴(河魁)는 기질이 강(剛)하여 여기에 가득하게 물(物)을 수장(收藏)한다고 멋대로 말하는데 용광로에 火가 커야 쇳덩이(頑金)를 다룰 수 있다고 할 수 있다.
⊙ 辰이 戌을 冲하면 은혜(恩惠)를 입고 寅戌合이 되면 문장으로 사람을 감동시킨다. 戌亥-천라(天羅)는 사람을 홀리는 미로(迷路)가 되므로 화명(火命)이 이를 만나면 혼자서 상(傷)한다.

登明之位水源深 雨雪生寒値六陰 必待勝光方用土 不逢傳送浪多金
五湖歸聚原成象 三合羈留正有心 欲識乾坤和暖處 即從艮震巽離尋
⊙ 亥月은 수원(水源)이 깊고 비와 눈이 육음(六陰-亥)을 만나 한기가 나온다. 午火가 있어야 土를 쓸 수 있고 金이 많으면 파도가 일어나므로 申金을 만나지 않아야 한다.
⊙ 水가 모여 오호(五湖)가 되면 수원(水源)의 상(象)이 되는데 申子辰 三合이 머무르면 생각이 깊고 바르다. 申亥(金生水)를 따뜻하게 하려면 寅卯巳午에서 찾아라.
-{십간체상과 십이지체상은 자평의 원문에는 없었던 것으로 명대(明代)의 취성자(醉醒子)가 작성한 것이다. 이것은 체상(體象)이므로 아직 변화가 일어나지 않은 것이다.}-

론일위주(論日爲主)

※ 자평의 원문이다.

予嘗觀唐書所載 有李虛中者 取人所生年月日時干支生剋論命之貴賤 壽夭之說 已詳之矣 至於宋時 方有子平之說 取日干爲主 以年爲根 以月爲苗 以日爲花 以時爲果 以生旺死絶 休囚制化决人生休咎 其理必然矣 復有何疑哉

◉ 내가 당서(唐書)에서 보았는데 이허중(李虛中)이 사람의 年月日時를 취하여 干支의 생극으로 命의 귀천(貴賤)과 수요(壽夭)를 자세히 논한 것이었다. 송대(宋代)에 와서 비로소 자평설이 있게 되었는데 日干을 위주로 하여 年은 뿌리 月은 싹 日은 꽃 時는 열매로 하여 생왕사절(生旺死絶)과 휴수제화(休囚制化)로 인생의 휴구(休咎-길흉)를 정한다. 이 이치가 필연적인데 더 이상 의심해서 뭐하겠는가.

一曰官 分之陰陽 曰官 曰殺 甲乙見庚辛也 (甲見庚爲殺 陽見陽也 見辛爲官 陽見陰也 乙木庚爲官 見辛爲殺)

◉ 첫째 官이다. 음양으로 나누면 관(官)과 살(殺)로 나누어지는데 甲乙이 庚辛을 만나는 것이다. (甲은 庚을 보면 殺이 되는 것은 陽이 陽을 보는 것이고. 辛을 보면 관성이 되는 것은 陽이 陰을 보는 것이다. 乙木은 庚이 관성이 되고 辛을 보면 殺이 된다.)

二曰財 分之陰陽 曰正財 偏財 甲乙見戊己是也 (陽見陰爲正財 陰見陰爲偏財)

◉ 둘째 財다. 음양으로 나누면 정재와 편재가 되고 甲乙이 戊己를 만난 것이다. (陽이 陰을 보면 정재가 되고 陰이 陰을 보면 편재가 된다.)

三曰生氣之陰陽 曰印綬 曰倒食 甲乙見壬癸是也 (甲見癸 乙見壬爲印綬 甲見壬 乙見癸爲偏印)

◉ 셋째 음양의 생기(生氣-인성)가 있다. 인수(印綬)가 있고 도식(倒食)이 있는데 甲乙이 壬癸를 만난 것이다. (甲이 癸를 보거나 乙이 壬을 보면 인수가 되고 甲이 壬을 보거나 乙이 癸를 보면 편인이 된다.)

四曰竊氣之陰陽 曰食神 曰傷官 甲乙見丙丁是也 (甲見丙爲食神 見丁爲傷官 乙見丁爲食神 見丙爲傷官)

◉ 넷째 氣를 훔쳐가는 음양이다. 식신과 상관이 있는데 甲乙이 丙丁을 만난 것이다. (甲이 丙을 보면 식신이 되고 丁을 보면 상관이 된다. 乙이 丁을 보면 식신이 되고 丙을 보면 상관이 된다.)

五曰同類之陰陽 曰劫財 曰陽刃 甲乙見甲乙是也 (陽見陽爲陽刃 陰見陽爲劫財)

◉ 다섯째는 같은 종류의 음양이다. 겁재(劫財)와 양인(陽刃)이 있는데 甲乙이 甲乙을 만난 것이다. (陽이 陽을 보면 양인(陽刃)이 되고 陰이 陽을 보면 겁재(劫財)가 된다.)

大抵貴賤壽夭死生 皆不出於五者 倘有妄立格局 從列其名而無實用 其飛天祿馬 倒冲 井欄叉卽傷官 析而爲之 擧此一端 餘可知矣

◉ 대체로 귀천(貴賤) 수요(壽夭) 생사(死生)가 모두 위의 다섯 가지에서 나온다. 멋대로 격국(格局)을 세우면 이름만 열거할 뿐 실제로는 쓸모가 없다. 비천록마(飛天祿馬)나 도충(倒冲)이나 정란차(井欄叉)는 상관(傷官)으로 분석하고 생각하라. 격에 관한 하나의 실마리를 제시하였으니 나머지를 알 수 있다.

以日爲主 年爲本 月爲提綱 時爲輔佐 以日爲主 大要看時臨於甚度 或身旺 或身弱 又看地支有何格局 金木水火土之數 後看月令中金木水火土何者旺 又看歲運有何旺 却次日下消詳 此非是拘之一隅之說也 且如甲子日生 四柱中有個申字 合用子辰爲水局 次看餘辰有何損益 四柱中有何字損其甲子日主之秀氣 有壞其用神則要制之 不要益之 論命者切不可泥之月令消詳 故表而出之

◉ 日을 위주로 하여 年은 근본이 되고 月은 제강(提綱)이 되고 時는 보좌(輔佐)가 된다. 日을 위주로 하여 계절이 임(臨)한 심도(甚度)에 따라 신왕이 되기도 하고 신약이 되기도 한다. 또 地支에 어떤 격국이 있는지 보고 金木水火土의 개수(個數)를 본 다음 월령중의 金木水火土중 어느 오행이 旺한가를 보고 또 세운에서 어떤 것이 旺한지 보고 日支를

자세히 살펴야 한쪽으로 치우친 說을 취하지 않게 된다. 예를 들어 甲子日生의 사주 중에 申-字 칠살이 있어도 子辰과 합이 되면 水局을 쓴다. 그 다음 나머지 글자와 어떤 손익(損益)이 있는지 본다. 사주 중에 어떤 글자가 甲子日主의 수기(秀氣)를 상(傷)하는지 찾아내고 또 용신을 무너뜨리는 것이 있으면 제압(制壓)해야 하고 도와주면 안 된다. 命을 논하는 자는 월령의 干支만 자세히 살피면 안 된다. 그래서 여기에 나타내고 밝히는 것이다.

론월령(論月令)

※자평의 원문이다.

假令年爲本 帶官星印綬 則早年有官出自祖宗 月爲提綱 帶官星印綬則 慷慨聰明 見識高人 時爲輔佐 平生操履 若年月日有吉神 則時歸生旺之 處 若凶神則要歸時制伏之鄕 時上吉凶神 則年月日吉者生之 凶者制之 假令月令有用神 得父母力 年有用神 得祖宗力 時有用神 得子孫力 反 此則不得力

◉ 가령 근본이 되는 년에 관성 인수를 가지고 있으면 일찍 관직에 있게 되는데 조상으로부터 나온 것이다. 제강(提綱)인 月에 관성 인수를 가지고 있으면 사람이 후덕(厚德)하고 총명하고 식견(識見)이 높다. 時는 보좌(輔佐)가 되므로 평생의 소행(素行-足跡)이 된다. 만약 年月日에 吉神이 있으면 時는 生旺한 곳이어야 한다. 만약 凶神이면 時는 凶神을 제복(制伏)하는 것이어야 한다. 時에 있는 吉凶神은 時가 길신이면 年月日에서 生하여야하고 時가 흉신이면 年月日에서 제(制)하여야한다. 만약 월령에 용신이 있으면 부모의 힘을 얻고 年에 용신이 있으면 선조(先祖)의 힘을 얻고 時에 用神이 있으면 자손의 힘을 얻는다. 이와 반대가 되면 힘을 얻지 못한다.

월건시결 (月建詩訣)

정월건 인후시결 正月建 寅候詩訣

正月寅宮元是木 木生火旺土長生 戌兼午未宮中喜 申酉休囚數莫行
- ⊙ 正月의 寅宮은 원래 木이고 木이 火를 生하여 火가 旺하고 土가 長生이 된다. 寅은 戌과 午未 宮은 좋아하지만 申酉는 휴수(休囚)되므로 가지 말아야한다.

寅月重逢午戌該 庚辛爲主兩推排 有根有土偏宜火 身弱休囚怕火來
- ⊙ 寅月에 午戌이 모두 있고 일주가 庚辛이면 둘로 나누어 봐야한다. 뿌리(申酉)가 있고 土가 있으면 火를 쓰고 신약하고 휴수(休囚)하면 火를 두려워한다.

如用寅宮木火神 南方午未財祿欣 逆行戌亥身當旺 破損憂愁見酉申
- ⊙ 金日이 寅宮에 있는 木火(甲丙)-재관을 쓰면 南方의 午未운에 재록(財祿)이 좋고, 역행(逆行)하면 戌亥를 만나므로 身旺하게 되고 酉申-비겁을 만나면 재물이 깨지고 걱정이 따른다.

庚辛主弱逢寅月 午戌加臨會殺星 日主無根還透土 逆行金水福隆興
- ⊙ 庚辛日이 寅月에 태어나면 신약한데 午戌이 있으면 殺星이 모인 것이다. 이때 日主에 뿌리(申酉)가 없고 土-인성이 투출하면 역행하여 金水 운으로 가야 복(福)이 번창한다.
-{金은 일주를 돕고 水는 火-殺을 制한다.}-

戊己身衰喜見寅 重重官殺必榮身 只求木火相生吉 運到西方怕酉申
- ⊙ 戊己日은 신약해도 寅月을 좋아하는데 관살이 중중하지만 반드시 번영한다. 그러나 木火-살인이 상생해야 吉하고 운이 서방(西方)에 이르면 酉申가 두렵다.
-{木火相生은 살인상생이 있어야한다. 申運은 寅申冲이 되고 酉運은 火土의 사지(死地)가 된다.}-

二月建 卯候詩訣 이월건 묘후시결

丙丁二月身逢印 大怕庚辛酉丑傷 水運發財木火旺 西方行運定遭殃
◉ 丙丁日 卯月은 인성이므로 -{卯 인성을 傷하는}- 庚辛酉丑을 크게 꺼린다. 木火-印比가 왕하면 水-관살 운에 發財하지만 西方의 申酉運에는 -{木-인성을 극하므로}- 재난을 만난다.
-{인수격에 속하므로 재성을 극히 꺼린다.}-

甲日卯月重逢丑 格中有火不須嫌 再行火土興財祿 歲運宜金怕水纏
◉ 卯月 甲日은 丑-재성이 重하고 火-식상을 꺼리지 않기 때문에 다시 火土-食傷財 운으로 가면 재록(財祿)이 흥(興)한다. 유년(流年)에 金을 만나면 마땅하지만 水-인성을 만나면 두렵다.
-{원래 양인격은 칠살이 합하면 가장 좋다. 이는 丑-재성이 重하여 火-식상을 만난 것이 다행인데 식상생재가 되기 때문이다. 辰역시 財星에 속하는데 丑을 논(論)한 것은 辰중에 乙木이 있기 때문이다.}-

木正榮於卯月中 若將爲用喜生逢 北方亥子成名利 午未行來助福濃
卯宮大怕逢金降 火旺根深制伏强 四柱有金嫌巳丑 運來酉上定須傷
◉ 木이 왕한 卯月이므로 만약 용신이면 인수를 좋아하고 北方의 亥子-재성 운에는 名利를 이루고 午未 운에는 福을 왕성하게 해준다.
◉ 月의 卯가 金을 만나면 크게 두려워해도 火가 왕하고 뿌리가 깊으면 金을 제복(制伏)한다. 사주에 있는 金과 巳丑을 싫어하면 酉運에 傷하게 되어있다. -{일주가 토일(土日)이다.}-

己卯日主二三月 殺生有露火偏奇 只宜木火重迎見 金水行來命必虧
◉ 己卯 日主가 卯나 辰月에 태어나고 생을 받은 乙-살이 투출할 경우 火-인성이 있으면 기묘(奇妙)하다. 이때는 木火-殺印이 重해야 하고 金水-식상재 運으로 가면 명운(命運)이 상(傷)한다.

庚辛卯月多逢木 日主無根怕財旺 南北兩頭防有破 如逢申酉禍難來
◉ 庚辛일 卯月에 木이 많고 日主에 뿌리(金)가 없고 木-財가 旺하면

두렵다. 그래서 水火의 파(破)를 막아야 하지만 申酉-비겁을 만나면 화(禍)가 닥치기 힘들다.
-{재다신약인데 남방-火는 재자당살(財滋黨殺)이 되고 북방-水는 재다신약이 더 심해진다. 申酉-비겁은 재다신약의 약(藥)이다.}-

癸日無根卯月逢 局中有火返成功 如行身旺多財富 若到官鄉數必終
◉ 癸日이 卯月에 뿌리(水)가 없고 사주에 火-재성이 있으면 성공하고 身旺 운으로 가도 富命이 된다. 그러나 운이 土-官에 이르면 운이 다 된 것이다.

삼월건 진후시결 三月建 辰候詩訣

三月辰宮只論土 殺多金水化爲祥 提綱若用財官印 金水相臨命有傷
◉ 壬日 三月 辰宮을 殺로 논할 경우 土-살이 많고 金水-印比로 殺을 化하면 복이 된다. (火日)만약 辰중에 있는 乙癸가 財官印에 해당하고 金水-재살이 임(臨)하면 수명을 상(傷)한다.
-{임일(壬日)과 화일(火日)을 논한 것이다.}-

戊土無根日坐寅 重重水旺福源深 如行木火宮中吉 金水相逢禍必侵
◉ 戊寅日이 뿌리(土)가 없고 水-財가 중중(重重)하면 복원(福源)이 깊은데 木火-官印운은 좋지만 金水-를 만나면 반드시 禍가 침범한다.
 -{木火는 土를 생하여 복(福)이 되고 金水-식상재는 火-인성을 剋하기 때문에 화(禍)가 된다.}-

三月干頭只用金 火生土厚福還眞 身爲壬癸多逢土 火旺提防禍必臨
◉ 金日 辰月은 火-官이 土-印(辰)을 생하면 확실한 福이 된다. 壬癸日은 土가 많고 火가 旺하면 반드시 禍가 나타난다.
-{금일(金日)과 화일(火日)을 논한 것이다}-

사월건 사후시결 四月建 巳候詩訣

甲乙如臨四月天 水鄕木旺振財源 北方大地多凶破 酉丑相逢禍便言
◉ 甲乙日이 巳에 태어나고 水-印운에는 木이 旺하여 재물이 많다. 그러나 북방의 大地에서는 깨지고 酉丑을 만나면 화(禍)가 있다.
-{북방의 大地는 壬子나 癸亥처럼 水가 왕한 것이고, 酉丑을 만나면 巳酉丑 金局이 되어 巳火-식상이 殺로 변한다.}-

四月干頭水土逢 火鄕木旺祿還通 如行金水多成敗 更怕提綱物對冲
◉ 巳月에 태어난 水土日은 火가 있고 木이 旺하면 복록이 있다. 만약 金水 運으로 가면 성패(成敗)가 많고 亥가 제강(提綱-巳)을 冲하면 더욱 두렵다.
-{水日 巳月의 木火는 식상생재가 되고, 土日 巳月의 木火는 관인상생이 되어 좋다. 水日 土日 모두 木火를 쓰기 때문에 이를 剋하는 金水 運으로 가면 당연히 좋지 않다.}-

金水干頭四月胎 土爲印綬火爲財 身强土厚宜金土 日主輕浮怕水來
◉ 金日 巳月은 巳중의 土로 인수격이다. 水日은 巳중의 丙火로 재격이 될 경우 신강하고 土가 후(厚)하면 金土-관인이 좋고 신약하면 水-비겁이 두렵다.
-{金日 인수격은 문제가 없으나 水日 財格은 상황에 따라 다르다.}-

壬日巳月多火土 無根無印怕財鄕 順行申酉是名利 逆走東南壽不長
◉ 壬日 巳月은 火土-재관이 많고 亥子-뿌리와 申酉-인성이 모두 없으면 火-財운을 두려워한다. 순행하여 申酉-인수운에 명리가 있으나 역행하여 東南-식상재로 가면 수명이 길지 않다.

四月金生火旺土 三般神用要分明 財官印綬藏宮內 運看高低仔細尋
◉ 金日 巳月은 火土가 旺하여 재관인을 쓰는 것이 분명하다. 이때 財官印이 장간(藏干)에 있으면 運을 보고 고저(高低)를 자세히 살펴야 한다.

오월건 오후시결 五月建 午候詩訣

五月宮中火正榮 高低貴賤兩分明 財官印用宜生旺 化殺欣逢要水平
◉ 午月은 火가 무성하므로 팔자의 고저(高低)와 귀천(貴賤)이 분명하다. 午火가 財官에 속하면 일주가 生旺해야하고 殺에 속하면 화살(化殺)하여 중화(中和)되어야 한다.

五月炎炎則論火 如逢木火自然興 西方金水多防剋 丑土週還怕子迎
◉ 화일(火日)이 午月에 태어나고 火가 왕하면 火(염상격)로 논한다. 木火-印比를 만나면 자연이 흥(興)하고 丑土는 물론 子水를 만나도 두렵고 西方의 金水의 극(剋)을 막아야 한다.

午宮怕子水來冲 用火逢冲數必凶 日主庚辛如會殺 運中逢此返成功
◉ (水日)일 경우 午宮을 子가 冲하면 두려운데 火를 쓸 경우 冲을 만나면 반드시 凶하다. 그러나 庚辛日은 殺이 모인 것이므로 運에서 冲을 만나면 성공으로 변한다.

財官印綬如藏午 西北休臨申子辰 木火土鄕還富貴 休來水土更嫌金
◉ 午中의 丁己가 財官印이면 申子辰(西北)을 만나지 않아야 한다. 木火土-식재관 운으로 가면 富貴가 된다. 子나 辰을 만나지 말아야 하고 申金은 더 싫어한다.
-{금일(金日)을 논한 것이다.}-

유월건 미후시결 六月建 未候詩訣

丙丁日坐未宮逢 金水雖凶未必凶 木庫水鄕應富貴 再行申酉禍災重
◉ 丙丁日이 未月에 태어나면 金水-재관이 凶하지만 꼭 그런 것은 아니다. 未庫에는 木-인성이 있으므로 水-관이 있으면 富貴한다. 그러나 다시 申酉운으로 가면 재화(災禍)가 重하다.
-{金水-재관이 좋지 않은 것은 火土-상관이 되기 때문이고 水는 관인

상생이 되어 좋지만 申酉운에는 未중의 木-인성을 剋하고 火의 병지(病地) 사지(死地)가 되기 때문이다.}-

未月支藏木火時 不分順逆格高低 南方行去東方旺 西位休愁戌亥虧
◉ 未月은 丁乙이 암장되어 있기 때문에 대운의 순역(順逆)이나 격의 고저(高低)를 나누지 않는다. 巳午-남방운이나 寅卯-동방운에는 未중의 木火가 旺하지만 酉운에는 木火가 휴수되고 戌亥 운에는 木火가 무너지므로 걱정이다.
-{未 중의 丁乙을 쓰는 경우가 되므로 금일(金日)이 가장 적절하다. 기억해야 할 것은 재관이 암장되어 있을 경우 우선 투출한 것을 본다. 격의 고저(高低)는 운에 따라 달라진다.}-

칠월건 신후시결 七月建 申候詩訣

印綬財官月建申 北方回喜福還眞 金水生旺多淸貴 大限行來最怕寅
◉ 月建의 申이 財官印이면 北方-亥子운에 福이 좋다. 金水가 生旺하면 貴가 뚜렷하지만 -{申을 충하는}- 寅대운이 가장 두렵다.
-{木日에 해당한다.}-

建祿庚辛旺在申 有官有印有財星 逆行辰巳榮財祿 北地須知富貴成
◉ 庚辛日이 申月에 태어나면 庚은 건록이고 辛은 旺地가 되므로 財官印이 모두 있으면 역행하는 辰巳 大運에 재록이 번영하고 亥子-북방운에는 富貴를 이루게 된다는 것을 알아야한다.
-{亥子 운이 좋은 것은 申중의 金-비겁을 水가 설기하여 재성을 생하고 재는 관을 생할 수 있기 때문인데 재관인이 모두 있을 경우에만 해당한다.}-

壬癸生臨七八月 火土多厚北方奇 無傷無破休行水 帝旺臨官運不宜
◉ 壬癸日이 申酉月에 태어나고 火土-재관이 많고 후(厚)하면 亥子-비겁 운이 아주 좋다. 그러나 火土-재관이 없으면 水運으로 가지 말아야

하므로 子나 亥運이 마땅치 않다.
-{인수격이므로 土-관을 쓴다. 亥子-비겁이 좋은 것은 火-재성이 金-인수를 극하지 못하게 하기 때문이다.}-

팔월건 유후시결 八月建 酉候詩訣

甲乙無根八月逢 庚辛金旺不嫌凶 北方水運財星足 逆走南方得失中
◉ 甲乙日이 뿌리(寅卯)가 없고 酉月에 태어나고 庚辛-관살이 旺해도 흉하지 않고 北方의 水運에 재물이 넉넉하다. 그러나 南方-火운으로 역행하면 길흉이 교차한다.
-{종살격이 인수운을 만나 발복하는 것이다.}-

酉月藏金乙日逢 北方亥子水重重 離明午未財權重 巳丑加臨壽必終
◉ 乙日 酉月은 辛金-살 암장하였으므로 亥子-인성이 重重하면 午未-火運에는 재물과 권력이 重하다. 그러나 운에서 巳丑을 만나면 반드시 죽는다.
-{亥子-인수가 중중하지만 巳를 만나면 亥를 충하고 丑을 만나면 子를 합하므로 亥子-水가 화살(化殺) 작용을 하지 못하기 때문이다.}-

甲乙酉月多官殺 無根日主一生低 北方順走休臨丑 逆走南方巳上虧
◉ 甲乙日이 酉月에 태어나고 官殺이 많을 경우 뿌리(寅卯)가 없으면 평생이 저조(低調)한데 순행하는 북방의 丑운에 임(臨)하지 말아야하고 역행하는 南方의 巳운에는 무너진다.
-{관살이 혼잡하고 신약한데 구제(救濟)가 없기 때문에 酉丑이나 巳酉가 되면 살국이 되므로 오직 흉할 따름이다.}-

丁生酉月天干癸 去殺方能可去財 有氣保身存印綬 無情行到水中來
◉ 丁火가 酉月에 태어나고 癸-살이 투출할 경우 癸-살을 제거하려면 우선 金-재를 제거해야 한다. 丁火는 인수가 있어야 좋은 命에 속하고 水-살운에 이르면 무정(無情-凶)하다.

-{丁火의 특성은 甲木-인수가 있어야 丁火가 살아있다. 불빛이 꺼진 다음에 아무리 좋은 것이 있어도 소용없다. 죽은 다음에 치료해봐야 살아나지 못하는 것과 같다.}-

秋金酉丑重金旺 除非火煉有聲名 東方行去盈財祿 西北來臨福必傾
◉ 金日이 酉月에 태어나 酉丑合이 되면 金이 旺하고 重하므로 오직 火로 단련(鍛鍊)해야 명성이 있다. 火를 생하는 木-운에는 재록(財祿)이 좋지만 火를 극하는 金水 운에는 반드시 福이 기울어진다.
-{金이 금왕절에 태어난 것이므로 원국에 木火가 있어야하고 운에서 木-재성을 만나야 발복한다.}-

구월건 술후시결 九月建 戌候詩訣

九月戌中藏火土 庚辛不忌日無根 格中若有財官印 運到南方福祿亨
◉ 戌月에 태어난 庚辛日은 뿌리(申酉)가 없어도 꺼리지 않는다. 격중에 丁戊-관인이 있으므로 운이 남방에 이르면 복록을 누린다.
-{戌月은 火庫에 속하지만 금왕절(金旺節)이기 때문에 신유(申酉) 뿌리가 없어도 꺼리지 않는다.}-

甲乙之木九月生 木衰金旺怕庚辛 如臨水火興家計 金水纔來禍便行
◉ 甲乙이 戌月에 태어나면 木이 약하고 金이 旺한 계절이므로 庚辛-관살을 두려워한다. 水火-인수 식신이 임(臨)하면 가계(家計)가 흥(興)하지만 金水-살인을 만나면 즉시 禍가 나타난다.
-{水-인수는 木을 생하고 火-식신은 殺을 制한다.}-

財官印綬九月臨 發旺升騰見卯寅 順去北方行子丑 逆行嫌酉破逢申
◉ 戌月 중에 재관인이 있으면 卯나 寅이 보이면 왕성하게 발전한다. 순행하여 子丑운으로 가면 뜻대로 되지만 역행하면 酉를 싫어하고 申을 만나면 깨진다.
-{金日은 戌중의 丁-관성을 쓰기 때문에 寅卯-재를 좋아하고 寅卯를

戌月金生藏火土 或行南北或行東 不分順逆高低格 大運辰逢壽必終
⦿ 金日이 戌月에 태어나면 丁戊-관인이 숨어있기 때문에 巳午-관살이나 亥子-식상이나 寅卯-재운으로 가도 되고 대운의 順逆이나 格을 나누지 않는다. 그러나 辰운을 만나면 戌을 冲하여 丁戊-관인이 깨지게 되므로 죽는다.
-{庫中에 있는 용신이 깨지면 凶하다. 財官印이 月支의 庫中에 있을 경우는 대운의 順逆이나 格을 나누지 않고 다만 財官印이 왕성하게 되는 시기를 본다. 未月에 이미 논한바 있다.}-

壬日無根戊己多 生於九月忌財過 逆行休用南方午 寅若如逢奈若何
⦿ 壬日에 뿌리(水)가 없고 戊己-관살이 많고 戌月에 태어나면 火-재가 많은 것을 꺼린다. 南方-午로 역행하지 말아야하고 寅운을 만나면 방법이 없어 걱정이다.

丙丁日主戌中旬 財透天干作用神，此格傷官殺喜旺 只愁身弱盡傷身
⦿ 丙丁日이 戌月의 중순에 태어나고 천간에 金-재성이 투출하면 용신이 된다. 火土 상관격이므로 殺이 旺한 것을 좋아하는데 다만 걱정이 되는 것은 신약하면 몸이 상한다.
-{상관격은 칠살을 제하여 공을 세우는데 신약하면 그것도 안 된다.}-

시월건 해후시결 十月建 亥候詩訣

水木生居亥月乾 財官印綬喜相連 用壬運旺西方去 用木須欣寅卯邊
⦿ 亥月에 있는 甲壬이 재관인으로 이어지는 것을 좋아한다. 즉 壬이 재관이면 西方 운으로 가야 좋고 木을 쓰면 寅卯를 생하는 운으로 가야 좋다. -{戊己日이 亥月에 태어나면 壬-재 甲-관으로 이어진다.}-

丙日壬殺喜東南 來至東南發顯官 大運愁逢金水地 再行西兌壽難完
⦿ 丙日은 壬-殺이 있으면 木火를 좋아하므로 木火운에 관직으로 출세

한다. 대운에 金水地를 만나면 걱정인데 酉운에는 丙火의 死地가 되므로 수명을 보전하기 어렵다.

財官印綬立乾宮 水木相生福祿通 陽水喜金嫌火土 運行最怕巳刑冲
◉ 亥가 財官印이면 甲壬이 相生하므로 福祿이 있다. 양수(陽水-壬亥)는 金을 좋아하고 火土를 싫어하는데 가장 두려운 運은 巳가 亥를 刑冲하는 것이다.
-{火土日이 적절하다.}-

日主無根干上金 月通亥子土來侵 只宜印綬扶身旺 何怕提綱損用神
◉ 金日 亥月에 뿌리(金)가 없으면 월령의 亥子는 식상이 되므로 土-인수가 있어야 일주를 생하여 신왕하게 된다. 이때는 월령-제강의 水가 상해도 두려울 게 없다.
-{신약하므로 土를 써서 일주를 생하고 왕한 식상을 제(制)하여야 하므로 이때는 土가 월령을 상해도 걱정할 필요가 없다.}-

십일월건 자후시결 十一月建 子候詩訣

丙丁日主月逢子 支下存申時又辰 火土旺鄕成富貴 再行金水禍難禁
◉ 丙丁日이 子月에 태어나고 申이 있고 辰時일 경우 火土(비겁 식상)가 旺하면 富貴한다. 그러나 金水-재관 운에는 禍를 막을 수 없다.
-{丙丁일주가 申子辰 살국(殺局)을 만난 것이므로 火-비겁은 일주의 뿌리가 되고 土-식상은 殺을 제한다.}-

子宮有水金鄕旺 見土休囚忌破支 無有土離逢水貴 午來冲對壽元衰
◉ 월령의 子水는 金이 있으면 旺하지만 土가 보이면 休囚되고 子가 깨지므로 꺼린다. 土가 없고 水를 만나면 貴한데 午가 冲하면 수명(壽命)이 약하다.
-{이 역시 火日에 해당하는데 신자진 수국이 없으므로 子가 관성에 속한다. 이때는 子를 冲剋하여 깨면 안 된다.}-

庚金遇子多強吉 火土相嫌未必凶 運去元辰番作貴 再行午運福重重
◉ 庚金이 子-상관 월에 태어나면 일주가 강해야 좋다. 火土-관인을 꺼리지만 반드시 흉하지는 않다. 원진(元辰-칠살)운에 한 바탕 貴하게 되고 다시 午-관성 運으로 가면 福이 많다.
-{상관격이기 때문에 火土-관인을 꺼리는데 원래 金水 상관은 火를 좋아한다. 단 신왕해야 한다. 午운은 丙火-칠살의 旺地가 되기 때문에 福이 중중하다고 한 것이다. }-

庚日逢寅午戌行 日通火局是提綱 如行金水番成富 火土重來禍怎當
◉ 庚日이 子月에 태어나고 寅이 있을 경우 午戌 운으로 가면 日主가 火局에 통하므로 이것(火局)이 제강(提綱)이 된다. 金水 운으로 가면 富를 이루지만 火土가 중한 운으로 가면 禍를 감당하지 못한다.
-{庚日이 子月에 태어났지만 火局을 이루면 화국이 제강(提綱)이다. 즉 火가 가장 旺하므로 결국 金水운에 富를 이룬다.}

水歸冬旺樂無憂 透用財官富九州 順逆不分還富貴 提綱刑剋事休休
◉ 水가 子月에 태어나면 근심이 없고 즐겁다. 이때 투출한 財官을 쓰면 거부(巨富)가 되는데 대운의 순역(順逆)을 막론하고 富貴 한다. 그러나 제강(提綱-월령)을 刑剋하면 일을 그만두고 물러나야 한다.

십이월건 축후시결 十二月建 丑候詩訣

甲子生居丑月中 無根金水不嫌凶 重行金水聲名顯 火土相逢破本宗
◉ 甲子日이 丑月에 태어나고 寅卯-뿌리가 없어도 金水-관인을 꺼리지 않고 흉하지 않기 때문에 金水 운으로 가면 명성을 얻는다. 그러나 火土를 만나면 근본(金水)이 무너진다.
-{丑중에 財官印이 모두 있고 丑중 辛金-관성을 쓴다. }-

丙丁火坐財中殺 四柱無根忌水鄉 運到火鄉加福助 須知顯振名利香
◉ 丙丁日은 丑중에 辛癸가 재살(財殺)이 되므로 사주에 뿌리(巳午)가

없으면 水-관살을 꺼린다. 그러나 火운에 이르면 福을 더하고 출세하여 명리(名利)에 향기가 난다는 것을 알라.
-{丑중에 辛癸-財殺이 왕하므로 신왕 운을 좋아한다.}-

庚辛丑月中藏印 火土來臨福祿齊 壬癸天干或透出 如逢戊己喜相宜
◉ 庚辛日이 丑月에 태어나면 丑중에 己-인수가 있으므로 火土가 임(臨)하면 福祿이 있다. 혹시라도 壬癸-식상이 천간에 투출하면 戊己-인성을 만나야 좋다.

壬癸生居丑月提 有金有土格中奇 順行辰巳興財祿 逆去升騰申酉支
◉ 壬癸가 丑月에 태어나면 金-印과 土-官이 있으므로 뛰어난 格인데 대운이 순행하면 辰巳-재관을 만나게 되므로 財祿이 흥(興)하고 역행하면 申酉-인성을 만나게 되므로 승진한다.

戊土生居十二月 傷官財旺藏時節 水淸金白助格中 若逢火土多週折
◉ 戊土가 丑月에 태어나면 辛癸-상관 재성이 월령에 암장하여 旺하다. 수청금백(水淸金白-金水)은 격을 도와주지만 만약 火土-인비를 만나면 우여곡절이 많다.
-{수청금백(水淸金白)은 식상생재가 되므로 격을 도와주지만 火土는 金水를 극하므로 방해가 될 뿐이다.}-

己土提丑支金局 殺旺身强格局高 金水重來名利厚 水鄕火地不堅牢
◉ 己土가 丑月에 태어나고 支에 金局을 이루고 木-殺이 旺하고 신강하면 격국이 높다. 金水가 중하면 식신생재가 되므로 명리(名利)가 후한데 水-財와 火-印가 있으면 견고하지 못하다.
-{앞 구절은 巳酉丑 金局에 木-살을 쓰고 뒤는 金水-식신생재가 되어 좋은데 이때 水-財가 火-印을 극하면 己土가 튼튼하지 못하다.}-

丙日多根丑局逢 財官藏在月提中 水鄕有旺金鄕吉 土困行南總是空
◉ 丙日이 丑月에 태어나고 뿌리(巳午)가 많을 경우 丑중에 암장한 辛癸-재관을 쓰기 때문에 水-관성 운에 왕성하고 金-재성 운에 좋다. 그러나 土-식상 운은 곤궁하고 火-비겁 운은 모두 헛것이다.

-{火土는 金水-재관을 극하기 때문이고 丙火가 未月에 태어나면 火土 상관이 왕한 格이 되지만 丑月에 태어나면 丑중의 財官을 쓴다.}-

戊己生居丑月中 忽逢陽刃在天宮 金多有水方成貴 火土雖嫌比劫同

◉ 戊己가 丑月에 태어나고 己-양인이 천간에 있을 경우 金-식상이 많고 水-財가 있으면 貴를 이룬다. 火土-인비는 비겁이나 마찬가지로 꺼린다.

-{金水-식신생재격이므로 金水를 훼하는 火土-印比를 꺼린다. 원래 인수가 길신이지만 金-식신을 극하기 때문에 비겁이나 마찬가지로 본다.}-

론생왕(論生旺)

常法以金生巳 木生亥 水生申 火生寅 土居中央寄母生 如戊在巳 己在午 又土爲四季 各旺一十八日 共七十二日 並金木水火土各七十二日 共得三百六十日 以成歲功 此良法也

◉ 金은 巳에서 생하고, 木은 亥에서 생하고, 水는 申에서 생하고, 火는 寅에서 생하는 것은 불변의 법칙이다. 土는 중앙에 있으면서 印星의 生에 의탁하므로 戊는 巳에 있고 己는 午에 있는 것이 생왕이 된다. 또한 土는 四季(辰戌丑未)에 각각 18日이 旺하므로 합하여 72日이 되고 아울러 金木水火土가 각 72日이 되므로 합하여 360日이 年을 이룬다. 이것은 틀림없는 법이다.

-{생기(生氣)는 인수를 말하고 생왕(生旺)은 장생(長生)지에서 생을 받는 것을 말한다. 다만 土는 관지(官地)에서 생을 받는다. 土는 장생지가 없기 때문에 기생(寄生)한다고 한다.}-

우론오행생왕쇠절길흉
(又論五行生旺衰絶吉凶)

※ 일간의 생왕쇠절로 보는 길흉 ※자평원문이다.

觀陰陽家書有曰　生旺有陰死陽生　陽死陰生　假如甲木生於亥而死於午 乙木生於午而死於亥　餘同例此　故推命十有九失　又非的法也　如議命豈 可拘於生旺之說

◉ 음양가(陰陽家)의 책에 생왕(生旺)에는 음사양생(陰死陽生)과 양사음생(陽死陰生)이 있다고 했다. 예를 들면 甲木은 亥에서 生하고 午에서 死하는데 乙木은 午에서 生하고 亥에서 死한다. 나머지도 같은 방법이다. 만약 이런 식으로 추명(推命)하면 십중팔구 빗나가므로 올바른 방법이 아니다. 그래서 命을 논할 때 生旺 說을 고집하면 안 된다.

且丙寅屬火而絶於亥　本爲不好　孰不知亥中有木爲印綬而生丙火　丙日亥 時乃多貴格矣　戊屬土而旺於巳　兼又建祿　本作貴格　孰不測巳反生金之 地而傷官星　凡戊日巳時　官終不顯　擧此二例　則議命切不可專泥於生旺 而吉　衰敗而凶也　又當以活法推之

◉ 또 丙寅은 火에 속하여 亥에 絶이 되므로 본래 좋지 않게 본다. 그러나 사실 丙日 亥時에는 貴格이 많다. 亥 중에 甲木-인성이 丙火를 생하여 귀격이 된다는 것을 아무도 모른다. 또한 戊는 土에 속하고 巳에 建祿으로 旺하여 본래 貴格으로 보는데 巳 중에 庚金-상관이 長生이 되어 乙-관성을 傷한다는 것을 아는 자가 없다. 그래서 戊日 巳時는 결국 관직이 높지 않다. 두 개의 예를 들었으나 命을 논할 때 生旺하면 吉하고 쇠패(衰敗)하면 凶하다는 것에 집착하지 말고 활법(活法)으로 추단(推斷)해야 한다.

론천간생왕사절 (論天干生旺死絶)

	長生	沐浴	冠帶	臨官	帝旺	衰	病	死	墓	絶	胎	養
甲	亥	子	丑	寅	卯	辰	巳	午	未	申	酉	戌
丙	寅	卯	辰	巳	午	未	申	酉	戌	亥	子	丑
戊	寅	卯	辰	巳	午	未	申	酉	戌	亥	子	丑
庚	巳	午	未	申	酉	戌	亥	子	丑	寅	卯	辰
壬	申	酉	戌	亥	子	丑	寅	卯	辰	巳	午	未
乙	午	巳	辰	卯	寅	丑	子	亥	戌	酉	申	未
丁	酉	申	未	午	巳	辰	卯	寅	丑	子	亥	戌
己	酉	申	未	午	巳	辰	卯	寅	丑	子	亥	戌
辛	子	亥	戌	酉	申	未	午	巳	辰	卯	寅	丑
癸	卯	寅	丑	子	亥	戌	酉	申	未	午	巳	辰

생왕사절시결 (生旺死絶詩訣)

장생시결 長生詩訣

長生管取命長榮 時日重臨主性靈 更得吉時相會遇 少年及第入王庭
◉ 長生은 반드시 수명이 길고 번영하는데 時와 日에 모두 임(臨)하면 영민(靈敏)하다. 여기에 길시(吉時)를 만나면 소년(少年)에 급제하여 왕정(王庭-비서실)에 들어간다.

長生若也得相逢 生下須招祖業隆 父母妻兒無剋陷 安然享福保初終
◉ 長生을 만나면 출생 후 조업(祖業)이 융성(隆盛)하고 부모 처자식을 극(剋)하지 않고 평생을 평온하게 福을 누린다.

목욕시결 沐浴詩訣

沐浴凶神切忌之 多成多敗少人知 男人値此應孤獨 女命逢之定別離

◉ 목욕(沐浴)은 흉신이라 아주 꺼리는데 성패(成敗)가 많다는 것을 아는 사람이 적다. 남자는 고독하고 여자는 이별한다.

沐浴那堪吉位逢 更兼引從在其中 讀書必定登科甲 莫比諸神例作凶
◉ 목욕(沐浴)이 길신(吉神)을 만나고 이것을 이끌어주는 것이 그중에 있으면 공부하여 반드시 급제하므로 다른 것과 비하여 흉(凶)하다고만 하면 안 된다.

桃花沐浴不堪聞 叔伯姑姨合共婚 日月時胎如犯此 定知無義亂人倫
◉ 도화 목욕은 사촌이나 이종(姨從)간에 결혼하여 그 소문을 견디기 힘들다. 월일시(月日時)나 태(胎)월에 목욕을 범하면 의(義)가 없고 인륜(人倫)을 어지럽힌다.
-{태(胎)는 입태월(入胎月-어미의 뱃속에 임신이 되는 月)이다.}-

咸池無祿號桃花 酒色多因敗壞家 更被凶神來剋破 瘠羸病死莫咨嗟
◉ 함지(咸池)가 록(祿-관성)이 없으면 도화(桃花)라고 하는데 주색으로 집안이 망한다. 여기에 흉신이 극파(剋破)하면 피골이 말라 죽어도 탄식하는 사람이 없다.

女命若還逢沐浴 破敗兩三家不足 父母離鄕壽不長 頭男長女須防哭
◉ 女命이 목욕(沐浴)을 만나면 집안이 두세 번 깨진다. 부모가 고향을 떠나고 또 수(壽)가 길지 못하므로 장남 장녀는 마땅히 통곡(痛哭)을 막아야 한다.

관대시결 冠帶詩訣

命逢冠帶少人知 初主貧寒中主宜 更得貴人加本位 功成名遂又何疑
◉ 명(命)에 관대(冠帶)를 만나면 아는 사람이 적다. 초년에 빈한(貧寒)하지만 중년에는 괜찮다. 다시 귀인(貴人)이 본위(本位-일주)에 있으면 공을 이루고 이름을 얻는 것을 의심하지 마라.

人命若還逢冠帶 兄弟妻孥無陷害 因何接祖紹箕裘 只爲胎中有冠蓋

◉ 命에 관대(冠帶)를 만나면 형제와 처자식이 해(害)를 당하지 않는다. 조업을 계승하는 것은 오직 태(胎-入胎月)중에 冠帶가 있어야한다.

임관시결 臨官詩訣

臨官帝旺最爲奇 祿貴同宮仔細推 若不狀元登上第 直須黃甲脫麻衣
◉ 官地나 帝旺에 임(臨)하면 가장 좋다. 官星이 같은 자리에 있는지 자세히 보라 그러면 장원(壯元)으로 급제하여 틀림없이 평복을 벗는다.

제왕시결 帝旺詩訣

臨官帝旺兩相逢 業紹箕裘顯祖宗 失位縱然居世上 也須名姓達天聰
◉ 官地와 帝旺을 모두 만나면 조업을 계승하여 가문을 빛낸다. 한 세상 살면서 직위를 잃더라도 이름은 높게 난다.

쇠병사시결 衰病死詩訣

納音衰病死重逢 成敗之中見吉凶 若得吉神來救助 變災爲福始亨通
◉ 납음이 쇠병(衰病)인데 사(死)를 중봉(重逢)하면 성패(成敗)하는 중에 길흉을 만난다. 만약 吉神이 구조하면 전화위복하여 형통한다.

衰病兩逢兼値死 世人至老無妻子 不惟衣食不豐隆 災病綿綿終損己
◉ 衰病이 있고 死가 또 있으면 늙도록 아내가 없다. 의식(衣食)이 넉넉지 못하고 재난과 질병이 계속되어 결국 몸이 상한다.
-{쇠병사(衰病死)가 모두 있는 경우가 된다.}-

묘고시결 墓庫詩訣

墓庫原來是葬神 一爲正印細推論 相生相順無相剋 富貴之中次第分
◉ 묘고(墓庫)는 원래 장사(葬事)지내는 것인데 墓庫가 正印이면 자세히 보고 말하라. 순조롭게 相生하고 상극(相剋)이 없으면 부귀가 두 째는 간다.

人命若還逢墓庫 積穀堆財難計數 慳貪不使一文錢 至老人呼守錢虜
◉ 묘고(墓庫)를 만나면 곡식과 재물이 수 없이 많지만 인색하여 한 푼도 쓰지 못하고 수전노(守錢虜)가 된다.

절태시결 絶胎詩訣

絶中逢生少人知 却去當生命裏推 反本還元宜細辯 忽然迍否莫猜疑
◉ 절(絶) 중에 生을 만나는 것을 아는 사람이 적은데 生日로 추론한다. 초심으로 돌아가 자세히 분별해야 하고 별안간 운세가 막힐 수 있다는 것을 의심하지마라.
-{절처에서 생을 만나는 것인데 예를 들면 甲申일주가 된다.}-

胎神一位難爲絶 剋陷妻孥家道劣 不惟朝暮走忙忙 羊狼狼貪無以別
◉ 胎가 一位에 있으면 絶처럼 어렵다. 妻와 자식을 극하고 가도(家道)가 좋지 않다. 종일 바쁘기도 하지만 욕심이 끝이 없으니 어쩔 방법이 없다.

태양시결 胎養詩訣

胎養須宜細審詳 半凶半吉兩相當 貴神相會應爲福 惡殺重逢見禍殃
◉ 태양(胎養)은 吉凶의 작용이 반반이므로 자세히 살펴야한다. 귀신(貴神)이 있으면 福이 있지만 악살(惡殺)을 많이 만나면 재앙을 만난다.

론오행묘고재인(論五行墓庫財印)

※자평 원문이다.

丙丁生人以辰爲官庫 水土庫於辰故也 須年月時中有木 或亥卯未並寅卽清 如無木則土奪丙丁之官 則濁卑而不淸 亦不顯

● 丙丁日은 辰이 관고(官庫)인데 水土가 辰에 고(庫)가 되기 때문이다. 모름지기 年月時 중에 木이 있거나 或 亥卯未나 寅이 있으면 관직이 뚜렷하다. 만약 木-인성이 없으면 土-상관이 丙丁의 官星인 水를 빼앗기 때문에 官星이 탁비(濁卑)하여 뚜렷하지 못하기 때문에 현달하지 못한다.

-{辰중에는 乙-인수와 癸-관성과 戊-상관이 있는데 癸水-관성을 쓰기 때문에 木-인수로 土-상관을 制하여 水-관성을 旺하게 하는 것이다.}-

론관살혼잡요제복(論官殺混雜要制伏)

※자평 원문이다.

官星要純不要雜 假如甲木用辛金爲官 若年是辛 月是酉 時上亦是辛官 雖多但無妨 蓋純一盡好 若有金或庚申 則混雜爲殺 以傷其身 要行火鄕 制伏則發福也 餘仿此也

● 官星은 순수(純粹)해야 하므로 섞이지 않아야 한다. 가령 甲木에 辛金 관성을 쓸 경우 만약 年에 辛金이 있고 月에 酉金이 있고 時에도 辛金이 있으면 많기는 하지만 무방하다. 대체로 한 가지로 순수하면 좋다. 만약 庚申-金이 있게 되면 혼잡(混雜)하여 殺이 되므로 身을 傷한다. 이때는 火-식상운을 만나 殺을 제복(制伏)하여야 발복한다. 나머지도 이렇게 한다.

-{관살이 혼잡하면 살을 제복해야한다.}-

론오행생극제화각유소희소해예
(論五行生剋制化各有所喜所害例)

金旺得火 方成器皿 火旺得水 方成相濟 水旺得土 方成池沼 土旺得木 方能疏通 木旺得金 方成棟梁

金이 旺하면 火를 얻어야 기명(器皿-그릇)이 된다.
火가 旺하면 水를 얻어야 상제(相濟-도움)된다.
水가 旺하면 土를 얻어야 못(沼)을 이룬다.
土가 旺하면 木을 얻어야 소통(疏通)된다.
木이 旺하면 金을 얻어야 동량(棟梁)이 된다.

金賴土生 土多金埋 土賴火生 火多土焦 火賴木生 木多火熾 木賴水生 水多木漂 水賴金生 金多水濁

金은 土의 生을 의지하지만 土가 많으면 金이 매몰(埋沒)되고
土는 火의 生을 의지하지만 火가 많으면 土가 눋게 된다.
火는 木의 生을 의지하지만 木이 많으면 火가 치열(熾烈)하고
木은 水의 생을 의지하지만 水가 많으면 木이 표류(漂流)하고
水는 金의 생을 의지하지만 金이 많으면 水가 탁(濁)해진다.

金能生水 水多金沉 水能生木 木盛水縮 木能生火 火多木焚 火能生土 土多火晦 土能生金 金多土變

金은 水를 생하지만 水가 많으면 金이 가라앉고
水는 木을 생하지만 木이 많으면 水가 줄어들고
木은 火를 생하지만 火가 많으면 木을 태워버리고
火는 土를 생하지만 土가 많으면 火가 어둡게 되고
土는 金을 생하지만 金이 많으면 土가 변질된다.
-{식상이 많아서 병(病)이 되는 경우인데 이때는 印星이 약(藥)이다. 설기가 지나치면 무력하여 다른 오행을 극하지 못한다.}-

金能剋木 木堅金缺 木能剋土 土重木折 土能剋水 水多土流 水能剋火 火炎水熱 火能剋金 金多火熄

金은 木을 극하지만 木이 견고하면 金이 부서지고
木은 土를 극하지만 土가 重하면 木이 부러지고
土는 水를 극하지만 水가 많으면 土가 유실된다.
水는 火를 극하지만 火가 盛하면 水에 뜨겁고
火는 金을 극하지만 金이 많으면 火가 꺼진다.

金衰遇火 必見銷熔 火弱逢水 必爲熄滅 水弱逢土 必爲淤塞 土衰遇木 必遭傾陷 木弱逢金 必爲砍折

金이 약한데 火를 만나면 金이 녹고
火가 약한데 水를 만나면 火가 꺼지고
水가 약한데 土를 만나면 水가 막히고
土가 약한데 木을 만나면 土가 붕괴되고
木이 약한데 金을 만나면 木이 쪼개진다.

强金得水 方挫其鋒 强水得木 方泄其勢 强木得火 方化其頑 强火得土 方止其焰 强土得金 方制其害

강한 金이 水를 얻으면 날카로움이 꺾인다.
강한 水가 木을 얻으면 세(勢)가 누그러진다.
강한 木이 火를 얻으면 무딘 것이 누그러진다.
강한 火가 土를 얻으면 화염이 누그러진다.
강한 土가 金을 얻으면 해(害)가 누그러진다.

此乃身弱遇鬼 得物以化之則吉 如甲日被金殺來傷 若時上一位壬癸水或申子辰解之 卽能化凶爲吉 餘者仿此

신약한데 殺을 만나면 殺을 화(化)하면 吉하다. 예컨대 甲日을 金이 공격할 경우 時에 一位의 壬癸가 있거나 申子辰이 있으면 해소 되므로 즉 凶이 吉로 변한다. 나머지도 이런 식으로 본다.

이지음양상생리(二至陰陽相生理)

※동지와 하지에서 음양이 생(生)하는 이치

一年之內細分五行 配合氣候於十二個月之中 各主旺相 以定用神 其中 五行又分陰陽兩股 於一年之中各主生旺之氣 如冬至一陽則有木先生旺 之理 何則 試以甲乙日干生人 在冬至前 陽氣未動 木方死絕 其木不甚 吉利

若甲乙日生人 在冬至之後 陽氣已生 木乘暖氣 其命壽祿皆全 只要用神 入格 又如丙丁日干生人 在冬至之前 遇水即滅 若在冬至之後 不甚忌水 蓋丙丁乘木之生也 夏至一陰生 則有金生水用之理 如官曆所載 夏至之 後逢庚爲三伏 蓋謂一陰生後 金生而火囚 明乎此則庚辛生於夏至之後 金略有氣不甚忌火 其理尤明 學者不可不知也

◉ 일 년 내의 세분(細分)된 오행(五行-일간)을 12개월의 기후에 배합하여 각기 왕(旺)한 것을 용신으로 定한다. 오행(五行)을 다시 음(陰)과 양(陽)으로 나누고 일 년 중의 생왕(生旺)한 기(氣)에 의지하는 것이다. 동지에는 일양(一陽)이 되므로 먼저 木이 生旺하게 되어 있다. 왜 그런가? 日干이 甲乙인 사람으로 측정해보면 알 수 있는데 동지 전에 출생하면 아직 양기(陽氣)가 동(動)하지 않고 木이 사절(死絕)된 것이므로 그 木이 썩 좋은 것은 아니기 때문이다.

만약 甲乙日이 동지 후에 태어나면 陽氣가 이미 생(生)하여 木이 온기를 타고 있으므로 그 명은 수명과 복록이 다 온전하다. <u>다만 用神이 格에 들어야 한다.</u> 또 예를 들면 丙丁日이 동지 전에 水를 만나면 화(火)가 꺼진다. 그러나 동지 후에는 水를 만나도 그다지 꺼리지 않는데 丙丁火가 木의 生을 받고 있기 때문이다. 하지(夏至)에는 一陰이 生하므로 金生水의 이치를 쓴다. 달력을 보면 하지를 지나 庚日을 만나면 三伏이 되는데 대개 一陰이 生한 후(後)를 말하므로 金은 생(生)이 되고 火는 수(囚)가 된다. 분명한 것은 庚辛이 하지(夏至) 후에 태어나면 金이 유력하므로 火를 심하게 꺼리지 않는다는 것이다. 그 이치는 확실하게 알아야 하므로 학자(學者)는 모르고 있으면 안 된다.

-{밑줄 부분은 동지가 지나면 누구나 다 좋다는 의미가 아니고 격(格)에 들어야 복록이 온전하다는 의미이다. 음과 양의 두 가닥은 태어난 시점이 동지 전이냐 후냐를 구분한 것이다. 털끝만한 차이가 천리를 벗어난다고 했기 때문이다.}-

-{복(伏)을 정하는 기준은 하지(夏至)를 지나 세 번째 庚日이 초복이고 네 번째 庚日이 중복이고 立秋를 지나 첫 번째 庚日이 말복이다.}-

간명입식(看命入式)

※ 자평의 원본이다.

五行提綱 凡看命排下八字 以日干爲主 取年爲根 爲上祖財産 知世運之盛衰 取月爲苗 爲父母 則知親蔭之有無 日干爲己身 日支爲妻妾 則知妻妾之賢淑 時爲花實 爲子息 方知嗣續之所歸

◉ 오행의 요점은 命을 볼 때는 八字를 배열한 후 日干을 위주로 하여 年을 뿌리로 취하여 조상의 재산과 운(運)의 성쇠(盛衰)를 알 수 있고 月은 싹이므로 부모 덕(德)의 유무(有無)를 안다. 日干은 본인이고 日支는 처첩(妻妾)이므로 처첩의 현숙(賢淑)을 안다. 時는 열매인 자식이므로 비로소 대(代)를 잇는 것을 알 수 있다.

法分月氣深淺 得令不得令 年時露出財官 須要身旺 如身衰財旺 但多反破財傷妻 身旺財多財亦旺 財多稱意 若無財官 次看印綬得何局式 吉凶斷之 學者不可拘執 而不知通變也

◉ 월기의 심천(深淺)을 나누어 득령(得令)의 여부(與否)를 구분하고 年時에 재관이 노출(露出)하면 신왕해야 한다. 만약 신약하고 財가 旺하면 오히려 파재(破財)하고 妻를 상(傷)하기 때문이다. 신왕하고 財가 많고 旺하면 재물이 많고 일이 뜻대로 된다. 만약 財官이 없으면 다음으로 인수가 어떤 局을 얻었는지 보고 吉凶을 판단한다. 학자는 구애(拘碍)받지 않아야 한다. 구애받으면 통변(通變)을 모르게 된다.

-{월기 심천(深淺)은 갑목이 亥월에 태어날 경우 亥월의 월율분야(亥月; 戊-7日. 甲-5日. 壬-18日.)에 따르는데 만약 입동 후 7일 이내에 태어나면 戊土 사령(司令)이 된다.}-

정관론(正官論)

※ 자평의 원문이다.

夫正官者 甲見辛之類 乃陰見陽爲官 陽見陰爲官 陰陽配合成其道也 大抵要行官旺鄕 月令是也 月令者 提綱也 看命先看提綱 方看其餘 旣曰 正官 運復行得官旺之鄕 或是有成局 又行不得傷官之地 幷行財旺之鄕 皆是作福之處

◉ 正官은 甲이 辛을 만난 종류가 되므로 음에 양이 보이면 官으로 삼고 양에 음이 보여도 官으로 삼는데 음양이 짝을 이룬 것을 말한다. 대체로 관(官)이 왕한 곳이란 월령이다. 월令이 제강(提綱)이므로 명을 볼 때는 먼저 제강을 본 다음에 나머지를 본다. 이미 정관이 있으면 관성이 旺한 운으로 가거나 아니면 정관이 局을 이루어야한다. 또 상관이 있는 곳으로 가지 않고 財가 왕한 곳으로 가면 모두 福이 된다.

-{원국에 정관이 있고 정관운으로 가면 정관끼리 싸우게 된다.}-

正官乃貴氣之物 大忌刑冲破害 及年月時干皆有官星隱露 恐福渺矣. 又須看年時上別有何者入格 作福去處 方可斷其吉凶 苟一途而執取之 則不能通變 必有差之毫釐 謬以千里之患. 經曰 通變以爲神者是也.

◉ 正官은 귀(貴)가 되는 물(物)이므로 형충파해(刑冲破害)를 아주 꺼리는데 형충파해(刑冲破害)되면 관성이 年月時의 干에 투출했건 숨어 있든 福이 까마득하여 두렵다. 이럴 때는 년시에 다른 것이 있으면 어떤 것이 格이 되는지 보고 福이 되는 것으로 길흉을 판단한다. 만약 한 가지 방법에만 집착하면 통변을 할 수 없다. 털끝만한 차이가 천리(千里)를 벗어나는 오류가 틀림없이 발생하기 때문이다. 그래서 經에 말하길 통변은 신(神)이라고 했는데 맞는 말이다.

-{정관이 형충파해 되었는데도 정관이 좋은 작용을 할 것이라는 미련을 가지면 안 된다. 정관이 깨진 상황을 적용하면 된다.}-

正官或多 反不爲福 何以言之？蓋人之命宜得中和之氣 太過與不及同中和之氣爲福厚 偏黨之剋爲災殃 旣用提綱作正官 年時支干位或有一偏官 便雜矣 不可不仔細以輕重推測也

◉ 정관이 많으면 오히려 福이 안 된다고 한 것은 무슨 말인가？ 대체로 사람의 命은 중화(中和)의 기(氣)를 얻어야 한다. 정관이 태과(太過)하거나 불급(不及)하면 마찬가지다. 중화되면 福이 크지만 정관이 편당(偏黨)하면 일주를 극하므로 재앙(災殃)이 된다. 이미 월령에 있는 정관을 쓰는데 年이나 時의 干支에 편관이 하나만 있어도 즉시 혼잡이 된다. 그래서 경중(輕重)을 자세히 살펴서 추측하지 않으면 안 된다.

又曰 於月令得之是也 喜身旺印綬 如果用辛官 喜土生官 最怕刑冲破害陽刃七殺爲貧命 如時干逢殺 乃官殺混雜 蓋四柱有刑冲破害 皆不爲貴命看 官來剋我 我去剋官 不爲害 一位若兩官不妨 若月令中有正官 時干支有偏官 便難以正官言之

◉ 또 있다. 月令에 관성을 얻으면 신왕해야 하므로 인수를 좋아한다. 만약 辛-정관이 용신이면 정관을 생하는 土-財를 좋아하고 형충파해(刑冲破害)를 가장 두려워한다. 양인 칠살이 있으면 가난한 사람이다. 만약 時干에 殺을 만나면 관살 혼잡이다. -{양인은 정관과 冲하고 칠살은 관살혼잡이 되기 때문이다.}- 그래서 대개 사주에 형충파해(刑冲破害)가 있으면 모두 다 貴命으로 보지 않는다. 官이 나를 剋하거나 내가 官을 극하는 것도 해(害)가 없고 한 자리에 官이 둘이 있어도 무방하지만 월령 중에 정관이 있는데 時의 干支에 편관이 있으면 이때는 정관(正官)이라고 말하기 어렵다.

且如甲用辛爲官 生於八月中氣之後 金旺在酉 故謂之正官 如天干不透出辛字 却地支有巳酉丑 雖不生於八月中氣之後 亦可言官 大要身旺 時辰歸於甲木旺處 如歲時透出正官 地支又有官局 却不拘八月中氣之後

◉ 예를 들어 甲日은 辛-官을 쓰는데 八月의 中氣 이후에 태어나면 金

이 酉에 旺地가 되므로 정관이라고 한다. 천간에 辛이 투출하지 않아도 地支에 巳酉丑이 있으면 비록 八月의 中氣 이후에 태어나지 않아도 역시 官이라고 할 수 있다. 개요(概要)는 신왕에 있으므로 時가 甲木이 旺한 곳이면 年時에 정관이 투출하고 또 地支에 官局이 있고 八月 中氣의 後에 태어나도 구애(拘碍)받지 않는다.

大率官星 須得印綬身旺則發 若無傷官破印 身不弱者 便爲貴命 如命中有官星而行傷官之運 則不吉 必待印綬 官星旺運可發 必得官

◉ 대체로 관성은 인수가 있고 身旺하여야 발달한다. 만약 상관이 없고 인성이 깨지지 않고 신약하지 않으면 貴命이다. 예컨대 命 중에 官星이 있으면 傷官 運에 좋지 않기 때문에 반드시 -{상관을}- 막아주는 인수가 대기하고 있어야 官星이 旺한 運에 발전하고 반드시 관직(官職)을 얻는다.

론관성태과(論官星太過)

如壬癸生人 四柱是辰戌丑未巳午 天干不露官星與殺 則官殺暗藏於中爲多 若四柱元有制伏爲好 若無制伏 須行木運 與三合木局亦好 大凡官星多則雜 務要除而淸之 乃可發福 若官星多又行官運 亦不濟事

◉ 壬癸日인 사람의 사주 네 기둥에 辰戌丑未巳午가 있으면 天干에 관성과 살이 노출하지 않아도 관살이 많이 암장되어 있다. 원국(原局)에 제복(制伏)이 있으면 좋지만 만약 制伏이 없으면 木운으로 가거나 아니면 三合하여 木局이 되어도 좋다. 대체로 官星이 많으면 혼잡(混雜)이 되므로 제거(除去)하여야 관성이 뚜렷하여 발복한다. 만약 관성이 많은데 또 官 運으로 가면 역시 되는 일이 없다.

정관격(正官格)

※月上有官星者是也 時上兼有財星者 眞貴人也 怕冲 忌見傷官七殺 大運亦然 喜印綬 喜身旺 喜財星 歲運同.

※月에 官星이 있으면 정관격인데 이때 時에 財星이 있으면 정말 귀명(貴命)이다. 冲을 두려워하고 상관이나 칠살이 보이면 꺼린다. 대운도 마찬가지다. 인수를 좋아하고 신왕을 좋아하고 財星을 좋아하는데 세운도 마찬가지다.

官星宜露 豈可藏之 似乎爲官者 顯揚威德 則用之國家者 方爲大丈夫 豈受人之壓伏者 則爲臣下之臣 豈非小人 正氣官星 切忌刑冲 多則論殺 一位名眞 官藏殺淺露殺非眞 今則爲破 事恐不成

◉ 官星은 노출(露出)해야 하고 암장하면 안 된다. 마치 관청(官廳)과 같은 위엄(威嚴)과 덕망(德望)을 나타내고 국가의 대장부(大丈夫)인데 어찌 사람의 억압을 받겠는가. 신하(臣下)의 신하야 말로 소인(小人)이지 않은가. 정기관성(正氣官星)은 刑冲을 절대 꺼리고 많으면 殺로 論하므로 일위(一位)에만 있어야 진정한 관성이다. 관성이 암장되고 殺이 노출하면 살이 천(淺)해도 진(眞)격이 아니다. 이때는 격이 깨져 되는 일이 없기 때문에 두렵다.

丙甲乙乙　왕지부(王知府)辛官
寅子酉未　甲申 癸未 壬午 辛巳 庚辰 己卯
※甲木이 酉月의 正氣官星을 만난 정관격이다.

庚丙戊乙　김승상(金丞相)癸官
寅子子卯　丁亥 丙戌 乙酉 甲申 癸未 壬午
※子중 癸水를 쓰는 정관격이다.

庚丁丁乙　김장원(金狀元)壬官
戌未亥卯　丙戌 乙酉 甲申 癸未 壬午 辛巳
※亥중 壬水를 쓰는 정관격이다.

壬戌乙癸　　진시랑(陳侍郎)乙官
子寅卯未　　甲寅　癸丑　壬子　辛亥　庚戌　己酉
※卯중에 乙木이 투출하여 乙木을 쓰는 정관격이다.

壬己壬壬　　男命 甲官
申卯寅寅　　癸卯　甲辰　乙巳　丙午　丁未　戊申
※寅中 甲木을 쓰는 정관격이다.

戊辛辛乙　　진사승(陳寺丞)丁官
子未巳酉　　庚寅　己丑　戊子　丁亥　丙戌　乙酉
※巳중에 丙火 官星이 있으므로 정관격이다.

戊乙壬甲　　설상공(薛相公)庚官
寅巳申子　　癸酉　甲戌　乙亥　丙子　丁丑　戊寅
※申中 庚金을 쓰는 정관격이다.

丙己壬丁　　범태전(範太傳)甲官
寅巳寅丑　　辛丑　庚子　己亥　戊戌　丁酉　丙申
※寅中 甲木을 쓰는 정관격이다.

甲壬丙丁　　이지부(李知府)辛印己官
辰寅午酉　　乙巳　甲辰　癸卯　壬寅　辛丑　庚子
※午中 己土를 쓰는 정관격이다.

丙甲癸己　　주랑(周郎)辛官
寅辰酉卯　　壬申　辛未　庚午　己巳　戊辰　丁卯
※酉中 辛金을 쓰는 정관격이다.

戊甲辛戊　　시동지(施同知)辛官
辰辰酉寅　　辛酉　壬戌　癸亥　甲子　乙丑　丙寅
※酉중에 辛金을 쓰는 정관격이다.
-{동지(同知)는 正五品의 지방 관리에 속한다.}-

정관시결 正官詩訣

正官須在月中求 無破無傷貴不休 玉勒金鞍眞富貴 兩行旌節上皇州
◉ 정관은 月에서 찾아야 하고 깨지거나 상(傷)하지 않아야 貴가 멈추지 않고 중앙정부에 진출하여 진정한 부귀를 얻는다.

正氣官星月上推 無冲無破最爲奇 中年歲運來相助 將相公侯總可爲
◉ 정기관성이 月에 있고 충파(冲破)가 없으면 그야말로 좋다. 중년 세운이 도와주면 장상(將相-장군)이나 공후(公侯-제후)로 우두머리가 될 수 있다.

正官仁德性情純 詞館文章可立身 官印相生逢歲運 玉堂金馬坐朝臣
◉ 정관은 성격이 인자하고 올바르고 순수하며 한림원(翰林院)의 문장가로 입신(立身)한다. 세운에서 官印의 상생을 만나면 조정(朝廷)의 관리로 출세한다.

正官大抵要身强 氣弱須求運旺方 歲運更逢生旺地 無冲無破是榮昌
정관은 대체로 신강해야 한다. 일주의 氣가 약하면 모름지기 일주의 운이 왕한 方을 찾아야 한다. 세운에서 다시 生旺地를 만나고 충파(冲破)가 없으면 영창(榮昌)한다.

己干爲主透官星 須要提綱見丙丁 金水相生成下格 火來拘聚旺財名
◉ 己日에 甲-관성이 투출하면 월령에 丙丁-인성이 보여야 한다. 金水 相生이 있으면 下格으로 전락하지만 火-인성이 모여 있으면 재물과 명성이 왕성하다.
-{정관이 투출해도 인수가 없으면 한직(閒職)에 불과하다.}-

辛日透丙月逢寅 格中返化發財根 官星不許重相見 運到冲刑怕酉申
◉ 辛日에 丙-관성이 투출하고 寅月에 태어나면 丙-정관이 寅-재성에 뿌리를 두고 피어난 것이다. 官星이 또 보이면 안 되고 刑冲 운에 이르는 申酉를 두려워한다.
-{관성은 刑冲을 가장 꺼리므로 원국은 물론 運에서도 형충을 만나면

안 된다. 申酉대운을 두려워하는 것은 丙-관성의 病死地가 되고 관성의 장생지인 寅을 충극하기 때문이다.}-

八月官星得正名 格中大怕卯和丁 若還柱內去其忌 運亦如之貴顯名
◉ 甲日 酉月은 정기관성을 얻은 것이므로 卯-양인과 丁-상관을 크게 꺼린다. 원국에 있으면 꺼리는 것이므로 제거해야 하고 運에서 제거해도 출세하여 貴와 명성을 나타난다.

론편관(論偏官)

夫偏官者 蓋甲木見庚金之類 陽見陽 陰見陰乃謂之偏官 不成配偶 猶如經言 二女不能同居 二男不可並處是也
◉ 편관(偏官)이란 甲木이 庚金을 만나는 부류인데 陽이 陽을 보고 陰에 陰이 보면 편관이라고 한다. 이는 음양이 짝을 이루지 못한 것인데 경(經)에서 말하길 두 여인이 부부가 될 수 없고 두 남자가 부부로 살수 없는 것과 같다고 했다.

偏官卽七殺要制伏 蓋七殺偏官卽小人 小人無知多凶暴 無忌憚 乃能勞力以養君子 而服役護御君子者 小人也 惟是不懲不戒 無術以控制之 則不能馴服而爲用 故楊子曰 御得其道 則馴服或作使 御失其道 則狙詐或作敵 小人有狙詐也 要控御得其道矣 若失控御 小人得權 則禍立見矣 經曰 人有偏官 如抱虎而眠 雖借其威足以懾群畜 稍失關防 必爲其噬臍不可不慮也
◉ 편관(偏官)은 칠살이므로 제복해야 한다. 칠살 편관이 바로 소인(小人)인데 소인은 무지(無知)하고 흉악하고 거리낌이 없다. 그래서 君子를 부양하는데 고용하여 군자를 호위하는 일에 복역(服役)하는 소인이다. 오직 징계(懲戒)하고 통제(統制)하여야 하는데 제압(制壓)하는 방법이 없으면 길들일 수 없고 복종하지 않으므로 쓸 수 없다. 그래서 양자(楊子)가 말하길 통제하는 방법을 알면 복종시켜 부리지만 통제하는 방법을 놓치면 기회를 틈타 대항한다고 했는데 소인은 교활하므로 통제법을

알아야한다. 만약 통제를 못하여 小人이 권력을 가지게 되면 즉시 화(禍)가 발생한다. 經에 이르길 편관이 있는 사람은 호랑이를 안고 자는 것과 같다고 했다. 비록 그 위엄을 빌려 많은 짐승들이 두려워하지만 잠시라도 빗장이 풀리면 후회해도 소용없기 때문에 염려를 할 수밖에 없다고 했다.

如遇三刑俱全 陽刃在日及時 又有六害 復遇魁罡相冲 如是之人 凶不具述 制伏得位 運復經行制伏之鄕 此大貴之命也 苟於前者 凶神俱聚 運遊殺旺之鄕 凶害有不可言者 可知也

◉ 三刑이 온전하고 양인이 日이나 時에 있고 또 육해(六害)가 있고 다시 괴강(魁罡)을 만나 冲이 되는 사람은 이루 말 할 수 없이 흉(凶)하다. 칠살을 제복(制伏)하는 오행이 득위(得位)하고 다시 制伏하는 運으로 가면 大貴의 命이다. 만약 전자(前者)와 같이 凶神이 모두 모여 있고 운(運)이 殺이 旺한 곳으로 가면 말할 수 없는 흉해(凶害)가 있다는 것은 말 안 해도 알 수 있다.

如有一殺 而制伏二三 復行制伏之運 反不作福 何以言之 蓋盡法無民 雖猛如狼 不能制伏矣 是又不可專言制伏 要須輕重得所 不可太甚 亦不可不及 須仔細審詳而言 則禍福如影響也

◉ 殺은 하나인데 두 셋에서 殺을 제복(制伏)하고 다시 제복 運으로 가면 반대로 福이 안 된다. 무슨 말인고 하면 법(法)만 있고 백성이 없는 것과 같다. 승냥이처럼 사나운 칠살이지만 이때는 제복하기만 하면 안 된다. 그렇다! 오로지 제복하기만 하면 안 되고 경중(輕重)이 맞아야 하므로 제복이 심해도 안 되고 약해도 안 된다. 자세히 살펴서 말하면 이미 들어서 아는 것처럼 화복(禍福)을 알 수 있다.

-{진법무민(盡法無民)은 살을 지나치게 제복하여 살의 위용(威勇)을 모두 상실하기 때문에 살(殺)이 쓸모없게 된 것이다. 칠살이 강하고 일주가 강하고 제복하면 살이 위용(威勇)을 갖는다. 그래서 살을 적절히 제(制)해야 크게 작용한다.}-

又云 有制伏則爲偏官 無制伏則爲七殺 譬諸小人 禦之得其道則可使 失

其道則難敵 在吾控制之道何如耳 凡見此殺 勿便言凶 殊不知帶此殺者
多有貴命 如遇三刑 六害 或陽刃 魁罡相冲 如是之凶 不可謂之制伏 但
運行制伏 此貴人命也 苟如前 凶神俱聚 其運復行殺旺之鄕 禍不可言

◉ 또 있다. 制伏하면 편관이지만 制伏이 없으면 칠살이다. 비유하면 모든 소인은 통제하는 방법을 알면 부릴 수 있지만 방법을 모르면 대적하기 어렵다. 어떻게든 내가 통제할 방법이 있으면 七殺을 만났어도 바로 凶하다고하면 안 된다. 칠살이 있는 자(者) 중에 의외로 貴命이 많기 때문이다. 三刑이나 六害를 만나거나 양인 괴강(魁罡)이 상충(相冲)하여 흉한 것을 제복(制伏)이라고 하면 안 된다. 그러나 <u>制伏하는 運으로 가면</u> 귀명(貴命)이 된다. 앞서 말한 凶神이 모여 있는데 殺이 旺한 運으로 가면 그 禍를 말로 다 할 수 없다.

-{칠살은 양인으로 制하면 좋다, 인(刃)은 병기(兵器)에 속하고 살(殺)은 군령(軍令)으로 보기 때문에 위엄(威嚴)을 떨친다. 간명할 때 刃이 있으면 殺을 찾고 殺이 있으면 刃을 찾아야 한다.}-

-{대운에 살(殺)을 제복(制伏)것이 있다는 것은 귀명(貴命)의 길을 가고 있는 것이다.}-

-{괴강(魁罡) 庚辰 庚戌 壬辰 戊戌}-

大抵傷官七殺 最喜身旺 有制伏爲妙 原有制伏 可行殺旺之運 原無制伏
可行制伏之運 身旺化之得爲偏官 身弱無制伏則爲七殺 制伏復行制伏運
謂之太過 則爲偏官無餘燼矣 月中之氣怕冲與陽刃 其本身弱 若殺强則
恐難制 如身强殺淺 則是假殺爲權刃 如曰七殺不怕刑冲 宜詳之

◉ 대체로 상관 칠살은 신왕을 가장 좋아하고 제복(制伏)이 있으면 아주 좋다. 사주의 원국에 제복이 있으면 殺이 왕한 운으로 가도 되지만 원국에 제복이 없으면 제복하는 運으로 가야한다. 신왕하고 칠살을 화(化)하면 편관(偏官)이 되고 신약하고 制伏이 없으면 칠살(七殺)이 된다. 制伏이 있는데 다시 制伏하는 運으로 가면 지나치므로 패잔병(敗殘兵)이 되고 만다. 월중에 있는 氣가 양인과 冲하는 것을 무서워하면 身弱한 것이므로 만약 살이 강하면 제복하기 어렵다. 신강한데 殺이 약할

경우는 가살(假殺)을 권인(權刃-권력)으로 삼는다. 이 같은 경우 刑冲을 두려워하지 않으므로 자세히 봐야 한다.
-{칠살이 편관으로 되는 조건은 제복이 있고 신왕해야 한다. 가살(假殺)이 형충(刑冲)을 두려워하지 않는 것은 신왕하기 때문이다.}-

론칠살(論七殺)

夫七殺者 亦名偏官 喜身旺合殺 喜制伏 喜陽刃 忌身弱 忌見財 忌無制 身旺有氣爲偏官 身弱無制爲七殺 凡有此殺不可便言凶 有正官不如有偏官 多有巨富大貴之人 惟其身旺合殺爲妙 如甲以庚爲七殺 喜丙丁制之 乙合之 謂之貪合忘殺

◉ 칠살은 또한 이름이 편관이다. 신왕하고 합살(合殺)이 되는 것을 좋아하고 制伏을 좋아하고 陽刃을 좋아한다. 신약을 꺼리고 財가 보이면 꺼리고 制伏이 없는 것을 꺼린다. 身旺하고 유기(有氣)하면 편관이 되지만 신약하고 制가 없으면 칠살이 된다. 殺이 있어도 바로 흉하다고 말하면 안 된다. 정관이 있으면 편관이 있는 것만 못한데 거부(巨富)나 고관(高官)이 많기 때문이다. 그것은 身旺하고 살을 합(合)하여 절묘(絶妙)하게 된 것이다. 甲은 庚이 칠살(七殺)이므로 丙丁으로 制하면 좋아한다. 乙이 庚-살을 합하면 탐합망살(貪合忘殺)이라고 한다.

七殺却宜制伏 亦不要制之太過 蓋物極則反爲禍矣 身旺又行身旺之運爲福 如身弱又行身弱之鄕 禍不旋踵 四柱中原有制伏 喜行七殺運 原無制伏 七殺出爲禍 如行身旺鄕 更有陽刃 貴不可言 但忌財旺 財能生殺故也 歲運臨之 身旺亦多災 身弱尤甚

◉ 칠살은 제복(制伏)해야 하지만 지나치게 제복하면 안 된다. 대체로 만물이 지나치고 극(極)에 달하면 오히려 화(禍)가 된다. 신왕한데 또 신왕한 운으로 가면 福이 되지만 신약한데 또 신약 운으로 가면 그 화(禍)를 돌이킬 수 없다. 사주 원국에 제복(制伏)이 있으면 칠살 운이 좋

아하지만 원국에 제복(制伏)이 없을 경우 칠살 운으로 가면 화(禍)가 발생한다. 신왕한 운으로 갈 경우 양인(陽刃-탐합망살)까지 있으면 엄청나게 貴하게 된다. 단 財가 旺하면 꺼리는데 財는 殺을 생하기 때문이다. 재가 왕한데 歲運에 또 財가 임(臨)하면 이때는 신왕해도 재난이 많고 신약하면 더 심하다.

-{만약 원국에서 지나치게 制伏하여 진법무민이 되면 살을 생하는 재(財)운으로 가야 위엄과 함께 귀(貴)하게 된다.}-

甲申·乙酉·丁丑·戊寅·己卯·辛未·癸未 此七日坐殺 性急伶俐 心巧聰明 如見殺多者 主人凶夭貧薄 月見之重 時見之輕 何也 曰 七殺只一位見之 如年時再見 殺多爲禍 却要制伏之鄕 又要身旺 有制伏爲權 最怕冲刑陽刃 大凶

◉ 甲申 乙酉 丁丑 戊寅 己卯 辛未 癸未 이 七日은 日支에 殺이 있어서 성급(性急)하고 영민하고 요령이 좋고 총명하다. 만약 殺이 또 보이면 命主가 흉요빈박(凶夭貧薄)한데 月에 보이면 重하지만 時에 보이면 경(輕)하다. 왜냐? 말하자면 칠살은 단지 일위(一位-한 기둥)에만 보여야 하는데 年時에 재차 보이면 殺이 많아서 화(禍)가 되기 때문이다. 이 역시 제복하는 것이 있고 또 身旺해야 하는데 制伏이 있으면 권력이 된다. 가장 두려운 것은 양인을 冲刑하면 大凶하다.

-{日月에 있는 殺은 日時에 있는 殺 보다 더 중(重)하다.}-
-{양인은 殺을 합(合-탐합망살)하여 공이 큰 것인데 이 羊刃을 충하거나 刑하면 칠살을 합하지 못하므로 크게 흉하다고 한 것이다.}-

時上七殺只一位 要本身旺 如年月日時三處有制伏爲福 却要行殺旺運 運三合得地亦發. 若無制伏 則要行制伏爲福 行殺旺運無制伏 則禍. 作時上七殺 却不怕陽刃 而亦不畏冲.

◉ 시상칠살은 단지 일위(一位-時)에만 있고 중요한 것은 신왕해야 한다. 年·月·時의 세 곳에서 制伏할 경우에도 福이 되는데 이때는 殺이 旺한 運으로 가거나 運에서 殺이 三合하여 득지(得地)하면 발복한다. 만약 제복이 없으면 제복하는 운으로 가야 福이 되고 원국에 제복이 없

는데 殺이 旺한 운으로 가면 화(禍)가 된다. 시상칠살은 양인도 두려워 하지 않고 冲도 두려워하지 않는다.

如辛丑 乙未 乙卯 丙子 此命身旺 生於六月之中 歲干透辛丑爲殺 喜得 丙子合辛丑七殺 乃貴而有權

丙乙乙辛 男命 (원문 명조)
子卯未丑　甲午 癸巳 壬辰 辛卯 庚寅 己丑
未月에 태어나고 身旺하다. 年干에 투출한 辛丑이 殺인데 丙子가 辛丑 칠살을 합하여 貴하고 권력이 있다.

又如甲午 丙寅 庚子 丙子 此命身弱 見火局又見月令丙寅七殺 時又見 丙子 火剋庚金 金死於子 身弱殺旺 又無制伏 宜乎帶病貧薄

丙庚丙甲　　男命 (원문 명조)
子子寅午　　丁卯 戊辰 己巳 庚午 辛未 壬申
신약한데 火局이 보이고 또 월령에 丙寅-칠살이 있고 時에 또 丙子-칠 살이 보여 丙火는 庚金을 극하고 庚金은 子에 死地가 되므로 신약하고 살이 왕한데 또 제복이 없다. 몸에 병이 있고 가난한 것은 당연하다.
-{신약하고 살이 왕하면 극설교가(剋泄交加)가 되므로 몸에 병이 있고 가난하다. 칠살이 있으면 신왕해야 한다.}-

如丁巳 戊申 壬子 戊申 此命身旺 見二戊爲七殺 引歸於巳 丁與壬合 戊與癸合 金又長生於巳 戊祿在巳 乃是壬戊二字俱旺 所以貴也

戊壬戊丁　　男命 (원문 명조)
申子申巳　丁未 丙午 乙巳 甲辰 癸卯 壬寅
신왕한데 兩 戊-칠살이 巳에 뿌리를 두었고 丁壬合 戊癸合이 되었다. 金식신은 巳에 長生이 되고 戊-살은 巳에 祿이 되므로 일주-壬과 戊- 살이 모두 旺하여 貴한 것이다.
-{丁壬合으로 인하여 丁-재가 살을 생하지 않고 戊癸合으로 왕한 殺이 편관으로 된 것이다. 즉 탐합망살(貪合忘殺)이다.}-

월상편관격(月上偏官格)

喜身旺 怕冲多 爲人性重 剛執不屈 時偏官多者亦然 喜見陽刃殺 月上偏官用地支 只要一位 要行偏官旺運 若有甲子 年時上又有之 却要行偏官旺運 亦不要行官鄕 歲君亦然 爲太過而反成其禍 須要行制伏得地之運方發 與時偏官相似.

◉ 신왕을 좋아하고 冲이 많으면 두려워한다. 성격이 무겁고 의지가 강하여 남에게 굴복하지 않는데 時의 편관도 대부분 그렇다. 양인(陽刃)과 殺이 보이면 좋아한다. 月上편관은 地支를 쓰고 一位에만 있어야하고 편관(偏官)이 왕한 운으로 가야하고 관이 있는 곳으로 가면 안 된다. 만약 甲子가 있을 경우 年이나 時에 또 甲子가 있으면 역시 편관이 旺한 運으로 가야한다. 流年도 마찬가지다. -{편관이}- 지나치면 禍가 되므로 제복(制伏)하는 오행이 득지(得地)하는 운으로 가야 비로소 發福한다. 시상편관도 이와 비슷하다.

-{편관이 왕한 운은 편관을 생하는 財나 편관의 生旺地를 말한다. 甲子 일주가 되므로 월에 申金 편관이 있는 것이다.}-

辛辛甲丙　심랑중(沈郎中) 丁偏官
卯亥午子　乙未 丙申 丁酉 戊戌 己亥 庚子
※午 중의 丁火 편관.

辛壬戊丙　하참정(何參政) 戊偏官
丑戌戌寅　己亥 庚子 辛丑 壬寅 癸卯 甲辰
※戌 중의 戊土-편관 투출.

庚戊庚丙　마장사(馬將仕) 甲偏官
申辰寅寅　辛卯 壬辰 癸巳 甲午 乙未 丙申
※寅 중의 甲木 편관.

甲壬丁癸　악총제(嶽總制) 戊偏官
辰寅巳卯　丙辰 乙卯 甲寅 癸丑 壬子 辛亥

※巳 중의 무토 편관격.

乙己乙癸　장상원(蔣狀元) 乙偏官
丑巳卯卯　甲寅 癸丑 壬子 辛亥 庚戌 己酉
※卯 중의 乙木 투출 편관.

戊丙癸戊　왕진무(王鎭撫) 壬偏官
子申亥寅　甲子 乙丑 丙寅 丁卯 戊辰 己巳

王鎭撫此格　殺神太重　喜行東方運　身衰八字　水多火微　獨喜寅宮火旺 乃是一年之火　運行卯合戌火局　何益？又係濕木　不生無焰火　則木自旺 不能生火　譬如橫水木於圍爐之上　此火縱悍力　亦無由得盛　是以丁卯運 中而死　卽六丙生人亥子多.

◉ 왕진무(王鎭撫)는 殺이 너무 重하여 東方 木運을 좋아한다. 水가 많고 火가 미약하여 신약하다. 단지 좋은 것은 寅宮에 火가 왕한데 年에 하나뿐이다. 卯運 戌년에 卯戌-火局이 되어도 득이 되지도 않고 또 卯木은 습(濕)하여 화염(火焰)을 일으키지 못한다. 木이 왕하지만 火를 생하지 못한다. 비유하면 젖은 나무가 화로 위에 있고 화력이 강해도 제대로 타지 못하는 것과 같다. 丁卯運에 사망한 것은 丙日에 亥子가 많기 때문이다.

壬壬癸丙　복왕(濮王) 戊偏官
寅戌巳辰　甲午 乙未 丙申 丁酉 戊戌 己亥
※巳중의 무토 편관.

丁甲丙丙　조 시랑(趙 侍郎) 庚偏官 丙食神
卯寅申午　丁酉 戊戌 己亥 庚子 辛丑 壬寅
※申 중의 경금 편관.

庚甲乙甲　유 운사(劉 運司) 壬偏官 丙食神
寅戌亥寅　丙子 丁丑 戊寅 己卯 庚辰 辛巳
※일간이 丙이거나 庚이 편관이다.

庚丙辛丁　황 시랑(黃 侍郞) 壬偏官
寅申亥亥　庚戌 己酉 戊申 丁未 丙午 乙巳
※亥중의 壬水 편관.

庚丙辛戊　첩목 승상(帖木 丞相) 辛偏官
寅申酉申　壬戌 癸亥 甲子 乙丑 丙寅 丁卯
※원문의 辛이 편관으로 될 수 없다.

丁乙辛戊　번 사명(樊 使命) 辛偏官
丑巳酉辰　壬戌 癸亥 甲子 乙丑 丙寅 丁卯
※酉중의 辛金 투출 편관.

편관시결 偏官詩訣

偏官如虎怕冲多 運旺身強豈奈何 身弱虎強成禍患 身強制伏貴中和
◉ 편관은 호랑이 같고 冲이 많으면 두렵지만 運이 旺하고 신강하면 편관이라도 두려울 게 없다. 그래서 신약하고 殺이 강하면 화환(禍患)이 되고 신강하고 제복(制伏)하면 중화(中和)되어 貴命이다.

偏官有制化爲權 唾手登云發少年 歲運若行身旺地 功名大用福雙全
◉ 편관(偏官)을 제(制)하면 권력이 되므로 어렵지 않게 일찍 출세한다. 歲運이 身旺地로 가면 공을 세워 중용(重用)되므로 공명(功名)과 복이 모두 온전하다.

偏官不可例言凶 有制還他衣祿豊 干上食神支又合 兒孫滿眼福無窮
◉ 편관을 흉하다고만 하지마라 제복이 있으면 의록(衣祿)이 풍성하다. 천간에서 식신이 制하고 또 支에서 합이 되면 자손이 많고 福이 무궁(無窮)하다.
-{원래 칠살은 아들이지만 制하지 않으면 아들이 없거나 아들이 흉악하다. 제하지 않으면 아들이 아니고 凶殺이다.}-

陰癸多逢己字傷　殺星須用木來降　雖然名利能高顯　爭奈平生壽不長
◉ 癸日이 己자를 많이 만나 상(傷)하면 木으로 제복(制伏)해야 한다. 명리(名利)는 높게 나타나지만 평생을 다투고 명이 길지 못하다.
-{甲-상관이 己-살을 합하지만 甲己合이 다시 土-살이 된다.}-

六丙生人亥子多　殺星拘印返中和　東方行去興名利　運到西方事轉磨
◉ 丙日에 亥子-관살이 많을 경우 木-인성으로 化殺하면 중화(中和)되어 東方-인성 운에는 명리가 좋지만 西方의 재성을 만나면 전전긍긍(戰戰兢兢)한다.
-{재성은 殺을 생하고 인성을 극(剋)하기 때문이다.}-

春木無金不是奇　金多猶恐反遭危　格中取得中和氣　福壽康寧百事宜
◉ 春木은 金이 없으면 좋을 것이 없지만 金이 많으면 오히려 위험하여 두렵다. 格에서 중화의 氣를 얻으면 만수무강하고 만사가 좋다.
-{格에서 中和를 얻는 것은 旺한 殺을 제복하고 身旺한 것이다.}-

偏官偏印最難明　上下相生有利名　四庫坐財宜向貴　等閑平步出公卿
◉ 편관과 편인이 있으면 가장 밝히기 어려운데 干支에서 상생하면(化殺生身) 이명(利名)이 있다. 火-財가 辰戌丑未의 殺 위에 앉아 있으면 貴를 추구하므로 어렵지 않게 고관(高官)이 된다.
-{편인은 식신을 극하여 칠살이 살아나므로 간지의 작용을 잘 살펴야 한다. 뒤의 구절은 壬日 辰戌月과 癸日 丑未月에 해당한다.}-

戊己若逢見官殺　局中金水更加臨　當生有火宜逢火　火退愁金怕木侵
◉ 만약 戊己日에 木-관살을 만났는데 局中에 金水가 더 많으면 원국에 火-인수가 있고 또 火運을 만나야 한다. 그러나 火가 물러나면 金-식상이 木-관살을 침범하는 것이 걱정이다.
-{이는 진법무민이므로 인수는 식상을 제하고 신왕하게 하는 약(藥)이다. 인수 運이 지나가면 다시 원래상태가 된다.}-
-{살이 약한데 또 제살하거나 칠살이 강한데 재성이나 관성운으로 가는 것을 가장 두려워한다.}-

살중유구시결 殺重有救詩訣

丙臨申位逢陽水 月逢戊土返長年 若有吉神來救助 方知安樂壽綿綿

丙申日이 壬-살을 만나도 月에 戊-식신을 만나면 장수한다. 이렇게 구조해 주는 길신이 있으면 안락하고 수명이 긴 것을 알아야 한다.

丙臨申位火無煙 陽水逢之命不堅 若得土來相救助 管敎福壽得長年

丙申日에 木-인수가 없고 壬-살을 만나면 명이 튼튼하지 못한데 만약 土-식신이 구조(救助)하면 복(福)이 있고 수(壽)가 오래간다.
-{화무연(火無煙)은 木-인수가 없는 것이다.}-

己到雙魚夭可知 更逢乙木死無移 干頭若有庚金助 恰似春花放舊枝

己亥日이 乙木-살을 만나면 요절하는 것을 알 수 있는데 만약 庚金이 천간에서 乙을 합하면 옛 가지에 봄꽃이 피어나는 것과 같다.
-{기도쌍어(己到雙魚)는 己亥日을 말한다. 요절하는 것은 日支의 亥-재성이 乙木-살을 생하여 재살이 왕하기 때문이다.}-

시상일위귀격(時上一位貴格)

夫一位貴者 惟只時上 只見一位方爲貴 或年月日又有 反爲辛苦勞役之人也 如時上一位七殺 要本身自旺 而三處有制伏多 則行七殺旺運 或三合得地可發 若無制伏 則要行制伏之運可發 或遇殺旺而無以制之 則禍生矣 月上偏官却怕冲 與陽刃同 時上偏官不怕冲 與陽刃同 又要本身生日自旺 如甲乙日在正二月生是也 時偏官爲人性重 剛執不屈 月偏官多者亦然

◉ 일위귀(一位貴)라는 것은 오직 시상(時上)의 일위(一位)에 보여야 貴가 된다. 만약 年月日 중에 살이 또 있으면 반대로 힘든 노동으로 고생하는 사람이다. 시상일위칠살에서 중요한 것은 일주가 자왕(自旺)해야

한다. 一位에 있는 칠살을 세 곳에서 제복하면 칠살이 旺한 運으로 가거나 아니면 三合하여 칠살이 득지(得地)해야 발복한다. 만약 제복이 없으면 제복하는 運에 발전하지만 殺이 旺한데 制가 없으면 화(禍)가 발생한다. 월상편관은 冲을 두려워하고 양인과 함께하고 시상편관은 冲을 두려워하지 않고 양인과 함께 한다. 또 日主가 자왕(自旺)해야 한다. 자왕(自旺)이란 말은 甲乙日이 寅卯月에 태어난 것을 말한다. 시상편관은 성격이 重하여 남에게 굽히지 않는데 월상편관도 대부분 그렇다.
-{양인과 함께 한다는 것은 양인이 살을 합하는 것을 말한다.}-

庚甲庚壬　첨승상(詹　丞相) 時上庚金爲貴
午午戌午　庚戌 辛亥 壬子 癸丑 甲寅 乙卯

辛乙丙甲　사위왕(史　魏王) 時上辛金爲貴
巳卯寅申　丁卯 戊辰 己巳 庚午 辛未 壬申
※時에 辛金 七殺이 있고 身旺하여 貴命이다.

壬丙丁己　이승상(李　丞相) 時上壬水爲貴
辰午卯巳　丙寅 乙丑 甲子 癸亥 壬戌
※壬水 칠살이 있고 身旺하여 貴命이다.

甲戊壬庚　정상서(鄭　尙書)時上甲木爲貴
寅寅午寅　癸未 甲申 乙酉 丙戌 丁亥 戊子
※時에 甲木 칠살이 있으나 太旺하다. 午火로 化殺하고 庚金을 制하여 귀명이다. 인수 論에 이르길 월지에 인수가 있어도 관살이 왕하면 월지의 인수만 논하지 말라고 했다.

甲戊丙庚　송상서(宋　尙書)時上甲木爲貴
寅戌戌辰　丁亥 戊子 己丑 庚寅 辛卯 壬辰
※時上 甲木 七殺이 있고 신왕하여 貴命이다.

乙己辛辛　장상서(莊　尙書)時上乙木爲貴
亥卯丑巳　庚子 己亥 戊戌 丁酉 丙申 乙未
※乙木 七殺이 亥卯에 뿌리를 두어 殺이 강하다. 그러나 年月에 투출한

兩 辛金이 制殺하여 貴命이다.

乙己癸壬　유시랑(俞 侍郎)時上乙木爲貴
亥丑丑寅　甲寅 乙卯 丙辰 丁巳 戊午 己未
※殺도 旺하고 日主도 약하지 않다. 좋은 火土運이 기다리고 있다.

辛乙丁丁　유도통(劉 都統)時上辛金爲貴
巳巳未亥　丙午 乙巳 甲辰 癸卯 壬寅 辛丑
※丁火 食神으로 制殺하는 七殺格이지만 殺이 약하여 貴가 크지 않다.

己癸壬丁　루참정(婁 參政)時上己土爲貴
未卯子巳　辛亥 庚戌 己酉 戊申 丁未 丙午
※癸水가 月支 子에 祿을 만나 신왕하고 己土 七殺 역시 뿌리가 튼튼하여 貴命이다.

己癸丁庚　하판관(何 判官)時上己土爲貴
未亥亥辰　戊子 己丑 庚寅 辛卯 壬辰 癸巳
※日主가 兩 亥에 뿌리가 있고 時에 七殺이 투출하여 귀명이다.

시상일위귀시결
時上一位貴詩訣

時上偏官一位逢 身强殺淺怕刑冲 假如月上又重見 辛苦徒勞百事空
◉ 시상편관 일위(一位)가 신강한데 殺이 천(淺)하면 刑冲을 두려워한다. 만약 월에 또 보이면 고생만하고 되는 일이 없다.
-{원래 시상칠살은 刑冲을 두려워하지 않는데 살이 천(淺)하고 刑冲하면 살이 더욱 약하게 되기 때문이다.}-

時上偏官喜刃冲 身强制伏福豐隆 正官若也來相混 身弱財生主困窮
◉ 시상편관은 양인을 冲하면 좋아하고 신강하고 殺을 제복하면 福이

풍성하다. 정관이 나타나 관살혼잡이 되고 신약하고 財가 殺을 생하면 곤궁(困窮)하다.
-{양인을 좋아하는 것은 양인이 殺을 합하여 制하기 때문이다.}-

時上偏官一位強 日辰自旺貴非常 有財有印多財祿 列定天生坐棟樑

◉ 시상에 있는 편관이 一位가 강하고 일진(日辰-일주)이 자왕(自旺)하면 아주 貴하다. 여기에 財도 있고 印도 있으면 재록(財祿)이 많고 타고난 인재(人材)다.

時逢七殺是偏官 有制身強好命看 制過喜逢殺旺運 三方得地發何難

◉ 시상칠살이 制가 있고 신강하면 편관이 되므로 좋은 命으로 본다. 制가 지나치면 殺이 旺한 운을 만나야 하므로 삼방(三方)이 득지하면 어렵지 않게 발전한다.
-{삼방(三方)은 칠살(七殺) 제복(制伏) 일주(日主) 셋을 말한다.}-

元無制伏運須見 不怕刑冲多殺攢 若是身衰惟殺旺 定知此命是貧寒

◉ 원국에 제복이 없으면 運에서 만나야 한다. 殺이 많이 모여 있어도 운에서 刑冲하면 두렵지 않다. 만약 신약하고 殺이 旺한데 제복(制伏)이 없는 사람은 반드시 가난한 줄 알아야 한다.

론인수(論印綬)

所謂印 生我者 卽印綬也 經曰 有官無印 卽非眞官 有印無官 反成其福 何以言之？大抵人生得物以相助相生相養 使我得萬物之見成 豈不妙乎 故主人多智慮 兼豐厚

◉ 인(印)이란 나를 낳은 것 즉 인수(印綬)가 된다. 經에 말하길 인수가 없는 관성은 진정한 관성이 못되고 인수가 있으면 관성이 없어도 복을 이룬다고 했다. 무슨 말이냐？ 대체로 사람은 살아가면서 서로 협조하고 생(生)하고 길러서 물질을 얻는데 나는 이미 완성된 것을 얻게 되는데 어찌 좋지 않겠는가. 그래서 인수가 있는 사람은 지혜(智慧)와 사려

(思慮)가 많고 풍후(豊厚)하다.
-{이미 주어졌다는 것을 좋은 것을 갖추었기 때문에 지혜와 능력을 가지고 태어난 것이다.}-

蓋印綬畏財 主人括囊 故四柱中及運行官鬼 反成其福 蓋官鬼能生我 只畏其財 而財能反傷我 此印綬之妙者 多是受父母之蔭 承父之貲財 見成安享之人 若又以兩三命相併 當以印綬多者爲上 又主一生少病 能飮食 或若財多乘旺 必多淹留 雖喜官鬼 而官鬼多或入格 又不可專以印綬言之

◉ 대체로 인수는 財를 무서워하고 입을 다물고 말을 안 한다. 그래서 사주나 運에서 관귀(官鬼)를 만나면 오히려 福이 되는데 관귀(官鬼)는 인수를 생하기 때문에 나를 살리는 것이 되지만 財는 인수를 傷하여 결국 나를 傷하게 하므로 財를 두려워한다. 이 인수가 좋다는 것은 부모의 비호를 받고 부모의 자산을 물려받아 주어진 복으로 편하게 누리고 사는 사람이다. 만약 두 세 사람의 命이 있으면 당연히 인수 많은 者가 더 좋다. 또 평생 병이 적고 음식을 잘 먹는다. 혹시라도 財가 많고 旺하면 반드시 오랫동안 속박을 당한다. 관귀(官鬼)를 좋아하기는 하지만 관귀(官鬼)가 많거나 관귀(官鬼)가 格이 되면 인수만 가지고 말하면 안 된다.
-{인수가 많다는 것은 많을수록 좋다는 것이 아니고 하나를 가진 자보다 둘을 가진 자가 좋다는 뜻이다.}-

假如 甲乙日得亥子月生 丙丁日得寅卯月生 戊己日得巳午月生 庚辛日得辰戌丑未月生 壬癸日得申酉月生者是也 其餘以類言之 最怕行印綬死絶之運 或運臨死絶 復有物以竊之 卽入黃泉 無可疑也 夫印綬者 生我之謂也 亦名生氣 以陽見陰 以陰見陽 謂之正印 陽見陽 陰見陰 謂之偏印 喜官星生印 忌財旺破印

◉ 가령 甲乙日이 亥子月에, 丙丁日이 寅卯月에, 戊己日이 巳午月에, 庚辛日이 辰戌丑未月에, 壬癸日이 申酉月에 태어난 것을 말하는데 나머지도 이렇게 본다. 가장 두려운 것은 인수가 사절(死絶)되는 運으로 가거나 혹 사절(死絶) 운에 임(臨)하였는데 여기에 인수를 잡아먹는 것이 있

으면 곧바로 황천객이 된다. 인수는 나를 생하므로 생기(生氣)라고 한다. 陽이 陰을 보고 陰이 陽을 보는 것은 정인이고 陽이 陽을 陰이 陰을 보는 것은 편인이다. 관성을 좋아하는 것은 인성을 생하기 때문이고 財가 旺하면 꺼리는 것은 인성이 깨지기 때문이다.

如甲人生亥子月中 水爲印 忌火傷官 忌土破印 要行生旺之鄕 怕行死絶之地 若行死絶之地 或有物以傷之 則危矣 印綬之人智慮 一生少病 能飽食豊厚 享見成財祿 若兩三命 相倂 當以印綬多者爲上 最忌財來乘旺 必生淹滯

◉ 甲日이 亥子月에 태어날 경우 水가 印이 되므로 火-상관을 꺼리고 인(印)을 깨는 土-재성을 꺼린다. 인수는 생왕(生旺)한 운으로 가야하고 사절(死絶) 운을 두려워한다. 만약 운이 사절지(死絶地)로 가거나 傷하는 것이 있으면 위험하다. 인수가 있는 사람은 지혜와 사려가 많고 평생 병이 적고 잘 먹고 풍후(豊厚)하며 주어진 재물을 누리며 산다. 만약 두 세 사람의 명이 있으면 인수가 많은 者가 상명(上命)이다. 가장 꺼리는 것은 財가 旺한 것인데 재능이 있어도 올라가지 못하고 정체(停滯)된다.

若官鬼多 或入別格 又不可專以印綬論 大凡月與時上見者爲妙 而月上最爲緊要 先論月氣之後有生氣 必得父母之力 年下有生氣 必得祖宗之力 於時上見之有生氣 必得子孫之力 壽元耐久 晩景優遊

◉ 만약 관살이 많거나 다른 格에 들면 인수만 가지고 論해서는 안 된다. 대체로 -{인수는}- 月이나 時에 보이면 좋지만 월에 있는 것이 가장 중요하다. 먼저 월에 있는 인수를 논하겠는데 월에 있으면 반드시 父母의 힘을 얻고 年에 인수가 있으면 조상의 힘을 얻고 時에 있으면 자손의 힘을 얻고 수명이 길고 말년이 유유자적(悠悠自適)하다.

如帶印綬 須帶官星 謂之官印兩全 必爲貴命 若官星雖見成 得父母力 爲福亦厚也 須行官星運便發 或行印綬運亦發 若用官不顯 用印綬爲妙 最怕四柱中歲運臨財鄕 以傷其印 若傷印 主破家離祖 出贅 又臨死絶之地 若非降官失職 必夭其壽

◉ 인수가 있으면 官星이 있어야 관인양전(官印兩全)이라하는데 반드시 貴命이 된다. 官星이 있으면 유산을 얻기는 하는데 그래도 부모의 힘을 얻고 후한 福을 얻으려면 모름지기 官星 운으로 가야 바로 좋아진다. 아니면 인수 운으로 가도 역시 발현(發顯)한다. 만약 관성을 쓰는데 발현하지 않으면 인수를 쓰면 묘(妙)하다. 가장 꺼리는 것은 사주 중에 財가 있거나 歲運에 財星이 임(臨)한 것인데 인수가 傷하기 때문이다. 만약 인수를 傷하면 집안이 망하여 고향을 떠나거나 데릴사위가 된다. 또 인수가 死絶地에 임하면 강등(降等)되거나 실직하고 반드시 수명이 길지 않다.

庚癸庚戌　男命 (원문 명조)
申酉申戌　庚申 辛酉 壬戌 癸亥 甲子 乙丑

此如癸日生於七月中氣之後　月時皆是庚申　<u>自坐金庫</u>　所以印綬　歲干又透出戊官　謂之官印兩全　極爲貴命

◉ 癸日이 七月 中氣를 지난 후에 태어났고 月時에 庚申이 모두 있고 自坐에 金庫가 있고 年干에 戊土 官星이 투출하여 官印을 모두 갖춘 아주 貴하게 된 命이다.
-{癸酉는 자좌금고(自坐金庫)가 아니다.}-

甲甲癸癸　男命 (원문 명조)
子寅亥亥　壬戌 辛酉 庚申 己未 戊午 丁巳

此如用癸爲印　印却旺　緣無財星相助　發福不厚也

◉ 癸-인성이 너무 旺하고 財星의 도움이 없다. 發福이 넉넉지 못하다.

壬戊庚甲　男命 (원문 명조)
子戌午寅　辛未 壬申 癸酉 甲戌 乙亥 丙子

此如戊用丁爲印綬　有寅午戌火局爲好　不合時上壬子水旺　財能冲印　所以失明　生氣是丙丁火屬目故也

◉ 이 명은 戊日에 丁-인수를 쓰고 寅午戌-火局이 있어서 좋다. 그러나 時에 壬子水가 旺하여 좋지 않다. 子-재성이 午-인수를 冲하여 실명(失明)하였는데 生氣(인수)인 丙丁-火가 눈에 속하기 때문이다.

-{삼합의 旺地를 冲하여 火局이 무너진 것이다.}-

壬丙丁己 男命 (원문 명조)
辰辰卯卯 丙寅 乙丑 甲子 癸亥 壬戌 辛酉
此命用卯爲印 用癸爲官 年在卯日在辰 所以官印兩全 少年淸貴 至四十二 三歲 癸亥運亦不妨 至庚申年 水七殺生於申 乃被庚申破印 故不吉也
● 卯-印과 癸-관성을 쓴다. 年에 卯가 있고 日에 辰이 있어서 官印兩全이 되어 소년(少年)에 귀하게 되었다. 癸亥運이 괜찮기는 하지만 42~3세 庚申年에는 壬水-칠살이 申에 長生이 되고 유년의 庚申이 卯-인수를 破하여 不吉하다.

인수격(印綬格)

此格大要生旺 忌死絶 要四柱中有官星爲妙 月上印綬最緊 行官印運便發 見財運破印 反爲貪財壞印 不利也 歲運亦然
● 인수격의 요점은 생왕(生旺)해야 하고 사절(死絶)을 꺼린다. 사주 중에 관성이 있어야 좋다. 인수는 月에 있는 것이 가장 중요하고 관인(官印)운으로 가면 쉽게 발전한다. 財運을 만나면 인성이 깨지고 탐재괴인(貪財壞印)이 되어 불리하다. 歲運도 마찬가지다.

甲甲戊乙 지부(知府) 癸印
子寅子亥 丁亥 丙戌 乙酉 甲申 癸未 壬午
※子月의 癸水 정인을 만나 인수격이다. 관성을 좋아하므로 申酉運에 발달한다.

辛壬丙辛 시랑(侍郎) 金印
亥寅申酉 乙未 甲午 癸巳 壬辰 辛卯 庚寅
※年의 辛金은 丙辛合으로 쓰지 못하고 時에 투출한 辛金이 年月의 申酉에 뿌리를 두어 인수가 강하다.
-{시랑(侍郎)은 비서실 직원. 궁중내시}-

丙癸乙庚　감부(監簿) 金印
辰亥酉寅　丙戌　丁亥　戊子　己丑　庚寅　辛卯
※庚金이 酉에 뿌리를 두어 년간의 인수를 취하고 乙庚合이 다시 金으로 변한다. 戊子 己丑 대운에 土-관살을 만나 발전한 것이다.

잡기인수격(雜氣印綬格)

辰戌丑未也 亦忌財 要行官運
◉ 辰戌丑未인데 역시 財를 꺼리고 관성 운으로 가야한다.
-{잡기인수격은 고(庫)중에 있는 인수를 말한다. 庫중에 있는 인수는 약하기 때문에 인수가 투출해야 좋다. 그 밖의 희기(喜忌)는 인수격과 다르지 않다.}-

癸癸辛丙　여승상(呂丞相)
亥巳丑寅　壬寅　癸卯　甲辰　乙巳　丙午　丁未
※金 인수격.

辛壬辛丙　주종부(周宗簿)
丑寅丑寅　壬寅　癸卯　甲辰　乙巳　丙午　丁未
※金 인수격.

戊辛癸丁　정지부(鄭知府)
子卯丑丑　壬子　辛亥　庚戌　己酉　戊申　丁未
※土 인수격. -{월령에 인수가 있으므로 육음조양이 아니다.}-

乙甲壬辛　심상서(沈尚書)
亥辰辰未　辛卯　庚寅　己丑　戊子　丁亥　丙戌
※癸水 인수격.

戊庚庚壬　황운사(黃運使)
寅戌戌申　辛亥　壬子　癸丑　甲寅　乙卯　丙辰

※ 土 인수격.

癸戊丙庚 갈대조(葛待詔)
丑子戌寅 丁亥 戊子 己丑 庚寅 辛卯 壬辰

葛待詔係賣職珇梳兒 此命是雜氣之中 月令透出丙丁火 乃爲印綬 只是還因不合日時下有癸水爲財 行亥子丑運不妨 入於壬辰運六年而不遂意 第七年歲在戊子年 二月二十八日壬戌日不祿 正乃是貪財壞印也 不可不仔細推之 記之以爲術者鑒.

◉ 갈대조는 옥(玉)과 빗을 파는 사람이다. 월령의 丙丁이 투출하여 인수격이다. 日時에 있는 癸-재성이 火를 극하여 좋지 않다. 亥子丑-재운에 무방하였으나 壬辰 운에 들어와 6년 동안 뜻대로 되지 않았다. 7년째의 59세 戊子年 2月 28日 壬戌日 죽었는데 바로 탐재괴인(貪財壞印) 때문이다. 자세히 살펴야하므로 술자들이 참고하도록 예를 들었다.

인수시결 印綬詩訣

月逢印綬喜官星 運入官鄉福必淸 死絶運臨身不利 後行財運百無成
◉ 月에 인수를 만나면 官星을 좋아하고 官星 運에 들면 福이 확실하다. 인수가 死絶 運에 이르면 몸이 좋지 않고 뒤에 財運이 따라오면 되는 일이 하나도 없다.
-{인수는 재성과 인수가 절지에 이르는 것과 세운에서 충파당하는 것을 가장 꺼린다. 인수가 약하면 관성을 좋아한다. 그러나 인수가 지나치게 강하면 재성으로 인수를 억제해야한다.}-

印綬無虧享福田 爲官承蔭有田園 家膺宣敕盈財穀 日用盤纏費萬錢
◉ 인수가 상(傷)하지 않으면 많은 복을 누리는데 조상의 음덕으로 관직을 계승하고 전원(田園)이 있다. 집안을 물려받아 재물이 가득하고 칙명(勅命)을 발표하며 하루에도 만금(萬金)을 쓸 수 있다.
-{인수격은 재성을 꺼리므로 인수를 재물로 본다.}-

印綬無虧靠祖宗 光輝宅産耀門風 流年運氣逢官旺 富貴雙全步月宮
◉ 인수가 상하지 않으면 조상에게서 물려받은 가산(家産)으로 빛이 나고 관성이 旺한 流年에는 부귀가 온전하여 신선이나 다름없다.

月生日主喜官星 運入官鄕祿必淸 容貌堂堂多産業 官居廊廟作公卿
◉ 月에 인성이 있으면 官星을 좋아하는데 관성 運에 관록이 뚜렷하다. 용모가 당당하고 산업(産業)이 많고 조정의 고관(高官)이 된다.

重重生氣若無官 當作淸高技藝看 官殺不來無爵祿 總爲技藝也孤寒
◉ 인수는 중중한데 관성이 없으면 기예(技藝)로 본다. 관살 운이 오지 않으면 공직에 인연이 없고 기예(技藝)가 주(主)가 되므로 가난하다.

重重印綬格淸奇 更要支干仔細推 支上咸池干帶合 風流浪蕩破家兒
◉ 인수가 중중하고 格이 뚜렷해도 다시 支干를 자세히 봐야한다. 支에 함지(咸池)가 있고 천간이 합하면 풍류(風流)에 빠져 가산을 탕진한다.
-{함지(咸池-子午卯酉)가 있는 천간이 합하면 풍류가 된다. 여기에 干合支刑이 되면 주색으로 패망한다. 왜 하필이면 인수격을 가지고 함지와 간합지형을 논(論)하는가? 도화가 재성은 아니지만 실질적(實質的)인 재성이 되고 인수는 재성을 꺼리기 때문이다.}-

印綬干支喜自然 功名豪富祿高遷 若逢財運來傷印 退職休官免禍愆
◉ 인수가 간지에 있으면 자연을 좋아하고 공명의 부호로 봉록(俸祿)이 높다. 그러나 財運을 만나 인수를 傷하면 직위에서 물러나야 화(禍)와 허물을 면한다.

印綬重重享見成 食神只恐暗相刑 早年若不歸泉世 孤苦離鄕宿疾縈
◉ 인수가 중중하면 유산을 누리지만 식신을 暗으로 刑하면 두렵다. 어린 나이에 불귀의 황천객이 되거나 타향에서 고질병과 가난에 시달린다.

丙丁卯月多官殺 四柱無根怕水鄕 濕木不生無燄火 身榮除是在南方
◉ 丙丁이 卯月에 태어나고 관살이 많고 사주에 뿌리(火)가 없으면 水-관살을 두려워한다. 습목(卯木)은 불길(火)이 되지 못하므로 남방 운을

제외하면 나머지는 좋은 것이 없다.
-{원래 인수는 관살을 좋아하는데 水-관살로 인하여 인수가 습목(濕木)이 되므로 丙丁火를 생하지 못하기 때문이다.}-

壬癸逢申嫌火破 格中有土貴方知 北方水運皆爲吉 如遇寅冲總不宜
◉ 壬癸가 申을 만나면 火-재성이 破하면 꺼리는데 格중에 土-관성이 있으면 貴命이 된다. 북방 水運은 모두 좋지만 寅이 申을 冲하면 어쨌든 좋지 않다.

木逢壬癸水漂流 日主無根罔度秋 歲運若逢財旺運 返凶爲吉遇王侯
◉ 木이 壬癸-인수를 만나 뿌리(木)가 없이 표류(漂流)하면 실패만 거듭한다. 그러나 세운에서 財가 왕한 운을 만나면 전화위복이 되어 왕후(王侯)를 만난다. 복권

貪財壞印莫言凶 須要參詳妙理通 運若去財還作福 再行財運壽元終
◉ 탐재괴인을 나쁘다고만 하지 말고 상세히 살피면 묘리(妙理)에 통한다. 財를 제거하는 운에 福이 되고 다시 財運을 만나면 그때는 황천으로 가야한다.

印綬如經死絶鄕 怕財仍舊怕空亡 逢之定主多凶禍 落水火刑自縊傷
◉ 인수는 死絶운을 지날 경우 여전히 財와 空亡이 두렵다. 이를 만나면 흉화(凶禍)가 많은데 물에 빠지거나 火刑을 당하거나 목을 매고 죽는다.
-{공망은 인수가 공망이 되는 것을 말한다.}-

印綬不宜身太旺 縱然無事也平常 除非元命多官殺 却有聲名作棟樑
◉ 인수격이 지나치게 신왕하면 액운은 없더라도 보통사람이다. 사주원국에 官殺이 많지 않으면 명성을 날리거나 동량(棟樑)이 될 수 없다.
-{인수가 둘 까지는 좋지만 셋 부터는 좋다고 할 수 없다.}-

印綬干頭重見比 如行運助必傷身 莫言此格無奇妙 運入財鄕福祿眞
◉ 천간에 인수가 있고 비겁이 많으면 일주를 돕는 운에는 반드시 몸이 상(傷)한다. 그러나 이 格을 별난 것이 없다고 하지마라 財運을 만나면

진정한 福祿을 누린다.

印綬官星運氣純 偏官多遇轉精神 如行死絶並財地 無救番爲泉下人
◉ 인수는 官星 운에 氣가 순수(純粹)하지만 편관을 많이 만나면 일주가 약해진다. 인수가 死絶되는 운으로 가면서 財를 만나고 왕성한 구조가 없으면 저승으로 간다.
-{편관은 인수를 생하지만 너무 많으면 결국 일주를 공격한다.}-

론정재(論正財)

何謂之正財？猶如正官之意 是陰見陽財 陽見陰財 大抵正財 吾妻之財也 人之女賚財以事我 必精神康强 然後可以享用之 如吾身方且自萎懦而不振 雖妻財豊厚 但能目視 終不可一毫受用 故財要得時 不要財多 若財多則自家日本有力 可以勝任 當化作官
◉ 무엇을 정재라고 하는가？ 정관처럼 陰이 陽-재성을 보고 陽이 陰-재성을 본 것이다. 正財는 아내의 재물인데 남자는 여자를 얻으면 재물을 주어서 나를 섬기게 하므로 필히 일주가 강건한 후에야 그것을 누린다. 내 몸이 시들고 약하여 왕성하지 못하면 비록 처가 풍후(豊厚)한 재물로 나를 섬겨도 눈에만 보일뿐 결국에는 털끝만큼도 맛볼 수 없는 그림의 떡에 불과하다. 그래서 財는 득시(得時-월령에 있어야)해야 하지만 財가 많으면 안 된다. 만약 財가 많더라도 日主가 근본적으로 유력(有力)하여 財를 감당할 수 있으면 이때는 관직이 된다.

天元一氣 嬴弱貧薄難治 是樂於身旺 不要行剋制之鄕 剋制者 官鬼也 又怕所生之月令 正吾衰病之地 又四柱無父母以生之 不喜財又有見財 謂之財多 力不任財 禍患百出 雖少年經休囚之位 故不如意 事多頻倂 或中年或末年 復臨父母之鄕 或三合可以助我者 則勃然而興 不可禦也 倘少年乘旺 老在脫局 不惟窮途悽惶 兼且是非紛起 蓋財者起爭之端也
◉ 천원(天元-일간)의 원기가 나약하면 가난을 해결하지 못한다. 身旺은 즐거움이 되므로 극제(剋制)하는 運으로 가면 안 되는데 극제(剋制)

는 관귀(官鬼)를 말한다. 또 태어난 월령이 쇠병(衰病)地이면 두려워한다. 사주에 인성의 生이 없으면 財를 좋아하지 않는데 財가 또 있으면 많은 財를 감당하지 못하여 화(禍)가 백가지로 발생한다. 비록 소년기(少年期)이라도 일주가 수위(囚位)의 운에 있으면 뜻대로 안 되고 속박 당하는 일이 많다. 혹 중년이나 말년에 다시 인수에 임(臨)하거나 三合하여 나를 도와주면 갑자기 왕성하게 일어나고 흥(興)하는 것을 막지 못한다. 혹 젊어서 신왕 했어도 늙어서 탈국(脫局-신약)이 되면 곤경에 처하여 슬프고 두려울 뿐만 아니라 시비(是非)까지 어지럽게 일어난다. 대개 재물은 싸움의 발단이 되기 때문이다.
-{재성은 내가 극하여 취하는 것이므로 우선 신강해야 한다. 만약 신약하여 재를 감당하지 못하면 오히려 화(禍)를 당한다. 재성은 나를 공격하지는 않지만 패자(敗者)에게는 고통이 따르기 때문이다.}-

若或四柱相生 別帶貴格 不值空亡 又行旺運 三合財生 是皆貴命 其餘福之淺深 皆隨入格輕重而言之 財多生官 要須身健 財多盜氣 本自身柔年運又或傷財 必生奇禍 或帶刑倂七殺 凶不可言也

◉ 만약 四柱가 相生하고 따로 貴格을 가지고 있고 空亡이 없고 또 신왕 運으로 가고 三合하여 財가 생왕하면 모두 貴命이다. 그 나머지 福의 천심(淺深)은 입격(入格)의 경중에 따라 말한다. 財가 많으면 官을 생하므로 日主가 튼튼해야한다. 財가 많으면 氣를 훔쳐가므로 자연히 신(身)이 유약하게 되고 年運에서 재물이 축나면서 황당한 禍가 발생한다. 이때 刑과 七殺을 함께 가지고 있으면 말 할 수 없이 凶하다.

又云 正財者 喜身旺印綬 忌官星 忌倒食 忌身弱 比肩劫財. 不可見官星 恐盜財之氣也 喜印綬者 能生身主弱故也. 且如甲日用己爲正財 如身弱 其禍立至 凡人命帶財下生 須出富豪 不螟蛉 必庶出 或冲父母. 身旺無劫財 無官星爲妙

◉ 또 있다. 정재는 신왕해야 하므로 인수를 좋아하고 관성을 꺼리고 편인을 꺼리고 신약을 꺼리고 비견, 겁재를 꺼린다. 관성이 보이면 안 되는 것은 財氣를 훔쳐가기 때문이고 인수를 좋아하는 것은 日主를 생하기 때문이다. 예를 들어 甲日에 己-정재를 쓰고 신약할 경우 화(禍)

가 닥치는데 대체로 財를 가지고 태어나면 부잣집에서 출생해도 양자(養子)나 반드시 서출(庶出)이 되거나 아니면 부모와 부딪친다. 신왕하고 겁재가 없고 관성이 없으면 좋다.
-{재격은 인성이 생하여 신왕해야 하고 비겁은 財를 극하기 때문에 좋지 않다. 신약하고 월지 정재가 기신이면 부잣집에서 태어나도 서출이나 양자가 된다.}-

若命中有官星得地 運行喜財星多生官 兼有財星得地 運行忌見官星 恐剋其身 怕身弱也 大抵財不論偏正 皆喜印綬 必能發福

◉ 만약 命 중에 있는 관성이 득지(得地)하면 재성이 많고 관성을 생하는 운을 좋아한다. 그러나 이때 財星도 같이 득지(得地)하고 운에서 관성을 만나면 꺼리는데 신약하고 관성이 극하기 때문이다. 그래서 財를 쓰면 정편재를 불문하고 모두 인수를 좋아하는 것은 반드시 발복하기 때문이다.

丁丁丁辛　男命 (원문 명조)
未巳酉丑　丙申 乙未 甲午 癸巳 壬辰 辛卯
此命丁日身坐財之地 又見巳酉丑金局 故主財旺 蓋得木庫居未 能生丁火 故身旺能當其財 運行東南方 宜乎巨富 丁用壬官 用庚金爲財 生壬官 身入旺鄉 必能發福

◉ 이 命은 丁日이 財地에 있고 또 巳酉丑 金局을 만났기 때문에 財가 旺하다. 丁火를 생하는 未-木庫를 얻어 신왕하므로 財를 감당한다. 運이 東南으로 가기 때문에 거부(巨富)가 된다. 丁이 壬-관성을 쓰면 庚-재성으로 壬-官을 생하고 일주가 신왕한 곳에 들면 반드시 발복한다.

丙丙乙庚　男命 (원문 명조)
申申酉申　丙戌 丁亥 戊子 己丑 庚寅 辛卯
凡用財不見官星为妙 此命丙日見三申爲財 豈不美哉 丙用癸官 用辛爲財 見三申一酉爲財 故旺 蓋緣日弱 火病申死酉 乃爲無氣 運行酉方金鄉 身弱太甚 財旺生鬼 敗剋其身 故不能勝其財 所以貧也

● 대체로 재성을 쓰면 관성이 보이지 않아야 좋다. 이 팔자는 丙日이 申-재성이 셋이고 -{관성이 보이지 않은데}- 왜 좋지 못한가. 丙은 癸를 官으로 삼고 辛을 재성으로 삼는데 三申 一酉를 만나 財가 旺하여 신약하다. 丙火가 申에 병지가 되고 酉에 사지가 되어 무력한데 <u>운이 酉方-金地로 행하여</u> 지나치게 신약한데다 財가 왕하여 귀(鬼)를 생하므로 일주가 패극(敗剋)되어 財를 이기지 못하여 가난한 것이다.
-{운이 酉方-金地로 간다고 했는데 金運을 만나려면 120년이 걸린다. 또한 乙이 合去되고 財가 만반에 있으므로 從財로 볼 필요가 있다.}-

戊辛癸乙 男命 (원문 명조)
子酉未卯 壬午 辛巳 庚辰 己卯 戊寅 丁丑
此命辛日坐酉 乙年坐卯 身與財俱旺 又得癸未食神 戊子印綬助之 宜乎巨富貴也

● 이 명은 辛日이 일지에 酉金 록(祿)이 있고 년의 乙木이 卯위에 있고 일주와 財가 모두 旺하다. 또 癸未 식신을 얻었고 戊子-인수가 도와 크게 富貴한 명이다.

丙甲丁戊 男命 (원문 명조)
寅辰巳子 戊午 己未 庚申 辛酉 壬戌 癸亥
又如戊子 丁巳 甲辰 丙寅. 此命甲日生於四月下旬 並透出丙丁火 生其月中之戊土 時又歸祿於寅 故財旺矣 然甲木身亦旺 早年行戊午己未運 迤邐 行辛酉運 乃見官星則凶 壬戌運有壬剋丙 傷官食神之中 失官去財 死喪合家 値五十九歲 入癸亥身旺運 稍可安逸 六十五歲 逢壬辰年死矣.
初運傷官見財格 取戊土爲財 所以戊午己未二運大旺生土 故財厚矣 及至庚申辛酉西方見官 故凡事費力 雖癸亥爲甲木之印綬 然亦忌 火冲水 亥中又有壬水 壬辰透出壬水 運中 命中元有之辰 死無疑矣 凡傷官見財格 忌見官星 只喜見財 大忌壬水剋火 則火不能生甲木之土財也

● 이 명은 甲日이 巳月 하순(下旬)에 태어나고 丙丁火-식상이 함께 투출하여 월중에 있는 戊土를 생하고 時의 寅에 귀록이 되어 財도 旺하고

일주도 旺하다. 일찍 戊午 己未運에 좋게 지냈는데 辛酉 運에는 官星을 만나 凶하였다. 壬戌 運에는 壬-편인이 丙-식신을 극하여 상관 식신년에 관직과 재물을 잃고 가족이 모두 죽었다. 59세 癸亥운에 들어와 身旺하여 점차 안정하였으나 65세 壬辰年에 죽었다.

상관견재(傷官見財)격이 초운에 戊土-재를 취하므로 戊午 己未운에 土가 旺하여 재물이 넉넉하였다. 庚申 辛酉 운에는 西方의 관성을 만나 매사에 힘만 들었다. 癸亥는 甲木의 인수가 되지만 巳火-식신을 冲하는 壬水가 亥중에 또 있다. 壬辰년에 壬水가 투출하였는데 원국이나 대운에 있는 기신이 유년에 나타나면 틀림없이 죽는다. 일반적으로 상관견재(傷官見財)격은 관성이 보이면 꺼리고 오직 財가 보이면 좋아하고 壬水가 火-식상을 훤하는 것을 크게 꺼리는데 火-식상이 土-재성을 생하지 못하기 때문이다.

정재시결 正財詩訣

正財無破乃生官 身旺財生祿位寬 身弱財多徒費力 劫財分奪禍多端
◉ 正財가 깨지지 않으면 관성을 생하는데 신왕하고 財가 관성을 생하면 록위(祿位)가 좋다. 그러나 재다신약하면 헛고생만 하고 겁재가 분탈(分奪)하면 갖가지 禍가 일어난다.

正財得位正當權 日主高強財萬千 印綬若來相濟助 金珠萬匣祿高遷
◉ 正財가 득위(得位)하여 당권하고 日主가 강하면 재물이 수천만인데 만약 인수가 와서 도와주면 셀 수 없이 재물이 많고 지위가 높다.

正財還與月官同 最怕支干遇破冲 歲運若臨財旺處 須教得貴勝陶公
◉ 正財가 月에 관성과 함께 있으면 그 干支가 충파(冲破)를 만나는 것을 가장 꺼린다. 財가 왕한 歲運에 임(臨)하면 도공(陶公)을 능가하는 귀(貴)를 얻는다.

身弱財多力不任 生官化鬼反來侵 財多身建方爲貴 若是身衰禍更臨

◉ 재다신약하여 재를 감당하지 못하면 財가 生한 관성이 殺이 되어 공격한다. 財가 많고 신강하면 貴가 되지만 신약하면 貴가 禍로 변하여 나타난다.

론편재(論偏財)

何謂之偏財？蓋陽見陽財 陰見陰財也. 然而偏財者 乃衆人之財也 只恐兄弟姉妹有奪之 則福不全. 若無官星 禍患百出 故曰 偏財好出 亦不懼藏 惟怕有以分奪 反空亡耳 有一於此 官將不成 財將不住 經曰 背祿逐馬 守窮途而悽惶也

◉ 무엇을 편재라고 하는가？ 陽이 陽-재성을 만나고 陰이 陰-재성을 만난 것이다. 그러나 편재는 여러 사람의 재물이므로 비겁이 뺏어 가면 복이 온전치 못하여 두렵다. 이때 官星이 없으면 재난이 백가지로 나타난다. 그래서 편재는 투출해도 좋고 암장해도 두렵지 않은데 오직 탈재(奪財)와 공망을 두려워한다고 했다. 이 (탈재 공망)중 하나만 만나도 관직(官職)에 가망이 없고 재물을 보전하지 못한다. 經에 말하길 배록(背祿-상관) 축마(逐馬-겁재)가 있으면 곤경에 처하여 비참하다고 했다.

財弱亦待曆旺鄕而榮 財盛無所往而不妙 且恐身勢無力耳 偏財主人慷慨不甚吝財 惟是得地不止財豐 亦能官旺 何以言之 蓋財盛自生官矣 但爲人有情而多詐 蓋財能利己 亦能招謗 運行旺相 福祿俱臻 只恐太旺兄弟必多破壞 亦不美

◉ 財가 약하면 財가 旺한 運에 번영하고 財가 왕성하면 가는 運마다 좋은데 다만 두려운 것은 日主가 무력한 것이다. 偏財가 있으면 아낌이 없고 재물에 인색하지 않다. 오직 편재가 득지(得地)해야 재물이 끊이지 않고 왕성하고 관(官)도 역시 왕하게 된다. 무슨 말이냐 하면 財가 왕성하면 자연히 관성이 생겨난다는 것이다. 사람됨이 인정이 있지만 속임수가 많은데 대개 財는 이기(利己)가 되기 때문에 비방을 불러들인

다. 일주가 旺相한 運으로 가면 복록이 모두 찾아오나 다만 두려운 것은 비겁이 태왕(太旺)한 것인데 반드시 財가 많이 파괴(破壞)되므로 역시 좋지 않다.

財多須看財與我之日干強弱相等 行官鄉便可發祿 若財盛而身弱 運至官鄉 是旣被財之盜氣 復被官之剋身 非惟不發祿 亦防禍患 如命四柱中元帶官星 便作好命看 若四柱中兄弟輩出 縱入官鄉 發祿必渺矣 故曰 要在識其變通矣

財가 많으면 財와 日干의 강약이 대등한지 보아야한다. 대등하면 官運에 官祿이 즉시 피어난다. 재는 왕성한데 신약할 경우 運이 官地에 이르면 관성이 財氣를 빼앗고 뒤돌아서 日主를 剋한다. 따라서 발록(發祿)도 안 될 뿐더러 우선 닥쳐올 재난에 대비해야한다. 사주 원국에 관성이 있으면 좋은 명으로 보지만 만약 사주에 비겁이 많으면 관성을 만날지라도 발록(發祿)이 요원(遙遠)하다. 그래서 통변(通變)을 알아야한다고 한 것이다.

편재시결 偏財詩訣

偏財身旺是英豪 洋刃無侵福祿高 結識有情宜慷慨 若還身弱慢徒勞

◉ 편재는 신왕하면 호걸인데 양인이 -{편재를}- 침범하지 않으면 福祿이 높다. 인정이 많고 아낌없이 쓰고 친분을 두텁게 쌓지만 신약이 되면서 서서히 헛수고가 된다.

月偏財是衆人財 最忌干支兄弟來 身強財旺皆爲福 若帶官星更妙哉

◉ 月에 있는 편재는 만인의 재물이므로 干支에 비겁이 있는 것을 가장 꺼린다. 신강하고 財가 旺하면 모두 福이 되는데 官星을 가지고 있으면 더 좋다.

凡見偏財遇劫星 田園破盡苦還貧 傷妻損妾多遭辱 食不相資困在陳

◉ 偏財가 겁재를 만나면 전답(田畓)이 모두 없어지고 가난으로 고생한

다. 처첩을 상손(傷損)하여 수치를 많이 당하는데 식신이 없으면 끼니도 어렵다.
-{곤재진(困在陳)은 공자가 진나라에 머물 때 끼닛거리가 없어서 일주일 정도 굶주린 것을 말한다.}-

若是偏財帶正官 劫星若露福相干 不宜劫運重來併 此處方知禍百端
◉ 만약 편재가 정관을 가지고 있어도 겁재가 노출하면 福에 문제가 생긴다. 겁재가 重한 운이 오면 이때는 갖가지 禍가 나타난다.
-{겁재가 중하다는 운은 대운의 간지가 모두 겁재이거나 겁재가 세운 병임이 되는 것으로 본다.}-

偏財身旺要官星 運入官鄕發利名 兄弟若來分奪去 功名不遂禍隨生
◉ 偏財는 신왕하면 官星을 원하므로 관성 運에 들면 이명(利名)이 피어난다. 이때 비겁이 나타나면 財를 겁탈하므로 공명을 이루지 못하고 화(禍)만 따른다.

시상편재격(時上偏財格)

如時上偏財 與時上偏官相似 只要時上一位不要多 而三處不要再見財 却怕冲 與月上偏官格同 偏財要財旺運
◉ 시상편재는 시상편관과 비슷하여 時에 一位만 있어야하고 많으면 안 된다. 그래서 年月日의 세 곳 중에 財가 또 보이면 안 된다. 冲을 두려워하는 것은 월상 편관격과 같고 편재는 財가 旺한 운으로 가야한다.

戊甲乙庚　이참정(李參政)
辰子酉寅　丙戌 丁亥 戊子 己丑 庚寅 辛卯
-{酉月에 태어나 정관격인데 시상편재격이라고 하는 것은 酉中의 辛金-정관을 寅中의 丙火가 합하여 관성을 쓰지 못하기 때문이다.}-

壬乙乙癸　오상공(吳相公)
午未卯亥　壬戌 辛酉 庚申 己未 戊午 丁巳

庚丙甲乙	증참정(曾參政)	
寅申申未	癸未 壬午 辛巳 庚辰 己卯 戊寅	

辛丁戊癸	진상서(陳尙書)	
丑丑午卯	丁巳 丙辰 乙卯 甲寅 癸丑 壬子	

壬戊辛戊	증지부(曾知府)	
子申酉子	壬戌 癸亥 甲子 乙丑 丙寅 丁卯	

癸己丁甲	형사령(邢司令)	
酉未丑午	戊寅 己卯 庚辰 辛巳 壬午 癸未	

甲庚壬壬	고시랑(高侍郞)	
申子寅午	癸卯 甲辰 乙巳 丙午 丁未 戊申	

辛辛己乙	후지부(侯知府)	
卯卯卯酉	戊寅 丁丑 丙子 乙亥 甲戌 癸酉	

丙壬戊丁	유중서(劉中書)	
午申申亥	丁未 丙午 乙巳 甲辰 癸卯 壬寅	

丁癸戊庚	왕보사(王步師)	
巳卯子午	己丑 庚寅 辛卯 壬辰 癸巳 甲午	

시상편재시결 時上偏財詩訣

時上偏財不用多 支干須要用搜羅 喜逢財旺兼身旺 冲破傷財受折磨

◉ 시상편재는 많으면 안 되고 時의 干支에 모여 있어야 한다. 재왕하면서 신왕한 것을 좋아하고 충파(冲破)하면 재물이 축나고 고통을 받는다.

時上偏財一位佳 不逢冲破享榮華 破財劫刃還無遇 富貴雙全比石家

◉ 시상편재는 一位가 좋고 冲破를 만나지 않아야 영화를 누린다. 財를 파(破)하는 겁재 양인이 만나지 않으면 석숭에 비할 만큼 부귀가 온전하다.

時上偏財遇劫星　田園破盡苦還貧　傷妻損妾多遭辱　食不相資困在陳
◉ 시상편재가 겁재를 만나면 전답이 모조리 없어지고 고난과 가난 속에 산다. 상처(傷妻) 손첩(損妾)으로 인한 모욕을 당하고 식신이 없으면 끼니가 어렵다.

若是偏財帶正官　劫星若露福難干　不宜劫運重來並　此處方知禍百端
◉ 편재를 지켜주는 정관이 있어도 겁재가 노출하면 福이 어렵기 때문에 劫財가 중한 운에는 화(禍)가 백가지로 나타나는 것을 알아야한다.

론식신(論食神)

食神者　生我財神之謂也　如甲屬木　丙屬火　名盜氣　故謂之食神　何也？殊不知丙能生我戊土　甲食丙之戊財　故以此名之也　命中帶此者　主人財厚食豐　腹量寬洪　肌體肥大　優遊自足　有子息　有壽考.
◉ 식신이란 나의 재신(財神)을 생하는 것을 말한다. 甲日의 경우 丙火는 甲木의 氣를 훔치는 도기(盜氣)인데 왜 식신이라고 하는가? 丙은 의외로 나의 財를 생하고 丙이 만들어낸 戊-財를 내가 먹기(食) 때문에 식신(食神)이라는 이름이 된 것이다. 팔자에 식신이 있으면 재물과 음식이 풍성하고 도량이 크고 몸이 비대하고 여유가 있고 자식이 있고 수명도 길다.

恒不喜見官星　忌倒食　恐傷其食神　喜財神相生　獨一位見之　則爲福人然多亦不淸　却喜身旺　不喜印綬　亦恐傷其食神也　如運得地　方可發福大概與財神相似.
◉ 官星이 보이면 항상 좋아하지 않고 도식(倒食)을 꺼린다. 식신을 傷하면 두렵기 때문에 財神을 상생(相生)하면 좋아한다. 食神은 一位에만

보이면 복 받은 사람이지만 많으면 복이 뚜렷하지 않다. 역시 身旺을 좋아하고 인수를 좋아하지 않는데 인수는 식신을 傷하기 때문이다. 運에서 식신이 득지(得地)하여도 發福하는데 대체로 財神과 비슷하다.

-{생(生)과 상생(相生)은 어떻게 다른가? 생(生)은 일방적인 生을 말하고 相生은 생하는 쪽과 生을 받는 쪽에서 생하는 쪽을 도와주는 것이다. 에를 들면 木은 火를 生할 경우 金이 木을 剋하면 木生火가 되지 않는다. 밑줄 부분은 식신과 재가 상생이 된다는 것은 財가 印星을 막아 식신을 보호하여 식신이 財를 생하는데 지장이 없다. 즉 상생이 된다. 극(剋)과 상극(傷剋)도 같은 이치다.}-

辛丁己己 男命 (원문 명조)
丑未巳未 戊辰 丁卯 丙寅 乙丑 甲子 癸亥

丁見己爲食神 有一丑巳合起金局得之爲財 又喜身不弱 所以有官亦有壽也.

◉ 己가 食神인데 巳丑合 金局이 되므로 財를 얻었고 身이 약하지 않아서 관직도 있고 장수했다.

乙癸乙乙 男命 (원문 명조)
卯酉酉巳 甲申 癸未 壬午 辛巳 庚辰 己卯

此命見三乙爲食神 見巳酉丑合局爲印綬 又有三乙化爲傷官 癸用乙爲食神 被金局來剋乙木 再被三乙木並卯旺剋我官 所以名利都無成也.

◉ 세 개의 乙-식신이 있고 巳酉丑-金局인 인수가 있다. 세 개의 乙-식신은 변하여 상관이 되었고 癸日의 乙-식신을 金局이 극하였고 세 개의 乙木과 卯가 나의 官星인 巳중의 戊土를 극하므로 名利를 하나도 성취하지 못한 것이다.

식신시결 食神詩訣

食神有氣勝財官 先要他強旺本干 若是反傷來奪食 忙忙辛苦禍千般

◉ 食神이 튼튼하면 財官을 능가하는데 우선 식신이 강하고 일간이 旺해야 한다. 만약 식신이 탈식(奪食)당하여 상(傷)하면 고생은 물론 갖가지 禍를 만난다.

-{인성을 만나면 탈식(奪食) 당하는데 다시 재성이 인성을 극하면 해소된다. 이때는 길흉의 관건이 재성에 있으므로 재성을 잘 살펴야한다.}-

食神無損格崇高 甲丙庚壬貴氣牢 丁己乙丁多福祿 門闌弧矢出英豪

◉ 식신이 상(傷)하지 않으면 格이 숭고(崇高)하다. 甲丙 식신이나 庚壬 식신은 貴가 튼튼하고 丁己 식신이나 乙丁 식신은 복록이 많고 세도가 문의 호걸이다.

甲人見丙本盜氣 丙去生財號食神 心廣體胖衣祿厚 若臨印綬主孤貧

◉ 甲일은 丙-식신이 보이면 氣를 훔치지만 丙이 財를 생하기 때문에 食神이라고 한다. 너그럽고 의식이 넉넉한데 만약 인수가 임(臨)하면 외롭고 가난하다.

-{인수가 식신을 극하거나 합하면 부모가 앞길을 막는다. 이 부모는 폭력부터 시작하여 결국 아이를 망친다.}-

申時戊日食神奇 惟在秋冬福祿齊 甲丙卯寅來剋破 遇而不遇主孤悽

◉ 戊日 申時의 식신은 특별하여 오직 秋冬월에 태어나야 복록(福祿)이 되고 만약 甲丙寅卯가 식신을 극파(剋破)하면 식신이 무용지물이 되어 외롭고 처량하게 된다. 그래서 만나도 만난 것이 아니다.

壽元合起最爲奇 七殺何憂在歲時 禁凶制殺干頭旺 此是人間富貴兒

◉ 식신이 적합하게 일어나면 가장 뛰어난데 年時에 칠살이 있어도 걱정 없다. 즉 식신이 干에 투출하고 왕하면 흉(凶)을 막는 제살(制殺)이 되므로 富貴한 사람이다.

食神居先殺居後 衣祿無虧富貴厚 食神近殺却爲殃 終日塵寰慢奔走

◉ 食神이 먼저 있고 殺이 뒤에 있으면 의식(衣食)에 손색이 없고 富貴가 크다. 식신이 살과 가까우면 오히려 재앙(災殃)이 되는데 속세에서 종일 바쁘게 고생으로 지낸다.
-{식신은 원래 살을 制하는데 살과 가깝다는 것은 財가 왕하면 식신이 制殺을 하지 못하고 결국 財를 생하여 殺이 왕하게 되기 때문이다.}-

론도식(論倒食)

夫倒食者 冲財神之謂也 一名吞啗殺 用財神大忌見之 用食神亦忌見之 倒食者 如甲見壬之類 如甲見丙爲食神 能生土財 然壬剋丙火 丙火不能生甲木之土財 所謂甲用食神 大忌見之 凡命中帶此二者 主福淺壽薄.

◉ 도식(倒食)이란 財神을 冲하는 것을 말하는데 일명(一名) 탄담살(吞啗殺)이라고 한다. 財를 쓸 경우 도식(倒食)이 보이면 크게 꺼리고 식신을 쓸 경우에도 역시 도식(倒食)을 꺼린다. 도식(倒食)은 甲이 壬을 만난 것이다. 예컨대 甲은 丙-식신이 보이면 土-財를 생한다. 그러나 壬이 丙火-식신을 극하면 丙은 土財를 생할 수 없게 된다. 그래서 甲木이 丙-식신을 쓸 경우에도 壬-도식이 보이면 크게 꺼린다. 대체로 命 中에 식신과 편인이 모두 있는 사람은 복과 수명이 천박(淺薄)하다.

-{원래 편인은 식신을 극하여 재를 생하지 못하게 하고 살을 제하지 못하게 하는데 재성에 기준을 두는 것을 재성이 격이 되기 때문이다. 재성은 우선 관성을 생하고 양명(養命)의 근본이 되는데 편인이 있으면 양일(陽日) 편인은 전쟁이 일어나고 음일(陰日) 편인은 재성을 합하여 무력하게 만든다. 이렇게 되면 재성이 관성을 생하지 못한다.}-

又見庚爲七殺 得丙丁火制之 怕見水 反爲禍矣 凡命中犯此者 猶尊長之制我身 不得自由也 作事進退悔懶 有始無終 財源屢成屢敗 容貌欹斜 身品矮小 膽怯心慌 凡事無成也.

⊙ 庚-칠살이 보이면 丙丁-식상을 얻어야 制하는데 水-인수가 보이면 오히려 禍가 되므로 두렵다. 일반적으로 命이 이렇게 되면 윗사람이 내 몸을 제지(制止)하여 자유가 없다. 하는 일에 진전이 없고 후회하고 게으르고 시작은 잘해도 마무리가 없고 재원(財源)의 성패가 누차(屢次) 일어나고 용모(容貌)가 바르지 못하고 몸이 왜소(矮小)하고 겁이 많고 되는 일이 하나도 없다.
-{식신은 制殺하여 공(功)을 이루는데 편인이 보이면 그 공이 깨지는 것으로 끝나는 것이 아니고 오히려 화(禍)가 나타난다.}-

丁己丁丁　男命 (원문 명조)
卯亥未未　丙午　乙巳　甲辰　癸卯　壬寅　辛丑
此命己亥日 己臨亥上 身弱於亥 加以亥卯未木局剋身 年月時透出三丁倒食 幼年行南方運 賴火生土 身猶旺 纔交乙巳運 爲己之七殺 引出亥卯未木局 歲運癸亥 所以死矣 此命非但倒食七殺之禍 而癸亥年與生殺壞印之說同義也.

⊙ 己亥日은 己가 亥에 임(臨)하여 약한데 여기에 亥卯未 木局-殺이 일주를 극한다. 年月時에 丁-도식이 셋이 투출하였다. 유년기(幼年期)의 남방 운에 火가 土를 생하여 오히려 身이 旺하지만 乙巳運에 들어와 乙木-칠살이 亥卯未(살국)을 인출(引出)하여 17세 癸亥年에 죽었다. 이 명은 도식(倒食)과 칠살(七殺)의 화(禍)가 있지만 癸亥年에 木-殺을 생하고 火-인성을 무너지는 것도 함께한다는 뜻이 된다.
-{원국의 乙木이 대운에 투출하였고 대운의 亥가 유년에 나타났다. 이럴 때 죽는다고 했다. 또한 대운의 乙巳가 일주의 干支를 冲剋한다.}-

壬甲丙甲　男命 (원문 명조)
申戌寅戌　丁卯　戊辰　己巳　庚午　辛未　壬申
此命甲戌日 甲見丙食神 生於正月 甲木旺 身與食神俱旺 本是貴命 不合時上壬申 壬水傷其丙火 申金冲其寅木 又申中有庚七殺 所以利名無成 行己巳運金生之地 見庚子年 庚金爲七殺 又見子水 死於非命.

⊙ 甲戌日에 丙火-식신이 보이지만 正月에 태어나 甲木이 왕하다. 일주

와 식신이 모두 왕하면 본래 貴命인데 時에 있는 壬申이 문제가 된다. 壬水가 丙火를 傷하고 申이 寅을 冲하고 또 申중에 庚-칠살이 있어서 利와 이름을 얻지 못한다. 己巳運은 庚金-칠살의 장생지가 되고 27세 庚子年을 만나 庚金은 칠살이 되고 子-인성을 또 만나 비명에 갔다.

-{己巳대운에 寅巳申三刑이 온전하고 流年에 庚金 칠살을 만나는 것도 참작할 수 있다.}-

론상관(論傷官)

傷官者 其驗如神 傷官務要傷盡 傷之不盡 官來乘旺 其禍不可勝言 傷官見官 爲禍百端 倘月令在傷官之位 及四柱配合作事 皆在傷官之處 又行身旺鄕 眞貴人也.

◉ 傷官의 응험이 신(神)과 같다. 상관은 상진(傷盡)되어야 하는데 상진이 되지 않고 관성이 왕(旺)하면 그 禍가 이루 말할 수 없다. 그래서 상관견관은 위화백단(爲禍百端)이라고 한다. 혹 상관이 월령에 있고 사주를 처리하는 배합(配合)이 모두 상관에 있고 또 운이 身旺한 곳으로 가면 정말 귀(貴)한 사람이다.

-{상관상진(傷官傷盡)은 사주 중에 상관이 있고 관성이 하나도 없는 것이다. 만약 정관이 있으면 원국에서 도태되어야 상진(傷盡)이라고 할 수 있고 상관이 투출하여야 상관상진의 진격(眞格)에 속한다. 대부분 관성을 貴로 삼는데 관성을 극하는 것을 貴로 삼는 것은 모순이다. 그러나 모순(矛盾)속에 새로운 질서가 있기 때문에 상관격은 변화가 많고 어렵다. 상관을 궁구(窮究)하면 상관뿐만 아니라 다른 여러 가지를 얻게 된다. 아래는 두 개의 명조는 상관상진의 대표적인 귀격(貴格)이다.}-

丁丁壬戊 (明 太宗) 주원장(朱元璋) -{연구 명조}-
未丑戌辰 癸亥 甲子 乙丑 丙寅 丁卯 戊辰

丙辛辛壬 (淸 太宗) 황태극(皇太極) -{연구 명조}-

申亥亥辰　壬子　癸丑　甲寅　乙卯　丙辰　丁巳

傷官主人多才藝　傲物氣高　常以天下之人不如己　而貴人亦憚之　衆人亦惡之　運一逢官　禍不可言　或有吉神可解　必生惡疾以殘其軀　不然運遭官事　如運行剝官　財神不旺　皆是安享之人　仔細推詳　萬無一失矣.

◉ 상관은 재능이 많지만 거만하고 세상 사람들을 자기만 못하게 여기므로 貴한 사람들도 꺼리지만 대부분 사람들이 미워한다. 運에서 관성을 한번 만나기만하면 말할 수 없는 禍를 당하는데 혹 해소하는 吉神이 있어도 나쁜 질병이 생기거나 몸이 불구가 되거나 아니면 관액(官厄)이 있다. 퇴직하는 운에 이르러 財가 旺하지 않으면 모두 편안함을 누리는 사람이다. 자세히 추단하면 실수가 없다.

又云　傷官者　我生彼之謂也.　以陽見陰　陰見陽　亦名盜氣.　傷官若傷盡 不留一點.　身弱忌官星　不怕七殺.　如甲用辛官　如丁火旺　能生土財　最 忌見官星　亦要身旺.　若傷官不盡　四柱有官星露　歲運若見官星　其禍不 可勝言.　若傷官傷盡　四柱不留一點　又行旺運及印綬運　却爲貴也.　如四 柱中雖傷盡官星　身雖旺　若無一點財氣　只爲貧薄.　如遇傷官者　須見其 財爲妙　是財能生官也.

◉ 또 있다. 상관은 내가 상대를 생하는 것인데 양이 음을 보고 음이 양을 보는 것이다. 또한 이름을 도기(盜氣)라고 한다. 상관상진은 관성이 하나도 남아 있지 않은 것이다. 신약하면 官星을 꺼리지만 七殺은 무서워하지 않는다. 甲日에 辛-관을 쓰고 丁-상관이 旺할 경우 능히 土-재를 생하지만 관성이 보이면 가장 꺼리므로 신왕(身旺)해야 한다. 만약 사주에 관성이 노출해 있고 상관상진이 되지 않을 경우 세운에 관성을 만나면 말 할 수 없는 화(禍)가 있다. 그러나 상관상진이 되고 관성이 하나도 없고 신왕운이나 인수운으로 가면 오히려 貴하게 된다. 상관상진이 되고 신왕해도 만약 재기(財氣)가 일점(一點)도 없으면 가난하다. 상관을 만나면 財가 보여야 좋은데 이 財는 능히 관(官)을 생할 수 있기 때문이다.

-{상관상진이 되지 않은 것은 관성이 살아 있는 것인데 더구나 관성이

천간에 투출해있고 다시 운에서 만나면 그 화(禍)가 참혹하다고 했다. 그래서 상관은 상진되어야 하고 관성이 보이면 안 된다. 상관이 칠살을 꺼리지 않는 것은 흉신인 칠살을 제압하면 내가 칠살을 부릴 수 있기 때문이다.}-

如用傷官格者 支干 歲運 都要不見官星 如見官星 謂之傷官見官 爲禍百端. 用傷官格局 見財方可用. 傷官之殺 甚如傷身七殺 其驗如神. 年帶傷官 父母不全 月帶傷官 兄弟不完 日帶傷官 妻妾不完 時帶傷官 子息無傳

其餘傷官 務要傷盡則吉 見財方可. 輕則遠竄之災 重則刑辟之難. 傷官有戰 其命難存. 若月令在傷官之位 及四柱相合 皆在傷官之處 如行身旺鄕 貴命也. 傷官之人 多負才傲物 常以他人不如己 君子惡之 小人畏之.

◉ 傷官格일 경우 干支나 歲運에서 모두 官星이 보이지 않아야하는데 만약 官星이 보이면 상관견관(傷官見官)이 되어 갖가지 화(禍)가 일어난다. 傷官格局에 재가 보이면 이때 재(財)를 쓸 수 있다. 상관은 관성의 살(殺)이 되므로 칠살(七殺)처럼 몸을 상하게 하는데 그 증험(證驗)이 귀신같다. 즉 年에 상관이 있으면 부모가 온전치 못하고 月에 상관이 있으면 형제가 온전치 못하고 日에 상관이 있으면 처첩(妻妾)이 온전치 못하고 時에 상관이 있으면 자식이 대를 잇지 못한다.

이 외에도 상관은 상진(傷盡)되어야 吉이 되는데 이때 財를 만나야 한다. 그렇지 못하면 경(輕)하면 피신(避身)해야 하고 중(重)하면 형벌을 피하기 힘든데 이때 상관이 싸우면 그 목숨을 보존하기 어렵다. 만약 상관이 월령에 있고 사주를 알맞게 하는 작용이 모두 상관에 있고 또 운이 身旺한 곳으로 가면 귀(貴)한 사람이다. 상관은 재주만 믿고 오만불손하고 항상 남을 무시하고 업신여기므로 군자는 미워하고 소인은 두려워한다.

逢官運 無財救 必主大災 不然主暗昧惡疾 以殘其身 或運遭官刑矣 如四柱雖傷盡官星 身若逢財運發福 是爲傷官見財 仔細推詳 萬無一失
又云 四柱有官而被禍重 四柱無官而被禍則淺 大凡四柱見官者 或見傷

官而取其財 財行得地則發 行敗財之地必死 如運支內無財運 干虛露亦不可也.

◉ 운에서 관성을 만났는데 구제해주는 財가 없으면 명주에게 큰 재난이 있다. 아니면 희귀병에 걸리거나 불구가 되거나 관재(官災)로 刑을 받는다. 사주가 상진되고 비록 관성이 하나도 없어도 재운을 만나면 발복하는데 이는 상관견재(傷官見財)가 된 것이므로 자세히 추단하면 실수가 없다.

또 있다. 사주에 官星이 있으면 화(禍)가 중(重)하지만 官星이 없으면 禍가 가볍다. 대체로 사주에 관성이 보이거나 상관이 보이면서 財를 취할 경우 運에서 財가 得地하면 발전하지만 財가 패하는 곳에서는 반드시 죽는다. 대운에서 財를 만나더라도 財가 地支에 있어야하고 天干에 허투(虛透)하면 소용없다.

庚丁己乙 男命 (원문 명조)
戌亥丑亥   戊子 丁亥 丙戌 乙酉 甲申 癸未

丁以壬爲官 丑戌本爲傷官 只是丑爲金庫 又時上有庚字作財 此人行申酉限如意 入金脫氣遂死矣 大抵傷了官星 行官運則災連 太歲亦然.

◉ 丁은 壬을 官星으로 삼는데 戌을 상관으로 삼고 丑은 다만 金庫가 된다. 時에 있는 庚-字가 재물이므로 이 사람은 酉申運에 뜻대로 풀렸는데 金-財가 탈기(脫氣)되는 운에 들어 죽었다. 대체로 상관이 官星을 傷하면 관성 運에 재앙이 이어지는데 유년(流年-太歲)도 마찬가지이다.

상관시결(傷官詩訣)

傷官傷盡最爲奇 尤恐傷多返不宜 此格局中千變化 推尋須要用心機

◉ 상관상진은 가장 기묘(奇妙)하지만 특히 두려운 것은 상관이 많으면 도로 흉신이 된다. 이 격국(格局) 중에서 변화가 수없이 일어나므로 생각을 집중해서 추단해야 한다.

-{상관상진이 될지라도 상관이 많으면 신약하여 흉신으로 변한다. 미묘한 변화가 많기 때문에 정신을 집중해서 보라고 하였다.}-

火土傷官宜傷盡 金水傷官要見官 木火見官官有旺 土金官去返成官
惟有水木傷官格 財官兩見始爲歡

◉ 火土상관은 상진(傷盡)되어야 하고 金水傷官은 官星을 만나야 하고 木火상관은 관성이 旺해야한다. 土金상관은 官星을 제거하면 관직에 오른다. 오직 水木傷官은 財官을 모두 만나는 것을 좋아한다.

傷官不可例言凶 有制還他衣祿豐 干上食神支帶合 兒孫滿眼壽如松

◉ 傷官을 흉하다고만 하면 안 되고 制하면 의록(衣祿)이 풍부하다. 천간에 식신이 있고 지에 합을 가지고 있으면 자손이 많고 장수한다.
-{제(制)하는 것을 인수를 말한다.}-

傷官遇者本非宜 財有官無是福基 時日月傷官格局 運行財旺貴無疑

◉ 원래 傷官을 만나면 좋지 않은데 財가 있고 官이 없으면 복의 근본이 된다. 月日時에 상관이 있어도 만약 관성이 격국이면 財旺한 운에 틀림없이 귀하게 된다.

傷官傷盡最爲奇 若有傷官禍便隨 恃己淩人心好勝 刑傷骨肉更多悲

◉ 상관상진이 되면 가장 좋은데 만약 官을 상(傷)하면 바로 화(禍)가 따른다. 자기만 믿고 남을 멸시하고 승부욕이 강하고 육친의 형상(刑傷)으로 인한 슬픔이 많다.

傷官不可例言凶 辛日壬辰貴在中 生在秋冬方秀氣 生於四季主財豐

◉ 傷官을 흉하다고만 할 것이 아니라 辛日 壬辰은 貴가 있는데 가을이나 겨울에 태어나면 수기(秀氣)가 있고 辰戌丑未월에 태어나면 재물이 풍성하다.

丙火多根土又連 或成申月或成乾 但行金水升名利 火土重來數不堅

◉ 丙火에 火(뿌리)가 많고 土-상관과 연결될 경우 申月(財)이나 亥月(官)에 태어나면 金水-재관 運에는 名利가 상승한다. 그러나 火土가 중(重)하면 -{화염토조가 되어}- 운세가 튼튼하지 못하다.

-{화염토조(火炎土燥)는 수(水)가 필요하다.}-

상관생재격(傷官生財格)

且如乙日生 地支見寅午戌局全 則自以戊己爲財 要行火鄕財運 身旺運 怕官鄕 忌刑冲倒 則不吉.

◉ 예를 들어 乙日의 地支에 寅午戌-상관이 완전하면 자연히 戊己를 財로 삼는다. 火-식상 운이나 土-재운이나 신왕운으로 가야한다. 관성을 무서워하고 刑冲을 꺼리는데 넘어지므로 不吉하다.

상관대살격(傷官帶殺格)

且如甲乙日生 寅午戌地支全 若干頭有庚辛 則藉庚辛爲權 火制之爲福 最要行旺運 忌見財 得中和爲貴.

◉ 예를 들어 甲乙日의 地支에 寅午戌이 온전하고 천간에 庚辛-관살이 있으면 庚辛을 권력으로 삼고 火를 制하여 福을 삼는다. 가장 필요한 것은 身旺 運으로 가야하고 土-財가 보이면 꺼린다. 중화(中和)를 얻으면 貴하다.

-{印星으로 상관을 制하는 것이 관건이기 때문에 土-재성을 꺼린다. 살을 쓰기 때문에 일종의 칠살격이다.}-

戊庚丙甲 乾造 적천수 -{연구 명조}-
寅辰子申 丁丑 戊寅 己卯 庚辰 辛巳 壬午

금한수랭(金寒水冷)하다. 戊寅 운에 丙火가 득지하므로 東南 운에 급제하여 황당(黃堂)에 올랐다. 신자진 상관국을 제하는 戊-인성이 있다.

론겁재(論劫財)

※亦名逆刃 ※겁재(劫財)를 "역인(逆刃)"이라고 한다.

如乙見甲爲劫財 乙以庚爲夫 見丙剋庚 故剋夫 男命則剋妻 五陽見五陰 爲敗財 主剋妻害子 五陰見五陽爲劫財 主破耗 防小人 不剋妻.

◉ 乙이 甲을 만나면 겁재가 된다. 乙日은 庚이 남편이다. 丙-상관이 보이면 庚을 훼하기 때문에 여자는 극부(剋夫)하고 남자는 극처(剋妻)한다. 양일(陽日)은 음을 만나면 패재(敗財)가 되는데 妻를 극하고 자식을 해친다. 음일(陰日)은 양을 만나면 겁재(劫財)가 되는데 파모(破耗)하여 재산을 손실하고 소인배들을 막아야하지만 극처(剋妻)하지는 않는다.

-{乙日에 丙-상관이 극처(剋妻)하는 것은 乙庚合은 부부가 되어 庚은 乙日의 妻가 되기 때문이다. 甲日에 乙-겁재가 자식을 해치는 것은 己-妻를 극하여 자식의 근원이 상하기 때문이다.}-

乙以戊己爲財 甲見奪己壞戊 丁以庚辛爲財 丙能奪辛破庚 類如此也 兄 見弟 弟能敗兄之財 奪兄之妻 弟見兄 兄能劫弟之財 而不敢取弟之妻 財者 人之所欲 方令弟兄見之 多有爭競 如夷 齊能幾人 男命見劫財多 剋妻 女命見傷官多剋夫 此極論也.

◉ 乙日은 戊己가 재성인데 甲이 보이면 己-편재를 탈취(奪取)당하고 戊-정재가 무너진다. 丁日의 庚辛-재성은 丙을 만나면 辛을 탈취당하고 庚이 깨진다. 이런 식으로 본다. 甲日이 乙을 만나면 乙은 甲의 재물을 손상하고 甲의 妻를 빼앗지만 乙日이 甲을 만나면 甲이 乙의 財를 겁탈하여도 乙의 妻를 빼앗지는 못한다.

재물은 인간이 원하는 것이므로 형제가 재물을 보면 다투고 경쟁한다. 백이(伯夷) 숙제(叔齊)같은 이가 과연 몇이나 되겠는가. 남명은 겁재가 보이면 妻를 극하고 여명은 상관이 보이면 夫를 극한다. 이는 최고의 이론이다.

-{日干合은 부부가 되므로 甲日의 妻인 己를 乙이 극할 수 있지만 甲은 乙日의 妻인 庚을 극하지 못한다. 따라서 음일(陰日)은 재물을 겁탈

당하여도 妻를 극하지 않는다.}-

론양인(論洋刃)

夫陽刃者 號天上之凶星 作人間之惡殺 以祿前一位是也 如甲祿在寅 卯爲陽刃 喜偏官七殺 喜印綬 忌反吟伏吟 忌魁罡 忌三合.

◉ 양인은 천상(天上)에서는 흉성(凶星)으로 불리고 인간에게는 흉살(凶殺)이 된다. 양인은 祿의 一位 앞에 있다. 즉 甲의 祿은 寅이므로 卯가 양인이 된다. 양인은 칠살, 인수를 좋아하지만 반음(反吟), 복음(伏吟), 괴강(魁罡), 三合을 꺼린다.

-{양인이 칠살을 좋아하는 것은 칠살을 합하여 인(刃)의 흉(凶)이 길(吉)로 바뀌게 되기 때문이다. 양인이 인수를 좋아하는 것은 인수가 식상을 극하여 식상이 칠살을 극하지 못하도록 하기 때문이다. 식상이 칠살을 극하면 양인합살이 되지 못한다.}-

何謂陽刃？甲丙戊庚壬五陽有刃 乙丁己辛癸五陰無刃 故名陽刃 如命中有刃 不可便言凶 大率與七殺相似 凡有刃者 多主富貴人 却喜偏財七殺 然殺無刃不顯 刃無殺不威 刃殺俱全 非常人有之 大要身旺 運行身旺之鄉 不要見傷官 刃旺運.

◉ 왜 양인(陽刃)이라고 하는가？ 甲丙戊庚壬의 五陽은 인(刃-칼)이 있지만 乙丁己辛癸 五陰은 인(刃)이 없다. 그래서 양인(陽刃)이라고 한다. 命中에 양인이 있다고 해서 무조건 흉하다고 하면 안 된다. 대체로 七殺과 비슷하여 양인이 있는 사람 중에 富貴한 사람이 많고 오히려 편재와 칠살을 좋아한다. 그래서 殺이 있고 刃이 없으면 출세가 힘들고 刃이 있고 殺이 없으면 위세(威勢)가 없다. 刃殺을 모두 갖추면 예사로운 사람이 아니다. 身旺하고 또 운이 신왕한 곳으로 가야하고 상관이나 양인이 旺한 運을 만나지 않아야 한다.

-{대체로 陽刃이 旺하고 殺이 弱하면 殺이 왕한 운으로 가야하고 살이 강하고 刃이 약하면 刃운이 좋다. 양인과 칠살의 경중을 비교하여 중화되는 방향을 택한다. 필요한 것이 없으면 운에서라도 만나야한다.}-
-{상관이 칠살을 제(制)할 경우 양인을 만나면 흉을 더한다.}-

若命中元有殺無刃 歲運又殺逢之 其禍非常 若命有刃無殺 歲運逢殺旺之鄕 乃轉生而反成厚福 如傷官財旺身弱 殺旺 最可忌也.

◉ 만약 원국에 殺이 있고 刃이 없는데 유년에 또 殺을 만나면 그 禍가 대단하다. 만약 원국에 양인이 있고 殺이 없는데 歲運에서 殺이 왕한 곳을 만나면 확 뒤바뀌어 큰 복을 이룬다. 상관과 재가 旺하고 신약할 경우 殺이 旺하면 가장 꺼린다.

○甲己庚 男命 (원문 명조)
○寅卯申 庚辰 辛巳 壬午 癸未 甲申 乙酉

甲日見卯爲刃 庚爲七殺 其殺本傷身 却藉卯中乙木以配合 其殺有情 則殺不能傷身 正是甲以乙妹妻庚之義 其身旺南方運 所以爲貴.

◉ 甲日에 卯-양인을 만나고 庚-칠살이 있다. 殺은 원래 일주를 傷하는데 卯중에 乙木이 배합(配合)하여 오히려 殺이 유정(有情-吉)하게 되므로 日主를 傷하지 않는다. 이게 바로 甲日의 乙-누이가 庚-殺의 妻가 된다는 뜻이다. 南方 運에 身旺하여 貴가 된다.

甲戊戊戊 男命 (원문 명조)
寅午午午 己未 庚申 辛酉 壬戌 癸亥 甲子

此命刃殺全 而又以午火爲印 所以爲貴 故喜忌篇云 戊日午月 勿作刃看 歲時火多 却爲印綬.

◉ 이 命은 양인과 殺이 모두 있지만 午火를 인성으로 삼기 때문에 귀하게 된 것이다. 그래서 희기편(喜忌篇)에 戊日 午月을 刃으로 삼지 말라 한 것은 年時에 火가 많으면 결국 인수가 되기 때문이다.
-{戊에 午가 하나만 있으면 陽刃이지만 火가 또 있으면 인수가 된다. 이 사주는 결국 化殺生身으로 귀가 되고 陽刃合殺로 된 것이 아니다.}-

甲戊甲辛　(원문 명조)
寅午午酉　癸巳 壬辰 <u>辛卯</u> 庚寅 己丑 戊子

此命殺刃全 而有印綬 不合年干傷官透出 運行辛卯 犯傷官元有之辰 壬爲財 是壬辰歲凶事投水而死 壬水剋火印 時坐甲之七殺 謂之生殺壞印 卽此命見辛爲傷官 運行辛卯 忌見官 午中丁火爲印綬 最忌傷官與財相見 緣水生木剋身也.

◉ 이 명은 殺과 刃이 모두 있고 인수가 있다. 年干에 상관이 투출하여 좋지 않은데 辛卯운에 원국에 있는 辛-상관이 대운에 나타난 것이다. 壬은 財가 되므로 32세 壬辰年에 물에 뛰어들어 죽었다. 유년의 壬水가 火-인성을 극하고 時의 甲-칠살을 생하므로 생살괴인(生殺壞印)이라고 한다. 즉 이 팔자에 있는 辛-상관이 辛卯 대운에서 卯-관성을 만나 꺼리기 때문이다. 午中의 丁-인수는 가장 꺼리는 辛-상관과 壬-재를 만난 것인데 결국 水-재가 木-살을 생하여 戊-身을 극하기 때문이다.

-{생살괴인(生殺壞印)은 財가 殺을 생하고 인성을 무너뜨린 것이다. 이 명조는 殺이 왕하여 午火에 의지하는데 辛酉-상관이 水-財를 생하고 財가 午火-인수를 극하여 생살괴인이 된다. 결국 戊-살이 일주를 공격하여 죽은 것이므로 午火를 양인으로 보면 안 된다.}-

己甲乙癸　악비(嶽飛)장군 (원문 명조)
巳子卯未　甲寅 癸丑 壬子 辛亥 庚戌 己酉

嶽飛 此命卯刃癸印 不合時上己巳破印 運行辛亥 亥卯未合起陽刃 辛酉年 辛金又旺於酉 冲起卯刃 二辛則太過 金多見甲 身雖貴 亦遭刑也 然雖見辛爲貴 所忌陽刃 不可一合一冲也.

◉ 악비의 命인데 卯-양인과 癸-정인이 있다. 時의 己巳가 癸水-인성을 깨는 것이 좋지 않다. 辛亥운에 亥卯未로 양인에 三合이 일어났는데 39세 辛酉年의 辛-정관은 酉에 旺(旺)이 되고 卯-양인은 冲이 일어났다. 대운과 유년의 兩 辛金이 태과하여 많은 금이 甲을 만나므로 신분은 貴하게 되었지만 형장(刑場)에서 사라졌다. 비록 辛-정관을 만나 貴하게 되었지만 양인을 꺼리는 바이다. 합이 일어난 곳에 다시 冲이 일

어나면 안 된다.

론일인(論日刃)

日刃與陽刃同 日刃有戊午 丙午 壬子也. 與陽刃同法 不喜刑冲破害 不喜會合 兼愛七殺 要行官鄕 便爲貴命. 若四柱中一來會合 必主奇禍. 其人眼大鬚長 性剛果毅 無惻隱惠慈之心 有刻剝不恤之意. 三刑自刑魁罡全 發跡疆場. 如或無情 或財旺 則主其凶 或有救神 要先審察. 如刑害俱全 類皆得地 貴不可言也 安得不擧.

◉ 일인(日刃)과 양인(陽刃)은 같다. 日刃에는 戊午 丙午 壬子가 있는데 양인과 用法이 같으므로 형충파해(刑冲破害)를 좋아하지 않고 회합(會合)을 좋아하지 않고 칠살을 중히 여기므로 官運으로 가야 쉽게 貴命이 된다. 만약 사주 중에 회합이 한번 일어나면 뜻밖의 禍를 만난다. 눈이 크고 수염이 많고 결단성이 있고 강하다. 그러나 마음에 자혜(慈惠)심이 없고 각박(刻薄)하고 매정하다. 삼형(三刑) 자형(自刑) 괴강(魁罡)이 모두 있으면 전장(戰場)에 나가 출세할 수 있다. 그러나 사주가 무정(無情)하거나 財가 旺하면 凶하므로 구(救)해주는 神이 있는지 먼저 살펴야 한다. 만약 형해(刑害)를 모두 갖추고 득지(得地)하면 말할 수 없이 귀(貴)하게 된다. 어디서 이런 귀(貴)를 얻겠는가.
-{회합(會合)은 양인이 모여 있거나 양인이 중심이 된 三合이다.}-
-{財가 旺하면 凶한 것은 財와 陽刃이 서로 부딪치기 때문이다.}-

獨陽刃以時言之 四柱中不要入財鄕 怕冲陽刃. 且如戊日刃在午 忌行子正財運 壬刃在子 忌行午正財運. 庚刃在酉 忌行卯正財運. 甲日行巳午 並辰戌丑未財運不妨 忌酉運. 丙日刃在午 行申酉庚辛丑不妨 忌子運 大抵陽刃要身旺 喜有物以去之. 經曰 人有鬼人 物有鬼物 逢之爲災 去之爲福.

◉ 다만 양인에는 조건이 있는데 사주 중에 財가 있으면 양인을 冲하므

로 두렵다. 예를 들어 戊日 午-양인은 子運을 꺼리고 壬日 子-양인은 午運을 꺼리고 庚일 酉-양인은 卯運을 꺼리고 甲日 卯-양인은 巳午와 辰戌丑未 運은 무방하나 酉運을 꺼리고 丙日 午-양인은 申酉庚辛丑 運은 무방하나 子-正官 運을 꺼린다. 대체로 양인은 신왕해야 하고 물(物)을 제거하면 좋아한다. 經에 이르길 인간에게는 귀인(鬼人)이 있고 물(物)에는 귀물(鬼物)이 있는데 이를 만나면 재앙이 되므로 제거해야 福이 된다고 했다.

-{양인이 재를 꺼리는 경우는 신약하고 관살이 강할 경우 재가 양인을 충하고 관살을 생하기 때문이다. 이때는 인수나 비겁운의 좋다. 재를 좋아하는 경우는 신강하고 살이 약하기 때문이다. 이때는 재운으로 가면 좋다.}-

乙戊壬壬 갈 참정(葛 參政)
卯午子申 癸丑 甲寅 乙卯 丙辰 丁巳 戊午
戊日刃在午 喜得乙卯時 正官制伏去了 所以爲福也

◉ 戊日의 刃이 午에 있고 時에 乙卯를 얻어서 좋은데 卯-正官이 己土-귀물(鬼物)을 제거하여 福이 된 것이다.

양인시결(陽刃詩訣)

陽刃存時莫看凶 身輕返助却爲凶 單嫌歲月重相見 莫把生時作怒宮

◉ 양인이 時에 있으면 흉(凶)하지 않지만 身을 약하게 보고 도와주면 오히려 흉하다. 年이나 月에 또 있으면 싫어하고 時를 생하여 노궁(怒宮)이 되게 하지 말아야 한다.

-{노궁(怒宮)은 기세가 왕성한 것을 말한다. 즉 양인이 시에 있는데 또 년이나 시에 있어도 안 되고 시에 있는 양인을 생하여도 안 된다.}-

馬逢丙戊鼠逢壬 喜見官星七殺臨 刑害無妨冲敗懼 怕逢財地禍非輕

◉ 丙午 戊午 壬子는 官星이나 七殺이 임하면 좋아한다. 형해(刑害)되

는 것은 무방하지만 충(冲)하여 패(敗)하면 두렵기 때문에 財가 있는 곳을 만나면 禍가 가볍지 않다.

壬子休來見午宮 午宮又怕子來冲 丙日坐午休重見 會合身宮事有凶
⊙ 壬子는 午宮을 만나지 말아야하고 子가 午宮을 冲해도 무섭다. 丙午日은 午를 또 만나지 말아야 하는데 일지궁에 있는 양인에 회합(會合)하면 흉사(凶事)가 일어난다.

日刃還如陽刃同 官星七殺喜交逢 歲君若也無傷劫 支上刑冲立武功
⊙ 日刃이나 양인은 같기 때문에 관성 칠살을 교대로 만나면 좋아한다. 세운에서 겁재(양인)를 상하지 않으면 支에서 刑冲이 될 때 무공(武功)을 세운다.
-{교대로 만나는 것은 한꺼번에 만나지 않은 것이다. 양인은 유년에서도 형충을 꺼리기 때문에 양인을 상하면 안 된다.}-

陽刃嫌冲合歲君 流年遇此主災迍 三刑七殺如交遇 必定閻王出引徵
⊙ 양인은 유년에서 충합이 되면 꺼리므로 流年에 만나면 재난이 있다. 이때 三刑 七殺을 교대로 만나면 반드시 염라왕(閻羅王)이 데려간다.
-{삼형에서 칠살로 넘어가거나 칠살에서 삼형으로 넘어가는 곳이 교차점이다.}-

時逢陽刃喜偏官 若見財星禍百端 歲運相冲並相合 勃然災禍又臨門
⊙ 時에 陽刃을 만나면 偏官을 좋아하는데 만약 財가 보이면 禍가 많다. 流年에서 相冲 相合이 같이 일어나면 갑자기 재화(災禍)가 닥친다.
-{財와 양인이 冲하여 문제가 되는 사주가 악비(岳飛) 명이다.}-

陽刃重逢合有傷 主人心性氣高強 刑冲太重多凶厄 有制方爲保吉昌
⊙ 양인을 많이 만나면 합(合)이 될 때 반드시 상(傷)한데 명주의 심성이 고강(高強)하다. 刑冲이 너무 중하면 흉액(凶厄)이 많고 制가 있으면 비로소 번창한다.
-{제(制)는 칠살이 양인을 합하는 것이다.}-

陽刃之辰怕見官 刑冲破害禍千端 大嫌財旺居三合 斷指傷殘體不完

◉ 양인이 관성을 만나면 두려워하는데 이때 형충파해(刑冲破害)되면 禍가 천단(千端)으로 일어난다. 여기에 財가 三合하여 왕하면 손발이 잘리고 불구가 되므로 크게 꺼린다.
-{양인은 살을 좋아하지만 관성은 합이 되지 않으므로 좋아하지 않는다. 천단이란 모든 단서가 화로 변한다는 뜻이다. 재가 삼합하여 양인과 전쟁이 일어나거나 양인이 삼합하여 재와 전쟁이 일어나도 불행하기는 마찬가지다.}-

론잡기(論雜氣)

雜氣者 蓋謂辰戌丑未之位也. 辰中乙癸戊字 戌中辛丁戊字 丑中有癸辛己字 未中有丁己乙字 此四者 天地不正之氣也.

◉ 잡기(雜氣)는 辰戌丑未가 있는 자리다. 辰중에 乙癸戊가 있고, 戌중에 辛丁戊가 있고, 丑중에 癸辛己가 있고, 未중에 丁己乙이 있다. 이 넷은 天地의 부정(不正)한 氣가 된다.

且如甲則鎭於寅位陽木之垣 乙專鎭於卯 皆司春令 而奪東方之氣. 辰爲東南之隅 及春夏交接之界 受氣不純 禀命不一 故名雜氣也 丑戌未亦然.

◉ 즉 甲은 양목(陽木)의 구역인 寅에 자리를 잡고 乙木은 卯에서 자리를 잡고 있는데 모두 봄을 관장하면서 동방의 氣를 뺏는다. 그러나 辰은 東南의 모서리로서 봄과 여름이 교체하는 경계가 되므로 받은 氣가 순수하지 않고 부여받은 天命이 하나가 아니므로 이름을 '잡기(雜氣)'라고 한다. 丑戌未도 역시 그렇다.

雖看六甲何如以論之 假日干是甲 而得丑月 貴旣在中 辛則爲正官 癸爲之印綬 己則爲正財 不知用何者爲福 要在四柱中看透出是何字 隨其所出 而言其吉凶. 有如前說法 但庫中物皆閉藏 須待有以開其扃鑰 方言發福 所以開扃鑰者 何物也 乃刑冲破害耳. 且如四柱中元有刑冲破害 復行此等運氣 則刑冲破害多 反傷其福. 大抵雜氣要財多 便是貴命. 若

年時別入他格 當以他格例斷之. 蓋此乃天地之雜氣 不能統一 故少力耳
別格專於時年乃重事 看命須審輕重 以取禍福 先論重者 次言輕者 百發
百中矣. 其他當以言類之.

◉ 이러한 六甲이 보이면 어떻게 론(論)할 것인가? 가령 甲日干이 丑月에 태어나면 丑-字 안에는 癸-인수 辛-정관 己-정재의 貴가 들어 있는데 그 중 어떤 것이 福인지 알 수 없다. 이때는 사주 중에 어떤 글자가 투출했는지 보고 그에 따라 길흉을 말하는데 앞에 말한 바(人元)와 같다. 단 庫중에 있는 것은 모두 창고에 있고 잠가 두었기 때문에 庫가 열리는 運이 올 때 까지 기다려야 발복한다. 고(庫)를 열 수 있는 것은 단지 형충파해(刑冲破害)가 있을 뿐이다. 만약 四柱 중에 庫를 열어주는 刑冲破害가 원국 있는데 또 다시 형충파해를 만나면 오히려 福을 傷한다. 대체로 잡기격은 財가 많아야 貴命이다. 만약 年이나 時에 다른 格이 성립되면 당연히 다른 격으로 보고 판단한다. 天地의 잡기(雜氣)는 하나로 되어 있지 못하여 힘이 적기 때문에 다른 格이 時나 年에 있으면 그것을 중요하게 모셔야한다. 간명(看命)은 경중(輕重)을 따져서 화복(禍福)을 취하는 것이므로 맨 먼저 중자(重者)를 논하고 다음에 경자(輕者)를 논하면 백발백중한다. 잡기격 뿐만 아니라 다른 격도 당연히 이런 식으로 한다.

-{庫중에 있는 人元은 약하다. 寅申巳亥나 子午卯酉처럼 장생(長生)이나 관지(官地)가 되는 것이 전혀 없기 때문이다. 다만 고(庫)중에서 투출한 오행은 庫에 뿌리가 있으므로 힘이 있다. 그래서 투출한 것으로 길흉을 본다고 한 것이고 年이나 時에 다른 격이 되면 그것을 중요하게 여기는 것은 庫 중에 있는 것은 역시 약하기 때문이다.}-

-{庫중에 있는 人元이 하나도 투출하지 않은 경우에는 本氣를 취하고 만약 두세 개가 투출하면 그 중 가장 강한 것을 취한다.}-

잡기재관격 (雜氣財官格)

經曰 財官印綬全備 藏蓄於四季之中 辰戌丑未是爲之 如官露印露財露則不妨也 如辰宮則有乙木癸水戊土 戌宮則有辛金丁火戊土 丑宮則有癸水辛金己土 未宮則有乙木丁火己土也.

⊙ 經에 말하길 사계(四季)에 재관인을 모두 간직하고 있는 辰戌丑未가 바로 그것인데 재성이나 관성이나 인성이 노출하여도 무방하다. 辰 宮에는 乙癸戊가, 戌 宮에는 辛丁戊가, 丑 宮에는 癸辛己가, 未 宮에는 丁乙己가 있다.

辛丁乙戊　이 유제(李 柳帝)
亥未丑子　丙寅 丁卯 戊辰 己巳 庚午 辛未

壬己甲壬　황 상원(黃 狀元)
申卯辰子　乙巳 丙午 丁未 戊申 己酉 庚戌

壬庚丁壬　양 화왕(楊 和王)
午戌未子　戊申 己酉 庚戌 辛亥 壬子 癸丑

丁乙壬戊
丑卯戌子　癸亥 甲子 乙丑 丙寅 丁卯 戊辰

戊己癸丁　임 시랑(林 侍郞)
辰酉丑丑　壬子 辛亥 庚戌 己酉 戊申 丁未

戊辛戊丙　장 참정(張 參政)
子酉戌寅　己亥 庚子 辛丑 壬寅 癸卯 甲辰

庚丁甲壬　왕 태위(王 太尉)
子酉辰寅　乙巳 丙午 丁未 戊申 己酉 庚戌

辛壬辛己　선 참정(宣 參政)
亥寅未卯　庚寅 己丑 戊子 丁亥 丙戌 乙酉

庚丙丁己	진 용강(秦 龍崗)	
寅寅丑卯	丙子 乙亥 甲戌 癸酉 壬申 辛未	
癸丙丙癸	등 지부(鄧 知府)	
巳午辰巳	乙卯 甲寅 癸丑 壬子 辛亥 庚戌	
壬乙己庚	진 태사(秦 太師)	
午卯丑午	庚寅 辛卯 壬辰 癸巳 甲午 乙未	
丙乙戊甲	풍 전사(馮 殿師)	
子卯辰子	己巳 庚午 辛未 壬申 癸酉 甲戌	
辛壬癸乙	왕 희지(王羲之) 명필(名筆)	
丑子未卯	壬午 辛巳 庚辰 己卯 戊寅 丁丑	

잡기재관시결(雜氣財官詩訣)

雜氣財官在月宮 天干透露始爲豐 財多官旺宜冲破 却忌干支壓伏重

◉ 잡기재관은 月에 있고 天干에 투출해야 비로소 복이 넉넉하다. 財가 많고 官이 旺하면 충파(沖破)해야 하고 干支에서 압박이 중하면 오히려 꺼린다.
-{압박은 외부에서 고(庫)중에 있는 재관을 극하는 것이다.}-

辰戌丑未爲四季 印綬財官居雜氣 干頭透出格爲眞 只問財多爲尊貴

◉ 辰戌丑未는 四季가 되므로 재관인이 잡기(雜氣)에 있는 것인데 천간에 투출하면 진격(眞格)이 되는데 財가 많아야 존귀(尊貴)하다.
-{재가 많아야 좋은 것은 대개 관성을 생하기 때문이다.}-

財官寓在庫中藏 不露光芒福不昌 若得庫門開透了 定敎富貴不尋常

◉ 財官이 고(庫)중에 있으면 빛이 나지 않고 福이 번창하지 못하지만 만약 고(庫)가 열려 있고 재관이 투출하면 富貴가 보통이 아니다.

雜氣從來福不輕 天干透出始爲眞 身强財旺生官祿 運見刑冲聚寶珍
◉ 잡기는 福이 가볍지 않은데 천간에 재관이 투출해야 진격(眞格)이다. 신강하고 財가 旺하면 관록이 생기고 運에서 刑冲을 만나면 보배가 모인다.

四季財官月內藏 刑冲剋制要相當 太過不及皆成禍 運到財鄕是吉祥
◉ 月에 숨어있는 사계(四季)의 財官은 형충극제(刑冲剋制)가 적절해야 한다. 지나치거나 부족하면 모두 화(禍)가 되고 운이 財에 이르면 복이 된다.

透出財官官祿鍾 官加富貴位三公 刑冲一變方爲妙 得運應知蛇化龍
◉ 財官이 투출하면 관록을 받고 관성이 더하면 부귀하여 귀(貴)가 삼공에 이른다. 한번 刑冲하여 변하면 기묘한데 運에서 이렇게 되면 뱀이 용으로 변한다.

五行四季月支逢 印綬干頭要顯榮 四柱相生喜官殺 更饒財産又崢嶸
◉ 진술축미가 월지에 있고 인수가 천간에 투출하면 잡기 인수격으로 출세하는데 사주가 상생하고 관살을 좋아하므로 재산이 불어나고 두각을 나타낸다.
-{잡기인수도 인수격과 마찬가지로 관살을 좋아한다.}-

기명종재격(棄命從財格)

假如乙日見辰戌丑未 財神極旺 乙木四柱無依 則舍而從之 主其人平生懼內 爲塡房贅繼之人 財者妻也 身無所托 倚妻成立 故爲此論.
◉ 가령 乙日이 辰戌丑未를 만나 財星이 극히 旺하면 乙木은 사주에 의지 할 -{비겁이}- 없으므로 나를 포기하고 財를 따른다. 이런 사람은 평생 아내를 무서워하고 후처(後妻)를 들이거나 데릴사위가 된다. 財는

아내인데 내가 妻를 의지하기 때문에 그렇다.

戊庚壬壬　男命 -{연구 명조}-
寅寅寅寅　癸卯 甲辰 乙巳 丙午 丁未 戊申
木이 튼튼하고 戊土가 虛하고 財氣가 强하여 분명한 金木 종재격이다. 일찍이 급제하여 황당(黃堂)에 올랐다. 말년의 金운에는 破局이 된다.

丙壬庚丙　乾造 마지막 황제 부의(溥儀) -{연구 명조}-
午午寅午　9辛卯 19壬辰 29癸巳 39甲午 49乙未 59丙申
壬水를 생하는 庚金-인성을 의지하는데 兩 丙火가 극하여 실권이 없다.

기명종재격시결(棄命從財格詩訣)

日主無根財犯重　全憑時印旺身宮　逢生必主興家業　破印紛紛總是空
◉ 日主에 뿌리(비겁)가 없고 財가 중하면 완전히 時에 있는 인성에 기대야 신궁(身宮)이 旺하다. 인성을 만나면 반드시 가업이 흥하지만 印星이 깨져 분분하면 모두 물거품이 된다.

기명종살격(棄命從殺格)

且如乙日干　見巳酉丑金局大盛　又無制殺　身主無氣　只得捨身而從之　要行殺旺及財鄕　忌日主有根及比肩之地.
◉ 이를테면 乙日干에 巳酉丑 金局이 크게 왕성하고 또 殺을 제(制)하는 것이 없고 身主가 무기(無氣-비겁이 없으면)하면 부득이 일주를 포기하고 종(從)한다. 殺이 旺한 운이나 財運으로 가야하고 日主의 뿌리나 비견이 있으면 꺼린다.

甲乙乙乙　이 시랑(李 侍郞)
申酉酉酉　甲申 癸未 壬午 辛巳 庚辰 己卯

乙己丁壬　乾命 대군벌(大軍閥) -{연구 명조}-
亥卯未寅　戊申 己酉 庚戌 辛亥 壬子 癸丑

壬丙丙辛　乾造 원수(元帥)-{연구 명조}-
辰子申丑　乙未 甲午 癸巳 壬辰 辛卯 庚寅

기명종살시결(棄命從殺詩訣)

土臨卯位三合全 不見當生金水纏 火木旺鄕名利顯 再逢坤坎禍連綿
⊙ 己卯日에 태어나고 원국에 亥卯未 三合이 온전하면 金水-식상이 보이지 않아야 한다. 木火가 旺하면 名利가 나타나고 申子를 만나면 화(禍)가 그치지 않는다.
-{종재와 마찬가지로 인수를 만나면 좋다고 했다.}-

五陽在日全逢殺 棄命相逢命不堅 如見五陰來此地 殺生根敗吉難言
⊙ 양일(陽日)이 전국(全局)에 살을 만나면 기명(棄命)이 되어도 수명이 견고하지 못하다. 음일(陰日)도 이럴 경우 살(殺)이 살아 있고 근(根-뿌리)은 패(敗)한 것이므로 좋다고 말하기 어렵다.
-{음일이나 양일 모두 인수가 있어야 한다.}-

陽水重逢陽土戈 無根何處被刑磨 格中有貴須還顯 切忌官星破局多
⊙ 壬일에 戊土-살을 많이 만나고 어디에도 뿌리(水)가 없으면 고통을 당한다. 格 중에 귀(貴-관성)가 있어야 출세하기 때문에 극히 꺼리는 것은 官星에 파국이 많은 것이다.

庚日全逢寅午戌 天干透出始爲神 重重火旺聲名顯 命裏休囚忌水鄕
⊙ 庚日은 寅午戌을 모두 만나고 천간에 火가 투출해야 한다. 火가 중

중하여 旺하면 출세하지만 명(命)의 속은 휴수(休囚)된 것이므로 水-식상을 꺼린다.

六乙生人巳酉丑 局中切忌財星守 若還行運到南方 管教其人壽不久
◉ 乙日에 巳酉丑이 완전한데 局中에 土-財가 지키고 있으면 극히 꺼리고 運이 火-식상에 이르면 절대 命이 오래가지 못한다.
-{종살이기 때문에 재가 살을 생하여 좋을 것 같지만 재(財)를 꺼리는 것은 일주가 의지하는 인수를 극하기 때문이다.}-

陽火喜居身弱地 勾陳朱雀作凶媒 一片江湖太白象 不爲將相作高魁
◉ 丙火가 신약지를 좋아하면 土-식상과 火-비겁은 凶이 된다. 하나로 된 호수로 맑은 상(象)이면 장상(將相)이 아니면 우두머리가 된다.

염상격(炎上格)

且如 丙丁二日見寅午戌全 或巳午未全亦是 但忌水鄕金地 喜行東方運 怕冲 要身旺 歲運同 炎上者火之勢急 又得火局渾然成勢 火爲文明之象 値之者 當爲朱紫之貴 蓋非尋常之命也.

◉ 예를 들어 丙丁二日에 寅午戌이나 巳午未가 온전하면 염상격이다. 단 火를 剋하는 水와 -{火의 病死地가 되는}- 金을 꺼린다. 火를 생하는 東方運을 좋아하고 신왕해야 하므로 冲을 무서워하는데 세운도 마찬가지다. 염상이란 화세(火勢)가 급하고 또 火局이 혼연일체(渾然一體)로 세력을 이룬 것이다. 火는 文明의 象이므로 염상격에 해당하면 관직에 올라 귀하게 되고 평범한 사람이 아니다.

甲丙辛乙	장 태보(張 太保) 太保→경호원
午午巳未	庚辰 己卯 戊寅 丁丑 丙子 乙亥
庚丙丙甲	재상(宰相) -{연구 명조}-
寅午寅戌	丁卯 戊辰 己巳 庚午 辛未 壬申

寅月이 염상(炎上) 절(節)은 아니지만 寅午戌 火局이 되고 월간에 비견이 투출하여 炎上格이다. 庚-편재가 투출했으나 허부(虛浮)하고 월간의 丙火가 극하여 무력하다. 午運에 寅午戌 合으로 宰相에 올랐다. 壬申大運에 月柱를 冲하여 격이 깨졌다.

甲丙丁丙　참정(參政) 假炎上格 -{연구 명조}-
午寅卯午　丁卯 戊辰 己巳 庚午 辛未 壬申

격국의 고저는 丙火의 火力에 따라 다르므로 貴가 위의 甲戌生에 미치지 못한다.
-{참정은 부재상(副宰相)급에 속한다.}-

염상시결(炎上詩訣)

夏火炎天焰焰高 局中無水是英豪 運行木地方成器 一擧崢嶸奪錦袍
◉ 여름에 태어난 火가 불꽃이 높고 국중에 水가 없으면 호걸이다. 木運을 만나면 그릇이 되는데 재능이 뛰어나 단숨에 관직에 오른다.

火多炎上氣冲天 玄武無侵富貴全 一路東方行運好 簪纓頭頂帶腰懸
◉ 火가 많은 염상(炎上)은 氣가 충천(冲天)하므로 水가 침범하지 않으면 富貴가 완전하다. 동방 寅卯운에 관직으로 출세한다.

윤하격(潤下格)

且如壬癸日 要申子辰全 或亥子丑全是也 忌辰戌丑未官鄕 喜西方運 不宜東南 怕冲剋 歲運同
◉ 예컨대 壬癸日이 申子辰이나 亥子丑이 온전해야 한다. 관성인 辰戌丑未를 꺼리고 水를 생하는 西方 운을 좋아한다. 동남-木火운은 마땅치

않고 沖剋을 두려워하는데 세운(歲運)도 마찬가지다.

辛壬庚庚　만 종인(萬 宗人)
亥申辰子　辛巳 壬午 癸未 甲申 乙酉 丙戌

此命得申子辰全 亥子丑水鄕渾然 庚辛又生 湛然福量 福量廣闊 眞富貴之人也 潤下者 天干地支渾是水 如湖海汪洋 氾以無際 主人淸秀量洪 倘遇土運 必主淹滯 若生於冬月 又爲奇特者也.

이 命은 申子辰이 온전하고 亥子丑으로 水가 완전하고 또 庚辛이 生하여 福이 크고 넓은 富貴한 사람이다. 윤하(潤下)는 干支가 모두 순수한 水로서 호수와 바다같이 넓고 끝이 없다. 命主가 재능이 뛰어나고 도량이 큰데 土-관살 運을 만나면 운이 막힌다. 만약 冬月에 태어나면 특별히 좋다. -{宗人은 고대의 관직 명칭으로 종족의 우두머리 급이다.}-

庚壬癸癸　乾造 -{연구 명조}-
子子亥亥　壬戌 辛酉 庚申 己未 戊午 丁巳

모두 金水로 되어 있고 水勢가 소용돌이치기 때문에 억제하면 안 된다. 壬戌운에 戌土가 旺하여 형상(刑喪)이 있었으나 辛酉 庚申 운에 干支가 모두 金이 되어 五福을 누렸다. 그러나 己未 운을 만나 처자식을 모두 상(傷)하고 집안이 완전히 망했다. 戊午운에 가난을 견디지 못하고 우울병으로 죽었다.

辛壬戊庚　乾造 -{연구 명조}-
亥子子申　2己丑 12庚寅 22辛卯 32壬辰 42癸巳 52甲午

壬水가 자월(子月)에 태어나고 亥祿과 두 개의 子水가 있으므로 水를 따른다. 그러나 戊土가 투출하여 윤하격이 되지 못한다. 戊土는 水를 제어(制御)할 능력이 없고 오히려 방해가 된다. 윤하격에 파격이 되어 그야말로 身旺에 의지 할 것이 전혀 없다. 어려서부터 손발이 닳도록 일을 했고 장가도 들지 못했다. 주인을 충성으로 섬기면서 三代가 종으로 살아왔다. 월에 양인이 있고 천간에 칠살이 투출하였지만 양인합살의 귀격으로 보면 안 된다. 戊土-칠살이 지나치게 약하여 水를 제압할 능력이 전혀 없기 때문이다.

윤하시결(潤下詩訣)

天干壬癸喜冬生 更値申辰會局成 或是全歸亥子丑 等閒平步上靑雲
壬癸는 겨울에 태어나면 좋아하고 申子辰 局을 이루거나 亥子丑이 모여 온전하면 어렵지 않게 관직에 오른다.

壬癸生臨水局中 汪洋一會向流東 若然不遇隄防土 金紫榮身位至公
壬癸가 水局에서 태어나면 웅장한 水가 모여 東으로 흐른다. 제방(隄防)의 土를 만나지 않으면 고위직에 오른다.

종혁격(從革格)

此格以庚辛日 見巳酉丑金局全 或申酉戌全者是也 忌南方火運 喜庚辛旺運 見亥卯未者 爲之金木間革也 忌冲刑庫破運 歲運同.

◉ 이 格은 庚辛日에 巳酉丑 金局이 온전하거나 申酉戌이 모두 있는 것이다. 南方 火運을 꺼리고 庚辛이 旺한 運을 좋아한다. 亥卯未를 만나면 金木 사이에 변화가 일어나 좋지 않다. 冲刑을 꺼리고 고(庫)가 깨지는 運을 꺼린다. 歲運도 마찬가지다.
-{金木 사이에 변화가 일어나는 것은 金이 木을 극하여 종혁(從革)이 어긋나는 것이다. 고(庫)가 깨진다는 것은 丑이 刑冲되는 것이다.}-

辛庚戊辛   男命 (원문 명조)
巳申戌酉   丁酉 丙申 乙未 甲午 癸巳 壬辰

此命得申酉戌全 月令戌土生金 得從其類 主任權衡之職.

◉ 이 命은 申酉戌이 온전하고 月令의 戌土가 金을 생하므로 從革格에 속한다. 권력직이다.

종혁시결(從革詩訣)

秋生金局一類看　名爲從革便相歡　如無炎帝來臨害　定作當朝宰輔官

가을에 태어난 金이 金局이 한 가지만 보이면 이름이 종혁(從革)인데 서로 기뻐한다. 염제(炎帝-火)가 없으면 조정의 재상이 된다.
-{서로는 일간(日干-體)과 금국(金局)을 말한다.}-

金局從革貴人欽　造化淸高福祿眞　四柱火來相混雜　空門藝術漫經綸

金局의 從革은 공경 받는 貴命인데 조화가 뚜렷하면 진정한 복록이 있다. 사주에 火가 섞여 혼잡하면 불가(佛家)나 예술에 경륜(經綸)이 많다.

가색격(稼穡格)

以戊己日生　値辰戌丑未全者是也　忌東方運及北方財運　此格喜行西南　惟忌東北　所謂稼穡者　俱從於土　支干重見則爲土之一類　深有培養之功　主人多信　人品重厚豊肥　生財有道　斯爲富貴人矣.

◉ 戊己日에 辰戌丑未가 온전하면 가색격이다. 동방 木運과 북방-財運을 꺼린다. 이 格은 西南의 火金 운을 좋아하고 東北의 水木운을 꺼린다. 가색(稼穡)은 모두 土를 따르고 干支에 土 한 종류만 많이 있으므로 배양하는 功이 크다. 이런 命主는 신용이 많고 인품이 중후(重厚)하고 풍채가 좋고 재물을 일으키고 학덕이 있는 부귀의 명이다.

癸戊己戊　乾造 장 진인(張 眞人)(원문 명조)
丑辰未戌　庚申 辛酉 壬戌 癸亥 甲子 乙丑

此命辰戌丑未俱全　得水爲財　又無木剋　是以爲福.

◉ 辰戌丑未가 모두 있고 水-財를 얻었고 다행히 剋하는 木이 없어서 福이 있다.

癸戊辛辛　乾造 -{연구 명조}-
丑戌丑丑　庚子 己亥 戊戌 丁酉 丙申 乙未

年月에 상관이 투출하고 통근하였다. 丑土가 金을 생하고 水를 저장하고 있다. 일지에 戌-火庫가 있어서 日主가 춥지 않아 가업이 넉넉하였다. 이 사람은 16세부터 아이를 두었는데 매년 하나씩 16명의 아들을 두었다고 한다.

辛己己戊　乾造 -{연구 명조}-
未未未辰　8庚申 18辛酉 28壬戌 38癸亥 48甲子 58乙丑

辛金이 秀氣가 되지만 土가 중하고 火가 많아 辛金이 묻히고 녹는다. 다행히 대운이 金水木으로 흘러 평생 火土를 만나지 않았다. 현달하였다.

가색시결(稼穡詩訣)

戊己生居四季中　辰戌丑未要全逢　喜逢財地嫌官殺　運到東方定有凶

戊己가 사계(四季)에 태어나고 辰戌丑未를 모두 만나야 한다. 水-財는 좋아하지만 木-관살은 꺼리므로 東方運에 이르면 흉하다.
-{만약 水木이 모두 있으면 水도 꺼린다.}-

戊己重逢雜氣天　土多只論土居全　財星得遇堪爲福　官殺如臨有禍纏

戊己가 辰戌丑未를 많이 만나고 土가 많고 온전하면 가색격이다. 財星을 만나면 福이 되지만 관살이 임(臨)하면 화(禍)에 말려든다.

곡직격(曲直格)

此格以甲乙日干　取地支寅卯辰　或亥卯未木局　要不見辛庚之氣　見庚辛卽官殺　非此格也　只從木運論　故曰曲直　運喜北方　北方有水　木賴水生

故從其類 主人多仁 忌西方運.

⊙ 이 格은 甲乙 日干이 地支에 寅卯辰이나 亥卯未 木局을 취한 것이다. 辛庚의 氣가 보이지 않아야하므로 庚辛이 보이면 곡직(曲直)격이 아니다. 오직 木運을 논하므로 "곡직(曲直)"이라 하고 北方 運을 좋아 한다. 北方의 水가 있으면 木은 水의 生을 의지하므로 水木을 종(從)한다. 命主가 인자하고 西方의 金運을 꺼린다.

丙乙丁甲　이 총병(李 總兵)
子未卯寅　戊辰　己巳　庚午　辛未　壬申　癸酉
-{총병(總兵)은 명나라 초에 생긴 관직인데 변방을 지키는 무관.}-

癸乙丁甲　乾造 -{연구 명조}-
未亥卯寅　戊辰　己巳　庚午　辛未　壬申　癸酉
時干에 투출한 癸가 亥에 통근하여 丁火-秀氣를 상(傷)하여 오히려 가난하고 아들이 없었다. 종왕격의 식상은 旺氣를 설기하고 관살을 막아주는데 이렇게 깨질 바엔 차라리 없는 것이 낫다.

乙甲甲丁　乾造 -{연구 명조}-
亥寅辰卯　癸卯　壬寅　辛丑　庚子　己亥　戊戌
천간에 水가 없어서 丁火의 秀氣가 흐른다. 다행히 대운이 심하게 어긋나지 않아서 벼슬이 주목(州牧)에 이르렀다. 자식이 많았고 성격이 인자하였으며 壽가 80을 넘었고 부부의 사이가 좋았다.
-{주목(州牧)은 지방의 행정관이다.}-

乙甲乙癸　乾造 -{연구 명조}-
亥寅卯卯　甲寅　癸丑　壬子　辛亥　庚戌　己酉
旺神을 따르므로 癸丑운에 등과하였고 辛亥운에 관직이 황당(黃堂)에 올랐다. 庚戌운에 土金이 旺神을 침범하여 실책을 면치 못하였다.
-{황당(黃堂)은 明 淸代의 관직이다.}-

丁甲丁甲　坤造 애니메이션 작가 -{연구 명조}-
卯寅卯寅　3丙寅　13乙丑　23甲子　33癸亥　43壬戌　53辛酉

祿과 양인이 쌍으로 있어서 패기(覇氣)가 넘친다. 兩 상관이 투출하여 더 없이 총명하고 미모가 좋은데 시건방지다. 金-관성이 絶되었고 土가 敗하고 水가 없어서 남편을 剋하고 자식을 刑한다. 이 여자는 가난한 집에서 태어났지만 총명하여 어려서부터 공부를 잘 하고 문학적 재능이 뛰어났다. 대학졸업 후 방송국 애니메이션 작가로 활동하는데 34세가 되도록 배우자가 없다. 이런 命局은 남녀를 막론하고 대부분 외모가 좋고 거만하고 눈이 높고 남을 무시한다. 중이나 비구니가 되면 약간의 액땜이 된다는 설이 있기는 하나 설(說)은 설이다.

곡직시결(曲直詩訣)

甲乙生人寅卯辰 又名仁壽兩堪評 亥卯未全嫌白帝 若逢坎地必榮身
甲乙日에 寅卯辰이 있으면 인수(仁壽)라고도 한다. 亥卯未가 온전하면 金-관살은 꺼리고 水를 만나면 반드시 영화가 따른다.

木從木類正爲奇 秋令逢之事不宜 得此淸高仁且壽 水源相會福元齊
木이 木을 따르는 것이므로 그야말로 좋다. 金을 만나지 않으면 청고(淸高) 인자(仁慈)하고 또 장수하는데 수원(水源-인성)이 모여 있으면 복원(福元)을 잘 갖추게 된다.
-{왕세를 거스르는 것이 있으면 그것을 다시 자세히 분별하여 판단한다.}-

론복덕수기(論福德秀氣)

福德秀氣 專用其主也. 如乙巳 乙酉 乙丑是也. 乙用庚官 露出殺喜制 喜印綬 不喜生於八月之中 恐露其殺. 却喜行印綬官旺運 便能發福 苟 四柱中露出辛殺 須制伏.

◉ 복덕수기(福德秀氣)는 오로지 일주(日柱)를 쓴다. 乙巳 乙酉 乙丑日

일 경우 乙木은 庚-관성을 쓰기 때문에 辛-殺이 노출하면 제복(制伏)해야 하고 인수를 좋아한다. 팔월에 태어나고 辛-殺이 노출하면 두렵기 때문이다. 역시 인수와 관이 왕한 運에 발복하는데 만약 사주 중에 辛金-살이 노출하면 제복(制伏)해야 한다.
-{乙日은 巳酉丑이 殺局이므로 제복하거나 인성이 있어야 좋다. 酉月에 태어나면 殺은 生旺하고 乙木은 무력하기 때문에 만약 殺이 투출하면 制化해도 凶을 피하지 못한다.}-

乙乙癸甲　男命 太師 -{연구 명조}-
酉酉酉寅　甲戌 乙亥 丙子 丁丑 戊寅 己卯
乙日에 酉-칠살이 셋이다. 年의 甲寅은 실령(失令)하여 金을 대적하지 못하고 다행히 癸水-편인이 화살생신(化殺生身)하고 運이 水木으로 향하여 극히 貴하게 되었다. 乙巳 乙酉 乙丑日이 八月에 태어날 경우 살(殺)을 制伏하지 못하거나 인성이 없으면 命이 길지 못하다.

如丁巳 丁酉 丁丑 是壬爲官 喜金旺生水 亦不喜生於八月 故火死在酉 却喜行官旺運 便可發福 亦不要露殺雜其官 爲壽而不耐久.
◉ 丁巳 丁酉 丁丑日은 壬이 관성이므로 金이 旺하여 水를 생하면 좋아한다. 酉月에 태어나면 酉는 火의 死地가 되기 때문에 좋지 않다. 官이 旺한 運에 쉽게 發福하지만 殺이 노출하거나 官과 혼잡이 되면 命이 길지 못하다.
-{丁日은 巳酉丑이 財局이므로 子月에 태어나면 財殺이 왕하여 파격이 된다. 丁巳日은 비천록마격이 되기도 한다.}-

辛丁丁辛　男命 尚書 -{연구 명조}-
丑酉酉丑　丙申 乙未 甲午 癸巳 壬辰 辛卯
丁火가 있지만 신약하여 강한 財를 감당하지 못하는데 丙申대운 이후 비겁이 일주를 도와주고 인수가 身을 생하여 貴命이 되었다.

己巳 己酉 己丑 是用甲木爲官 巳酉丑金局 皆傷其官 亦名盜氣 何以爲吉 雖然喜得金局 能生水財 亦不要四柱見火 恐傷金局 却喜行財運 便發.

◉ 己巳 己酉 己丑은 甲木이 官星이다. 巳酉丑-金局은 관성을 傷하고 도기(盜氣)가 되는데 왜 좋은가? 그래도 金局을 좋아하는 것은 水-財를 생하기 때문이다. 四柱에 火가 보이면 안 되는데 金局이 傷하면 두렵기 때문이다. 그래서 오히려 水-財運을 좋아하고 또 쉽게 발복한다.

-{己日은 財運에 발복한다. 巳月에 태어나거나 丙丁寅午戌-火가 있으면 金局을 剋制하므로 財를 생하는 작용을 잃는다.}-

乙己辛己 男命 武官 -{연구 명조}-
丑酉未未 庚午 己巳 戊辰 丁卯 丙寅 乙丑
日時의 酉丑이 합하여 金局이 되고 辛金이 투출하여 설기가 심하지만 년에 己未가 있고 월에 未土가 당령(當令)하여 좋다.

-{己土가 巳酉丑을 만나면 福德이 좋지만 火가 金局을 침범하면 결국 공명(功名)이 길지 못하다.}-

癸巳 癸酉 癸丑 是用金神爲印 見巳酉丑金局能生癸水 不喜生於四月 水絶於巳 雖然金生在巳 以金能生水 亦不能絶 得官印運 便能發福 最不喜火財 恐傷金也 大抵與印綬相似 各有例於後.

◉ 癸巳 癸酉 癸丑은 金-인성을 쓴다. 巳酉丑-金局이 보이면 능히 癸水를 생한다. 원래 巳月에 태어나면 水가 巳에 絶地가 되기 때문에 좋지 않다. 그렇지만 金이 巳에 장생이고 金이 水를 생하기 때문에 官印運에 발복한다. 火-財를 가장 좋아하지 않는데 金이 상(傷)하기 때문이다. 대체적으로 인수와 비슷하고 각각의 예는 뒤에 있다.

-{癸日 복덕은 金局이 인성이므로 秋冬월에 태어나면 좋은데 冬월은 日主가 得時하고 秋월은 인성이 旺하기 때문이다. 財가 투출하면 인성이 무너지므로 꺼리고 巳月에 태어나도 꺼리는데 水日은 巳에 절지(絶地)가 되기 때문이다.}-

癸癸甲乙 男命 각로(閣老) -{연구 명조}-
丑酉申未 癸未 壬午 辛巳 庚辰 己卯 戊寅
金이 강하여 水가 왕하다. 甲乙-식상이 수기(秀氣)를 발산한다. 대운이 역행하여 木이 수기(秀氣)를 유통하고 東方운에 甲乙이 뿌리를 얻어서 귀명(貴命)이 된다.

복덕격(福德格)

此格只要己丑日主 地支巳酉丑全者是 忌火鄕 官鄕 嫌冲破.
◉ 이 格이 만약 己丑 日柱일 경우 地支에 巳酉丑이 完全한 것이다. 火-인성과 木-관성과 충파(冲破)를 꺼린다.

福德非獨己土 五陰皆有 陰土己丑 己巳 己酉 陰火丁巳 丁酉 丁丑 陰水癸巳 癸酉 癸丑 陰金辛巳 辛酉 辛丑 陰木乙巳 乙酉 乙丑 忌刑冲破害 歲運同.
◉ 복덕은 己土에만 있지 않고 五陰日에 모두 있다. 陰土는 己丑 己巳 己酉, 陰火는 丁巳 丁酉 丁丑, 陰水는 癸巳 癸酉 癸丑, 陰金은 辛巳 辛酉 辛丑, 陰木은 乙巳 乙酉 乙丑이 되는데 刑冲破害를 꺼리고 歲運도 마찬가지이다.
-{위의 복덕수기(福德秀氣)와 복덕격(福德格)은 같다. 복덕격이 金局에만 적용되는 것은 金이 원래 재물에 속하기 때문인 것으로 보인다. 辛日은 金氣가 旺하므로 火가 金을 거역하면 재앙이 있다.}-

복덕격시결(福德格詩訣)

陰土逢蛇金與牛 名爲福德號貔貅 火來侵剋非爲美 名利空空一旦休
◉ 己日이 巳酉丑을 만나면 이름이 복덕인데 비휴(貔貅-맹수)라고 부른다. 火가 -{金局을}- 극하면 名利가 헛것이 되고 하루아침에 그만 두게 되므로 좋지 못하다.

陰火相臨巳酉丑 生臨丑月壽難長 更兼名利多成敗 破耗荒淫祿不昌
◉ 丁日은 丑月에 태어나면 巳酉丑-복덕이 있어도 명이 길지 않을뿐더

러 名利의 성패(成敗)가 많고 재물을 써버리고 주색에 빠져 록(祿)이 번창하지 못한다.

癸巳癸酉月臨風 名利遲延作事空 富貴生成難有望 始知成敗苦匆匆
⊙ 癸巳 癸酉日이 巳月에 태어나면 名利가 지체되고 일이 헛된다. 富貴가 이루어지기 어렵고 성패(成敗)가 겹치면서 고생으로 분주하다.

陰金合局有前程 造化淸奇發利名 四柱火來侵剋破 須知名利兩無成
⊙ 辛日에 巳酉丑이 온전하면 앞길에 행운이 찾아와 利名을 얻는다. 그러나 火가 와서 사주를 극파(剋破)하면 명리(名利)가 모두 이루어지지 않는다는 것을 알아야한다.

西方金氣坐陰柔 不怕休時不怕囚 鬼殺生時方發福 功名隨步上瀛洲
⊙ 辛金이 巳酉丑에 있으면 時가 휴(休)나 수(囚)가 되어도 두렵지 않고 귀살(鬼殺)이 時를 생하면 비로소 발복하여 功名이 따르고 높은 곳에 오른다.

陰木加臨丑酉蛇 生居六月暗咨嗟 爲官得祿難長久 縱有文章不足誇
⊙ 乙木에 巳酉丑 금국(金局)이 되고 未月에 태어나면 한숨소리만 깊은데 官祿을 얻어도 길지 못하고 문장도 자랑할 것이 못된다.
-{未月은 乙木의 뿌리가 되므로 金局과 싸움이 일어나게 되고 결국 패(敗)하여 좌절(挫折)하기 때문이다.}-

福德春丁壬所喜 夏逢甲己又逢癸 乙庚秋令辛冬妙 遇此吉祥眞可美
⊙ 복덕은 봄에는 丁壬을 좋아하고 여름에는 甲己나 戊癸를 좋아하고 가을에는 乙庚을 좋아하고 겨울에는 丙辛을 좋아한다. 이런 것을 만나면 길상(吉祥)이므로 정말 좋다.

론일귀(論日貴)

日貴者何? 卽甲戊庚牛羊之類 止有四日 丁酉 丁亥 癸巳 癸卯耳 最怕 刑冲破害 經曰 崇爲寶也 奇爲貴也 所以貴人怕三刑六害也 貴神要聚於 日 運行怕空亡 及運行太歲 加會不要魁罡 主人純粹 有仁德 有姿色 不 傲物 或犯前刑剋貧賤 刑冲太甚 貴人生怒 反成其禍 不可不察 日貴有 時法類同 須分晝夜貴 日要日貴 夜要夜貴矣.

◉ 일귀(日貴)란 무엇인가? 즉 甲戊庚日이 丑未를 만나는 천을귀인을 말한다. 日貴는 단지 **丁酉 丁亥 癸巳 癸卯** 四日이 있는데 형충파해(刑冲破害)를 가장 두려워한다. 經에 이르길 숭(崇)은 보(寶)가 되고 기(奇)는 귀(貴)가 되므로 貴人은 삼형(三刑)과 육해(六害)를 두려워한다고 했다. 귀신(貴神)은 日에 모여야 하고 運에서 공망이 되면 두렵고 운과 유년에서 괴강(魁罡)이 모이지 않아야한다. 이런 사람은 순수하고 仁과 德이 있고 인상이 곱고 교만하지 않다. 그러나 형극(刑剋)을 범하면 빈천하고 刑冲이 너무 심하면 貴人이 분노하여 오히려 禍가 되므로 잘 살펴야한다. 日貴가 時에 있어도 보는 법은 같다. 주귀(晝貴)와 야귀(夜貴)로 나누고 낮에 태어나면 일귀(日貴-晝貴)를 보고 밤에 태어나면 야귀(夜貴)를 본다.

일귀시결(日貴詩訣)

日貴支干一位同 空亡大忌帶官冲 仁慈廣德多姿色 會合財官空自崇
◉ 日貴는 간지가 한 자리에 있는 것인데 空亡을 크게 꺼리고 官星이 冲이 되면 꺼린다. 인자하고 덕이 크고 용모가 좋지만 모여 있는 財官이 공망이 되면 혼자서 숭고하다.
-{일지가 공망이 되거나 관성이 冲을 당하면 꺼린다.}-

丁日豬雞癸兔蛇 刑冲破害漫咨嗟 財臨會合方成貴 終始合建乃是佳
◉ 丁亥 丁酉 癸卯 癸巳日은 형충파해(刑冲破害)되면 한숨만 나온다. 財

가 임(臨)하여 會合하면 비로소 貴를 이루므로 시종일관 합이 되어야 좋다.

癸丁蛇卯屈豬雞 官被刑冲禍必隨 純粹施爲有仁德 尊崇富貴出希奇
◉ 丁亥 丁酉 癸卯 癸巳日은 관성이 형충(刑冲) 당하면 반드시 禍가 따른다. 원래 순수하고 인덕(仁德)이 있고 존경받고 富貴하는 자는 드물기 때문이다.

日貴看來是兔蛇 格生亥酉越堪誇 刑冲不遇空亡位 輔佐功勳在帝家
◉ 丁酉 丁亥 癸巳 癸卯日에 태어나면 내노라 할 사람이니 刑冲과 空亡을 만나지 않으면 제가(帝家-비서실)에서 보필(輔弼)하여 공을 세운다.

론일덕(論日德)

日德有五 甲寅 戊辰 丙辰 庚辰 壬戌日是也 其福要多 而忌刑冲破害 惡官星 憎財旺加臨會合 怕空亡而忌魁罡 此數者 乃格之大忌也. 大抵日德 主人性格慈善 日德俱多 福必豐厚 運行身旺 大是奇絶 若有財官加臨 別尋他格 正能免非橫之禍 若旺氣已衰 運至魁罡 其死必矣. 或未發福 運至魁罡 體格旣好 防生禍患 一脫於此 必能再發 終力微矣 不可不知也.

◉ 일덕(日德)은 다섯이 있는데 甲寅 戊辰 丙辰 庚辰 壬戌日이다. 복이 많다. 그러나 형충파해(刑冲破害)를 꺼리고 관성을 싫어하고 財가 모여 旺한 것을 증오(憎惡)하고 공망(空亡)을 두려워하고 괴강(魁罡)을 꺼린다. 이런 것들을 격에서 크게 꺼리는 바이다. 대개 日德은 심성이 착하고 일덕이 많으면 福이 많은데 運이 身旺한 곳으로 가면 기막히게 좋다. 만약 財官이 임(臨)하여 다른 격이 되면 뜻밖의 禍를 면하지 못하는데 일주의 旺氣가 이미 쇠하였으면 괴강운에 반드시 죽는다. 만약 죽지 않아도 발복이 되지 않기 때문에 체(體)와 격(格)이 좋아도 運이 魁罡에 이르면 재앙을 막아야 한다. 괴강운을 벗어나면 반드시 다시 발

전하지만 말년에는 발전하는 힘이 약하다는 것을 알아야 한다.
-{일덕은 甲丙戊庚壬의 五陽干에서 取한 것이다. 일덕(日德)은 신왕하면 아주 좋다. 형충파해(刑冲破害) 되거나 관성이나 財가 많거나 공망이나 괴강을 싫어한다. 그러나 일덕만 가지고 명을 판단할 수는 없고 格을 먼저 논하고 日德을 참고하여 보는 것이 맞는다고 생각한다.}-

壬戊戊甲 乾造 -{연구 명조}-
戌辰辰申 己巳 庚午 辛未 壬申 癸酉 甲戌
日德이 셋이다. 관직의 귀명이다.

己甲丙己 男命 -{연구 명조}-
巳寅寅未 9乙丑 19甲子 29癸亥 39壬戌 49辛酉 59庚申 69己未
日德日이 있다. 父가 한때 천자(天子)로 불리었고 어린 시절 황태자처럼 지냈으나 하루아침에 몰락하여 피나는 고생을 하면서 목숨을 부지했다. 단 주역(周易)에 대단한 실력이 있었다.

일덕시결(日德詩訣)

壬戌庚辰日德宮 甲寅戊丙要騎龍 運逢身旺心慈善 日德居多福自豐
◉ 壬戌 庚辰 甲寅 戊辰 丙辰 5일이 일덕궁(日德宮)이다. 운에서 身旺을 만나면 심성(心性)이 자비롭고 일덕이 많으면 福이 풍성하다.

刑冲破害官財旺 空與魁罡會合凶 剋戰孤貧危險甚 縱交發跡命還終
◉ 형충파해되고 官이나 財가 旺하거나 공망 괴강이 모이면 凶한데 더구나 극전(剋戰)이 일어나면 고빈(孤貧)하고 심히 위험하여 출세를 해도 命을 마치게 된다.

甲寅壬戌與庚辰 丙戊逢辰日德眞 不喜空亡嫌祿破 更逢破害與刑冲
◉ 甲寅 戊辰 丙辰 庚辰 壬戌은 空亡을 좋아하지 않고 일록(日祿-寅)이 깨지면 싫어하고 다시 형충파해(刑冲破害)를 만나면 꺼린다.

丙辰切忌見壬辰　壬戌提防戊戌臨　日坐庚辰與庚戌　甲寅還且慮庚辰

◉ 丙辰은 壬辰을 꺼리고 壬戌은 戊戌을 꺼리고 庚辰은 庚戌을 꺼리고 甲寅은 庚辰을 꺼린다.

日德不喜見魁罡　化成殺曜最難當　局中重見須還疾　運限逢之必定亡

◉ 日德은 괴강을 만나면 좋아하지 않는데 만약 괴강이 칠살이면 가장 감당하기 어렵다. 이것이 局중에 또 보이면 질병을 앓고 運에서 만나면 반드시 죽는다.

日德重逢免禍殃　官星切忌見財鄕　更無冲破空刑物　堪作朝中一棟樑

◉ 日德을 많이 만나면 재앙을 면한다. 官星과 재성이 전혀 보이지 않고 여기에 冲破 空亡 刑하는 것이 없으면 조정(朝廷)의 동량(棟樑)이라 할 수 있다.

論魁罡　론괴강

夫魁罡者有四　壬辰　庚戌　戊戌　庚辰(日德)日是也　如日位加臨者衆　必是福　運行身旺　發福百端　一見財官　禍患立至　主人性格聰明　文章振發　臨事有斷　惟是好殺　若四柱有財及官　或帶刑殺　禍不可測　倘日獨處　冲者太衆　必是小人　刑責不已　窮必徹骨　運臨財官旺處　亦防奇禍.

◉ 괴강(魁罡)은 壬辰 庚戌 戊戌 庚辰 넷이다. 일주(日柱)에 있고 또 있으면 반드시 福이 있는데 身旺 運을 만나면 백단(百端)으로 발복(發福)하지만 財官을 한번 만났다 하면 재앙이 닥친다. 命主가 총명하여 문장으로 날리고 결단력이 있으나 살생(殺生)을 좋아한다. 만약 四柱에 있는 재관이 刑殺을 가지고 있으면 가능할 수 없는 화(禍)를 만난다. 만약 괴강이 日柱에 하나만 있고 冲이 많으면 소인배임에 틀림없고 형책(刑責)이 끊이지 않고 가난이 뼛속에 사무친다. 財官이 旺한 運에는

뜻밖에 닥치는 화(禍)를 막도록 해야 한다.

-{庚辰-괴강은 日德을 겸하고 있다.}-
-{괴강이 일주에 있을 경우 괴강격으로 논한다. 첫째 신왕해야 하므로 재관이나 형충(刑冲)을 싫어한다. 그래서 괴강이 冲을 당하여 신약하면 지독하게 가난하다고 했고 재관을 만나면 화(禍)가 닥치는데 형(刑)이 되면 더 심하다고 했다. 만약 신왕하면 재관을 쓸 수 있다.}-

辛庚己乙 乾造 -{연구 명조}- 장작림(張作霖) 장군
巳辰卯亥 5戊寅 15丁丑 25丙子 35乙亥 45甲戌 55癸酉

庚辰이 괴강이다. 乙亥運에 위권(威權)이 날로 왕성(旺盛)하였으나 甲戌運 53세 戊辰年에 年과 運이 天剋支冲하여 비운(悲運)에 갔으니 막강한 위세(威勢)는 떨쳤으나 命이 길지 못했다.

괴강시결(魁罡詩訣)

魁罡四日最爲先 疊疊相逢掌大權 庚戌庚辰怕官顯 戊戌壬辰畏財連
◉ 맨 먼저 괴강이 日에 있는지 보고 괴강이 겹쳐 있으면 대권을 쥔다. 庚戌 庚辰은 官星이 보이면 두렵고 戊戌 壬辰은 財星을 두려워한다.

主人性格多聰慧 好殺之心斷不偏 柱有刑冲兼破害 一貧徹骨受笞鞭
◉ 총명하고 지혜가 많고 공정(公正)하나 살생(殺生)을 좋아한다. 사주에 형충파해(刑冲破害)가 있으면 가난이 뼛속에 사무치고 곤장이나 채찍으로 얻어맞는다.

戊戌庚辰殺最強 壬辰庚戌號魁罡 日加重者方爲福 身旺逢之貴異常
◉ 戊戌 庚辰 壬辰 庚戌 괴강은 가장 강한 殺이다. 日에 있고 또 있으면 福이 되는데 신왕하면 남다른 귀(貴)를 갖는다.
-{일덕(日德)과 괴강(魁罡)은 모두 신왕을 요한다.}-

人帶魁罡性必強 鬼神愁立此身傍 如逢一位冲刑重 澈骨貧窮不可當

◉ 魁罡을 가지고 있는 사람은 성격이 강한데 옆에 칠살이 있으면 걱정이다. 괴강 일위(一位)를 만나고 형충(刑冲)이 중하면 지독하게 가난하다.

魁罡四柱日多同 貴氣期來在此中 日主獨逢冲剋重 財官顯露福無窮

◉ 일주와 같은 괴강(魁罡)이 많으면 그 중에서 貴氣가 나온다. 괴강(魁罡)이 일주에 하나만 있고 冲剋이 重하고 財官이 나타나면 福이 무궁하다.
-{辰은 천강(天罡), 戌은 하괴(河魁)라 하고 음양이 소멸(消滅)하는 곳이라고 한다. 괴강은 칠살과 비슷한 점은 신약하면 문제가 발생한다.}-

구진득위격(勾陳得位格)

此格以戊己日爲主 勾陳遇亥卯未木局爲官 申子辰水局爲財地是也 正是 戊寅 戊子 戊申 己卯 己亥 己未日是也 忌刑冲殺旺 則反生災矣 歲君大運亦然.

◉ 이 格은 戊己日을 위주(爲主)로 한다. 구진(勾陳-戊己)이 亥卯未 木局을 만나면 官으로 삼고 申子辰 水局을 만나면 財星으로 삼는다. 바로 **戊寅** 戊子 戊申 己卯 己亥 己未日이 여기에 속한다. 刑冲과 殺이 旺하면 오히려 재앙(災殃)을 발생하므로 꺼리는데 유년이나 대운도 마찬가지다.

戊己辛丁　정 도독(丁 都督) (원문 명조)
辰卯亥亥　庚戌 己酉 戊申 丁未 丙午 乙巳

癸戊己戊　이 문진 도헌(李 文進 都憲) (원문 명조)
亥子未辰　庚申 辛酉 壬戌 癸亥 甲子 乙丑

己戊丁甲　乾造 -{연구 명조}-
未辰卯寅　戊辰 己巳 庚午 辛未 壬申 癸酉

甲木-殺이 투출하여 卯-관성을 논하지 않는다. 뛰어난 실력으로 급제하여 고관이 되었다.

丙戌丙甲　乾造 -{연구 명조}-
辰寅寅戌　丁卯　戊辰　己巳　庚午　辛未　壬申

戊日에 殺이 왕하고 화살생신(化殺生身)하여 황당(黃堂)에 올랐다.
-{구진(勾陳) 중앙은 군주가 재정을 쥐고 관리(官吏)를 부리고 사방을 통솔하는 곳이다. 일지(日支-군주의 자리)에 재관인이 있기 때문에 득위(得位)격이라고 하는데 관성이 득시(得時)하고 상관이 없으면 貴命이고 재성이 득시(得時)하고 겁재가 없으면 富命이다. 刑冲하거나 殺이 왕하면 군주가 무력하게 되므로 재앙이 발생한다.}-

구진득위시결(勾陳得位詩訣)

日干戊己坐財官 號曰勾陳得位看 若有大財分瑞氣 命中值此列朝班
◉ 戊己日의 일지에 재관이 있으면 구진득위격이다. 만약 大財(申子辰)가 있으면 서기(瑞氣)에 속하므로 이런 命은 高官이 된다.

勾陳得位會財官 無破無冲命必安 申子北方東卯未 管教環佩帶金鑾
◉ 구진득위는 日支에 財官이 모인 것이므로 冲破가 없어야 안정이 된다. 申子가 있거나 卯未가 있으면 반드시 중앙의 관직에 오른다.

戊己勾陳得局清 財官相遇兩分明 假令歲運無冲破 富貴雙全享太平
◉ 戊己-구진의 국(局)이 뚜렷하다는 것은 財官이 모두 분명한 것을 말한다. 이때 세운에 冲破가 없으면 부귀(富貴)를 모두 갖고 태평(太平)성세를 누린다.
-{재관이 분명하다는 것은 재관이 상(傷)하지 않았다는 것이다.}-

현무당권격(玄武當權格)

且如壬癸二日生 値寅午戌火局爲財 辰戌丑未爲官是也 正是壬寅 壬午 壬戌 癸巳 癸未 癸丑是也 忌冲破身弱 則不吉 壬癸屬水 故爲玄武 但得火局 故曰當權 無非水火旣濟之功 理而已矣 夫何異哉 得斯道者 主人性格溫和 有智慧 有禮貌 面帶赤黑 威而不猛 遇刑冲 或歲運見之 則不利矣.

⊙ 이것은 壬日이나 癸日에 태어나고 寅午戌 火局의 財星이나 辰戌丑未 官星을 만나는 것이다. 바로 壬寅 壬午 壬戌 癸巳 癸未 癸丑日을 말한다. 충파(冲破)되거나 신약하면 꺼린다. 壬癸는 水에 속하여 현무(玄武)가 되고 火局을 얻었기 때문에 당권(當權)이라고 한다. 모든 이치가 수화기제(水火旣濟)의 공(功)에 있기 때문이다. 명주의 성격이 온화하고 지혜가 있고 예의가 바르고 얼굴이 붉고 위엄이 있어도 사납지 않다. 형충(刑冲)을 만나면 불리한데 歲運에 보여도 불리하다.

-{壬寅 壬午 壬戌 癸巳 癸未 癸丑日 이 六日은 日支에 재관이 있기 때문에 財나 官이나 印이 월령에 통하면 귀격에 들 수 있다. 貴가 있는 곳이므로 刑冲을 크게 꺼리고 상관이나 겁재를 꺼린다. 관성이 너무 중하면 인수로 泄하여 生身하고 財가 너무 중하면 비겁으로 도와준다. 신약한데 刑冲을 만나면 흉한 재난이 일어난다. 세운도 마찬가지이고 형충이 중하면 반드시 凶한데 죽어도 불명예(不名譽)로 죽는다.}-

辛壬壬庚　이 도독(李 都督) (원문 명조)
亥寅午戌　癸未 甲申 乙酉 丙戌 丁亥 戊子

乙壬辛己　男命 적천수 -{연구 명조}-
巳午未巳　庚午 己巳 戊辰 丁卯 丙寅 乙丑

丁卯 丙寅 운에 木火가 旺하여 크게 발재하였다. 현무당권은 財局을 좋아하므로 록마동향이 되면 아주 좋다. 乙丑운에 刑冲이 일어나고 원국을 傷하고 甲子운에는 양인을 만나 格局이 깨진다.

현무당권시결(玄武當權詩訣)

玄武當權妙入神 日干壬癸坐財星 官星若也居門戶 無破當爲大用人
◉ 현무당권은 아주 뛰어난 것인데 壬癸日의 일지에 財星이 있고 官星이 문호(門戶-월)에 있고 깨지지 않으면 크게 쓰이는 인물이다.

壬癸名爲玄武神 財官兩見始成眞 局無冲破當淸貴 輔佐皇家一老臣
◉ 壬癸를 현무신(玄武神)이라 하고 財와 官이 모두 보이면 진격(眞格)이다. 局 중에 충파(沖破)가 없으면 귀(貴)가 뚜렷하고 황실을 보필하는 중신이 된다.
-{여기의 국(局)은 財나 官을 제외한 나머지를 말한다.}-

론형합(論刑合)

※형합은 干合支刑을 말한다. 형합격과는 다르다.

刑合者 刑中有帶合者是也 如人命犯之 多因酒色喪家成病 至於耽迷不省 乃神迷之也.
◉ 刑合은 刑중에 合을 가지고 있는 것이다. 命에 刑合을 범하면 대부분 주색(酒色)으로 파산하고 질병이 있고 잡기(雜技)에 빠져 헤맨다.

-{刑合과 刑合格은 전혀 다르다. 刑合은 간합지형(干合支刑)을 말하고 刑合格은 癸日 甲寅時로 무형(無形)의 官星을 刑하여 官星으로 삼는 것이다. 형합격은 논하는 설(說)이 따로 있다.}-

如十八格中 有合祿合格者 何謂也？是乃癸用戊官 戊祿在巳 不見巳字 但見寅刑 但巳酉丑合 此乃見不見之形 所以貴也 如此者 皆見於前 所以凶也.
十八格 중에 록(祿-관성)을 합하여 格이 되는 것이다. 이게 무슨 말인가? 癸日은 戊-관성을 쓰는데 戊의 祿은 巳에 있고 보이지 않을 경우가 된다. 단 寅이 보여야 巳를 刑하여 巳酉丑合이 되어야한다. 이것은

불견지형(不見之形)을 만나서 貴가 된 것이므로 寅巳가 모두 보이면 흉하다.

-{이 구절은 형합격을 말한 것이다. 刑合格은 寅-상관이 있어야 巳를 刑하여 巳중의 戊-관성을 형출(刑出)하여 관성으로 삼는다. 때문에 巳가 없어야하고 酉丑이 있어야 巳를 합으로 끌어온다. 보이지 않는 관성을 쓰기 때문에 불견지형(不見之形)이라고 한다.}-

辛丙辛丙　男命 (원문 명조) 간합지형(干合支刑)이다.
卯子卯子　壬辰 癸巳 26<u>甲午</u> 乙未 丙申 丁酉

此命年月日時 俱帶刑合 爲子水冲丙火 兼身又弱 大運二十六交甲午 三十六交丙申年太歲併在陽刃之上有二子冲午 其刃刑俱合 所以因酒淫佚而亡也.

◉ 이 명은 年月日時가 모두 刑合이 되고 日支의 子水가 丙火를 충하고 신약하다. 26세 甲午대운의 31세 丙午年에 丙-태세가 午-양인 위에 있는데 원국의 두 개의 子가 유년의 午를 冲하고 午-양인과 子卯-형이 모두 모여 주색으로 방탕하여 죽었다.

己甲己己　男命 (원문 명조) 간합지형(干合支刑)이다.
巳寅巳巳　戊辰 丁卯 丙寅 乙丑 甲子 癸亥

身旺財旺 身入長生 故爲入格 不合帶刑合太重 交癸亥冲巳 而飮酒耽色 遂患痼疾而死.

◉ 신왕하고 재왕하고 일주가 長生이 되므로 格에 들지만 刑合이 너무 重하여 좋지 않다. 癸亥운에 巳를 冲하여 주색에 빠져 고질병으로 죽었다.

-{甲己合 寅巳刑으로 간합지형에 속한다. 두 명조 모두 원국에 刑이 있는데 대운에서 刑을 冲할 때 죽었다.}-

癸戊癸乙　女命
丑戌未卯　甲申 乙酉 丙戌 丁亥 戊子 己丑

此命女人戊戌日 生於六月中旬 歲干透出乙字 戊日見之爲官 地支亥卯未木局 生戌中之火 爲戌之印綬 官印兩全 只不合癸丑時 癸水冲戌中之火 丑中之金傷官兼刑合 重爲戊用 乙官在歲干旺矣.

◉ 이 여인은 戊戌日이 未月 중순에 태어났다. 년간에 乙-관성이 투출하였고 地支의 亥卯未 木局이 戌 중에 있는 丁火-인수를 생하여 木火-관인이 온전하다. 다만 時의 癸丑이 좋지 않은데 癸水-財가 戌中에 丁火-인수를 冲하고 丑 중의 辛金-상관이 刑合이 된다. 중요한 것은 戊가 쓰는 것인데 乙-관성이 년간에 왕하다.
-{일간-戊土 양쪽의 癸水를 합하고 丑戌未刑이 비겁이다. 좋은 명이라고 할 수 없다.}-

귀록격(歸祿格)

※官殺을 모두 꺼리고 식상 재성을 좋아한다.

此格假令六甲日生人得寅時 謂之歸祿 蓋日祿在寅 餘皆倣此 但四柱全不見官殺 見之則難歸矣 喜行身旺運 兼行食神傷官財運 亦可發福 怕冲破.

◉ 가령 甲日이 寅時에 태어나면 귀록(歸祿)이라고 한다. 日祿의 寅이 時에 있는 것인데 나머지도 이런 식으로 한다. 단 사주에 官殺이 하나도 없어야하므로 관살이 보이면 귀록격(歸祿格)이 될 수 없다. 신왕 운을 좋아하고 겸하여 식상 財運을 만나면 발복하는데 두려운 것은 귀록(歸祿)을 冲破하는 것이다.

丙甲癸甲 참정(參政)
寅子巳午 甲午 乙未 丙申 丁酉 戊戌 己亥

己乙甲戊 추밀(樞密)
卯亥寅子 乙卯 丙辰 丁巳 戊午 己未 庚申

丙丁甲甲　상시(常侍-궁중내시)
午未戌午　乙亥 丙子 丁丑 戊寅 己卯 庚辰

-{일록귀시(日祿歸時)격은 **甲日寅時 丁日午時 戊日巳時 己日午時 庚日申時 壬日亥時 癸日子時**가 있다. (乙日 己卯時)는 귀록이 맞지만 시상편재가 되는 경우가 있고 (丙日 癸巳時)는 관성이 투출했고 (辛日 丁酉時)는 시상편관이 되므로 귀록격으로 論하지 않는다. 月令에 財官이 있어도 귀록이 아니다. 귀록은 식상생재를 좋아하므로 신왕하여야 한다. 관살을 가장 꺼리는데 귀록(歸祿)을 극(剋)하기 때문이다.}-

己乙甲戊　乾造 -{연구 명조}-
卯卯寅午　乙卯 丙辰 丁巳 戊午 己未 庚申 辛酉.
時에 있는 己土-편재가 무력하여 귀록격이 된다. 火土운을 좋아하여 少年에 등과하여 시랑(侍郎)에 이르렀고 庚申운에 죽었다.

丙丁甲戊　乾造 주은래 -{연구 명조}-
午卯寅戌　0乙卯 10丙辰 20丁巳 30戊午 40己未 50庚申 60辛酉
丁火日 午時의 귀록격이다. 土金 운에 대발(大發)한 권력의 2인자

己乙丁乙　坤造 자희(慈禧) 1835年11月29日 -{연구 명조}-
卯丑亥未　4戊子 14己丑 24庚寅 34辛卯 44壬辰 54癸巳 64甲午
乙日 卯時의 귀록격이다. 時에 편재가 있지만 地支에 亥卯未 목국을 이루어 식신생재의 귀록격이다. 여인의 몸으로 50년 동안 권좌에 앉아 천하를 좌지우지하다 결국 나라를 말아먹은 여인이다.

귀록격시결(歸祿格詩訣)

歸祿逢財名利全 干頭不忌透財源 身强無破平生好 大怕行來遇比肩
◉ 귀록이 財를 만나면 명리가 온전한데 천간에 재원(財源)이 투출해도 꺼리지 않는다. 신강하고 -{귀록이}- 깨지지 않으면 평생이 좋지만 運

에서 비견을 만나면 아주 무서워한다.
-{비견이 무서운 것은 귀록이 좋아하는 財가 깨지기 때문이다.}-

日祿歸時要旺宮 食神喜遇怕刑冲 傷官嫌入傷財運 官不高兮財不豊
◉ 귀록은 왕해야 하고 식신을 만나면 좋아하고 刑冲을 무서워한다. 상관 운에 들면 재물 운이 傷하여 관직도 재물도 변변치 않다.

日祿歸時格最良 怕官嫌殺喜身强 若見比肩分劫祿 刑冲破害更難當
◉ 日祿이 時에 있으면 가장 좋은데 官殺을 꺼리고 신강을 좋아한다. 만약 비견이 보이면 봉록(俸祿)을 빼앗기고 刑冲破害가 되면 더 감당하기 힘들다.

靑雲得路祿歸時 凡命逢之貴且奇 四柱無冲官不至 少年平步上雲梯
◉ 청운득로(靑雲得路)의 귀록격(歸祿格)을 만나면 貴하고 뛰어난 命이다. 四柱에 冲이 없고 관성을 만나지 않으면 소년(少年)에 관직에 나가 어려움 없이 출세한다.

론금신(論金神)

夫金神者 止有三時 癸酉 己巳 乙丑. 金神乃破敗之神 要制伏 入火鄕爲勝. 如四柱中更帶七殺陽刃 眞貴人也. 大抵威猛者 以强暴爲能威 苟不專 人得以侮. 故必狠暴如虎動 群獸旣懾 威德行矣.

◉ 금신(金神)은 단지 셋이 있는데 癸酉 己巳 乙丑時를 말한다. 金神은 파패(破敗)하는 神이므로 제복(制伏)해야 하는데 火운에 들면 금신(金神)을 이긴다. 사주 중에 칠살 양인을 가지고 있으면 참으로 貴한 사람이다. 대체로 위맹(威猛)이란 사나운 세력이 되어야 위협할 수 있고 그렇지 않으면 오히려 나를 멸시한다. 때문에 호랑이처럼 독하고 사나우면 모든 짐승이 두려워하듯 金神의 위엄으로 덕을 행할 수 있다.
-{癸酉 己巳 乙丑時는 甲己日에서 나오는데 기일(己日)은 설기가 되므로 금신(金神)에 해당하지 않는다.}-

然太剛必折 不有以制之 則寬猛不濟 何以上履中和之道. 故曰 有剛者 在馴伏 調致其和 福祿踵至. 雖然 其人有剛斷明敏之才 倔強不可馴伏 之志. 運行火鄕 四柱有火局 便爲貴命. 懼水鄕 則非福矣.

◉ 그러나 너무 강(剛)하면 부러지므로 制가 없으면 관용과 위맹도 소용없다. 그러면 어떻게 해야 중화(中和)의 도(道)를 행할 수 있겠는가. 그래서 강자(剛者)는 순복(馴服)시켜 화합(和合)하여야 福祿이 따른다고 했다. 金神이 있는 사람은 강단(剛斷)이 있고 명민(明敏)한 재능이 있고 남에게 굽히지 않는다. 火運으로 가고 사주에 火局이 있으면 어렵지 않게 貴命이 된다. 水는 火를 극하여 福이 되지 않으므로 두렵다.
-{금신(金神)은 칠살을 제하는 것처럼 火로 제복하는 것이 관건이다.}-

癸甲壬壬 乾造 -{연구 명조}-
酉午寅辰 6癸卯 16甲辰 26乙巳 36丙午 46丁未 56戊申

4남매의 장남이다. 농가에서 태어나 직업군인이 되었다. 乙巳대운 31세 壬戌年에 직장에 들어갔으나 34세 乙丑年 겨울에 사직(辭職)하였다. 亥子丑은 水가 되므로 뜻대로 되지 않은 것이다. 35세 丙寅年 봄에 도자기 하청 사업을 시작했다. 丙午대운 37세 戊辰年 겨울에는 둘째 동생이 광산이 무너져 죽었고 부친은 우측 다리가 부러졌고 본인은 부채가 많았다. 그러나 39세 庚午年에 투자를 확대하여 돈을 벌기 시작했는데 48세 己卯年에 이르러 수십억을 쥐게 되었다. 이른바 金神이 火-운을 만나면 부자가 된다고 했는데 역시 빈말이 아니다. 49세 庚辰年에 적지 않은 돈이 나갔는데 午火는 丑辰을 가장 꺼리기 때문이다. 金神格이지만 年과 日이 호환공망(互換空亡)이 되므로 복이 줄어든다.

금신시결(金神詩訣)

甲午時上見金神 殺刃相臨眞貴人 火木運中財祿發 如逢金水必傷身

◉ 甲午日의 時에 金神을 만나고 칠살 양인이 있으면 정말 貴命이다.

火木 운에는 재록(財祿)이 피어나지만 金水를 만나면 반드시 몸을 상(傷)한다.
-{甲午日은 午火가 金神을 제압하므로 원국에 藥이 있는 것이다.}-

性多狠暴才明敏 遇水相生立困窮 制伏運行逢火局 超遷貴顯祿千鍾
◉ 성질이 고약하지만 재능이 명민(明敏)하다. 水를 만나 상생하면 곤궁하나 운에서 제복하는 火局을 만나면 특진하여 봉록이 천종(千鍾)에 이른다.

金神遇火貴無疑 金水災殃定有之 運到火鄉多發達 官崇家富兩相宜
◉ 金神은 火를 만나면 틀림없이 귀하게 되지만 金水를 만나면 재앙(災殃)을 피할 수 없다. 火運에 이르면 발달하여 직위가 높고 집이 부유하게 된다.

時遇金神貴氣多 如逢陽刃却中和 若逢水運貧而疾 火制名高爵位峨
◉ 時에 金神을 만나면 貴氣가 많은데 陽刃을 만나면 중화된다. 水運을 만나면 가난과 질병이 따르고 火가 금신을 制하면 이름과 직위가 높다.

癸酉己巳並乙丑 時上逢之是福神 傲物恃才宜制伏 交逢殺刃貴人眞
◉ 時에 癸酉 己巳 乙丑을 만나면 복신(福神)이다. 재능만 믿고 교만하므로 제복(制伏)해야 하는데 칠살 양인을 만나면 정말 貴命이 된다.

론시묘(論時墓)

夫時墓之論 謂財官之墓時論之也. 要刑冲破害以開扃鑰 其人必難發於少年. 經曰 少年不發墓中人也. 怕有物以壓之 如丁用辰爲庫官 別有戊辰之類制之 則丁不能官矣 如此難作好命. 必乃有物以破其戊 雖得之發福也淺. 經曰 鬼入墓中 危疑者甚 若觸類而長 才亦如之. 此是秘言 不可輕洩.

◉ 시묘(時墓)를 논하는 것은 時에 있는 財官의 墓를 말한다. 잠겨있는

빗장을 형충파해(刑冲破害)로 열어줘야 하는 사람은 少年에 피어나기 어렵다. 그래서 經에 이르길 묘(墓)가 있는 사람은 소년(少年)에 발전하지 못한다고 했다. 묘(墓)중에 있는 재관을 억압(抑壓)하는 것이 있으면 두렵다고 했는데 예컨대 丁日은 時의 辰-관고를 쓰는데 사주에 따로 戊辰-상관 같은 부류가 있어서 水(辰중 癸水)를 制하면 丁日의 관성이 되지 못하므로 좋은 命이 되기 힘들다. 이때 반드시 戊土-상관을 깨는 것이 있어야하는데 그래도 發福은 변변치 않다. 經에 말하길 살이 묘(墓) 중에 있으면 의문(疑問)이 깊다고 했다. 만약 한 가지 지식을 장악하면 그에 대한 지식이 더욱더 증가하므로 재능도 증가한다. 이 말은 비밀이니 가볍게 누설하면 안 된다.
-{밑줄은 살(殺)이 묘(墓)중에 있는 것이 어떤 것인지 궁금하여 생각을 많이 하게 되는데 이런 것을 완전히 터득하면 그만큼 많이 알게 된다는 뜻이다. 즉 명리학의 비결은 이렇게 궁구하는 것이라고 했다.}-

시묘시결(時墓詩訣)

要知何物能開庫 刑冲破害是鑰匙 露出財官方得用 身衰鬼墓甚危癡

◉ 庫를 열 수 있는 것은 바로 刑冲破害가 열쇠라는 것을 알아야 한다. 신약하고 칠살이 고(庫)중에 있으면 궁금하여 의문을 많은데 답은 고(庫)중에 있는 財官은 노출해야 쓸 수 있다.
-{고(庫)중에 있는 것이 길신(吉神)이든 흉신(凶神)이든 열려서 밖으로 나와야 작용을 한다.}-

財官藏蓄四時辰 年少刑冲可進身 不遇刑冲遭壓伏 果然不發少年人

◉ 時의 辰戌丑未에 재관이 있을 경우 刑冲하면 소년(少年)에 발전한다. 형충(刑冲)을 만나지 못하고 압복(壓伏)당하면 말 그대로 少年에 피어나지 못한다.

北方壬癸遇河魁 南域加臨大吉時 倉庫豊盈金玉滿 優遊處世福相隨

◉ 北方의 壬癸日이 戌時이거나 丙丁日의 丑時이면 창고에 재물과 금옥

(金玉)이 가득하고 福이 따르므로 여유 롭게 살아간다.

子	丑	寅	卯	辰	巳	午	未	申	酉	戌	亥
天神	神後	大吉	功曹	太冲	太乙	天罡	太乙	勝明	小吉	傳送	從魁	河魁	登明

若問財官墓庫時 辰戌丑未一同推 財官俱要匙開庫 壓住財官未是奇

◉ 時에 있는 財官의 묘고(墓庫) 역시 辰戌丑未와 같은 방법으로 추단한다. 財官의 庫는 열어줘야 하고 財官을 압박하면 좋지 않다.
-{압박하는 것은 고(庫)가 열리지 않은 상태에서 밖에 있는 식상(食傷)이 고(庫)중에 있는 관살을 극하여 더욱 무력하게 되는 것이다.}-

천원일기격(天元一氣格)

此取干辰 年月日時元天干皆相同也.

◉ 이것은 천간을 취하는 것인데 연월일시의 천간이 모두 같은 것이다.

乙乙乙乙　　　　甲甲甲甲
酉亥酉丑　　　　子寅戌子

-{天干이 뚜렷하므로 청(淸)하다고 할 수 있다. 그러나 財官을 쓰는 것으로 본다. 일설(一說)에 天干이 같은 글자로 이어지면 밤에 외로워 잠들기 어렵다고 했고 남녀 모두 헛된 시간을 보낸다고 했다. 干支가 서로 조화를 이루지 못하고 財官이 무정(無情)하기 때문이다. 결국 地支의 재관에 따라 格局이 이루어지고 運의 간지가 어긋나지 않으면 부자가 되거나 아니면 貴하게 된다.}-

천원일자시결(天元一字詩訣)

天元一字木爲根 傳送登明顯福元 四柱官星如得地 功名利祿早承恩
◉ 甲乙-木日 天元一字에 뿌리(寅卯)가 있고 申亥가 있으면 福이 있다. 四柱에 官星이 得地하면 일찍이 은혜를 입어 공명과 록을 얻는다.
-{전송(傳送)은 申을 말하고 등명(登明)은 亥를 말한다.}-

天元一字火融融 大吉功曹時日冲 冲起財官爲發用 中平富貴福興隆
◉ 丙丁-火日이 天元一字로 되면 온화(溫和)하다. 丑이나 寅이 日時에서 冲하면 冲으로 일어나는 재관을 쓰는데 富貴는 평범해도 福이 많다.
-{대길(大吉)은 丑을 말하고 공조(功曹)는 寅을 말한다. 만약 丑이 未와 冲하면 丑중에 있는 癸辛-재관을 쓰고 寅이 申과 冲하면 申중에 있는 庚壬-재관을 쓴다.}-

天元一字土爲基 四季生時更是奇 申酉二支爲格局 聰明俊秀異常兒
◉ 戊己-土 天元一字로 되고 辰戌丑未월에 태어나면 더욱 뛰어난데 申이나 酉가 格局이 되면 총명하고 준수한 사람이다.

天元一字若逢金 時日魁罡福氣深 庫刃運中並帶貴 一生多得貴人欽
◉ 庚辛-金 天元一字가 日時에 괴강(魁罡-庚辰 庚戌)이 있으면 福氣가 깊은데 丑-운에 천을귀인을 가지게 되는데 평생 공경을 많이 받는 貴人이다.
-{고인(庫刃)은 丑이 되는데 刃은 丑중에 있는 辛-양인을 말하고 괴강은 身旺을 좋아하므로 丑중에 있는 辛金을 좋아한다.}-

天元一字水爲源 生在秋冬貴莫言 大運吉神逢一位 少年仕路必高遷
◉ 壬癸-水가 天元一字일 경우 秋冬月에 태어나면 그야말로 貴命인데 大運에 길신(卯)을 만나면 少年에 관직으로 나가 고관(高官)이 된다.

지진일자격(支辰一字格)

此取年月日時 支辰不雜爲貴.
◉ 이것은 연월일시를 취하여 地支가 동일한 것을 貴로 삼는다.

戊庚丙甲
寅寅寅寅

-{천원일기격(天元一氣格)과 반대로 地支가 동일한 글자로 이루어져 있기 때문에 地支의 세력이 아주 강한 것을 알 수 있다. 예를 들어 甲日의 地支가 모두 寅이면 종왕격이 될 수 있지만 己日의 地支가 모두 卯이면 殺이 왕하다. 지지의 세력이 지나치게 강하고 네 기중이 모두 陰이 되거나 陽이 되는 경우가 많기 때문에 陰陽의 배합이 적절치 못하여 크게 귀하게 되는 경우가 흔치 않고 吉凶의 작용이 크다고 볼 수 있다. 干과 支의 사이에 剋制가 일어나면 좋다고 보기 어렵고 干이 支를 생하거나 支가 干을 生하여 地支의 세력을 거스르지 않아야 한다.}-

鳳凰池格(봉황지격)

干支皆同.
◉ 干은 干끼리 支는 支끼리 같은 자로 된 것이다.

戊戊戊戊
午午午午

戊戊戊戊   男命
午午午午   4己未 14庚申 24辛酉 34壬戌 44癸亥 54甲子

金으로 설기(泄氣)하는 것을 좋아하고 水를 만나면 꺼린다. 29세 丙戌년에 결혼하여 31세 戊子년에 이혼했다. 이 사람은 어려서 집안이 부유하여 아주 순조로웠다.

천원일기시결(天元一氣詩訣)

四重陽水四重寅 離坎交爭旺氣臨 運至火鄉成富貴 往來須忌對提刑
◉ 네 기둥의 干支가 壬寅이면 水火의 旺氣가 임(臨)하여 다투는 것이다. 運이 火鄉에 이르면 富貴를 이룬다. 그러나 월령을 刑하면 꺼린다.

人命如逢四卯全 干頭辛字又相連 身輕福淺猶閑事 誠恐將來壽不堅
◉ 네 기둥의 干支가 辛卯이면 신약하여 福이 변변치 못하고 마땅한 일거리가 없고 -{財가 많아}- 수명이 튼튼치 못하여 걱정이다.

金龍變化春三月 四柱全逢掌大權 不入朝中爲宰相 也須名利振邊疆
◉ 네 기둥의 干支가 庚辰이면 辰月에 용이 변화하므로 大權을 쥐는데 조정(朝廷)에서 재상이 되거나 변방에서 명성을 떨친다.
-{庚辰 괴강이 넷이다. 괴강은 많으면 좋다고 했다.}-

己巳重逢命裏排 一身天祿暗催來 人中必顯名尊貴 秀奪江山出類才
◉ 네 기둥의 干支가 己巳이면 보이지 않은 천록(天祿)이 내린 것이다. 명성이 존귀하게 나타나고 江山을 움켜쥐는 뛰어난 재주가 있다.

戊土重逢午字多 天元一氣得中和 英豪特達功名好 見子冲來沒奈何
◉ 네 기둥의 干支가 戊午가 있으면 天元一氣가 중화를 얻은 것이다. 특출한 호걸에 功名이 좋지만 子가 보여 冲하면 그때는 방법이 없다.

四重丁未命安排 暗合陰生祿位胎 有分東西成富貴 無情行到水中來
◉ 네 기둥의 干支가 丁未이면 乙木의 장생지인 午火를 暗合한다. 木運이나 金運에 富貴를 이루지만 水運을 만나면 무정(無情)하다.
-{火土가 旺하므로 木이나 金운은 상생하지만 水운은 극(剋)이 된다.}-

丙申四柱命中全 身殺相逢顯祿元 不是尋常名利客 管教勢力奪魁權
◉ 네 기둥의 干支가 丙申이면 일주가 칠살을 만난 것이므로 록원(祿元)이 뚜렷하다. 범상치 않은 명리(名利)를 얻고 꼭 세력의 우두머리가 된다.
-{칠살은 申중의 壬水를 말하고 록원(祿元)은 좋은 복록을 말한다.}-

乙酉生居八月天 重重乙酉喜相連 不居左右皆榮顯 更有收成在晚年
◉ 네 기둥의 干支가 乙酉日이면 酉月에 태어나는 것이 되는데 乙酉가 重重하고 연결되어 좋다. 다방면에서 두각을 나타내는데 말년에 더 이루고 거둔다.

天干四甲重逢戌 分奪財官無所益 若還行運到南方 合出傷官名利赫
◉ 네 기둥의 干支가 甲戌이면 財官을 분탈(分奪)하여 무익(無益)하다. 그러나 南方 운에 이르러 상관을 합출(合出)하면 名利가 혁혁(赫赫)하다.
-{傷官을 합출(合出)한다는 것은 戌이 午를 합하여 상관이 된다.}-

天干四癸在乾宮 水木相逢作倒冲 名利盈盈須有望 南方行運壽還終
◉ 네 기둥의 干支가 癸亥이면 水木이 만나서 도충(倒冲)하게 되므로 名利가 유망(有望)하다. 그러나 南方 運에는 수명을 마치게 된다.
-{네 개의 癸亥가 巳火를 충하여 巳중의 戊土가 官星이 되는 비천록마격이다.}-

일덕수기격(日德秀氣格)

要天干三個乙字 地支巳酉丑全 更有 丙子 辛卯 壬子 丁酉日 亦是秀氣 怕冲剋 大運同.
◉ 天干에 乙-字가 셋이고 地支에 巳酉丑이 온전하고 다시 丙子 辛卯 壬子 丁酉日이 있으면 수기(秀氣)격이 된다. 冲剋을 두려워하는데 大運도 마찬가지다.

-{일덕격(日德格)이나 복덕격(福德格)과도 다르다. 예를 들어 丙子일에 巳酉丑이 있고 年月時의 干에 乙이 있는 것이 된다. 그러나 그런 구조가 나오지 않는다.}-

세덕부살격(歲德扶殺格)

且如甲日見庚年是也 正如年爲君位 日爲臣位 臣得君權 然又以年爲祖 日爲己身 七殺有制 則祖上曾有要職也.

◉ 예를 들면 甲日이 庚年을 만난 것이다. 年은 군왕의 자리이고 日은 신하의 자리이므로 신하가 군왕의 권력을 얻은 것과 같다. 또 年은 조상이고 日은 자신이므로 殺을 制하면 조상에 요직(要職)이 있는 것이다.

-{세덕부살격은 日主가 旺해야 하고 다른 곳에 殺이 보이면 이 格에 속하지 않는다.}-

癸壬庚戊　男命(貴命)
卯午申戌　辛酉 壬戌 癸亥 甲子 乙丑 丙寅

세덕부재격(歲德扶財格)

且如甲日見戊己年是也 若財命有氣 則主其人得祖上物業 身弱者 雖有祖業 當耗散而無承也.

◉ 예를 들면 甲日主가 年에 戊己를 만난 것이다. 만약 財命이 有氣하면 祖上의 재물과 조업(祖業)을 이어받는다. 그러나 신약하면 조업(祖業)이 있어도 재물이 소실되고 파산하여 계승하지 못한다.

-{財命이 有氣하다는 것은 재가 왕하고 신왕한 것을 말한다.}-

양간부잡격(兩干不雜格)

此格乃謂年月日時 連占兩干 統一而不雜也 取兩字不亂之類是也 又謂之兩干連珠格 經云 兩干不雜利名齊 其斯之謂與.

⊙ 이 格은 年月日時의 양간(兩干)이 한 五行으로 두 자씩 혼잡하지 않은 것이다. 양간연주격(兩干連珠格)이라고도 하는데 經에 이르길 양간부잡(兩干不雜)격은 利名을 갖춘다고 했다.

乙甲乙甲 男命
丑戌亥子 丁卯 戊辰 己巳 庚午 辛未 壬申

丁丙丁丙 男命
卯辰酉寅 戊戌 己亥 庚子 辛丑 壬寅 癸卯

-{만약 천간의 오행이 辛辛壬壬이면 金水가 相生하지만 오행이 다르므로 양간부잡이 되지 않는다. 그러나 辛辛庚庚이면 오행이 같기 때문에 양간부잡이 된다. 보기에는 질서정연하게 하지만 양간부잡(兩干不雜)의 작용에 대한 자세한 말이 없다.}-

오행구족격(五行俱足格)

此格取年月日時胎 帶金木水火土全者是也..

⊙ 이 格은 년월일시와 태월(胎月)에 金木水火土가 온전한 것이다.

丁丁戊甲 己   丙辛壬乙 癸
未巳辰子 未   申未午酉 酉
水土木金 胎火   火土木水 胎金

此二格 亦不論官殺 只取五行爲全 自有生生不絕之義 化化無窮之理 是亦罕有矣.

⊙ 이 두 가지 格은 역시 官殺을 논하지 않고 단지 다섯 가지의 五行이 온전한 것을 取한다. 스스로 생생부절(生生不絕)하고 화화무궁(化化無窮)의 이치가 있는데 드문 격에 속한다.
-{팔자와 태원(胎元)에 납음이 오행을 모두 갖추면 오행구족격으로 본다. 생생부절(生生不絕)과 화화무궁(化化無窮)을 갖춘 것도 좋지만 재관

을 보지 않고서는 자세한 길흉을 알 수 없다. 위의 양간부잡이나 오행구족은 전체의 흐름이 뚜렷하고 순(順)하여 좋지만 역시 재관을 제외(除外)하면 판단할 방법이 없다.}-

론운화기(論運化氣)

夫五運化氣者 甲己化土 乙庚金 丁壬化木盡成林 丙辛化水分清濁 戊癸南方火焰侵.

⊙ 오운화기(五運化氣)라는 것은 甲己는 化土하고 乙庚은 化金하고 丁壬은 化木은 숲을 이루고 丙辛은 化水하여 청탁(淸濁)으로 나뉘고 戊癸는 化하여 南方의 화염(火焰)이 된다.

-{오운화기(五運化氣)라는 말은 다섯 번 운행하여 기(氣)가 변한다는 뜻이다. 예를 들어 甲己日이 子에서 운행을 시작하여 다섯 번째에 이르면 戊辰이 된다. 辰-자 위에 있는 것이 土가 되므로 甲己合은 土가 된다. 甲己가 합하는 이유는 부부(夫婦合)가 되기 때문이다. 또한 생수(生數)에 五를 더하면 성수(成數)가 되는 것을 알 수 있다. 옛 사람들이 辰이 용(龍)이기 때문에 조화를 부리는 것이라고 했는데 그것은 변화를 미화(美化)하여 신비하게 표현한 것이다.}-

-{역경(易經)에 天一 地二 天三 地四 天五 地六 天七 地八 天九 地十이라고 했다. 天數는 25가 되고 地數는 30이 되므로 天地의 數가 55가 된다. 이것이 변하면 귀신(鬼神)과 같다고 했다. 이로 미루어보면 모든 변화는 수(數)에서 시작한다는 것을 알 수 있다.}-

甲	乙	丙	丁	戊	己	庚	辛	壬	癸
一	二	三	四	五	六	七	八	九	十
생수(生數)					성수(成數)				

○甲己化土 中正之合 辰戌丑未全 曰稼穡 勾陳得位 ○乙庚化金 仁義之合 巳酉丑全 曰從革 ○戊癸化火 無情之合 得火局 曰炎上 ○丙辛化水 得申子辰水局 曰潤下 ○丁壬化木 得亥卯未全 曰曲直仁壽.

○甲己化土는 중정지합(中正之合)으로 辰戌丑未가 온전하면 가색(稼穡)이라하는데 구진(勾陳)이 득위(得位)한 것이다. ○乙庚化金은 인의지합(仁義之合)으로 巳酉丑이 온전하면 "종혁(從革)"이라 한다. ○戊癸化火는 무정지합(無情之合)으로 火局을 얻으면 "염상(炎上)"이라 한다. ○丙辛化水가 申子辰 水局을 얻으면 "윤하(潤下)"라고 한다. ○丁壬化木에 亥卯未가 온전하면 "곡직인수(曲直仁壽)"라고 한다.

天干化合者秀氣 地支合局者福德 化之眞者 名公巨卿 化之假者 孤兒異姓 逢龍卽化 變作龍飛在天 利見大人 月令生旺養庫臨官之地方化 陰陽得合 夫婦匹配 中和之氣而化 太過不及 皆不能化.

◉ 천간의 화합은 수기(秀氣)가 되고 지지의 합국은 복덕(福德)이 된다. 이렇게 화하여 진(眞)이 되면 명공거경(名公巨卿-고관)이 되고 화하여 가(假)가 되면 고아가 되거나 남의 성(姓)을 따른다. 용(龍-辰)을 만나면 化하면 용비재천이견대인(龍飛在天利見大人)이 되어 크게 출세한다. 월령에 생지(生地)나 왕지(旺地)나 양지(養地)나 고지(庫地)나 관지(官地)가 임(臨)해야 화(化-변)한다. 음양이 합을 얻으면 부부(夫婦)의 배필이 되는 것이다. 氣가 중화(中和)되어야 화하는 것이므로 태과(太過)하거나 불급(不及)하면 모두 화할 수 없다.
-{화하여 가(假)가 되는 것은 화격(化格)이 되지 못한 것이다.}-

有夫從妻化 妻從夫化 正化偏化 日下自化 轉角化 乃未坤申 丑艮寅 經云 東北喪朋 西男得朋.

◉ 부(夫)가 처(妻)를 따르는 화(化)가 있고 처(妻)가 부(夫)를 따르는 화(化)가 있고 정화(正化)와 편화(偏化)가 있고 일간이 일지의 장간과 합하는 자화(自化)가 있다. 전각화(轉角化)에는 미곤신(未坤申) 축간인(丑艮寅)이 있다. 經에 이르길 동북(東北-艮方)에서 붕(朋)을 잃고 서남

(西南-坤方)에서 붕(朋)을 얻는다고 했다.

-{동북상붕(東北喪朋) 서남득붕(西男得朋)은 "곤괘(坤卦)"에서 나온 말인데 붕(朋)은 달(月)을 나타낸다. 東北(艮)과 西南(坤)에서 달이 차고 기우는 변화를 나타내는 것으로 본다. 전각화(轉角化)는 간방(間方-모서리-角)에서 화(化)가 이루어지는 것이다. 丑寅은 甲己合 丙辛合, 未申은 乙庚合 丁壬合, 辰巳는 戊癸合 乙庚合, 戌亥는 丁壬合이 된다.}-

甲日見己字化土 己見甲亦然 乃化之眞 謂之正化 化之眞者 名公巨卿 乃富貴之格 化之假者 孤兒異姓 或爲僧道之類 十干效此推之 但戊癸化火 南不化午 北不化子 午乃少陰君火 所以不化 寅申乃少陽火乃化 經云 化之格局 玄中又玄 妙中又妙 不可俱述 當觀天元神趣八法 返照鬼伏類屬從化 仔細推詳.

⊙ 甲日이 己字를 만나 土로 化하고 己가 甲을 만나도 土로 化하는데 化하여 진(眞)이 되면 정화(正化)라고 한다. 화지진자(化之眞者)는 명공거경(名公巨卿)의 부귀 격이지만 화지가자(化之假者-偏化)는 고아나 남의 성(姓)을 따르거나 아니면 중이나 도사에 속한다. 十干을 이렇게 추리하는데 단 戊癸化火는 南에서 午로 化하지 않고 北에서 子로 化하지 않는데 午는 소음(少陰)의 군화(君火)이므로 化하지 않고 寅申은 소양(少陽)의 상화(相火)이므로 化한다. 經에 이르길 化의 격국(格局)은 심오한 중에 또 심오하여 말로 다 할 수 없으니 천원신취팔법(天元神趣八法)의 반조귀복유상종화(返照鬼伏類象從化)를 살펴서 자세히 추론해야 한다고 했다.

-{군화(君火-子午)는 상초의 心火로 온몸을 주재(主宰)하고 상화(相火-寅申)는 하초에서 장부(臟腑)를 따뜻하게 길러준다고 한다. }-

子午=少陰君火 소음군화	丑未=太陰濕土 태음습토
寅申=少陽相火 소양상화	卯酉=陽明燥金 양명조금
辰戌=太陽寒水 태양한수	巳亥=厥陰風木 궐음풍목

화기십단금(化氣十段錦)

※ 日干이 합할 경우 일간을 위주로 하여 열 가지로 구분한 비단 같은 글이다.

甲從己合 賴土所生 遇乙兮妻財暗損 逢丁兮衣祿成空 貴顯高門蓋得辛金之力 家殷大富皆因戊土之功 見癸兮平生發福 逢壬兮一世飄蓬 遇金家徒四壁 時逢丙火祿享千鍾.

甲木日이 己를 합하면 土를 의지하여 자라고
○ 乙-겁재를 만나면 처재(妻財)가 암손(暗損)되고
○ 丁-상관을 만나면 의록(衣祿)이 헛되고
○ 辛-정관이 유력하면 관직이 높고
○ 戊-편재의 功이 있으면 가문이 흥하고 大富하다.
○ 癸-정인이 보이면 평생 발복하고
○ 壬-편인을 만나면 평생 떠돌거나 몰락하고
○ 庚-칠살을 만나면 가난하여 아무것도 없고
○ 丙-식신을 時에 만나면 천종(千鍾)의 복록을 누린다.

己能化甲 秀在於寅 逢丁兮他人凌辱 遇乙兮自己遭迍 陽水重重奔走紅塵之客 庚金銳銳孤寒白屋之人 丙內藏辛必得其貴 戊中隱癸不至於貧 若要官職榮遷先須見癸 家殷巨富務要逢辛.

己가 甲을 합하여 化하면 수기(秀氣)가 寅에 있다.
○ 丁-편인을 남이 나를 능욕(凌辱)하고
○ 乙-칠살을 만나면 본인이 어렵게 되고
○ 壬-정재가 중중(重重)하면 속세에서 분주(奔走)하다.
○ 庚-상관은 강하여 빈한한 사람이다.
○ 丙-정인은 丙 내에 辛-식신을 간직하여 貴를 얻는다.
○ 戊-겁재는 무중에 癸-편재가 있어서 가난하지는 않지만 관직에서 승진하려면 먼저 癸가 보여야 한다.
○ 辛-식신은 집안이 복을 받아 큰 富가 있다.

乙從庚化 氣禀西方 蹇難兮生逢丙位 榮華兮長生壬鄉 丁火當權似春花之笑日 辛金指世若秋草之逢霜 最喜己臨滿堂金玉 偏宜甲向麻麥盈倉 日日勞神蓋爲勾陳作亂 時時費力多因玄武爲殃.

乙이 庚을 따라 化하면 西方의 기(氣)를 받는다.
○ 丙-상관을 生하면 고난이 따르고
○ 壬-정인이 보이면 영화(榮華)가 있다.
○ 丁-식신이 유력하면 봄날의 꽃처럼 웃는다.
○ 辛-칠살이 보이면 가을 초목이 서리를 만난 것과 같고
○ 己-편재가 임(臨)하면 금옥이 가득하여 가장 좋다.
○ 甲-겁재를 만나면 의식(衣食)이 가득하다.
○ 戊-구진(句陳)이 어지럽히면 하루하루가 힘들다.
○ 癸-편인은 일이 항상 힘들고 재앙이다.
-{甲木을 만나면 겁재에 속하지만 등라계갑(藤蘿繫甲)이 된다.}-

庚從乙化 金質彌堅 最忌辛金暗損 偏嫌丙火相煎 遇丁官兮似蛟龍之得云雨 逢己卯兮若鵬鶚之在秋天 癸水旺兮田園漂蕩 壬水盛兮財祿增遷 遇戊相侵兮不成巨富 逢壬助力兮永保長年.

庚이 乙을 따라 化하면 金의 質이 더욱 튼튼하다.
○ 辛-겁재를 만나면 암손(暗損)하므로 가장 꺼리고
○ 丙-칠살은 金을 괴롭히므로 아주 싫어한다.
○ 丁-정관을 만나면 교룡(蛟龍)이 비를 만난 격이다.
○ 己-정인을 만나면 가을 하늘에 붕새와 같다.
○ 癸-상관이 旺하면 재물이 쓸려나간다.
○ 壬-식신이 무성하면 財祿이 늘어나고
○ 戊-편인이 침범하면 큰 부자가 되지 못한다.
○ 壬-식신이 도와주면 장수를 기약한다.

丙爲陽火 化水逢辛 有福兮戊土在位 成名兮乙木臨身 官爵遷榮生逢癸巳 家門顯達長在庚寅 橫禍起於甲午 禍敗發於壬辰 屢遇陰丁縱富貴能有幾日 重逢己土雖榮華一似浮云 (水以火爲財 以土爲官 如重見之 必

有傷害矣).
丙 陽火가 辛金을 만나면 水로 化한다.
○ 戊-식신이 있으면 福이 있다.
○ 乙-정인이 임하므로 이름을 얻는다.
○ 癸巳를 만나면 높은 관직으로 옮긴다. (癸-正官 在祿)
○ 庚寅을 만나면 家門에서 입신출세한다. (庚-偏財 在長生)
○ 甲午를 만나면 뜻밖의 화(禍)가 일어난다. (甲-偏印 在陽刃)
○ 壬辰을 만나면 禍를 당하여 敗한다. (壬-七殺 在官庫)
○ 丁-겁재가 많으면 부귀할지라도 며칠이나 갈지 걱정이다.
○ 己-상관을 많이 만나면 영화가 뜬 구름 같다.
(水는 火가 財가 되고 土가 官이 되지만 많이 보이면 반드시 상해(傷害)가 있다.)

辛能化水 得丙方成 四柱最宜見戊 一生只喜逢庚 見己兮何年發福 逢壬兮何日成名 癸水旺兮縱困而不困 甲木旺兮須榮而不榮 富貴榮華重重見乙 傷殘窮迫疊疊逢丁.
辛은 丙을 얻으면 水로 化한다.
○ 戊-정인은 가장 마땅한 것이 된다.
○ 庚-겁재를 만나면 평생이 좋다.
○ 己-편인을 만나면 발복하는 때를 만나지 못한다.
○ 壬-상관을 만나면 평생 이름을 얻지 못한다.
○ 癸-식신이 旺하면 곤궁해도 궁하지 않게 산다.
○ 甲-정재가 旺하면 번영(繁榮)하지만 번영한 것이 아니다.
○ 乙-편재가 重重하면 부귀영화를 누리고
○ 丁-칠살이 중중하면 몸을 傷하고 궁지에 몰린다.

丁屬陰火 喜遇陽壬 見丙兮百年安逸 逢辛兮一世優遊 富貴雙全喜甲臨於天稱 祿封雙美欣己共於金牛 活計消疏皆因戊敗 生涯寂寞蓋爲癸因 乙木重重財祿決無成就 庚金燦燦功名切莫妄求.
丁은 壬을 좋아하여 합한다.
○ 丙-겁재가 보이면 百年이 편하다.

○ 辛-편재를 만나면 평생 넉넉하다.
○ 甲辰을 만나면 부귀쌍전(富貴雙全)한다.
○ 己丑을 만나면 祿과 직위가 완전하다.
○ 戊-상관을 만나면 생업이 변변치 못하다.
○ 癸-칠살을 만나면 생애(生涯)가 쓸쓸하다.
○ 乙-편인이 중중하면 결코 財祿을 성취할 수 없다.
○ 庚-정재가 중중하면 터무니없는 功名을 추구하지마라

壬從丁化 秀在東方 遇甲兮多招僕馬 逢辛兮廣置田莊 丙火相逢乃英雄之豪傑 癸水相會爲辛苦之經商 佩印乘軒己臨官位 飄蓬落泊戊帶殺官 皓首無成皆爲庚金乘旺 青年不遇蓋因乙木爲殃.

壬이 丁을 합하면 수기(秀氣)가 東方-木에 있다.
○ 甲-식신을 만나면 재물과 종복을 불러들인다.
○ 辛-정인을 만나면 전장(田莊)이 많다.
○ 丙-편재를 만나면 영웅호걸(英雄豪傑)이다.
○ 癸-겁재를 만나면 고생하는 장사꾼이다.
○ 己-정관이 있으면 官職에 오른다.
○ 戊-칠살이 있으면 몰락하여 곤궁하다.
○ 庚-편인이 왕하면 백발이 되도록 이루지 못한다.
○ 乙-상관이 있으면 젊은 시절이 불우하다.

戊從癸合 火化成功 見乙 終能顯達 逢壬兮亦自豐隆 衆祿拱持喜丁臨於巳位 六親不睦緣甲旺於寅宮 丙火炎炎難尋福祿 庚金燦燦易見亨通 妻子損兮皆因己旺 謀爲拙兮蓋爲辛雄.

戊가 癸를 합하여 火가 되면
○ 乙-정관을 만나면 결국에는 출세하고
○ 壬-편재를 만나면 저절로 풍륭(豐隆)하고
○ 丁이 巳에 臨하면 祿을 먹는다. (丁-正印 在戊祿)
○ 甲이 寅에 있으면 六親이 불목(不睦)한다. (甲-七殺 在戊長生)
○ 丙-편인이 왕하면 福祿을 얻기 어렵다.
○ 庚-식신이 빛나면 쉽게 형통한다.

○ 己-겁재가 왕하면 妻子를 손상한다.
○ 辛-상관이 강하면 생각이 졸렬하다.

癸從戊合 化火當臨 丙內藏辛一世多成多敗 甲中隱己百年勞心勞力 倉庫豐肥欣逢丁火 田財殷實喜得庚金 官爵陞榮連綿見乙 貲財富貴上下逢壬 財源得失兮緣辛金之太旺 仕途蹭蹬兮蓋己土之相侵.

癸가 戊를 합하여 火가 된다.
○ 丙-정재에는 辛金-편인이 있어서 평생 성패가 많다.
○ 甲-상관에는 己土-칠살이 있어서 평생 心身이 힘들다.
○ 丁-편재를 만나면 창고가 가득하다.
○ 庚-정인을 만나면 토지와 재물이 넘친다.
○ 乙-식신을 만나면 官祿이 끊임없이 번영한다.
○ 壬-겁재를 上下에 만나면 財物이 盛하고 부귀하다.
○ 辛-편인이 태왕하면 財源에 득실이 있다.
○ 己-칠살이 침범하면 벼슬길에 실패한다.

화기시결(化氣詩訣)

甲己化土乙庚金 局中奇妙最難尋 如何六格分高下 貴賤方知論淺深
◉ 甲己化土와 乙庚化金은 기묘(奇妙)하여 가장 찾기 어렵다. 육격(六格)으로 고하(高下)를 구분 하고 천심(淺深-월령분야)을 논해야 귀천을 알 수 있다.

六乙坐亥多逢木 庚金相合透時干 干生無火方成化 又恐金多返作難
◉ 乙亥日은 木을 많이 만나도 時干에 庚이(庚辰時) 투출하면 합이 되는데 天干에 火가 없어야 化한다. 金이 많으면 두려운 데 化(化)하기 어렵다.

丁壬化木在寅時 亥卯生提是福基 除此二宮皆別論 金多猶恐反傷之
◉ 丁壬化木은 寅時에 있고 亥나 卯월에 태어나면 福의 기반(基盤)이다.

亥卯月이 아니면 모두 다른 격으로 논하고 金이 많으면 두려운 데 傷하기 때문이다.

戊癸南方火燄高 勝光時上顯英豪 局中無水傷年月 獻賦龍門奪錦袍
◉ 戊癸는 南方에서 화염(火焰)이 높기 때문에 時에 午火가 있으면 영웅(英雄)이다. 局中에 年月을 傷하는 水가 없으면 고시에 합격하여 고급공무원이 된다.

丙辛化水生冬月 陰日陽時須見淸 有土局中須破用 得金相助發前程
◉ 丙辛이 水가 되는 것은 冬月에 태어난 것인데 辛日에 壬辰時가 보여야 뚜렷하다. 局 중에 土가 있으면 파격(破格)이 되는데 이때 金의 도움을 얻으면 앞길에 발전이 있다.

丁壬化木喜逢寅 蓋世文章絶等倫 曲直更歸年月地 少年平步上靑雲
◉ 丁壬 化木은 寅을 만나면 좋아하는데 뛰어난 문장력(文章力)을 따라갈 자가 없다. 年月地에 木이 있으면 소년(少年)에 힘들지 않게 청운(靑雲)의 뜻을 얻는다.

丁壬化木入金鄕 苟狗蠅營空自忙 氣喘殘傷無足取 眼前骨肉亦參商
◉ 丁壬 化木이 金運을 만나면 수단 방법을 가리지 않고 名利를 도모해도 바쁘기만 하고 헛수고만 한다. 폐병으로 몸이 傷하고 눈앞에 육친을 만나도 남이나 다름없다.
-{구구승영(苟狗蠅營)은 명예를 위해서 개처럼 파렴치하고 파리처럼 끈질 지게 달라붙는 것이고 참상(參商)은 형제가 길에서 마주쳐도 일면식(一面識)도 없는 남과 같은 것이다.}-

丙辛四柱月中生 變化艱辛福壽增 土數重重貧且賤 飄飄身世若浮萍
◉ 丙辛이 月에 金-인성을 만나면 고생이 낙으로 변하여 복(福)과 수(壽)가 증가한다. 그러나 土가 중중(重重)하면 빈천(貧賤)하여 부평초(浮萍草) 신세가 된다.

丙辛化合喜逢申 翰苑英輩氣象新 潤下若居年月上 須知不是等閒人
◉ 丙辛合은 申을 만나면 좋아하고 재능(才能)과 지혜(智慧)가 뛰어나

한림원(翰林院)의 학자로 기상(氣象)이 신선하고 年月에 水가 있으면 결코 한가하게 노는 사람이 아니다.

乙庚金局旺於酉 時遇從魁是格奇 辰戌丑未如相生 此是名門將相兒
◉ 乙庚金局은 酉에 旺하므로 酉金을 만나면 뛰어난 格이다. 辰戌丑未가 상생하면 명문가(名門家)의 장상(將相)이 된다.

乙庚最怕火炎陽 志氣消磨主不良 寅午重逢爲下格 隨緣奔走覓衣糧
◉ 乙庚 化金은 화염(火炎)을 가장 두려워하는데 패기(覇氣)가 소진된다. 寅午를 중봉(重逢)하면 下格이 되므로 의식(衣食)을 해결하느라 힘겹고 바쁘다.

天元戊癸支藏水 敗壞門庭事緖多 行運更逢生旺水 傷妻剋子起風波
◉ 일간이 戊癸合이 되고 支에 水가 숨어 있으면 갖가지 사건으로 집안이 무너지고 여기에 水가 生旺한 運을 만나면 상처(傷妻) 극자(剋子)하고 풍파(風波)가 일어난다.

甲己中央化土神 時逢辰巳脫埃塵 局中歲月趨火地 方顯功名富貴人
◉ 甲己가 중앙의 土로 化하고 時에 戊辰이나 己巳를 만나면 하류층에서 벗어나고 年月이 火地이면 공명을 얻고 富貴人이 된다.

甲己干頭生遇春 平生作事漫勞神 百般機巧番成拙 孤苦伶仃走不停
◉ 천간(天干-일간)의 甲己가 春月에 태어나면 평생(平生) 힘들게 일을 한다. 백가지 재주도 번번이 쓸모없게 되고 외롭고 쓸쓸한데다 쉴 틈조차 없다.

-{화격은 스스로 궁구하여 깨우치지 않으면 알 수 없는 것으로 보인다. 역자 역시 화격을 분명하게 알게 되어 자세히 말할 수 있는 기회가 오기를 기대한다.}-

불견지격(不見之格)

비천록마격(飛天祿馬格)

※ 원래 불견지격(不見之格)이란 말은 없는데 보이지 않은 격(格)에 이름이 없으므로 역자가 편의상 붙인 것에 불과하다.

此格以庚壬二日用子字多 冲午中丁己爲官星 要四柱中有寅字並未字或戌字 得一字可合爲妙.

◉ 이 格은 庚日과 壬日에 子-字가 많으면 쓸 수 있는데 子로 午를 冲하여 午중에 丁己를 官星으로 삼는다. 사주중에 寅-字나 未-字 혹은 戌字가 하나 있어서 午를 合하여 오면 아주 좋다.
-{'비천록마'는 사주에 관성이 없을 경우 비천(飛天-허공)에서 취하는 것을 말한다. 子-자가 많다는 것은 두 개 이상이다.}-

如六庚日六壬日以子冲午字 庚日以子冲午中丁火爲官星 若四柱中有丁字並午字 則減分數 歲君亦忌 如六壬日以子冲午中己土爲官星 若四柱中有己字並午字 則減分數 歲君大運 亦須忌之.

◉ 庚日 壬日의 경우 子로 午를 冲하는 것인데 庚日은 子로 午를 冲하여 午 중의 丁火-관성을 취한다. 만약 사주에 丁-字나 午-字가 있으면 福이 줄어들고 流年이나 大運에서 만나도 역시 꺼린다. 壬日은 子로 午를 冲하여 午 중의 己土를 관성으로 취한다. 만약 사주 중에 己-字나 午-字가 있으면 복이 줄어드는데 流年이나 大運에 만나도 역시 꺼린다.

丙庚丁丙 교 승상(喬 丞相) (원문 명조)
子子酉子 戊戌 己亥 庚子 辛丑 壬寅 癸卯

丙庚丙己 채 귀비(蔡 貴妃-女命) (원문 명조)
子子子未 丁丑 戊寅 己卯 庚辰 辛巳 壬午

壬壬壬壬 정사(正使) (원문 명조)
寅子子子 癸丑 甲寅 乙卯 丙辰 丁巳 戊午

壬壬壬壬 증 상서(曾 尙書) (원문 명조)
寅子子子　癸丑 甲寅 乙卯 丙辰 丁巳 戊午

丙壬壬壬 걸빈(乞貧) (원문 명조)
午子子子　癸丑 甲寅 乙卯 丙辰 丁巳 戊午

此旣以子冲午宮己土爲官星 又不合見丙午時重官星 所以爲乞丐之命也.
◉ 子水로 午를 충하여 己土를 관성으로 삼는데 時에 있는 丙午는 己-관성이 重하므로 적합하지 않다. 그래서 거지 命이다.

癸癸癸丁 양 승상(梁 丞相)
丑亥卯未　壬寅 辛丑 庚子 己亥 戊戌 丁酉

壬癸辛壬 조 랑중(曹 郞中)
子亥亥申　壬子 癸丑 甲寅 乙卯 丙辰 丁巳

以辛癸日用亥字 冲巳中丙戊爲官星 要四柱有申字 並酉字或丑字 得一字可合爲妙 假令六癸日以亥冲巳 若四柱有戌字 則亥不能去冲矣 歲君大運亦忌 如六辛日以亥冲巳中丙字爲官星 若四柱中有丙字並巳字 則減分數 歲君大運亦忌 運重太歲輕 再見巳字有禍矣.
◉ 辛日 癸日은 亥로 巳를 冲하여 巳중의 丙과 戊를 관성으로 삼는다. 사주 중에 申-자나 酉-자 丑-자가 하나가 있어서 巳를 합하여주면 좋다. 가령 癸日은 亥로 巳를 冲하는데 만약 사주 중에 戌-字가 있으면 亥가 巳를 冲할 수 없다. 유년이나 大運에서도 戌-字를 꺼린다. 辛日은 亥로 巳를 冲하여 巳중에 丙을 官星으로 삼기 때문에 사주 중에 丙-字나 巳-字가 있으면 福이 줄어드는데 流年이나 大運에서도 역시 꺼린다. 大運은 重하고 流年은 가벼운 데 巳-字가 다시 보이면 禍가 있다.

-{辛日은 亥로 巳를 冲하여 巳중에 丙火를 관성으로 삼고 癸日은 亥로 巳를 冲하여 巳중에 戊土를 관성으로 삼는다.}-
-{癸日에 戌이 있으면 巳를 冲하지 못하는 것은 戌亥合이 되기 때문이고 辛日에 巳를 만나면 禍가 있는 것은 상관견관이 되기 때문이다.}-

癸癸辛丁　乾造 -{연구 명조}-
亥亥亥丑　庚戌 己酉 戊申 丁未 丙午 乙巳

地支에 亥가 셋이고 丑이 하나다. 巳 중에 戊-관성을 쓰기 때문에 南方 운이 좋다. 丙午 丁未年에 연속으로 과거에 급제하여 관찰사(觀察使)에 이르렀다. 만약 명조를 비천록마로 보지 않고 생극(生剋)으로 論하면 군겁쟁재가 되고 剋泄이 없으므로 빈천한 명이다.

도충격(倒冲格)

凡四柱中元無官星　方用此格　以丙日爲主　用午字冲子中癸水　丙日得官星　不論合　若四柱有未字　則午不能去冲矣　大忌癸字並子字　則減分數　歲君大運亦然.

⊙ 사주 원국에 관성이 없어야 이 格을 쓴다. 丙日을 위주로 하여 午-자로 子중에 癸水를 冲하여 丙日이 관성을 얻는 것인데 合으로 끌어오는 것은 논하지 않는다. 만약 사주에 未-자가 있으면 午가 冲하러 갈 수 없게 된다. 癸-字와 子-字는 복이 줄어들기 때문에 크게 꺼리는데 流年이나 大運에 만나도 마찬가지다.

-{도충(倒冲)은 반대로 冲하는 것이다. 水로 火를 冲하는 것이 아니고 火로 水를 冲하는 것이다. 合을 논하지 않는다는 것은 子를 合을 말하므로 申이나 辰이 없어도 된다.}-

戊丙壬庚　유 제학(喩 堤學) (원문 명조)
戌戌午戌　癸未 甲申 乙酉 丙戌 丁亥 戊子

癸丙庚丙　조 지부(趙 知府) (원문 명조)
巳午寅午　辛卯 壬辰 癸巳 甲午 乙未 丙申

우격-도충격(又格-倒冲格)

此以丁日爲主 用巳冲亥宮壬水爲丁之官星 不論合. 若四柱中有辰字 則巳不能冲矣 大忌四柱中有壬字並亥字 則減分數 歲君大運亦同 運重歲君輕 再見亥壬 則禍作矣.

◉ 丁日을 위주로 한다. 丁日은 巳로 亥를 冲하여 亥중에 壬水를 관성으로 삼고 合을 논하지 않는다. 만약 사주 중에 辰-字가 있으면 巳가 冲을 할 수 없고 사주 중에 壬字나 亥字 관성이 있으면 福이 줄어들기 때문에 크게 꺼린다. 流年이나 大運에서 만나도 마찬가지인데 大運은 重하고 流年은 가볍다. 亥나 壬이 보이면 禍가 된다.

-{辰은 巽宮이므로 辰巳合이 되어 巳가 亥를 冲하러 가지 못한다. 이 역시 無形의 관성을 쓰기 때문에 사주에 水-관성이 없어야한다.}-

乙丁癸辛　시 판원(施 判院)
巳巳巳酉　壬辰 辛卯 庚寅 己丑 戊子 丁亥

乙丁甲辛　악 총관(嶽 總管)
巳未午巳　癸巳 壬辰 辛卯 庚寅 己丑 戊子

乙丁丁癸　교 편수(巧 編修)
巳巳巳卯　丙辰 乙卯 甲寅 癸丑 壬子 辛亥

비천록마시결(飛天祿馬詩訣)

※ 비천과 도충이 모두 있다.

庚壬日主重重子 倒冲祿馬號飛天 何如金水多淸貴 運入南方慮有邅

◉ 庚壬日에 子水가 重重하여 祿馬(丁)를 冲해 오는 것을 비천록마라 한다. 金水가 많아야 귀(貴)가 뚜렷하고 運이 南方에 들면 순탄치 못하여 걱정이다.

庚壬鼠隊來冲馬 辛癸尋蛇要衆豬 丙日馬群冲鼠祿 丁逢蛇衆見雙魚
◉ 庚壬日은 子-대(隊)가 午火를 冲하여 午중의 丁己를 관성으로 삼고 辛癸日은 亥-대(隊)가 巳火를 冲하여 巳중의 丙戊를 관성으로 취하고 丙火日은 午-대(隊)가 子水를 冲하여 子중의 癸水를 관성으로 취하고 丁火日은 巳-대(隊)가 亥水를 冲하여 亥중의 壬水를 관성으로 취한다.
-{모두 無形의 관성을 귀(貴)로 삼는다. 쌍어(雙魚)는 亥를 말한다.}-

最忌絆神兼論合 官星塡實禍當途 運重歲輕消息取 用神不損上天衢
◉ 반신(絆神)과 합(合)을 가장 꺼리고 관성이 전실(塡實)하면 화(禍)가 닥친다. 干支는 大運은 중(重)하게 流年은 경(輕)하게 취하고 용신이 상하지 않으면 중앙정부에 진출한다.

祿馬飛天識者稀 庚壬二日報君知 年時月日重逢子 無破無冲富貴奇
◉ 록마비천을 아는 사람이 드문데 庚壬 二日이라는 것을 알린다. 年時 月日에 子를 많이 만나고 자(子)를 충파(冲破)하는 것이 없으면 부귀가 뛰어난다.

飛天祿馬貴非常 辛癸都來二字強 年月日時重見亥 無官冲絆是賢良
◉ 비천록마는 평범한 貴命이 아니다. 辛癸 두 자가 모두 강하고 年月日時에 亥가 많고 官星·冲·합반(合絆)이 없으면 재능과 덕을 갖춘 사람이다.

丙丁巳午要多臨 冲出官星貴氣深 四柱若無官殺重 復行官運禍難禁
◉ 丙日에 午 丁日에 巳가 많아야 官星을 冲出하여 貴氣가 깊다. 만약 원국에 관성이 없거나 관살이 중하지 않아도 官運으로 가면 禍를 막을 수 없다.

丙丁離位激江湖 歲運無官入仕途 專祿榮名皆遂意 片言投合動皇都
◉ 丙丁日은 巳午가 亥子를 冲出하고 세운에 官星이 없으면 관직에 오른다. 官祿과 영예가 뜻대로 되어 말 한마디에 도성을 움직이는 권력을 쥔다.

丙日須宜子午冲 午能冲子吉相逢 不須論合惟嫌未 子癸相逢再見凶

⊙ 丙日은 子午冲이 되어야하는데 午가 子를 冲하여 吉을 만나는 것이다. 合을 논하지 않지만 未-자를 꺼리고 子癸-관성을 만나면 凶이 나타난다.
-{合을 논하지 않는 것은 子와 합이 되는 申辰을 말하는데 논하지 않는 이유는 申辰중에는 水-관성이 있기 때문이다.}-

丁日多逢巳字重 局中無水貴和同 傷官此格宜傷盡 見亥刑冲數必空
⊙ 丁日에 巳字가 많고 원국에 水-관성이 없으면 貴가 된다. 상관이 이 격이 되면 상진(傷盡) 되어야 하는데 亥-관성이 보이면 刑冲하게 되므로 貴는 헛것이 된다.

丁日坐巳多冲亥 壬癸休來四柱中 倘若地支申字出 必能相絆貴難同
⊙ 丁日에 巳가 많고 亥를 冲하면 사주 중에 壬癸-관성이 없어야하고 만약 地支에 申字가 있으면 합반(合絆)되므로 貴가 어렵다.
-{합반(合絆)은 申이 巳를 합으로 묶여 亥를 冲하지 못한 것이다.}-

丁巳支中疊見蛇 刑冲壬子格爲佳 若有亥午兼乙卯 合官錦上又添花
⊙ 丁巳日에 巳자가 많으면 亥중의 壬을 관성으로 삼고 壬子日은 午를 冲하여 午중의 己를 관성으로 삼는 좋은 격이다. 이때 만약 <u>亥午가 있거나 乙卯가 있어서</u> 관성(官星)을 합하면 금상첨화다.
-{밑줄 부분은 丁巳日에 亥가 있으면 파격이 되므로 卯가 亥를 合去하는 것이고 壬子日에 午가 있으면 역시 파격이 되므로 乙卯로 午중의 己를 제거하여 유정(有情)하게 된 것이다.}-

辛日重逢乾又乾 格中惟此號飛天 格成酉丑比身貴 巳運刑冲壽莫全
⊙ 辛日이 亥-자를 보고 또 보면 飛天祿馬格이다. 酉丑이 巳를 합하면 더 貴하게 된다. 巳運에는 刑冲이 되므로 그때는 이승을 타인에게 물려주고 떠날 때가 된 것이다.

癸日亥字爲仇家 近寅絆合有爭差 春秋半吉冬無用 生於夏月享榮華
⊙ 癸日은 亥-字가 원수가 되는 경우가 있는데 寅이 옆에서 亥를 합반(合絆)하는 것이다. 봄가을에 태어나면 반쯤 좋고 겨울에 태어나면 쓸

모없고 여름에 태어나면 영화(榮華)를 누린다.
-{이 訣은 寅이 亥를 합하여 파격이 된 것이다. 비천록마가 아니므로 월령에 따라 논한다. 봄은 일주를 설기하고 가을은 寅을 극하고 일주를 생하므로 반길(半吉)이 되고 겨울은 水-비겁이 많아서 쓸모없고 여름은 火-財를 쓰게 되므로 영화가 있다.}-

亥逢辛癸子庚壬 祿馬飛天仔細尋 歲君若逢官絶處 功名唾手遂初心

◉ 辛亥 癸亥 庚子 壬子日의 비천록마는 자세히 살피라. 유년이 관성의 절지(絶地)가 되면 쉽게 관직에 입신(立身)하는 꿈을 이룬다.
-{비천록마는 관성을 꺼리므로 유년에서 관성의 절지(絶地)를 만나면 좋게 된다.}-

日刃庚壬子字多 飛天祿馬格純和 冲官合起眞爲貴 塡實其中又折磨

◉ 庚壬日에 子字가 많으면 비천록마격이다. 관성을 冲하고 합을 일으키면 貴가 되지만 관성이 전실(塡實)되면 고통과 괴로움이 따른다.

七殺官星休要犯 丑字相逢絆若何 天地人元重見土 剋其子丑不興波

◉ 壬子日에 七殺이나 官星이 없을 경우 丑-자가 子를 합반(合絆)하면 어떻게 될까? 干支와 藏干에 土가 많이 보이면 子丑을 극(剋)하게 되므로 풍파가 발생하지는 않는다.
-{예컨대 庚日은 子를 써서 午火를 충인(沖引)하는데 丑이 子를 합하면 午를 冲할 수 없으므로 이미 파격이 되고 결국 상관이 왕하게 된다. 이때 干支와 藏干에 土가 많으면 子-상관과 丑중의 癸水-상관을 모두 剋制하게 되므로 풍파는 면한다.}-

임기용배격(壬騎龍背格)

此格以辰多者貴 寅多者富. 壬日坐辰土 以丁爲財 以己爲官. 壬日以辰冲戌中丁戊 壬辰日得財官. 而寅午戌三合 或壬日至寅 却要年月時上多聚辰字方可用. 若壬辰日有年月時上 皆在寅字 只爲富命 以有午戌爲財

得地. 若年月時上辰字多 則冲出財來 所以貴也.

⊙ 이 格은 辰이 많으면 귀(貴)가 되고 寅이 많으면 부(富)가 된다. 壬辰日은 丁-재성과 己-관성을 쓰는데 壬日이 辰으로 戌을 冲하여 戌 중의 丁戊-재관을 얻는 것이다. -{壬辰日에}- 寅午戌 三合이 있거나 아니면 壬寅日의 년월시에 辰字가 많이 모여도 쓸 수 있다. 만약 壬辰日의 年月時에 모두 寅字가 있으면 부명(富命)인데 午戌이 있으면 財를 득지(得地)한 것이 된다. 만약 年月時에 辰字가 많으면 財를 冲出하여 오기 때문에 貴命이 된다.

壬壬甲壬	왕 추밀(王 樞密) (원문 명조)								
寅辰辰辰	乙巳	丙午	丁未	戊申	己酉	庚戌			

甲壬庚戊	제갈 판원(諸葛 判院)						
辰辰申寅	辛酉	壬戌	癸亥	甲子	乙丑	丙寅	

壬壬壬壬	왕 거부(王 巨富)						
寅辰寅寅	癸卯	甲辰	乙巳	丙午	丁未	戊申	

甲壬乙丙	乾造 -{연구 명조}-						
辰辰未辰	丙申	丁酉	戊戌	己亥	庚子	辛丑	

辰이 세 개나 되지만 未 중에 丁己-재관이 있으므로 임기용배가 되지 못한다. 관살이 왕하여 水木이 旺한 운에 작은 직위를 얻은 부명이다.

임기용배시결(壬騎龍背詩訣)

壬騎龍背喜非常 寅少辰多轉發揚 大忌官星來破格 刑冲須見壽元傷

⊙ 임기용배는 기막히게 좋은데 寅이 적고 辰이 많으면 발전하여 날린다. 官星이 있으면 파격이 되므로 크게 꺼리고 刑冲을 만나면 수명을 傷한다.

壬騎龍背怕官居 重疊逢辰貴有餘 設若寅多辰字少 須應豪富比陶朱
◉ 임기용배는 관성이 있으면 두려워하는데 辰-字가 많으면 貴가 넉넉하다. 寅字가 많고 辰字가 적으면 도주(陶朱)에 견줄만한 호부(豪富)가 된다.

壬寅不及壬辰日 四柱壬辰字要多 辰字多兮官殺重 寅多可比石崇過
◉ 壬寅日은 壬辰日만 못하므로 사주에 辰-字가 많아야한다. 辰字가 많으면 막강한 권력을 쥐고 寅-자가 많으면 석숭(石崇)에 비할 부자가 된다.
-{석숭은 형주의 자사(刺史)로 있으면서 객상(客商)을 약탈하여 거부가 되었고 사치와 방탕을 일삼았는데 재벌의 대명사로 쓰인다.}-

壬辰日又見辰時 年月辰多最是奇 四柱若逢寅位上 發財發福兩相宜
◉ 壬辰日이 辰時를 만나고 또 年月에 辰-字가 많으면 기막히게 좋다. 만약 사주에 寅을 만나면 재물과 복이 모두 좋다.
-{복은 행운이다. 만사가 잘 풀리고 어려움 없이 건강하게 지낸다.}-

日遇壬辰格罕逢 格中疊見號騎龍 若還寅字重重出 富貴仍教比石崇
◉ 壬辰日 용배격은 드물다. 辰-字가 겹치면 권력이 막강한 기용(騎龍-용을 타고 있는)이라고 한다. 寅-字가 중중하면 부귀가 석숭에 비할 수 있다.

午戌成財寅合局 戌中祿馬用辰冲 忽然若是壬寅出 四柱居辰格亦同
◉ 寅午戌 合局이 戌중에 있는 록마가 辰을 冲하여 쓰는 것이다. 만약 의외로 壬寅日이 나타나도 사주에 辰이 있으면 역시 格이 같다.

형합격 (刑合格)

※刑合格과 刑合은 전혀 다르다.

此格以六癸日生人爲主 用戊土爲正氣官星 喜逢甲寅時 用寅刑巳中戊土 癸日得官星. 如庚寅刑不成 惟甲寅時是 行運與飛天祿馬同. 若四柱中有戊字 巳字則減分數. 又怕庚寅傷甲字 刑巳字 忌申字 則減分數 歲君

大運亦同.

⊙ 이격은 癸日에 태어난 사람이 主가 된다. 戊土를 정기관성(正氣官星)으로 삼는데 甲寅時를 만나면 좋아한다. 寅으로 巳를 형하여 巳중의 戊土를 癸日의 官星을 얻는다. 庚寅은 刑을 이루지 못하므로 다만 甲寅時가 맞고 運을 보는 것은 비천록마(飛天祿馬)와 같다. 四柱중에 戊-字나 巳-字가 있으면 福이 줄어든다. 또 庚寅을 두려워하는데 庚은 甲-字를 傷하고 寅은 巳-字를 刑하기 때문에 꺼린다. 이것 역시 복이 줄어드는데 유년이나 대운에서도 마찬가지다.
-{이 격은 時에 있는 甲寅-상관으로 巳를 刑하여 巳중에 있는 戊土를 관성으로 삼는 것이 관건이다.}-

甲癸癸乙 절 도사(節 度使) (원문 명조)
寅亥未未 壬午 辛巳 庚辰 己卯 戊寅 丁丑

甲癸癸丁 심 로분(沈 路分) (원문 명조)
寅卯卯亥 壬寅 辛丑 庚子 己亥 戊戌 丁酉

甲癸甲甲 진 시랑(陳 侍郎) (원문 명조)
寅酉戌戌 乙亥 丙子 丁丑 戊寅 己卯 庚辰

甲癸甲庚 방 간변(方 幹辨) (원문 명조)
寅卯申午 乙酉 丙戌 丁亥 戊子 己丑 庚寅

형합시결(刑合詩訣)

四柱支干合到刑 多因酒色喪其身 若臨陽刃並七殺 定作黃泉路上人

⊙ 四柱의 干支가 합하고 地支가 刑하면 주색(酒色)으로 몸을 망치고 만약 양인이나 칠살이 臨하면 길에서 바로 황천(黃泉)으로 간다.
-{이 결(訣)은 간합지형(干合支刑)의 결(訣)에 속한다.}-

陰水寅時格正淸 又愁庚尅不能刑 運行若不逢蛇地 方得淸高有利名

◉ 癸日 寅時의 격이 바르고 뚜렷해야한다. 庚이 甲을 尅하면 刑할 수 없다. 運에서 巳를 만나지 않아야 비로소 뚜렷하고 높은 직위로 이로움과 명성이 있다.

六癸日生時甲寅 假名刑合亦非眞 月令若加亥子位 傷官格內倒推尋

◉ 癸日 甲寅時에 태어나도 이름만 형합(刑合)격이 있는데 월령에 亥子가 있으면 그렇다. 이때는 상관격으로 봐야한다.

-{巳 중의 戊土를 관성으로 삼기 때문에 亥월에 태어나면 巳를 冲하고 子월에 태어나면 子 중의 癸와 巳 중의 戊가 합이 되므로 戊를 癸日의 관성으로 삼을 수 없다.}-

癸日生人時甲寅 最嫌四柱帶官星 若無戊戌庚申字 壯歲榮華達帝京

◉ 癸日生 甲寅時는 사주에 官星이 있으면 가장 꺼리는데 만약 戊戌庚申의 글자가 없으면 장년(壯年)에 중앙정부의 관리로 영화를 누린다.

但求癸日甲寅時 刑去官星貴可知 不喜庚金傷甲木 寅申冲破主憂危

◉ 癸日 甲寅時는 관성을 刑하여 귀명(貴命)이 되는 것이다. 庚이 甲木을 傷하면 좋아하지 않고 申이 寅을 충파(冲破)하면 위태하여 걱정이다.

癸日寅時刑合格 入此格時須顯赫 官星七殺莫相逢 甲庚己字爲災厄

◉ 癸日 寅時가 刑合格에 들면 빛이 나지만 관성이나 칠살을 만나지 않아야 하고 甲庚己의 글자가 있으면 재액(災厄)이 된다.

柱中若逢酉丑字 遇者英豪名利客 參詳歲運定榮枯 此是子平眞法則

◉ 柱중에 '酉丑'을 만나면 -{巳를 合하므로}- 호걸(豪傑)이다. 歲運으로 영고성쇠를 자세하게 定할 수 있으므로 그야말로 子平의 진정한 법칙(法則)이다.

을기서귀격(乙己鼠貴格)

此格如月內有官星 則不用之 大怕午字冲之 丙子時丙字爲妙 謂之聚貴也 或曰 柱中有庚字辛字並申字酉字丑字 內有庚辛金 則減分數 歲君大運亦然 又曰 四柱中元無官星 方用此格.

◉ 이 格은 月에 官星이 있으면 쓰지 않는다. 午-字가 時의 子-字를 冲하면 크게 두려워한다. 丙子時의 丙-字의 뛰어난 작용으로 貴가 모인 것이라고 한다. 혹 사주 중에 庚辛申酉丑-字가 있거나 지장간에 庚辛-金이 있으면 福이 감분(減分)되는데 유년이나 대운도 마찬가지다. 또 다시 강조하는데 사주 원국에 관성이 없어야 이 格을 쓴다.

-{子가 乙己日의 천을귀인이 되므로 을기서귀(乙己鼠貴)격이다.}-
-{時의 丙火-상관이 乙日의 관성인 庚金을 인출(引出)하여 貴命이 된다고 했다. 時의 子가 申-관성을 합하여 오기 때문에 子를 冲하면 안 되고 干支나 지장간에 金(庚辛申酉丑)이 있으면 감복(減福)된다고 했다.}-

丙乙戊甲   원 판원(袁 判院) (원문 명조)
子亥辰寅   己巳 庚午 辛未 壬申 癸酉 甲戌

丙乙癸戊   소 어대(蘇 禦帶) (원문 명조)
子未亥子   甲子 乙丑 丙寅 丁卯 戊辰 己巳

육을서귀격(六乙鼠貴格)

此格以子暗合巳 巳動合申 庚祿居申 則用庚官 得引出庚金用事. 喜子亥卯時爲妙 忌巳與寅 無冲害傷破子乙二字及無財官 即六乙日子時. 忌寅午戌 冲 元有官星論官 見庚辛申酉丑字 有一位則減分數 歲君同. 亦忌月通財官 六格不用 大運亦然.

◉ 이 格은 子로 巳를 암합하고 巳가 동하여 申을 합하는데 이때 申중

에 있는 庚-관성을 쓴다. 인출하여 얻어낸 庚金이 권력을 장악하는 것이다. 子亥卯를 좋아하고 時에 묘(妙)가 있으므로 巳와 寅을 꺼린다. 충해(冲害)가 없고 子乙 두 글자를 상(傷)하거나 파(破)하지 않고 재관이 없으면 乙日 子時의 육을서귀가 된다. 寅午戌이 충하는 것을 꺼리고 원국에 庚辛申酉丑-字 관성이 일위(一位)에 있으면 福이 줄어드는데 유년에 만나도 마찬가지다. 또한 월령에 財官이 있으면 육격(六格-육을서귀격)으로 쓰지 않는데 대운에서 만나도 역시 그렇다.

-{밑줄 부분의 子亥卯를 좋아하는 것은 子는 관성을 얻어내고 亥는 巳를 冲하여 좋고 卯는 乙의 祿이 되기 때문이다. 巳를 꺼리는 것은 巳는 子가 暗合하여야 하는데 전실(塡實)되기 때문이고 寅은 申을 冲하여 庚-관성을 합하지 못하게 방해하기 때문이다.}-

-{寅午戌을 꺼리는 것은 寅은 申을 冲하고 午는 子를 冲하고 戌은 申을 合하는 辰을 冲하기 때문이다.}-

-{乙己서귀격은 丙火로 庚金을 인출하고 六乙서귀격은 子가 巳를 움직여 申중에 있는 庚金을 인출하는데 모두 庚을 인출하여 쓰기는 마찬가지다.}-

-{乙己나 六乙 모두 같은 부류로 보는 것이 마땅하다. 乙日 丙子시의 子-字가 巳-字를 합하여 時의 丙이 巳에 록이 되고 巳중에서 庚戊를 乙木의 재관으로 삼는다. 庚辛申酉가 있으면 안 되고 丑이 자를 합하거나 午가 자를 冲하면 파격이 되므로 貴가 안 된다. 財星을 좋아하고 時가 空亡이 되는 것을 꺼린다.}-

丙乙甲戊 乾造 -{연구 명조}-

子亥寅戌 3乙卯 13丙辰 23丁巳 33戊午 43己未 53庚申

년주에 財가 있어서 조상이 부유했으나 甲寅-겁재가 극하여 내가 출생할 당시에는 이미 집안이 망했다. 戊午운에 사업을 시작하였고 己未 대운 甲申年에 의류사업을 확대하여 순풍에 돛을 단 듯 순조로웠다. 庚申 대운은 서귀격이 가장 꺼리는 관성을 만난데다 상관견관이 된다. 중(重)하면 목숨을 잃고 경(輕)하면 관재송사로 破財한다.

丙乙壬壬　　坤造 -{연구 명조}-
子未子子　　8辛亥 18庚戌 28己酉 38戊申 48丁未 58丙午

얼굴이 예쁘고 날씬하고 수완이 좋다. 己酉운에 사업은 순조롭게 잘 되었는데 부부의 인연은 세 번 만나 세 번 실패했고 36세 丁亥년부터 39세 庚寅년까지 홀로 사는 과부다. 女命에 인성이 많으면 음욕(淫慾)이 넘친다고 했다. 여명은 격에 관계없이 관성이 바르게 있는지 보는 것이 가장 중요하고 상관이 있으면 경계해야한다.

육을서귀시결(六乙鼠貴詩訣)

陰木逢陽亥子多　多爲聚貴福嵯峨　柱中只怕南離位　困苦傷殘怎奈何
◉ 乙日 丙子時에 亥子가 많으면 貴가 모여 福이 뛰어난다. 사주에 午火를 만나면 불구(不具)가 되어 고통을 당하니 이를 어찌하나.
-{子는 관성을 얻어내는 관건(關鍵)인데 午가 子를 冲하면 庚-관성을 얻어낼 엄두도 못하므로 싹이 피기도 전에 무너진 것이다.}-

乙日生人得子時　名之聚貴最爲奇　切嫌午字來冲破　辛酉庚申總不宜
◉ 乙日이 子時에 태어나면 貴가 모인 것이므로 가장 좋다. 午-字가 子를 충파(冲破)하는 것을 극히 꺼리고 庚申辛酉는 어쨌든 있으면 안 된다.

乙日須逢丙子時　如無午破貴尤奇　四柱忌逢申酉丑　若無官殺拜丹墀
◉ 乙日이 丙子時를 만나고 午火가 없으면 貴中의 貴를 얻는다. 四柱에 申酉丑을 만나는 것을 꺼리고 관살이 없으면 중신(重臣)이 된다.

六乙鼠貴在生時　殺官冲破不相宜　月中通得眞三木　方定當生利祿奇
◉ 육을서귀는 時에 있고 칠살이나 관성이 충파(冲破)하면 안 된다. 삼목(三木)이 월령에 통하면 이로움과 록(祿)이 남달리 뛰어난다.
-{三木은 월령에 亥 卯 未가 있는 것을 말한다. 즉 월령에 재관이 없어서 좋다는 뜻이다.}-

六乙生人時遇鼠　官星又帶復如此　庚辛申酉馬牛欺　一位逢之爲丐子
◉ 乙日 子時인 사람이 관성이 있는데 또 庚辛申酉午丑을 一位에 만나면 빌어먹는 거지가 된다.
-{庚辛申酉午丑 일위(一位)란 庚申 辛酉 庚午 辛丑으로 구성된 일위(一位)를 말한다.}-

정란차격(井欄叉格)

此格庚申　庚子　庚辰三處　須要四柱中申子辰三位全　不必三個庚字　若有三庚尤妙　只要庚日生申年　月時或戊子戊辰不妨　但得支是申子辰全也　若是遇丙子　則是偏官　若時是申時　則是歸祿格　而非井欄叉矣. 此格四柱怕見寅午戌三字　則冲壞矣. 庚用丁爲官　以申子辰三合冲寅午戌火局　庚日得官星　行運如正氣　若行東方財地　或南方皆好　若四柱中有巳字丙丁字　則減分數　歲君大運亦然.

◉ 이 격(格)은 庚申 庚子 庚辰이 세 곳에 있으면서 사주 중에 申子辰이 모두 있어야 한다. 庚-字가 셋이 될 필요는 없지만 셋이 되면 더 좋다. 庚日에 태어나고 申年이면 月이나 時에 戊子나 戊辰이 있어도 상관없는데 地支에는 申子辰이 모두 있어야한다. 만약 丙子를 만나면 편관이 되고 時에 申이 있으면 귀록격이 되므로 정란차(井欄叉)가 아니다. 이 格은 寅·午·戌 석자가 보이면 冲으로 격(格-申子辰)이 무너지므로 두려워한다. 庚은 丁-官으로 삼기 때문에 申子辰三合으로 寅午戌 火局을 冲하여 庚日의 관성을 얻은 것이다. 行運이 정기(正氣)이면 東方-재운이나 南方-官運이 모두 좋다. 만약 사주 중에 巳字나 丙丁이 있으면 복(福)이 감소한다. 유년이나 대운도 마찬가지다.

-{大運은 암관(暗官)을 생조(生助)하는 재성운이 가장 좋은데 寅運은 申을 冲하기 때문에 제외된다. 庚이 둘이나 넷이면 정란차격이 아니라는 설이 있다. 격국이 순수하지 못하면 福이 半으로 줄어들어 실속 없

이 이름만 있다. 남명에게는 좋지만 여명(女命)은 不利하다. 庚金이 숙살지기(肅殺之氣)에 속하므로 대개 병권(兵權)이나 법관직을 가지게 된다고 했다.}-

庚庚庚戌 곽 통제(郭 統制)
辰申申申　辛酉　壬戌　癸亥　甲子　乙丑　丙寅

庚庚庚癸 대조(待詔)
辰子申巳　己未　戊午　丁巳　丙辰　乙卯　甲寅
-{대조(待詔)는 皇帝의 조령(詔令)을 받드는 사람이다.}-

壬庚庚庚 송 대부(宋 大夫)
午申辰子　辛巳　壬午　癸未　甲申　乙酉　丙戌
원국에 午-字가 있어서 午-字 歲運에 실직하고 상처(喪妻)했다.
-{이 사주는 원국에 있는 午-자로 격이 무너진 것이다.}-

정란차시결(井欄叉詩訣)

庚日全逢申子辰 井欄叉格制官星 局中無火方成貴 破動提綱禍亦臨
◉ 庚日이 申子辰을 모두 만나 정란차격(井欄叉格)이 되면 관성을 제(制)한다. 局中에 火-관성이 없어야 貴하게 되고 月令이 깨지면 화(禍)가 닥친다.

井欄運喜東方地 得到財鄕眞富貴 丙丁巳午歲運逢 失祿破財須且畏
◉ 정란(井欄)격은 東方地를 좋아하므로 재성운에 富貴가 좋다. 歲運에서 丙丁巳午를 만나면 祿(봉록)을 잃고 破財 당하게 되므로 두렵다.

庚日全逢潤下方 癸壬巳午怕相傷 時遇子申福減半 功名成敗不能長
◉ 庚日에 申子辰-윤하가 되면 癸壬와 巳午가 두렵다. 時에 子나 申을 만나면 福이 반감(半減)하고 功名에 성패가 일어나고 오래가지 않는다.
-{壬癸는 무형(無形)의 관성을 상하고 巳午는 전실(塡實)되기 때문에

두려운 것이다. 丙子時는 시상편관이 되고 甲申時는 귀록격이 되기 때문에 복이 반감(半減)한다.}-

庚日喜逢全潤下 貴神名曰井欄叉 丙丁巳午休相遇 申子辰宮全乃佳

◉ 庚日은 申子辰을 모두 만나면 좋아하는 이름을 정란차(井欄叉)라고 한다. 丙丁巳午를 만나지 말아야하고 申子辰이 완전하면 좋다.

若是申時歸祿格 時逢丙子殺神加 水局要冲寅午戌 若還填實祿難賒

◉ 申時는 귀록격이 되고 丙子時는 시상칠살격이 된다. 水局이 寅午戌을 冲하는 것이므로 관성이 전실(塡實)되면 봉록(俸祿)이 오래가기 어렵다.
-{이렇게 격(格)이 섞인 것을 두고 格이 순수하지 못하다고 한다.}-

합록격(合祿格)

此格以六戊日爲主 以庚申時合卯中乙木爲戊官 四柱有甲乙字 丙字 巳字 刑壞了申 丙傷庚字 則減分數 歲君大運亦然.

◉ 이격은 戊日을 위주로 한다. 時에 있는 庚申-식신이 卯중에 있는 乙木을 합하여 戊土의 관성으로 삼는다. 그래서 사주에 甲乙-관살이 있으면 전실(塡實)되고 巳-자가 있으면 申을 刑하고 丙-자가 있으면 庚을 傷하므로 福이 줄어든다. 유년 대운도 역시 그렇다
-{록(祿-관성)을 합하여 쓰는 격이므로 이 역시 관성이 없어야한다.}-

庚戊己壬   황 춘방(黃 春坊)
申午酉午   庚戌 辛亥 壬子 癸丑 甲寅 乙卯

庚戊丙己   황 시랑(黃 侍郎)
申戌子未   乙亥 甲戌 癸酉 壬申 辛未 庚午

庚戊辛壬   정 지부(鄭 知府)
申寅亥申   壬子 癸丑 甲寅 乙卯 丙辰 丁巳

庚戊己庚　　감 태위(甘 太尉)
申午丑午　　庚寅 辛卯 壬辰 癸巳 甲午 乙未

庚戊庚丙　　이 무익(李 武翼)
申申子申　　辛丑 壬寅 癸卯 甲辰 乙巳 丙午

庚戊甲癸　　乾造 -{연구 명조}-
申戌寅未　　癸丑 壬子 辛亥 庚戌 己酉 戊申

戊日 申時에 태어났지만 합록격이 아니다. 寅月에 태어났기 때문에 식신제살격이다. 나이가 90이 되어도 눈과 귀가 밝고 행동에 불편이 없었다. 자손이 많고 명리(名利)와 수복(壽福)을 모두 누리고 평생 재난과 질병이 없이 살았다.

우합록격(又合祿格)

六癸日爲主 喜逢庚申時 用申時合巳中戊土 癸日得官星. 若四柱中有戊字並巳字 刑壞了申時 或丙字及傷庚申時 則減分數. 歲君大運亦然.

◉ 癸日을 위주로 하고 庚申을 만나면 좋아한다. 時에 있는 申이 巳 중의 戊土를 합하여 癸日의 관성을 얻어내는 것이다. 만약 사주 중에 戊-字나 巳-字가 있으면 時의 申을 刑하여 무너진다. 혹 丙-字가 있어서 庚申을 傷하면 복이 팍 줄어드는데 유년이나 대운도 마찬가지다.

-{합록격은 戊日과 癸日의 庚申時에서 나오는데 이 역시 관성이 전실되면 좋지 않다.}-

庚癸乙癸　　정 동지(程 同知) (원문 명조)
申丑丑酉　　甲子 癸亥 壬戌 辛酉 庚申 己未

庚癸乙癸　　서 전원(徐 殿院) (원문 명조)
申酉卯酉　　甲寅 癸丑 壬子 辛亥 庚戌 己酉

庚癸癸乙　조 승상(趙 丞相) (원문 명조)
申未未酉　壬午 辛巳 庚辰 己卯 戊寅 丁丑

庚癸庚壬　양 안무(楊 安撫) (원문 명조)
申丑戌午　辛亥 壬子 癸丑 甲寅 乙卯 丙辰

庚癸乙庚　乾造 공 상희(孔 祥熙) -{연구 명조}-
申卯酉辰　9丙戌 19丁亥 29戊子 39己丑 49庚寅 59辛卯

합록격이므로 財官을 논하지 않는다. 관계(官界)에서 名利를 모두 얻었고 福과 壽가 온전하다. 어려서 유가(儒家)의 경전을 공부했고 독일에서 대학을 졸업하였다. 후에 중앙은행총재와 행정원장 등을 역임했다. 1967년 8월 뉴욕에서 87세로 생을 마감했다.

庚癸丙壬　乾造 임 해봉(林 海峰) -{연구 명조}-
申卯午午　7丁未 17戊申 27己酉 37庚戌 47辛亥 57壬子

癸日 合祿格이 되나 財가 왕하여 복록이 줄어든다. 金水운에 천하에 명성을 날렸다. 1965년 일본 역사상 최연소로 바둑의 명인(名人)이 되었고 1994년 기성(碁聖)의 칭호를 얻었다. 당시에 그가 말하길 50수 까지는 귀신하고 바둑을 둘 수 있다고 했다.

합록시결(合祿詩訣)

戊日庚申時上逢　如無官印貴秋冬　甲丙寅卯兼巳字　四營歲運怕同宮

◉ 戊日 庚申時는 官印이 없고 秋冬月에 태어나면 貴命이다. 甲丙寅卯巳가 사영(四營)과 세운(歲運)이 동궁(同宮)이 되는 것을 두려워한다. -{사영(四營)은 사주의 네 기둥을 말한다. 사영세운파동궁(四營歲運怕同宮)은 사주에 寅자가 있을 경우 세운에서 寅자를 만나는 것이다.}-

日干癸水時庚申　生在秋冬富貴人　大忌寅來傷秀氣　若逢春夏惹災迍

◉ 癸日 庚申時가 秋冬月에 태어나면 부귀한 사람이다. 크게 꺼리는 것

은 寅이 수기(秀氣-申)를 傷하는 것이고 春夏-木火를 만나면 재난과 정체를 야기한다.

時遇庚申癸日生 此格官印合官星 不逢官殺兼陽火 名譽昭彰拜紫宸
◉ 癸日이 庚申時를 만나면 戊-관성을 합하여 관직으로 삼는다. 그래서 土-관살과 丙火-재성을 만나지 않아야 명예가 빛이 나고 관직이 높게 된다.

申時戊日食神奇 惟喜秋冬福祿宜 甲丙卯寅來剋破 遇而不遇主孤離
◉ 戊日은 時의 申-식신이 뛰어난 것인데 오직 秋冬(申酉亥子)月을 좋아한다. 甲丙寅卯가 庚申을 극파(剋破)하면 時의 庚申이 무용지물이 되므로 외롭게 된다.

食神生旺無刑剋 命中值此勝財官 官印更來相協助 少年登第拜金鑾
◉ 식신이 生旺하고 형극(刑剋)이 없으면 財官 보다 낫다. 관인(官印)이 서로 협조하면 소년(少年)에 등과하여 천자를 배알한다.

자요사격(子遙巳格)

此格以二甲子　子中癸水遙合巳中戊土　巳中戊丙同宮　丙來合酉中辛金 甲子日得官星　則巳酉丑三合官祿　要行官旺運鄉　忌四柱中有庚字七殺 辛金官星　並申酉　丑字絆住　則子不能去遙矣　若有午字冲子　則減分數 歲君大運亦然.

◉ 이 格은 甲子日 甲子時에만 해당한다. 子중의 癸水가 巳중에 戊土를 요합(遙合)하는 것이다. 巳중에는 丙戊가 있는데 巳중에 丙이 酉중에 辛金-정관을 합하여 관성을 얻는 것이다. 甲子日이 얻은 辛-관성은 巳酉丑 삼합이 관록(官祿)이 되므로 관성이 旺한 運으로 가야한다. 四柱 중에 庚-칠살 辛-관성이나 申酉가 있으면 꺼린다. 丑-字가 -{子를 합하여}-방해하면 子가 巳중의 戊를 요합(遙合)하지 못하고 子를 冲하는

午字가 있으면 복이 줄어든다. 유년이나 대운도 마찬가지다.
-{대체로 관성을 합하여 쓸 경우 관성운을 꺼리는데 이 격은 운에서 관성을 만나도 꺼리지 않는다. 이유는 子-인수가 원국에 있기 때문이다. 넓게 보면 일종의 시상인수격으로 볼 수 있다. 이격은 두 개의 子-인수로 巳 중에 戊를 요합(遙合)하고 다시 巳 중에 있는 丙火로 酉중에 있는 辛-관성을 합하여 관성을 삼는 것인데 과정이 복잡하다.}-

甲甲壬丙 조 지부(趙 知府)
子子辰寅 癸巳 甲午 乙未 丙申 丁酉 戊戌

甲甲甲己 평상인(平常人)
子子戌丑 癸酉 壬申 辛未 庚午 己巳 戊辰

子丑합이 되어 巳를 動하지 못하므로 巳중의 丙火가 辛-관성을 合할 수 없다. 그래서 貴가 없는 보통사람이다.

甲甲乙己 전 승상(錢 丞相)
子子亥巳 甲戌 癸酉 壬申 辛未 庚午 己巳

자요사시결(子遙巳詩訣)

甲子重逢甲子時 休言官旺不相宜 月生日主根元壯 運到金鄉返得奇
◉ 甲子일이 甲子時를 만나면 관성이 旺하면 안 된다고 하지마라. 月에 인성이 있고 뿌리가 튼튼하면 金-관성 운에 이르면 오히려 좋다.
-{월령에 인수가 있으므로 자요사격과 인수격을 겸한다.}-

甲臨子字日時全 擬作蟾宮折桂仙 丑絆午冲官殺顯 反爲淹滯禍綿綿
◉ 甲子일 甲子時는 급제하여 관직을 얻는다. 丑이 子를 合하거나 午가 子를 冲하거나 官殺이 나타나면 발탁되지 못하고 화(禍)만 계속 이어진다.

甲子重逢甲子時 名爲遙巳最相宜 纔臨丑午家須破 歲運官逢亦不奇

◉ 甲子일 甲子時는 자요사격으로 가장 적합하다. 그러나 丑午가 임(臨)하면 집안이 깨지고 歲運에서 官星을 만나는 것도 좋지 않다.
-{원국에 丑午가 格(子)을 破하기 때문에 운에서 金-관성을 만나도 子水가 관성을 받아들이지 못한다.}-

甲子日逢甲子時 子來遙合巳中支 戊能動丙丙合酉 甲得辛官貴可知
◉ 甲子日 甲子時는 子가 巳中의 戊를 요합하면 丙火가 動하여 丙이 酉를 合하게 되므로 甲은 辛-관성을 얻어 貴가 되는 것이다.

不喜庚辛申酉出 丑來相絆亦非宜 更無午字相冲害 運入官鄉旺處奇
◉ 庚辛申酉가 있거나 丑이 -{子를}- 合해도 안 된다. 子를 冲害하는 午字가 없으면 관성 運을 만날 때 좋게 된다.

축요사격(丑遙巳格)

此格只有辛丑 癸丑二日 用丑字多 遙合巳中丙戊 辛癸日得官星 丑字多 爲妙 若四柱中有子字絆住 則丑不能去遙矣 要四柱中有申字並酉字 得一字爲妙 如辛丑日 若四柱中有丙丁字並巳字午字 則減分數 歲君大運 同 癸丑日 亦不要見 戊字 己字 巳字 丁字

◉ 이 格은 辛丑일과 癸丑일에만 해당 된다. 丑-자가 많으면 巳中에 丙戊를 요합(遙合)하여 辛日은 丙火-관성을 얻고 癸日은 戊土-官星을 얻게 된다. 때문에 丑-자가 많아서 묘(妙)한 것이다. 만약 사주에서 子가 丑을 합하면 丑이 -{巳중에 丙戊를}- 요합(遙合)을 할 수 없다. <u>四柱 중에 申이나 酉字가</u> 하나가 있으면 좋다. 만약 辛丑일의 사주중에 丙丁巳午가 있으면 복이 줄어드는데 流年이나 大運도 마찬가지이고 癸丑日 역시 戊·己·巳·丁-자가 보이면 안 된다.
-{자요사격과 명칭은 비슷하지만 요합(遙合)의 과정이 간단하다.}-
-{밑줄 부분은 巳申合 巳酉合으로 巳火를 합해오기 때문이다.}-
-{복이 줄어드는 것은 관성이 전실(塡實)되거나 丑이 합을 당하기 때문

이다.}-

庚辛辛辛 장 통제(章 統制)
寅丑丑丑 庚子 己亥 戊戌 丁酉 丙申 乙未

戊辛乙癸 정 추밀(鄭 樞密)
子丑丑丑 甲子 癸亥 壬戌 辛酉 庚申 己未

乙癸己乙 엽 시랑(葉 侍郞)
卯丑丑丑 戊子 丁亥 丙戌 乙酉 甲申 癸未

축요사격시결(丑遙巳格詩訣)

辛日癸日多逢丑 名爲遙巳合官星 莫言不喜官星旺 誰信官來返有成

⊙ 辛日 癸日에 丑이 많으면 관성을 합하므로 요사(遙巳)라고 한다. 官星이 旺한 것을 좋아하지 않는다고 하지마라. 관성이 오면 오히려 관격(官格)이 되는데 누가 이 말을 믿기나 하겠는가?
-{원문에 관성을 만나면 안 된다고 했는데 시결(詩訣)에서 좋다고 한 것은 兩 丑土-인성이 왕하기 때문이다. 이 역시 인수가 왕하기 때문에 관성을 좋아한다고 한 것이다. 원래 인수격은 관성을 좋아한다.}-

辛丑癸丑二日干 丑能合巳巳藏官 丑日多見方爲妙 不宜子在柱中間

⊙ 辛丑 癸丑 二日은 丑이 巳를 합하여 巳 중에 암장(暗藏)한 丙戊-관성을 쓴다. 丑-字가 많아야 좋고 柱 중에 子-字가 있으면 안 된다.

若逢申酉更爲美 辛嫌巳午丙丁干 癸嫌戊己及巳午 此命必須仔細看

⊙ 申酉를 만나면 더 좋다. 辛日은 巳午丙丁-관성을 싫어하고 癸日은 戊己巳午-관성을 싫어하므로 자세히 살펴야한다.
-{申과 酉는 巳-字를 합하기 때문이다.}-

辛癸二日逢遇丑 便是官星暗入宮 申酉喜來臨一字 忌逢巳午子垣凶

⊙ 辛癸 二日이 丑을 만나면 官星이 暗으로 들어온다. 申이나 酉가 하

나 있으면 좋아하지만 巳午를 만나면 꺼리고 子가 있으면 凶하다.

육음조양격 (六陰朝陽格)

※喜行西方 東南次之 最忌北方. ⊙西方 金運을 좋아하고 다음으로 東南 木火運을 좋아하고 北方 水運을 가장 꺼린다.

此格以六辛日爲主 用丙火爲正官 喜逢戊土 戊來動丙 辛日得官星 子字則要一位 則冲子不中 若四柱中有丙字 丁字 午字 則減分數 大運亦同.

⊙ 이 格은 辛日을 위주로 하고 丙火-정관을 쓴다. 戊土를 만나면 좋아하는 것은 戊가 丙을 동(動)하여 辛日의 官星을 얻는 것이다. 子-字는 時에만 있어야 하고 子를 冲하면 안 된다. 만약 四柱중에 丙·丁·午-字가 있으면 福이 줄어든다. 大運도 마찬가지다.

-{子時는 조양(朝陽-向陽)이 되므로 육음조양이라고 한다. 戊子가 조양이 되는 까닭은 子에서 일양(一陽)이 생기기 때문이다. 辛日 戊子時에 태어나면 불견지형(不見之形)의 丙火-관성을 쓰기 때문에 사주에 관성이 없어야 한다.}-

-{대체로 辛酉·辛亥·辛卯·辛未日 戊子時가 육음조양의 좋은 조건이다. 辛巳日은 官이 전실(塡實)되었고 辛丑日은 子를 合하므로 格에 들지 못하고 丙巳가 塡實되어도 조양격이 될 수 없다. 子는 一位만 있어야하고 午가 子를 冲하면 안 된다. 申·辰·亥·卯·未·酉月이나 四季月에 태어나면 인수로 추론하고 丙午·丙寅·丙戌月에 태어나면 財官으로 추론하고 甲寅·乙卯月에 태어나면 財로 추론한다. 일간의 신왕지인 西方운이 가장 좋고 다음은 東北의 財運이고 南方의 死絶운은 불리하다.}-

戊辛辛戊　지원(知院) (원문 명조)
子酉酉辰　壬戌 癸亥 甲子 乙丑 丙寅 丁卯

戊辛辛戊 대위(大尉) (원문 명조)
子丑酉辰 壬戌 癸亥 甲子 乙丑 丙寅 丁卯

戊辛庚丙 乾造 -{연구 명조}-
子巳寅子 辛卯 壬辰 癸巳 甲午 乙未 丙申

丙巳가 있어서 조양격이 아니다. 재관인이 왕하여 貴하게 된 명이다.

육음조양시결(六陰朝陽詩訣)

戊子時逢日主辛 陰陽朝位貴超群 官星七殺休相見 巳馬南離局裏嗔

◉ 戊子時가 辛日을 만나면 陰에서 陽을 向하는 자리가 되므로 貴가 뛰어난다. 官殺이 보이지 않아야 하므로 局中에 巳나 午가 있으면 노(怒)한다. -{노(怒)한다는 것은 화(禍)가 찾아온다는 뜻이다.}-

歲月有財尋別格 辛中丑絆又非眞 此格斷然爲宰輔 運行西地佐朝臣

◉ 年月에 財가 있으면 다른 格을 찾아야한다. 辛丑日은 子를 合하므로 眞 조양격이 안 된다. 조양격이 되면 西方운으로 가야 大臣의 재상이 된다.
-{年月에 木-財가 있으면 時의 戊土를 극하여 巳중의 戊土를 동(動)하지 못하므로 조양격을 이룰 수 없다.}-

辛日單單逢戊子 六陰貴格喜朝陽 丙丁巳午休填實 歲運輪逢一例詳

◉ 辛日에 단 하나의 戊子를 만나면 조양(朝陽-子)을 좋아하는 육음의 귀격이다. 丙丁巳午가 전실(塡實)되지 말아야 하고 세운도 마찬가지다.
-{子가 또 있으면 巳중의 戊를 쟁합(爭合)하므로 조양격이 안 된다.}-

南地平平最嫌北 西方第一次東方 若還子字無相遇 貴處朝堂姓字香

◉ 남지(南地)에 거주하면 평범하고 北方 지역을 가장 꺼리고 西方이 가장 좋고 동방은 다음으로 좋다. 만약 운에서 子-字를 만나지 않으면 관직과 이름을 얻는다.

六陰行運喜西方 臨在東方也吉昌 若到北方凶且畏 南離冲破主災殃
◉ 육음조양은 西方운을 좋아하고 東方운도 좋다. 北方운에는 흉하고 남방-火運은 충파(冲破)하므로 재앙(災殃)이 따른다.

辛逢戊子最相宜 名利高遷折桂枝 四季秋生無亥字 榮華富貴業尤奇
◉ 辛日 戊子時는 명리가 높고 고시에 합격한다. 辰戌丑未나 申酉月에 태어나고 亥-字가 없으면 부귀영화를 누리고 사업이 더욱 좋게 된다.
-{亥-字는 巳를 冲하므로 丙-관성을 합할 수 없다.}-

육임추간격(六壬趨艮格)

且如壬水日主多見寅字 則用寅中甲木 暗邀己土爲壬日之官星. 丙火邀辛金爲壬日印綬 怕午字申字冲之 忌財官塡實. 喜身旺地 歲運同. 寅爲艮土之方 故曰趨艮. 謂壬祿在亥 寅與亥合 又謂之合祿 亦忌破害. 運行申則壞寅字 不吉.

◉ 壬日이 寅-字를 많이 만나면 寅 중의 甲木이 己土를 암(暗)으로 불러들여 壬日의 관성이 되고 寅중에 丙火가 辛金을 불러들여 壬日의 인수가 된다. 그래서 寅을 합하는 午자와 冲하는 申자를 꺼리고 財官이 전실(塡實)되면 꺼린다. 身旺地를 좋아하는데 세운도 마찬가지다. 寅이 간방(艮方)이므로 추간(趨艮)이라고 한 것이다. 壬의 祿이 있는 亥와 寅이 합하면 합록(合祿)이라고 한다. 이 역시 파해(破害)를 꺼리고 大運에 申을 만나면 寅-자가 무너지므로 不吉하다.
-{無形의 관성을 쓰기 때문에 己-관성과 辛-인수가 전실(塡實)되거나 寅을 冲하거나 합하면 안 된다. 亥-祿을 寅이 暗으로 합하여 암록(暗祿)이 된다.}-

壬壬甲癸 장지발 시랑(張志發 侍郎)
寅寅子酉 癸亥 壬戌 辛酉 庚申 己未 戊午

壬壬辛癸　임 시랑(林 侍郞)
寅戌酉亥　庚申 己未 戊午 丁巳 丙辰 乙卯

육임추간시결(六壬趨艮詩訣)

壬日寅時爲貴格　此名趨艮福非常　大怕刑冲並剋破　相逢歲運禍非常
◉ 壬日 寅時는 추간(趨艮)의 귀격(貴格)으로 福이 대단하다. 형충극파(刑冲剋破)를 아주 무서워하는데 세운에서 만나면 화(禍)가 심하다.

壬喜逢寅庚喜辰　雲龍風虎越精神　支頭重見無冲戰　定是淸朝食祿人
◉ 壬이 寅을 좋아하는 것은 庚이 辰(용)을 좋아하듯 용이 구름을 타고 호랑이가 바람을 일으켜 정신을 초월한다. 寅이 年에 또 있고 충전(冲戰)이 없으면 조정의 祿을 먹는다.

육갑추건격(六甲趨乾格)

乾爲亥宮　六甲日生　亥多者是　有官殺 非此格　且如六甲日生　柱中要亥字多　乃爲天門之位　北極之垣　甲木賴之以長　如人以甲日生亥字多者 自然富貴矣　忌巳字冲之　此論甲祿在寅　寅與亥合　謂之合祿　忌見財星 及寅巳二字　歲運亦同.
◉ 乾은 亥宮이므로 甲日生에 亥가 많으면 추건격(趨乾格)이 된다. 官殺이 있으면 이 格이 아니다. 즉 예를 들면 甲日의 柱中에 亥-자가 많아야한다. 亥는 천문(天門)의 자리인 북극(北極)의 성(城)으로 甲木이 자라고 의지하는 곳이다. 甲日生이 亥-字가 많을 경우 자연히 부귀하게 되는데 巳-字가 亥를 冲하는 것을 꺼린다. 이는 甲祿이 寅에 있는 것을 논하는데 寅과 亥가 合하므로 '合祿'이라고 한다. 財星이 보이면 꺼리고 寅巳의 두 글자도 꺼린다. 歲運도 마찬가지다.

-{밑줄은 甲日에서 합록(合祿)의 원리를 논한 것이다. 이는 무형(無形)의 관성을 귀(貴)로 삼지 않고 무형(無形)의 합록(合祿-暗祿)으로 귀(貴)를 삼는다.}-

-{무형의 寅祿을 貴로 삼기 때문에 원국에 寅-암록이 보여도 안 되고 巳가 있으면 亥를 冲하여 寅을 합할 수 없기 때문에 역시 꺼린다. 甲日에 亥-字가 많아도 財官이 있으면 추건격(趨乾格)으로 논하지 않고 재관을 논한다. 진보부(眞寶賦)에 이르길 육갑추건에 인수가 투출하고 재성이 없으면 고관이라고 했다.}-

乙甲癸戊　　신 안백(新 安伯) (원문 명조)
丑子亥辰　　甲子 乙丑 丙寅 丁卯 戊辰 己巳

乙甲庚癸　　乾造 -{연구 명조}-
亥申申未　　己未 戊午 丁巳 丙辰 乙卯 甲寅

甲日 亥時 생이지만 칠살이 있으므로 육갑추건이 아니다. 庚申-殺을 논하는데 癸水가 화살(化殺)한다. 甲木이 年의 庫에 뿌리를 두고 癸水가 生扶하여 부모조상의 음덕이 좋고 時의 亥水가 殺을 설기하여 좋다. 그러나 兩 申이 공망인데다 中年에 金木이 교전(交戰)하여 출세가 변변치 못했다.

육갑추건시결(六甲趨乾詩訣)

甲日生人遇亥時 甲趨乾格最相宜 歲運若逢財旺處 官災禍患共來齊

◉ 甲日生이 亥時를 만나면 육갑추건격의 조건에 가장 마땅하다. 만약 세운에 財가 旺한 곳을 만나면 관재(官災)와 재앙이 함께 온다.
-{土-재가 왕하여 亥를 극제하면 격의 근본을 흔들기 때문이다.}-

공록격(拱祿格)

此格只有五日 忌塡實 最怕冲了日時拱位 又怕四柱中有傷日干遇殺 皆拱不住 則減分數 歲君大運同 經云 拱祿拱貴 塡實則凶 此格有五日 丁巳日見丁未 己未日見己巳 戊辰見戊午 癸丑見癸亥 癸亥見癸丑.

◉ 이 格은 단지 五日이 있다. 전실(塡實)을 꺼리고 그보다 더 꺼리는 것은 日時의 공위(拱位)를 冲하는 것이다. 또 사주 중에 日干을 상하는 것이 있거나 殺을 만나면 록(拱)을 이루지 못하므로 복(福)이 감분(減分)되는데 유년과 대운도 마찬가지다. 經에 이르길 공록공귀(拱祿拱貴)가 전실(塡實)되면 흉하다고 했다. 공록은 (丁巳日 丁未時) (己未日 己巳時) (戊辰日 戊午時) (癸丑日 癸亥時) (癸亥日 癸丑時) 모두 다섯이다.

-{이 역시 무형(無形)의 祿을 貴로 삼기 때문에 祿이 전실(塡實)되면 안 된다.}-

戊戊癸癸 유 지부(劉 知府) (원문 명조)
午辰亥卯　壬戌 辛酉 庚申 己未 戊午 丁巳

丁丁丁壬 백의인(白衣人-평민) (원문 명조)
未巳未子　戊申 己酉 庚戌 辛亥 壬子 癸丑

戊戊庚庚 乾造 동 중당(董 中堂) -{연구 명조}-
午辰辰申　辛巳 壬午 癸未 甲申 乙酉 丙戌 丁亥 戊子

午와 辰 사이에 있는 보이지 않는 巳火가 공록이다. 평생 관직에 풍파가 없이 30여년을 지냈다. 戊子운에 水局이 午火를 冲하여 죽었는데 壽가 80에 이르렀다.

癸癸癸癸 乾造 시랑(侍郎) -{연구 명조}-
亥丑亥卯　壬戌 辛酉 庚申 己未 戊午 丁巳

-{시랑(侍郎)=군주를 가까이에서 보필하는 관직-비서실}-

癸癸乙癸　　乾造 장원(壯元) -{연구 명조}-
丑亥丑卯　　甲子 癸亥 壬戌 辛酉 庚申 己未

공귀격(拱貴格)

※ 以日干甲寅取貴人 甲戌庚牛羊是也 ※ 甲寅日의 貴人을 취할 경우 甲戌庚은 丑未가 귀인이다.

貴人大忌塡實貴位 怕刑冲了日時拱位 又怕四柱有官冲身 七殺之類 皆拱不住 則減分數 歲君大運亦然 此格有六日 甲寅日見甲子時 壬辰日見壬寅時 甲申日見甲戌時 戊申日見戊午時 乙未日見乙酉時 辛丑日見辛卯時.

⦿ 貴人이 크게 꺼리는 것은 貴의 자리가 전실(塡實)되는 것이고 日時에 해당하는 공위(拱位)가 刑冲되는 것을 두려워한다. 또 四柱에 관성이나 칠살이 日柱를 冲하면 공(拱)이 유지 될 수 없으므로 福이 감분(減分)하는데 歲君이나 大運에서 만나도 마찬가지이다. 공귀(拱貴)에는 (甲寅日 甲子時) (壬辰日 壬寅時) (甲申日 甲戌時) (戊申日 戊午時) (乙未日 乙酉時) (辛丑日 辛卯時) 六日이 있다.

甲甲丙丁　　웅랑중(熊 郎中) (원문 명조)
子寅午巳　　乙巳 甲辰 癸卯 壬寅 辛丑 庚子

甲甲辛辛　　범도사(範 都事) (원문 명조)
子寅丑丑　　庚子 己亥 戊戌 丁酉 丙申 乙未
범도사는 年月에 丑이 전실(塡實)되어 평민이다.

壬壬戊庚　　乾造 -{연구 명조}-
寅辰子戌　　己丑 庚寅 辛卯 壬辰 癸巳 甲午
庚寅대운에 향시에 급제하였고 19세 戊辰年에 진사에 합격하였는데 辛卯대운에 묘(卯)가 전실(塡實)되어 죽었다.

乙乙丙壬   坤造 -{연구 명조}-
酉未午寅   7乙巳 17甲辰 27癸卯 37壬寅 47辛丑 57庚子

申이 공귀(拱貴)다. 傷官이 왕하여 총명한데 건방지다. 여자가 상관을 만나면 두 번 결혼한다고 했다. 丙火는 酉에 死地가 되고 酉金은 午未에 衰病이 되어 극부상자(剋夫傷子)하고 福과 壽가 상한다. 甲辰 운에 의대를 나와 23세 甲子年부터 일을 시작했다. 25세 丙寅年에 결혼하였으나 癸卯運 29세 庚午年에 이혼했다. 31세 壬申年 미국 유학 석사 학위를 받았다. 37세 戊寅年에 미국인과 결혼하였다. 壬寅運 40세 辛巳年에 다시 이혼했고 45세 丙戌年에 또 미국인과 결혼했다. 46세 丁亥年에 부부가 본국으로 왔는데 47세 戊子년 남편에게 정부(情婦)가 있다는 것을 알고 미국에 돌아가 이혼하기로 했다. 세 번 모두 자녀가 없는 연하의 남자와 결혼했다. 이 여자는 지나치게 청결한 괴벽이 있다.

공록공귀시결(拱祿拱貴詩訣)

拱祿拱貴格希奇 遇者腰懸衣紫衣 只怕刑冲並剋破 應嫌七殺月年隨

◉ 공록공귀격은 드물다. 이격이 되면 고관(高官)이 되는데 刑冲하거나 극파(剋破)하는 것을 꺼리고 月이나 年에 칠살이 있으면 꺼린다.
-{甲寅日 甲子時의 丑-공귀는 물론 子寅을 형충극파(刑冲剋破)해도 안 되고 년이나 월에 庚金-칠살이 있어도 안 된다.}-

所拱之位怕填實 又怕傷官在月支 陽刃重重來格破 如無此破貴無疑

◉ 공위(拱位)가 전실(塡實)되거나 月支에 상관이 있으면 두려워한다. 양인이 重重해도 파격(破格)이다. 이런 것들이 없고 깨지지 않으면 貴命이다.
-{月支에 상관이 있으면 공위(拱位)의 관성과 상관견관이 된다.}-

拱祿拱貴格中稀 也須月令看支提 提綱有用提綱重 月令無官用此奇

◉ 공록공귀격은 흔치 않다. 우선 월령을 보고 월령에 용신이 있으면

월령이 더 중요하므로 월령에 관성 없어야 이 격(格)을 쓴다.

癸日癸時逢亥丑 名爲拱祿福重重 若無官殺來冲壞 雁塔題名有路通
◉ 癸日 癸時가 亥丑을 만나면 공록격으로 福이 많다. 만약 官殺이 없고 공록(拱祿)과 공위(拱位)를 冲하는 것이 없으면 고시에 합격하여 앞길이 탄탄대로가 된다.

兩絆本身非是我 拱藏一位虛中好 不宜塡實見官星 更忌官星當剋破
◉ 日時 사이에 무형의 록이 숨어 있어서 좋은 것이다. 그러나 전실(塡實)되거나 관성이 보이면 안 되고 더 꺼리는 것은 관성이 극파(剋破)를 당하는 것이다.

甲寅甲子拱辛官 壬辰壬寅拱貴看 日遇甲申時甲戌 戊申戊午桂生香
◉ 甲寅 甲子에는 辛-관성이, 壬辰 壬寅에는 卯-귀인이, 甲申 甲戌에는 酉-관성이, 戊申 戊午는 未-귀인이 공(拱)하여 관직에 오른다.
-{甲寅 甲子에 있는 辛金은 丑中에 있는 관성을 말한다.}-

看來辛丑逢辛卯 乙未乙酉格高强 切忌刑冲塡破害 腰金衣紫食皇糧
◉ 辛丑 辛卯나 乙未 乙酉는 格이 높고 강하다. 형충(冲) 전실(塡實) 파해(破害)가 전혀 없으면 황제(皇帝)의 록(祿)을 먹는다.
-{辛丑 辛卯 사이에는 寅-천을귀인이 있고 乙未 乙酉 사이에는 申-관성이 있다.}-

협구격(夾丘格)

亦名拱財 此格用日支與時支 更拱其財 且如甲寅日甲子時 虛拱丑宮己土爲財庫 又如乙卯日丁巳時 甲午日壬申時 癸酉日癸亥時是也 要虛拱不要塡實 及有牽絆 則拱不得 更要日主自旺 或財旺運 皆吉.
◉ 이름을 공재(拱財)라고도 한다. 이 格은 日支와 時支사이에 공협(拱挾)한 재고(財庫)를 쓴다. 예를 들면 甲寅日에 甲子時는 己-財가 있는 丑庫를 공협(拱挾)하고 있다. 또한 乙卯日 丁巳時나 甲午日 壬申時나

癸酉日 癸亥時가 된다. 허자(虛字)를 공(拱)하는 것이므로 전실(塡實)되거나 공협(拱夾)을 견반(牽絆)하면 공(拱)을 얻지 못한다. 또한 日主가 자왕(自旺)해야하고 財가 旺한 運은 모두 좋다.
-{협구(夾丘)의 구(丘)는 辰戌丑未를 말한다. 日主가 自旺하다는 것은 월령에 비겁이 있는 것이다.}-

癸癸戊庚　김 승상(金 丞相)
亥酉子戌　己丑 庚寅 辛卯 壬辰 癸巳 甲午

癸癸辛丙　장 상서(張 尙書)
亥酉卯辰　壬辰 癸巳 甲午 乙未 丙申 丁酉

癸癸癸甲　乾命
亥酉酉子　甲戌 乙亥 丙子 丁丑 戊寅 己卯

歌曰 : 夾丘之格少人知 拱夾休塡塞庫中 不犯柱中官殺位 一生淸貴顯當時.

⊙ 협구격을 아는 사람이 드믄데 공협(拱夾)에 고(庫)가 전실(塡實)되지 않고 주(柱) 중에 관살이 없으면 평생 귀가 뚜렷하다.

신취팔법(神趣八法)

유속종화반조귀복(類屬從化返照鬼伏)

※ 화격(化格)의 오묘(奧妙)함을 말로 다 할 수 없으니 신취팔법(神趣八法)을 보라고 했다.

類象者 乃天地一類也 如春生人 甲乙天干 地支寅卯辰全 無間斷破壞 謂之東方一片秀氣 最怕引至時爲死絶之鄕 謂之破了秀氣 運至死絶 則不吉 或時上年上引生旺 爲之秀氣加臨 十分大美.

⊙ 유상(類象)이란 천지(天地-간지)가 한 종류로 된 것이다. 예컨대 봄

에 태어날 경우 天干에 甲乙이 있고 地支에 寅卯辰이 온전한 것이다. 중간에 끊어지고 깨진 것이 없이 東方의 수기(秀氣)가 완전한 것이다. 가장 두려운 것은 木이 시(時)에 死絶地가 되는 것이다. 이는 수기(秀氣)가 깨진 것이므로 운이 사절(死絶)에 이르면 불길하다. 혹 時나 年에서 生旺하게 이끌어주어 수기(秀氣)를 더하여주면 완전하다.
-{유상(類象)은 간지 모두 한 종류로 이루어진 것을 말한다.}-

屬象者 乃天干甲乙木 地支亥卯未全者是也.
◉ 속상(屬象)이란 예를 들면 天干에 甲乙木이 있고 地支에 亥卯未가 온전한 것이다.
-{유상(類象)과 다른 점은 계절에 구애받지 않기 때문에 봄에 태어나지 않아도 되고 三合局으로 이루어진 것이다. 속상(屬象)은 어떤 오행에 속(屬)한다는 의미가 된다.}-

從象者 如甲乙日主無根 地支全金 謂之從金 四柱純土 謂之從土 四柱純水 謂之從水 四柱純木 謂之從木 只有秀氣者吉 無秀氣者不吉 或天干有甲己字 或有根者不吉 其從火者 火旺運吉 死絶地凶.
◉ 종상(從象)이란 甲乙日에 뿌리(木)가 없는 경우를 말한다. 地支가 모두 金이면 金을 따른다고 하고 사주가 순토(純土)이면 土를 따른다고 하고 순수(純水)이면 水를 따른다고 하고 순목(純木)이면 木을 따른다고 한다. 오직 수기(秀氣)가 있어서 길(吉)이 되므로 秀氣가 없으면 불길하다. 혹 天干에 甲己가 있거나 日干의 뿌리(비겁)가 있으면 좋지 않다. 火를 따르는 자(者)는 火가 旺한 운이 좋고 火의 死絶地는 凶하다.
-{종상(從象)은 일간의 뿌리(비겁)가 없고 세력을 따르는 것이다.}-

化象者 乃甲乙日生人 在辰戌丑未月 天干有一己字合甲字 謂之甲己化土 喜行火運 如逢甲乙木生旺運 化不成 反爲不吉 己字中露出二甲字 謂之爭合 有一個乙字露出 謂之妒合 爲破格不成.
◉ 화상(化像)은 甲乙人이 辰戌丑未月에 태어나고 天干에 甲己합이 되는 것인데 甲己 化土라고 하고 火운을 좋아한다. 만약 甲乙木이 旺한 운을 만나면 化土가 되지 못하므로 좋지 않다. -{甲日에}- 己-자가 두

개가 노출하면 쟁합(爭合)이라 한다. 乙-자 하나가 노출하면 투합(妒合)이라 하는데 깨지기 때문에 格이 안 된다.

照象者 如丙日巳午未年月日 遇時上一位卯木 謂之木火相照 甚吉 如壬癸日申子辰全屬象者 遇時上一位金 謂之金水相照 大吉 年干有照者 亦吉也.

⊙ 조상(照像)이란 丙日에 年月日이 巳午未일 경우 時에 卯木이 하나 있으면 이를 목화상조(木火相照)라 하고 아주 좋다. 壬癸日에 申子辰이 온전하면 속상(屬象)이 되는데 이때 時에 金이 하나 있으면 금수상조(金水相照)라 하고 아주 좋다. 조(照)가 年干에 있어도 역시 좋다.
-{조상(照象)은 속상(屬象)을 생하는 것이 時나 年干에 있는 것을 말한다.}-

返象者 乃所謂値月令用神 引至時上一位爲絶之鄕 謂之用之不用 皆爲返運 又遇返之太甚 則不吉.

⊙ 반상(返象)이란 월령의 用神이 時에 이르러 絶이 되는 것이다. 이를 일러 용신이 쓸모없게 된 것이라고 한다. 모두 반운(返運)이 된 것인데 심한 반(返)을 만나면 불길하다.
-{반상(返象)은 월령에서 잘 이루어진 것이 時에서 무너진 것을 말한다. 즉 완전히 깨진 것은 아니지만 결국은 무너지는 것이 되므로 심하면 좋지 않다고 한 것이다.}-

鬼象者 乃秋月生甲乙日 地支四位純金 謂之鬼象 只要鬼生旺運皆吉 怕見至死絶之鄕 而又身旺則不吉.

⊙ 귀상(鬼象)이란 甲乙日이 가을에 태어나고 地支의 네 자리가 모두 純金이면 귀상(鬼象)이라고 한다. 오직 鬼가 生旺한 運에 吉하다. 귀(鬼)의 사절(死絶)운에 이르면 꺼리고 또 신왕하면 불길하다.

伏象者 乃寅午戌三合全 又値午月生逢壬日 而天干無丁字透露 壬水又無根 乃取午中有丁火 合壬水而伏之 所謂伏象 運至木火之鄕皆吉 只愁水旺之鄕 則不利也.

⊙ 복상(伏象)은 예를 들면 壬日이 寅午戌 三合이 온전하면서 午月에

태어난 것인데 天干에 丁-자가 투출하지 않고 壬水의 뿌리가 없는 것이다. 이렇게 되면 午중에 丁火가 壬水를 합하는데 壬水가 丁火에게 굴복한 것이므로 복상(伏象)이라고 한다. 木火 운에 이르면 모두 좋은데 다만 水가 旺한 곳을 만나면 不利하다.

론정태세(論征太歲)

征者 戰也 如臣觸其君 乃下犯上之意 日干支冲剋太歲曰征 運支干傷冲太歲亦曰征 太歲干支冲日干支者亦曰征 但看八字有無救助 仔細推詳 百發百中 日干支合太歲干支曰晦 大運合歲干亦然 遇此者主晦氣 一年反覆 欲速不達.

⊙ 정(征)이란 싸움이다. 신하(臣下-일주)가 군왕을 침범하면 아래가 위를 침범하는 의미가 된다. 日干支가 태세(太歲)를 충극(冲剋)하여도 싸움이 되고 運의 干支가 태세를 冲하여 상(傷)하는 것도 싸움이 되고 태세의 干支가 日干支를 冲해도 싸움이 된다. 이때 팔자에 구조(救助)하는 것이 있는지 그 유무(有無)를 자세히 보고 추단하면 백발백중한다. 日干支와 流年의 干支가 합하면 회(晦)가 되는데 대운이 태세의 年干을 합해도 회(晦)라고 한다. 이런 것을 만나는 者는 회기(晦氣-불길)되어 당년(當年)의 일이 번복되고 일을 서둘러도 되지 않는다.
-{당년의 태세를 일간지나 대운이 충극하면 싸움이 되고 일간지와 태세가 합하거나 대운이 태세를 합하면 문제가 일어난다.}-

乙壬乙己　　男命 (원문 명조)
巳申亥丑　　甲戌 癸酉 壬申 辛未 庚午 己巳

運行辛未 丙寅年 日干之壬 剋太歲之丙 日支申庚 剋太歲之寅甲 又忌寅刑巳 巳刑申 申刑寅 行辛未運合太歲木局之傷官 皆不爲吉 其年甲午月火旺 戰剋己土 乙木生所爲戰 故死於非命矣.

⊙ 辛未운 38세 丙寅年에 일간 壬이 유년의 丙火를 극(剋)하고 日支의 申 중에 庚이 태세의 寅 중에 있는 甲을 극한다. 또 꺼리는 것은 寅刑 巳 巳刑申 申刑寅이다. 辛未 운의 辛이 태세의 丙을 합하고 亥卯-목국 이 상관이 되어 모두 좋지 않다. 丙寅年 甲午月에 火가 旺하고 乙木이 己土-정관을 전극(戰剋)하여 비명(非命)에 죽었다.

육친총론(六親總論)

夫六親者 父母 兄弟 妻財 子孫是也. 用日干爲主 正印正母 偏印偏母 及祖父也. 偏財是父 乃母之夫星也 亦爲偏妻. 正財爲妻 偏財爲妾 爲 父是也. 比肩爲兄弟姐妹也.

⊙ 육친(六親)은 부모 형제 처재(妻財) 자손이 된다. 日干을 위주로 하여 正印은 생모 偏印은 편모나 조부가 된다. 편재(偏財)는 부친이므로 모친의 부성(夫星)인데 첩(妾)도 된다. 正財는 아내가 되고 편재는 첩이며 부친이 되고 비견은 형제자매가 된다.

七殺是男 正官爲女 陽爲男 陰爲女 食神是男孫 傷官是女孫及祖母也. 婦人命取六親與男命不同 取官星爲夫星 七殺是偏夫 食神是男 傷官是 女. 經云 男取剋干爲嗣 女取干生爲子息及奴婢也.

⊙ 칠살은 아들이고 정관은 딸이다. 陽은 아들이고 陰은 딸이다. 식신은 손자가 되고 상관은 손녀와 조모(祖母)가 된다. 여명(女命)에서 六親을 취하는 것은 남명과 다르다. 관성이 부성(夫星)이고 칠살은 편부(偏夫-情夫-유부녀의 애인)에 속한다. 식신은 아들 상관은 딸이 된다. 經에 이르길 남명은 日干을 극하는 것으로 후사(後嗣-자녀)를 삼고 여명에서는 日干이 생하는 것이 자식과 노비(奴婢)가 된다.

年爲祖上 月爲父母 伯叔兄弟門戶 日爲妻妾己身. 且如六親受剋如何? 印綬見財 剋母及祖母也 見比劫陽刃 剋妻妾及父也 官殺多者 難爲兄弟

傷官食神多難爲子息 梟印傷孫剋祖母也.

◉ 年은 조상이 되고 月은 부모와 백부숙부(伯父叔父) 형제 문호(門戶)가 되고 日은 妻妾과 본인이다. 이때 극(剋)을 당하는 육친은 어떻게 되는가? 印綬를 극하는 財가 보이면 모친(母親)이나 조부(祖父)를 극하고 財를 극하는 비겁 양인이 보이면 처첩(妻妾)이나 부친(父親)을 극한다. 비겁을 극하는 관살이 많으면 형제가 있기 어렵고 官殺을 극하는 상관 식신이 많으면 자식을 두기 어렵다. 효인(梟印)은 식신에 속하는 손자나 조모를 극한다.

◉ **譬如正印作合母不正 財作合妻不正 偏財作合妾不正 比肩作合姐妹不正 傷官作合祖母不正 食神作合孫女不正.**

만약 正印이 합하면 母가 부정(不正)하고 財가 합하면 妻가 不正하고 편재가 합하면 妾이 不正하고 비견이 합하면 자매(姉妹)가 不正하고 상관이 합하면 조모가 不正하고 식신이 합하면 손녀가 不正한다.
-{합으로 남녀문제를 본다.}-

假如甲日爲主 見癸爲母 見戊辰 戊爲父及妾 見己丑未字則與戊字相爭奪 又傷癸水 剋母之義明矣. 見甲寅字 剋父及妾 見庚申字 主剋兄姐也 見乙卯字 剋弟妹 見丙巳字 剋子女也 餘仿此. 此必以歲運見何字則剋何人.

◉ 가령 甲日을 위주로 할 경우 癸가 보이면 모친이고 戊辰-편재가 보이면 戊는 부친이나 첩이 된다. 이때 己丑未-정재가 보이면 戊-字와 쟁탈(爭奪)이 일어나고 癸-인수를 傷하므로 모친을 극하는 것이 분명하다. -{戊己는 癸의 관살이 된다.}- 甲寅-비견이 보이면 부친이나 첩을 극한다. 庚申-칠살이 보이면 형이나 누나를 극한다. 乙卯-겁재가 보이면 아우나 누이동생을 극한다. 丙巳-식신이 보이면 子女를 극한다. 나머지도 이렇게 본다. 이것은 반드시 歲運에 어떤 글자가 보이는가에 따라 누군가를 극한다.

更將冲剋衰旺向背 將來者進 功成者退. 兼有孤神 寡宿 旬中有空亡者忌 二三反吉. 金空則鳴 火空則發 水空則流(此三者上吉) 木空則朽 土

空則崩(二者主凶).　當以本生年起　剋害無疑也.

◉ 또한 충극(冲剋)과 쇠왕(衰旺)의 향배(向背)는 앞으로 다가오는 것은 진(進)이 되고 공을 이룬 자는 퇴(退)가 된다. 이때 고신(孤神) 과숙(寡宿)이 있거나 旬 中 空亡이 있으면 꺼린다. 공망이 2~3개 있으면 오히려 吉한데 金-공망은 명(鳴) 火-공망은 발(發) 水-공망은 유(流)가 되는데 이 셋은 上吉에 속하고 木-공망은 후(朽) 土-공망은 붕(崩)이 되는데 이 둘은 凶하다. 공망은 生年에서 일으키고 극해(剋害)되면 의심할 필요 없다.

론부(論父)

偏財是父　乃印綬之官星也.　如甲日以戊爲父　再見甲寅字或木局全　或臨死絶冲刑之地　主剋父也.　不然主離異　不睦或疾病傷殘.　若得庚字　申字救　庶無大害.

◉ 偏財는 부친이면서 인수의 관성이다. 甲日은 戊가 부친인데 다시 甲寅이 보이거나 木局이 온전하거나 戊土가 사절충형(死絶冲刑)되는 곳에 임(臨)하면 부친을 剋한다. 아니면 헤어지거나 불목(不睦)하거나 질병으로 몸이 불편하다. 이때 庚이나 申-字가 구(救)해주면 큰 해(害)는 없다.

如甲旺戊衰　亦主有疾少靠　如戊臨生旺貴人　天月德　亦主有貴　更得丙丁生助　享父之福無窮　如臨殺地　父死他鄕　如居衰敗受制之處　墓絶之地主父平常　不得父力也.

◉ 甲木이 旺하고 戊土가 쇠(衰)할 경우 몸이 아프거나 의지할 없다. 戊土가 生旺하고 천을귀인이나 天月德이 있으면 貴하고 여기에 丙丁의 生助를 얻으면 부친의 복을 수없이 누린다. 戊土가 살지(殺地)에 임(臨)하면 부친이 타향에서 죽고 쇠패(衰敗)지에서 制를 받거나 묘절(墓絶)지에 있으면 부친이 평범하여 부친의 힘을 얻지 못한다.

-{육친을 극한다는 말은 해당 육친이 죽는다는 뜻이다.}-

론모(論母)

正印者 乃生我之身也 如甲日以癸爲母 遇己丑本主剋母 [癸爲印 逢己丑未乃是土剋水 故云剋母]
◉ 正印이란 내 몸을 낳은 것이다. 甲日에 癸가 모친일 경우 己丑을 만나면 모친을 극한다. [癸가 印星이므로 己丑未가 많이 보이면 土가 水-印을 剋하게 되므로 모친을 극한다.]

見多主母嫁二夫 一戊失地 或被剋 主母傷前夫 [戊乃癸之夫]
◉ 土-재성이 많이 보이면 모친이 두 번 혼인한다. 하나 있는 戊土-편재가 失地하거나 극(剋)을 당하면 모친이 전 남편을 傷한 것이다. [戊는 癸의 남편이다.]

戊字受生或印臨桃花沐浴 母有外情
◉ 戊-편재가 生을 받거나 인성이 도화나 목욕이 임(臨)하면 모친이 딴 남자와 정을 통한다.
-{戊土를 생하는 丙丁-식상과 壬癸-모친사이에 합과 剋이 일어난다.}-

如印長生 主母慈淑壽長 益和子母
◉ 인성이 長生이면 모친이 어질고 착하며 장수하고 자녀와 화목하다.

母如臨陽刃殺地 或値墓絕 孤寡 主母不賢 或有殘疾不睦 須以理推 無不驗矣.
◉ 인수(印綬)가 陽刃이나 殺地에 임(臨)하고 묘절(墓絕)되거나 고과(孤寡)가 되면 모친이 어질지 못하거나 아니면 몸이 불구이거나 불목(不睦)한다. 모름지기 이치에 따라 추리하면 모두 증험(證驗)한다.

론처첩 (論妻妾)

正財爲正妻 偏財 妾也 甲木見己土爲正財 戊土爲偏財
⊙ 正財는 정실(正室-본처)이 되고 편재는 첩(妾)이다. 甲木은 己土가 보이면 정재가 되고 戊土는 편재가 된다.

又見乙木局(亥卯未)傷妻 甲寅剋妻也 更主妻不正[不正謂淫賤也]
⊙ 乙木에 亥卯未-局이 보이면 상처(傷妻)하고 甲寅이 있어도 妻를 剋하는데 더구나 妻가 부정(不正)하다.
[부정(不正)은 음천(淫賤)한 것을 말한다.]

財衰敗墓絕 主妻有疾不賢 否則年高再嫁
⊙ 財가 쇠패묘절(衰敗墓絕)이면 妻가 병을 앓거나 어질지 못하다. 그렇지 않으면 늦어서 재가(再嫁)한다.

見癸字則妾不正 見己土丑未字 則主自安. [癸乃戊之妻也]
⊙ 甲日은 癸-字가 보이면 첩이 부정(不正)한다. 그러나 己丑未가 보이면 탈이 없다. [癸는 戊의 妻다.]
-{甲日은 戊가 妾이 되므로 戊癸合이 되면 戊土-첩에 합이 일어나므로 첩의 不正이 된다.}-

比肩分奪 財臨沐浴桃花 主妻妾私通
⊙ 비견이 재성을 분탈(分奪)하고 財가 목욕 도화에 임(臨)하면 처첩(妻妾)이 사통(私通)한다.

日下 月下坐財官 主妻多內助 更得妻財
⊙ 日支나 月支에 재관이 있으면 妻의 내조가 많고 처재(妻財)도 얻는다.

偏財得位 妾勝於妻 正財自旺 妻不容妾
⊙ 편재가 득위(得位)하여 강하면 妾이 妻를 이기고 정재가 왕하고 강하면 妻가 妾을 용납하지 않는다.

官殺重見 妻招干蠱可畏
◉ 관살을 많이 만나면 처가 독기를 품고 끝까지 달려든다.
-{관살은 재가 생하여 나타난 것이다.}-

財官並美 爲人怕妻 見殺尤忌 財多身弱 妻反勝夫
◉ 財官이 나란히 있으면 妻를 무서워하는 사람인데 殺이 보이면 더 무서워한다. 재다신약하면 妻가 남편을 능가한다.

財命有氣 妻妾和順 是得妻力
◉ 신왕하고 재왕하면 처첩과 화목하고 妻의 힘을 얻는다.

日坐空亡 難爲妻妾
◉ 日支가 空亡이면 처첩(妻妾)이 어렵게 된다.

又看孤鸞之日 陽錯陰差 主剋妻或因親致眷 寒房冷娶 入贅塡房 女人犯此 主母家凌替或致訟事 餘仿此例.
◉ 고란(孤鸞)日이나 양착음차(陽錯陰差)가 있으면 妻를 剋하거나 친족이 妻가 되거나 부부가 무정하게 살거나 데릴사위가 되거나 후처를 들인다. 女人의 경우는 친정이 망하거나 송사에 걸린다. 나머지도 이런 식으로 본다.

극처시결(剋妻詩訣)

天干透露弟兄多 財絶官衰旺太過 月令又逢身旺地 靑春年少哭嬌娥.
◉ 天干에 비겁이 많거나 財가 절(絶)되거나 官이 약하거나 身이 태왕한데 月令에 또 身旺地를 만나면 청춘의 소년(少年)에 어여쁜 아내를 멀리 보내고 통곡한다.

當生四柱有財星 陽刃逢時定剋刑 歲逢經行妻眷絶 妻宮頻見損年齡.
◉ 원국에 재성이 있고 時에 양인을 만나면 妻를 형극(刑剋)하는 것은 틀림없다. 이때 유년이 재성의 사묘절지(死墓絶地)가 되거나 처궁이 극

을 당하는 나이에 헤어지거나 죽는다.

론형제저매(論兄弟姐妹)

比肩者 兄弟也 且如甲見甲爲兄 乙爲弟妹 寅卯亦然 見庚則剋兄 見辛則傷弟

◉ 비견이 형제다. 예를 들어 甲이 甲을 보면 兄이 되고 乙을 보면 남동생 여동생이 된다. 寅卯도 마찬가지다. 庚이 보이면 兄을 극(剋)하고 辛이 보이면 제(弟)를 상(傷)한다.

甲木旺 主兄姐爭財 甲寅乙卯旣多 則兄弟姐妹不和 爭鬪是非.

◉ 甲日이 旺하면 兄姐(형과 누나)가 재물을 두고 싸움이 있고 甲寅乙卯가 많으면 형제자매가 불화하고 싸움과 시비를 벌인다.

見己合甲 兄姐不正 見庚弟妹不正

◉ 甲日은 己가 甲을 합하면 형과 누나가 不正하고 庚이 보이면 남동생과 여동생이 不正한다.
-{甲乙은 가족이지만 己나 庚은 외부인에 속한다.}-

如見殺多 乙木得局 是殺合會乙木而傷甲 此兄不若弟之福 借弟之力而加恃 甲木寅月 乙木受制 主兄旺弟衰 其餘和順不睦 但以八字休旺死絕斷之 無不應驗矣.

◉ 甲日主에 庚-殺이 많을 경우 乙木이 局을 얻으면 庚-殺은 乙木과 회합(會合)하여 甲을 傷한다. 이것은 형의 복이 동생만 못하여 아우의 힘을 빌려 의지하는 것이다. 甲木이 寅月에 태어나고 乙木이 制를 받으면 형은 旺하고 동생은 쇠약하다. 그 외 화순(和順)이나 불목(不睦)은 八字의 휴왕(休旺)과 사절(死絕)로 판단하면 모두 응험한다.
-{본인이 甲이든 乙이던 관계없이 甲寅은 손위 형과 누나가 되고 乙卯는 손아래 남동생과 여동생이 된다.}-

론자식 (論子息)

七殺者 子也 如甲見庚申是子 辛酉是女
- 七殺은 아들이다. 甲이 庚申을 보면 아들이고 辛酉를 보면 딸이다.

若見丙火午寅 或殺臨陽刃殺宮 主剋子 不然疾病不肖
- 丙이나 寅午가 보이거나 殺이 양인궁에 임(臨)하면 극자(剋子)한다. 아니면 질병이나 불초(不肖-불효)하다.

遇戊己得令 則子得力和順 見丙巳字 女不正 若臨沐浴桃花 更兼暗合食神多者 其女私通
- 戊己-재성이 득령(得令)하면 아들의 힘을 얻고 화목하다. 이때 丙巳가 보이면 딸이 不正하다. 만약 정관(딸)이 子午卯酉에 임(臨)하여 암합(暗合)하고 食神(딸의 남자)이 많으면 딸이 사통(私通)한다.
-{딸이 부정하는 것은 丙辛合 巳酉合에 의한 것이다.}-

若殺臨長生 月德 天德 所臨之地 貴人祿馬 食神財鄕 言有强父貴子 要稟中和.
- 만약 殺이 長生에 임하고 月德이나 天德이 임(臨)한 곳이 貴人 祿馬 식신이나 재성이면 아비가 강하고 아들이 貴하다고 말할 수 있는데 이때 중화(中和)되어야한다.

陽日陽時男見重 陽日陰時先男後女 陰日陰時女見重 陰日陽時先女後男
- 양일양시는 아들이 많고, 양일음시는 아들을 먼저 두고 뒤에 딸을 둔다. 음일음시는 딸이 많고, 음일양시는 딸을 먼저 두고 뒤에 아들을 둔다.

傷官見官 子孫凶頑 時上傷官及空亡 難爲子息.
- 상관견관은 자손이 흉완(凶頑)하고 時가 상관이나 공망이 되면 자식으로 인하여 나쁘다.

女命取傷官是子 食神是女 若見印綬梟神 難得子也

⊙ 女命은 상관이 아들이고 식신이 딸 이므로 만약 인수나 효신이 보이면 아들을 얻기 힘들다.

男命官殺得地而稟中和者 言其有子 將生成之數斷之 生旺倍加 死絕減半 太過不及 不以此斷 太過有子而多剋夭或凶頑 不及則少生養
⊙ 男命은 관살이 得地하고 중화(中和)되면 아들이 있는데 생성수(生成數)로 판단한다. 즉 生旺하면 배로 늘리고 사절(死絕)은 반으로 줄인다. 그러나 태과(太過)하거나 불급(不及)하면 이렇게 판단하지 않는다. 태과(太過)하면 아들이 있어도 대부분 剋하여 요절하거나 흉악하고 완고(頑固)하다. 불급(不及)하면 적게 낳아서 기른다.
-{1~5까지는 생수(生數)라하고 6~10까지는 성수(成數)라고 한다.}-

官殺得地而有扶助 吉曜多者 其子忠孝賢明
⊙ 관살이 득지(得地)하고 부조(扶助)가 있고 길요(吉曜)가 많으면 아들이 충효(忠孝)하고 현명하다.

居休囚死絕 破敗衰病 勾絞 元亡 空虛之地 則子當不肖 貧賤疾病之子 更兼孤神寡宿 主孤苦伶仃.
⊙ 관살이 휴수사절(休囚死絕)에 있거나 쇠병으로 파패(破敗)되거나 구교(勾絞)나 원망(元亡)이나 공허(空虛)지에 있으면 불초(不肖)하고 빈천하거나 질병이 있다. 여기에 고신(孤神) 과숙(寡宿)이 있으면 의지할 데 없이 외롭고 쓸쓸하다.

勾絞	陽男陰女 命前三辰爲勾 命後三辰爲絞
	陰男陽女 命前三辰爲絞 命後三辰爲勾

且如甲子之日 甲子之時 庚死於子 死中至老沒兒郎. 入墓之時難保雙 受氣絕中一個子 胎中頭產有姑娘 養中三子只留二 長生之位旬中半合主七個兒子也. 沐浴一雙保吉康 冠帶臨官三子位 旺中五子自成行 衰中二子病中一. 自巳數至亥病中一 依此推之.

⊙ 예를 들어 甲子日에 甲子時는 庚金이 子에 死地가 되므로 노년에 이

르면 아들이 없다. 입묘(入墓)되면 아들이 둘이 되기 어렵고 수기(受氣)가 絶에 있으면 하나가 된다. 胎는 첫 딸을 두고 養은 셋에서 둘이 남는다. 長生은 다섯에 반을 합하여 일곱이 된다. 沐浴은 아들하나 딸 하나가 건강하다. 冠帶와 官地는 아들이 셋이다. 旺은 아들 다섯이 줄을 선다. 衰는 둘이고 病은 하나다. 巳에서 亥까지는 病地가 되면 하나가 된다. 이에 의거하여 추단한다.

且如八字中若無子星 時上又不生旺 運行官殺旺鄕主有子 運過却無.

◉ 팔자에 자식성이 없거나 -{자식성이}-時에 생왕하지 않으면 관살이 왕한 운에 命主에 아들이 있고 그 運이 지나면 결국 없게 된다.

如柱中有官殺而行傷食 休衰絶弱之運 傷損其子 運過方存.

◉ 사주에 관살이 있어도 식상 運으로 가거나 관살이 휴(休)하여 쇠절(衰絶)되는 약한 運에는 아들이 傷하여 줄어들고 그 運이 지나면 살아남는다.

八字有一殺一子 二殺二子 無殺無子. 如柱中身殺兩停 而殺逢旺鄕就作多子斷之. 亦看財神何如 逐時增減 多寡推之 無不驗矣.

◉ 八字에 殺이 하나면 아들 하나, 殺이 둘이면 아들이 둘이고 殺이 없으면 아들이 없다. 사주에 身과 殺이 양정(兩停)할 경우 殺이 旺地를 만나면 아들이 많다고 판단한다. 또한 財神의 상황을 보고 時에 따라 증감(增減)하여 많고 적음을 판단하면 모두 맞는다.

극자시결(剋子詩訣)

五行四柱有傷官 子息初年必不安 官鬼運臨生旺地 可存一二老來看.

◉ 사주에 상관이 있으면 초년에 자식이 반드시 불안하다. 그러나 관귀(官鬼)가 생왕지에 임(臨)한 운이면 하나나 둘이 노년까지 남는다.

嗣中生旺見刑冲 月令休囚子息空 官鬼敗亡重見剋 如無庶出必螟蛉.
◉ 자식성이 時에 生旺하여도 刑冲을 만나고 월령에 휴수(休囚)되면 자식이 없다. 관귀(官鬼)가 剋을 많이 당하여 패망(敗亡)하면 서자(庶子)가 없으면 반드시 양자(養子)를 둔다.

印綬重疊剋子斷 子息難養誰爲伴 若還留得在身邊 帶破執拗難使喚.
◉ 인수가 겹쳐 있으면 극자(剋子) 한다. 누가 마누라가 되던 자식을 기르기 어렵다. 만약 자식이 있어도 파(破)를 가지고 있으면 고집이 세서 심부름시키기도 힘들다.

時逢七殺本無兒 此理人當仔細推 干上食神支又合 須知有子貴而奇.
◉ 時에 七殺을 만나면 원래 자식이 없는데 자세히 살펴야한다. 時干에 식신이 있고 시지(時支)를 合하면 자식이 있을 뿐만 아니라 귀하고 뛰어나다.
-{시상칠살은 아들에 속하고 또 자식 궁인데 자식이 없는 것은 칠살이 흉신이기 때문이다. 칠살이 제복되면 자식이 있다.}-

女人印綬月時逢 官食遭傷子息空 當主過房兼別立 孤兒重犯兩無功.
◉ 女命이 月時에 인수를 만나고 관성과 식신이 상(傷)하면 子息이 없다. 조카를 양자로 삼든 고아를 양자로 삼든 길러봐야 모두 공(功)이 안 된다.

局中官殺兩難親 洋刃重重福助之 八字純陽偏印重 防妻疊疊更埋兒.
◉ 局中에 있는 官殺은 둘이서 친하기 힘든데 이때 양인이 중중(重重)하면 福이 된다. 팔자가 순양(純陽)이고 편인이 重하면 妻가 자식을 여러 번 땅에 묻는다.
-{전자는 관살혼잡하면 자식을 두기 어려운데 양인이 있으면 자식을 둔다는 뜻이 되고 후자는 팔자가 순양(純陽)이고 편인이 중하면 이래저래 기르지 못하고 죽는 자식이 많다는 뜻이다.}-

육친첩요가(六親捷要歌)

分祿須傷主饋人 比肩重疊損嚴親 正財剋母偏財父 夫婦相刑値退神.

◉ 복록(福祿)이 갈라지면 살림을 하는 가장이 되므로 걱정이다. 비견이 겹치면 부모를 잃는데 정재를 극하면 모친을 잃고 편재를 극하면 부친을 잃는다. 부부(夫婦)가 서로 형(刑)하는 것은 퇴신(退身)이 되기 때문이다.
-{궤인(饋人)은 불 때고 밥하고 궂은일을 맡은 사람이다.}-

食神有壽妻多子 偏官多女少麒麟 乘旺傷官嗣必絶 中和印綬自榮身.

◉ 식신은 장수하고 처와 자식이 많고 편관은 딸이 많고 아들이 적다. 상관이 승왕(乘旺)하면 대가 끊기고 인수가 중화(中和)하면 자연히 몸에 영화가 따른다.
-{승왕(乘旺)은 왕지(旺地)에 앉아 있거나 生을 받아 왕한 것이다. 이때 인수가 있으면 상관이 중화(中和)되어 영화가 따른다.}-

형충시결(刑冲詩訣)

比肩阳刃日时逢 若問年齡父道凶 父母干支相會合 財星健旺壽如松

◉ 日時에 비견 양인을 만나면 부친의 명(命)이 흉하다, 그러나 부모의 간지가 모여 합하고 재성이 튼튼하면 부모의 명이 길다.

剋父那堪妻又傷 堪居道院共僧房 閉門作保防連累 財破妻災事幾場

◉ 부모를 극하거나 상처(喪妻)를 당하면 어찌해야 감당할 수 있는가. 도원(道院)이나 승방(僧房)에서 중들과 함께 지내면서 견디어라. 공직에 입신(立身)하기 전에 보증에 연루되는 것을 막지 않으면 파재(破財)나 처재(妻災)가 여러 번 있다.

론부인총결(論婦人總訣)

推婦人之命 與男命大不同 草堂丁進士先生 作神趣八法 照返鬼伏屬類從化 女命八法 純和清貴濁亂娼淫.

◉ 부인(婦人)의 命을 추단하는 것은 男命과 크게 다르다. 초당정진사(草堂丁進士)선생의 신취팔법(神趣八法)에는 조반귀복-속유종화(照返鬼伏-屬類從化)가 있고 女命의 팔법(八法)에는 순화청귀-탁란창음(純和清貴-濁亂娼淫)이 있다.

-{官殺이 혼잡하지 않고 財印이 있고 刑沖되지 않으면 "순(純)"한 것이고 夫星(官殺)이 한 자리에만 있고 충파가 없고 氣가 중화된 것을 "화(和)"라고 한다. 즉 "순화(純和)"하면 자연히 귀(貴)가 뚜렷한 명(命)이 된다. 이와 달리 일주가 너무 왕하고 財官印食이 혼잡하여 싸우면 "탁(濁)"한 것인데 夫星이 많고 財가 旺하면 탐욕에 빠지므로 "람(濫)"이 된다. 즉 "탁람(濁濫)"하면 자연히 방탕하게 되고 기녀(妓女)에 속하게 되므로 몸을 팔아 재물을 얻는다.}-

01-取官爲夫爲福星 財旺生官 則夫納福.

◉ 관성은 남편과 福이 되므로 財가 旺하여 官을 생하면 남편이 福을 누린다.

02-印綬食神爲名 貴有稱呼.

◉ 인수와 식신은 명성(名聲)이 되므로 貴가 있고 존칭(尊稱)이 따른다.

03-生氣印綬 難爲子息.

◉ 생기(生氣) 인수는 자식을 두기 어렵다.

-{생기(生氣)는 인수를 말한다. 인수가 많거나 기신일 경우가 된다.}-

04-印綬財官 必生於富貴之家 才貌賢淑.

◉ 재관인(財官印)이 있으면 반드시 좋은 가문에서 태어나 재능과 용모가 좋고 현숙(賢淑)하다.

05-甲日見辛酉是正夫 丁午字傷正夫

◉ 甲日에 辛酉가 보이면 남편인데 丁-字 午-字는 남편을 상(傷)하는 것이 된다.

06-庚申是偏夫 如庚申辛酉重見 乃傷夫再嫁.
◉ 甲日에 庚申은 편부(偏夫)에 속하므로 庚申 辛酉가 많이 보이면 상부(傷夫)하고 재가(再嫁)한다.
-{상부(傷夫)는 남편이 죽거나 망하여 깨진 것이다. 이런 여자를 아내로 두면 사업하면 부도나고 심하면 죽는다.}-

07-若財太多 官殺太旺 乃明暗夫集 多淫而且濫.
◉ 만약 財가 너무 많은데 官殺이 너무 旺하면 알게 모르게 남자가 꼬여 방탕하고 음란하다.

08-財多而淫 故女人要財薄 旺夫益子.
◉ 財多하면 방종(放縱)하게 되므로 여인은 財가 박(薄-빈약)해야 남편과 자식이 잘 된다.

09-如官得地 七殺受傷 食神干旺 印綬天月二德 夫榮子貴 封賜之命.
◉ 관성이 득지(得地)하고 식신이 왕하여 칠살이 상(傷)할 경우 인수가 천월이덕이면 남편에게는 영화가 따르고 자식이 귀하게 되어 작위(爵位)를 받는 명이다.
-{좋은 것을 다 갖춘 여인이다.}-

10-婦人八字 傷官官殺混雜 食神財旺身衰 爲人妒害 好色貪淫 凶頑可畏.
◉ 부인의 팔자에 상관과 관살이 혼잡하고 식신과 財가 旺하여 신약하면 시기하여 남을 해치고 색을 좋아하여 음탕하고 고집이 세고 흉악하여 두려운 여자다.
-{못된 것은 다 있다. 이런 여자가 상관운을 만나면 무섭다.}-

11-傷官見官 剋夫再嫁 身心勞役 雖不傷夫 亦有病患 平生欠福 多主不安.
◉ 상관견관의 여인은 剋夫하여 재가(再嫁)하고 심신이 힘들다. 설사 상

부(傷夫)하지 않더라도 질병이 있고 평생 福이 없고 편치 못하다.

12-大忌年上傷官 主產厄帶疾 否則傷壽.
◉ 여인은 상관이 년에 있는 것을 크게 꺼리는데 산액(産厄)으로 질병이 있다. 그렇지 않으면 수명을 傷한다.
-{년은 뿌리가 되기 때문에 근본이 상한 것이다.}-

13-傷官主人聰明 美貌秀氣.
◉ 상관이 있는 여인은 총명하고 미모(美貌)가 빼어난다.
-{좋게 말했는데 실은 외모로 남자를 농락한다.}-

14-傷官見財者富 無財者貧.
◉ 상관에 財가 보이면 富命이지만 財가 없으면 빈명(貧命)이다.

15-劫財敗財 傷官身旺 貧賤下格.
◉ 겁재 패재 상관이 있고 身旺하면 빈천한 하격(下格)이다.

16-以上十五格皆是冲官逢合 俱有傷官之忌 雖是富貴 不免淫濫之風.
◉ 이상 十五 格은 모두 관성을 冲하고 合하고 상관이 함께 있어서 꺼리므로 부귀할지라도 음란한 기질을 피하지 못한다.

17-七殺正官 只要一位者良 殺多則夫多 官殺被合 乃婢妾姐妹爭權 且如甲用辛官 丙合是也 乙用庚官 見丁是也 戊用乙官 見辛是也 此乃被合取之 餘依此 主婦人招嫁不定.
◉ 칠살이든 정관이든 일위(一位)에만 있어야 좋다. 殺이 많으면 남편이 많고 官殺이 合을 당하면 첩(妾)과 삼각관계로 다투게 된다. 예컨대 甲이 辛金 관성을 쓸 경우 丙火-식신이 合하거나, 乙木은 庚金이 관성인데 丁火-식신이 보이는 것이나 戊土는 乙木이 관성인데 辛金 상관이 보이는 것이다. 이것은 合을 당한 것을 취한 것이고 나머지도 이에 의거한다. 이와 같은 여인은 혼인이 불안정하다.
-{저매쟁권(姐妹爭權)은 한 남자를 두고 여자끼리 다투는 것이다.}-

18-八字中傷官 及官星死絶 孤神寡宿 日時空亡 乃孤剋之命.

◉ 여명에 상관이 있고 官星이 사절(死絶)되고 고신(孤神) 과숙(寡宿)이 있고 日時가 공망이면 남편을 극하고 외로운 과부가 된다.

19-如天干透出官殺 地支無官殺 更兼休囚死絶 退氣之地 乃女絶其夫之氣 當作偏房婢妾推之.

◉ 천간에 관살이 투출하여도 지지에 관살이 없고 게다가 관살이 휴수(休囚) 사절(死絶)되고 퇴기(退氣)에 있는 여명은 남편의 氣가 끊어진 것이므로 편방(偏房-첩)이나 비첩(婢妾-계집종)에 속한다.

20-命若有天月德 無產厄血光之患及淫濫之氣.

◉ 여명에 천월덕이 있으면 산액(産厄)이나 부인병을 앓지 않고 음란하지 않다.

21-女命只要身弱 主性純粹而溫柔 能奉公婆助益夫主.

◉ 女命은 신약해야 성격이 순수하고 부드럽고 시부모를 공경하고 남편에게 내조한다.

22-身强欺夫 不孝公姑 是非生事 性多急躁. 身弱爲病 身强亦然.

◉ 신강하면 남편을 속이고 시어미에게 대들고 시비를 일으키고 성질이 조급하다. 신약이 병이 되어도 그렇고 신강해도 그렇다.

23-八字喜貴 不宜驛馬 咸池. 要純和柔弱 不宜剛健太强 歲運亦然.

◉ 여인의 八字는 천을귀인을 좋아하고 역마나 함지(咸池)는 좋아하지 않는다. 순수하고 신약해야 하고 강건(剛健)하거나 태강(太强)하면 좋지 않다. 세운도 마찬가지다.

24-有陰差陽錯 孤鸞之日 不利嫁娶 皆無花燭成親 因親至眷 塡房孝娶 婚姻轉折.

◉ 음차양착(陰差陽錯)이나 고란일(孤鸞日)이 있으면 혼인(婚姻)에 불리한데 대개 사돈네 소실이 되거나 재취가 되거나 아니면 우여곡절 끝에 혼인이 무너진다.

음차양착: 丙午 丙子 丁未 丁丑 戊申 戊寅 辛酉 辛卯 壬戌 壬辰 癸巳 癸亥

고란살 : 乙巳 丁巳 辛亥 戊申 壬寅 戊午 壬子 丙午

25-孤鸞殺云 木虎孀無婿 金豬豈有郎 赤黃馬獨臥 黑鼠守空房. 主女寡而男孤.

◉ 고란살(孤鸞殺)에 이르길 甲寅은 남편 없는 홀어미요 辛亥인들 어찌 남편이 있으리오. 戊午 丙午는 홀로 외롭게 자야하고 壬子는 독수공방하니 女命은 과부 男命은 홀아비가 된다.

26-時中倂沖 女則難爲夫嗣 加以空亡時日孤剋 不待言而可知.

◉ 時에 冲이 있는 女命은 남편의 후사(後嗣)를 잇기 어려운데 여기에 空亡이 日時에 있으면 남편을 剋하고 고독하다는 것은 말 안 해도 알 수 있다.

27-八字官殺俱無 却行官殺財運 乃夫星得地而不孤.

◉ 八字에 관살 모두 없어도 官殺 財運으로 가면 부성(夫星)이 득지(得地)하므로 외롭지 않다. 즉 과부로 살지는 않는다.

28-而八字財官俱有 運行傷官劫財之地 難爲夫宮 須運過方嫁 細推甚驗.

◉ 八字에 財官이 모두 있어도 상관 겁재 운에는 남편 宮이 어렵게 되기 때문에 運이 지나서 시집을 가야한다. 자세히 살피면 기막히게 맞는다.

여명시결(女命詩訣)

財官印綬三般物 女命逢之必旺夫 不犯殺多無混雜 身强制伏有稱呼.

◉ 女命이 財官印을 만나면 남편이 잘된다. 殺이 많거나 혼잡(混雜)하지 않고 신강하고 殺을 제복(制伏)하면 칭호(稱呼-님)가 따른다.

女命傷官福不眞 無財無印守孤貧 局中若見傷官透 必作堂前使喚人.

◉ 女命에 傷官은 福이 안 되는데 財도 없고 印도 없으면 고독 가난하

다. 여기에 상관이 투출하면 시중이나 들고 심부름이나 한다.

有夫帶合須還正 有合無夫定是偏 官殺重來成下格 傷官重合不須言.

◉ 夫星이 있고 합하면 정실(正室)이지만 夫星이 없는데 합이 있으면 첩이다. 官殺이 重해도 下格이 되는데 상관이 重하고 합하면 말할 것도 없다.

-{부성(夫星)이 있고 합하는 것은 일주(日柱)와 합하는 것을 말한다. 그래서 부성이 없고 일주가 합하면 아무 남자와 합이 된다.}-

官帶桃花福壽長 桃花帶殺少禎祥 合多切忌桃花犯 劫比桃花大不良.

◉ 관성이 도화이면 福이 있고 명이 길지만 살성이 도화이면 福이 적다. 합이 많으면 桃花를 극히 꺼리고 비겁이 도화이면 아주 불량한 여자다.

女命傷官格內嫌 帶財帶印福方堅 傷官旺處傷夫主 破了傷官損壽元.

◉ 女命 상관은 격(格)이 되면 꺼리는데 財가 있고 印이 있으면 福이 튼튼하다. 그러나 상관이 旺한 곳에서는 상부(傷夫)하고 상관이 깨지면 수명이 절단난다.

-{재는 상관을 설기하여 돈이 되고 인수는 상관을 제(制)하여 품행을 바르게 한다.}-

飛天祿馬井欄叉 女命逢之福不佳 只好爲偏幷作妓 有財方可享榮華.

◉ 여인의 팔자가 비천록마나 정란차격이면 복(福)이 좋지 않다. 어쩔 수 없이 첩이나 기생이 되는데 財가 있으면 영화(榮華)를 누린다.

-{비천록마나 정란차는 관성이 없기 때문이다.}-

음명부(陰命賦)

凡見陰命 先觀夫主之盛衰. 次論身榮 要見子息之强弱.

◉ 일반적으로 女命은 먼저 부성(夫星)의 성쇠(盛衰)를 본 다음 본인의 영화를 논하고 자식의 강약을 본다.

夫榮子旺 定知富貴榮華. 子死夫衰 只是窮孤下賤.

◉ 夫星이 왕성하고 子星이 왕하면 반드시 부귀영화를 누린다. 자식성이 死地에 있고 부성이 衰地에 있으면 가난하고 고독하며 천하다.

有夫有子而貧寒者 蓋因身在衰鄕 無夫無子而昌盛者 亦爲身居旺地.

◉ 부성(夫星)과 자성(子星)이 있는데도 빈한(貧寒)것은 대개 일주가 쇠지(衰地)에 있기 때문이고 夫星과 子星이 없는데도 창성(昌盛)하는 것은 일주가 왕지(旺地)에 있기 때문이다.

貴人少者 不富亦昌 合貴神 非妓卽尼.

◉ 귀인(貴-관성)이 적으면(하나) 富가 없어도 번창한다. 귀신(貴神-관성)을 합하면 기생이나 비구니가 된다.

論淫賤者 四柱傷官 暗招財損.

◉ 음천(淫賤)하다는 말은 사주에 있는 상관이 은밀히 남자를 불러들여 재물을 절단 내는 것이다.

招婿者 夫顯於門戶之中 偏夫者 夫旺於日時之上.

◉ 좋은 남편을 맞는 여인은 夫星이 문호(門戶-월)에 나타나 있고 첩(妾)이 되는 여인은 夫星이 日時에 旺하다.

夫衰身旺 主爲廉潔之人 鬼旺身衰 必作孤寒之婦 凡觀陰命之五行 要精詳於明辨矣.

◉ 夫星이 쇠약하고 신왕하면 청렴결백한 여인이고 殺이 旺하고 신약하면 외롭고 쓸쓸한 여인이다. 여명의 오행을 볼 때는 상세하고 명백히 구별해야 한다.

여명부귀빈천편(女命富貴貧賤篇)

欲推女命 先看官星. 官帶殺而貧賤 官得令以安榮.
◉ 女命은 먼저 官星을 본다. 官星이 있는데 殺을 가지고 있으면 빈천하고 관성이 득령(得令)하면 안정과 번영이 있다.

傷官太重必妨夫 且是爲人性重
◉ 상관이 너무 중(重)하면 반드시 남편을 방해하고 고집이 세다.

倒食重逢須減福 哪堪更犯孤辰.
◉ 도식(倒食)이 많으면 福이 팍 줄어드는데 여기에 고신(孤辰)을 범하면 견디기 힘들다.

殺重須奔貴室 合多定損貞名.
◉ 女命에 殺이 중하면 귀부인도 사통하고 합이 많으면 정조를 지키지 못한다.

◉ 坐祿乘輿而穩厚
관성이 금여(金輿)에 앉아 있으면 은후(溫厚)한 여인이다.

日干	甲	乙	丙戊	丁己	庚	辛	壬	癸
金輿	辰	巳	未	申	戌	亥	丑	寅

冲身動步以輕浮 若乃桃花浪滾 淫奔之恥不堪言.
◉ 日柱를 冲하면 행동이 경망한데다 만약 도화(桃花)가 출렁이면 사통으로 인하여 말할 수 없는 수치와 고통이 있다.

日祿歸時 貴重爲人所敬.
◉ 時에 일록(日祿)이 있으면 귀(貴)가 중하여 공경을 받는다. {귀록격}

天月二德坐本命 如逢印綬 貴當兩國之封.
◉천월이덕이 본명(本命-年)에 있고 인수를 만나 귀명(貴命)이다.

時日陽刃本是凶神 既不利於夫主之宮 兼損壞乎平生之性.
◉ 時日에 있는 陽刃은 본래 凶神인데 남편 궁에 있으면 불리할 뿐만 아니라 평생 남편에게 해를 끼친다.

身干主禎祥 時犯金神健旺 要觀八字之强.
◉ 時에 金神이 건왕(健旺)하면 명주에게 福이 되지만 八字가 강한지 봐야한다.
-{金神은 甲日에 태어나고 時에 巳酉丑이 있는 것이다.}-

專食子榮 忌偏印竊身之勝.
◉ 식신이 전왕(專旺)하면 자녀에게 영화가 있지만 편인이 식신보다 강하면 꺼린다.

守閨門而正靜 必由陰日守中和.
◉ 정조를 지키고 정숙(靜淑)한 것은 반드시 陰日이 중화(中和)되어야 한다.

代夫婿以經營 此乃陽干時旺甚.
◉ 남편을 대신하여 경영하는 것은 陽日에 時가 심하게 왕한 때문이다.

大抵欣逢正祿 怕犯咸池 清貴得長生之輔 雜濁以敗氣之歸.
◉ 대체로 정록(正祿-월지관성)을 만나면 기뻐하고 함지(咸池-도화)를 범하면 두렵다. 貴가 뚜렷한 것은 장생(長生)을 얻은 것이고 잡탁(雜濁)한 것은 관성이 패(敗)한 것이다.

四柱敗多 大忌冲身而犯合 一生忙甚 若非娼妓卽爲尼.
◉ 四柱에 욕지(浴地-子午卯酉)가 많으면 일주를 冲하고 합하는 것을 크게 꺼리는데 평생 바쁘고 창기(娼妓)나 비구니가 된다.

印壞與公姑相妒 食專得子嗣之宜.
◉ 인수가 무너지면 시어미와 다툰다. 식신은 대를 잇는 자식을 얻는다.

官殺重逢 須防淫亂. 姐妹透出 便見爭夫.

◉ 官殺을 많이 만나면 음란을 막아야하고 비겁이 투출하면 남편을 두고 다른 여자와 다툰다.

魁罡有靈變之機 日貴有安常之福 卽以干支分定.
◉ 괴강(魁罡)은 영민(靈敏)하고 일귀(日貴-癸卯 癸巳 丁酉 丁亥)는 복을 누리는 간지(干支)로 정해진 것이다.

官殺勝而無制伏 不爲娼妓定作尼姑.
◉ 官殺이 너무 왕하고 制伏이 없으면 창기(娼妓)나 비구니다.

여명귀격(女命貴格)

正氣官星 財官兩旺 印綬天德 獨殺有制 傷官生財 坐祿逢財
◉ 정기관성(正氣官星)이 있고 財官이 모두 왕하거나, 인수 천덕이 있고 하나 있는 살을 制하거나, 상관이 재를 생하는데 록(祿-일간록)에 앉아 있는 財를 만나면 귀격이 될 수 있다.
-{정기관성은 관성이 형충파해가 없고 순수한 것이다.}-

官星帶合 日貴逢財 日貴逢官 官星坐祿 官星桃花 食神生旺
◉ 관성을 합하고 천을귀인이 財를 만나거나, 일귀(日貴)에 관성을 만나거나 관성이 일간의 록위에 있거나, 관성이 도화이고 식신이 생왕하면 귀격이다.

食神生財 殺化印綬 二德扶身 三奇合局 陽刃有制 拱祿拱貴 歸祿逢財.
◉ 식신이 財를 생하고 인수가 화살(化殺)하거나, 천월이덕이 일주를 도와주고 재관인이 合局이 되거나, 陽刃을 制하거나, 拱祿 拱貴격이거나, 귀록격이 재성을 만나면 모두 貴格에 속한다.

여명천격(女命賤格)

官殺混雜 官殺無制 殺星太重 傷官太重 貪財破印 比肩犯重
◉ 관살혼잡한데 관살을 制하지 않거나, 살이 너무 중하거나, 상관이 너무 중하거나, 재가 인수를 파(破)하거나, 비견을 중범(重犯)하면 천격이다.

無官見合 無印見殺 傷官七殺 帶合桃花 八字刑冲 財多身弱
◉ 관성이 없는데 합이 보이거나, 인수가 없는데 살이 보이거나, 상관에 칠살이 있거나, 도화가 합을 가지고 있거나 팔자에 형충이 있거나, 재다신약하면 모두 천격이다.

陽刃冲刑 金神帶刃 多官多合 倒插桃花 身旺無依 傷官見官
◉ 양인이 형충하거나, 금신(金神)이 양인을 가지고 있거나, 관이 많고 합이 많거나, 도삽도화가 되거나, 신왕하고 의지할 재관이 없거나, 상관견관이면 천격이다.

財官遇印 印綬遇劫.
◉ 재관이 인수를 만났는데 인수가 겁재를 만나면 천격이다.

곤랑도화(滾浪桃花)

01-女命用官爲夫 或殺 只喜一位 多者剋夫.
◉ 女命은 官星이나 살이 남편이므로 一位에만 있어야 좋고 많으면 남편을 剋한다.

02-如命滿盤官星爲忌 滿柱殺星爲福反吉.
◉ 命局에 만반(滿盤)이 官星이면 꺼리지만 만주(滿柱)가 殺星이면 福이 되므로 오히려 좋다.
-{종살격은 복이 되나 관성(官星)은 많으면 서방님이 많다.}-

03-傷官不爲貴 傷官運復行剋夫 傷官有制身貴.
◉ 상관은 貴가 아니므로 운(運)에서 다시 상관을 만나면 남편을 剋한다. 상관을 제(制)하면 귀하게 된다.

04-女命傷官 刑子剋夫爲決.
◉ 女命의 상관은 刑子하고 剋夫하는 것은 절대적이다.

05-女命官星多者 傷夫主賤.
◉ 女命에 官星이 많으면 상부(傷夫)하고 천(賤)하다.
-{02번의 앞 구절과 같은 말이다.}-

06-傷官桃花 爲妓女命 或主剋子息.
◉ 상관이 도화이면 기녀(妓女)가 되거나 아니면 자식을 극한다.

07-若見貴人一位 或帶榮神 或犯絕地 多富貴貞節.
◉ 만약 貴人이 一位에 있고 영신(榮神-관성)을 가지고 있으면 일주가 絕地에 있어도 부귀하고 정절(貞節)을 지킨다.

08-祿馬相隨 桃花帶貴 咸池遇馬多淫 妨夫破家.
◉ 록마(祿馬-재관)가 따르고 도화가 있으면 귀(貴)하다. 그러나 함지(咸池-도화)가 역마(驛馬)를 만나면 음란과 방종이 심하여 남편을 방해하고 가산을 탕진한다.

09-有辰無戌命孤 晚景寂寞 戌多無辰 初年勞碌 中年好 不妨夫 不剋子 風流而淫.
◉ 辰이 있고 戌이 없으면 고독하여 말년이 적막(寂寞)하다. 戌이 많고 辰이 없으면 초년에 고생하여도 중년에 좋고 남편을 방해하지 않고 자녀를 剋하지 않지만 풍류(風流)를 좋아하고 음란방탕 한다.

辰戌全則淫亂破家 傷夫剋子 夭壽殘疾.
◉ 辰戌이 모두 있으면 음란(淫亂)하여 파가(破家)하고 상부(傷夫) 극자(剋子)하고 단명하고 불구가 된다.

여명총단가(女命總斷歌)

擇婦須沉靜 細說與君聽 夫星要強宮 身主要強甚.

◉ 여자를 선택하는 것은 차분히 해야 하므로 자세히 설명할 테니 들으시오. 부성(夫星)은 강해야하고 日主는 더 강해야한다.

官星若不合 夫主無所依 合絶莫合貴 此法少人推 專以日爲年 此法少人傳.

◉ 관성이 적합하지 못하면 남편을 의지할 수 없으니 절(絶)은 합할지라도 귀(貴-관성)는 합하면 안 된다. 이 법은 세월이 흘러도 전수받은 사람이 적다.
-{여자는 남편을 의지해야 하므로 형충파해(刑冲破害)되어 깨진 관성을 합하는 것보다 절지(絶地)를 합하는 것이 낫다는 뜻이다.}-

帶祿人生旺 産死敎人謗,

◉ 록(祿)이 있고 생왕(生旺)한 여인에게 죽은 아이가 태어난다고 가르쳐주면 재수 없는 소리한다고 욕 얻어먹는다.
-{祿이 있고 인수로 생왕하면 식상이 무력하여 산사(産死)가 일어난다. 産死는 죽은 아이를 낳는 것이다.}-

驛馬帶貴人 終久落風塵.

◉ 역마(驛馬)가 귀인(貴人)을 가지고 있으면 속세를 떠돌다 결국에는 창기가 된다.

有辰休見戌 有戌休見辰 辰戌若相逢 多是淫賤人.

◉ 辰은 戌이 보이지 않고 戌은 辰이 보이지 않아야 한다. 辰戌이 만나면 음천(淫賤)한 사람이 많다.

有殺不怕合 無殺却怕合 合神若是多 非妓亦謳歌.

◉ 殺이 있으면 합을 두려워하지 않지만 殺이 없으면 오히려 합을 두려워한다. 合神이 많으면 기생이나 가수가 된다.
-{살은 합이 되면 흉이 제거되므로 두렵지 않다.}-

貴人一座正 兩三作寵定
◉ 귀인(貴人) 하나면 정실(正室)이지만 두 셋이면 첩(妾)으로 태어난다.

陽刃帶傷官 駁雜事多端.
◉ 양인이 상관을 가지고 있으면 복잡한 일이 많다.
-{양인은 관성을 생하는 재성을 극하고 상관은 관성을 극하기 때문이다. 손재 구설 이혼 사별 등등이다.}-

滿盤都是印 損子必須定
◉ 만반(滿盤-전체)이 모두 인성(印星)이면 자식이 줄어드는 것은 어쩔 수 없는 일이다.

二德坐正財 富貴自然來.
◉ 천월 이덕에 정재가 앉아 있으면 富貴가 저절로 온다.

四柱俱休囚 封贈福祿壽
◉ 사주가 모두 휴수(休囚-관인)되면 작위를 받고 복록을 받고 壽를 누린다.

金水若相逢 必招美麗容.
◉ 金과 水가 서로 만나면 아름다운 외모로 사람을 유혹한다.
금수쌍청(金水雙淸)

寅申巳亥全 孤淫口便便 子午逢卯酉 定是隨人走.
◉ 寅申巳亥가 온전하면 외롭고 음란한데 말 주변이 좋다. 子午가 卯酉를 만나면 딴 남자를 따라 도망간다.

辰戌逢丑未 婦道之大忌.
◉ 辰戌이 丑未를 만나면 부도(婦道)에서 크게 꺼리는 것이다.
-{부도(婦道)는 정절을 지키고 어른을 공경하고 겸손하고 부지런한 것을 말한다. 의외로 여자들이 싫어한다.}-

兩貴一位殺 權家富貴說.
◉ 貴人이 둘에 칠살이 일위(一位)이면 권세가문에 부귀하다고 말하라.

財官若藏庫 冲破豈不富.
◉ 고(庫)중에 있는 재관을 충파(冲破)하면 富命이다.

天干一字連 孤破禍綿綿 地支連一字 兩度成婚事.
◉ 天干이 모두 같은 글자로 이어지면 고파(孤破)하여 화(禍)가 계속 이어지고 地支가 한 가지 글자로 이어지면 두 번 결혼한다.

론소아(論小兒)

凡小兒命見財多必庶出螟蛉 剋父母也. 若幼年行運於財旺之鄉亦然.
◉ 소아 命에 財가 많으면 반드시 서출(庶出)이 되거나 양자(養子)가 되고 부모를 剋한다. 어린나이의 運이 財旺한 곳으로 가도 그렇다.

甲側生頂不正 有胎衣遮 丁偏生雙頂 乾生有依 應有剋刑.
◉ 甲日이 정수리가 한쪽에 있고 태반이 덮고 있거나 丁日이 정수리가 둘이고 태반이 말라 있는 것은 剋刑이 있기 때문이다.

辰復生 背父易生易養. 申有聲 寅遲滯 未吉. 辰有胎衣包 仰生有驚.
◉ 辰이 중복되어 생하면 아비가 없어도 쉽게 낳고 기른다. 申이 있으면 소리를 내고 寅은 활기가 없고 未는 좋다(임신 중의 태아). 辰이 있으면 태반에 싸여 머리를 쳐들고 경기(驚氣)를 한다.

夫小兒命大要身旺 最喜印綬生之 無財剋之 則易生災少.
◉ 대체로 소아의 명은 신왕이 관건이므로 인수가 생하면 가장 좋다. 때문에 재성이 인수를 극하지 않으면 잘 자라고 탈이 적다.

不要官星 七殺 陽刃 傷官太旺 身旺亦多災 身弱則難養 如見所畏之辰 切不要行運歲君助之.
◉ 관성 칠살 양인 상관이 태왕(太旺)하면 신왕해도 재난이 많고 신약하면 기르기 어렵다. 원국에 있는 꺼리는 신(辰-별)을 대운이나 유년에

서 도와주면 절대 안 된다.

大畏財旺 不庶出必螟蛉 剋父母也. 也不要行運早 蓋氣難敵也.
◉ 크게 두려운 것은 財가 旺한 것인데 서출(庶出)이나 양자가 되고 부모를 극(剋)한다. 대운에 일찍 들면 대운의 氣를 감당하지 못한다.

庚子 戊寅 戊子 丁巳 生月中之後 月逢七殺 賴有丁火爲印綬 寅爲長生之地 能生戊土. 不合見庚子 巳字 金長生 其二子之水爲剋丁火生氣 反生月中七殺 七殺來剋身 身弱難敵 故當年十一月 其子死矣. 此爲生殺壞印之禍也.

丁戊戊庚 男命 (원문 명조)
巳子寅子 출생당년 11월 사망
◉ 寅월 후반에 태어났다. 월에 寅-칠살을 만나 丁火-인수에 의지하고 寅은 長生地로 戊土를 생한다. 庚子와 巳가 좋지 않은데 巳는 金의 長生地가 되고 兩-子는 丁火를 극하고 월에 있는 甲-칠살을 생하므로 칠살이 일주를 극한다. 신약하여 적(敵)을 감당하지 못하므로 출생당년 11월에 죽었는데 이것은 子水-재성이 殺을 생하고 인성을 무너뜨려 禍가 된 것이다. -{巳는 日의 祿地가 되고 또 庚金의 장생지가 된다.}-

又如癸酉 癸亥 己丑 乙亥 此命四柱財重 自分娩幾乎俱亡 未歲餘 父母亦亡 乃過房繼養. 其他仿此 無疑也.

乙己癸癸 男命 (원문 명조)
亥丑亥酉 壬戌 辛酉 庚申 己未 戊午 丁巳
◉ 사주에 財가 重하여 분만 시 하마터면 산모가 죽을 뻔 했고 그해 겨울이 가기 전에 부모가 모두 죽어 양자(養子)로 길러지게 되었다. 나머지도 이렇게 보면 틀림없다.

론소아관살예(論小兒關殺例)

小兒之命 當論時辰爲主 先看關殺 次看格局.

◉ 소아의 命은 時를 위주로 논하고 먼저 관살(關殺)을 본 다음 格局을 본다.

-{관(關)은 편관(偏官)을 말하고 살(殺)은 편재(偏財)를 말하므로 소아 관살(關殺)은 편관 편재가 된다. 소아의 命을 따로 논하는 이유는 고대에 죽는 경우가 많았기 때문이다.}-

日主強 財官旺 有關無殺 日干弱 財官少 常病可養 日干弱 財官多 有關有殺.

◉ 日主가 강하고 財官이 旺하면 유관무살(有關無殺)이 되고 日干이 약하고 財官이 적으면 상병가양(常病可養)이 되고 日干이 弱하고 財官이 많으면 유관유살(有關有殺)이 된다.

-{유관무살(有關無殺)은 편관이 있지만 偏財가 없으므로 기르는데 지장이 없고, 상병가양(常病可養)은 신약하여 항상 병치레를 하고, 유관유살(有關有殺)은 신약하고 재살(財殺)이 있으므로 기르기 어렵다.}-

又有三合聚殺者難養 不見刑冲者聲音響亮 夜啼急性. 八字有財官 生於富貴之家 偏官生於平常之家 傷官劫財生於貧賤之家. 偏官 偏印 偏財 主偏生庶出 不然第三 四胎.

◉ 또 三合하여 殺이 모여 있으면 기르기 어렵다. 刑冲이 보이지 않으면 목소리가 크고 밤에 급하게 울어댄다. 팔자에 재관이 있으면 부귀한 집안에서 태어나지만 편관은 보통 집안에서 태어나고 상관 겁재는 빈천한 집안에서 태어난다. 편관 편인 편재는 주로 서출(庶出)이거나 아니면 셋째나 넷째로 태어난다.

子平之法 偏官爲關 偏財爲殺 取生辰之數斷之. 水一 火二 木三 金四 土五. 且如甲日庚殺 乃四 九歲 丙見壬殺 一 六歲 戊日甲殺 三 八歲 庚日丙殺 二 七歲 壬見戊殺 五 十歲見之. 至於陰干亦如此 無不驗矣.

◉ 子平法에서는 편관은 "關"이고 편재는 "殺"이 되므로 생일의 숫자로

판단하는데 水=1, 火=2, 木=3, 金=4, 土=5가 된다. 예컨대 甲日에 庚 殺은 4 9세가 되고 丙日에 壬 殺은 1 6세가 되고 戊日에 甲 殺은 3 8 세가 되고 庚日에 丙 殺은 2 7세가 되고 壬日에 戊 殺은 5 10세로 본 다. 즉 5세나 10세에 살(殺)이 작용한다. 陰干도 이렇게 하면 모두 응 험한다.

론성정(論性情)

性情者 乃喜怒哀樂愛惡欲之所發 仁義禮智信之所布. 父精母血而成形 皆金木水火土之關系也.

◉ 성정(性情)은 희노애락애오욕(喜怒哀樂愛惡欲)에서 나온 것으로 인의예지신(仁義禮智信)을 펼쳐놓은 것이다. 아비의 정(精)과 어미의 혈(血)로 형(形)이 이루어지므로 모두 金木水火土와 관계 된다.

且如木曰曲直 味酸主仁 惻隱之心 慈祥愷悌 濟物利民 恤孤念寡 恬靜淸高. 人物淸秀体长 面色靑白 故云木盛多仁. 太過則折 執拗性偏. 不及少仁 心生妒意.

◉ 예컨대 木은 곡직(曲直)이라하고 맛은 시고 仁이 主가 되고 남의 불행을 불쌍히 여기는 측은지심(惻隱之心)과 자상하고 화평함과 만물을 구제하고 백성을 이롭게 하고 외로운 사람을 도와주고 평안하고 청렴한 작용이 있다. 키가 크고 얼굴색은 청백(淸白)이다. 木이 왕성하면 인자함이 많다. 태과(太過)하면 부러지므로 고집을 부리고 불급(不及)하면 仁이 적고 시샘이 많다.

火曰炎上 味苦主禮 辭讓之心 恭敬威儀 質重淳樸人物. 面上尖下圓 印堂窄 鼻露竅 精神閃爍 言語辭急 意速心焦 面色或靑赤 坐則搖膝. 太過則足恭聰明 性躁須赤. 不及則黃瘦 奸巧妒毒 有始無終.

⊙ 火는 염상(炎上)이라하고 맛은 쓰고 예(禮)가 주가 되고 예절의 근본인 사양지심(辭讓之心)과 정중하고 위엄을 갖추고 성실하고 꾸밈이 없다. 얼굴은 위가 뾰쪽하고 아래가 둥글고 인당(印堂)이 좁고 콧구멍이 보이고 정신이 번쩍이고 말이 급하고 생각이 초조하고 얼굴색은 청적(靑赤)이며 앉으면 다리를 흔든다. 태과(太過)하면 아주 공손하고 총명하나 성질이 조급하다. 불급(不及)하면 누렇고 마른 체질로 간교(奸巧)하고 시샘이 많고 독(毒)하며 시작은 있어도 마무리가 없다.

金曰從革 味辛辣也 主義. 羞惡之心 仗義疏財 敢勇豪傑 知廉恥 主人中庸 骨肉相應 方面白色 眉高眼深 高鼻耳仰 聲音淸響 剛毅有決. 太過則自無仁心 好鬪貪欲. 不及則多三思 少果決 慳吝 作事挫志.

⊙ 金은 종혁(從革)이라하고 맛은 맵고 義가 주가 되고 본인의 과오를 부끄러워하고 남의 잘못을 증오하고 義를 중히 여기고 재물을 가볍게 여긴다. 용감한 호걸로 염치를 알고 중용(中庸)을 지키며 골육(骨肉)간에 호응이 좋다. 얼굴색은 희고 눈썹이 높고 눈이 깊고 코와 귀가 높고 음성이 맑고 의지가 강하고 결단력이 있다. 그러나 태과(太過)하면 인자한 마음이 없고 싸움을 좋아하고 욕심이 많다. 불급(不及)하면 생각이 많고 결단력이 적고 인색하며 하는 일에 좌절이 따른다.

水曰潤下 味鹹主智 是非之心 智足多謀 機關深遠 文學聰明 太過則詭詐飄蕩 無力傾覆 陰謀好惡. 不及則膽小無謀 反主人物瘦小.

⊙ 水는 윤하(潤下)라고 하고 맛은 짜고 지(智)를 위주로 하고 시비를 잘하고 지혜가 좋아 꾀하는 것이 많고 계책이 크고 깊다. 문학에 총명하다. 지나치면 교활(狡猾)하여 몰락하는데 힘없이 무너지고 음모를 좋아하여 좋고 나쁜 일들을 꾸민다. 불급(不及)하면 담력이 작고 일을 꾀하지 못하고 비쩍 마르고 왜소하다.

土曰稼穡勾陳 味甘主信 誠實之心 敦厚至誠 言行相顧 好敬神佛. 主人背圓腰闊 鼻大口方 眉目淸秀 面如牆壁 面色黃 處事不輕 度量寬厚. 太過則愚樸固執如癡. 不及則顏色似憂 鼻低面偏 聲重濁 樸實執拗 太

過則孤介硬吝　不得衆情　沉毒恨戾　失信顚倒.　且如日干弱則退縮怕羞
日干强則妄誕　執一自傲.　以上自以輕重言之　萬無一失.

◉ 土는 가색구진(稼穡勾陳)이라하고 맛은 달고 信이 주가 되고 성실하고 돈후(敦厚)하며 말과 행동을 돌아보고 신불(神佛)을 공경한다. 등이 둥글고 허리가 넓다. 코와 입이 크고 눈과 눈썹이 청수(淸秀)하며 얼굴은 납작하고 황색이다. 일을 가볍게 처리하지 않고 도량(度量)이 넓다. 태과(太過)하면 고집을 부리고 어리석게 군다. 불급(不及)하면 안색이 우울하고 코가 낮고 얼굴이 틀어지고 음성이 중탁(重濁)하고 고집이 있다. 태과(太過)하면 남들과 어울리지 않고 인색하여 여러 사람들의 情을 얻지 못하고 마음이 독하고 원망이 많고 신용이 없다. 日干이 약하면 움츠러들고 부끄러워하며 日干이 강하면 방자하고 오만하다. 이상을 경중(輕重)에 따라 말하면 틀림없이 맞는다.

론질병(論疾病)

夫疾病者　乃精神血氣之所主　各有感傷.　內曰臟腑　外曰肢體.　八字干支
五行生剋之義　取傷重者而斷之.　五行干支太旺不及俱病.　金主刀刃刑傷
水乃溺舟而死　木乃懸梁自縊　虎啖蛇咬　火則夜眠顚倒　蛇傷燒焚　土乃山
崩石壓　泥陷牆崩.

◉ 일반적으로 질병이란 정신(精神)과 혈기(血氣)가 주가 되므로 각각 감상(感傷)이 있다. 내(內)는 장부(臟腑)가 되고 외(外)를 사지와 몸통이 된다. 팔자의 간지에서 五行의 생극에 따라 많이 상(傷)한 것을 취하여 판단하나 오행의 간지가 태왕(太旺)해도 병이고 불급(不及)해도 病이다. 金은 주로 칼날의 형상(刑傷)이 있고, 水는 물에 빠져 죽고, 木은 목을 매고 죽거나 호랑이에 잡혀 먹히거나 뱀에 물리고, 火는 밤에 잠을 자다가 죽거나 뱀에 물리거나 불에 타 죽는다. 土는 산이 붕괴되거나 돌에 눌리거나 구덩이에 빠지거나 담장이 무너져 당한다.

且如生命 天干內腑所屬 詩曰 甲肝 乙膽 丙小腸 丁心 戊胃 己脾鄕 庚是大腸 辛屬肺 壬是膀胱 癸腎藏. 天干外肢所屬 甲頭 乙項 丙肩求 丁心 戊脅 己屬腹 庚系人臍 辛爲股 壬脛 癸足自來求. 子疝氣 丑肚腹 寅臂肢 卯目手 辰背胸 巳面齒 午心腹 未脾胸 申咳疾 酉肝肺 戌背肺 亥頭肝.

干	臟腑(장부) 외(外)	支	소속
甲	간(肝) 두(頭-머리)	子	산기(疝氣-탈장)
乙	담(膽) 항(項-목)	丑	두복(肚腹-배)
丙	소장(小腸) 견(肩-어깨)	寅	비지(臂肢-팔다리)
丁	심장(心臟) 심(心-가슴)	卯	목수(目手-눈 손)
戊	위(胃) 협(脇-옆구리)	辰	배흉(背胸-등 가슴)
己	비(脾) 복(腹-배)	巳	면치(面齒-면 치아)
庚	대장(大腸) 제(臍-배꼽)	午	심복(心腹-심장 배)
辛	폐(肺) 고(股-넓적다리)	未	비흉(脾胸-비 가슴)
壬	방광(膀胱) 경(脛-정강이)	申	해질(咳疾-해수)
癸	신장(腎臟) 족(足-발)	酉	간폐(肝肺-간장 폐)
		戌	배폐(背肺-등 폐)
		亥	두간(頭肝-머리 간)

肝乃腎家苗 腎乃肝之主 腎通於眼 膽藏魂 肝藏魄 腎藏精 心藏神 脾藏氣.

⦿ 肝은 신장(腎臟)의 싹이 되고 신장은 肝의 주가 된다. 신장은 눈(眼)과 통하고 담(膽)은 혼(魂-정신)을 간직하고 肝은 백(魄-기백)을 간직하고 신장은 정(精-정력)을 간직하고 심장(心臟)은 신(神-정신)을 간직하고 비(脾)는 기(氣-원기)를 간직한다.

木命見庚辛申酉多者 肝膽病. 內則驚精 虛怯 瘮疾 嘔血 頭眩目暗 痰

喘 頭風腳氣 左癱右瘓 口眼歪斜 風症 筋骨疼痛.
外則皮膚干燥 眼目之疾 發須疏少 顚樸手足 損傷之患. 女生墮胎 血氣不調 小兒急慢驚風 夜啼咳嗽. 經云 筋骨疼痛 蓋因木被金傷.

⊙ 목명(木命)은 庚辛申酉가 많이 보이면 주로 간담(肝膽)에 병이 온다. 놀라는 경정(驚精), 겁이 많은 허겁(虛怯), 결핵에 속하는 노질(癆疾-결핵), 피를 토하는 구혈(嘔血), 머리가 어지럽고 눈이 어두운 두현목암(頭眩目暗), 기관지천식인 담천(痰喘), 머리가 아프고 다리가 붓는 두풍각기(頭風脚氣), 반신불수가 되는 좌탄우탄(左癱右瘓), 입이 돌아가는 구안왜사(口眼歪斜), 감기가 중풍이 되는 풍증(風症), 근육과 뼛속이 아픈 근골동통(筋骨疼痛)이 있다.
외부로 나타나는 병으로는 피부건조나 안과질환이 있고, 대머리나 무모증인 발수소소(發須疏少), 몸이 떨리는 전박수족(顚樸手足), 외상(外傷)이나 부인의 유산인 여생타태(女生墮胎), 기혈이 허약한 혈기불조(血氣不調), 소아가 자다가 놀라는 소아급만경풍(小兒急慢驚風), 밤에 울고 기침하는 야제해수(夜啼咳嗽)가 있다. 經에 이르길 근육과 뼛속이 아픈 것은 목피금상(木被金傷)에 의한 것이라고 했다.

火命見水及亥子旺地 主小腸心經之患 內則顚啞 口心痛疼 急緩驚風 禿舌口咽啞 潮熱發狂.
外則眼暗失明 小腸腎氣 瘡毒膿血. 小兒痘疹癬瘡. 婦女乾血淋漓. 火主燥 面色紅赤. 經云 眼暗目昏 多是火遭水剋.

⊙ 火命은 水가 보이고 亥子가 旺하면 주로 소장(小腸)과 심경락(心經絡)에 병이 온다. 내부로는 목소리가 잠기거나 벙어리가 되는 전아(顚啞), 입과 심장이 아픈 구심통동(口心痛疼), 급 만성으로 놀라는 급완경풍(急緩驚風), 머리가 빠지고 혓바닥과 인후에 병이 나는 독설구인아(禿舌口咽啞), 열독으로 발광하는 조열발광(潮熱發狂)이 있다.
외부로 나타나는 병은 맹인(盲人), 탈장에 속하는 소장신기(小腸腎氣), 부스럼에 속하는 창독농혈(瘡毒膿血), 소아 피부병인 소아두진선창(小兒痘疹癬瘡), 여성들의 생리 불순으로 일어나는 부녀건혈임리(婦女乾血淋

漓), 火는 조(燥)한 것이므로 안면이 붉어지는 면색홍적(面色紅赤)이 있다. 經에 이르길 눈이 어둡거나 보이지 않는 것은 대부분 火가 水의 剋을 만난 것이라고 했다.

土命見木及寅卯旺鄕 主膽胃經受傷 內主膈食 翻胃氣噎 蠱脹泄瀉 黃腫 不能飮食 吃物揀擇 嘔吐脾傷.
外則左手口腹有疾 皮膚燥澁. 小兒疳病 脾黃. 土主溫 多淹滯 面色痿黃. 經云 土虛乘木旺之鄕 脾傷定論.

◉ 土命은 木이 보이고 寅卯가 旺하면 주로 담(膽)과 위(胃)의 경락(經絡)이 상한다. 내부로는 속이 쓰리고 생목이 오르는 격식(膈食), 구역질이 나는 번위기일(翻胃氣噎), 배에 물이차고 설사가 나는 고창설사(蠱脹泄瀉), 간경화에 속하는 황종(黃腫), 음식을 먹지 못하거나 음식을 가리는 흘물간택(吃物揀擇), 비장이 상하여 구토하는 구토비상(嘔吐脾傷)이 있다.
외부에 나타나는 것은 왼쪽의 손과 구강 복부에 병이 온다. 피부가 건조한 피부조삽(皮膚燥澁), 어린아이의 위장병인 소아감병(小兒疳病), 안색이 누렇게 되는 비황(脾黃)이 있다. 土는 온(溫)이 主가 되므로 소화불량인 엄체(淹滯)와 얼굴이 누렇게 뜨는 면색위황(面色痿黃)이 있다. 經에 이르길 土가 虛하고 木이 旺하면 비장(脾臟)이 傷하는 것은 정해진 것이라고 했다.

金命見火及巳午旺處 主大腸肺經受病 咳嗽喘吐 腸風痔漏 魑魅失魂 癆怯之症.
外則皮膚枯燥 瘋鼻赤疽 癰背膿血之咎. 經云 金弱遇火炎之地 血疾無疑.

◉ 金命은 火가 보이고 巳午가 旺하면 주로 대장과 폐경락(肺經絡)에 병이 온다. 해수천식에 속하는 해수천토(咳嗽喘吐), 치질에 속하는 장풍치루(腸風痔漏), 귀신에 홀리는 이매실혼(魑魅失魂), 폐결핵에 속하는 노겁지증(癆怯之症)이 있다.
외부로 나타나는 병은 피부가 건조한 피부고조(皮膚枯燥), 딸기코가 되는 풍비적저(瘋鼻赤疽), 등창에 속하는 옹배농혈지구(癰背膿血之咎)가 있다. 經에 이르길 金이 약하고 火炎地를 만나면 혈질(血疾)이 틀림없다고 했다.

水命見土及四季旺月 主膀胱腎經受病. 內則遺精白濁 盜汗 鬼交 虛損 耳聾 傷寒感冒.
外則牙痛 疝氣 偏墜 腰痛 腎氣淋漓 吐泄疼痛之病. 女人主胎崩漏白帶. 水主寒. 面色黝黑. 經云 下元冷疾 且緣水值土傷.

⊙ 水命은 土가 보이고 四季가 旺한 月을 만나면 주로 방광과 신(腎) 경락에 病이 온다. 내부적으로는 몽정이나 임질에 속하는 유정백탁(遺精白濁), 식은땀을 흘리는 도한(盜汗), 귀신이 붙어 성교하는 귀교(鬼交), 귀가 들리지 않는 허손이롱(虛損耳聾), 감기에 속하는 상한(傷寒)이나 감모(感冒)가 있다.

외부로 나타나는 병은 치통에 속하는 아통(牙痛), 아랫배가 아프고 탈장이 되는 산기(疝氣), 불알이 붓는 편추(偏墜), 허리가 아픈 요통(腰痛), 소변이 탁하거나 나오지 않는 신기임리(腎氣淋漓), 구토 설사 복통의 토설동통(吐泄疼痛), 주로 여인에게 나타나는 자궁출혈이나 냉 대하에 속하는 태붕루백대(胎崩漏白帶)가 있다. 水는 한(寒)이 주가 되므로 얼굴색이 검다. 經에 이르길 하초(下焦)의 냉질(冷疾)은 水가 土에 傷한 것이라고 했다.

대질시결(帶疾詩訣)

戊己生時氣不全 傷官時月見留連 必當頭面有虧損 膿血之災苦少年.
⊙ 戊己日의 생월의 氣가 온전치 못하고 月時가 상관으로 이어지면 반드시 머리나 얼굴이 훼손되고 어려서 종기로 고생한다.

日主加臨戊己生 支辰火局氣薰蒸 冲刑剋破當殘疾 髮禿更兼眼不明.
⊙ 戊己日의 地支가 火局으로 氣가 훈증(薰蒸)하고 형충극파(刑冲剋破)

되면 불구가 되는데 머리가 빠지고 눈이 어둡다.

丙丁日主運行衰 七殺加臨三合來 升合日求衣食缺 耳聾殘疾面塵埃.
◉ 丙丁日은 運이 쇠약하고 七殺이 三合하면 매 끼니를 걱정해야하고 귀머거리로 불구가 되고 얼굴에 잡티가 많다.

壬癸重重疊疊排 時辰若觳見天財 縱然頭面無斑癩 定是其人眼目災.
壬癸 水가 많고 時에 火-재성이 투출하면 얼굴에 무늬가 있거나 아니면 눈에 재난(災難)이 있다.

丙丁火旺疾難防 四柱休囚辰巳方 木火相生來此地 啞中風疾暗中亡.
◉ 丙丁火가 旺하면 질병을 막기 어려우므로 사주에 辰巳가 없어야 한다. 여기에 木火相生이 되면 풍병(風病)으로 벙어리가 되고 암암리에 죽는다.

론대운(論大運)

夫大運者 以天干曰五運 地支曰六氣 故名運氣. 子平之法 大運看支 歲君看干 交運同接木. 何也 且干支二字 六十花甲子之說用花字 若天干地支得其時則自然開花結子盛矣. 月令者 天元也 行運就月上起. 譬之樹苗 樹之見苗則知名 月之用神則知其格 故謂交運如同接木然. 命有根苗花實者何 正合此意也 豈不宜矣.

◉ 대체로 대운이란 天干을 오운(五運)이라 하고 地支는 육기(六氣)라 하여 운기(運氣-오운육기)라고 한다. 자평법에서는 大運은 地支를 보고 세군(歲君-유년)은 천간을 본다. 대운이 바뀌는 교운(交運)은 접목(接木)과 같다. 干支는 두 글자인데 육십화갑자(六十花甲子)라고 하여 花-字를 쓰는 이유는 天干과 地支는 때를 얻으면 자연히 꽃이 피고 열매를 맺는 것과 같기 때문이다. 월령은 운이 시작하는 곳이므로 月에서 大運이 일어난다. 비유하면 나무의 싹을 보고 그 이름을 알 수 있듯이 月의 용신으로 格을 알 수 있다. 그래서 교운(交運)은 접목(椄木)과 같다고

한다. 命에 근묘화실(根苗花實)이 있다는 것은 이 의미에 알 맞는 말이다.

出癸入甲 如返汗之人 且如甲戌接癸亥 此乃干支接木. 丑運交寅 辰交巳 未交申 戌交亥 此乃轉角接木. 東南西北四方轉角謂之接木 格局凶者死 格局善者災. 寅卯辰一氣 巳午未一氣 申酉戌一氣 亥子丑一氣 氣之相連 皆非接木之說.

◉ 癸운을 나와 甲운에 드는 것은 땀이 난 사람과 같다. 예를 들면 甲戌이 癸亥에 연결되어 干支가 접목(椄木)하는 것이다. 丑운에서 寅운으로 넘어가고 辰에서 巳로, 未에서 申으로, 戌에서 亥로 넘어가는 것을 전각접목(轉角接木)이라고 한다. 이렇게 모퉁이에서 넘어가는 것을 접목(椄木)이라 하는데 격국이 흉하면 죽고 격국이 좋아도 재앙이 있다. 寅卯辰一氣, 巳午未一氣, 申酉戌一氣, 亥子丑一氣는 氣가 이어진 것이므로 모두 접목에 해당되지 않는다.
-{辰에서 巳로 가는 것이 접목(椄木)이다. 즉 辰戌丑未에서 넘어가는 것이 접목인데 만약 辰에서 卯로 넘어가면 접목(接木)이 아니다. 卯나 辰이나 모두 東方에 속하기 때문이다.}-

且如甲乙得寅卯運 名曰劫財 敗財 主剋父母及剋妻 破財爭鬥之事 行丙丁巳午運名傷官 主剋子女 訟事囚系 行庚辛申酉 七殺官鄕 主得名 發越太過則災病惡疾 行壬癸亥子生氣印綬運 主吉慶增產 辰戌丑未戊己財運主名利皆通 此乃死法譬喩 須隨格局喜忌推之 不可執一 妙在識其通變 拙說如神 干旺宜行衰運 干弱宜旺運 正乃干弱則求氣旺之籍 有餘則喜不足之營 須要通變 更兼孤寡 空亡 勾絞 喪門 吊客 宅墓 病死 官符 白虎諸殺推之 其驗如神.

◉ 甲乙日이 寅卯運을 만나면 이름을 겁재 패재(敗財)라고 하는데 부모를 극하거나 妻를 극하고 파재(破財)하고 싸우는 일이 된다. 丙丁巳午는 상관이므로 子女를 극하거나 송사(訟事)가 있거나 감옥에 간다. 庚辛申酉는 칠살이나 관성 운이므로 명성을 얻는다. 그러나 관살이 지나치면 재해와 질병이 있거나 고치기 힘든 병에 걸린다. 壬癸亥子는 生氣

의 인수운이므로 경사와 재산이 불어나는 길경증산(吉慶增產)으로 본다. 辰戌丑未戊己의 財運은 名利가 모두 형통한다. 그러나 이것은 사법(死法)으로 비유한 것이므로 격국의 희기에 따라 추단하여야하고 융통성 없이 한 가지만 고집하면 안 된다. 통변(通變)의 묘미를 알면 말은 서툴러도 적중은 귀신같다. 日干이 왕하면 약한 運으로 가야하고 日干이 약하면 왕한 運으로 가야 한다. 日干이 약하면 氣가 旺한 곳을 찾고 남으면 부족한 곳이 좋다. 통변을 겸하여 고과(孤寡) 공망(空亡) 구교(勾絞) 상문(喪門) 조객(吊客) 댁묘(宅墓) 병사(病死) 관부(官符) 백호(白虎) 등의 모든 殺을 같이 추단하면 증험이 神과 같다.
-{喪門-寅年생이 辰을 본 것이다. 吊客-寅年생이 子를 본 것이다.}-
-{宅墓-子年생이 巳를 본 것이다. 官符-子年생이 未를 본 것이다.}-

又一法. 陽刃 桃花 伏吟 反吟 休囚 死絕 衰敗者凶運. 帝旺 臨官 祿馬 貴人 生養 冠帶 庫者吉. 如空者 凶空者反吉 吉空者反凶. 大運不宜與太歲相剋相冲 相冲者凶 更刑冲相剋者亦忌. 歲冲剋運者吉 運剋歲者凶 格局不吉者死. 歲運相生者吉 祿馬貴人合交互者亦吉. 宜審細推之 無有不應驗者矣.

◉ 또 하나의 방법은 양인(陽刃) 도화(桃花) 복음(伏吟) 반음(反吟) 휴수(休囚) 사절(死絕) 쇠패(衰敗)는 흉운(凶運)에 속하고 제왕(帝旺) 임관(臨官) 록마(祿馬) 귀인(貴人) 생양(生養) 관대(冠帶) 고(庫)는 길운(吉運)에 속한다. 만약 흉성이 공망이면 오히려 길하고 길성이 공망이면 반대로 흉하다. 대운과 태세가 相剋 相冲하여도 좋지 않은데 冲하여 흉할 경우에는 刑 冲 剋이 되면 더 꺼린다. 流年이 大運을 冲剋하면 길하지만 大運이 流年을 剋하면 흉하므로 格局이 좋지 않으면 죽는다. 유년이 相生하여 길할 경우 財官이 貴人과 합하면 번갈아 교차하여도 역시 좋다. 잘 살피고 세밀히 추단하면 모두 응험(應驗)하지 않은 것이 없다.
-{대체로 유년이 대운을 冲剋하는 것은 무난하지만 명국이나 대운이 유년을 충극하면 흉하다.}-

운회시결(運晦詩訣)

干事難成又費錢 提防凶事近流年 初心欲遂熊羆兆 中卻番成飽事眠.
◉ 일은 되지 않고 돈만 나가므로 가까운 유년의 흉사를 막아야한다. 처음에는 성취할 욕심으로 무사와 같지만 몇 번 이루는 사이에 배가 불러 잠든다.

比肩歲運必爭論 鬥訟官司爲別人 兄弟陰人財帛事 閉門還有是非屯.
◉ 비견 세운에는 반드시 쟁론(爭論)이 있고 싸우고 소송을 한다. 형제나 여인으로 인하여 금전(金錢)에 관한 일어나는데 그런 인간과 교류를 안 해도 시비(是非)가 떠나지 않는다.

不作禎祥返作災 外情牽惹是非來 匣中珍寶牢難取 求謀不成又破財.
◉ 일은 틀어지고 오히려 재앙이 찾아오고 애정문제에 연루되어 시비가 온다. 보물이 상자에 있어도 꺼내지 못하고 계획한 일은 되지도 않고 돈만 깨진다.

到此難留隔宿錢 求之勞碌及熬煎 若還財聚主妻剋 又是官災口舌纏.
◉ 이 지경이 되면 하룻밤 잘 돈도 없고 뼈 빠지게 해서 시달리고 설령 돈을 모아도 妻를 剋하고 관재나 구설(口舌)에 휘말린다.

劫財陽刃兩頭居 外面光華內本虛 官殺兩頭居不出 少年夭折實嗟吁.
◉ 겁재 양인이 양쪽 머리에 있으면 겉만 화려하고 속은 비어 있다. 官殺이 양쪽머리에 있으면 투출하지 않아도 소년(少年)에 요절(夭折)하니 탄식만 할 뿐이다.
-{모두 운이 막힐 때 주로 일어나는 내용의 시결(詩訣)이다.}-

운통시결(運通詩訣)

三合財官得運時 綺羅香裏會佳期 洋洋已達靑雲志 財祿婚姻喜氣宜.
◉ 財官이 三合하는 運을 얻을 때는 향기 나는 화려한 옷을 입고 아름다운 혼인을 한다. 드넓은 꿈과 뜻을 달성하니 재록(財祿)과 혼인(婚姻)으로 좋아하는 기운이다.
-{재관이 삼합하는 운에는 결혼을 하거나 새 직장을 얻는다.}-

運遂時來事事宜 布衣有分上天梯 貴人輕著提攜力 指日靑雲貴可期.
◉ 성취하는 運이 오면 매사 잘 풀리니 평민에서 높게 오르고 귀인(貴人)이 이끌어주니 청운(靑雲)의 꿈을 이루어 귀하게 된다.

自是生來不受貧 官居華屋四時春 夏涼冬暖淸高處 饈饌杯盤勝別人.
◉ 출생 이래 가난하지 않고 빛이 나는 관직에 있으면 항상 봄날과 같다. 여름에 시원하고 겨울에 따뜻한 것은 직위가 높은 것이니 좋은 술과 맛좋은 안주가 있고 남보다 우월하다.

此運祥光事轉新 一團和氣藹陽春 靑雲有信天書近 定是超群拔萃人.
◉ 이 運은 福에 빛이 나고 일이 새롭게 되며 화기(和氣)가 우거지는 봄날이다. 청운의 신임을 받고 황제의 조서를 가까이하니 그야말로 초군(超群)의 출중한 사람이다.

甲子乙卯非爲刃 辛酉庚申理一同 合起人元財馬旺 中年顯達富豪翁.
◉ 甲子에 乙卯가 양인이 아닌 경우는 辛酉 庚申과 같은 이치(理致)이다. 인원(人元)에서 합이 일어나고 재성이 왕하면 중년에 출세하여 부호(富豪)가 된다.
-{원래 甲子에 乙卯는 陽刃인데 재성이 많으면 양인이 일주를 도와준다. 즉 庚申이나 辛酉처럼 일간의 뿌리가 된다. 이때 인원(人元)중에 乙-양인을 합하는 庚金이 있고 재성이 旺하면 큰 부자가 된다는 뜻이 된다. 모두 운이 좋을 때 주로 일어나는 내용이다.}-

론태세길흉(論太歲吉凶)

太歲乃年中天子 故不可犯 犯之則凶. 經云 日犯歲君 災殃必重 五行有救 其年反必招財 且如甲日見戊土太歲是也 剋重者死 甲乙若寅卯亥未日時者 犯剋歲君 決死無疑 有救則吉 乃八字庚辛酉巳丑金局也 經云 戊己愁逢甲乙 干頭需要庚辛 或丙丁火局焚木 有災勿咎 效此推之 或得己合甲亦解之

⊙ 태세(太歲-유년)는 당년의 천자(天子-至尊-최고 권력자)가 되기 때문에 범(犯)하면 흉하므로 범(犯)하면 안 된다. 經에 이르길 日主가 유년(流年)을 犯하면 재앙(災殃)이 重한데 구제(救濟)하는 오행이 있으면 오히려 재물이 불러들인다고 했다. 예컨대 甲日이 戊土-유년을 만날 경우 심하게 剋하면 죽는다. 甲乙日에 만약 日時에 寅卯亥未가 있고 세군(歲君-유년)을 극하면 틀림없이 죽는다. 이때 구제(救濟)하는 것이 있으면 吉한 것은 팔자에 庚辛酉巳丑 金局이 있어서 목(木)을 제압하는 것을 말한다. 經에 이르길 戊己가 甲乙을 만나면 걱정이지만 천간에 庚辛이 있거나 아니면 丙丁-火局이 木을 태우(焚)면 재앙이 있어도 흉하게 되지는 않는다고 했다. 이렇게 추단하는데 아니면 己土가 일간-甲木을 합하여도 해소된다.

大抵太歲不可傷之 相生者吉 乃五行有救 其年反必爲財 犯歲君者 其年必主凶喪 剋妻妾及破財是非 犯上之悔 加以勾絞 空亡 咸池 宅墓 病符 死符 白虎 陽刃諸殺並臨 禍患百出 神殺加臨 輕重推之 日干雖不剋歲 猶恐運剋歲君 若加歲運冲刑 陽刃冲合 主破耗喪事 倘有貴人祿馬解之 稍吉 八字有救無虞 故云 太歲乃衆殺之主 人命遇之未必爲災 若遇戰鬥之鄕 必主刑於本命

⊙ 대체로 太歲가 傷하면 안 되고 相生하면 길하므로 구해주는 오행이 있으면 그해 오히려 재물을 얻는다. 歲君을 범하고 구해주는 오행이 없으면 그 해는 반드시 흉한데 사람이 죽거나 처첩(妻妾)을 극(剋)하거나 파재(破材)나 시비(是非)가 발생한다. 윗선을 침범하여 후회하는 것인데

여기에 구교(勾絞) 공망(空亡) 함지(咸池) 댁묘(宅墓) 병부(病符) 사부(死符) 백호(白虎) 양인(陽刃)등의 제반 殺이 함께 臨하면 갖가지 화환(禍患)이 나타나게 되므로 신살(神殺)을 더하여 보고 경중(輕重)을 추단한다. 일간이 태세를 극하지 않더라도 대운이 태세(太歲)를 극하면 역시 두려운 것인데 만약 태세와 대운이 刑冲하거나 陽刃을 冲合하면 재산이 깨지고 줄어들거나 상사(喪事)가 있다. 만약 천을귀인이나 록마(祿馬)가 해소하면 吉하고 팔자에 구(救)해주는 것이 있으면 걱정 없다. 그래서 말하길 태세는 모든 殺을 주관가 하지만 만난다고해서 반드시 재앙이 있는 것은 아니다. 그러나 전투(戰鬪)가 일어나는 곳을 만나면 본명(本命)에 반드시 刑이 있다고 했다.
-{兵符-子年생이 亥를 본 것이다. 死符-兵符를 冲(巳)하는 것이다.}-

론격국생사인용(論格局生死引用)

夫格局者 自有定論 今略而述之.
◉ 격국으로 생사(生死)를 보는 것은 따로 정해진 이론이 있으므로 간략하게 말하겠다.

印綬見財行財運又兼死絕 必入黃泉 如有比肩 庶幾有解.
◉ 인수격에 財가 보이고 財運을 만나고 또 겸하여 인수가 사절(死絕)되면 반드시 황천(黃泉)으로 간다. 그러나 비肩이 있어서 재성을 극하면 해소되어 괜찮다.

正官見殺及傷官 刑冲破害 歲運相並必死.
◉ 正官격에 칠살 상관이 형충파해(刑冲破害)하는데 세운에서 형충파해(刑冲破害)를 함께하면 반드시 죽는다.
-{정관격에 칠살은 관살혼잡이 되고 상관은 상관견관이 되는데 이때 유년에서 형충파해를 겸하면 황천으로 간다.}-

正財偏財見比肩分奪 劫財陽刃又見歲運冲合 必死.

◉ 정재나 편재가 분탈(分奪)하는 비견을 만날 경우 歲運에서 또 겁재나 양인이 冲습하면 반드시 죽는다.

傷官之格 財旺身弱 官殺重見混雜冲刃 歲運又見必死 活則傷殘.

◉ 傷官格에 財가 旺하여 신약하고 官殺이 重하고 혼잡하고 양인을 冲할 경우 歲運에서 또 -{관살을}- 만나면 반드시 죽는데 살아나도 불구자가 된다.

拱祿拱貴填實 又見官空亡冲刃 歲運重見卽死.

◉ 공록(拱祿) 공귀(拱貴)격이 전실(塡實)되고 또 관성이 보이고 공망이 양인을 冲하는 것이 歲運에 또 보이면 곧바로 죽는다.

日祿歸時 刑冲破害 見七殺 官星 空亡 冲刃必死.

◉ 귀록(歸祿)이 형충파해(刑冲破害)되고 칠살 관성 공망 양인을 冲하는 것을 만나면 반드시 죽는다.

殺官大忌 歲運相並必死.

◉ 관살을 크게 꺼릴 경우 관살이 세운병임(歲運倂臨)되면 반드시 죽는다.

其餘諸格 並忌殺及填實 歲運並臨必死.

◉ 이 밖에 모든 格에서 殺과 전실(塡實)을 함께 꺼리는데 이것이 세운병임(歲運倂臨)이 되면 반드시 죽는다.

會諸凶神惡殺 勾絞 空亡 吊客 墓庫 病 死 官殺 九死一生.

◉ 모든 흉신 악살은 구교(勾絞) 공망(空亡) 조객(吊客) 묘고(墓庫) 병(病) 사(死) 관살(官殺)등 인데 이들이 모이면 열에 아홉은 죽는다.

官星太歲 財多身弱 原犯七殺 身輕有救則吉 無救則凶.

◉ 재다신약하고 원국에 七殺이 있는 사주가 正官年을 만날 경우 신약(身弱)을 구조(救助)해 주면 吉하고 구조(救助)가 없으면 凶하다.

金多夭折 水盛漂流 木旺則夭 土多癡呆 火多頑愚 太過不及作此論.

◉ 金이 많으면 요절(夭折)하고, 水가 왕성하면 표류(漂流)하고, 木이

旺하면 요절하고, 土가 많으면 어리석고, 火가 많으면 고집이 세고 우둔하다. 태과(太過)하거나 불급(不及)한 것은 이렇게 본다.

一不可拘 二須敢斷 必須理會推之 求其生死要矣.
◉ 첫째 통변을 하고 둘째 과감하게 판단하되 이치를 동원하여 生死의 요점(要點)을 찾아 추단한다.

수원시결(壽元詩訣)

壽算幽玄識者稀 識時須是洩天機 六親內有憎嫌者 歲運逢之總不宜
◉ 수명은 현묘하여 아는 사람이 드문데 그 시기를 알면 천기(天機) 누설이 된다. 꺼리는 육친이 원국에 있는데 이것을 歲運에서 만나면 어쨌든 좋지 않다.
-{원국에 있는 흉신이 유년에 나타나는 것을 말한다.}-

壽星明朗壽元長 偏印逢之不可當 寵妾不來相救助 命如衰草值秋霜
◉ 식신이 뚜렷하면 수명이 길지만 偏印을 만나면 그렇지 않다. 편인을 극제(剋制)하는 편재가 구조(救助)하지 않으면 시들은 초목에 서리가 내리는 것과 같다.

丙臨申位逢陽水 定見天年未可知 透出干頭壬癸水 其人必定死無疑
◉ 丙申日이 壬水를 만나는 것만 가지고 天命을 확실하게 定할 수는 없지만 천간에 壬癸水가 투출하였으면 그 사람은 틀림없이 죽는다.

표탕시결(飄蕩詩訣)

偏財偏位發他鄉 慷慨風流性要強 別立家園三兩處 因名因利自家亡
◉ 편재가 몰려 있으면 타향에서 성공하는데 더 없이 후하고 풍류(風流)성이 강하다. 살림을 두 세군데 따로 차리고 명성과 이익으로 인하

여 가정을 망친다.

偏財別立在他鄕 寵妾防妻更剋傷 愛慾有情妻妾聚 更宜春酒野花香
◉ 편재는 타향에서 성공하는데 첩을 좋아하고 처를 극상(剋傷)한다. 애욕과 情으로 처첩이 모여드니 춘주(春酒-술자리)에 야화향(野花香-정부)이 있는 것이 마땅하다.
-{춘주(春酒)는 술자리요 야화향(野花香)은 정부(情婦)다.}-

군흥론(群興論)

一當興 二崛起 三聚興 四中興 五末興.
◉ 군흥(群興)에는 一당흥(當興) 二굴기(崛起) 三취흥(聚興) 四중흥(中興) 五말흥(末興)이 있다.

夫人生有秉富貴之榮而當興富貴 而且能享福 而保其終身 其何故也 蓋四柱中身主專旺 而其所用吉神 或爲財 或爲官 或爲印綬 或爲食神 俱各帶祿權得令 不偏不雜 又無刑冲傷損剋害 方爲富貴本源之不雜也 他日能成才 振耀前人之基業 成當代之功名 不招讒謗 不致傷害 又在運上步步皆吉 四柱益加吉利 是謂源淸流潔 故能享福以過人 保其中而無悔也 皆由命運一路滔滔生旺而然 非幸也 乃命也 可不辨乎.
◉ 당흥(當興-평생 부귀) ; 부귀의 영광을 잡은 인생은 당흥(當興)으로 부귀와 복을 누리는데 왜 죽을 때 까지 유지되는가? 그것은 오로지 일주가 旺하고 재나 관이나 인수나 식신을 쓰는데 이들 모두가 각기 록(祿)가지고 있고 득령하여 힘이 있고 편중되거나 혼잡하지 않고 또 형충이나 상손극해(傷損剋害)가 없으면 富貴가 되는데 원국이 순수한 것이다. 훗날 인재가 되어 선인(先人)의 기업(基業)을 빛내고 당대(當代)에 공명을 얻고 비방을 받지 않고 상해(傷害)를 입지 않고 또 運마다 모두 吉하여 더욱 좋게 된다. 이것을 일러 원국과 운의 흐름이 깨끗하다고 한다. 때문에 남보다 뛰어난 福을 누리고 유지하므로 후회가 없

다. 命과 運이 끊임없이 生旺하여 그런 것이다. 요행이 아닌 命이 그런 것이므로 분별할 수 있는 것이다.
-{평생을 부귀하게 살아가는 팔자로 타고난 것이다.}-

夫人之生又有窮餓其身 愁苦孤寒顚倒無何. 一旦逢時 興然而起. 或當營財滿意 白手莊田 或致君澤民 獨步台鼎. 斯人也 前後異見 其故何也？蓋因柱中日主生氣未旺 所用貴神 悉皆得位而成旺 又且合格 奈何日主無力 不能勝任其福 亦勞困偃蹇. 忽逢運扶 其日干得其強健 用神出呼嘯風生 元命用神方爲我用. 我乘之 則勃然而興. 是偏氣乘合 衰以遇旺 故迎吉而能崛起. 若夫建業創功 有大小之不同 當於所遭命之輕重辨之可也.

⊙ 굴기(崛起) ; 人生이 궁(窮)하여 굶주리고 근심 걱정으로 빈한하게 지내다가 어느 날 때를 만나면 저절로 갑자기 일어나기 시작한다. 사업을 만족하게 경영하여 빈손에서 지주(地主)가 되거나 혹은 군주에게 충성하고 백성을 윤택하게 하는 독보적인 존재로 삼공(三公)의 지위가 되기도 한다. 이런 사람이 앞뒤가 다르게 바뀌는 이유는 뭔가？ 용신이 득위(得位)하여 旺하고 또 格에 잘 맞아도 日主의 생기(生氣)가 아직 旺하지 않으면 福을 감당하지 못하게 되므로 지치고 고달파도 어쩔 수 없다. 그러나 갑자기 日干을 부조(扶助)하는 운을 만나고 日干이 강건(剛健)해지면 用神이 기(氣)를 내뿜고 바람이 일으킨다. 원명(元命)의 用神을 내가 쥐고 쓰면 비로소 運이 왕성하게 일어난다. 이것은 편기(偏氣)가 모인 곳에 타고 있다가 쇠(衰)가 旺하게 된 것이므로 吉을 맞이하여 우뚝 솟아 일어나는 것이다. 그렇지만 업을 세우고 功을 일으키는 것에도 크고 작은 차이가 있으므로 命의 경중을 나누어 구별해야한다.
-{굴기(崛起-우뚝 솟아 일어나는 것)는 좋은 구조를 가졌으나 신약하여 움츠리고 있다가 신왕운을 만나 왕성하게 일어나는 것이 있다. 또는 신왕하고 격국을 이루고 있지만 용신이 쇠약할 경우 용신이 생왕한 곳에서 일어나는 것이다.}-

又有日主強 則四柱五行殺純不雜 身殺俱旺 則根本元無制伏 富貴不成

唯待運來制伏 殺神則化爲權 方能崛興. 才德動公卿 功名顯達 出類超群 是其身旺 殺神逢制化爲權也. 制神力旺 發福非常 安得其人不顯達以至極品之尊貴乎 實有其命 又要行其運以扶 方見崛興也. 如苟運不至 即常人耳.

◉ 취흥(聚興) ; 日主가 强하고 사주의 칠살이 순수하고 관성이 섞이지 않고 신살(身殺)이 모두 旺하여도 근본적으로 원국에 제복(制伏)이 없으면 부귀를 이루지 못한다. 이때는 오직 제복(制伏)하는 운을 기다려 殺이 권(權)으로 바뀌어야 비로소 우뚝 솟아오른다. 재덕(才德)을 실행하여 뛰어난 고관이 되어 공명을 얻고 출세한다. 이것은 신왕한 중에 殺을 制化하여 權으로 된 것이다. 殺을 制하는 힘이 旺하면 크게 발복하여 극품(極品)의 존귀(尊貴)에 오르게 된다. 실제로 그런 命이 있더라도 運이 도와주어야 피어난다. 만약 運이 오지 않으면 평상인에 불과하다.
-{취흥(聚興)은 일주와 살(殺)이 모두 왕할 경우 살(殺)을 제하는 운에 발복하는 것을 말한다.}-

又要四柱中日主健旺 用神亦旺 各相停均 爲富屋制朱門貴命之賢子也. 及其長大 成立豐隆 一逢惡曜運加臨元命 見其財而奪之 因其官而傷之 臨其印而壞之 逢其食而損之. 遭逢此運 禍不勝言 所以中年見傾而不發. 如其惡運一去 又逢好運扶身 使我用神一新. 譬如枯苗得雨 勃然而興 鴻毛遇風 飄然而舉 不可禦也.

◉ 중흥(中興) ; 日主가 건왕(健旺)하고 用神도 旺하여 서로 균형을 이루면 부옥(富屋)에 권세가의 현자(賢子)로 성장하여 풍성하게 이룬다. 그러나 한번 나쁜 運이 원명(元命)에 임하여 財를 겁탈당하거나 관성을 傷하거나 인성이 무너지거나 식신을 傷하게 된 것이다. 이런 運을 만나면 말할 수 없는 禍를 당하는데 中年에 기울게 되면 피어나지 못한다. 그러나 나쁜 運이 가고 좋은 運을 만나면 일주를 도와주어 나로 하여금 用神이 새롭게 된다. 이때는 마른 싹이 비를 만나듯 갑자기 일어나 흥하는데 기러기 털이 바람을 만나 사뿐히 올라가는 것을 누가 막겠는가.
-{중흥(中興)은 원래 잘 짜인 사주가 나쁜 운에서 재관인식이 상하여

한 번 꼬꾸라지고 다시 좋은 운을 만나 일어나는 것이다.}-

又有人生五行身旺 陽刃比肩俱各爭旺 惟有財官格神等物虛浮輕少 無力成功名矣. 出門行運 又非作福之地 所以一生饑寒 勞苦落剝 有志無成. 或至中年晚景 頓逢殺運 假殺爲權 制伏陽刃 或得權貴以顯揚 或招財資而發福. 當隨五行淸濁 以遇其運而別之 是一生窮困 忽然興起於中晚景也. 故知此命元用財官 平生無氣 卽至運到 方成富貴 一一興利. 故未興者 乃得運而然也 學者可不勉乎.

◉ 말흥(末興) ; 일주가 身旺하고 양인 비견이 왕(旺)함을 서로 경쟁하고 자랑하면 財官殺등의 격신(格神)은 허부(虛浮)하거나 경소(輕少)하고 무력하여 공명을 이루지 못한다. 복(福)이 되는 運을 만나지 못하면 일생을 굶주리고 고생으로 시달리고 뜻을 이루지 못한다. 그러다가 중년이나 말년에 갑자기 殺運을 만나 가살위권(假殺爲權)이 되거나 양인(陽刃)을 제복(制伏)하여 권력을 얻거나 돈을 벌어들여 발복한다. 당연히 오행의 청탁(淸濁)에 따라 운을 분별해야한다. 이는 일생을 곤궁(困窮)하게 살다가 중 말년에 갑자기 일어난 것인데 이런 명은 원래 財官을 쓰기 때문에 평생을 무기력하게 살다가도 運을 만나면 富貴를 이루고 매사가 이롭게 잘 된다. 말흥(末興)은 運을 얻어야 그렇게 되는 것이므로 배우는 자는 힘쓰지 않으면 안 된다.
-{말흥(末興)은 身이 너무 旺하여 굶주리다가 비겁 양인을 제하는 관살 운에 권력을 얻거나 돈을 벌게 된다.}-

론흥망(論興亡)

夫人生柱中有純殺爲用也. 殺神無制則爲白屋窮途之人 或作豪門營干之士. 故要逢制殺運 假殺而起 進用朝廷 操權威福 功不可量 制伏運一入財鄕 財能黨殺 便興禍患. 如此官旺殺旺 運元恐失計 所以命黨殺運倘來生凶. 偶然遇流年財殺少旺 殺神相黨 並合興殃 身主孤寒剋害 輕

則傾家徒配 重則刑棄其身 故其殺神並合 凶亡之可畏也. 有如此殺神者 一一難免禍焉.

◉ 대체로 柱중에 있는 殺이 순수하여 쓸 경우 殺을 제(制)하지 않으면 돈도 지위도 없이 살거나 아니면 권세가(權勢家)의 일을 돌보는 집사(執事) 노릇을 한다. 그래서 制殺하는 運을 만나야 한다. 가살(假殺)이 일어나면 조정(朝廷)에 입신(立身)하여 권력을 쥐고 많은 功을 세운다. 그러나 殺을 제복(制伏)하는 運에서 殺을 생하는 財運으로 들어서면 財가 당살(黨殺)이 되므로 곧바로 화환(禍患)이 발생한다. 이렇게 官旺하거나 殺旺할 경우 運에서 어긋나면 두려운 데 당살(黨殺)운이 되면 凶이 발생하기 때문이다. 유년에서 財殺이 조금만 旺해도 殺이 무리를 이루어 재앙을 일으키므로 빈한(貧寒)하게 되고 극해(剋害)를 입는다. 경(輕)하면 집안이 기울거나 죄를 짓고 귀양을 가고 중(重)하면 형벌로 죽는다. 그래서 殺이 병합(倂合)하면 흉망(凶亡)이 두렵다. 이렇게 殺이 있으면 그 禍를 일일이 피하기 어렵다.

-{신왕하고 살(殺)을 제(制)하여 귀(貴)를 얻는 것인데 가살(假殺)이 일어난다는 것은 살(殺)을 제(制)하여 편관으로 된 것이다. 그러나 살을 생하는 財星 운이 되면 상황이 뒤바뀐다. 즉 관살이 왕하기 때문에 살이 당(黨)을 이루어 재앙을 일으킨다.}-

又有柱中月令正氣官星 爲一生貴氣 惟逢印運則利. 蓋官星喜逢財旺以生之 印旺以護之 故令其人能行仁布德 緯國經邦 權重爵高 所以貴也. 後遇殺神旺鄕 殺神祿位 歲殺並臨 官化爲鬼 喪身必矣. 不行殺運 或逢傷官運 又無印綬治之 傷官得地 祿遭傷損 喪妻剋子 剝職生災 立可見矣. 更遇流年 儻它損官受剋 必致亡爲慘惡. 故欲官祿逢傷 而免剝戮者 不其難之乎 如有高見明識 知進退存亡之機 而保其身者 官祿逢傷 六親免禍 亦當自己受惡疾而終者矣.

◉ 월령에 정기관성(正氣官星)이 있으면 평생의 貴氣이므로 오직 印運을 만나야 좋다. 대개 관성은 財가 旺하여 官星을 생하고 인성이 旺하여 官星을 보호해주는 것을 좋아한다. 그런 사람은 仁을 행하고 德을

펼쳐 국가를 다스리는 위국경방(緯國經邦)을 행하여 권위가 重하고 직위가 높다. 그러나 나중에 殺旺한 운을 만나고 殺이 祿(殺의 祿)을 가지고 세운병임(歲運倂臨)이 되면 官이 귀살(鬼殺)로 변하기 때문에 반드시 죽는다. 殺運으로 가지 않아도 혹 상관 運을 만났을 경우에는 상관을 制하는 인수가 없으면 상관이 득지(得地)하여 록(祿-관성)이 傷하게 되므로 상처(喪妻) 극자(剋子)하고 직위를 박탈당하는 재앙이 일어난다. 게다가 流年에서 다른 것이 합세하여 관성을 극(剋)하면 반드시 비참하게 죽는다. 그래서 관록(官祿-관성)이 상(傷)하면 지위박탈과 형벌과 죽어나가는 박륙(剝戮)을 피하고 싶어도 피할 수 없다. 팔자에 대한 고견(高見)과 확실한 지식이 있으면 진퇴(進退)와 존망(存亡)의 기(機)를 알고 자신을 보호한다. 하지만 官祿을 상(傷)하는 것을 만나면 육친은 화(禍)를 면해도 본인은 나쁜 병으로 생을 마친다.

-{이 단(段)은 내가 관성을 다스리면 부귀영화를 누리지만 관성이 살과 합세하여 나를 공격하면 참혹하다. 혹은 상관이 관성을 극하여도 마찬가지다.}-

又有四柱中所專用神 無官殺氣 惟偏財 正財當旺而已. 財神當道隱隱興隆 積財聚寶 但少貴矣. 欲知且看行運如何 若財逢官祿旺之鄕 又成富貴之局. 設有不幸 財神脫局 陽刃相逢 財傾福敗 多患其凶. 及流年冲合陽刃 財神傷盡 元命衰絶 陽刃生凶 敗亡極矣.

◉ 사주 중의 관살의 氣가 없고 오직 편재나 정재가 旺하면 이것을 용신으로 전용(專用)하는데 財가 힘을 쥐고 있으므로 은은하게 번창하여 재물을 모으지만 貴는 적다. 대운의 상황을 봐야 알 수 있는데 만약 財가 官祿이 旺한 곳을 만나면 富貴를 이룬다. 불행한 경우는 財가 탈국(脫局)이 되고 대운에서 양인을 만나면 재물이 무너지고 복이 패(敗)하여 재난이 많고 凶하다. 유년에 이르러 양인을 冲합하면 財가 완전히 절단 나고 원명(元命)이 쇠절(衰絶)되어 있으면 양인이 凶을 발생시켜 패망(敗亡)이 절정에 이른다.

-{이 단(段)은 살이나 관성을 쓰지 않고 재를 쓰는 경우인데 재가 깨지면 패망한다.}-

보법제일(寶法第一)

夫稟陰陽而生天地間 故造化之賦於人也. 稟造化而生 物亦如之 莫不由陰陽變化. 是故推人吉凶休咎 斯理昭著. 然術家之法固多 究徵索子平之外未有矣.

◉ 음양(陰陽)을 부여받아 천지간에 태어났기 때문에 인간에게 조화(造花-운명)가 주어진 것이다. 만물 역시 조화를 부여받은 것이므로 음양의 변화가 아닌 것이 없으므로 인간의 吉凶을 추단하는 이치가 뚜렷하다. 술가(術家)의 법이 많지만 아직까지 자평법 외에는 없다.

子平一法 專以日干爲主 而取提綱所藏之物爲令 次及年月時支以表其端. 凡格用月令提綱 勿於傍求年日時爲格. 今人多不知其法於此 百法百失. 譬如月令以金木水火土爲要 但有一事而定言之 若於傍求則有失誤. 取其月令實事 則以遍求輕重深淺 格局破冲可也.

◉ 子平法은 오로지 일간을 위주로 하고 제강(提綱-월령)에 소장된 것을 령(令-강령)으로 取하여야 年·月·時의 支에서 실마리가 나타난다. 格은 月令의 제강(提綱)을 쓰는 것이므로 年·日·時에서 격을 찾으면 안 된다. 지금 그 法을 모르는 사람이 아직도 많은데 -{월령을 버리면}- 백 가지 방법이 모두 소용없다. 예를 들면 월령에 있는 金木水火土가 중요한 것이므로 다만 그 중에 하나를 정하는 것을 말한다. 만약 월령이 아닌 곳에서 구(求)하면 잘못된 것이다. 月令에서 실질적인 것은 경중심천(輕重深淺)을 비롯하여 격국(格局)과 파(破)와 충(冲)이다.
-{경중심천(輕重深淺)은 월율분야(月律分野)에서 찾는다.}-

西山易鑒先生得其通變 將十格分爲六格爲重. 曰官 曰印 曰財 曰殺 曰食神 曰傷官而消息之 無不驗矣. 其法曰 逢官看財 逢殺看印 逢印看官 斯有奧妙不傳之法. 取四者不偏不倚 生剋制化 而遇破體囚爲下運. 有生有去爲福 有助有剝爲禍. 其理深長 最宜消詳切當 不昧庸術 宜熟讀幸加免焉.

◉ 서산역감(西山易鑒)선생이 얻은 통변은 十格을 六格으로 나누어 중

요하게 여긴다. 財 官 印 殺 食 傷의 간지(干支)로 맞지 않는 것이 없다. 그 法에 이르길 官을 만나면 財를 찾고 殺을 만나면 印을 찾고 印을 만나면 官을 찾는 것인데 이것이 바로 세상에 전해지지 않았던 오묘(奧妙)한 法이다. 네 가지(財 官 印 殺)를 취하여 치우치지 않고 생극제화(生剋制化)가 되어야 하는데 체(體-日主)가 깨지는 수(囚-관살)를 만나면 내리막 운이다. 생(生-인성)이 있고 거(去-관성)가 있으면 福이 되지만 조(助-비겁)가 있고 박(剝-상관)이 있으면 禍가 된다. 이 이치는 아주 의미심장하므로 무엇보다 소상히 하여야 맞는다. 몽매하고 용렬(庸劣)한 술사가 되지 않으려면 숙독(熟讀)해야 요행으로 맞추는 것을 면할 수 있다.

-{비견 겁재를 格으로 쓴다는 말은 없다. 격(格)은 월지의 인원(人元)을 취하는 것이므로 人元에서 취하는 것이고 月律分野에서 취(取)하면 안 된다. 예컨대 丙日의 경우 子月에 태어나면 子중에 있는 癸水-人元으로 정관격이 된다. 월율분아에 있는 壬水를 格으로 취하면 안 된다.}-

보법제이(寶法第二)

子平之法以日爲主 先看提綱爲重 次用年日時支 合成格局 方可斷之. 皆以月令爲用 不可以年取格. 凡看子平之數 取格不定 十有九差. 惟易鑒先生之法 月令用金只用金 用火只用火. 八字水多却取水 不來取火 況此差矣. 以法斷之 誤其大半. 是西山易鑒參透玄機十八格內取六格爲重 用相生定格合局. 仍用年日下以推輕重淺深 萬無一失.

⊙ 子平法은 日을 위주로 하므로 먼저 제강(提綱-월령)을 보는 것이 중요하고 다음은 年·日·時를 합하여 格局을 이룬 후에야 비로소 판단할 수 있다. 모두 월령을 용신으로 삼기 때문에 年에서 格을 取하면 안 된다. 子平法으로 볼 때 정(定)해진 방법으로 格을 취하지 않으면 열에 아홉은 빗나간다. 역감(易鑒)선생의 법은 월령에서 金이 쓰이면 오직 金을 쓰고 월령에서 火가 쓰이면 오직 火를 쓴다. -{월지의 水가 격이

면}- 팔자에 水가 많아도 水를 취해야하고 火를 취하지 않는다. 이것을 대수롭게 알면 대부분 틀린다. 서산역감(西山易鑒)이 현기(玄機)를 깊이 깨달은 나머지 十八格 안에서 六格을 중시(重視)하여 취한 것으로 相生으로 格을 정하고 局을 배합한다. 따라서 年과 日로 -{격과 국의}- 경중과 천심(淺深)을 살피면 실수가 없다.

-{格局의 格은 월령을 말하고 局은 나머지 年日時에 있는 오행을 말한다. 相生으로 格을 정하는 것은 官을 만나면 財를 찾고 殺을 만나면 印을 찾고 印을 만나면 官을 찾는 것을 말한다.}-

-{오직 월령에서 格을 찾는다는 것은 六格法을 말한다. 즉 비견이나 겁재는 격으로 취할 수 없고 정인과 편인은 인격에 속하고 정재와 편재는 재격에 속하지만 관격과 살격과 식신격 상관격은 따로 구분해서 써야 한다.}-

六格法曰 逢官看財 逢財看殺 逢殺看印 逢印看官 如用印不怕殺 是殺拘印 印拘身 還作上格取之 如四柱逢印看七殺 但有官殺在 運行官殺鄕 亦作貴格 月令通官 柱中遇財 財生官妙矣 乃富貴之格 柱中見財 要人財旺興發福矣 但見一殺 則以殺爲重 不可又行財旺之鄕 乃財生殺旺 當作貧賤之格 凡格當以殺官言之.

◉ 六格法에 이르길 官이 보이면 財를 찾고, 財가 보이면 殺을 찾고, 殺이 보이면 印을 찾고, 印이 보이면 官을 찾는다고 했다. 印을 쓰면 殺을 두려워하지 않는데 이것은 殺이 印을 생하고 印이 身을 생하므로 上格으로 취한다. 四柱에 印을 만나면 七殺을 찾는데 다만 官殺이 있고 관살 운으로 가면 그도 역시 貴格으로 삼는다. 월령에 관성이 있고 柱중에 財를 만나면 財가 官을 생하는 것에 묘(妙)가 있으므로 富貴格이다. 柱중에 財가 보이면 사람들은 재물이 왕성하고 발복이 잘 되기를 원한다. 그러나 이때는 殺이 하나만 보여도 살(殺)이 중한 것이므로 財가 旺한 운으로 가면 안 된다. 이렇게 財가 살을 생하여 살이 旺하면 빈천(貧賤)격이 되는 것은 당연하다. 格은 殺과 官을 가지고 말한다.

론팔자촬요법(論八字撮要法)

※ 요점을 정리한 것이다.

用之爲官不可傷 用之爲財不可劫 用之爲印不可破 用之食神不可破 用之爲祿不可冲.

⊙ 官이 용신이면 -{상관이}- 官을 상(傷)하면 안 되고 財가 용신이면 -{비겁이}- 겁탈하면 안 되고 인수가 용신이면 -{재성이}- 극파하면 안 되고 食神이 용신이면 -{편인이}- 극하면 안 되고 록(祿-귀록)이 용신이면 -{祿을}- 冲하면 안 된다.

若有七殺須要制 制伏太過反爲凶 若遇傷官須要靜 此是子平萬法宗.

⊙ 七殺이 있으면 制하여야 하지만 制伏이 지나치면 오히려 凶하다. 상관을 만나면 안정(安靜)하여야한다. 이것은 모든 자평의 모든 법의 종(宗)이 된다.
-{상관을 만날 경우 안정하여야하는 것은 상관이 관성을 극하지 않도록 하는 것을 말한다.}-

傷官最怕爲官運 正官尤喜見財星 印綬好殺嫌財位 陽刃怕冲宜合迎.

⊙ 상관은 관성 運을 가장 꺼리고 정관은 재성을 만나면 좋아하고 인수는 殺을 좋아하고 財를 꺼린다. 양인은 冲을 꺼리므로 합해야한다.
-{양인을 합하는 것은 칠살이다.}-

比肩要逢七殺制 七殺喜見食神刑 有祿怕見官星到 食神最喜偏財臨.

⊙ 비견은 칠살로 制하고 칠살은 식신으로 刑하면 좋아하고 祿이 있으면 官星을 만나면 두렵고 食神은 -{편인을 剋하는}- 偏財가 임하면 가장 좋아한다.
-{식신으로 刑한다는 것을 식신으로 살을 제(制)하는 것이다. 록이 있으면 관성을 만나는 것을 두려워하는 것은 귀록격을 말한다.}-

此是子平撮要法 江湖術者仔細明.

⊙ 이것은 子平의 요점이니 술자(術者)는 자세히 알아야한다.

잡론구결 (雜論口訣)

01 看子平之法 專論財官 以月上財官爲緊要 發覺在於日時 要消詳於强弱.

◉ 子平法은 전적으로 財官을 논하는데 월(月)에 있는 재관을 가장 긴요(緊要)하게 보고 -{재관이}- 日時에 있으면 강약을 자세히 살펴야 한다.

02 論官星不論格局 論格局不論官星 入格者非富卽貴 不入格者非夭卽貧.

◉ 官星을 논하면 格局을 논하지 않고 格局을 논하면 官星을 논하지 않는다. 格에 들면 富하거나 貴가 되지만 格에 들지 못하면 요절하거나 가난하다.

03 官怕傷 財怕劫 印綬見財 愈多愈災.

◉ 官은 상관이 두렵고 財는 겁재가 두렵고 인수는 재(財)가 많을수록 재앙(災殃)이 된다.

04 傷官見官 爲禍百端 若非疾病傷軀 必當官訟囚繫 子喪妻傷.

◉ 상관견관(傷官見官)의 위화백단(爲禍百端)은 질병이 아니면 몸을 다치고 관재송사에 걸리고 감옥에 가고 자식이 죽고 처를 상(傷)한다.

05 傷官見官 元有者重 元無者輕 傷官見官 重則遷徙 輕則刑責.

◉ 상관견관이 원국에 있으면 중하고 원국에 없는 상관견관은 경(輕)하다. 상관견관이 중(重)하면 천사(遷徙-귀양)하고 경(輕)하면 형벌(刑罰)이나 문책을 당한다.

06 傷官見官 心地勾曲 詭譎多詐 傲物氣高 常以天下人不如己 貴人憚之 小人惡之.

◉ 상관견관이 된 명(命)은 심성(心性)이 구부러져 터무니없이 속이거나 거만(倨慢)하여 항상 남을 자기만 못하게 여기므로 군자가 꺼리고 소인도 싫어한다.

07 傷官用財者富 傷官劫財者貧.
◉ 傷官에 財를 쓰면 부유하고 傷官에 劫財가 있으면 가난하다.
-{겁재는 財를 극하고 상관을 더 강하게 한다.}-

08 年上傷官富貴不久 月上傷官父母不完 日上傷官難爲妻妾 時上傷官子孫無傳 歲月傷官劫財生於貧賤之家.
◉ 年에 상관이 있으면 부귀가 길지 못하고 月에 있으면 부모가 온전치 못하고 日支에 상관이 있으면 처첩으로 어렵게 되고 時에 있으면 자식이 죽거나 대(代)가 끊긴다. 年月에 상관 겁재가 있으면 빈천한 집안에서 태어난다.

09 日下時中有財官 先貧後富 歲月財官印綬 生於富貴之家 故日時傷官劫財 先富後貧 傷損子息 無晩福
◉ 日時에 財官이 있으면 처음엔 가난하여도 후(後)에 부자가 되고 年月에 재관인(財官印)이 있으면 부귀가문의 출신이다. 그래서 日時에 상관 겁재가 있으면 처음엔 부(富)해도 후에 가난하며 자식이 죽거나 불구가 되고 말년에 복이 없다.

10 傷官見官 官殺混雜 爲人好色多淫 作事小巧寒賤.
◉ 상관견관(傷官見官)이나 관살이 혼잡(混雜)하면 색(色)을 좋아하여 음탕하고 약삭빠르고 빈천하다.

11 乙木巳上爲太乙 亥上登明 男好色 女淫濫.
◉ 을사(乙巳-太乙)일과 을해(乙亥-登明)일의 남자는 호색(好色)하고 여자는 음란(淫亂)하다.

12 官殺混雜 有財(印)者吉 無財印者凶.
◉ 관살이 혼잡하면 財印이 있으면 좋고 財印이 없으면 흉(凶)하다.
-{재가 관살을 생하여도 印星이 있으면 化殺生身하기 때문이다.}-

13 但看財命有氣 縱背祿而不貧 財絶命衰 縱建祿而不富.
◉ 財가 튼튼하고 신왕하면 상관이 있어도 가난하지 않지만 財가 絶地에 있고 명이 쇠약(衰弱)하면 건록(建祿)이 있어도 부자가 못된다.

14 劫財敗財 心高下賤 見者主貪婪.
◉ 겁재 패재를 만나면 포부가 크지만 천(賤)하고 탐욕(貪慾)이 많다.
-{양일은 겁재, 음일은 패재(敗財)라 한다.}-

15 鬼中逢官須逼迫.
◉ 殺이 있는데 관성을 만나면 핍박을 당한다.

16 彼剋我兮貴 我剋彼兮富
◉ 상대(官)가 나를 극하면 貴하고 내가 상대(財)를 剋하면 富하다.

17 彼生我兮以仗母力 長我精神 我生彼兮 常懷逼迫.
◉ 상대가 나를 생한다는 것은 모친(母親-인성)을 의지하여 원기(元氣)를 기르는 것이다. 내가 생(식상)하면 항상 핍박을 품고 있는 것이다.

18 財入月令 勤儉慳吝.
◉ 財가 월령에 있으면 근면하고 검소하지만 인색하다.

19 柱有劫財比刃多者 刑父傷妻 不聚財也.
◉ 주(柱) 중에 비견 겁재 양인이 많은 자(者)는 부친(父親)을 형(刑)하고 妻를 상(傷)하고 재물이 모이지 않는다.

20 路伎商賈 須觀落地之財 宰相須看得時正祿.
◉ 상업이나 기술에 종사하는 것은 낙지(落地-月柱)에 재성이 보여야하고 재상(宰相)이 되는 命은 月에 정기관성(正氣官星)을 얻어야 한다.

21 七殺梟重 走遍他鄉之客. 傷官劫財 瞞心負賴之徒
◉ 칠살에 효신(梟神-편인)이 重하면 타향으로 떠돈다. 상관 겁재는 남을 속이고 억지를 부린다.
-{효신이 많으면 제살하는 식신을 극(剋)하므로 건달이 된다.}-

22 重犯財官者貴 重犯亡神者夭.
◉ 財官이 重하면 귀명(貴命)이고 망신(亡神)을 중범(重犯)하면 요절(夭折)한다.

日支,年支	申子辰	寅午戌	巳酉丑	亥卯未
亡神	亥	巳	申	寅

23 七殺宜制 獨立爲强.

◉ 七殺은 하나만 있어도 강하기 때문에 제(制)하는 것이 마땅하다.
-{칠살을 지나치게 제하면 진법무민이 되어 오히려 천하다.}-

24 明殺合去 五行和氣春風 暗殺合來 刑傷害己.

◉ 보이는 殺은 합거하면 일주에 화기(和氣)가 봄바람 같지만 암으로 살(殺)을 합하여 오면 형상(刑傷)을 당한다.

25 時殺喜冲喜刃無制 女多産厄 男犯刑名.

◉ 時에 있는 殺은 冲을 좋아하고 양인을 좋아하는데 制하지 않으면 女命은 산액(産厄)이 많고 男命은 형명(刑名-감옥)을 범한다.

26 二德無破 女必賢良 男多忠孝.

◉ 천월이덕(天月二德)이 깨지지 않으면 여자는 현량(賢良)하고 남자는 충효(忠孝)하다.

27 傷官用印去財 方可馳名 傷官用財 傷官處須當發福.

◉ 傷官格에 인성을 쓸 경우 財를 제거하면 명성(名聲)을 떨치고 傷官格에 財를 쓸 경우(상관생재) 상관 운에 발복한다.
-{상관격에 인성을 쓰는 것을 상관패인이라고 하는데 상관을 억압하여 흉을 제거하는 것이고 상관에 재를 쓰는 것은 상관이 재를 생하는 격이다. 이때는 재를 생해야 하므로 상관운에 발복한다.}-

28 入格淸奇者富 入格不成者貧 一格二格 非卿卽相 三格四格 財官不純 非隸卒多是九流.

◉ 뚜렷한 格에 들면 富命이고 格에 들어도 뚜렷하지 못하면 가난하다. 格이 하나나 둘이면 고급관리가 되지만 셋이나 넷이 되고 財官이 순수(純粹)하지 못하면 관노(官奴-관청의 노비)나 구류(九流-술사나 하급직)에 속한다.

29 六陰朝陽 季月只作印看.

◉ 육음조양(六陰朝陽-辛日 戊子時)이 辰戌丑未月에 태어나면 조양(朝陽)격으로 보지 않고 단지 인수로 본다.
-{육격(六格)이 우선이라는 것을 말한 것이다.}-

30 吉神惟怕破害 凶神不喜刑冲.

◉ 길신(吉神)은 오직 파해(破害)를 두려워하고 흉신(凶神)은 刑冲을 좋아하지 않는다.
-{흉신이 형충(刑冲)되면 흉신이 동(動)하여 흉(凶)을 일으킨다.}-

31 財官印食 定顯慈祥之德 傷官劫刃 難逃寡惡之名.

◉ 財·官·印·食은 자상하고 인자하고 덕이 있지만 상관 겁재 양인은 악명(惡名)을 피하기 어렵다.

32 冲天無合 乃飄流之徒.

◉ 천간(天干)을 충하고 합이 없으면 떠돌이가 된다.

33 六壬趨艮(寅) 逢亥月者貧.

◉ 육임추간(六壬趨艮)격은 亥月에 출생하면 가난하다.
-{亥가 月에 전실(塡實)되기 때문이다.}-

34 馬落空亡 操心落魄之人.

◉ 마(馬-재성)가 공망이면 실의에 빠져 애를 태우는 사람이다.
-{재성이 공망이면 관성을 생하지 못하므로 희망이 보이지 않는다.}-

35 離祖月令逢冲 過房殺帶三刑.

◉ 월령이 冲을 만나면 조상의 터전을 떠나고 七殺이 三刑을 가지고 있으면 양자를 둔다.

36 母明父暗 多是偸生. 財印偏官 庶出已定.

◉ 인성은 나타나 있는데 부성(父星)이 숨어있으면 몰래 낳은 자식이고 재성 인성 편관은 서출(庶出)로 태어난다.

己戊壬甲   乾造 1904年 출생
未子申辰   癸酉 甲戌 乙亥 丙子 丁丑 戊寅
부친이 첩을 많이 두었고 서출(庶出)로 태어났다. 壬財 申印 甲殺

壬戊癸戊   乾造
戌申亥戌   甲子 乙丑 丙寅 丁卯 戊辰 己巳
모친이 두 번째 아내인데 부친 몰래 외간남자와 정을 통하여 출생하였고 모친은 다시 다른 곳으로 결혼했다. 본인은 부친이 누군지 모른다.

37 干頭威烈 冉伯牛怨於蒼天 時日冲刑 難免卜商 莊子之嘆.
◉ 천간의 위세(威勢)가 맹렬하면 冉伯牛(염백우)처럼 하늘을 원망하고 日時가 刑冲하면 복상(卜商)이나 장자(莊子)처럼 탄식한다.
-{간두위열(干頭威烈)은 화세(火勢)가 맹렬한 것이다.}-
-{冉伯牛(염백우): 공자제자. 불치병으로 평생 고생.}-
-{복상(卜商)은 공자의 제자. 말년에 자식을 잃고 눈이 멀었다.}-
-{장자지탄(莊子之嘆)은 장자가 상처(喪妻)하여 탄식하는 것이다.}-

38 刑多者 爲人不義 合多者 疏者亦親.
◉ 刑이 많으면 의(義)롭지 못하고 합이 많으면 소원(疏遠-왕따)한 사람과도 친하다.

39 合多主晦 冲多主凶.
◉ 합이 많으면 불길하고 冲이 많으면 凶하다.

40 辰多好鬪 戌多好訟 辰戌魁罡 多凶少吉.
◉ 辰이 많으면 싸움을 좋아하고 戌이 많으면 소송을 좋아한다. 辰戌이 괴강(魁罡)이면 凶이 많고 吉은 적다.

41 時日空亡 難爲妻子.
◉ 日時가 공망이면 아내로 인하여 어려움이 있다.

42 交馳驛馬 別土離鄕.
◉ 역마와 역마가 마주보면 고향(故鄕)을 떠난다.

43 食神干旺 勝似財官 順食者食前方丈 倒食者簞食豆羹 食衰梟旺 不死也災.

◉ 食神이 天干에 투출하고 旺하면 財官보다 낫다. 식신이 순생(順生)하면 음식으로 사치하고 편인(偏印-효신)이 식신을 방해하면 연명(延命)하기 급급하고 식신이 약하고 효신(梟神)이 旺하면 죽거나 재앙(災殃)을 당한다.

44 水潤下兮文學顯達 土稼穡兮富貴經商 金水雙淸而爲道 火土混濁而爲僧.

◉ 水-윤하(潤下)는 문학(文學)으로 출세하고 土-가색(稼穡)은 장사로 부귀하고 금수쌍청(金水雙淸)은 도학(道學)에 열중하고 火土가 혼탁(混濁)하면 중이 된다.
-{화토혼탁(火土混濁)은 水가 없어서 조열(燥熱)한 것이다}-

45 子午最嫌巳亥 卯酉切忌寅申.

◉ 子午는 巳亥를 가장 꺼리고 卯酉는 寅申을 극히 꺼린다.
-{水火나 金木이 혼잡한 것이다.}-

46 己入亥宮 見陰木終爲損壽 時逢丙寅 則冠帶簪纓.

◉ 己亥日은 乙卯-칠살을 만나면 결국 수명(壽命)이 傷하지만 時에 丙寅(化殺生身)이 있으면 관직에 오르는 貴命이다.

47 五行絶處 卽是胎元 生日逢之 名曰受氣 化者有十日 甲申乙酉 庚寅辛卯 壬午癸未 丙子丁丑 戊午己丑 八字雖不入格 富貴亦是盈餘.

◉ 오행의 절처(絶處)가 곧 태원(胎元)인데 生日에 있으면 이름을 수기(受氣)라 한다. 화자(化者)는 十日이 있는데 甲申 乙酉 庚寅 辛卯 壬午 癸未 丙子 丁丑 戊午 己丑 이다. 팔자가 格에 들지 못해도 부귀하다.
-{태원(胎元)은 태지(胎地)를 말한다. 격(格)에 들지 못해도 부귀하다고 했는데 그대로 믿을 수는 없고 자세히 보고 판단해야한다. 화자(化者)는 합(合)하여 화(化)하는 것을 말한다.}-

48 另有福德秀氣 各有天地神祇 論化之格 化之眞者 名公巨卿 化之假

者 孤兒異姓 逢龍即變化 飛龍在天 利見大人.

◉ 복덕(福德)과 수기(秀氣)는 따로 있으므로 천신(天神)과 지신(地神)이 각각 있는 화격(化格)을 논한 것이다. 化하여 진격(眞格)이 되면 명공거경(名公巨卿-고관)이 되고 化하여 가격(價格)이 되면 고아이성(孤兒異姓)이 된다. 천간의 합이 용(龍→辰)을 만나면 변화하여 나는 용이 하늘에 있으므로 대인(大人)을 만난다는 (飛龍在天 利見大人)이 된다.

-{수기(秀氣)는 천간의 화신(化神)을 말하고 복덕(福德)은 지지의 화(化) 오행을 말한다. 예컨대 甲己化格의 경우 甲己는 수기(秀氣)가 되고 地支의 辰戌丑未는 복덕(福德)이 된다.}-

50 又有冬逢炎熱 夏草逢霜 陰鼠棲水 神龜宿火. 有合無合 後學難知 得一分三 前賢不載.

◉ 동봉염열(冬逢炎熱) 하초봉상(夏草逢霜) 음서서수(陰鼠棲水) 신구숙화(神龜宿火)가 있고 유합무합(有合無合)을 후학(後學)이 알기 어려운 것은 하나를 얻으면 셋이 분담하는 득일분삼(得一分三)을 전현(前賢)이 기재하지 않았기 때문이다.

-{낙록자소식부 참고}-

51 且夫論格局者 明有定例 撮口訣者 略舉一二 當謂諸賢經旨 無合取用 庶可易通 道合無窮 學無止法 經云 更能絶慮忘思 鑑命無差無誤矣.

◉ 격국을 논하는 것은 분명한 규칙이 따로 있기에 여기는 구결의 요점만 열거하였다. 선현(先賢)들의 글이 맞지 않아도 취용(取用)하는 것은 대부분 통(通)하기 때문이다. 도(道)에 이르는 것은 끝이 없으므로 배우는 것은 멈출 수 없다. 經에 이르길 잡념을 버리고 명을 감정하면 착오가 없다고 했다.

촌금수수론(寸金搜髓論)

01 造化先須看日主 後把提綱看次第 四柱專論其財官 身旺財官多富貴.

◉ 命과 運의 조화는 먼저 日主를 본 다음 월령을 본다. 사주는 오로지 재관(財官)을 논하기 때문에 신왕하고 財官이 있으면 부귀하다.
-{일간을 월령에 배합하여 우선 월령에 재관이 있는지 보고 재관이 뚜렷한지 본 다음 신왕신약을 본다.}-

02 若還身旺財官損 只是朝求暮討兒 財官旺時日主強 紫袍金帶有何疑.

◉ 신왕해도 재관이 상(傷)하면 재물이 들어오기 무섭게 나간다. 財官이 旺하고 日主가 強하면 고관이 되는 것을 의심하지 마라.

03 財官旺而日主弱 運行身旺最爲奇 日主旺而財官弱 運入財官名利馳.

◉ 재관이 왕하고 일주가 약하면 運이 신왕한 곳으로 가면 가장 좋고 일주가 왕하고 재관이 약하면 運이 재관에 들 때 명리가 좋게 된다.

04 日主坐下有財官 月令相逢貴不難 富貴財官爲總論 早年富貴祿高攀.

◉ 재관이 日支에 있고 월령에서 만나면 어렵지 않게 귀하게 되는데 일찍 부귀하여 봉록과 지위가 높다.

05 身旺無依更遷祖 不遷居死在外地 身旺無倚損財傷妻 或是外家冷落 或過房入舍.

◉ 신왕하고 재관이 없는 신왕무의(身旺無依)는 조상의 터전을 떠나거나 아니면 외지(外地)에서 죽는다. 身旺하고 기댈 財官이 없으면 손재 상처하거나 외가(外家)가 몰락하거나 양자(養子)나 데릴사위가 된다.

06 身旺印旺破財不聚 有財只好善破 或置物創屋 或門大而倉廩虛 內不足而外有餘.

◉ 身旺하고 印旺하면 파재(破財)하고 재산이 모이지 않은데 재물이 있어도 부득이하게 나가고 창고나 문이 커도 비어있으므로 넉넉한 것 같지만 허세에 불과하다.

07 官喜露露則淸高 財要藏藏則豊厚 殺藏官露惡隱善揚 人生遇此名振

鄕邦.

◉ 관성은 노출(露出)하여야 지위가 뚜렷하고 財는 암장되어야 풍후(豊厚)하다. 殺이 암장되고 관이 노출(露出)하면 나쁜 것은 보이지 않고 좋은 것만 알려져 전국에 이름을 날린다.

08 官殺太重身更強 一逢制伏作賢良 殺官拱印貴非輕 烜赫威揚定振名.

◉ 官殺이 태중(太重)해도 身이 더 강하고 제복을 한번 만나면 덕과 재능을 갖춘 현량(賢良)한 사람이다. 官殺이 인성을 공협(拱挾)하면 貴가 가볍지 않고 위엄으로 명성을 날린다.

09 身居九夏火土多 相逢水濟貴中和 水火元來要旣濟 管敎名利振山河.

◉ 일주가 巳午未月에 태어나고 火土가 많으면 水가 구제하여야 중화(中和)되어 貴하다. 원래 水火는 기제(旣濟)되어야 하고 그렇게 되면 반드시 명리가 산하(山河)에 진동한다.

10 生居三冬 水冷金寒 得火相扶 莫作等閒.

◉ 수랭금한(水冷金寒)한 亥子丑月에 태어나 火를 얻으면 평범한 사람이 아니다.

11 火勢炎炎如無水 運行水鄕亦是美 水勢滔滔若無火 運入火鄕亦爲奇.

◉ 화세(火勢)가 왕하고 水가 없으면 水運에 좋게 되고 수세(水勢)가 왕하고 火가 없으면 火運에 좋게 된다.

12 南方火炎 利入北方水運 北方水寒 利入南方火運 東方木多 宜入西方金運 西方金旺 宜入東方木運.

◉ 南方의 화염(火炎)에는 北方의 水運이 좋고 北方의 수한(水寒)에는 南方의 火運이 좋고 東方 木이 많으면 西方의 金運이 좋고 西方의 金이 旺하면 東方의 木運이 좋다.

13 水火有旣濟之功 金木有成名之論 五行得其相濟 威名榮振九天.

◉ 水火는 기제(旣濟)하는 功이 있고 金木은 명성(名聲)을 이룬다고 말하라. 오행이 상제(相濟-서로 도움이 되는 것)를 얻으면 위명(威名)과 영화(榮華)가 사방에 이른다.

-{낙록자 소식부참고.}-

14 三丘五行 辰戌丑未 若是重見 骨肉刑悲 父母不足 兄弟異離 親戚情疏 更虧妻子.
◉ 삼구오행(三丘五行-辰戌丑未)이 많으면 육친에게 형벌의 슬픔이 있으니 부모가 온전치 못하고 형제가 흩어지고 친척과 정이 멀어지고 또한 아내를 상(傷)한다.

15 冲破提綱 多虧父母 或是刑 或是離異.
◉ 제강(提綱)을 충파(冲破)하면 대부분 부모가 무너지는데 刑을 당하거나 아니면 헤어진다.

16 身旺比肩坐驛馬 兄弟飄蓬好瀟灑.
◉ 신왕하고 비견이 역마에 있으면 형제가 정처 없이 떠돌고 속세를 초월한다.

17 八字四馬總交馳 身榮勞碌任東西 倘有身閒心不定 動則風流靜則悲.
◉ 八字에 寅申巳亥가 모두 있으면 영화(榮華)가 따라도 분주하고 고생인데 몸이 한가하면 마음이 편치 못하고 움직이면 풍류(風流)가 따르고 편하면 슬픔이 따른다.

18 財星入庫主聚財 財星入庫妻慳吝 謹守貲財不做人.
◉ 財星이 庫중에 있으면 재산이 모이기는 한데 재물을 창고에 넣어두고 인색하여 수많은 재물을 지키느라 사람구실을 못한다.

19 若是財星坐四馬 妻賢無處不欣欣.
◉ 財星이 寅申巳亥에 있으면 아내가 어질고 항상 활발하다.

20 官殺重重不帶財 妻能內助不和諧 公姑不敬妻無禮 奪卻夫權命所排.
◉ 官殺이 重重하고 財가 없으면 妻가 내조는 하나 화목치 못하다. 처가 무례하여 시어미를 무시하고 남편의 권한을 뺏고 배척한다.

21 官星若也逢生旺 更得長生旺在時 子息聰明多俊秀 兒孫個個著緋衣.
◉ 官星이 時에 長生이고 生旺하면 자식이 총명(聰明)하고 준수(俊秀)하

며 자손들이 관직에 오른다.

22 日主七殺帶梟神 妻主虛胎小産多 血氣不調成血疾 更看行運又何如.
◉ 日主가 칠살 편인을 가지고 있으면 妻가 임신이 안 되거나 유산(流産)이 잦은데 血氣가 고르지 못하여 혈질(血疾)이 된 것이므로 다시 대운의 상황도 살펴야한다.
-{편인이 탈식(奪食)하여 칠살이 흉하게 작용하기 때문이다.}-

23 男子梟食重重見 身弱多因癆病隨.
◉ 남명에 편인과 식신이 많으면 몸이 허약하여 전염병이 따른다.

24 女人梟食非爲吉 産難驚人病亦危.
◉ 여인 명에서 효신이 식신을 극하면 난산(難産)으로 사람이 놀라게 하고 병이 위태하다.

25 女人官旺兼財旺 招得賢夫更好兒 若是財官俱受損 傷夫剋子守空帷.
◉ 여인이 관성이 旺하고 겸하여 財도 旺하면 남편이 현명하고 좋다. 만약 財官이 모두 상(傷)하면 상부(傷夫) 극자(剋子)하여 독수공방(獨守空房)하게 된다.

26 印綬旺身身更旺 爲人刑剋主孤貧 若得官顯財又顯 亦爲超群拔萃人.
◉ 인수가 신(身)을 왕하게 하여 日主가 더욱 왕하게 되면 형극(刑剋)을 당하고 외롭고 가난하다. 만약 뚜렷한 관성을 얻고 또 財가 뚜렷하면 출중한 인물이 된다.

27 惹是招非 只緣水火相剋 或是目昏眼暗.
◉ 시비나 말썽을 일으키는 것은 水火가 상극(相剋)하는 것인데 혹 눈이 어둡게 되기도 한다.

28 女命若也傷官旺 坐下傷官會罵夫 朝暮喃喃口不絶 百年終見帶刑孤.
◉ 女命에 상관이 旺하고 日支에 상관이 있으면 남편에게 함부로 욕(辱-상관)을 하고 눈만 뜨면 중얼거리고 죽을 때 까지 형고(刑孤)를 가지고 산다. -{상관이 있는 여명에 대표적인 현상이다.}-

29 日如乙巳 戊辰 庚午 辛未 日干帶之 權貴之妻也 更主賢妻亦主貴 更看四柱又何如 又如丙子 丁丑 戊寅 己卯 生人遇此 皆因前道.

◉ 乙巳 戊辰 庚午 辛未 일주는 권세가의 아내다. 아내도 현숙하고 본인도 貴命이다. 사주가 어떠한지 더 살펴보라. 또 丙子 丁丑 戊寅 己卯 일에 태어난 사람도 이와 같다.

30 辛巳 壬午 甲申 乙酉 俱是坐下財官 逢之富貴不少.

◉ 辛巳 壬午 甲申 乙酉日은 日支에 財나 官이 있으므로 부귀가 적지 않다.

31 丁亥戊子並庚寅日主逢之命不輕 辛卯丙申丁酉位 財官內隱顯聲名.

◉ 丁亥 戊子 庚寅日은 보통팔자가 아니고 辛卯 丙申 丁酉에는 財官이 암장되어 명성을 나타낸다.

32 己亥甲申見庚戌 印綬財官內裏藏 更得丙辰壬戌至 四時符印不尋常.

◉ 財官印이 암장되어 있는 己亥 甲申 庚戌日이나 丙辰이 壬戌을 얻고 월령에 인수가 있는 사시부인(四時符印)이면 평범한 사람이 아니다.
-{사시부인(四時符印)은 월령에 인수가 있는 것을 말한다.}-

33 甲子丙寅與丁卯己巳壬辰癸巳同 若是身同強月令 虛名虛利任飄蓬

◉ 甲子 丙寅 丁卯 己巳 壬辰 癸巳日은 만약 일주와 월령이 같으면 월령이 강하여 명리(名利)가 공허하고 몰락한다.
-{甲子日에 甲子月이나 丙寅日에 丙寅月이 되는 것을 말한다.}-

34 乙亥 庚申 並己巳 生下財官並無有 妻宮子女帶虛花 東西南北是身家.

◉ 乙亥 庚申 己巳는 日支에 財官이 없으므로 妻宮에 있는 子女(관살)가 허화(虛花)가 되므로 사방에 살림을 차린다.
-{허화(虛花)는 열매를 맺지 못하는 꽃이므로 자식이 없다. 乙亥 庚申 己巳日은 관살이 일지 妻宮에 병지나 욕지가 되고 상관이 암장하여 자식을 두기 어렵기 때문에 여기저기에 살림을 차리고 자식을 얻으려고 한다.}-

35 甲午 戊戌 庚子 女剋丈夫 男剋子 乙巳 丙午 丁未同 重重壬子主孤窮.

◉ 甲午 戊戌 庚子의 女命은 남편을 극(剋)하고 男命은 자녀를 극(剋)하는데 乙巳 丙午 丁未日도 마찬가지다. 壬子가 중중하면 고독하고 가난하다.

-{甲午 戊戌 庚子 乙巳 丙午 丁未日 모두 일지에 상관이 왕하여 여자는 극부(剋夫)하고 남자는 극자(剋子)하는 일진(日辰)이다. 壬子일은 겁재가 왕하여 가난하고 외롭다.}-

36 甲寅乙卯與戊午 支干同妻子不足 己未庚申及癸亥 月令更旺成禍害.

◉ 甲寅 乙卯 戊午日은 간여지동(干與支同)으로 극처(剋妻)하므로 아내가 온전치 못하다. 己未 庚申 癸亥日은 월령이 旺(비겁)하면 화(禍-극처)가 된다.

-{29~36번 까지는 일주(日柱)만 가지고 말한 것이므로 당연히 격국을 봐야한다.}-

37 月主財官印綬全 月時符合福綿綿.

◉ 月에 재관인(財官印)이 온전하고 月時가 부합(符合)하면 福이 끊이지 않는다.

-{월시부합(月時符合)은 時에서 월령의 격을 보좌하는 것이다.}-

38 干支同類併身旺 剋子刑妻破祖田.

◉ 일주의 간지가 같고 신왕하면 자식을 剋하고 妻를 刑하며 조상의 터전이 깨진다.

39 好將四柱分強弱 莫犯陰陽執一言 此是五行眞妙訣 不逢智者莫虛傳.

◉ 四柱의 강약을 잘 나누려면 한 마디 말에 집착하여 음양을 거스르지 않도록 해야 한다. 이것은 진정한 五行의 묘결(妙訣)이니 지자(智者)를 만나지 못하면 헛되이 전하지마라

론명세법 (論命細法)

01 過房七殺帶三刑 母明父暗是偸生.
◉ 七殺이 三刑을 가지고 있으면 양자(養子)를 두고, 인성은 뚜렷한데 편재가 숨어 있으면 몰래 낳아 키운 자식이다.

02 我明我暗從化象 父死之時不送靈.
◉ 뚜렷한 일간이 암(暗-地支)을 따라 화상(化象)이 되면 부친의 임종을 보지 못한다.
-{예를 들면 甲日이 己를 만나 土가 되는 化象을 말한다.}-

03 庚金化成火相時 父亡見血不須疑.
◉ 庚金이 다시 金이 되고 火를 만나면 부친이 사망 시 반드시 피를 볼 것이다.
-{庚이 乙을 합하여 金으로 되고 火를 만나 상(傷)한 것이다. 즉 화격이 되지 못한 것이다. 이때는 합이 되기 이전의 오행으로 논한다.}-

04 比肩三合族人害 三刑零落及離妻.
◉ 비견이 삼합하면 가족이 나를 해치고 三刑이 되면 몰락하고 결국은 처와 헤어진다.

05 比肩暗損及門房 兄弟無情被罔欺.
◉ 비견이 문방(門房-日時에 있는 장간)을 암손(暗損)하면 형제와 무정(無情)하고 형제에게 기만(欺瞞)당한다.

06 如帶比肩成別象 弟兄不睦報君知.
◉ 비견이 다른 오행으로 변하면 형제와 불목(不睦)하여 소문이 자자하다.
-{별상(別象)은 甲日일 경우 비견인 甲이 己와 합하여 土로 변한 것이다. 혹은 寅이 午와 합하여 火로 변한 것이다.}-

07 妻帶三合及坐妻 妻曾認得是親支.
◉ 財가 삼합하고 日支에 있으면 원래 알고 지내던 여인이 아내가 된

다.

08 坐妻透妻成別象 定主離妻再娶妻.

◉ 日支에 있는 財가 투출하여 별상(別象)이 되면 헤어지고 재취(再娶)한다.
-{己亥日을 예로 들면 亥중에 壬-財가 투출하여 丁과 합하면 丁壬合은 木으로 변하여 별상이 되므로 헤어지고 다시 장가간다.}-

09 多透妻財須怕婦 妻歸絕地不生兒.

◉ 財가 많이 투출하면 아내를 무서워하고 재성이 절지(絕地)에 있으면 -{처가}- 아이를 낳지 못한다. 즉 아내가 불임이다.

10 化成別象剋正夫 必主欺夫禮義疏. 身旺食強亦如此 食明旺相憎然殂.

◉ 여명의 일간이 합하여 별상(別象)이 되면 본 남편을 극하고 또 멸시하고 속이고 무례하다. 身旺하고 식신이 강해도 그런데 식신이 뚜렷하고 왕상(旺相)하면 어리석어서 죽는다.
-{여명에서 戊日이 癸와 합하면 戊가 火로 변하므로 별상(別象)이 되고 신왕하고 식신이 왕상하면 관성(남편)이 맥을 못 추기 때문이다.}-

11 陽母專位主傷生 母來父上受其驚.

◉ 여명에 陽-인수가 독점하고 있으면 아이를 출산하여 傷하고 인수가 편재위에 있으면 놀라게 된다.

12 天時地利生過月 七殺兼刑頂上偏.

◉ 천간에 비겁이 있고 지지에 록(祿)이나 인(刃)이 있으면 열 달이 지나서 태어나고 七殺이 刑을 겸하면 정수리가 한쪽에 있다.

13 印歸殺地母有病.

◉ 인수가 殺地에 있으면 모친에게 병이 있다.
-{살지(殺地)는 인수를 극하는 재(財)가 된다. 11번의 후자와 같다.}-

14 丙丁雙者頂雙靈.

◉ 丙 丁이 쌍으로 있으면 정수리가 쌍으로 있는 것을 영험 한다.

15 日祿歸時須應夢.
⊙ 日干의 祿이 時에 있으면 꿈이 잘 맞는다. (귀록)

16 小兒無乳食沖刑.
⊙ 유아기(幼兒期)에 젖이 없는 것은 食神이 刑沖되기 때문이다.

17 壬子乙酉對偏生 丙戌丁丑妻獲靈.
⊙ 壬子 乙酉가 있으면 배우자가 서출(庶出)이고 丙戌 丁丑이 있으면 아내가 영(靈)을 얻은 사람이다.
-{옥조정진경(玉照定眞經)의 "壬乙命敗 出於偏房外妾"에서 나온 것이다. 壬-천후(天後)는 방탕한 여인을 말하고 乙-육합(六合)은 비밀이 있는 남자다. 壬子(납음 木)는 子에 浴地가 되고 乙酉(납음-水)는 酉에 浴地가 되고 壬乙은 남녀가 모인 나체(裸體)도화가 된다.}-

辛壬丙乙　男命 1945年 9月 5日 丑時
丑子戌酉　乙酉 甲申 癸未 壬午 辛巳 庚辰
어려서 양자로 들어갔다. '壬子乙酉對偏生'에 해당하고 丙辛은 편재와 정인이 합하여 財와 印이 기반(羈絆)되므로 부모와 인연이 없다.

18 背父而生甲乙卯 此時須要記分明.
⊙ 유복자는 甲 乙 卯월에 태어나므로 이때를 분명하게 기억하라.

19 假令 申子辰從水也 不然五月無水有火不從也 戊癸化火 巳午地支天干從火也 又將坐日甲木論 珞琭子云 學釋則離宮修定 是如此取用也.
⊙ 가령 -{丙辛合}- 申子辰이 있으면 水를 따른다. 그러나 午月에 태어나면 水가 없고 火가 있으므로 申子辰 水를 따르지 않는다. 戊癸는 地支에 巳午가 있으면 火로 변하여 천간이 火를 따른다. 甲日도 이렇게 논한다. 락록자(珞琭子)에 이르길 불법(佛法)수련은 이궁(離宮-火)에서 수련한다고 하듯이 취용(取用)도 이렇게 한다.

20 杜老先生教鏡鐔僧判 將此爲例 此日參詳 朝暮苦想 似此半年 忽然間得此時入處 雲公初學 進退了幾番 後獲此法 非與他陰陽也 此別家幽微之經也.

두로(杜老)선생이 경심승판(鏡鐔僧判)에게 가르치면서 앞으로 이것을 본보기로 삼으라고 했다. 종일 연구하고 조석(朝夕)으로 골똘히 생각하기를 반년 쯤 되자 돌연히 깨달았다고 하면서 말하길 공(公)들은 초학이므로 진퇴(進退)를 거듭하면 후에 이 법을 얻을 수 있다고 했다. 다른 음양과 같지 않고 이것은 다른 술가(術家)의 심오(深奧)한 글이라고 했다.
-{화격(化格)에 관한 설(說)이다.}-

21 又論心印口訣 雙頂者 只可言八字 有雙丙丁者是也 若只一丙一丁 下有刑冲者 可言歪頂無失也.

또한 심인구결(心印口訣)에 논하길 정수리가 쌍으로 있는 것은 八字로만 말할 수 있고 丙丁이 쌍(雙)으로 있는 것이다. 만약 丙丁이 하나씩 있어도 支에 刑冲이 있으면 정수리가 한쪽에 있다고 말해도 실수가 없다.

22 又一法 言人兒女麻面者 是戊己被甲乙剋之 不然面主有疤痕 戊己見乙巳乙卯乙亥是矣.

⊙ 또 하나있는데 아이들이 곰보인 것은 甲乙이 戊己를 剋한 것이다. 그렇지 않으면 얼굴에 흉터가 있는데 戊己가 乙巳 乙卯 乙亥를 만나면 그렇다고 했다.

23 如此遞相貫穿 天干地支 往來相剋 化合之氣 死生破敗 皆此所主也.

⊙ 이와 같이 연결된 천간지지가 왕래하면서 상극(相剋)하고 氣가 化合한 기(氣)가 생사(生死)하고 파패(破敗)하는 모든 것이 주(主)가 된다.

24 其干支萬變 如此化 病源此中出 成敗此中出 命之幽微 莫不由於此而假外來哉 更於此看得到處 不須歸家多說.

⊙ 干支가 끝없이 변하여 이렇게 되는 것이므로 병의 근원도 이 중에서 나오고 성패(成敗)도 이 중에서 나온다. 명의 심오함이 이로 인하지 것이 없으니 다른데서 나온다는 것은 거짓이다. 또한 이를 보고 터득하는 것이므로 술가의 잡다한 말을 따르지 말아야한다.

25 四柱支中元有忌者 切忌運中透出病.

◉ 사주의 地支 중에 원국에 있는 꺼리는 것이 運에서 투출하면 病이 되기 때문에 절대 꺼린다.
-{원국에서는 꺼리는 것이 운에서 투출하면 흉이 크게 나타난다.}-

26 運中忌財作凶財 歲戰便爲災.

◉ 재성을 운(運)에서 꺼리면 흉재(凶財)에 속하므로 유년과 싸움이 일어나면 곧 바로 재앙(災殃)이 된다.

27 凡坐殺者 不可行殺旺運.

◉ 대체로 殺 위에 있는 것은 殺이 旺한 運을 만나면 안 된다.
-{예컨대 乙酉가 운에서 酉를 만나는 것을 말한다.}-

28 身旺又加旺運 歲運併來傷殺 與我無情者是.

◉ 身旺한데 운이 또 왕할 경우 歲運에 상관 칠살이 함께 오면 나에게 무정(無情)한 것이 된다.
-{신왕한데 왕한 운을 또 만나면 殺을 써야 한다. 이때 세운에 상관 칠살이 함께 나타나면 칠살은 무용지물이 되고 상관이 날뛴다.}-

29 印綬怕行財運 主惡死或血疾.

◉ 인수는 財運을 만나면 꺼리는데 악사(惡死)하거나 혈질(血疾)에 걸리기 때문이다. -{혈질(血疾)은 백혈병이 되기도 한다.}-

30 印綬多母衆 或食衆乳 或寄養外人家.

◉ 인수가 많으면 어미가 많거나 여러 사람 젖을 먹거나 남의 집에서 양육된다.

31 如四柱有官星流氣 太歲冲官星 必因官訟. 如遇比肩助者 言比肩之人救助無事 流氣轉生財官者.

◉ 사주에 있는 관성이 유기(流氣)할 경우 유년이 관성을 冲하면 반드시 관재송사가 된다. 만약 비견을 만나 도움을 받으면 비견에 해당하는 사람이 구조(救助)하여 탈이 없다고 말하라. 유기(流氣)는 財官이 나쁘게 변한 것이다.

-{관성유기(官星流氣)는 관성이 기신인 것을 말한다. 비견이 도움이 되는 것은 관성을 생하는 재(財)를 극하기 때문이다.}-

32 凡識生財傷官有三 傷之不盡 多出吏道. 元有物氣 傷官運及印綬歲復見官星者多凶.

◉ 일반적으로 상관이 셋이 있으면 財가 생겨난다고 알고 있지만 상진(傷盡)이 되지 않으면 하급 관리(官吏)가 많다. 원국에 물기(物氣-관성)가 있으면 상관이나 인수운에 이르러 流年에 다시 관성을 만나면 凶이 많다.

33 化氣怕逢返本 不化有變局 如化不成者 可只用本日干斷 且如己土用癸水爲妾 運逢辰庫 主妾與自家人私通.

◉ 化氣는 반본(返本)을 두려워하는데 변국이 있어도 化를 이루지 못하면 원래의 日干으로 판단한다. 예를 들어 己日은 癸水를 妾으로 삼는데 運에서 辰庫를 만나면 妾이 나와 친한 사람(辰中 戊)과 사통(私通)한다.
-{반본(返本)은 변하지 못하고 다시 원래의 오행으로 되는 것을 말한다. 예컨대 己日이 甲을 만나도 化土격이 되지 못하면 己土가 원래의 일간으로 작용한다. 때문에 辰運을 만나면 辰中의 癸水-첩이 辰中의 戊와 합하므로 妾이 사통하는 것으로 본다.}-

34 丙用乙爲母 遇庚申母多外情 丙用庚爲父 遇寅丙多主父弱.

◉ 丙日은 乙을 모친으로 삼기 때문에 庚申을 만나면 어미가 딴 놈과 바람을 피운다. 丙은 庚이 부친이 되기 때문에 寅丙을 많이 만나면 명주의 부친이 허약하다.

36 戊用癸爲妻 若坐酉宮 或主好酒.

◉ 戊는 癸를 妻로 삼는데 만약 癸酉가 되면 명주가 술을 좋아한다.

37 本元無財官 運逢財官者主凶 他人發財發官.

◉ 원국에 財官이 없고 運에서 財官을 만나면 본인은 凶한데 他人은 돈을 벌고 관직이 오른다.
-{원국에 재관이 없는 것은 상관격이나 요충 요합격을 말한다.}-

38 火入 水鄉 主血疾.

⊙ 火가 水運에 들면 혈질(血疾)에 걸린다.

39 壬癸引歸寅卯 主陽不興 時歸敗絶 老後無成.

⊙ 壬癸가 寅卯(病死)에 오면 양기(陽氣)가 일어나지 않는다. 水가 時에 패절(敗絶)되면 노후에는 음양 교합(交合)이 안 된다.
-{水는 정(精)이 되므로 금수(金水)가 왕해야 정력(精力)이 좋다.}-

40 日干與流氣合 主晦氣入門.

⊙ 日干이 유기(流氣)와 합이 되면 명주가 불운(不運)에 들어선다.
-{유기(流氣)는 나쁜 오행을 말한다. 즉 기신}-

41 假令 六甲日 以偏陽土爲父 陰土爲妻 陽金子 陰金女 陽木陰木同法 餘皆倣此.

⊙ 甲日은 편재인 양토(戊)가 부친이 되고 음토(己)는 아내가 되고 양금(庚)은 아들이 되고 음금(辛)은 딸이 된다. 甲木이나 乙木이 같은 법이 되고 나머지 오행도 이와 같다.

42 妻星入敗地 主妻不正 如己酉 庚午 癸酉 癸丑 是財入敗地也.

⊙ 처성(妻星)이 패지(敗地)에 들면 처가 부정(不正)하다. 예컨대 己酉 庚午 癸酉 癸丑은 財가 패지(敗地)에 들은 것이다.

癸癸庚己 男命 (원문 명조)
丑酉午酉 己巳 戊辰 丁卯 丙寅 乙丑 甲子
-{丁卯대운에 丙火-처성(妻星)의 패지(敗地=浴地)가 된다.}-

43 寅申巳亥 乃四長生 必得聰明妻.

⊙ 寅申巳亥는 四長生이 되므로 반드시 총명한 妻를 얻는다.

44 財官印得氣爲妙 元見財官 商旅農家.

⊙ 財官印이 得氣하면 절묘(絶妙)하지만 첫 번째 운(運)에서 財官을 만나면 장사를 하거나 농사꾼에 불과하다.

46 財多印陷 少年剋母 母不貞潔 必重嫁.

◉ 財가 많아서 印이 무너지면 소년(少年)에 모친을 극(剋)한다. 아니면 모친이 정결(貞潔)치 못하여 반드시 재가(再嫁)한다.

47 女人之命 日干同者 若我旺他衰 我爲正 他旺我衰 他爲正.

◉ 女命에 비견이 있을 경우 일간이 旺하고 비견이 약하면 일간이 정실(正室)에 속하고 비견이 旺하고 일간이 약하면 비견이 정실(正室)이 되고 나는 첩이나 후처가 된다.

48 壬癸之水盛者 聰明多智 女多淫濫.

◉ 壬癸 水가 왕성하면 총명하고 지혜가 많지만 여자는 음란하다.

49 時上見財者 必須入舍.

◉ 時에 財가 보이면 반드시 처가(妻家)에 얹혀사는 데릴사위다.

50 支中有官無刑破者 因妻發官 支中有殺無制 因妻致禍.

◉ 支에 관성이 있고 형파(刑破)가 없으면 妻로 인해 벼슬을 하고 支에 殺이 있고 制가 없으면 妻로 인해 화(禍)가 닥친다.

51 假令壬癸日 運逆行者 生於正月二月 取戊己土爲官 故爲祿絶 此爲背祿 取丙丁火爲財 四柱不透出財神 此爲背祿不貧也 寅卯暗藏三陽四陽之火爲財 如行子丑運 遇比肩分奪 交亥運木長生而助火 主發財 戌運亦然 酉運火死水敗 主破敗.

◉ 가령 壬癸日이 運이 역행하고 寅卯(상관)월에 태어나면 戊己土를 록(祿-관성)으로 삼는데 이는 배록(背祿)이므로 丙丁-財를 취하여 재물로 삼는다. 사주에 財가 투출하지 않으면 배록(背祿)이지만 가난하지는 않다. 왜냐면 寅卯에는 삼양사양(三陽四陽)의 火-재성이 암장(暗藏)되어 있기 때문이다. 만일 火-재성이 子丑運에 이르면 비견을 만난 것이므로 財를 분탈(分奪)당한다. 亥 運에는 木-식상이 장생이므로 火를 도와 發財하고 戌運(火庫)도 마찬가지로 發財한다. 그러나 酉運에는 火-財의 死地가 되고 일주-水의 浴地가 되므로 파패(破敗)한다.
-{배록(背祿)은 관성을 극하는 것이므로 주로 食傷을 말한다.}-

52 如壬癸生寅卯月 順運者 巳午運發財福 亦忌財神透露 歲運亦然 如遇財神透出 四柱元有陽刃比肩 因妻致禍 忌申酉二運.

⦿ 만약 壬癸日이 寅卯月에 태어나고 대운이 순행할 경우 巳午-運에 발복하지만 財가 투출하면 꺼린다. 歲運도 마찬가지인데 만약 財神이 투출할 경우 사주 원국에 양인 비견이 있으면 처로 인해 화(禍)가 발생하기 때문이다. -{寅卯를 冲하는}- 申운 酉운을 모두 꺼린다.

53 如四柱元有印者 百物更改 革故鼎新.

⦿ 四柱 원국에 인성이 있으면 묵은 것을 버리고 새것으로 창조한다.

54 如流年遇殺者凶 酉運裸形沐浴 劫殺主死.

⦿ 流年에 殺을 만나 흉할 경우가 있는데 酉運이 나형목욕(裸形沐浴)에 속하고 칠살이 일주를 겁탈하면 명주가 죽는다.
-{나형목욕(裸形沐浴)은 甲子日의 月·時에 庚午가 있거나 庚午時가 月에 甲子가 있는 경우가 되는데 남녀를 불문하고 음란하고 혼인이 깨진다. 甲은 子에 浴地가 되고 庚은 午에 浴地가 되므로 甲庚이 모두 浴地가 되고 충하기 때문이다.}-

55 如丙子 丁丑 戊寅 辛卯 壬辰 癸巳 丙午 丁未 戊申 辛酉 壬戌 癸亥 時犯之 多因孝病中成親.

⦿ 丙子 丁丑 戊寅 辛卯 壬辰 癸巳 丙午 丁未 戊申 辛酉 壬戌 癸亥가 時를 범(犯)하면 대부분 효(孝)로 인하여 병(病)중에 결혼한다.
-{이는 음양차착살이다.}-

56 如用子女之法 不喜入墓庫 如子女入庫 主無子女.

⦿ 子女를 보는 법이 있다. 묘고(墓庫)에 들면 좋아하지 않으므로 子女가 庫에 들면 명주에 子女가 없다.

57 庚日用甲爲偏財爲父 坐甲行西地 爲財臨殺位 父死不歸家.

⦿ 庚日은 甲木-편재가 부친이다. 甲木이 申酉운에 이르면 財가 殺位에 임(臨)하므로 부친이 죽으면 돌아오지 못한다.
-{甲木-부친의 집은 寅卯인데 申酉에 접근할 수 없기 때문이다.}-

58 陽干女命 食神多者爲娼 陰干女命 食傷官多者爲妓 有物去之爲良.
⊙ 양일 여명에 식신이 많으면 창기(娼妓)가 되고 음일 여명에 식상이 많으면 기생인데 식상을 제거하는 것이 있으면 그렇지 않고 좋다.

59 火至天干 多主瘰癧 地支多時生瘡.
⊙ 天干에 火가 많으면 나력(瘰癧-연주창-결핵성임파선염)이 있고 地支에 많으면 생창(生瘡-종기)이 있다.

60 用殺返輕 多爲僧道之首.
⊙ 약하게 된 살(殺)을 쓰면 대부분 주지 중(僧)이다.

상관설(傷官說)

01 傷官若傷盡 卻喜見官星 傷官若論財 見禍不輕來.
⊙ 만약 상관이 상진되면 관성이 보이면 오히려 좋아한다. 상관에 만약 財가 기준이 되고 화(禍)를 만나면 가볍지 않다.

02 傷官若用印 剋殺不如刑 傷官若論財 帶合有聲名.
⊙ 상관에 만약 인성을 쓰면 殺을 剋하는 것보다 刑하는 것이 낫고 傷官에 재가 중심이 되면 合을 가지고 있으면 명성이 있다.
-{인성이 상관을 制하면 살을 剋하는 상관의 힘이 약하므로 살을 刑하는 것이 剋하는 것보다 낫다.}-

03 傷官用財 不宜印鄕 傷官見官 印運不妨
傷官이 財를 쓰면 인수가 마땅치 않다. 상관견관은 인수 운에는 방해가 없다. -{인수가 상관을 극하여 상관이 財를 생하기 힘들기 때문이다.}-

04 雜氣財官 印俱不忌.
⊙ 잡기재관은 인성이 함께 하여도 꺼리지 않는다.

05 兩戊合一癸 得再嫁.

◉ 여인의 命에 양 戊土가 癸 하나를 합하면 재가(再嫁)한다.

06 妻財受剋 生子不育.
◉ 財가 剋을 당하면 자식을 낳아도 기르지 못한다.

07 印綬比肩 不忌財鄕.
◉ 인수에 비견이 있으면 재성을 꺼리지 않는다.

08 印綬多根 身旺必貧.
◉ 인수의 뿌리가 많고 身旺하면 반드시 가난하다.

09 印綬被傷剋父母 官殺混雜剋父母 財多身弱剋父母.
◉ 인수가 상해(傷害)를 당해도 부모를 극하고 관살이 혼잡해도 부모를 극하고 재다신약해도 부모를 극한다.

10 干與支同剋妻.
◉ 일주 干支가 같으면 妻를 극한다.

11 辛卯戊寅不怕殺多.
◉ 辛卯日 戊寅日은 殺이 많아도 두려워하지 않는다.

12 女命比肩 卽姉妹貪合 多謊詐.
◉ 女命에 비견은 자매탐합(姉妹貪合)이 되므로 입만 열면 거짓말이다.

13 財有劫不怕露就殺.
◉ 재격에 겁재가 있으면 殺이 노출(露出)하여도 꺼리지 않는다.
-{財가 殺을 생하면 일주를 극하는데 겁재가 있으면 殺을 생하는 財를 剋하기 때문에 財가 殺을 생하지 못기 때문이다.}-

14 火命人最好 月支屬火 干頭有木提出火矣.
◉ 火日인 사람은 월지가 火에 속하고 천간에서 木이 火를 이끌어주는 것을 가장 좋아한다.
-{염상격(炎上格)이다.}-

15 癸酉弱格 見殺必凶.

⊙ 癸酉일은 격이 약하고 殺이 보이면 반드시 흉하다.
-{癸는 日支 酉에 病地가 되기 때문에 살을 감당하지 못한다.}-

16 官貴太盛 旺處必傾.
⊙ 관성이 너무 왕성하면 관성이 왕한 곳에서 반드시 무너진다.

17 土命不論胞胎 只論日時 不怕官殺混雜 陽干方論 陰干不取.
⊙ 土日은 포태(胞胎)를 논하지 않고 단지 日時를 논하는데 戊-土는 관살혼잡을 두려워하지 않은데 己-土는 그렇지 않다.

18 子怕寅 午火不怕水.
⊙ 子는 寅을 두려워하고 午火는 水를 두려워하지 않는다.

19 寅木不怕金 巳金不怕火 己土不怕木 午火不怕水.
⊙ 寅은 金을 두려워하지 않고 巳중 庚은 火를 두려워하지 않고 己土는 木을 두려워하지 않고 午중 丁은 水를 두려워하지 않는다.
-{寅중에는 丙火가 있고, 巳중에는 庚金이 장생이고, 己는 甲을 합하고, 午는 壬을 합한다.}-

20 未同申金不怕水 己土戌土不怕木 卯木怕酉金 辰土怕寅木 乙日五月不怕殺.
⊙ 未와 申은 水를 두려워하지 않고, 己土 戌土는 木을 두려워하지 않고, 卯木은 酉金을 두려워하고 辰土는 寅木을 두려워하고 乙木이 午월에 태어나면 辛-살을 두려워하지 않는다.

21 四柱元有病 要去病 不去病不發.
⊙ 사주 원국에 병이 있으면 병(病)을 제거해야한다. 병이 제거되지 않으면 발전이 없다.

심경가(心鏡歌)

01 人生富貴皆前定 術士須詳論 天上星辰有可加 此說更無差.
⊙ 人生의 富貴는 모두 정해진 것이므로 술사(術士)는 상세히 논해야한다. 하늘에 별들이 불어나도 이 말들은 틀리지 않는다.

02 時年月建逢命位 正是福元取 壽元合處是其眞 此說不虛陳.
⊙ 年時와 月建이 日主를 만나 복원(福元)을 취하는 것이고 수명이 맞는 것이므로 이 빈말을 늘어놓은 것이 아니다.

03 官祿貴馬見合刑 一擧便成名 日逢貴地見祿馬 壯歲登科甲.
⊙ 재와 관이 刑合을 만나면 단숨에 명성을 이루고 日이 貴地를 만나면 財官이 보이므로 장년(壯年)에 등과 급제한다.

04 時日若逢祿馬位 爲官必淸貴 五行時日無相雜 爲官多顯達.
⊙ 日時에 財官을 만나면 관직으로 삼고 반드시 貴가 뚜렷한데 日時에 관살이 혼잡하지 않으면 관직으로 출세한다.

05 陽刃重重又見殺 大貴登科甲 若逢三奇連祿馬 名譽滿天下.
⊙ 양인이 重重하고 또 殺이 보이면 등과급제(登科及第)하여 대귀(大貴)하고 만약 三奇를 만나면 명예가 천하에 가득하다.

06 日坐食支又合干 九卿三公看 甲子己巳有一說 天德得合訣.
⊙ 日支에 식신이 있고 日干이 합하면 고관(高官)인데 甲子 己巳로 말하면 天德이 합을 얻은 것이다.

07 丙子癸巳與前觀 官職三公卿 木若逢金主不傷 兩府坐中堂.
⊙ 丙子 癸巳도 마찬가지로 고관이 되고 만약 木日이 金을 만나 일주가 상(傷)하지 않으면 재상(宰相)이 된다.

08 火若逢水主將權 爲將鎭戌邊 金若逢火主大權 方面刺史官.
⊙ 火가 水-살을 만나면 변방(邊方)의 장수(將帥)가 되고 金이 火-관을 만나면 대권이 되므로 방면(方面)의 자사(刺史-장관)에 속한다.

-{방면(方面)은 큰 행정구역이다.}-

09 水若逢土入金局 宜作侍從下 土若逢木爲正祿 八座三台福.

◉ 水가 土-관성을 만나도 金局(印局)으로 변하면 윗사람 시중을 드는 관리에 속하고 土가 만약 록지에 있는 木-관성을 만나면 重臣이다.
-{癸丑日이 巳酉丑 金局이 되면 丑-관성이 인성으로 변한다.}-

10 年得月祿不爲喜 日貴取爲主 生逢貴人值孤寡 決定爲僧也.

◉ 年이 月에 祿을 얻으면 좋지 않고 日貴는 일주를 위주로 取한다. 인수가 만난 천을귀인이 고과(孤寡)에 해당하면 중이다.
-{年이 月에 祿을 얻는 것은 年이 甲일 경우 月에 寅이 있는 것이다. 생봉(生逢)의 生은 인수를 말한다.}-
-{日貴는 丁酉 丁亥 癸巳 癸卯 四日이다.}-
-{寅卯辰年→巳孤 丑寡. 巳午未年→申孤 辰寡.}-
-{申酉戌年→亥孤 未寡. 亥子丑年→寅孤 戌寡.}-

11 空亡官祿遇貴人 淡服作高僧 五行無氣守孤寡 必定作行者.

◉ 官星이 공망이고 천을귀인을 만나면 가사(袈裟)를 걸친 고승(高僧)이지만 일주가 무력하고 고과(孤寡)에 속하면 틀림없이 행자 승(僧)이다.
-{중은 대체로 신왕무의하거나, 재관이 강하고 일주가 무력하거나, 재관이 극파를 당하는 경우가 많다.}-

12 空亡刑害又逢囚 爲僧及裹頭 欲知人命主有權 食神旺必全.

◉ 공망이 형해(刑害)되고 수(囚-관살)를 만나면 머리를 싸맨 중이 된다. 권력이 있는 사람인지 보는 것은 食神이 旺하고 반드시 온전해야한다. -{식신이 왕하고 온전한 것은 식신이 형충파해가 없는 것이다.}-

13 相冲陽刃再殺傷 必主上法場 的殺若逢盤足坐 惡鬼死刑獄.

◉ 양인을 冲하고 다시 칠살이 일주를 상하면 반드시 법정에 서게 되고 바로 그 殺이 地支에 뿌리가 많으면 흉악하여 사형 당한다.
-{양인을 冲하면 양인이 칠살을 合할 수 없다.}-

14 麥田相逢共帝星 徒流定分明 大害當權多夭折 少年逢刃殺.

⊙ 맥전(麥田)이 제성(帝星)을 만나 함께 하면 유배당하는 것이 분명하고 대해(大害)가 당권(當權)하면 요절하는데 少年에 양인이나 칠살을 만나는 것이다.
-{맥전(麥田)과 제성(帝星)은 모두 己土에 속한다. 己가 己를 만나면 권좌(權座)를 다투는 象이므로 그 중 敗者는 형을 받고 유배된다.}-

15 日逢官鬼見重刑 惡死甚分明 刃神劫殺兩頭居 早歲夢天衢.

⊙ 일주가 관귀(官鬼)를 만나고 刑이 중(重)하면 비참하게 죽는 것이 틀림없고 양인 겁살이 양쪽에 머리에 있으면 일찍 천국으로 간다.

16 祿馬俱逢行絶地 勞困難逃避 月若逢時與刑冲 根基定一空.

⊙ 財官이 모두 절지(絶地)를 만나면 고생을 피할 수 없고 月이 時와 刑冲을 만나면 출신에 볼 것이 없다.

17 時遇官星生旺位 子孫成行序 向祿臨財官更期 貴顯有家資.

⊙ 官星이 時에 生旺하면 자손이 줄줄이 있다. 관성을 향(向)하고 財가 임(臨)하면 관직으로 귀하게 되고 재물 복까지 있다.

18 日月純官無財位 反主無官貴 卯刑子位子刑卯 癸乙相刑貴.

⊙ 日月에 관성이 멀쩡해도 재성이 없으면 관직(官職)의 귀(貴)가 없다. 卯가 子를 刑하거나 子가 卯를 刑하거나 癸乙이 刑하면 貴하다.

19 子來冲午未刑戌 甲乙逢申顯貴名 祿馬俱絶又發財 人元剋出來.

⊙ 子午冲이나 戌未刑이 있고 甲乙日이 申-관살을 만나면 貴하게 된다. 財官이 모두 절(絶)인데도 발재(發財)하는 것은 인원(人元)을 극하여 나오기 때문이다.

20 得一分三緣何議 祿馬飛天是.

⊙ 득일분삼(得一分三)은 비천록마(飛天祿馬)를 말한다.

21 歲合時日分兩頭 切須仔細求 君子若逢主奏對 常人主災晦 心懷悔退成何事 重犯剝官位.

⊙ 유년(流年)이 時干과 日干을 합하면 잘 살펴야한다. 군자는 천자를

배알하지만 보통사람은 중죄를 범하고 직위를 박탈당하는 재앙이 되므로 후회해도 소용없다.

23 柱中有祿運逢 金玉自天來.
⊙ 사주에 관성이 있고 運에서 財를 만나면 금옥(金玉)이 저절로 온다.

24 言前能說貴與賤 亦須看大運 大凡行運逢祿馬 發跡爲官也.
⊙ 앞에도 말했지만 大運을 살피고 귀천을 말해야하는데 대체로 대운에서 財官을 만나면 관직으로 출세한다.

25 天月二德爲救解 百災不爲害 向祿臨財甚希奇 貴顯主官赀.
⊙ 天月二德이 구조(救助)해주면 백가지 재앙도 해(害)가 되지 않고 관성을 따르는 命에 財가 임(臨)하면 관직과 봉록이 크다.

26 命中祿馬同貴人 福祿進珠珍 貴人君子坐刑殺 名成少年發.
⊙ 命中에 재관이 천을귀인과 함께하면 진주(眞珠)같은 福祿이 들어온다. 관성이 貴人이면서 형살(刑殺)위에 있으면 소년에 명성을 이룬다.

29 陰陽貴賤宜消息 熟曉於胸臆 日時身命許多般 一訣通變看.
⊙ 음양과 귀천(貴賤)은 간지에 있으므로 가슴으로 익히고 깨달아야 하고 命마다 일시가 다르므로 하나의 결도 통변(通變)해서 봐야 한다.
-{口訣은 死法이므로 통변이 따라야 활법(活法)이 된다고 했다.}-

요상부(妖祥賦)

※요상(妖祥)은 吉凶을 말한다.

01 命理深微 子平可推 先要取其日干 次則詳其月令 年時共表其吉凶 妖祥不忒於歲月 通參於成敗 禍福無遺 或有不見之形 須當審究 更有分抽之緒 後學難知.

⊙ 명리가 심오(深奧)하고 미묘(微妙)하지만 자평법으로 추론할 수 있다. 먼저 일간을 취하여 월령을 자세히 살피면 年과 時에 함께 길흉이 나타나고 유년(流年)과 월운(月運)의 성패(成敗)와 화복(禍福)을 알 수 있다. 불견지형(不見之形)이 있으면 자세히 살펴야한다. 이것은 후학(後學)이 알기 어렵기 때문에 궁구하여야 단서를 뽑을 수 있다.

02 天淸地濁 自然稟一氣之生.
⊙ 天이 청(淸)하고 地가 탁(濁)한 것은 자연에서 일기(一氣)의 생을 받은 것이다.

03 五行正貴 忌刑冲剋破之鄕.
⊙ 정귀(正貴-정관)는 형충(刑冲) 극파(剋破)를 꺼린다.

04 四柱支干 喜三合六合之地.
⊙ 四柱의 간지는 三合과 六合을 좋아한다.

05 寅申巳亥 乃財官印綬長生.
⊙ 寅申巳亥는 재관인(財官印)의 長生地가 된다.

06 辰戌丑未 係祿馬印星奇庫.
⊙ 辰戌丑未는 재관인(財官印)이 묶여있는 고(庫)가 된다.

07 日貴時貴 大忌刑冲剋破.
⊙ 日이나 時에 있는 귀인(貴人)은 刑冲剋破를 아주 꺼린다.

08 拱祿拱貴 最怕塡實刑冲.
⊙ 공록(拱祿)격이나 공귀(拱貴)격은 전실(塡實)과 刑冲을 가장 꺼린다.

09 觀無合有合 逢凶不凶.
⊙ 무정(無情)이 유정(有情)으로 변하면 凶을 만나도 흉이 아니다.

10 傷官之於年 運到官鄕不喜.
⊙ 年에 상관이 있고 운이 官地에 이르면 좋지 않다.

11 陽刃冲合歲君 運臨而禍至.

⊙ 양인이 유년과 冲합하는 대운에 禍가 닥친다. -{악비사주 참조}-

12 辰戌魁罡 忌官星怕逢七殺 金神日刃 喜七殺而忌刑冲.

⊙ 辰戌이 괴강(魁罡)이면 관성을 꺼리고 칠살을 만나면 두려워한다. 金神이나 日刃은 七殺은 좋아하고 刑冲을 꺼린다.
-{金神은 乙丑 己巳 癸酉時를 말한다.}-

13 時上偏官要制伏.

⊙ 시상편관(時上偏官)은 제복(制伏)해야 한다.

14 弱身强官專殺莫逢鬼旺 亦要制伏爲强 但看本有本無 遇而不遇 要稟中和.

⊙ 신약하고 관성이 강하면 변하여 殺이 되므로 旺한 殺을 만나지 말아야 하고 제복이 강해야한다. 그러나 원국의 제복(制伏) 유무에 따라 運에서 제복을 만나거나 만나지 말아야 하는데 그 것은 중화(中和)에 기준을 둔다.

15 辛亥多逢丑地 怕塡實 不喜官星.

⊙ 辛亥가 많고 丑을 만나면 전실(塡實)을 꺼리고 관성을 좋아하지 않는다. -{비천록마}-

16 甲子日再逢子時 嫌丑午 亦畏庚辛.

⊙ 甲子日이 甲子時의 자요사격(子遙巳格)은 丑午와 庚辛을 두려워한다.

17 壬癸亥子 祿馬飛天.

⊙ 壬子 癸亥는 록마비천(祿馬飛天)가 되는지 보라.

18 離巽丙丁聚巳午 倒冲天祿.

⊙ 丙午에 午가 丁巳에 巳가 모이면 도충천록(倒冲天祿)이다.

19 壬騎龍背 辰多冲戌官星.

⊙ 임기용배(壬騎龍背)격은 辰이 많고 戌-관성을 冲한 것이다.

20 乙用丙子 聚貴聲名.

◉ 乙이 丙子를 쓰면 貴가 모이고 명성이 있다.
-{서귀격(鼠貴格)이다.}-

21 嗟夫！財命有氣 背祿而不貧 絶財命衰 縱建祿而不富.

◉ 재명(財命)이 유기(有氣)하면 배록(背祿)이 있어도 가난하지 않고 財가 절지(絶地)에 있고 일주가 약하면 건록(建祿)이 있어도 부자가 되지 못한다.
-{재명유기(財命有氣)는 신왕재왕한 것이다.}-

22 癸到艮山 怕庚辛忌逢戊土 壬逢子地 忌戊己怕見庚辛.

◉ 癸日 寅時 형합격은 庚辛과 戊土를 꺼리고 壬子日 비천록마는 戊己와 庚辛을 꺼린다.

23 庚遇申子辰 乃井欄叉 又謂之入局 忌丙丁 愁巳午.

◉ 庚日이 申子辰을 만나 정란차(井欄叉)격에 들면 丙丁 巳午를 꺼린다.

24 戊見申時 怕甲丙亦忌寅卯.

◉ 戊日 庚申時 합록격은 甲丙을 두려워하고 寅卯를 꺼린다.

25 辛金己土若遇 謂之從格 名爲秀氣 四柱火傷又無救 是災迍遭.

◉ 辛金이나 己土가 만약 종격(從格)에 이르면 복덕수기라고 하고 火가 傷할 경우 구제(救濟)하지 못하면 재앙(災殃)이 있고 되는 일이 없다.
-{복덕수기(福德秀氣)격 이다.}-

27 辛日戊子時 忌子多怕日相冲.

◉ 辛日 戊子時 육음조양격(六陰朝陽格)은 子가 많으면 꺼리고 日을 冲하면 두려워한다.

28 陽水逢辰見戊己 災臨難避.

◉ 壬日 辰의 임기용배격은 戊己가 보이면 재난을 피하기 어렵다.

29 甲見巳時偏財 運喜財鄕.

◉ 甲日 巳時는 시상편재격는 재운을 좋아한다.

30 丁日辛年號歲財 運逢戊貴.

⊙ 丁日이 年에 辛-편재가 있으면 세재(歲財)라 부르고 運에서 戊를 만나면 貴하게 된다.

31 乙逢申位 忌見刑冲.

⊙ 乙이 申을 만나면 刑冲을 꺼린다.

32 日祿歸時 官逢有禍.

⊙ 日祿이 時에 있고 관성을 만나면 화(禍)가 있다.
-{귀록격이다.}-

33 另有天衝地擊 陰錯陽差 貪合忘官 劫先財後 名難成貴.

⊙ 별도로 천극지충(天剋支冲)이나 음착양차(陰錯陽差)나 탐합망관(貪合忘官)이나 겁선재후(劫先財後)가 있으면 명성(名聲)과 貴가 어렵다.
-{음착양차(陰錯陽差) 丙子丁丑 戊寅辛卯 壬辰癸巳 丙午丁未 戊申辛酉 壬戌癸亥}-

34 貪合忘殺 身旺時福 福祿增加.

⊙ 탐합망살(貪合忘殺)은 신왕하면 복록(福祿)이 증가한다.

35 官藏殺見 有制伏亦自輝煌 官見殺藏 身弱後終見波渣.

⊙ 官이 숨어 있고 殺이 보여도 殺을 제복(制伏)하면 눈부시게 좋고 官이 보이고 殺이 숨어 있어도 신약하면 결국 풍파가 일어난다.

36 身弱喜逢旺運 身强最愛殺鄉.

⊙ 신약하면 신왕운을 좋아하고 신강하면 殺운을 가장 좋아한다.

37 將來者進 功成者退 富貴喜重犯者奇 宜通變而推 決無差誤矣!.

⊙ 장래(將來)자는 진(進)이 되고 공(功)을 이룬 자는 퇴(退)가 되니 喜神을 많이 만나면 부귀가 특별하다. 통변을 하여 추단하여야 착오가 없다!

락역부(絡繹賦)

01 參天地之奧妙 測造化之幽微 別人生之貴賤 取法則於干支 決生死之吉凶 推得失之玄妙.

◉ 오묘하게 뒤섞여 있는 천지에서 조화의 심오(深奧)함을 예측하고 인생의 귀천을 분별하려면 干支에서 법칙을 취(取)하여 생사길흉(生死吉凶)을 결정하고 득실(得失)의 현묘(玄妙)함을 추단한다.

02 甲乙之木 最喜春生 壬癸之水 偏宜冬旺 丙丁火而夏明 庚辛金而秋銳 戊己兩干之土 要旺四季之期.

◉ 甲乙木은 봄을 가장 좋아하고 壬癸水는 겨울에 旺하고 丙丁火는 여름에 밝고 庚辛金은 가을에 강하고 戊己土는 辰戌丑未月에 旺하다.

03 日乃自身 須究強弱 年爲本主 宜細推詳.

◉ 日은 자신이므로 강약을 연구하여야하고 年은 일주의 근본이므로 자세히 살펴야한다.

04 年干父兮支母 日干己兮支妻 月干兄兮支弟 時支女兮干兒.

◉ 年干은 부친 年支는 모친 日干은 본인 日支는 아내 月干은 형 月支는 아우 時支는 딸 時干은 아들이다.

05 後殺剋年 父母早喪 前殺剋後 子息必虧.

◉ 후살(後殺-日時)이 年을 극하면 父母를 일찍 잃고 전살(前殺-年月)이 후(後-時)를 극하면 반드시 자식이 해를 입는다.

06 馬入妻宮 必得能家之婦 殺臨子位 必招悖逆之兒.

◉ 馬(재)가 처궁(일지)에 있으면 반드시 살림을 잘하는 妻를 얻고 칠살이 時柱에 있으면 자식이 반드시 거역(拒逆-반항)한다.

07 祿入妻宮 食妻之祿 印臨子位 受子之榮.

◉ 록(祿-관성)이 일지에 있으면 처록(妻祿)을 먹고 인수가 時(時)에 있으면 자식의 영화를 받는다.

08 梟居子位 破祖之基 財官月旺 得父貲財.
⦿ 효신(梟神-편인)이 시주에 있으면 조상의 터전을 말아먹고 財官이 月에 旺하면 부모의 유산(遺産)을 받는다.

09 所忌財傷祿薄 最嫌鬼旺身衰.
⦿ 財가 상하고 록(祿-관성)이 박(薄)한 것도 꺼리지만 가장 꺼리는 것은 칠살이 旺하고 일주가 쇠약한 것이다.

10 原其 剋彼爲財 生我爲印.
⦿ 원래 내가 剋하는 것이 財星이고 나를 생하는 것이 印星이다.
-{재가 투출하고 보호하는 관성이 없거나 신약하고 살이 왕한데 인수가 없거나 편인이 중중하여 식신을 상하거나 재다신약하면 가난하고 흉한 명국이다.}-

11 食神暗見 人物豊肥 梟印重生 祖財漂蕩.
⦿ 식신을 암견(暗見-地支)하면 체구가 풍비(豊肥)하고 편인이 重하면 조상의 재물이 흩어진다.
-{암견(暗見)은 지(支)에 있는 것이다.}-

12 咸池財露主淫奢 凶殺合年防自刃 土剋水而成腹臟之疾 火鍛金以患癆瘵之災.
⦿ 함지(咸池)에 재성이 노출하면 사치와 방탕을 일삼고, 흉살이 年을 합하면 칼로 자살하고 土가 水를 극하면 뱃속에 질병이 있고 火가 金을 녹이면 폐병으로 재난이 있다.

13 桃花會祿 酒色亡身 財旺身衰 因財喪命.
⦿ 도화(桃花)에 록(祿)이 모여 있으면 주색(酒色)으로 죽고 財가 旺하고 신약하면 재물로 인해 죽는다.

14 觀乎 財生官者 用賄求官 財壞印者 貪財卸職
⦿ 財가 官을 생하면 뇌물로 관직을 구하고 財가 인수를 무너뜨리면 뇌물 먹고 옷 벗는다.

15 財旺生官 自身榮顯 財生殺黨 夭折童年.

◉ 財가 旺하여 官을 生하면 자신이 출세하고 財가 살(殺)을 生하여 당(黨)이 되면 어린나이에 요절(夭折)한다.
-{財가 殺을 生하면 財가 殺로 변하여 한 패가 되는 것이다.}-

16 獨殺冲破 廢閒人 諸殺逢刑 凶狠輩 天干多兮 見干年須當夭折 地支多兮 見支年必見凶災.

◉ 하나 있는 殺이 충파(冲波)당하면 쓸모없는 인간이다. 여러 殺이 刑을 만나면 악랄한 불량배다. 天干에 살이 많으면 천간의 殺年에 요절하고 地支에 많으면 地支 살년에 반드시 흉재(凶災)를 만난다.

17 財生官 官生印 印生身 富貴雙全 干黨財 財黨殺 殺攻身 凶窮兩逼

◉ 財生官 官生印 印生身으로 짜여 있으면 富貴가 온전하다. 그러나 천간에 당재(黨財)가 당살(黨殺)이 되어 日主를 공격하면 흉(凶)과 가난이 겹친다.

18 酉寅刑害繼傷婚 丑卯風雷多性急.

◉ 酉寅이 刑害되면 계속 혼인이 깨지고 丑卯는 성질이 벼락같다.

19 殺官混雜 乃技藝之流 財祿生馬 爲經商之客 馬落空亡 遷居飄流 祿遭冲破 別土離鄉.

◉ 관살이 혼잡하면 기술이나 예술에 종사하고 財가 역마를 生하면 상업에 종사하고 역마가 공망(空亡)이면 수없이 옮기고 떠돈다. 록(祿)이 冲破를 만나면 고향을 떠난다.

20 陰多利於女人 陽盛宜於男子. 陰盛於陽 主女興家 陽勝於陰 男當建府.

◉ 陰이 많으면 여인에게 이롭고 陽이 성(盛)하면 남자에게 좋다. 陽보다 陰이 성(盛)하면 여자가 가업을 일으키고 陰보다 陽이 성하면 남자가 사업을 일으킨다.

21 純陽 則男必孤寒 純陰 則女當寡困.

◉ 남자가 순양(純陽)이면 홀아비가 되어 고독하고 여자가 순음(純陰)이

면 과부가 되어 곤궁하다.

22 官貴生年 伏凶殺而名垂萬古.
◉ 관귀(官貴-정관)가 年을 生하고 凶殺이 制伏되면 만고(萬古)에 이름을 전한다.

23 貴宜乎多 祿宜乎少 絶慮忘思 無差無誤.
◉ 貴는 많아도 되지만 祿은 적어야한다. 잡념이 없이 간명하면 실수가 없다.

상심부(相心賦)

01 人居六合 心相五行 欲曉一生 辯形察性.
◉ 모든 사람의 심상(心相)은 오행에 있으니 一生을 알려면 형(形)을 구분하고 심성을 살펴야한다.
-{동서남북상하를 六合이라고 한다.}-

02 官星愷悌 貴氣軒昂 性優遊而仁慈寬大 懷豁達而和暢聲音 豊姿美而秀麗 性格敏而聰明.
◉ 관성은 온화하며 귀한 위풍이 있고 유유자적하며 인자(仁慈)하고 관대(寬大)하다. 도량(度量)이 크고 활달하며 음성이 따뜻하고 풍채가 수려하고 성격이 민첩하고 총명하다.

03 印綬主多智慧 豊身自在心慈.
◉ 인수는 지혜(智慧)가 많고 자비심과 동정심이 풍부하다.

04 食神善能飮食 體厚而喜謳歌.
◉ 식신은 음식을 잘 먹고 신체가 풍후하고 가무(歌舞)를 좋아한다.

05 偏官七殺 勢壓三公 喜酒色而偏爭好鬪 愛軒昂而扶弱欺強 情性如虎

急躁如風.

◉ 편관 칠살은 고압적이며 주색(酒色)을 좋아하고 싸움을 지나치게 좋아한다. 위풍당당하며 약자를 돕고 강자를 깔보고 사납고 급하다.

06 梟印當權 使心機而始勤終惰 好學藝而多學少成.

◉ 효인(梟印)이 당권(當權-유력)하면 시작은 잘하지만 끝에 가서 흐지부지하다. 학예(學藝)를 좋아하여 배움이 많지만 이루는 건 적다.

07 偏印劫刃 出祖離家 外象謙和尙義 內實狠毒無知 有刻剝之意 無慈惠之心.

◉ 편인 겁인(劫刃)은 조상을 떠나고 겉으로는 겸손하고 의(義)를 숭상하지만 내심은 독하고 냉정하고 자혜(慈惠)심이 없다.

08 偏正財露 輕財好義 愛人趨奉 好說是非 嗜酒貪花 亦係如此.

◉ 정편재가 노출하면 돈 보다 의(義)를 좋아하고 사람을 좋아하여 비위를 잘 맞추고 시비(是非)를 가리기를 좋아하고 주색(酒色)을 좋아한다.

09 傷官傷盡 多藝多能 使心機而傲物氣高 多譎詐而侮人志大 顴高骨俊眼大眉粗.

◉ 상관상진은 예술에 재능이 많지만 교만하고 교활하여 남을 무시하고 뜻이 크다. 광대뼈가 나오고 눈이 크고 눈썹이 거칠다.

10 日德心善穩厚 而作事慈祥.

◉ 일덕(日德)은 마음이 착하고 침착하며 자상하다.

-{甲寅 丙辰 戊辰 庚辰 壬戌 五日이 일덕이다.}-

11 魁罡性嚴有操持 而爲人聰敏.

◉ 괴강(魁罡)은 엄격하게 관리하고 총명하고 민첩하다.

-{壬辰 庚戌 庚辰 戊戌}-

12 日貴夜貴 朝榮暮榮 爲人純粹而有姿色 作仁德而不驕奢.

◉ 천을귀인(天乙貴人)은 조석(朝夕)으로 번영하고 순수하고 어질고 방

종과 사치를 하지 않는다.

13 金神貴格 火地奇哉 有剛斷明敏之才 無刻剝欺瞞之心.

◉ 금신(金神) 귀격은 火地에서 뛰어나게 된다. 강단(剛斷)이 있고 명민(明敏)한 재능이 있고 각박하지 않고 타인을 기만하지 않는다.
-{금신(金神)은 甲日 乙丑 己巳 癸酉時}-

14 乙己鼠貴 遇午冲 貧如顔子.

◉ 을기서귀(乙己鼠貴)를 午가 충(冲)하면 안회(顔回)처럼 가난하다.

15 壬騎龍背 逢丁破 慾比申棖.

◉ 임기용배격(壬騎龍背格)이 丁火를 만나 격이 깨지면 그 욕심이 "신정(申棖)"에 견줄만하다.
-{신정(申棖) ; 춘추시대 노(魯)나라 사람으로 육예(六藝)에 정통했다. 공자가 말하길 신정(申棖)의 욕망은 대단하다고 했다.}-

16 井欄飛天 其心傲物.

◉ 정란차(井欄叉)이나 비천록마(飛天祿馬)는 교만하다.
-{상관이 왕하기 때문이다.}-

17 刑合趨艮(寅) 智足多仁.

◉ 형합(刑合)격이나 추간(趨艮)격은 지혜가 많고 어질 다.

18 六甲趨乾(亥) 主仁慈而剛介心平.

◉ 육갑추건(六甲趨乾)격은 인자(仁慈)하고 굳세고 공평하다.

19 五陰會局 爲人佛口蛇心.

◉ 오음(五陰)이 모여 있으면 말은 부처 같지만 마음은 뱀이다.
-{사주 천간이 陰으로 되어 있는 것이다.}-

20 二德印生 作事施恩布德.

◉ 천월이덕이 인수이면서 일주를 생하면 은혜와 덕을 베푼다.

21 五行有化 看何氣而推 四柱無情 取元干而論也.

◉ 일간이 化氣(甲己 乙庚 丙辛 丁壬 戊癸)가 되면 어떤 氣(오행)로 되는지 보고 추단한다. 그러나 四柱가 화기(化氣)가 되지 않으면 본래의 천간으로 論한다.

22 且火炎土燥 必聲洪而好禮 水淸潤下 主言悟而施仁.
◉ 화염토조(火炎土燥)하면 음성이 크고 예의범절을 좋아하고 水가 뚜렷한 윤하(潤下)는 이해력이 좋고 인자하다.
-{화(火)는 예(禮)에 속하고 수(水)는 지(智)에 속한다.}-

23 金白水淸 質黑肥圓.
◉ 金白水淸의 피부가 검고 살찌고 둥글둥글 하다.

24 土氣厚重 信在四時.
◉ 土氣가 넉넉하고 중(重)하면 항상 믿음이 있다.

25 彙合如然 失時反此 事則擧其大略 須要察其細微 欲識情理 學者用心於此.
◉ 모이고 합치면 위와 같지만 실시(失時)하여 무력하면 반대가 된다. 대략을 열거하였으니 세밀히 살펴야 하고 심혈을 기울여 이치에 통하여야한다.

현기부(玄機賦)

01 太極判爲天地 一氣分有陰陽.
◉ 태극이 갈라져 천지가 되고 一氣가 나누어져 음양이 있게 된다.

02 日干爲主 專論財官 月支取格 乃分貴賤.
◉ 日干을 위주로 하여 오로지 財官을 논하고 <u>月支로 格을 취하여 귀천(貴賤)을 분별한다.</u>

03 有格不正者敗 無格有用者成.

◉ 格이 있어도 바르지 못하면 패(敗)하고 格이 없어도 용신이 있으면 성공한다.
-{격이 바르지 못한 것은 격이 깨지거나 변질된 것이다.}-

04 有官莫尋格局 有格不喜官星.

◉ 관성이 있으면 格을 찾지 말아야하고 格이 있으면 관성을 좋아하지 않는다.
-{관성을 좋아하지 않는 격은 요충 요합격이다.}-

05 官印財食無破淸高 殺傷梟刃用之爲吉.

◉ 재관인식(財官印食)이 깨지지 않으면 직위가 뚜렷하고 높으며 살상효인(殺傷梟刃)도 용신으로 쓰이면 좋다.

06 善惡相交 喜去殺而從善 吉凶混雜 忌害吉以化凶.

◉ 관살이 교차(交差)하면 살을 제거하고 관성을 따르면 좋다. 길흉(관살)이 혼잡하여 吉神(관성)을 해치면 흉하게 변하므로 꺼린다.

07 有官有殺宜身旺 制殺爲奇 有官有印畏財興 助財爲禍.

◉ 官도 있고 殺도 있으면 신왕해야 하고 이때 살(殺)을 制하면 뛰어난다. 官이 있고 印이 있을 경우 財가 왕한 것을 두려워하므로 財를 도와주면 화(禍)가 된다.

08 身强殺淺 殺運無妨 殺重身輕 制鄕爲福.

◉ 신강하고 殺이 약하면 殺運이 무방하고 殺이 重하고 신약하면 살을 제(制)하는 운에 福이 된다.

09 身旺印多 喜行財地 財多身弱 畏入財鄕.

◉ 신왕하고 인수가 많으면 財運이 좋고 재다신약(財多身弱)하면 財運에 드는 것을 두려워한다.

10 男逢比劫傷官 剋妻害子 女犯傷官偏印 喪子刑夫.

◉ 남명이 비겁 상관을 만나면 妻를 극하고 자식을 해친다. 여명에 상

관 편인을 만나면 자식이 죽고 남편을 刑한다.

11 幼失雙親 財星太重 爲人孤剋 身旺無依.
◉ 어려서 부모를 잃는 것은 財星이 너무 重한 것이고 외로운 사람은 身旺하여 일주가 의지할 -{財官이}- 없기 때문이다.

12 年冲月令 離祖成家 日破提冲 弦斷再續.
◉ 年이 월령을 冲하면 조상을 떠나 가업을 이루고 月支가 日支를 冲하여 깨지면 아내와 이별하고 재혼한다.

13 時日對冲 傷妻剋子 日通月令 得祖安身.
◉ 日時가 冲하면 상처(傷妻) 극자(剋子)하고 日이 월령에 통하면 조상덕으로 잘산다.
-{일통월령(日通月令)은 월령에 인수가 있는 것이다.}-

14 木遇春長 遇庚辛反假爲權 火歸夏生 見壬癸能爲福厚.
◉ 木이 寅卯月에 태어나고 庚辛-관살을 만나면 오히려 가살(假殺)이 권력이 되고 火가 巳午月에 태어나고 壬癸-관살이 있으면 복이 크다.

15 土逢辰戌丑未 木重成名 金坐申酉之中 火鄕發福.
◉ 土가 辰戌丑未月에 태어나고 木이 重하면 이름을 얻고 金이 申酉月에 태어나면 火運에 발복한다.

16 水居亥子 戊己難侵 身坐休囚 平生未濟.
◉ 水가 亥子月에 태어나고 戊己-관살이 약하고 일주가 휴수(休囚)하면 평생 되는 일이 없다.

17 身旺喜逢祿馬 身弱忌見財官.
◉ 신왕하면 財官을 만나면 좋아하고 신약하면 財官을 꺼린다.

18 得時俱爲旺論 失令便作衰看.
◉ 日干이 득시(得時-월령에 통근)하면 旺하고 실령(失令)하면 약하다.

19 四柱無根 得時爲旺 日干無氣 遇劫爲强.

⊙ 사주에 뿌리(비겁)가 없어도 득시(得時-월령)하면 왕한 것이고 일간이 무기(無氣)해도 겁재를 만나면 강한 것이다.

20 身弱喜印 主旺宜官.
⊙ 신약하면 인성을 좋아하고 日主가 왕하면 관성이 마땅하다.

21 財官印綬 破則無功 殺傷梟劫 去之爲福.
⊙ 재관인(財官印)은 깨지면 功이 없고 칠살 상관 효인 겁재는 제거하면 福이 된다.

22 甲乙秋生金透露 水木火運榮昌.
⊙ 甲乙 木이 申酉月에 태어나고 金이 투출하면 水木火-印比食傷 運에 영창(榮昌)한다.

23 丙丁冬降水汪洋 火土木方貴顯.
⊙ 丙丁이 亥子月에 태어나고 水가 왕양(汪洋)하면 木-인성 火-비겁 土-식상 운에 귀(貴)하게 된다.

24 戊己春生 西南方有救.
⊙ 戊己가 寅卯(관살)月에 태어나면 金-식상이나 火-인성 運에 구제(救濟)된다.

25 庚辛夏長 水土運無傷.
⊙ 庚辛 金이 巳午(관살)月에 태어나면 水土-식상 運에는 일주가 傷하지 않는다.

26 壬癸逢於土旺 金木宜榮.
⊙ 壬癸 水가 辰戌丑未(관살)月에 태어나면 金木-식상인성 運에 영화(榮華)가 있다.

27 身弱有印 殺旺無傷 忌行財地.
⊙ 신약하고 인수가 있으면 殺이 왕해도 상(傷)하지 않지만 운이 재성으로 가면 꺼린다.

28 傷官傷盡 行官運以無妨.
◉ 상관상진(傷官傷盡)은 官運으로 가도 무방(無妨)하다.

29 傷官用印宜去財 傷官用財宜去印.
◉ 傷官에 인수를 쓰면 財를 제거해야 하고 傷官에 財를 쓰면 인수를 제거해야한다.

30 是或 傷官財印俱彰 將何發福 身旺者用財 身弱者用印 用財去印 用印去財 方發彌福 正所謂喜者存之 憎者去之.
◉ 상관 재성 인성이 모두 뚜렷하면 어떤 때 발복하느냐. 신왕하면 財를 쓰고 신약하면 印을 쓴다. 財를 쓰면 印을 제거해야하고 印을 쓰면 財를 제거해야 發福한다. 이른바 희신(喜神)은 남아야하고 기신(忌神)은 제거해야 한다.

31 財多身弱 身旺以爲榮 身旺財衰 財旺鄕而發福.
◉ 財가 많고 신약하면 신왕 運에 번영하고 신왕하고 財가 약하면 재왕 運에 발복한다.

32 重犯官星 只宜制伏 食神疊見 須忌官鄕.
◉ 관성이 많으면 制伏해야 하고 식신이 많으면 관성 운(運)을 꺼린다.

33 頑金無火 大用不成 强木無金 淸名難著.
◉ 金이 강한데 火가 없으면 크게 이루지 못하고 강한 木에 金이 없으면 이름을 얻기 어렵다.

34 水多得土 財多蓄 火焰逢波 祿位高.
◉ 水가 많고 土-관성을 얻으면 재산이 많고 火가 旺하고 水-관성을 만나면 록위(祿位-지위)가 높다.

35 有官有印 無破爲榮 無印無官 有格取貴.
◉ 관성과 인수가 있고 깨지지 않으면 번영(繁榮)하고 관성 인수가 모두 없어도 格이 있으면 貴命이다.
-{격(格)은 주로 불견지격을 말한다.}-

36 陽刃格喜偏官 金神最宜制伏 雜氣財官 刑冲則發.
◉ 양인격은 편관을 좋아하고 금신(金神)은 제복해야하고 잡기재관(雜氣財官)은 형충(刑冲)해야 발전한다.

37 官貴太盛 旺處必傾
◉ 官星이 지나치게 왕성(旺盛)하면 官星이 旺한 곳에서 무너진다.

38 身太旺 喜見財官 主太柔 不宜祿馬
◉ 日主가 태왕(太旺)하면 財官을 좋아하지만 日主가 너무 약하면 재관이 좋지 않다.

39 旺官旺印與旺財 入墓有禍 傷官食神並身旺 遇庫興災.
◉ 旺한 官이나 旺한 印이나 旺한 財가 입묘(入墓)하면 화(禍)가 있고 상관 식신과 더불어 신왕하고 고(庫)를 만나면 화(禍)가 일어난다.
-{왕신(旺神)이 입묘(入墓)하면 재화(災禍)가 발생한다.}-

40 運貴在於支取 歲重向乎干求.
◉ 귀(貴)는 대운의 支에서 취(取)하고 유년이 중(重)한 곳의 간(干)에서 찾는다.
-{예컨대 子대운이 貴에 해당하면 癸亥년을 본다. 물론 통변을 더해야 하는 것은 말할 것도 없다.}-

41 印多者 行財而發 財旺者 遇比何妨.
◉ 인수가 많으면 財運에 발전하고 財가 왕하면 비견을 만나도 방해가 없다.

42 格淸局正 富貴榮華 印旺官旺 聲名特達.
◉ 格이 뚜렷하고 局이 格을 바르게 보좌하면 부귀영화를 얻고 관성과 인수가 旺하면 명성(名聲)이 특별하다.

43 合官 非爲貴取 合殺 莫作凶推.
◉ 관성이 합하면 貴를 얻기 어렵고 殺을 합하면 凶하게 보지마라.

44 桃花帶殺 喜淫奔 華蓋逢空 多刻剝.

⊙ 도화(桃花)가 七殺을 가지고 있으면 사통(私通)을 좋아하고 화개(花蓋)가 공망(空亡)이면 냉정하고 각박하다.

45 平生不發 八字休囚 一世無權 身衰遇鬼.
⊙ 평생 발전하지 못하는 것은 八字가 휴수(休囚)된 것이고 평생 권력이 없는 것은 신약한데 殺을 만난 것이다.

46 身旺者 則宜泄 宜傷 身衰者 則喜扶 喜助.
⊙ 身旺하면 극(剋)이나 설(泄)이 마땅하고 신약하면 부조(扶助)를 좋아한다.

47 稟中和 莫令太過不及 若遵此法推詳 禍福驗如影響.
⊙ 중화(中和)되어야 하므로 많아도 안 되고 모자라도 안 된다. 이 법을 지키면서 자세히 추론하면 화복(禍福)을 이미 들어서 알고 있는 것처럼 증험한다.

유미부(幽微賦)

01 天地陰陽二氣 降於春夏秋冬 各生其時 有用者則吉 無用者則凶.
⊙ 천지의 음양(陰陽) 이기(二氣)가 춘하추동이 되고 각자 태어나는 시기가 있으므로 용신이 있으면 吉하고 용신이 없으면 凶하다.

02 是以泄天機之妙理 談大道之玄微 天旣生人 人各有命.
⊙ 천기(天機)의 오묘한 이치를 누설하여 대도(大道)의 현묘함을 말할 수 있는 것은 하늘이 인간을 낳고 사람마다 命이 있기 때문이다.

03 所以 早年富貴 八字運限咸和 中主孤單 五行逢死絶敗.
⊙ 이른 나이에 부귀한 것은 팔자와 대운이 모두 화합한 것이고 중도에 외롭게 된 것은 오행이 사절(死絶)되어 패(敗)한 때문이다.

04 過房入舍 年月中分.
◉ 양자(養子)나 데릴사위가 되는 것은 年月이 갈라진 것이다.
-{年과 月이 화합(和合)하지 못하고 서로 극해(剋害)하는 것이다.}-

05 隨母從夫 偏財空而印旺.
◉ 개가(改嫁)하는 어미를 따라가는 것은 편재가 공망이고 인성이 旺하기 때문이다.

壬辛丙辛　　男命 1961년 7월 16일 {연구 명조} 夏盲師 看命
辰卯申丑　　7乙未 17甲午 27癸巳 37壬辰 47辛卯

개가(改嫁)하는 어미를 따라가 계부(繼父) 밑에서 자랐고 생부(生父)의 얼굴도 모른다. 위에 해당하지 않지만 연구 자료가 된다.

06 早歲父亡 偏財臨死絶殺宮 幼歲母離 只爲財多印死.
◉ 어린 나이에 부친이 죽는 것은 편재가 사절(死絶)되는 살궁(殺宮)에 임하기 때문이고 어려서 모친과 이별하는 것은 財가 많고 인수가 死地에 있기 때문이다.
-{편재 살궁(殺宮)은 편재를 극하는 비겁이 된다.}-

07 比肩多而兄弟無情 陽刃多而妻宮有損.
◉ 비견이 많으면 형제와 무정하고 양인이 많으면 妻宮을 손상한다.

08 官逢死氣之方 子招難得 若見傷官太盛 子亦難留.
◉ 관성이 사지(死地)에 있으면 자식을 얻기 힘들고 만약 상관이 왕성하면 자식이 나보다 먼저 죽는다.

09 如遇冲破提綱 定主離於祖業 再見空亡 三番四廢.
◉ 제강(提綱)이 충파(冲破)를 만나면 조업(祖業)을 떠나는데 여기에 공망이 보이면 하는 일마다 깨진다.
-{월령은 격이 있는 곳인데 충파를 당하고 공망이 가세하면 재산을 없애려고 태어난 것이다.}-

10 印綬逢生 母當賢貴 偏財歸祿 父必崢嶸.

⊙ 인수가 생(生-관성)을 만나면 모친이 현귀(賢貴)하고 편재가 時에 祿을 두면 부친이 출중하다.

11 官星臨祿旺之鄕 子當榮顯.
⊙ 관성이 록왕지(祿旺地)에 있으면 아들이 출세한다.
-{예컨대 戊日의 乙-官星에 卯가 있는 것이다.}-

12 七殺遇長生之位 女招貧夫.
⊙ 칠살이 장생(長生-인신사해)에 있는 여자는 가난한 사람이 남편이 된다.
-{예컨대 庚日에 丙寅이 있는 여자를 말한다.}-

13 自身借宮所生 必是依人過活.
⊙ 자신이 차궁소생(借宮所生)이면 남에게 얹혀 살아간다.
-{차궁소생은 일간의 뿌리가 없고 쇠약하여 財生官 官生印 印生身으로 전전상생(轉轉相生)에 의지하는 것이다.}-

14 妻星失令 半路抛離 若乃借宮所生 亦是他人義女.
⊙ 財星이 실령(失令)하면 중간에 처와 헤어지고 만약 -{재성이}- 차궁소생(借宮所生)이면 남의 수양딸을 아내로 삼는다.
-{財가 차궁소생이면 아내가 남의 집에 얹혀 살았다는 뜻이 된다.}-

15 酒色猖狂 只是桃花帶殺.
⊙ 주색으로 광기를 부리는 것은 도화가 칠살을 가지고 있기 때문이다.
-{도화는 주색(酒色)이 되고 칠살은 광기(狂氣)가 된다.}-

16 慈祥敏慧 天月二德聚來.
⊙ 인자하고 똑똑한 것은 천월이덕(天月二德)이 모여 있는 것이다.

17 印綬旺而子少息稀 正官旺而女多男少.
⊙ 인수가 왕하면 자녀가 드문데 정관이 旺하면 딸이 많고 아들이 적다.

18 梟神興早年折夭 食神旺老壽而高.

⊙ 효신(梟神)이 왕하면 일찍 요절하고 식신이 왕하면 장수한다.

19 偏財逢敗 父主風流 子曜若臨 破家蕩産.

⊙ 偏財가 패(敗-浴地-자오묘유)를 만나면 부친이 풍류(風流)를 좋아하고 자식성이 패지(敗地)에 임(臨)하면 가산을 탕진한다.

21 自身逢敗 早歲興衰.

⊙ 日主가 패(敗)를 만나면 일찍 흥(興)해도 결국 쇠패(衰敗)한다.

22 妻入墓 不得妻財 父臨庫 父當先死.

⊙ 재(財)가 입묘(入墓)하면 처재(妻財)를 얻지 못하고 父星이 고(庫)에 임(臨)하면 부선망(父先亡)한다.
-{財가 입묘하여 처재를 얻지 못하는 것은 처덕이 없는 것이다.}-

23 比肩逢祿 兄弟名高.

⊙ 비견이 록(祿)을 만나면 형제의 명성이 높다.
-{예컨대 갑일이 갑인을 만나는 것이다.}-

24 食神多而好飮食 正官旺而受沾滋.

⊙ 식신이 많으면 음식을 좋아하고 정관이 旺하면 혜택이 많이 받는다.

25 身臨沐浴之年 恐愁水厄.

⊙ 일주가 목욕(沐浴)을 만나는 年에는 수액(水厄)이 두렵다.

26 生入冲剋之年 必逢火災.

⊙ 인수가 冲剋하는 年에는 반드시 화재(火災)를 만난다.

27 女帶桃花坐殺 定主淫奔.

⊙ 女命에 도화가 칠살(七殺)을 가지고 있으면 사통(私通)한다.

28 傷多而印綬被剋 母當淫蕩.

⊙ 상관이 많고 인수가 剋을 당하면 어미가 음탕(淫蕩)하다.

29 年月冲者 難爲祖業.

⊙ 年月이 冲하면 조업(祖業)이 없다.

30 日時冲者 妻子招遲.
◉ 日時가 冲하면 결혼이 늦다.

31 若見天元刑戰 父母難靠 如遇地支所生 凶中成吉.
◉ 천원(天元)에 형전(刑戰)이 보이면 父母를 의지하기 어렵다. 만약 地支에서 生하여주면 凶한 중에 다시 吉로 변한다.
-{천간에서 일간과 전쟁이 일어나는 것인데 이때 지지에서 인성이 생하면 흉했다가 다시 길로 변하는 것이다.}-

32 日主弱 水火相戰 而招是非.
◉ 日主가 약한데 수화(水火)가 싸우면 시비(是非)를 불러들인다.

33 甲木衰 逢金旺 而無仁無義 此乃男命之玄機.
◉ 甲木이 쇠약한데 旺한 金을 만나면 인의(仁義)가 없다. 이것으로 男命의 현기(玄機)를 말한 것이다.

34 略說女人之奧妙 純粹在於八字.
◉ 女人의 오묘(奧妙)한 이치는 간단히 말하면 팔자가 순수(純粹)해야 한다.

35 純有富貴者 一官生旺.
◉ 여명이 순수하여 富貴한 것은 官星 하나가 生旺하기 때문이다.
-{부인총결에 이르길 官殺이 혼잡하지 않고 財印이 있고 刑冲되지 않으면 "순(純)"이라하고 夫星(官殺)이 한 자리에만 있고 충파가 없고 氣가 중화된 것을 "화(和)"라고 한다. 즉 "순화(純和)"하면 자연히 귀(貴)가 뚜렷한 명(命)이 된다.}-

36 四柱休囚 必爲貴者.
◉ 女命의 四柱가 휴수(休囚)되면 반드시 貴命이다.
-{휴(休)는 관성이고 수(囚)는 인성이 되므로 관인상생(官印相生)이 된 것이다.}-

37 濁淫者 五行冲旺 娼淫者 官殺交叉.

◉ 女命에서 탁음(濁淫)이란 오행이 왕하고 冲하는 것이고 창음(娼淫-몸을 파는 여인)은 관살이 교차(交叉)하는 것이다.
-{부인총결에 이르길 일주가 너무 왕하고 財官印食이 혼잡하여 싸우면 "탁(濁)"한 것이고 夫星이 많고 財가 旺하면 탐욕에 빠지므로 "람(濫)"이 된다. 즉 "탁람(濁濫)"하면 자연히 "창음(娼淫)"한 命이므로 천(賤)하거나 미모가 우아해도 몸을 팔아 재물을 얻는다.}-

38 命主多合 此爲不良. 滿柱殺多 不爲剋制.

◉ 女命에 합이 많으면 불량하다. 네 기둥에 殺이 많으면 극제(剋制)하면 안 된다.
-{전자는 관성이 많은 것이고 후자는 종살(從殺)격이다.}-

39 印綬多 而老無子 傷官旺 而幼傷夫.

◉ 여명에 인수가 많으면 노년에 자식이 없고 상관이 旺하면 어린나이에 상부(傷夫)한다. [청상과부(靑孀寡婦)]

40 荒淫之慾 食神太過 四柱不見夫星 未爲貞潔.

◉ 女命이 황음(荒淫-음란)한 것은 식신이 너무 많은 것이고 사주에 부성(夫星-관살)이 보이지 않으면 정결(貞潔)하지 못하다.

41 官星絶遇休囚 孤孀獨宿.

◉ 女命에 관성이 절(絶-絶地)되고 휴수(休囚)를 만나면 밤을 외롭게 보내야하는 과부다.

42 淸潔源流 金豬相遇 木虎相見 四柱三夫 陽刃重疊 土猴重疊. 水火逢蛇 夫宮早喪.

◉ 청결(淸潔)의 근원은 辛亥나 甲寅이 겹치는 것이고 세 남자를 거치는 팔자는 陽刃(丙午, 戊午, 壬子)이나 戊申이 겹친 것이다. 癸巳 丁巳日 女命은 남편이 일찍 죽는다.
-{청결(淸潔)은 수절과부(守節寡婦)나 재혼을 안 하는 여인이다.}-
-{이들 모두 고란살(孤鸞煞-乙巳 丁巳 辛亥 戊申 甲寅 丙午 戊午 壬子日)에 속하는데 女命의 日柱에 해당한 것을 논한다. 고란일은 극부

(剋夫) 재가(再嫁) 수절과부(守節寡婦) 이혼(離婚)이나 부선망(夫先亡)하는데 官星이 상하거나 日支가 冲을 만나면 남편이 일찍 죽는다. 戊申日에 申字가 또 있거나 甲寅日에 寅字가 또 있으면 연속해서 극부한다. 乙巳日에 巳가 있거나 辛亥日에 亥가 있거나 丙午 戊午日에 午가 있거나 壬子日에 子가 있어도 남편을 극한다.}-

43 食神一位逢生旺 招子須當拜聖明.
◉ 식신이 一位가 있고 生旺을 만난 여인은 천자(天子)를 보필하는 아들을 둔다.

44 父母之宮 男命同斷.
◉ 여명의 부모 궁은 남명과 같은 방법으로 판단한다.

45 若見此書 藏之如寶 若遇高士 對鏡分明 依其此法 萬無一失..
◉ 이 책을 보물처럼 간직하라 만약 고사(高士)를 만나 배우면 거울처럼 분명하게 되니 이 法을 따르면 틀림없다.

오행원리소식부(五行元理消息賦)

01 詳其往聖 鑒以前賢 論生死全憑鬼谷 消息端的徐公.
◉ 옛 성인을 귀감으로 삼고 선현(先賢)을 본받아 생사(生死)를 論하는 것은 전적으로 귀곡(鬼谷)에 의거하고 干支의 실마리는 자평에 있다.

02 陽生陰死 陽死陰生 循環逆順 變化見矣.
◉ 양생음사(陽生陰死)와 음생양사(陰生陽死)는 순행(順行)과 역행(逆行)이 순환하여 변화가 나타난다.

03 夫陽木生亥死午 雖存亡易見 陰木跨馬逢豬 則吉凶可知 艮生丙而遇雞死 兌生丁而逢虎傷 戊藏寅而西方沒 己生酉而艮中亡 庚逢蛇而崢嶸 運見鼠亦難當 辛生子死在巽地 壬生申藏於震方 兎生癸水衣祿足 運行

猴地見災殃 十干生死同斷 造化依此推詳.

◉
甲은 亥에서 長生이 되고 午에서 死한다.
乙은 午에서 長生이 되고 亥에서 死한다.
丙은 寅에서 長生이 되고 酉에서 死한다.
丁己는 酉에 長生이 되고 寅에서 死한다.
戊는 寅에서 長生이 되고 酉에서 死한다.
庚은 巳에서 長生이 되고 子에서 死한다.
辛은 子에서 長生이 되고 巳에서 死한다.
壬은 申에서 長生이 되고 卯에서 死한다.
癸는 卯에서 長生이 되고 申에서 死한다.
十干의 生死를 이 같이 판단하여 조화(造化-運)를 자세히 추론한다.
-{원문의 시결(詩訣)을 쉬운 말로 바꾸었다. }-

04 又詳 權刃雙顯停均 位至侯王
◉ 칠살과 양인이 모두 나타나 균형이 맞으면 지위가 후왕(侯王)에 이른다.
-{칠살이 양인과 합하면 권력이 된다고 했다. 陽刃이 있는데 殺이 없으면 刃이 겁탈(도둑)을 하고 殺이 있는데 刃이 없으면 몸을 상한다고 했다.}-

05 中途或喪或危 運扶官旺. 平生爲富爲貴 身殺兩停.
◉ 중도(中途)에 죽거나 위태한 것은 運이 官을 旺하게 도와준 것이다. 평생 富貴를 누리는 것은 신살(身殺)이 양정(兩停)한 것이다.
-{신살양정(身殺兩停)은 日主와 殺의 세력이 비등한 것이다. 身殺兩停하면 부귀쌍전(富貴雙全)하지만 身殺이 편중(偏重)되면 천(賤)하다.}-

06 大貴者 用財而不用官 當權者 用殺而不用印
◉ 대귀(大貴)한 자는 재성을 쓰고 관성을 쓰지 않는다. 권력을 잡는 자는 殺을 쓰고 인수를 쓰지 않는다.
-{관성은 타인의 제(制)를 받지만 재성은 타인을 제(制)한다.}-

07 **印賴殺生 官因財旺.**
◉ 인수는 殺의 生에 의지하고 官은 財星으로 旺하게 된다.

08 **食居先 殺居後 功名兩全.**
◉ 식신이 앞에 있고 殺이 뒤에 있으면 功名이 온전하다.

辛乙戊戊 男命 -{연구 명조}-
巳丑午午 己未 庚申 辛酉 壬戌 癸亥 甲子
午火-식신이 月에 있고 辛金-칠살이 時에 있어서 식거선 살거후(食居先 殺居後)가 되었다. 부와 권력을 겸하였고 무관(武官)의 도위(都尉)에 올랐다.

09 **酉破卯 卯破午 財名雙美.**
◉ 酉가 卯를 파하거나 卯가 午를 파하면 재물과 명성이 모두 좋다.
-{酉-자가 많으면 卯중 乙-財을 암충(暗冲)하고 卯-자가 많으면 午중 己-財를 암충(暗冲)하여 불견지형(不見之形)의 재관을 쓴다.}-

丙辛己丁 男命 -{연구 명조}-
申酉酉酉 戊申 丁未 丙午 乙巳 甲辰 癸卯
酉가 卯를 暗冲하여 관직이 영윤(令尹)에 올랐다.

10 **享福 五行歸祿 壽彌 八字相停.**
◉ 福을 누리는 것은 오행의 록(祿-관성)이 있는 것이고 장수하는 것은 八字가 중화되어 편고하지 않은 것이다.

11 **晦火無光於稼穡 陰木絶氣於丙丁.**
◉ 빛은 土에서 어두워지고 음목(陰木)은 丙丁에서 기(氣)가 끊어진다.
-{火는 土가 왕하면 빛이 사라지고 木은 丙丁火가 왕하면 재로 변한다. 이때 土는 木을 만나면 火가 살아나고 木은 水를 만나면 살아난다.}-

12 **火虛有焰 金實無聲.**
◉ 火는 허(虛)하면 불꽃이 있고 金이 실(實)하면 소리가 없다.
-{火는 보이기는 하나 형체가 없으므로 비어 있는 것이고 金이 실(實)

한 것은 火의 단련(鍛鍊)이 없는 무쇠를 말한다.}

13 水泛木浮者 活木 土重金埋者 陽金.

◉ 水가 범람하여 木이 뜨는 것은 활목(活木)을 말하고 土가 重하여 묻히는 것은 庚金을 말한다.

14 水盛則危 火明則滅.

◉ 水가 왕성하면 범람하여 위태하고 火가 밝으면 결국 꺼진다.

15 陽金得煉太過 變格奔波 陰木歸垣失令 終爲身弱.

◉ 庚金은 단련(鍛鍊)이 지나치면 격(格)이 변하므로 분주하고 乙木은 실령(失令)하면 결국 신약(身弱)이 된다.

16 土重而掩火無光 逢木反爲有用 水盛則漂木無定 若行土運方榮.

◉ 土가 重하면 火를 가려 빛이 없으나 木을 만나면 오히려 유용하게 되고 水가 성(盛)하면 木이 표류하여 정처(定處)가 없으나 土運으로 가면 영화(榮華)가 있다.

甲甲乙甲 男命 -{연구 명조}-
子子亥寅　丙子　丁丑　戊寅　己卯　庚辰　辛巳　壬午

甲日이 亥月에 태어난 데다 子는 敗地가 되고 土-財가 없다. 이 사람은 명석하고 기민한데다 말을 잘하지만 평생 되는 일이 없다. 木이 浴地에 있고 水가 너무 왕성한데 制하는 土가 없기 때문이다.

17 五行不可太甚 八字須得中和.

◉ 오행은 너무 왕하거나 약하면 안 되고 八字는 중화(中和)되어야한다.

18 土止水流 全福壽 土虛木盛 必傷殘.

◉ 흐르는 水를 土가 저지하면 복수(福壽)가 온전하고 土가 허약하고 木이 왕성하면 반드시 불구자가 된다.

19 運會元辰 須當夭折.

◉ 運에 元辰(원진-칠살)이 모이면 요절(夭折)한다.

20 木盛多仁 土薄寡信.
◉ 木이 왕성하면 인자하고 土가 박(薄)하면 신용(信用)이 없다.

21 水旺居垣須有智 金堅主義却能爲 金水聰明而好色 水土混雜必多愚.
◉ 水가 월령에 旺하면 지혜가 있고 金이 견고하면 의(義)를 행한다. 金水는 총명하지만 색(色)을 좋아하고 水土가 혼잡하면 어리석다.

22 遐齡得於中和 夭折喪於偏枯.
◉ 중화(中和)되면 하령(遐齡→장수)하고 편고(偏枯)하면 요절한다.

23 辰戌剋制併冲 必犯刑名 子卯相刑門戶 全無禮德.
◉ 辰戌은 극제(剋制)와 冲이 병행(倂行)하므로 반드시 형액(刑厄)이 있고 子卯가 문호(門戶)에서 상형(相刑)하면 예덕(禮德)이 없다.
-{子는 卯의 母인데 刑이 되므로 예(禮)가 없다고 한다.}-

24 棄印就財明偏正 棄財就殺論剛柔.
◉ 인수를 버리고 재격을 이루면 편재와 정재를 명백히 하고 財를 버리고 살격이 되면 강(剛)과 유(柔)를 논해야 한다.

25 傷官無財可恃 雖巧必貧 食神制殺逢梟 不貧則夭.
◉ 傷官격에 財가 없으면 재능은 있으나 빈한(貧寒)하고 식신제살이 효인(梟印)을 만나면 가난하지 않으면 요절(夭折)한다.

乙己庚己 男命 -{연구 명조}-
丑卯午酉 己巳 戊辰 丁卯 丙寅 乙丑 甲子
庚-상관이 투출하고 酉丑 金局이 있으나 水-재성이 없다. 다재다능하였지만 평생 뜻을 이루지 못했다.

26 男多陽刃 必重婚 女犯傷官 須再嫁.
◉ 男命에 양인(陽刃)이 많으면 반드시 중혼(重婚)하고 女命에 傷官이 침범하면 재가(再嫁)한다.

27 貧賤者 皆因旺處遭刑 孤寡者 只爲財神被劫.
◉ 빈천한 것은 모두 旺한 곳에서 刑을 만나기 때문이고 외롭고 가난한

것은 財를 겁탈 당한 때문이다.

28 去殺留官方論福 去官留殺有威權.

⊙ 거살유관(去殺留官)은 복(福)으로 논하고 거관유살(去官留殺)은 위권(威權)이 있다.

-{관살이 모두 있을 경우 살을 제거하여 관성을 쓰면 복이 되고 관성을 제거하여 살을 쓰면 권력을 쥔다.}-

29 逢傷官反得夫星 乃財命有氣 遇梟神而喪子息 福薄無後而孤.

⊙ 여명에 傷官을 만났는데도 오히려 남편을 얻는 것은 신왕재왕한 때문이고 효신(梟神)을 만나면 자식이 죽고 박복하고 고독하다.

30 三戌冲辰禍不淺 兩干不雜利名齊.

⊙ 세 개의 戌이 辰을 冲하면 그 화(禍)가 가볍지 않다. 양간(兩干)이 부잡(不雜)하면 利名를 갖춘다.

-{양간부잡은 같은 종류의 오행을 말하므로 예를 들면 甲乙 甲乙이 있는 것이 된다. 만약 천간에 甲乙 丙丁이 있으면 양간부잡이 아니다.-

31 丙子辛卯相逢 荒淫滾浪 子午卯酉全備 酒色昏迷.

⊙ 丙子와 辛卯가 만나면 주색(酒色)에 빠지는 곤랑도화(滾浪桃花)라 하고 子午卯酉가 모두 있으면 주색이나 마약으로 혼미하다.

-{子午卯酉가 온전하면 편야도화(遍野桃花)라고 하는데 格局을 이루지 못하면 대부분 주색으로 망한다.}-

32 天干殺顯 無制者賤 地支財伏 暗生者奇.

⊙ 天干에 투출한 살(殺)을 제(制)하지 않으면 천(賤)하고 地支에 숨어 있는 財를 암(暗)으로 생하면 뛰어나다.

33 因財致禍 陽刃與歲運併臨

⊙ 재물로 인해 禍가 닥치는 것은 양인(陽刃)이 세운병임(歲運併臨)한 것이다.

-{세운병임(歲運併臨)은 대운과 유년의 간지가 같은 것을 말한다.}-

34 貪食乖疑 命用梟神因有病 姪男爲嗣 義女爲妻.
식신을 탐(貪)하면 심성이 비뚤어지고 남을 믿지 않는데 식신이 병(病)일 경우 효신(梟神)을 약(藥)으로 쓰는 명(命)은 조카를 아들로 삼고 수양딸을 처(妻)로 삼는다.
-{편인으로 식신을 극(剋)하면 편인이 약(藥)일지라도 어쨌든 심성이 좋지 않은 사람이다. 기회를 엿보다가 무자비하게 공격한다.}-

35 日時相逢卯酉 始生必主迁移 平生敬信神祇 造化因逢戌亥.
◉ 日時에 卯酉를 만나면 출생할 때부터 이동하고, 평생 종교를 믿고 신(神)을 모시는 것은 戌亥를 만난 때문이다.
-{옥조신경에 이르길 戌亥를 만나면 중이나 도사라고 했다.}-

36 陰剋陰 陽剋陽 財神有用.
◉ 財神이 有用한 것은 음이 음을 극하고 양이 양을 극하는 것이다.
-{편재(偏財)가 효신(梟神)을 극하여 유용(有用)한 것이다.}-

37 官多無官 太旺傾危 殺多無殺 反爲不害 財多無財 運逢化殺生災.
◉ 관성이 많으면 관직이 없고 太旺하면 위태(危殆)하다. 살이 많으면 칠살이 아니니 오히려 害가 안 된다. 재성(財星)이 많으면 재물이 없고 財가 殺로 변하는 運을 만나면 재난(災難)이 발생한다.

38 八字得局失垣 平生不遇 四柱歸垣得令 早歲軒昂.
◉ 팔자가 국(局)을 얻어도 月令을 얻지 못하면 평생이 불우하고 사주가 득령(得令)하고 국(局)을 이루면 소년(少年)에 번성한다.
-{이는 종왕격의 여부를 말한 것이다. 예를 들어 사주에 木局이 왕해도 월령이 金이면 종왕격이 되지 못한다.}-

39 木逢類象 榮貴高遷
◉ 木이 유상(類象)을 만나면 영귀(榮貴)하여 직위가 높다.
-{목일(木日)이 목국(木局)을 얻은 신취팔법(神趣八法)중에 하나다.}-

40 命用梟神 富家營辦.
◉ 효신(梟神)을 쓰는 명은 부잣집의 집사노릇을 한다.

-{효신(梟神)은 식신을 制하거나 化殺生身하는 데 타인의 속마음을 읽는데 능하여 집사(執事)에 적절하다.}-

40 財官俱敗者死 食神逢梟者亡.
⊙ 財官이 모두 敗하여도 죽고 식신이 효신(梟神)를 만나도 죽는다.

41 龍藏亥卯 經商利絡絲綿
⊙ 辰에는 亥卯가 암장해 있으므로 포목이나 의류로 득재(得財)한다.

42 丁巳孤鸞 合作聰明詩女.
⊙ 丁巳 고란(孤鸞)은 총명하여 시문(詩文)에 능한 女人이다.

43 日犯裸形沐浴 濁濫淫娼
⊙ 日에 라형목욕(裸形沐浴)이 있으면 정욕이 넘쳐 몸을 파는 탁남음창(濁濫淫娼)이 된다.
-{나형도화(裸形桃花)는 甲子日이 月이나 時에 庚午가 있거나 時가 庚午인데 月에 甲子가 있으면 나형도화에 속한다. 남녀를 막론하고 음란하고 혼인이 깨진다. 甲은 子에 욕지가 되고 庚은 午에 욕지가 되고 서로 冲이 되기 때문이다.}-

44 日祿歸時見財 則淸高富貴.
⊙ 귀록에 財가 보이면 직위가 높고 부귀(富貴)하다.
-{귀록은 재성을 좋아하고 관성을 만나면 깨진다.}-

45 歸祿有財而獲福 無財歸祿必須貧.
⊙ 귀록에 財가 있으면 福을 얻지만 財가 없는 귀록은 가난하다.
-{歸祿格은 관성이 없어야 청운득로(靑云得路)한다. 財를 쓰기 때문에 식상으로 財를 생하면 貴命이 된다.}-

辛壬庚辛 男命 -{연구 명조}-
亥申子丑   己亥 戊戌 丁酉 丙申 乙未 甲午
時에 귀록을 두었고 관성이 없어서 좋다. 재성이 없고 金水가 太旺한데 더구나 運이 西方으로 흘러 전답을 다 팔아먹었다.

44 財印混雜 終爲困窮 偏正濁亂 必致傷殘.

◉ 財와 인수가 혼잡하면 결국 곤궁(困窮)한데 이때 정재 편재가 탁란(濁亂)하면 몸을 상하여 불구가 된다.
-{인수를 중심으로 보면 정재와 편재는 인수의 관살이 혼잡이 된다.}-

45 太歲忌逢戰鬪 陽刃不喜刑冲.

◉ 태세는 전투(戰鬪)를 만나면 꺼리는데 이때 양인이 刑冲하는 것을 좋아하지 않는다.

46 癸從戊合 少長無情 多有不仁.

◉ 癸日이 戊를 따라 합하면 노소(老少)의 사이가 무정(無情)하여 감각이 없다.

47 庚逢丙擾 豈知遇正官 却無俸祿

◉ 丙-살이 庚을 교란(攪亂)하는데 丁-正官을 만나면 어찌 될까? 이때는 봉록(俸祿)조차 없어진다.

48 蓋祿逢七殺 乃有聲名.

◉ 록(祿-일록)이 있고 칠살을 만나면 명성이 있다.

49 不從不化 淹留仕路之人 從化得從 顯達功名之士.

◉ 종격(從格)도 화격(化格)도 되지 못하면 벼슬길이 막히고 종화(從化-화격)가 종(從)을 얻으면 공명을 얻고 출세한다.

51 化成祿旺者生 化成祿絶者死.

◉ 화격(化格)에 록(祿)이 旺하면 살지만 화격(化格)에 祿이 끊어지면 죽는다.
-{祿은 化-오행의 祿을 말하는데 예를 들어 丁壬 化格이 寅木을 얻는 것이다. 또한 戊癸化火격이 水-운으로 가거나 丁壬化木격이 金-운으로 가면 적게는 불구가 되거나 크게는 죽는다.}-

52 處僧道之首 用殺反輕 受憲臺之職 偏官得地.

◉ 殺을 쓰기는 하지만 약하면 주지승(住持僧)이 되고 편관이 득지(得

地)하면 어사대(御史臺-감찰기관)의 命이다.

53 生地相逢 壯年不祿 時歸敗絶 老壽無終.
◉ 生地를 만나면 장년(壯年)에 죽고 時에 패절(敗絶)되면 늙기 전에 죽는다.
-{칠살이 생지를 만나는 것과 일주가 時에 敗絶되는 것을 말한다.}-

54 丁逢卯木 遇己土梟食之人.
◉ 丁이 卯木-편인을 만나고 다시 己-식신을 만나면 효인탈식(梟印奪食)이다.
-{효인탈식(梟印奪食)이면 죽거나 불구가 된다.}-

55 亥乃神漿 遇酉金嗜盃之客   [水+酉=酒]
◉ 亥水는 감로(甘露)가 되므로 酉金을 만나면 애주가(愛酒家)다.

56 財逢旺地人多富 官遇長生命必榮.
◉ 재성이 旺地를 만난 사람은 부명(富命)이고 관성이 장생(長生)을 만나면 반드시 영화(榮華)가 있다.

57 丁生酉金 丙辛遇之絶嗣
◉ 丁火가 酉月에 태어나고 丙辛을 만나면 代가 끊어진다.
-{丁의 자식인 丙辛(水)가 酉에 浴地가 된다.}-

58 財臨殺地 父死而不歸家.
財가 殺地에 임(臨)하면 부친이 밖에서 죽고 집에 돌아오지 못한다.
-{재임살지(財臨殺地)는 재성이 비겁에 임(臨)한 것이다.}-

59 八專日支同類 殺年殺運生災.
◉ 팔전(八專)은 日干支가 같은 것인데 殺年 殺運에 재난이 있다.
-{八專日 甲寅 乙卯 丁未 戊戌 己未 庚申 辛酉 癸丑日}-

60 若能觀覽熟讀 詳玩貴賤 萬無一失.
◉ 숙독(熟讀)하여 귀천(貴賤)에 익숙하면 실수가 없다.

금옥부(金玉賦)

01 數體洪範 法遵子平 命天地之奧妙 聽空谷之傳聲 一氣流行 則冬寒而夏暑 三陽生發 自春長以秋成 竊聞旣生有滅 若虧則盈 造化歸源 盡返寅申巳亥 五行藏蓄 各居四季丘陵 生長有時 自春夏秋冬之屬 旺衰有數 察貧賤富貴之機.

◉ 인간의 수명은 子平法을 따른다. 命은 천지의 오묘(奧妙)한 이치로 심산유곡에서 소리로 전하여 듣는 것이다. 一氣가 흘러 겨울은 차고 여름은 덥고 삼양(三陽-寅)에서 생발(生發)하여 봄부터 성장하여 가을에 이룬다. 태어나면 죽고 기울 면 차는 법이다. 조화(造化-명운)는 근원(根源)으로 돌아오는 것이므로 조화가 다하면 다시 寅申巳亥의 생지로 돌아오고 五行을 간직하는 곳은 辰戌丑未가 된다. 춘하추동에 따라 생장(生長)하므로 왕쇠(旺衰)에 있는 수(數)에 따라 부귀빈천의 실마리를 살핀다.
-{홍범(洪範)은 대연수(大衍數)의 수명(壽命)을 말한다.}-

02 搜尋八字專論財官 次究五行 須詳氣候.
◉ 八字는 오로지 財官을 논한 다음 오행을 궁구(窮究)하고 모름지기 기후(氣候)를 자세히 보는 것이다.

03 論財官之輕重 察氣候之淺深 推向背財官之得失 論當生格局之高低.
◉ 財官의 경중(輕重)을 논하고 기후(氣候)의 천심(淺深)을 살피는데 財官의 득실(得失)은 향배(向背)로 추론하고 格局의 고저(高低)는 당생(當生-월령)으로 논한다.
-{向은 재관을 따르는 것이고 背는 재관을 배척하는 것이다.}-

04 他來剋我爲官鬼 身旺當權 我去剋他爲妻財 官强則富.
◉ 나를 剋하는 것을 관귀(官鬼-관살)로 삼는데 身旺하면 권력을 갖는다. 내가 극하는 것을 처재(妻財)로 삼는데 관성이 강하면 부명(富命)이 된다.

05 年傷身主 乃父與子而不親 時剋日辰 是子不遵於父命.

⊙ 年이 일주를 상(傷)하면 부자(父子)의 사이가 좋지 못하고 時가 日辰을 극하면 자식이 애비의 命을 거역한다.

06 年剋日兮 上能陵下 日剋年兮 下去犯上.
⊙ 年이 日을 극하면 上이 下를 능멸(凌蔑)하는 것이고 日이 年을 剋하면 下가 上에게 대든다.

07 若得有物制日干 則可化惡爲祥 更要本主逢喜神 則將凶而變吉.
⊙ 만약 日干을 制하는 것을 얻으면 악(惡-살)이 복(福-관)으로 되는데 여기에 희신(喜神)을 만나면 흉이 吉로 변한다.

08 喜神慶會 當知資産豊隆 四柱無情 定見禍端並作.
⊙ 喜神이 모여 있으면 자산(資産)이 풍성함을 알 수 있고 四柱가 무정(無情)하면 화단(禍端)을 만나고 발생한다.

9 或見本主相冲 三刑重疊 歲運欺陵 必招橫事.
⊙ 일주를 冲하고 三刑이 겹치고 歲運이 일주를 극(剋)하면 반드시 뜻밖의 화(禍)를 불러들인다.

10 純粹五行入格 臺閣風淸 身强七殺降伏 藩垣鎭守.
⊙ 오행이 순수하고 格에 들면 고관(高官)이 되는데 신강하여 七殺을 제압하면 수도경비를 담당한다.

11 無財官而有格局 靑云得路 無格局而有財官 黃門成名.
⊙ 財官이 없어도 격국이 되면 청운득로(靑雲得路)하고 격국이 없어도 財官이 있으면 황제를 보필하는 관직에 오른다.

12 財官格局俱損 不貧寒而功名蹭蹬之人 日干月令俱强 非窮困必草茅永逸之士.
⊙ 財官과 格局이 모두 손상당하면 빈한(貧寒)하거나 불우(不遇)한 사람이다. 日干과 월령이 강하면 궁곤(窮困)하거나 초야에 묻혀 산다.
-{日干과 월령이 강한 것은 월령에 비겁이 있고 일간에 뿌리가 있는 것이다.}-

13 丙丁坐南離而無制 是不遵禮法凶暴之徒 壬癸遇戊己之相應 乃懷德抱才聰慧之士.

◉ 丙丁이 월령에 火가 있고 制가 없으면 예법(火)을 무시하는 폭도(暴徒)에 속한다. 壬癸가 戊己-관살을 만나 상응(相應)하면 재덕(才德)이 있고 총명하고 지혜를 갖춘 사람이다.

-{전자는 관살의 制가 없는 것이고 후자는 관살이 적절한 것이다.}-

14 辛逢乙木於南墓 雖富而不仁 丙逢辛金於北鎭 縱貧而有德.

◉ 辛金이 戌月(인수)에 태어나고 乙木-편재를 만나면 부유(富有)해도 어질지 못하고 丙火가 丑月(상관)에 태어나고 辛金-정재를 만나면 가난해도 덕(德)이 있다.

-{전자는 乙-편재가 戊-인수를 극하기 때문이고 후자는 丙辛合이 水-관성이 되기 때문이다.}-

15 年時月令有偏印 凶吉未明 大運歲君逢壽星 災殃立至.

◉ 年이나 時나 月令에 편인이 있으면 凶吉이 잠복해 있다가 大運과 유년에서 식신을 만나면 재앙(災殃)이 닥친다.

16 幼年乏乳 食神遭刑剋之宮 壯歲崢嶸 乃財官居純粹之位.

◉ 유년(幼年)에 젖이 부족한 것은 식신을 형극(刑剋)하는 宮을 만난 때문이고 장년(壯年)에 출세하는 것은 재관이 있는 곳이 순수(純粹)하기 때문이다.

-{순수(純粹)하다는 것은 혼잡 되지 않고 깨지지 않은 것이다.}-

17 陽日食神得地 無冲損則暗合官星 陰日食神無破虧 雖契合則自親印綬.

◉ 양일(陽日) 식신이 득지(得地)하고 冲이나 상(傷)함이 없으면 관성을 암합(暗合)하고 음일(陰日) 식신이 깨지지 않고 온전하면 의기투합하여 인수와 친하다.

-{예컨대 甲日의 巳火-식신이 온전하면 巳중 丙火가 辛金-관성을 합하고 乙日의 午火-식신이 온전하면 午중 丁火가 壬水-인수를 합한다.}-

18 印綬偏財 能益壽延年 陽刃七殺 善奪財化鬼.

⊙ 인수에 편재가 있으면 장수하고 양인에 칠살이 있으면 탈재(奪財)를 막아주고 살(殺)을 化한다.

-{원래 인수는 재성을 만나면 죽는데 장수하는 것은 편재가 편인을 극하여 식신(長壽)이 왕하게 되기 때문이다.}-

19 財星有破 費祖風別立他鄕 印綬被傷 失宗業抛離故里.

⊙ 재성이 깨지면 조상의 재물을 없애고 타향에서 일어서고 인수가 상하면 조상의 업(業)을 버리고 고향을 떠난다.

20 人命以貴神爲福 遭剋陷則凶禍不祥 五行會凶曜爲災 喜合殺並食神爲貴.

⊙ 관성을 福으로 삼지만 극을 당하면 흉화(凶禍)가 있다. 칠살이 모이면 재앙(災殃)인데 살을 합하거나 식신이 제살하면 귀하게 된다.

21 命虧殺旺 要天赦二德呈祥 身弱財豊 喜陽刃兄弟爲助.

⊙ 殺이 旺하여 命이 상하면 천사(天赦)나 이덕(二德-천월이덕)이 보여야 좋게 되고 신약하고 재가 많으면 양인이나 비겁의 도움을 좋아한다.

22 月令値食神健旺 善飮食而姿質豊滿 四柱有吉曜相扶 堆金積玉.

⊙ 월령에 식신이 튼튼하면 음식을 좋아하고 외모가 풍만한데 四柱에서 길요(吉曜-재성)가 도와주면 돈이 많다.

23 五行無凶殺侵犯 名顯聲揚.

⊙ 오행 흉살(凶殺-殺傷刃梟劫)의 침범(侵犯)이 없으면 명성을 날린다.

24 寅申巳亥疊犯 有聰明生發之心 子午卯酉重逢 害酒色荒淫之志.

⊙ 寅申巳亥가 많으면 총명하고 발전성이 있고 子午卯酉를 많이 만나면 주색에 빠진다.

25 女人無殺 一貴何妨 喜逢天月德神 忌見殺官混雜.

⊙ 여명에 칠살이 없고 관성이 하나면 문제가 없고 천월덕을 좋아하고 관살이 혼잡(混雜)을 꺼린다.

26 貴衆則舞裙歌扇 合多則暗約偸期.

◉ 女命에 귀인(貴人)이 많으면 가무(歌舞)에 종사하고 合이 많으면 서방 몰래 정을 통하는 기약(期約)을 한다.

27 五行健旺 不遵禮法而行 官殺互逢 定是風聲之配.

◉ 女命에 일간이 건왕(健旺)하면 무례하고 官과 殺을 번갈아 만나면 바람둥이와 결혼을 한다.

28 迴眸倒插 泛水桃花 沐浴裸形 螟蛉重見 多爲奴妾娼妓 少有三貞九烈.

◉ 도삽도화(倒插桃花)나 범수도화(泛水桃花)나 목욕라형(沐浴裸形)은 양자(養子)에게 많이 보이고 첩이나 창기(娼妓)에게도 많이 보이지만 정조를 지키는 삼정구열(三貞九烈)의 여인에게는 드물다.
-{도삽도화는 예컨대 月日時에 巳酉丑이 온전하고 年에 午火가 있는 것이다. 범수도화는 金日에 水가 많은 것이고 목욕라형은 일간의 浴地를 말한다. 삼정구열(三貞九烈)은 정조(貞操)가 강한 여인을 말한다.}-

29 雙魚雙女號淫星 不宜多犯 官星七殺曰夫主 忌見重逢.

◉ 巳(雙女)와 亥(雙魚)는 음란(淫亂)하므로 많으면 좋지 않다. 官星이나 七殺은 남편이 되므로 중봉(重逢-두 개 이상)하면 꺼린다.

30 寅申互見性荒淫 巳亥相逢心不已.

◉ 寅과 申이 서로 만나면 방탕하고 巳와 亥가 서로 만나면 -{첫사랑의}- 미련을 버리지 않는다.

31 或有傷官之位 不遠嫁 定主剋夫 臨冲梟印之神 非孤離 終須死別.

◉ 상관이 있으면 결혼 후 머지않아 剋夫하는데 효인이 冲할 때 이별이나 사별(死別)한다.

32 四柱有官鬼入墓 使夫星久入黃泉 歲運臨天絶之宮 俾鴛配分飛異路.

◉ 여명에 있는 관귀(官鬼-관살)가 입묘(入墓)하면 남편이 일찍 황천(黃泉)객이 되고 관귀가 歲運의 요절지궁(夭折之宮)에 임(臨)하면 부부가 갈라선다.

-{요절(夭絶)궁은 관성이 流年에 사절(死絶)되는 것이다.}-

33 要知女命難婚 運入背夫之位 欲識男兒早娶 定是運合財鄕.

◉ 여명이 혼인이 어려운 것은 상관운에 들어간 것이고, 남자가 일찍 결혼하는 것은 재성을 합하는 운이다.

-{여명이 혼기에 상관 대운을 만나면 결혼이 힘들고 이미 결혼한 여인은 이혼을 준비하게 된다. 이혼의 성사여부는 유년에 나타난다.}-

34 子剋重重 殺沒官衰傷食重 傷妻疊疊 財輕身旺弟兄多 若不如斯 定是刑冲妻妾位.

◉ 男命이 자식을 많이 剋하는 것은 殺이 없고 관성이 약한데다 식상이 重한 때문이고 상처(傷妻)가 겹치는 것은 財가 약하고 身旺하고 비겁이 많거나 처첩(妻妾)이 있는 자리를 刑冲하기 때문이다.

35 暗合財星妻妾衆 虛朝財位主妻多.

◉ 財星을 암합하면 처첩(妻妾)이 많고 財位를 암합하면 처(妻)가 많다.

36 財星入墓 必定刑妻 支下伏神 偏房寵妾.

◉ 財星이 入墓하면 반드시 妻를 刑하고 財가 地支에 숨어 있으면 아내 몰래 숨겨둔 애인이 있다.

-{설령 아내가 알더라도 애인이 떨어지지 않는다.}-

37 妻星明朗 喬木相求.

◉ 妻星이 밝고 뚜렷하면 일편단심이 변함없기를 바란다.

38 大運流年 三合財鄕 必主紅鸞吉兆 或臨財敗之宮 家貲凌替 傷妻損妾 婚配難成 妻星失位在何宮 要求端的 官祿天廚居其位 須察根源.

◉ 大運과 流年이 三合하여 財가 되면 결혼한다. 財가 패궁(敗宮-욕지)에 임(臨)하면 집안이 쇠락(衰落)하고 처첩에 손상이 있고 혼인이 순탄치 않다. 실위(失位)한 처성(妻星)이 어느 궁에 있고 관성이나 식신이 그 자리에 있는지 근원을 확실히 살펴야한다.

40 有格局純粹 忽遇惡物相冲 亦主死亡 無財祿或逢財祿旺相 亦當驟

發.

◉ 格局이 순수해도 갑자기 나쁜 것을 만나 冲하면 죽게 되고, 원국에 財祿이 없어도 旺相한 財祿을 만나면 빠르게 발전한다.

41 日求升合 食神旺處劫財多 或逢偏印剋食神 非貧夭壽

◉ 식신이 왕해도 겁재가 많으면 끼니가 걱정이고 편인이 식신을 극하면 가난하거나 요절(夭折)한다.
-{원래 식신이 왕하면 재가 생겨나는데 그때마다 겁재가 탈재한다.}-

42 須知乞化 要審榮枯得失 當究輕重淺深.

◉ 빌어먹더라도 알아야 할 것이 있는데 경중과 천심(淺深)을 연구하여 영고득실을 살피는 것이다.

43 官祿殺強 無制則夭 日衰財重 黨殺則窮 更看歲運何凶何吉.

◉ 官-殺이 강하고 制가 없으면 요절(夭折)하고 일주가 쇠약하고 財가 重하여 당살(黨殺)하면 가난하다. 다시 歲運을 보고 무엇이 흉하고 무엇이 吉한지 보라.

44 身宮冲破無依倚 不離祖必出他鄕 乾坤艮巽互換朝 好馳騁則心無定主.

◉ 신궁(身宮-日支)이 충파(冲破) 당하면 조상과 헤어져 타향으로 나간다. 寅申巳亥가 모여 있으면 움직이길 좋아하여 안정하지 못한다.

45 柱中若逢華蓋 犯二德淸貴之人 官星七殺落空亡 在九流任虛閒之職.

◉ 주중에 화개(華蓋)를 만나고 二德(천덕 월덕)이 있으면 귀(貴)가 뚜렷한 사람이고 官星 七殺이 공망이면 구류업(九流業)이나 한직(閒職)에 머무른다.

46 五行剋戰 非傷日主不爲災 歲運倂臨 若損用神皆有禍.

◉ 오행에 극전(剋戰)이 일어나도 일간이 상하지 않으면 재앙이 되지 않지만 세운병임(歲運倂臨)이 용신을 손상하면 화(禍)가 있다.
-{세운병임(歲運倂臨)은 대운과 유년의 干支가 같은 것인데 예컨대 甲子대운에 甲子년을 만난 것이다.}-

47 木逢金剋 定主腰脅之災 火被水傷 必是眼目之疾. 三合火神旺盛剋庚辛 損頭面及膿血之疾 如傷日干及財官太盛 折肢體有眷戀之災.

◉ 木이 金에게 剋을 만나면 허리와 옆구리가 상(傷)하고 水가 火를 傷하면 반드시 눈에 병이 있다. 三合한 火局이 庚辛을 剋하면 얼굴이나 머리를 다치고 고름이 나는 농혈질(膿血疾)이 있다. 日干을 상한데다 財官이 지나치게 왕성하면 없어진 팔 다리를 잊지 못하고 그리워한다.

48 心肺喘滿 亦本金火相刑 脾胃損傷 蓋因土木戰剋.

◉ 심폐(心肺)에 숨이 차는 것은 金火가 상형(相刑)한 것이고 비위(脾胃-소화기)가 傷한 것은 土木의 전극(戰剋)으로 인한 것이다.

49 支水干頭有火遭水剋 必主腹胮心朦. 支火干頭有水遇火旺 則內障睛盲.

◉ 支에 水가 있을 경우 천간에 있는 火를 水가 剋하면 뱃속이 결리고 정신이 흐리다. 支에 火가 있을 경우 천간에 있는 水가 왕한 火를 만나면 내장안(內障眼-백내장 녹내장)이나 눈이 멀게 된다.
-{전자의 예를 들면 丙子나 丁亥를 壬癸水가 천간을 剋하는 것이고 후자는 壬午나 癸巳가 旺火(丙午 丁巳)를 만나는 것이다.}-

50 火土煩焦蒸四曜 則髮禿眼昏 潤下純潤充氣 返神淸骨秀.

◉ 화토(火土)가 조열(燥熱)하여 사요(四曜-木火金水)가 찌고 타면 머리가 빠지고 눈이 어둡다. 윤하(潤下)가 순수(純粹)하여 氣가 충만하면 정신이 맑고 기골이 수려하다.

51 熒惑乘旺臨離巽 風中失音 太白堅利合兌坤 兵箭落魄.

◉ 丙丁火가 巳午에 임(臨)하여 승왕(乘旺)하면 풍병(風病)으로 말을 못하고 庚辛金이 申酉와 合하면 화살(총)을 맞고 정신이 나간다.

52 財星入墓 少許刑冲必發 傷官傷盡 或見官星則凶.

◉ 입묘(入墓)한 財星은 약하게 刑冲이 되어도 반드시 발전한다. 상관상진(傷官傷盡)은 官星이 보이면 凶하다.

53 十有八格 當從善惡推求 總繫五行 各取旺衰消息.

◉ 18格은 선악(善惡-희신 기신)에 따라 각 간지의 왕쇠(旺衰)를 취하여 항상 日干에 연계시켜 본다.

54 身旺何勞印綬 身衰不喜財官 中和爲福 偏黨爲災.

◉ 신왕하면 인수가 필요 없고 신약하면 재관을 좋아하지 않는다. 중화(中和)되면 복이 되고 편당(偏黨)하면 재앙(災殃)이 된다.
-{편당(偏黨)은 같은 부류가 의기투합하여 세력을 이룬 것이다.}-

55 但見貴神朝拱 祿馬飛天 遙合虛邀 不得沖格 逢合皆忌. 七殺官星各嫌羈絆 填實則凶 忽然運到官鄉 當以退身避職.

◉ 공록(拱祿) 공귀(拱貴)나 비천록마(飛天祿馬)나 요합(遙合) 허요(虛邀)격은 格을 충해도 안 되고 합을 만나도 모두 꺼린다. 殺이나 官星이 기반(羈絆)하여도 꺼리고 전실(塡實)되어도 흉하고 官星 運에 이르면 직장을 그만 두고 물러나야 한다.

56 馬瘦官破 困守窮途 祿旺財豐 崢嶸仕路.

◉ 財가 약하고 官星이 깨지면 곤궁하게 살아야하고 록(祿-관성)이 旺하고 財가 왕하면 공직에서 빛을 낸다.

57 如臨喜處以得禍 是三合而隱凶星 或逢凶處而返祥 乃九宮而露吉曜.

◉ 좋은 운에 있는데 화(禍)를 당하는 것은 三合에 흉성(凶星)이 숨어있는 것이고, 나쁜 운에 있는데도 복이 되는 것은 구궁(九宮)에서 吉星이 투출한 것이다.
-{구궁(九宮)은 사주 원국의 地支를 말한다.}-

58 要知職品高低 當求運神向背 淸奇則早歲成名 玷缺則晚年得地.

◉ 직위(職位)의 고저(高低)는 운신(運神-대운의 十神)의 향배(向背)에서 찾는데 뚜렷하고 뛰어나면 소년(少年)에 이름을 얻지만 -{운신의 향배에}- 흠이 있으면 만년(晚年)에야 이룬다.

59 運行則一宮十載 流年乃逐歲推移 津路通亨 權高爵顯 程途偃蹇 祿薄官卑.

⊙ 대운의 一宮은 10년이고 유년(流年)은 차례로 변한다. 진로(津路-운)가 형통하면 권력이 있는 고관이 되고 정도(程途-운)가 고달프면 봉록(俸祿)이 박(薄)하고 관직이 낮다.

60 推尋子位 先看妻宮 死絶者嫡庶難存 太旺者別門求覓.

⊙ 자식을 보려면 먼저 처궁(妻宮)을 보는데 -{자식성이 처궁에서}- 사절되면 적자(嫡子-본처 자식)든 서자(庶子-첩 자식)든 두기 어렵고 자식성이 지나치게 왕(旺)하면 양자를 찾게 된다.

61 妻星顯露 子息必多 刑害嗣宮 男女罕得.

⊙ 妻星이 노출하면 반드시 자식이 많고 자식궁을 형해(刑害=刑穿)하면 아들 딸 모두 드물다.

62 若問兄弟多寡 細檢四柱干支 月令雖强 更看運神向背 死絶刑傷 雁行失序 相生喜慶 棣萼聯榮.

⊙ 형제가 많고 적음을 알려면 사주의 간지를 자세히 조사해야한다. 월령이 강해도 다시 運의 향배(向背)를 보고 운에서 사절(死絶)되거나 형상(刑傷)되면 형제가 죽거나 실종되고 相生하면 형제가 잘 되고 많다.

63 兄弟身旺 父命有虧. 財帛旺多 母年早剋 若見官鬼出見 母反長年. 如逢脫氣排運 父還有壽.

⊙ 비겁으로 身旺하면 부친의 명을 상(傷)한다. 재성이 많고 왕하면 일찍 모친을 극(剋)하는데 이때 만약 관귀(官鬼-칠살)가 나타나면 오히려 모친이 오래 산다. 비겁을 탈기(脫氣)하는 운이 있으면 부친 역시 수(壽)를 누린다.

64 壬臨午位 癸坐巳宮 稟中和兮 祿馬同鄕 遇休囚也 胎元絶地.

⊙ 壬午 癸巳는 원래 중화(中和)된 것이고 록마동향(祿馬同鄕)은 일간이 휴수(休囚)를 만나 절태(絶胎)지에 있는 것이다.

65 丙臨申位 庚坐燕寅 己入巽乾 乙臨雙女 金乘火位 甲坐坤宮 名曰休囚 最嫌剋制.

⊙ 丙申 庚寅 己巳 己亥 乙巳 庚午 甲申은 -{천간이}- 휴수(休囚)된 것

이므로 -{천간을}- 극제(尅制)하는 것을 가장 꺼린다.

66 七殺忌逢言喪魄 壽星欣遇曰還魂.
◉ 七殺은 만나면 꺼리므로 상백(喪魄-귀신)이라하고 식신은 기쁨이므로 환혼(還魂-소생)이라고 한다.

67 天命能施智力 難出網羅 造化幽微 乃除功妙. 貧寒將盡 能令白屋出公卿 奢侈太過 反使朱門生餓殍. 家貲將廢 定生不肖之兒男 婚媾多刑 必娶無壽之妻妾.
◉ 타고난 命(사주원국)은 지력(智力)으로 그 굴레를 벗어나지 못하고 조화(造化)는 심오(深奧)하여 제(除-生)와 공(功-尅)의 미묘함에 있다. 가난이 바닥에 이르면 서민에서 고관이 나오고 사치(奢侈)가 지나치면 부귀한 집에서 태어나도 굶어 죽고 수많은 재물이 없어질 때가 되면 불초(不肖)한 자식 놈이 나오게 마련이고 혼인에 고통이 많은 것은 단명한 처첩(妻妾)을 얻기 때문이다.

68 四宮背祿 不可妄求 官將不成 財當見廢. 八字無財 須求本分 越外若貪 必招凶事.
◉ 사궁(四宮)이 배록(背祿)이면 관직도 가망이 없고 재물도 쓸모없게 되니 터무니없는 욕심을 내면 안 된다. 재물이 없는 팔자가 본분을 지키지 않고 분수에 넘는 욕심을 부리면 흉사(凶事)를 불러들인다.

69 噫！甘貧養拙 非原憲之不才 鼓腹吹簫 使伍員之挫志 順則行 逆則棄 知命樂天 困窮合義 洪範數終 淵源骨髓.
◉ 아! 원헌(原憲)이 가난을 달게 여기면서 자신의 어려움을 감춘 것은 재능이 부족해서가 아니고, 자서(子胥)가 걸식하여 배가 불러도 뜻을 꺾지 않았으니 도리에 맞으면 행하고 맞지 않으면 버려라. 命을 알고 자신의 처지에 만족하고 곤궁해도 정의(正義)에 합당하게 홍범수(洪範數-수명)를 마치는 것이 근본이 되는 골수(骨髓)이니라.
-{원헌(原憲)은 공자의 제자로 공자가 죽은 후 초가에서 은거하였는데 자공(子貢)이 비단옷에 화려한 마차를 타고 가다 원헌을 보고 부끄러워 했다고 한다.}-

-{오자서(伍子胥)는 春秋 말기 오나라 대부(大夫) 군사가(軍事家)}-

벽연부(碧淵賦)

※同淵源. 자평의 원본이다.

01 嘗謂分二氣以定三才 播四時而成萬物 皆由命令也.
◉ 태극이 음양으로 나뉘고 삼재(三才)가 四時에 퍼져 만물이 생성(生成)하는 것은 모두 명령(命令-年月)으로 인한 것이다.

02 斯令者 寓四時而立四柱 專以日主 以定三元.
◉ 이 령(令-월령)이란 것은 사계절로 사주를 세우고 오로지 日主를 위주로 삼원(三元-천원 지원 인원)을 定한다.

03 命乃無令而不行 令乃無命而不立 信知命令之相參 猶知天地之全體也.
◉ 年은 月이 없으면 안 되고 月은 年이 없으면 세울 수 없다. 年月을 깨달아 확실히 알면 天地의 전체(全體)를 알 수 있다.

04 或云 子罕言命 皆天命而非人命歟 天命關乎氣數 人命稟乎五行
◉ 공자가 命에 대하여 말하기를 모두 천명(天命)이고 인명(人命)이 아니라고 했다. 타고난 운명은 기수(氣數-節氣와 度數)에 있으므로 사람의 목숨은 五行을 부여 받은 것이다.

05 氣數五行何以殊 天命人命何以異 誠哉是理 可得而議矣
◉ 기수(氣數-절기)와 일간의 오행이 어떻게 다르고 천명(天命-자연의 법칙)과 人命이 어떻게 다른가? 이치가 확실한 것이므로 생각으로 얻을 수 있다.

06 然而人命榮枯得失 盡在五行生剋之中 富貴貧窮 不出乎八字中和之外

◉ 그래서 인명의 영고득실(榮枯得失)은 모두 오행의 생극에 있으니 부귀빈궁(富貴貧窮)은 팔자의 중화(中和)를 벗어나지 않는다.

07 先觀節氣節之淺深 後看財官之向背 人之命內 皆不離乎財官

◉ 먼저 절기(節氣)의 천심(淺深)을 보고 財官의 향배(向背)를 봐야하는 것은 사람의 명은 財官이 떠날 수 없기 때문이다.
-{천심(淺深)은 월율분야(月律分野)의 사령(司令)이다. 예를 들면 甲木이 寅月에 태어날 경우 초기에 태어나면 戊土가 사령하여 천(淺)이 되고 말기에 태어나면 甲木이 사령하므로 심(深)이 된다. 향배(向背)는 재관을 따르면 향(向)이 되고 재관을 거스르면 배(背)가 된다. 재관을 따르는 命은 富와 貴를 줄 수 있다.}-

08 諸格局中 只要虛邀祿馬 先賢已成矜式 後學須要變通.

◉ 여러 가지 格局 중에 오직 록마(祿馬-재관)를 허요(虛邀-요충 요합)하는 것은 선현(先賢)이 이미 신중히 하여 만들었으므로 통변(通變)은 후학(後學)이 해야 한다.

09 太過無剋制者-貧賤 不及無生扶者-夭折.

◉ 태과(太過)한데 극제(剋制)하는 것이 없으면 빈천(貧賤)하고 부족한데 생부(生扶)하는 것이 없으면 요절(夭折)한다.

10 宜向之而運背 決之貧賤 宜背之而運向 斷之困窮.

◉ 향(向)을 따라야 하는데 배(背)운으로 가면 빈천하고 배(背)를 따라야 하는데 운이 향(向)운으로 가면 곤궁(困窮)하다.

11 喜生而逢生 貴而堪斷 愛剋而值剋 吉亦可言.

◉ 생을 좋아하는데 생을 만나면 귀명(貴命)으로 판단하고 剋을 좋아하는데 剋하면 길하다고 말해도 된다.

12 逢官而看財 見財而富貴 逢殺而看印 遇印以榮華.

◉ 관성을 만날 경우 재성이 있으면 부귀하고 殺星을 만날 경우 인수를 만나면 영화(榮華)가 있다.

13 逢印看官而遇官 十有八貴 逢財忌殺而有殺 十有九貧.

◉ 팔자에 인수를 만나면 관성을 찾아야하는데 관성을 만나면 열에 여덟은 귀명(貴命)에 속하고 財를 만나면 殺을 꺼리므로 살이 있으면 열에 아홉은 가난하다.

14 蓋木盛逢金 造作棟樑之器 水多遇土 修防隄岸之功.

◉ 대개 木이 왕하고 金을 만나면 동량(棟樑-인재)이 되고 水가 많고 土를 만나면 제방(堤防-방어)의 공(功)을 세운다.

15 火煆秋金 鑄作劍鋒之器 木疏季土 培成稼穡之禾.

◉ 火로 金을 단련하면 검봉지기(劍鋒之器-문명의 이기)가 되고 木으로 소토(疏土)하면 가색(稼穡-土)에서 작물을 길러낸다.

16 火炎有水 名爲旣濟之文 水淺金多 號爲體全之象.

◉ 火가 旺할 경우 水가 조절하면 기제지문(旣濟之文)이라고 하고, 水가 천(淺)하고 金이 많으면 체전지상(體全之象)이라고 한다.
-{기제지문(旣濟之文)은 자연의 조화가 이루진 것을 말하고 체전지상(體全之象)은 日主가 인수의 생을 받아 체용(體用)의 역할을 모두 해내는 것이다.}-

17 甲乙運入西方 身旺功名可許 壬癸路經南域 主健財貴堪圖.

◉ 甲乙이 西方의 관성 運으로 갈 경우 신왕하면 공명을 성취할 수 있고 壬癸가 身旺하고 南方의 재성 運으로 가면 재물과 귀(貴)를 얻는다.

18 劫殺不須逢旺地 食神最喜劫財鄉.

◉ 겁재나 칠살은 旺地를 만나지 말아야하고 식신은 겁재지를 가장 좋아한다.
-{식신은 설기(泄氣)하므로 일주를 부조(扶助)하는 겁재를 좋아한다. 종격도 마찬가지로 겁재를 좋아한다.}-

19 亥卯未逢於甲乙 富貴無疑 寅午戌遇於丙丁 榮華有準.

◉ 甲乙日이 亥卯未를 만나면 부귀의 곡직(曲直)격이 되고 丙丁日이 寅午戌을 만나면 영화(榮華)를 누리는 염상(炎上)격이다.

20 庚辛局全巳酉丑 位重權高 壬癸格得申子辰 學優才足.

◉ 庚辛日에 巳酉丑이 온전하면 지위와 권력(權力)이 높고 壬癸日이 申子辰을 얻으면 학문과 재능이 뛰어다.

-{종혁격(從革格)과 윤하격(潤下格)이다.}-

21 戊己局全四季 榮冠諸曹 更値德秀三奇 名揚四嶽.

◉ 戊己日에 辰戌丑未가 온전하면 관직으로 출세한다. 여기에 덕수(德秀)나 삼기(三奇)가 있으면 사방에 이름을 날린다.

-{가색격(稼穡格)이다.}-

德秀貴人		
寅午戌月	丙丁德	戊癸秀
申子辰月	壬癸戊己德	丙辛甲己秀
巳酉丑月	庚辛德	乙庚秀
亥卯未月	甲乙德	丁壬秀

22 木全寅卯辰之方 功名自有 金備申酉戌之地 富貴無虧.

◉ 木日에 寅卯辰이 온전하면 자연히 공명(功名)이 따르고 金日에 申酉戌이 온전하면 부귀에 손색이 없다.

-{곡직격(曲直格)과 종혁격(從革格)이다.}-

23 水歸亥子丑之源 榮華之客 火臨巳午未之域 顯達之人.

◉ 水日이 亥子丑이 온전하면 영화(榮華)누리고 火日이 巳午未가 온전하면 출세한다.

-{윤하격과 염상격이다.}-

24 木旺宜火之光輝 秋闈可試 金堅愛水之相涵 文學堪誇.

◉ 木이 旺하고 火로 빛을 발산하면 고시합격의 목화통명(木火通明)이다. 견고한 金이 水를 만나 금수상함(金水相涵)이 되면 문학(文學)에 두각을 나타낸다.

25 用火愁水 用木愁金.

◉ 火를 쓰면 水가 걱정이고 木을 쓰면 金이 걱정이다.

26 春木重重 休爲太旺無依 夏火炎炎 莫作太剛有厭.

◉ 봄에 태어난 木이 重重하고 太旺하면 의지할 것이 없고 여름에 태어난 火가 염염(炎炎)하여 태강(太剛)하여도 의지할 것이 없다.

27 秋金銳銳最爲奇 冬水汪汪眞可美 削之剋之爲奇 生我扶我爲忌.

◉ 가을의 강한 金이 뛰어나고 겨울의 깊은 水가 뛰어나려면 극제(剋制)해야 하고 일주를 생부(生扶)하면 꺼린다.
-{예예(銳銳)는 단련되지 않은 金이고 왕왕(汪汪)은 제방(堤防)이 없는 水를 말한다. 즉 관살로 극제(剋制)해야 한다.}-

28 丙丁生於冬月 貴乎戊己當頭 庚辛産於夏天 妙乎壬癸得局.

◉ 丙丁이 冬月에 태어나면 戊己-식상이 있어야 貴하고 庚辛이 夏月에 태어나면 壬癸-식상이 있어야 좋게 된다.
-{관살이 왕한 것이므로 식상으로 제살하여 중화를 얻는 것이다.}-

29 甲乙秋生 貴宜玄武 庚辛夏長 妙用勾陳.

◉ 甲乙이 申酉月에 태어나면 水-인성이 있어야 하고 庚辛이 夏月에 태어나면 土-인성이 있어야 귀하게 된다.
-{관살이 왕하여 인수로 화살생신(化殺生身)하는 것이다.}-

30 丙丁水多嫌北地 逢戊己反作貴推 庚辛火旺怕南方 遇戊己反成榮斷.

◉ 丙丁에 水가 많고 北方을 꺼릴 경우 戊己土를 만나면 오히려 貴命으로 본다. 庚辛에 火가 旺하면 南方을 두려워할 경우 戊己土를 만나면 오히려 영화(榮華)가 있다고 본다.

31 甲乙秋生透丙丁 莫作傷看. 戊己夏産露庚辛 當爲貴論.

◉ 甲乙이 秋月에 태어나고 丙丁이 투출하면 상관으로 보지 말고 戊己가 夏月에 태어나고 庚辛이 투출하면 貴命으로 論하라.
-{전자는 식상으로 제(制)하는 것이고 후자는 식상으로 설기(泄氣)하는 것이다.}-

32 火帶水多 貴行木運 土逢木旺 榮入火鄉.
◉ 火日에 水-관살이 많으면 木-인수 運에 貴命이 되고, 土日이 木-관살이 왕하면 火-인수 運에 영화(榮華)가 있다.

33 庚逢水重 水冷金寒喜炎熱
◉ 庚金에 水가 重하면 수랭금한(水冷金寒)한 것이므로 염열(炎熱-丙火)을 좋아한다.

34 戊遇酉多 身衰氣銳愛熒煌. 不及喜生扶 太過宜脫剋.
◉ 戊에 酉-상관이 많으면 신약하고 金이 강하므로 형황(熒煌-火)을 좋아한다. 부족하면 생부(生扶)하고 태과하면 극제(剋制)해야 한다.

35 官殺混雜 身弱則貧 官殺相停 合殺爲貴.
◉ 관살이 혼잡하고 신약하면 가난하고 관살이 상정(相停-대등)할 경우는 合殺하면 貴命이 된다.

36 年月官星 早年出仕 日時正貴 晚歲成名.
◉ 年月에 官星이 있으면 일찍 관직으로 진출하고 日時에 관성이 있으면 말년에 이름을 얻는다.

37 胞胎逢印綬 祿享千鍾. 財氣遇長生 肥田萬頃.
◉ 포태(胞胎-절태지)에서 인수를 만나면 천종(千鍾)의 봉록을 누리고 財氣가 長生을 만나면 옥토(沃土)가 만경(萬頃)에 이른다.

-{甲申 庚寅 癸巳 丁亥日은 포태(胞胎-絶胎地)가 된다. 甲申日 경우 甲木이 申의 절지(絶地)에서 申中 壬水가 甲木을 생하는 것이다.}-

38 秋冬官星逢刃傷 存金去火貴無疑 臘月傷官喜見官 破印重傷禍而死.
◉ 秋冬월에 태어난 甲木은 金-관성이 卯-양인과 丁-상관을 만날 경우 丁火-상관을 제거하고 金-관성이 남으면 귀하게 된다.
丙火가 丑-상관월에 태어나면 水-관성을 좋아하는데 木-인성이 깨지고 土-상관이 重하면 화(禍)를 당하여 죽는다.
-{甲木은 金-관성을 쓰고 丙火는 癸水-관성을 쓴다.}-

39 財旺生官者 乃貴少而富多 傷官見貴者 又官高而財足.

⊙ 財가 旺하여 관성을 생하면 貴는 적고 富가 많은데 -{이렇게 財가 왕하면}- 상관이 보여도 貴命이 되어 관직이 높고 재물이 풍족하다.

40 無傷不貴 有病者奇 理明於後 何必他求 雖始用之爲奇 宜終去之爲美 審其輕重 毋取一途.

⊙ 傷하지 않으면 貴하지 못하고 병이 있으면 좋다는 것이 분명하므로 다른 데서 찾지 마라. 藥을 써서 좋게 되어도 -{병약(病藥)의}- 경중(輕重)을 살펴야 하고 한 가지만 방법만 取하면 안 된다.

41 如水少火炎遇庚辛 休作身旺 官輕而取 或木絶而坐金 重逢殺印 難爲身弱 氣旺之斷.

⊙ 火가 왕하고 水-관살이 적어도 庚辛-財를 만나면 신왕이 아니고 관성이 약하지 않다. 木이 金의 絶地에 있어도 金水-殺印이 많으면 신약이 아니고 목기(木氣)가 왕한 것이다.
-{전자는 관성이 약해도 재성이 관성을 생하면 신약이 되고, 후자는 日主가 약해도 殺印을 많이 만나면 신강하게 본다.}-

42 財輕勿經劫地 頻見妻災 劫財陽刃有官殺 臺閣之臣.

⊙ 財가 약하면 겁재 운에 妻에게 재난이 빈번하다. 겁재 양인은 관살이 있으면 고급관리가 된다.

43 歸祿倒冲行刃傷 廊廟之士. 身旺有殺行印綬 權斷之官.

⊙ 귀록(歸祿)이나 도충(倒冲)격은 양인이나 상관 運에 관료(官僚)가 된다. 身旺하고 殺이 있을 경우 인수 운으로 가면 권력의 관직이 된다.

44 殺強主弱 無印綬遇財星 尋常之輩. 陽刃偏官有制 膺職掌於兵權.

⊙ 殺이 강하고 신약한데 인수가 없고 재성을 만나면 보통사람이다. 양인이 편관을 제(制)하면 병권(兵權)을 쥔다.
-{보통사람이란 뛰고 나는 재주가 있어도 관직으로 성공할 수 없다.}-

45 正官正印無傷 出仕牧於庶士.

◉ 정관 정인이 傷하지 않으면 행정 관직이다.

46 潤下稼穡 給賞之官. 子午爲尊位 黃門之客.
◉ 윤하(潤下)나 가색(稼穡)은 상(賞)을 주는 관직이고 子午가 관성에 해당하면 주로 환관(宦官-비서실)이다.

47 癸日癸時兼亥丑 魁名及第入翰林 壬日壬時疊壬辰 高爵承恩登禦闕.
◉ 癸日 癸時의 日時에 亥丑이 있으면 장원급제하여 한림원(교육부)에 들어가고 壬日 壬時에 壬辰이 겹치면 발탁되어 벼슬이 높다.
-{癸亥日 癸丑時는 子를 공(拱)하는 공록격에 속하고 壬日 壬時는 임기용배격이다.}-

48 日德見魁罡 遇刑沖貧寒之士 魁罡見財星 總得地祿食之人.
◉ 日德격이 괴강(魁罡-辰戌)을 만나고 刑沖되면 가난하다. 괴강이 재성을 만나면 어쨌든 -{일주가}- 득지(得地)해야 관록을 먹는다.

日德 : 甲寅 丙辰 戊辰 庚辰 壬戌.   魁罡 : 壬辰 庚戌 庚辰 戊戌.

49 傷官見官妙 入印財之地
◉ 상관견관은 인수나 財地에 들면 좋게 된다.
-{인수는 상관을 制하고 재는 관성을 훼하지 못하게 한다.}-

50 財星破印 宜逢比劫之鄉.
◉ 財가 인수를 파(破)하면 비겁을 만나야 한다.

51 命逢財 運逢殺 吉亦堪陳 命逢殺 運逢財 凶而可決.
◉ 원국에 財가 있고 運에서 殺을 만나면 견뎌내지만 원국에 殺이 있고 運에서 財를 만나면 凶하다.

52 女遇傷官 歸祿得之極貴 男逢陽刃 身弱隨之爲奇.
◉ 귀록(歸祿)격 女命은 상관을 만나도 아주 귀(貴)하게 되고, 양인이 있는 男命은 신약하면 아주 좋다.
-{여인은 관성이 있어야 행세를 하는데 오직 귀록격에서는 관성이 없어도 식상생재가 되면 극히 귀하게 된다고 했다.}-

53 金神飛祿傷官 女命逢之最忌 陽刃傷官七殺 男命值之得權.

⊙ 女命은 금신(金神)격이나 비천록마나 상관을 가장 꺼리고 남자는 양인이나 상관이나 칠살을 쓰면 권력을 얻는다.
-{女命의 金神격은 火-상관으로 관성인 金神을 극하기 때문이다.}-

54 金神入火逢刃殺貴而無疑 歸祿無官逢食傷 榮而有權.

⊙ 金神이 火에 들고 양인 칠살을 만나면 틀림없는 귀명이고, 귀록격에 관성이 없고 식상을 만나면 영화(榮華)와 권력이 있다.

55 正官無印 居官不顯 陽刃七殺 出仕馳名.

⊙ 정관격에 인수가 없으면 관직에서 두각을 나타내지 못하고, 양인에 칠살이 있으면 관직에서 명성을 날린다.

56 身旺無依 僧道之命 桃花滾浪 女妓之流.

⊙ 身旺하고 무의(無依-재관이 없으면)하면 중이나 도사요 女命에 곤랑도화(滾浪桃花)가 있으면 기생(妓生)이다.

-{곤랑도화(滾浪桃花)는 丙子日이 月柱나 時柱에 辛卯를 만나거나 辛卯日이 月柱에 丙子가 있으면 곤랑도화인데 丙辛合 子卯刑으로 干合支刑이 된다. 남녀를 불문하고 음란하여 혼인이 깨진다. 詩에 이르길 四柱에 干支合刑이 되면 주색으로 죽는데 양인 칠살이 함께 있으면 길바닥에서 황천(黃泉)으로 직행한다고 했다. 객사(客死)}-

57 金弱火絶 土木消鎔之匠 身強財淺 金火陶冶之流.

⊙ 金이 약하고 火가 절지(絶地)이면 미장이나 대장간에 종사하고 신강하고 財가 천(淺)하고 火金을 쓰면 도공(陶工)이나 금속기술에 속한다.

58 傷官逢財而有子 七殺有制亦多兒.

⊙ 상관이 財를 만나면 아들이 있고 七殺을 제하면 아들이 많다.
-{상관이 재를 만나면 관살(자식)을 극하지 않는다.}-

59 印綬被傷 母年早喪 財源被劫 父命先傾.

⊙ 인수가 상하면 일찍 모친을 잃고 재원(財源-재성)이 겁탈(劫奪)당하

면 부친이 먼저 죽는다.

60 男命傷官須損子 女命傷官定剋夫.
◉ 남명 상관은 자식을 剋하고 女命 상관은 남편을 剋한다.

61 年月財官身旺 公顯父榮 日時祿馬長生 妻賢子貴.
◉ 年月에 財官이 있고 신왕하면 조부와 부친이 현달하고 재관이 日時에 장생이면 처가 현숙(賢淑)하고 자식이 귀하게 된다.

62 月中歸祿無財官 父喪他邦 年逢祿馬被冲破 公亡外郡.
◉ 月에 록(祿)이 있고 재관이 없으면 부친이 타국(他國)에서 죽고 年에 재관이 있고 충파(冲破)당하면 조부가 외지에서 사망한다.

63 日逢財時逢劫 妻妾産亡 太歲値殺月値傷 弟兄不睦.
◉ 日支에 있는 財가 時에 겁재를 만나면 처첩(妻妾)이 아이 낳다 죽는다. 年에 칠살이 있고 月에 상관이 있으면 형제와 불화(不和)한다.

64 專祿若遇陰錯 外家零落 逐馬如遇陽差 公姑眞假.
◉ 日支에 祿이 있고 음착(陰錯)을 만나면 외가(外家)가 몰락하고, 축마(逐馬-비겁)가 양차(陽差)를 만나면 친 시부모가 아니다.
-{양일의 壬辰壬戌 丙午丙子 戊申戊寅은 양차(陽差)라 하고 음일의 辛卯辛酉 癸巳癸丑 丁丑丁未는 음착(陰錯)이라 한다.}-

65 歲月値殺有刑害 公父連傷 日神背祿無財助 妻兒離散.
◉ 年月에 있는 七殺이 형해(刑害)되면 조부와 부친이 연속해서 傷하고 日支에 상관이 있는데 財가 구조(救助)해 주지 않으면 처와 자식이 흩어진다.

66 正財偏財見合 妻妾姦淫 傷官正官有剋破 夫妻刑併.
◉ 정재 편재가 合을 만나면 처첩(妻妾)이 간음(姦淫)하고 상관 정관이 극파(剋破) 당하면 부부(夫婦)가 함께 형(刑)을 당한다.

67 旺夫傷子 必因食宿遭傷 旺子傷夫 乃是官星失位.
◉ 남편은 잘되는데 자식이 상하는 것은 식신이 상해(傷害)당한 때문이

고 자식은 잘되는데 남편이 상하는 것은 관성이 실위(失位)된 것이다.
-{관성실위(官星失位)는 관성이 상해(傷害)당하여 자리를 지키지 못하고 무너진 것이다.}-

68 女逢財旺生官 夫權必奪 男遇財多身弱 妻話偏聽.

◉ 財가 旺하여 관성을 생하는 여명은 반드시 남편의 권한을 빼앗고 남명이 재다신약하면 마누라 말만 듣는다.
-{財가 왕한 부부(夫婦)끼리 만나면 딱 맞다.}-

69 差錯居日 外家冷淡 建刃伏年 祖基微淺.

◉ 음양차착(陰陽差錯)이 日에 있으면 외가가 몰락하고 건록이나 양인이 년에 있으면 조상의 기반이 형편없다.

70 財官生時 逢財旺生官 助國興家之子.

◉ 財官이 時를 생하고 財가 旺하여 官을 생하면 나라를 위하고 집안을 일으키는 아들을 둔다.
-{아들은 훌륭한데 68번 여자와 같다.}-

71 正官重見 多生女子少生男 出現偏財 少愛正妻偏愛妾.

◉ 남명에 관성이 많으면 딸이 많고 아들이 적다. 편재가 투출하면 처보다 첩(妾-애인)을 더 좋아한다.
-{남편이 첩을 좋아하면 즉각 이혼하면 된다. 그런데 팔자가 그러면 이혼이 마음대로 뜻대로 안 된다. 그게 팔자다.}-

72 財星得位 因妻致富成家 官祿歸垣 顯己增榮祖業.

◉ 財星이 득위(得位)하면 妻로 인해 富를 얻고 집안을 세운다. 관성의 록(祿)이 월령(月令)에 있으면 출세하여 조업(祖業)을 더욱 발전시킨다.

73 年正官月傷官 公强父弱 日值財時劫財 父興子敗.

◉ 年에 정관이 있고 月에 상관이 있으면 조부가 부친보다 낫고 日에 재성이 있고 時에 겁재가 있으면 부친은 흥(興)하고 자식은 패(敗)한다.

74 青龍全從革之金 且貧且賤 白虎備潤下之水 曰富曰貴.

⊙ 木日에 金이 온전하면 가난하고 천(賤)하다. 金日에 윤하(潤下)의 水가 온전하면 부하고 귀하다.

75 春木榮而水淺 補衲之僧 夏火炎而金衰 簪冠之道.
⊙ 春木이 무성하고 水가 천(淺)하면 중이 되고, 火日이 夏月에 태어나고 金이 약하면 도인(道人)이다.
-{모두 신왕에 무의(無依)한 것이다.}-

76 勾陳全備潤下 奔流之輩 朱雀三合玄武 窮窘之徒.
⊙ 土日에 申子辰 水局이 온전하면 떠돌이가 되고 火日에 申子辰 三合이 있으면 궁색하다.
-{전자는 재다신약이고 후자는 살이 왕한 것이다.}-

77 金剛木弱 行商坐賈之人 土堅水竭 破祖離鄉之客.
⊙ 金이 강(剛)하고 木이 약하면 행상이나 상점을 하는 사람이고 土가 견고하고 水가 말라 있으면 조상이 깨지고 고향을 떠난다.
-{모두 다 재가 약하여 변변치 못한 명이다.}-

78 金生秋月土重重 貧無寸鐵 火長夏天金疊疊 祿有千鍾.
⊙ 金이 申酉월에 태어나고 土-인수가 많으면 지독하게 가난하고 火가 巳午월에 태어나고 金이 많으면 봉록(俸祿)이 천종(千鍾)에 이른다.
-{전자는 재관이 없는 가난뱅이고 후자는 신왕재왕한 명(命)이다.}-

79 春木水多 貧賤之輩 冬水金盛 顚弱之人.
⊙ 木日이 寅卯월에 태어나고 水가 많으면 빈천하고 水日이 亥子월에 태어나고 金이 왕성해도 빈천한 사람이다.
-{모두 다 월령에 비겁이 있고 인성이 왕한 때문이다.}-

80 辰戌丑未遇刑冲 無人不發 子午卯酉帶刑合 多者淫訛.
⊙ 辰戌丑未가 刑冲을 만나면 누구나 발복하고 子午卯酉가 刑合을 가지고 있으면 방탕(放蕩)하고 음란하다.

81 夏金疊火 秋木重金 非貧則賤, 季木盛金 春金多火 不夭則貧.

◉ 庚辛日이 巳午月에 태어나고 火-관살이 많거나 甲乙日이 申酉月에 태어나고 金-관살이 많으면 가난하거나 천(賤)하다. 甲乙日이 辰戌丑未月에 태어나고 金-관살이 무성하거나 庚辛日이 寅卯月에 태어나고 火-관살이 많으면 요절하거나 가난하다.
-{관살이 태왕하면 가난하고 재살이 태왕하면 단명(短命)하다.}-

82 季木無根從妻福 祿位高崇 夏金失色配夫榮 功名顯達.

◉ 木日이 辰戌丑未月에 태어나고 뿌리(寅卯)가 없으면 財星을 從하여 직위가 높고 女命에서 여름에 태어나 金이 실색(失色)하면 남편이 영화를 누리고 출세한다.
-{무근(無根)이나 실색(失色)이나 의미가 같다. 전자는 종재격에 속하고 후자는 종살격에 속한다.}-

83 火向春林逢水旺 好去求名 土臨季地見金重 將來出仕.

◉ 丙丁日이 寅卯月에 태어나고 水-관살이 旺하면 명성을 얻고 土日이 辰戌丑未月에 태어나고 地支에 金-식상이 重하면 장래 관직으로 나간다.
-{전자는 인수격이 관살을 좋아하는 것이고 후자는 식신이 유기하여 재관보다 나은 것이다.}-

84 甲乙夏榮土氣厚 功名半許足田莊 丙丁冬旺水源淸 爵位全備榮錦綺.

◉ 甲乙日이 巳午月에 태어나고 土氣가 넉넉하면 공명은 반 정도 얻지만 토지(부동산)가 많다. 丙丁日이 亥子月에 태어나면 수원(水源)이 뚜렷하여 작위(爵位)와 영화를 모두 갖는다.
-{전자는 식신생재격에 속하고 후자는 관성을 쓰는 격이다.}-

85 專祿帶食傷 權掌闑外 陽刃入官殺 威震邊疆.

◉ 전록(專祿)이 식상을 가지고 있으면 수도 경비의 권력을 쥐고 양인이 관살을 만나면 변방(邊方)에서 위세를 날린다.
-{專祿은 甲寅 乙卯 庚申 辛酉 넷이다.}-

86 拱祿夾祿拱貴 爵祿豐榮 倒冲遙巳欄叉 功名顯達.

◉ 공록(拱祿) 협록(夾祿) 공귀(拱貴)는 작위(爵位)와 봉록(俸祿)이 풍후(豊厚)하여 영화를 누리고 도충(倒冲) 요사(遙巳) 란차(欄叉)는 공명으로 출세한다.

91 壬趨乾 甲趨艮 淸廟之士 辛朝陽 乙鼠貴 文學之臣.

壬日 추건(趨乾)격과 甲日 추간(趨艮)격은 총무부나 제사를 담당하는 관직이고 辛日 조양(朝陽)과 乙日 서귀(鼠貴)는 교육부 관직이다.

87 局全風虎 良將之才 柱備云龍 大人之德.

◉ 乙庚合이 화격(化格)을 이루면 훌륭한 장수(將帥)인데 柱中에 辰-자를 갖추었으니 대인(大人)의 덕이 있다.

88 四庫全備龍變化 逢大海爲九五之尊 三奇局秀鳳騰翔 遇天門乃三六之主.

◉ 辰戌丑未가 온전하면 용(龍)으로 변하는데 대해(大海-壬)를 만나면 황제(皇帝)가 되고, 三奇(재관인)의 국이 빼어나면 봉황(鳳凰)이 비상(飛翔)하므로 천문(天門-戌亥)을 만나면 제왕(帝王)이 된다.
-{九五는 황제(皇帝)를 말하고 三六은 제왕(帝王)을 말한다. 예를 들어 戊辰 壬戌 丁丑 丁未의 命에 壬이 있는데 明-太祖 주원장이다.}-

89 旺財官而致富 暗祿馬以榮華. 入格以貴而推 破局以貧而斷.

◉ 財官이 왕하면 치부(致富)하고 財官이 숨어 있으면 영화(榮華)가 있다. 格에 들면 귀하고 局이 깨지면 가난하다고 추단한다.

90 究一理而察萬端 明片言以通萬物 後學術士 毋怠於斯!.

◉ 하나의 이치를 궁구하더라도 갖가지 단서를 살펴야 하고 한 마디의 말도 명백히 밝혀야 만물에 통하는 것이니 후학 술사들은 게으름을 피우지 마라.

조미론(造微論)

01 兩儀肇闢 六甲攸生 將三元而作三才 建四時而爲四柱.
◉ 양의(兩儀→天地-음양)가 열려 六甲이 나오고 삼원(三元)이 천지인(天地人) 삼재(三才)가 되어 사시(四時-춘하추동)를 세우고 사주가 된다.

02 干爲祿本 定一生職位高低 支作命基 佈三限壽元終始.
◉ 干은 록(祿)의 근본이므로 직위(職位)의 고저(高低)를 정하고 支는 命의 근본이 되므로 삼한(三限-초년 중년 말년)에 퍼져 수명의 시작과 끝이 된다.

03 年生爲根 月建爲苗 日管經營 斷中年之休咎 時爲結果 定晩歲之榮枯.
◉ 年은 태어난 뿌리가 되고 月은 세우는 싹이 되고 日은 경영(經營)을 관리하며 중년의 휴구(休咎-길흉)를 판단하고 時는 결과가 되므로 말년의 영고(榮枯)를 정한다.

04 先推胎息之由 次入變通之化.
◉ 먼저 태식(胎息)으로 원인을 추론하고 다음은 통변하여 본다.
 -{태식(胎息)은 입태월(入胎月)을 말한다.}-

05 爲官爲貴 緣上下以咸和 多滯多危 本根元而相剋.
◉ 官을 貴로 삼는 것은 上下가 모두 화합하는 것이고 막히고 위태한 것이 많은 것은 근원(根元)이 상극(相剋)하기 때문이다.

06 是故 格淸局正 當爲臺閣之臣 印旺官生 必作鈞衡之任 馬頭帶劍 鎭壓邊疆 印綬逢華 尊居翰苑.
◉ 그래서 格이 뚜렷하고 局이 바르면 고급관리가 된다. 印이 왕하고 관성이 생하면 국가의 중임을 맡는다. 마두대검(馬頭帶劍)은 변방(邊方)을 진압하는 무관(武官)이 되고 인수가 화개(華蓋)를 만나면 한림(翰林-교육)에 종사한다.

-{局이 바르다는 것은 格을 잘 보좌하는 것이다. 格이 좋아도 局이 격을 공격하거나 合으로 묶어버리면 바른 것이 아니다. 마두대검(馬頭帶劍)은 역마가 칠살에 속하고 陽刃이 七殺을 合하는 것이다. 예를 들면 甲日은 申이 역마일 경우 卯가 합하는 것이다.}-

07 祿雖多而有害 福不爲祥 殺雖重而無傷 刑當不禍.

◉ 官星도 많으면 해(害)가 되므로 福이 안 되고, 칠살이 重해도 -{일주를}- 傷하지 않으면 刑을 당해도 화(禍)가 안 된다.

08 三奇忽遇 才高立解成名 六合正逢 家富又能增業.

◉ 재관인(財官印)을 만나면 재능이 좋고 일을 해결하여 이름을 날린다. 육합이 정봉(正逢)하면 집이 부유(富裕)하고 또 사업을 증대 시킨다.
-{육합정봉(六合正逢)은 정관 정인 정재을 만난 六合이다.}-

09 空亡親於寡宿 孤獨躘踵 長生陷於空亡 貧寒偃蹇.

◉ 과숙(寡宿)이 공망이면 노년에 외롭고 몸이 불편하다. 長生이 공망에 빠지면 가난하고 고달프다.

10 桃花若臨帝座 因色亡身 咸池更會日宮 緣妻致富.

◉ 도화(桃花)가 왕지(旺地-자오묘유)에 있으면 여색(女色)으로 죽고 함지(咸池-도화)가 日支에 모이면 妻로 인하여 치부한다.
-{生地-寅申巳亥, 旺地-子午卯酉, 庫地-辰戌丑未}-

11 根源淺薄 逢生旺而不榮 本主興隆 遇休囚而反吉.

◉ 근원(根源)이 천박(淺薄)하면 생왕(生旺)을 만나도 번영하지 못하고 일주가 왕성하면 휴수(休囚)를 만나면 오히려 吉하다.

12 陽刃臨於五鬼 定須重配流徒 勾絞疊於三刑 應是頻遭編配.

◉ 陽刃이 오귀(五鬼)에 임(臨)하면 유배(流配)를 당하고 三刑에 구교(勾絞)가 겹치면 자주 불리한 일을 만난다.

月支	子	丑	寅	卯	辰	巳	午	未	申	酉	戌	亥
五鬼	辰	巳	午	未	申	酉	戌	亥	子	丑	寅	卯

구	양남음녀	命前三辰→勾 命後三辰→絞
교	음남양녀	命前三辰→絞 命後三辰→勾

13 是以登仕途者莫逢吞啗 爵祿虧停 當兵權者勿遇天中 身權退失.

⊙ 공직자가 탄담(吞啗-편인)을 만나면 작록(爵祿)이 무너져 그만두게 되고 병권(兵權)을 가진 者가 천중(天中-공망)을 만나면 병권을 잃고 물러난다.

14 胸襟澄澈 蓋因水濟江湖 學問淵源 本是水居壬癸.

⊙ 도량이 맑은 것은 강호의 水가 쓸모 있게 된 것이므로 학문(學問)의 근원은 본래 壬癸-水가 水月에 있는 것이다.
-{윤하(潤下)}-

15 慈祥愷悌 木乘甲乙之鄕 焦燥炎陽 火盛丙丁之地.

⊙ 木이 寅卯월에 태어나면 자상(慈祥)하면서 온화하고 조급한 것은 丙丁火가 巳午월에 태어난 왕한 것이다.
-{곡직(曲直) 염상(炎上)}-

16 名高祿重 乾金早會庚辛 貫朽粟陳 鎭土重親戊己.

⊙ 명성이 높고 봉록(俸祿)이 많은 것은 庚辛日이 申酉월에 태어난 것이고 돈과 곡식이 창고에 넘쳐나는 것은 戊己日이 辰戌丑未월 태어난 것이다.
-{종혁(從革) 가색(稼穡).}-

17 木繁而無金斷削 縱榮而末歲孤窮 火炎而無水淘溶 縱發而早年夭折.

⊙ 木이 무성한데 金이 制하지 않으면 번영(繁榮)할지라도 말년에 외롭고 가난하다. 화염(火炎)에 적셔주는 水가 없으면 발전하더라도 소년(少年)에 요절(夭折)한다.
-{신왕하고 관살이 없는 것들이다.}-

18 粵若 水之浮泛 惟憑土以隄防 土重而無木疏通 遂歸愚濁 金堅而無

火煅煉 終是凶頑.

◉ 水가 넘치면 土-제방(堤防-관살)에 의지해야하고, 土가 重한데 木-관살의 소통(疏通)이 없으면 어리석고, 단단한 金에 火-관살의 하련(煅煉-단련)이 없으면 흉악(凶惡)할 수밖에 없다.

19 至若 金脆火炎 多則損己 木柔金重 利則傷身.

金이 약한데 火炎이 많거나 木이 약한데 金이 重하면 몸을 傷한다.

20 水淸而不假土多 土弱而不禁木盛 火强燥而微眇水略濟以寬和 須將勻配爲佳 亦以均調爲上.

◉ 水가 맑은데 土가 많으면 안 되고, 土가 약한데 木이 성(盛)하면 안 된다. 火가 강하여 조(燥)할 경우에는 미미(微微)한 水로 가볍게 도와주어야 온화(穩和)하게 된다. 배합이 고르고 균형이 이루어져야 좋게 되므로 조화가 적절한 것이 가장 좋다.

21 大顯者 貴守深隱 大屈者 貴守卑伸.

◉ 크게 출세하는 것은 관성이 지지에 뿌리가 깊은 것이고 굴욕이 큰 것은 貴(관성)가 무력한 것이다.

22 壽極年高 皆是祿臨帝旺 職崇位顯 爲緣馬會官星.

◉ 수명이 아주 긴 것은 日干의 祿이 子午卯酉에 임(臨)한 것이고 직위가 높은 것은 관성에 재(財)가 모여 있는 것이다.

23 華蓋逢空 偏宜僧道 學堂遇貴 惟利師儒.

◉ 화개(華蓋)가 공망이면 중이나 도사가 마땅하고 학당(學堂)이 관성을 만나면 교사가 좋다.

年, 日干	甲	乙	丙	丁	戊	己	庚	辛	壬	癸
학당	己亥	壬午	丙寅	丁酉	戊寅	己酉	辛巳	甲子	甲申	乙卯

24 五行若也蕭索 五命因而低弱 日逢空寡 其妻多致生離.

◉ 일간이 생기가 없으면 오명(五命-직위)이 낮고 日主가 공망이나 과

숙(寡宿)을 만나면 妻와 생이별(生離別)한다.
-{오명(五命)은 관직을 말하는데 구명(九命)이라고도 한다.}-

25 時値孤虛 其子多饒不肖.

◉ 時에 고허(孤虛)를 만나면 자식이 많아도 불초(不肖)하다.
-{戌亥가 공망이면 辰巳를 孤虛라고 한다.}-

26 絶宮爲鼓盆之殺 胎宮爲白虎之神 天空臨嗣息之宮 末歲損成家之子.

◉ -{재성이}- 절궁(絶宮)이면 상처(喪妻)하고 -{관성이}- 태궁(胎宮)에 있으면 극부(剋夫)하고 천공(天空-공망)이 자식궁에 임하면 말년에 가정을 이룬 자식이 죽는다.

27 運逢吉宿無本主 則未足歡娛 限守凶神有根苗 則不須畏懼.

◉ 원국에 없는 길신(吉神)은 運에서 만나봐야 흡족하지 못하고 원국에 없는 흉신은 運에서 만나도 두려울 게 없다.

28 歲君若臨惡曜 一歲迍邅 生時若值休囚 一生愁嘆.

◉ 유년의 오행이 나쁘면 1년 동안 되는 일이 없고 時가 휴수(休囚)되면 일평생 근심과 탄식이 따른다.

29 源淸者 其流必遠 本濁者 所作無成.

◉ 명국이 뚜렷하면 복이 오래가고 명국이 탁(濁)하면 되는 일이 없다.
-{명국이 뚜렷한 것은 격국이나 희용신이 깨지지 않은 것이다.}-

30 八字超群 不貴則當大富. 五行駁雜 居安可不慮危.

◉ 뛰어난 八字는 귀(貴)하지 않으면 대부(大富)의 命이다. 五行이 혼잡하면 편하게 지낼 때 앞날을 대비해야한다.

32 休囚者 身性卑微 旺相者 名位壯實.

◉ 휴수(休囚)한 자는 몸이나 심성이 보잘 게 없고 왕상(旺相)한 자는 명성과 지위가 튼튼하다.
-{왕상은 일주도 왕하고 재관도 왕한 것이다.}-

33 先强後弱 必先吉而後凶 始弱終强 亦始凶而終吉.

◉ 선(先)강하고 후(後)약하면 처음은 좋지만 뒤에는 흉하다. 선(先)이 약하고 후(後)가 강하면 처음에 凶해도 결국 좋게 된다.
-{先은 년월이고 後는 일시가 된다. 강약은 희용신의 강약이다.}-

34 若乃運限所臨之地 憑流年星辰凶吉 以定禍福.

◉ 운한(運限)은 大運을 말하므로 대운에 유년의 길흉을 비추어 보고 화복(禍福)을 정(定)한다.

인감론(人鑑論)

01 洪濛肇判 甲子攸生 幽顯而變通莫測 沉潛於二理尤深 二十四字之精神妙用 億千萬人凶吉灼知.

◉ 천지개벽 후 혼돈(混沌)이 그치고 甲子가 생겨났으나 유현(幽顯-음양)의 변화를 헤아릴 수 없었다. 음양의 의치에 더욱 깊이 집중하여 十干과 十二支의 정신(精神)을 신묘(神妙)하게 써서 수많은 사람들의 길흉(吉凶)을 명백하게 알 수 있다.

02 日生爲主 年長爲君 先論根本 察貴賤之由易見. 假使粗識深藏之體 孰得而知 蓋貴者雖吉 賤由不易.

◉ 태어난 日이 주(主)가 되고 연장(年長-년)을 군(君)으로 삼고 먼저 근본(根本)을 논한다. 이때 귀천(貴賤)이 바뀌지 않게 잘 살펴야 한다. 깊이 감추어진 실체(實體)를 대충 아는 것은 누구나 알고 있다. 귀(貴)는 길(吉)하게 될 수 있어도 천(賤)은 길(吉)로 바뀌지 않기 때문이다.
-{천(賤)을 귀(貴)로 판단하면 근본부터 어긋난 것이 된다.}-

03 森列三才勢有權衡輕重 包羅八卦 自存規矩方圓.

◉ 팔자에 늘어 있는 삼재(三才-천간 지지 지장간)로 경중을 알 수 있고 팔괘(八卦)를 포함하여 일정한 규칙과 표준이 있다.

04 天道尙有盈虧 人事豈無反覆 或先貧而終富 或先敗而後興 當捨短而

從長 毋取彼而捨此.

⊙ 천도(天道)가 차고 기우는 데 인간사 인들 어찌 반복이 없으리오. 처음엔 가난해도 후에 富命이 되고 먼저는 패(敗)하여도 후에 흥(興)하는 법이니 단점은 버리고 장점을 따르는 것이므로 忌神을 버리고 喜神을 취해야한다.

05 四柱俱嫌其一字 大醇亦求其小疵 詳察其言 毋輕以斷.

⊙ 사주에는 꺼리는 글자는 하나라도 있는 법이니 아주 순수한 팔자라도 작은 흠을 찾아내 그 말을 자세히 살펴야 하고 가볍게 판단하면 안 된다.

06 官在祿鄉 伊尹負阿衡之任 時居貴地 傅巖興作相之臣 生逢貴格 入仕爲臺閣之尊 重疊鬼生 樂道有山林之興.

⊙ 관성이 록(祿)을 가지고 있으면 이윤(伊尹)과 같은 조정의 중요한 직책을 맡고 時에 官星이 있으면 부암(傅巖)과 같은 재상(宰相)이 되니 貴格으로 태어나면 요직에 오르지만 살(殺)이 겹쳐있으면 은거(隱居)하며 도학(道學)이나 하는 사람이다.
-{이윤(伊尹)은 상국(商國)의 대표적인 정치 사상가.}-
-{부암(傅巖)은 商國의 대현사(大賢士).}-

07 是知 居官居貴 五行醇而不疵 多滯多憂 八字雜而又戰.

⊙ 오행이 순수하여 흠이 없으면 관직이 높다. 일이 막히고 걱정이 많은 것은 八字가 혼잡하고 전극(戰剋)하기 때문이다.

08 根甘裔苦 賈誼屈於長沙 源濁流清 太公興於渭水.

⊙ 가의(賈誼)가 장사(長沙)에서 억눌려 있던 것은 원국은 좋지만 운이 탁(濁)한 것이고 태공(太公)이 위수(渭水)에서 일어나게 된 것은 원국(原局)이 탁(濁)해도 운이 청(清)한 것이다.
-{가의(賈誼)는 서한(西漢) 초기의 저명한 정론가(政論家) 문학가.}-
-{태공(太公-강태공)은 문왕(文王)이 태사(太師)로 봉한 전략가.}-
-{위수(渭水)는 황하의 가장 큰 지류인데 태공이 낚시 했던 곳이다.}-

9 祿馬同鄕 而會登臺閣 殺印重旺 而早入科名.

◉ 록마동향이면 중앙의 관료가 되고 殺印이 重하고 旺하면 일찍이 고시에 합격한다.
-{록마동향은 財官이 한 자리에 같이 있는 것.}-

10 兄多逢弟 宜嗟範子之貧 父疊生身 可比老彭之壽.

◉ 겁재가 많으면 범자(範子)처럼 가난하게 되고 편재가 겹쳐 있어도 일주를 生하면 팽조(彭祖)의 수를 누린다.
-{범자(範子)는 동한(東漢)의 名士로 모범적인 청렴한 관리}-
-{팽조(彭祖)는 妻가 49명에 자식이 54명으로 880세를 살았다는 황당한 설이 있는데 실제로 140세를 살았다고 한다.}-

11 夾官夾貴日時値 而峻宇雕樑 劫財奪馬歲時逢 而蓬門甕牖.

◉ 日時에 관성이나 貴人을 공협(拱挾)하면 저택에서 살고 年時에 있는 劫財가 財星을 겁탈하면 오두막에서 산다.

12 嗣位剋絶 鵲之巢而鳩占之 妻位犯傷 鸞之孤而鳳無匹偶.

◉ 자식의 자리가 극절(剋絶)되어 있으면 비둘기가 까치집을 차지하듯 양자를 들이고 처위(妻位)를 傷하면 배필이 없이 외롭게 지낸다.

13 行運背祿 昔日富而今日貧 命遇旺身 昨日悲而今日笑.

◉ 運이 배록(背祿)으로 가면 옛날에 부유했어도 지금은 가난하고 命이 왕한 運을 만나면 지난날이 슬퍼도 지금은 웃는다.

14 四柱坐學堂之上 回也不愚 三元助墓庫之中 丘也好學.

◉ 四柱에 학당이 있으면 안회(顔回)처럼 총명하고 三元(干 支 支藏干)이 묘고(墓庫)에 있는 것을 도와주면 공자처럼 학문을 좋아한다.

年,日干	甲	乙	丙	丁	戊	己	庚	辛	壬	癸
學堂	己亥	壬午	丙寅	丁酉	戊寅	己酉	辛巳	甲子	甲申	乙卯

15 年逢官貴 才高立解成名 時値偏財 家富又添好業.

◉ 年에 관(官)를 만나면 뛰어난 재능으로 명성을 이루고 時에 편재를 만나면 집이 부유하고 또 좋은 업(業)을 더한다.

16 庚行丙地 禱爾於祇 壬入戊鄕 胡不遄死 伯牛有疾 緣戰剋以交差 司馬何憂 蓋比和而無位.

◉ 庚이 丙을 만나거나 壬이 戊를 만나면 단명하고, 백우(伯牛)같은 질병은 전극(戰剋)이 교차하는 것이고 사마(司馬)처럼 근심하는 것은 도와주는 비견이 없기 때문이다.
-{비견이 없는 것은 신약하거나 재성이 인수를 극하는 것이다.}-
-{백우(伯牛) 공자의 제자 평생 불치병으로 고생}-
-{사마(司馬) 서한(西漢)의 위대한 사학가 문학가 사상가}-

17 身中衰弱 逢吉運以爲凶 命坐堅牢 遇禍年而反福.

◉ 신약하면 길운(吉運)을 만나도 흉하고 일주가 튼튼하면 화(禍)가 되는 年을 만나도 오히려 福이 된다.
-{재관이 좋지만 감당하지 못하면 흉하고 살이 흉하지만 신왕하면 화를 만나도 제압하여 오히려 공을 세우게 되므로 복으로 변한다.}-

18 殺雖重而多合 何傷日月之明 祿雖多而有破 難際風雲之會.

◉ 殺이 重해도 합이 많으면 해와 달을 가릴 수 없듯이 빛이 나고 록(祿-관성)이 많아도 깨지면 비바람이 일월(日月)을 가려 어려운 처지가 된다.

19 遇而不遇 庚辛在壬癸之鄕 憂而不憂 甲乙行丙丁之地.

◉ 庚辛은 壬癸를 만나도 쓸모없고 甲乙은 丙丁운을 만나면 걱정이 있어도 걱정이 없다.
-{金은 火를 만나야 하는데 水를 만난 것이고 木은 중요한 火를 만났기 때문에 걱정이 지엽(枝葉)에 불과하다.}-

20 或若 生逢敗絶 鄭谷歸耕 祿馬病衰 馮唐皓首.

◉ 정곡(情谷)이 고향에 돌아와 밭을 가는 것은 인수가 패절(敗絶)지를 만난 것이고 재관이 병쇠(病衰)지를 만나면 풍당(馮唐)도 쓸모없게 되는

것과 같다.
-{정곡(情谷)은 당조(唐朝) 말기의 시인}-
-{풍당(馮唐)은 서한(西漢)의 대신(大臣)}-

21 九宮旺相 難逃邀我桑中 四柱合和 未免題詩葉上.

◉ 九宮이 왕상(旺相)하면 뽕밭에서 기다리는 연인(戀人)을 마다할 수 없고 사주가 합화(合和)하면 나뭇잎에 詩(연서)를 쓴다.
-{구궁왕상(九宮旺相)은 지지(地支)가 왕한 것이고 합화(合和)는 합이 많아 정(情)이 일어나는 것이다.}-

22 西施美貌 自身多帶長生 綠珠墜樓 凶惡又逢七殺.

◉ 서시(西施)의 미모는 長生이 많은 것이고 록주(綠珠)가 누각에서 추락한 것은 흉악한 것이 있는 중에 다시 七殺을 만난 것이다.
-{서시(西施)는 중국 사대미인의 하나로 나무꾼의 딸이다.}-
-{록주(綠珠)는 석숭(石崇)이 총애하였던 첩이다.}-

乙癸丙己　女命
卯亥寅酉　丁卯 戊辰 己巳 庚午 辛未 壬申
이 여인은 서시(西施)가 부러워할 미모를 갖추었다. 그야말로 완벽하다.

己辛壬辛　女命
亥卯辰丑　癸巳 甲午 乙未 丙申 丁酉 戊戌
뛰어난 미모를 자랑하면서 색향(色香)이 진한 여인이다.

23 孤鸞入命 妻哭夫而夫哭婦 煙花絆身 女求男而男求女.

◉ 고란(孤鸞)이 있으면 女命은 상부(喪夫)하고 男命은 상처(喪妻)한다. 연화(煙花-도화)가 반신(絆身)하면 여자는 남자를 탐내고 남자는 여자를 탐낸다.
-{고란 : 乙巳 丁巳 辛亥 戊申 壬寅 戊午 壬子 丙午}-
-{연화반신(煙花絆身)은 도화가 일주를 합(合)한 것이다.}-

24 頭目陷而肢體相虧 財有耗而田宅有害.

◉ 머리와 눈이 꺼지고 팔 다리를 상(傷)하면 재물이 줄고 전택(田宅)에

해가 있다.
-{머리와 눈은 天干을 말하고 팔다리는 地支를 말한다.}-

25 生時若遇刑冲 一生屢乏 歲月若臨劫奪 百歲孤寒.

◉ 時가 刑冲을 만나면 평생이 궁하고 年月에 겁재가 임하여 탈재하면 평생 빈한하다.
-{時의 刑冲이나 年月의 겁재가 탈재하면 대표적인 가난이 된다.}-

26 財入財橐 不貴卽當大富. 殺居太歲 居安可不慮危.

◉ 財가 日支에 있으면 貴하지 않으면 大富하다. 殺이 태세(太歲-년)에 있으면 편하게 있을 때 위태함을 염려하라.

27 若乃 官星透露 未可便作貴推 殺星下攻 曷不便爲凶兆.

◉ 官星이 투출해도 바로 貴하다고 말하지 말고 地支에서 殺이 공격해도 바로 흉하다고 하지마라. 더 자세히 살피고 말하라.

28 大抵 歸祿喜逢於印綬 刑殺宜値於濟和 是以當憂不憂 聞喜不喜.

◉ 귀록(歸祿)은 인수를 만나거나 殺을 刑하면 구제(救濟)된 것이다. 그래서 걱정이 있어도 걱정이 아니고 기쁨이 기쁜 것이 아니라고 했다.
-{인수를 좋아하는 것은 관살을 꺼리기 때문이다.}-

29 考其根而明其實 論其始而究其終 故知 失其本而忘其末 不救其實而義有餘 是以妻宮有剋 少年無早娶之人 鬼位逢傷 末歲損成家之子.

◉ 근본을 고찰하여 결과를 밝히는데 시작으로 결과를 궁구하는 것이므로 근본을 잃으면 결과도 잃게 된다. 구조되지 못한 곳에는 실질적인 의미가 남아 있다. 그래서 처궁이 극을 당하면 장가가 늦고 자식의 자리가 傷하면 말년에 가정을 이룬 자식을 잃는 것이다.
-{즉 처궁이나 자식궁에 구조가 없으면 그 문제가 남는다.}-

30 生平不已而壽算松椿 財祿帶多而福姿蒲柳 源清者其流必遠 本壯者其葉必榮.

◉ 평생 소나무 같이 장수를 누리면서 재복이 많고 잘사는 것은 근원이 뚜렷하여 멀리 가는 것이고 근본이 튼튼하여 그 잎이 번영하는 것이다.

31 三命冠群 不貴卽當大富 九宮弱陷 怕凶運大忌凶年.

팔자가 뛰어난 사람은 貴命이 아니면 大 富命이 되고 구궁(九宮-地支)이 약하면 흉한 대운이 두렵고 흉한 유년을 크게 꺼린다.

32 千條萬緖 當求不見之形 百派一源 貴得彌身之地.

⊙ 천조만단(千條萬緖)에서 보이지 않은 것을 찾아야내야 한다. 백가지로 갈라진 것도 근원은 하나에 있으니 일주가 득지(得地)해야 귀하게 된다.

33 詳陳本末 備察盈虧 澄神定慮 深略沉機 可考而知 不言而喩 後之君子 鑒以前賢言 術者十常八九 造首者百無一二 辭簡而意微 言近而指遠 爲之賢乎已 鑒命無忽諸.

⊙ 본말을 자세히 펼쳐서 태과와 불급을 살피고 맑은 정신으로 중점이 되는 변화를 깊이 생각하여 알아야하는 것은 말할 필요도 없다. 君子는 선현의 말을 거울삼아야 한다. 십중팔구(十中八九)가 술자(術者)라고 하지만 경지(境地)에 오른 자는 백에 한 둘도 안 된다. 구결은 간단하지만 뜻이 미묘(微妙)하여 가까운 곳을 말한 것 같지만 먼 곳을 가리키니 현명(賢明)히 대처(對處)하고 명을 살피는데 소홀(疏忽)함이 없어야한다.

애증부 (愛憎賦)

01 富莫富於純粹 貧莫貧於戰爭 貴莫貴於秀實 賤莫賤於反傷.
⊙ 부(富)는 순수(純粹)에 있고 가난은 전쟁(戰爭)에 있고 귀(貴)는 수기(秀氣)가 실(實)한데 있고 천(賤)은 상해(傷害)에 있다.

02 文辭稱辨 貴馬會於學堂 錦繡文章 火木合於性情
⊙ 문장(文章)이 뛰어난 것은 학당(學堂)에 財官이 모여 있는 것이고 비단 같은 문장은 화목(火木)이 화합(和合)하는데 있다.
-{학당은 年干이나 日干으로 四柱에 있는 干支를 본다. 甲見己亥, 乙見壬午, 丙見丙寅, 丁見丁酉, 戊見戊寅, 己見己酉, 庚見辛巳, 辛見甲子, 壬見甲申, 癸見乙卯.}-

03 深謀遠慮 德性居沉靜之宮. 術業精微 帝座守文章之館.
⊙ 계획이 주도면밀하고 생각이 원대한 것은 덕성(德性-정관)이 깨지지 않은 것이고 학술이 깊고 정밀한 것은 식신이 旺地에 있는 것이다.

04 吉福生旺祿馬 全要精神. 魁罡有靈變之機 離坎乃聰明之戶.
⊙ 재관이 생왕하고 신왕하면 福命이다. 괴강(魁罡)은 영민(靈敏)하고 子午는 총명(聰明)하다.

05 貴人祿馬宜逢 劫刃空亡奇遠 長生招君子之可愛 衰敗遇小人之憎嫌.
⊙ 천을귀인과 財官을 만나야하고 겁재 양인이나 空亡은 만나지 않아야 한다. 장생(長生)을 만나면 군자(君子)의 사랑을 받고 쇠패(衰敗)를 만나면 소인도 미워하고 싫어한다.

06 四柱鬪亂兮 不仁不義 五行相生兮 爲孝爲忠.
⊙ 네 기둥이 싸우면 인의(仁義)가 없고 五行이 相生하면 충효(忠孝)한 사람이다.

07 印綬在刑冲之內 心亂身亡 日時居墓庫之中 憂多樂少.
⊙ 인수가 刑冲하면 심란(心亂)하여 죽고 日時에 묘고(墓庫)가 있으면 걱정이 많고 즐거움이 없다.

-{심란(心亂)한 것은 우울증이다.}-

08 日干旺而災咎寡 財命衰而惆悵多. 衣食奔波 旺處遭刑 利名成敗 貴地逢傷.

⊙ 日干이 旺하면 재난(災難)과 허물이 적고 재명(財命)이 쇠(衰)하면 좌절(挫折)하여 슬퍼한다. 의식(衣食)으로 바쁜 것은 旺한 곳에서 刑을 만난 것이고 이명(利名)에 성패(成敗)가 일어나는 것은 귀지(貴地-官地)가 상(傷)한 것이다.

09 平生禍福 賴於一時 一世吉凶 憑於氣運. 福有氣而變通陞遷 歲剋運凶 無氣而人離散.

⊙ 평생의 화복(禍福)은 월령(月令)을 보고 한 평생의 길흉(吉凶)은 대운을 본다. 복(福-관성)이 있고 신왕하면 순응하여 영전(榮轉)하고 流年이 大運을 剋하고 신약하면 사람이 떠나고 흩어진다.

10 大運凶而生百禍 流年吉而除千殃. 無絶至絶 財命危傾 本主得生 利名稱遂.

⊙ 大運이 凶하면 백 가지 화(禍)가 일어나고 유년이 吉하면 천(千)가지 재앙(災殃)을 물리친다. 命局에 絶地가 없어도 運에서 절지(絶地)를 만나면 재물과 수명이 위태하고 일주가 생(生-인수)을 얻으면 이로움과 명성을 달성한다.

11 三合六合 逢之吉重禍輕 七殺四凶 遇之禍深福淺.

⊙ 三合이나 六合을 만나면 吉은 重하고 화(禍)는 약하다. 七殺 사흉(四凶-상관 효신 겁재 양인)을 만나면 화(禍)는 깊고 복은 천(淺)하다.

12 加官進職 定因祿會之年 廣置根基 必是合財之地.

⊙ 승진은 관성이 모이는 해에 되고 財를 合하는 해에는 기반(基盤)이 넓어진다.

13 歲君冲壓主凶災 大運受傷殊少吉. 歲宜生運 運喜生身 三位相生 一年稱意.

⊙ 流年을 冲하고 압박하면 흉재(凶災)가 있고 대운을 傷하면 좋은 일

이 적다. 流年이 大運을 生하고 大運이 日主를 生하여 三位가 상생하면 그해 一年은 뜻대로 된다.

14 財官俱旺 應顯達於仕途 財食均縈 豈淹留於白屋.
◉ 財官이 함께 旺하면 관직에서 출세하고 재와 식신이 둘러 있으면 평민으로 머무르지 않는다.

15 祿入聚生之地 富貴可知 馬奔祿旺之鄕 榮華可斷.
◉ 관성이 모여 있으면 부귀하고 재성의 록지나 왕지에 이르면 영화(榮華)를 누린다.

16 欲取交關利息 須尋六合相扶
◉ 이자(利子)로 돈을 벌려면 六合의 도움이 있는지 찾아야한다.

17 財官帶祿朝元 定主安然獲福 月衰時旺 早歲豐肥
◉ 재관이 祿을 가지고 일주를 향(向)하면 힘들지 않게 福을 얻는다. 월령이 약해도 時가 왕하면 젊어서 넉넉하게 된다.
-{재관이 록을 가진 것은 재나 관이 록을 가지고 있는 것이다.}-

18 木重土輕 終身漂荡.
◉ 木이 重하고 土가 약하면 평생을 떠돈다.

19 慣取市廛之利 必因旺處逢財 忽然顯達成家 定是刑冲見貴.
◉ 장사로 돈을 버는 것은 신왕하고 財를 만난 때문이고 별안간 출세하고 집안을 일으키는 것은 刑冲이 관성을 만나는 것이다.

20 主本當時 得女以扶持 貴祿有情 因男子而升吉.
◉ 時가 마땅하면 나를 보살펴주는 여인을 얻고 귀록(貴祿-정관의 祿)이 유정(有情-길신)한 여인은 남자로 인하여 좋게 된다.

21 南商北旅 定因馬道之通 東販西馳 必是車運之利.
◉ 남북(南北)으로 하는 장사는 마도(馬道)에 통한 것이고 동서(東西)로 하는 장사는 역마(驛馬) 운에 이로움이 있다.
-{마도(馬道)나 역마(驛馬)나 같은 뜻이다.}-

22 日干困弱 伯牛敢怨蒼穹 祿馬衰微 顔子難逃短命.

◉ 日干이 약(弱)하면 백우(伯牛)가 하늘을 원망하고 財官이 쇠미(衰微)하면 안자(顔子)의 단명을 피 할 수 없다.

-{백우(伯牛) 공자의 제자. 불치병으로 고생.}-
-{안자(顔子) 40세 단명. 孔子는 안회를 봉황(鳳凰)에 비유했다.}-

23 凶莫凶於劫刃 吉莫吉於剛强. 官微馬劣 男逃女走.

◉ 겁재보다 흉한 것인 없고 강강(剛强-편관)한 것보다 좋은 것이 없다. 관이 미약하고 재가 열악하면 남자는 여자를 떠나고 여자는 남자를 떠난다.

24 天羅地網 非橫之災. 脫命夭亡遇之 必不得實而死.

◉ 천라지망(天羅地網)은 뜻밖의 흉재(凶災)가 있고 요절하는 것은 반드시 실(實-신강)을 얻지 못하여 죽은 것이다.

25 窮途逢劫 危疑必犯於自刑. 絶處逢財 妻子應難諧老

◉ 곤경에 처한 것은 겁재를 만난 것이므로 자살을 의심해 봐야 한다. 절처(絶處)에서 財를 만나면 妻와 해로(偕老)하기 어렵다.

-{절처(絶處)는 일주가 절지에 있는 것이므로 인수를 만나야 하는데 절처에 재(財)가 있으면 인수를 극하게 되므로 재가 기신(忌神)이 된다.}-

26 大耗小耗 多因博戲亡家 官符死符 必主獄訟時有. 或行四柱遇絶 三命刑傷 未免徒絞之刑 難逃黥面之苦.

◉ 대모(大耗) 소모(小耗)는 대부분 도박(賭博)과 잡기로 집을 말아먹고 관부(官符)나 사부(死符)는 반드시 소송사건이나 옥살이가 있다. 혹 사주에 절(絶)을 만나고 형상(刑傷)되면 교수형을 받거나 경면(黥面)의 고통을 피할 수 없다.

-{경면(黥面)은 죄인의 얼굴에 죄명(罪名)을 새겨 넣는 형벌.}-

27 若逢五鬼 雷傷虎咬無疑 更値群凶 惡殃橫死定斷 女多淫賤 男必猖狂.

⊙ 만약 오귀(五鬼)를 만나면 벼락을 맞거나 호랑에게 물어간다. 여기에 흉살이 무리를 이루면 비명횡사하는데 女命은 음천(淫賤)하고 男命은 난폭하다.

年	子	丑	寅	卯	辰	巳	午	未	申	酉	戌	亥
大耗	午	未	申	酉	戌	亥	子	丑	寅	卯	辰	巳
小耗	巳	午	未	申	酉	戌	亥	子	丑	寅	卯	辰
官符	辰	巳	午	未	申	酉	戌	亥	子	丑	寅	卯
死符	巳	午	未	申	酉	戌	亥	子	丑	寅	卯	辰
五鬼	辰	巳	午	未	申	酉	戌	亥	子	丑	寅	卯

28 或問人之情性 賢愚善惡 先推貴賤旺相之由 衰敗方究機巧靈變.
⊙ 인간의 현우선악(賢愚善惡)을 물으면 먼저 귀천(貴賤)과 왕상(旺相)을 추론하고 쇠패(衰敗)를 궁구하여 기교와 영변(靈變)을 더하여 본다.

29 心高者 魁罡爲禍 性順者 六合爲祥.
⊙ 포부가 큰 자에 괴강(魁罡)이 있으면 화(禍)가 되고, 심성이 순(順)한 자에 육합(六合)에 있으면 복이 된다.

30 觀幽閒瀟灑之人 遇華蓋孤虛之位 好恃勢倚 霸之輩 犯偏官劫刃之權.
⊙ 고허(孤虛)에 화개(華蓋)가 있으면 세상을 초월한 사람이고 세력을 믿고 의지하여 횡포를 일삼는 무리들은 겁인(劫刃)이 편관을 범(犯)한 것이다.
-{원래 고(孤)는 공망을 말하고 허(虛)는 공망을 冲하는 것이다.}-

31 劫刃生鄙吝之慳 更出機謀之險. 謀略大因於壬癸 威風氣猛於丙丁.
⊙ 인색하면서 위험한 계략을 만들어 내는 것은 겁인(劫刃)에서 나오고 모략(謀略)은 壬癸에서 나오고 위풍(威風)은 丙丁에서 나온다.

32 孤囚遇之無精神 破敗遇之多疏垣.
⊙ 공망이 수(囚)를 만나면 정신(精神-활력)이 없고 파(破)를 만나 패

(敗)하면 소원(疏遠-변변치 못한)한 사람이다.

33 甲乙順而仁慈大量 庚辛虧而果斷氣剛 燥敗火盛須疑 隱忍金多定論.

◉ 甲乙은 인자(仁慈)하고 관대하여 적절하고 庚辛은 결단력이 있고 강직하여 손해를 본다. 조급하여 패(敗)하는 것은 火가 성(盛)한 것이고 참고 견디는 것은 金이 많은 것이 정설이다.

34 刑戰者愚頑 安靜者賢俊.

◉ 형전(刑戰)되면 우매(愚昧) 완고(頑固)하고 안정(安靜)하면 현명하고 준수하다.

35 金水司令而相生 火土逢時而相助 不勞心而衣食自足 不費力而家計自成 更若得神扶持 定是權尊鄕裏 祿貴拱位者 臺省揚名.

◉ 金水가 사령(司令)하여 相生하고 時에서 火土가 상조(相助)하면 의식(衣食)이 넉넉하고 어렵지 않게 스스로 가계(家計)를 세운다. 여기에 다시 길신이 부지(扶持)하면 고을의 유지(有志)로 추앙(推仰)을 받는데 관성이나 귀인이 공협(拱夾)하면 큰 지역에서 이름을 날린다.

36 其所憂者福不福 其所慮者成不成 福不福者 吉處遭凶 成不成者 格局見破.

◉ 우려하는 것은 복과 성공의 여부인데 복이 안 되는 것은 吉한 곳에서 凶을 만난 것이고 성공하지 못한 것은 格局이 깨진 때문이다.

37 傷其格者則傷 破其格者則禍 譬若苗逢秋旱 而冬廩空虛 花被春霜而夏果無成.

◉ 格을 상(傷)하면 몸을 상하고 格이 깨지면 화(禍)가 되는데 비유하면 모종(某種)이 가을에 가뭄을 만나면 겨울에 곳간이 비고 봄꽃이 서리를 맞으면 여름에 과일이 없는 것과 같다.

38 智謀思慮 措用無成 縱有回天轉軸之機 而無建功立業之遂 豈不見酈生烹鼎 範生甑塵 淵明東歸 子美西去 孟軻不遇 馮衍空回 買臣負薪而行歌 江革苦寒而坐泣.

◉ 지모(智謀)와 사려(思慮)가 있어도 이루지 못하고 天地의 축(軸)을

바꿀 지라도 공(功)을 세우지 못하고 업(業)을 이루지 못하면 불우한 생을 보낸다. 어찌 그뿐이겠는가? 역생(酈生)은 솥에 삶아 죽었고, 범생(范生)의 시루에는 먼지가 쌓였고, 연명(淵明)은 관직을 물러나 東으로 돌아왔고, 자미(子美-두보)는 서쪽으로 갔고, 맹가(孟軻-맹자)는 불우(不遇)하였고, 풍연(馮衍)은 헛수고로 끝났고, 매신(買臣)은 땔나무를 짊어지고 노래를 불렀고, 강혁(江革)은 지독한 가난 때문에 울었다.

39 蓋苗而不秀者有之 秀而不實者有之 更值傷敗太過 一福不過篘蕘 縱有百藝多能 難免飢寒苦疾 困於溝壑 命使其然爾 淹滯無成 何勞嘆嗟！

⊙ 자질이 있어도 성공하지 못하고 꽃을 피워도 열매를 맺지 못하는 마당에 상패(傷敗)가 지나치면 나무꾼에 불과하니 백가지 재주가 있어도 굶주림과 질병에 시달린다. 곤궁하여 객사하는 것도 명이 그래서 그런 것이므로 재능이 있어도 오르지 못하고 이루지 못하는 것이다. 탄식한들 무슨 위로가 되겠는가.

40 欲問富貴 全仗財官 朕何由得之. 大莫大於鎡基 奇莫奇於秀異 達聖達賢者 無時不有 至富至貴者 自古皆然.

⊙ 그래서 富貴를 보는 것은 어떻게 해서 내가 온전한 財官을 얻는지 보는 것이다. 호미가 커봐야 호미에 불과한 것처럼 제아무리 뛰어나도 재주꾼에 불과하고 성현(聖賢)도 때를 만나야 하듯이 지극한 부자나 지극한 貴命이나 예부터 다 때를 얻었던 것이다.

41 或生申月之中 文高武顯 或居冠帶之下 業大財奇 若此玄妙 何如推測 先論學堂之內 三奇四福 次察格局之外 一吉二宜.

⊙ 혹 申月에 태어나 문무(文武)가 높게 나타나기도 하고 관대(冠帶)에 있으면서 업(業)이 크고 재물이 많은 경우가 있는데 이렇게 오묘한 것을 어떻게 아는가. 먼저 學堂의 안에 있는 財官印食을 논하고 다음으로 格局을 살핀 다음 길(吉)이 하나 있고 좋은 것이 두 개는 더 있어야한다.

-{삼기사복(三奇四福)은 財官印에 食神(福)을 더한 것이다.}-

42 若 己未見甲午爲祥 壬申見丁巳爲瑞.
◉ 만약 己未가 甲午를 만나거나 壬申이 丁巳를 만나면 -{干支合으로 인하여}- 상서(祥瑞)롭게 된 것이다.

43 壬子丙午 主光風儒雅之人 辛酉丙申 長俊秀榮華之士.
◉ 壬子에 丙午가 보이면 풍채가 좋고 학문이 깊고 의젓하다. 辛酉에 丙申이 보이면 준수하고 영화를 누리는 선비가 된다.

44 陰陽全憑純美 造化最喜相生. 難辨者日精月華 莫測者金堂玉匱 得之者榮 遇之者貴.
◉ 음양(陰陽-대운)은 순미(純美)함에 의지하고 조화(造化-命과 運)는 상생(相生)을 가장 좋아한다. 구분이 힘든 것은 일정월화(日精月華-격국)요 예측하기 어려운 것은 금당옥궤(金堂玉匱-부귀)인데 이를 얻으면 영화를 누리고 만나면 貴하게 된다.

45 若遇賢愚顯晦 無非造化鈞陶 物旣榮枯 爲人豈無成敗 假若鳳生於雉 蛇化爲龍 芳蘭不斷於蓬蒿 枯木猶生於山野.
◉ 현명하거나 어리석거나 인재가 되거나 하는 것이 모두 명운(命運)이 아닌 것이 없다. 이미 만물에는 영고(榮枯)가 있는데 어찌 인간에게 성패가 없겠는가. 꿩에서 봉새가 나오고 뱀이 용으로 변하고 쑥밭에서도 향기로운 난(蘭)이 나오고 고목(枯木)이 여전히 산야(山野)에서 자라는 것이 아니겠는가.

46 少貴老賤 初迍後亨 蓋由大運之衰旺 以致富貴之更變.
젊어서 貴하고 늙어서 천(賤)한 것이나 처음에 곤란하고 뒤에 형통(亨通)하는 것은 모두 大運의 쇠왕(衰旺)으로 富貴의 개변(改變)을 초래한다.

47 格局純而反雜 惆悵殘春 運行老而得時 優遊晚景 防不測運之艱危 是以時有春秋 月圓有缺 嘗觀資蔭之子 親一喪定無聊 復見田井釣之人 運一通而殊顯.
◉ 순수한 격국이 잡(雜)으로 변하면 청춘말년을 한탄하고 노년(老年)운

에 득시(得時)하면 말년을 여유 있게 보낸다. 뜻밖의 위기를 막아야 할 때가 있듯이 봄이 오면 가을이 오고 달도 차면 기우는 이치이다. 음덕(蔭德)으로 부유하게 지내도 부모가 죽으면 의지할 곳이 없게 되고 밭을 갈고 낚시하던 사람도 한번 運이 통하면 크게 출세한다.

48 多年爵祿 一旦俱休 時運至者 片時相遇 值生旺者 未必爲凶 有情者通 無情者滯 有合者吉 有冲者凶.

⊙ 다년간 관록(官祿)을 먹고 지내다 하루아침에 그만두고 時運이 찾아오면 한 순간에 생왕(生旺)한 者가 되므로 반드시 흉하다고 할 수 없고 유정(有情)하면 通하고 무정(無情)하면 막히고 합하면 좋고 冲하면 凶한 것이다.

49 官印歲臨 仕途定知進擢 食財運遇 庶民亦喜榮昌.

⊙ 관인(官印)이 流年에 임(臨)하면 직위가 올라가고 식재(食財)운을 만나면 서민(庶民)도 영화와 번영이 있다.

50 或有少依祖父之榮 長借兒孫之貴 又有垂髫難苦 至老無依 蓋因四柱之旺衰 所由大運之亨否.

⊙ 어려서 조부(祖父)의 영화에 의지하고 어른이 된 後 자손이 貴하게 되는 것이나 어려서 고생하고 노년에 외로운 것은 대개 四柱의 왕쇠(旺衰)에 기인하고 대운의 길흉에서 나온다.

51 豈不見枯槁之木 縱逢春而不榮 茂盛之標 雖凌霜而不敗.

⊙ 말라버린 木은 봄이 와도 번영(繁榮)하지 못하고 무성(茂盛)한 지엽은 서리를 이겨내고 패(敗)하지 않는다.
-{신약과 신강을 비교한 것이다.}-

52 論日更虧年月 定無下稍 生時旺氣朝元 必有晚福.

⊙ 日이 年月을 손상하면 점점 줄어 남는 것이 없고 왕기(旺氣)가 時에 모이면 반드시 말년에 복록이 있게 된다.

53 古有琢磨之玉 值價連城 世有正直之人 自成家計 如烹煉之餘而不朽 如歲寒之後而不凋 消息妙在變通 禍福當察衰旺 庶几君子 共鑒是幸.

⊙ 오랫동안 궁리하면 완전하고 귀중한 가치를 지니고 되고 대대로 정직(正直)한 사람은 순조롭게 가계(加計)를 꾸리고 삶고 달구면 썩지 않고 추위를 이기면 시들지 않는다. 干支의 미묘함은 통변에 있고 화복(禍福)은 쇠왕(衰旺)으로 살핀다. 군자들의 귀감이 되길 바란다.

만금부(萬金賦)

※ 子平의 원문이다. 이 구결은 모두 운(運)에 기준을 두고 봐야한다.

01 欲識五行生死訣 容易豈與凡人說 星中但以限爲憑 子平但以運爲訣 運行先布十二宮 看來何格墮時節 財官印綬與食神 當知輕重審分明.

⊙ 오행으로 생사(生死)를 알려면 보통사람의 말을 들어서야 되겠는가. 오행은 다만 대운을 따르므로 운에 대한 자평의 구결이다. 먼저 십이궁(포태법)을 운(運)에 붙인 다음 절기(節氣)에 따라 무슨 격이 되었는지 보고 재관인식(財官印食)의 경중(輕重)을 분명하게 살펴서 알아내야 한다.

02 官星怕行七殺運 七殺猶畏官星臨

⊙ 官星도 칠살 운을 두려워하지만 칠살이 官星운에 임(臨)하면 더 두려워한다.

03 官殺混雜當壽夭 去官留殺仔細尋 留官去殺莫逢殺 留殺去官官莫逢

⊙ 관살이 혼잡하면 요절(夭折)하므로 거관유살(去官留殺)이 되는지 자세히 살피라. 유관거살(留官去殺)은 殺을 만나면 안 되고 유살거관(留殺去官)은 官을 만나면 안 된다.
-{원국은 물론 운에서도 만나지 않아야하는 것을 말한다.}-

05 官殺受傷人必夭 更宜財格定前程 日時偏正問何財 生怕干頭帶殺來 劫若重逢人夭壽 孰知偏正甚爲災.

⊙ 官殺의 손상을 당한 사람은 반드시 요절(夭折)하는데 더구나 재격

(財格)이면 살날이 많지 않은 것이다. 日時에 있는 正偏財가 어떤 것이 되던 천간에 있는 殺을 生하면 정말 무섭다. 이때 만약 겁재를 중봉(重逢)하면 단명한데 이렇게 정편재로 인하여 심한 재앙(災殃)이 되는 것을 누가 알고 있겠는가.

07 有財官運須榮發 財地官鄉是福胎 只怕日干元自弱 財多生殺趕身衰.

◉ 財가 있으면 관성 運에 번영하므로 財地와 官地는 福의 근원이 된다. 다만 두려운 것은 일주가 약한 것인데 財가 많으면 殺을 生하여 身이 쇠약(衰弱)하게 되기 때문이다.

08 財多身弱行財運 此處方知下九台.

◉ 재다신약한 命이 財運에 당도하면 그 곳이 바로 황천(黃泉)이다.

09 官不逢傷財不劫 壽山高聳豈能摧

◉ 관성이 상관을 만나지 않고 재성이 겁재를 만나지 않으면 수명(壽命)이 길다.

10 第一限逢印綬鄉 運生生旺必榮昌 官鄉會合遷官職 死絕當頭是禍殃

◉ 첫 대운에 인수를 만나고 대운이 일주를 生하여 일주가 生旺하면 반드시 번창한다. -{운에서}- 官이 모이면 관직을 옮기고 -{관성이}- 사절(死絕)되면 화(禍)가 닥친다.

11 若是逢財來害印 墮崖落水惡中亡 爲官在任他鄉死 作客逢之死路傍 印不逢財人不死 如前逐一細推詳

◉ 만약 -{운에서}- 財가 인수를 해치면 높은 데서 추락하거나 물에 빠져 죽는데 관직에 있으면 타향에서 죽고 타향에 있는 사람은 객사(客死)한다. 그러나 인수가 財를 만나지 않으면 죽지 않으니 항상 재(財)가 있는지 일일이 살펴라.

12 財官印綬分明說 莫道食神非易訣 食神有氣勝財官 只怕傷殘前外截 卻分輕重細推詳 大忌財官爲死絕.

◉ 財官印은 분명하게 말하되 食神은 쉽게 말하면 안 된다. 식신이 유기(有氣)하면 재관보다 낫지만 다만 두려운 것은 식신이 상(傷)하여 끊

어진 것이다. 그래도 자세히 살펴서 -{식신의}-경중(輕重)을 나누어야 한다. 이때 재관을 만나면 크게 꺼리는데 식신이 사절(死絶)되기 때문이다.

13 傷官命運莫逢官 斬絞徒流禍百端
◉ 傷官 命이 運에서 官星을 만나면 참수(斬首) 교수(絞首) 유배(流配) 등 갖가지 화(禍)가 나타난다.

14 月德日貴逢剋戰 此命危亡立馬看
◉ 월덕이나 일귀(日貴)가 극전(剋戰)을 만나면 생사(生死) 존망(存亡)에 서있는 것이다.
-{월덕(月德) 寅午戌月-丙, 申子辰月-壬, 亥卯未-甲, 巳酉丑月-庚}-
-{일귀(日貴) 丁酉、丁亥、癸巳、癸卯 넷이다.}-

15 飛天拱祿嫌填實 最怕絆神來犯干 子運行年來甲子 壬寅申地見丙申 巳丙一同推禍福 卯宮乙木怕相逢 巳宮戊庚丙辛會 午丁年上午戌凶 丑未年中須是禍 但宜遷運而搜尋
◉ 1- 비천록마(飛天祿馬)나 공록(拱祿)격은 전실(塡實)을 싫어하고(외격에 해당), 2- 가장 두려운 반신(絆神)이 천간(일간)을 범하는 것이고(일간을 합하는 대운에 죽는 경우가 많고), 3- 子운에 甲子년을 만나는 것이고(세운병임), 4- 壬寅이나 壬申이 丙申을 만나는 것인데 이때 巳와 丙은 동일하게 화복(禍福)을 추단한다.(일범태세), 5- 卯宮의 乙木을 運에서 만나거나 巳中에 戊庚丙이 辛을 만나도 깨진다. 6- 년에 午丁이 있고 午戌운을 만나면 凶한데 丑未년에 반드시 禍가 있다. 다만 運이 옮겨가는 것을 찾아야한다.
-{여러 가지 흉운(凶運)을 보는 법을 열거한 것이다.}-

16 同官同運如逢祿 逢祿刑禍來相侵
◉ 원국에 관성이 있고 이것을 運에서 만나고 또 태세에서 만나면 형(刑)을 당하는 화(禍))가 찾아온다.
-{원국과 대운 그리고 유년에서 똑 같은 관성을 만난 것이다.}-

17 外逢仍還逢內敵 其餘宮分外方尋 外逢內敵爲災重 內逢外敵禍微侵

⊙ 運에서 내적(內賊-원국)을 만나면 그 나머지 궁(宮)에 있는 것도 運에서 찾는다. 運에서 내적(內賊)을 만나면 재난이 重하지만 원국이 외적(外敵-대운)을 만나면 화(禍)가 약하다.
-(나머지 궁은 사주에 있는 寅-자를 運에서 만나면 內賊이 되는데 이때 寅 중에 있는 丙戊도 運에서 찾는 것을 말한다.)-

18 戊己土皆分四季 雜氣之中難又易 逐一依定數中推 受制受刑隨運氣 只定其凶此運中 何年月日災刑重
⊙ 戊己土는 모두 辰戌丑未로 나누는데 잡기(雜氣) 중에 있는 것은 어렵고도 쉽기 때문에 일일이 규정에 따라 운(運)을 추론해야한다. 이때 制나 받거나 刑을 받는 운기(運氣)를 따르는데 단지 흉(凶)한 것만 찾고 이 運 중에서 정(定)하는데 어느 年月日에 재형(災刑)이 중(重)한지를 보는 것이다.

19 此是石金玉匣訣 只此洩漏與君知.
⊙ 이것은 석금옥갑(石金玉匣)의 비결인데 여기에만 누설(漏洩)한다는 것을 알기 바란다.

설요첩치현묘결(挈要捷馳玄妙訣)

※此篇纂集諸家口訣　※이 편은 여러 구결을 모아 편집한 것이다.

01 以日爲主 專論財官 蓋官乃爲扶身之本 財爲養命之源.
⊙ 日을 위주로 하여 오직 財官을 논하는데 대체로 官은 부신(扶身-지위)의 근본이고 財는 양명(養命)의 근원이다.

02 故推天時察地利 約太過而不及 以中和而爲用 去留舒配而中理 輕重强弱而表正.
⊙ 따라서 천간과 지지를 살피서 태과(太過)하거나 불급(不及)하면 중화(中和)되어야 한다. 이때 거류서배(去留舒配)를 이치에 맞게 해야 경중

강약(輕重强弱)이 바르게 나타난다.
-{거류서배(去留舒配)는 생극합충 형충파해등을 적용하는 것이다.}-

03 先觀節氣之深淺 後論財官之向背.
◉ 먼저 절기의 심천(深淺)을 본 다음 財官의 향배(向背)를 논한다.

04 人之命內 皆不離乎財官 諸格局中 總要虛邀祿馬 先賢已成矜式 後學須自變通
◉ 사람의 命은 財官을 떠날 수 없다. 이는 모든 格局에 해당하므로 財官을 허요(虛邀-요충요합)하는 것도 예외가 아니다. 이것은 이미 선현이 신중하게 만든 것이니 통변은 후학이 스스로 해야 한다.

05 宜向之而運背 決之貧賤 宜背之而運向 斷之困弱.
◉ 향(向)해야 하는데 運에서 배(背)하면 빈천(貧賤)하고 배(背)해야 하는데 運에서 향(向)하면 곤궁하고 약하다.
-{향(向)은 추구(追求)하는 것이고 배(背)는 배척(排斥)하는 것이다.}-

06 喜生以逢生 貴而可取 愛剋而値剋 吉亦堪言.
◉ 生을 좋아하면 生을 만나야 貴를 취할 수 있고, 剋을 좋아하면 剋해야 吉하다.

逢官而看財 見財富貴 ; 逢殺而看印 遇印榮華.
◉ 官을 만나면 財를 찾고 財가 보이면 富貴하고 殺을 만나면 인수를 찾고 인수를 만나면 영화가 있다.

07 逢印看 官而遇官 八而七貴 逢財看殺原有殺 十有九貧.
◉ 인수를 만나면 官을 찾는데 官을 만나면 십 중 칠팔은 貴命이고 財를 만나면 殺을 찾아보고 만약 원국에 殺이 있으면 열에 아홉은 가난하다.

08 甲乙運入西方 身旺功名可許 壬癸路經南域 主健爲貴.
◉ 甲乙日은 運이 西方 金運에 들 경우 신왕하면 功名을 이룰 수 있고 壬癸日은 南方 火運으로 가고 일주가 튼튼하면 貴로 삼는다.

09 印劫不宜身旺地 食神最喜劫財鄉.
◉ 인수와 겁재는 身旺地가 좋지 않고 식신은 劫財地를 가장 좋아한다.

10 官殺混雜 身弱則貧. 官殺兩停 合殺爲貴.
◉ 관살혼잡(官殺混雜)하고 신약하면 가난하지만 관살이 양정(兩停)하고 殺을 合하면 貴命이다.

11 年月官星 早年出仕 日時正貴 晩歲得名.
◉ 年月에 官星이 있으면 일찍 관직을 얻고 日時에 관성이 있으면 말년에 이름을 얻는다.

12 胞胎逢印綬 祿享千鍾 財氣遇長生 田肥萬頃
◉ 절태(絶胎)가 인수를 만나면 봉록(俸祿)이 천종(千鍾)에 이르고 재기(財氣)가 長生을 만나면 토지가 만경(萬頃)이다.

13 秋冬官星逢刃傷 存金去火貴無疑 臘月傷官喜見官 破印重傷而禍死.
◉ 秋冬월에 태어난 甲木은 金-관성이 卯-양인과 丁-상관을 만날 경우 丁火-상관을 제거하고 金-관성이 남으면 貴하게 된다.
丙火가 丑-상관월에 태어나면 水-관성을 좋아하는데 木-인성이 깨지고 土-상관이 重하면 화(禍)를 당하여 죽는다.
-{甲木은 金-관성을 쓰고 丙火는 癸水-관성을 쓴다.}-

14 財旺生官者何 貴少而富多 傷官見財者何 官高而財足.
◉ 財가 旺하여 官을 生하면 어떨까? 이때는 貴는 적지만 富는 많다. 傷官이 財를 만나면 어떨까? 이때는 관직이 높고 재물이 풍족하다.

15 無傷不貴 有病爲奇 宜當棄之 理妙於斯 何必外取.
◉ 상(傷)하지 않으면 貴하지 않고 병이 있으면 뛰어난다고 했다. 버려야 할 것 같지만 여기에 묘한 이치가 있으니 구태여 다른 데서 取할 필요가 있는가?

16 如火炎水少遇庚辛 休作身旺官輕而取 或土重木絶逢壬癸 難作身旺官輕而決.

◉ 火가 왕하고 水-관성이 적어도 庚辛-財를 만나면 신왕하게 보고 관성을 약하게 보면 안 된다. 혹 土日가 重하고 木이 절(絶)되어도 壬癸-財를 만나면 木-관성이 약하게 보고 신왕하게 보면 안 된다.
-{신왕이 신약으로 신약이 신왕으로 변하는 과정이므로 숙지(熟知)하면 많은 도움이 된다.}-

17 財輕莫逢劫地 印多最妙財鄉.
◉ 財가 약하면 겁재를 만나면 안 되고 인수가 많으면 財가 있는 곳이 가장 좋다.

18 財旺生官 用賂取貴 殺星制刃 劫寶圖名.
◉ 財가 旺하여 官을 생하면 뇌물로 貴를 취하고 殺星이 陽刃을 制하면 겁보(劫寶-재물을 빼앗아)하여 이름을 도모한다.
-{앞은 뇌물을 바치는 것이고 뒤는 협박하여 재물을 먹는 것이다.}-

19 身旺偏財何取 必取橫財 主健正財偏劫 頻見妻災.
◉ 身旺하고 편재가 있으면 뜻밖의 재물을 얻는다. 신왕하고 재가 겁재를 만나면 처(妻)에게 재난이 빈번하다.

20 劫財陽刃入官殺 臺閣之臣 歸祿倒冲逢刃傷 廊廟之貴.
◉ 겁재 양인이 관살을 만나면 대각(臺閣-중앙정부)의 신하가 되고 귀록(歸祿)이나 도충(倒冲)격이 양인 상관을 만나면 조정의 신하가 된다.

21 身旺有殺逢印綬 權斷之官 主弱逢印見財星 尋常之客.
◉ 신왕하고 殺이 있을 경우 인수를 만나면 권력을 쥐는 관직이 되지만 신약하고 인수를 만났어도 財星이 보이면 보통사람에 불과하다.

22 陽刃傷官有制 膺職掌於兵刑 正官正印無傷 出仕牧其士庶.
◉ 양인 상관을 制하면 병 형권(兵 刑權)을 쥐고 정관 정인이 傷하지 않으면 백성을 다스리는 행정 관직이다.
-{양인은 칠살이 제(制)하고 인수는 상관을 제(制)한다.}-

23 財旺稼穡 給餉之官 飛祿朝陽 侍廷之相.

◉ 財가 旺한 가색(稼穡)은 식량을 담당하는 관직에 속하고 비천록마(飛天祿馬)나 육음조양(六陰朝陽)은 시정지상(侍廷之相-비서실)이다.

24 乾坤本淸氣 畿國之榮 子午爲極尊 黃門之貴.
◉ 건곤(乾坤-申亥)의 氣가 뚜렷하면 수도권에서 영화를 누리고 子午는 극존(極尊)에 속하므로 황문(黃門-비서실-내시)에 속한다.

25 癸日癸時兼亥丑 魁名及第入翰林 壬日壬時疊寅辰 高爵承恩登禦閣.
◉ 癸亥日 癸丑時나 癸丑日 癸亥時는 한림원(翰林院)에 장원급제한다. 壬日 壬時에 寅이나 辰이 많으면 발탁되어 고위직에 오른다.
-{전자는 공록격. 후자는 임기용배격.}-

26 日德見魁罡 縱吉運 貧寒之士. 魁罡見財官 任得地 衣祿之人.
일덕(日德)이 괴강(魁罡)을 만나면 運이 좋아도 가난하고 괴강(魁罡)이 財官을 만나고 득지(得地-신왕)하여 감당하면 봉록(俸祿)을 받는다.
日德 ;甲寅 丙辰 戊辰 庚辰 壬戌 魁罡 ;壬辰 庚戌 庚辰 戊戌

27 傷官見官 妙入財印之地 財星破印 貴行比劫之中.
◉ 상관견관은 財印이 있는 運에 들면 좋게 되고, 財星이 인수를 파(破)하면 비겁 運에 귀하게 된다.

28 命逢財 運逢殺 吉而堪言 命逢殺 運逢財 凶而可決.
◉ 命局에 財가 있고 運에서 殺을 만나면 견딜 수 있지만 命局에 殺이 있고 運에서 財를 만나면 凶하다.

29 女多傷官 歸祿得之極吉 男逢陽刃 身弱遇之爲奇.
◉ 女命에 상관이 많아도 귀록(歸祿)을 얻으면 극히 좋다. 男命이 양인을 만나면 신약해야 좋다.

30 金神歸祿欄叉 女命逢之最忌 陽刃傷官七殺 男子値之得權.
◉ 여자는 금신(金神) 귀록(歸祿) 정란차(井欄叉)를 만나면 가장 꺼린다. 남자는 양인(陽刃) 상관(傷官) 칠살(七殺)이 가치를 발휘하면 권력을 얻는다.

31 金神入火逢殺刃 貴而無疑 殺重有印逢食傷 榮而自有.

◉ 금신(金神)격이 火에 들고 살인(殺印)을 만나면 貴命이다. 殺이 重하면 인수가 있고 食傷을 만나면 자연히 영화를 얻는다.

32 正官無印 居官不顯 陽刃七殺 出仕馳名.

◉ 正官이 있어도 인수가 없으면 관직에서 출세가 힘들다. 양인이 칠살을 만나면 관직으로 명성을 날린다.

33 身旺無依 僧道之例 桃花滾浪 娼妓之流.

◉ 身旺한데 무의(無依)하면 중이나 도사가 되고 곤랑도화(滾浪桃花)는 창기(娼妓-몸을 파는 여자)가 된다.

-{곤랑도화(滾浪桃花-干合支刑-예를 들면 丙子日 辛卯時)}-

34 金弱火强 土木消溶之匠 土多水淺 行商針線之工.

◉ 金이 약하고 火가 강하면 土木(미장이)이나 도자기 등의 장인에 속하고 土가 많은데 水가 약하면 행상이나 바느질에 종사한다.

-{이들은 모두 체용(體用)이 중화(中和)를 얻지 못한 것이다.}-

35 五湖雲遶 始榮終辱己身貧 遍野桃花 一世風流多酒色.

◉ 오호(五湖)에 구름이 둘러 있으면 처음은 영화가 있어도 끝에는 욕되고 가난하다. 편야도화(遍野桃花)는 평생 풍류(風流)와 주색(酒色)을 즐긴다.

-{오호(五湖) 운요(雲遶)는 水가 왕한 것이다. 편야도화(遍野桃花)는 子午卯酉가 모두 있는 것이다.}-

36 亡神拱殺 盜賊之徒 秀氣失時 清名之士.

◉ 亡神이 七殺을 공(拱)하면 도둑질을 하고 수기(秀氣)가 때(월령)를 얻지 못하면 이름만 있고 실속이 없다.

-{망신공살은 망신과 망신 사이에 칠살을 공(拱)하는 것이다.}-
-{亡神은 日支나 年支로 일으키는데 주로 年支로 일으킨다. 寅午戌→巳, 亥卯未→寅, 巳酉丑→申, 申子辰→亥. 권모술수가 강하여 꾀가 비상하고 음기응변이 좋다. 八字에 亡神이 셋이면 옥살이를 하게 된다.}-

-{수기실시(秀氣失時)는 명중에 가장 귀중한 신(神-주로 관성)이 월령을 얻지 못한 것이다.}-

37 印旺身强多嗜酒 丁壬妒合犯淫訛.

◉ 인수가 旺하고 신강하면 술을 좋아하고 丁壬이 투합(妒合)하면 방탕 음란하다.

38 身印俱强 平生少病 天月德助 處世無殃.

◉ 身과 인수가 모두 강하면 평생 병이 적고 천월덕(天月德)이 도와주면 처세(處世)에서 화(禍)가 발생하지 않는다.

月支	寅	卯	辰	巳	午	未	申	酉	戌	亥	子	丑
天德	丁	申	壬	辛	亥	甲	癸	寅	丙	乙	巳	庚

月支	寅午戌月	申子辰月	亥卯未月	巳酉丑月
月德	丙	壬	甲	庚

39 食神生旺 勝似財官.

◉ 食神이 生旺하면 財官보다 낫다.
-{식신이 편인을 만나면 생왕이 아니다.}-

40 貴全官殺有 棄命就財·就殺·就官者有餘富貴. 無依專旺·絶食·絶財·絶官者 無限貧窮.

◉ 귀(貴)는 전적으로 관살에 있으므로 종재나 살격이나 관격이 되면 富貴가 충분하다. 신왕하기만 하고 식신이나 재성이나 관성이 끊어져 있으면 가난하기 이를 데 없다.

41 身弱棄命要無根 官居宰輔 主衰身化得其時 位近天廷.

◉ 신약하여 기명(棄命-종격)하면 뿌리(비겁)가 없어야 재상이 된다. 일주가 쇠약하고 화기(化氣)격이 되면 황제를 보필한다.

42 男命 類屬從化 照返鬼伏 女命 純和淸貴 濁濫淫娼 宜細詳之.

◉ 男命은 유속종화(類屬從化)와 조반귀복(照返鬼伏)을 살피고 女命은 순화청귀(純和淸貴)와 탁남음창(濁濫淫娼)을 자세히 살피라!

연원집설(淵源集說)

※자평의 원본을 모은 것이다.

01 **最貴者官星爲命 時得偏正財爲福 最凶者七殺臨身 逢天月二德爲祥.**
◉ 가장 貴한 것은 官星을 쓰는 명인데 時에 편재나 정재를 얻으면 福命이다. 가장 흉한 것은 七殺이 身에 임(臨)한 것인데 천월이덕을 만나면 좋게 된다.

02 **官星若遇劫財 雖官無貴 七殺如逢資助 其殺愈重.**
◉ 官星이 만약 겁재를 만나면 관성이지만 貴가 없고 七殺이 도움(財)을 만나면 殺이 더 중하게 된다.

03 **三合六合 運至逢而必榮 七官八官 月逢官而爲喜.**
◉ 三合이나 六合을 운에서 만나면 반드시 번영하고 칠관(七官)이나 팔관(八官)은 月에 관성을 만나서 좋은 것이다.
-{七官은 乙日 申月-관성이고 八官은 甲日 酉月-관성이다.}-

04 **四合四刑 合刑當爲偏正 七冲七擊 冲擊喜得會藏.**
◉ 사합사형(四合四刑)은 합(合)이나 형(刑)이 치우친 것이고 칠충칠격(七冲七擊)은 고(庫)중에 있는 것을 충격(冲擊)하여 얻는 것을 좋아한다.
-{사합사형(四合四刑)은 사지(四地)가 모두 합이나 刑이 된 것이고 칠충칠격(七冲七擊)은 冲을 말한다. 일곱 번째는 충(冲)이 된다.}-

05 **夾貴夾丘爲暗會 財庫官庫要正冲.**

- 협귀(挾貴)나 협구(夾丘)는 암회(暗會)되어야 하고 재고(財庫)나 관고(官庫)는 冲해야 한다.
-{협귀(挾貴)는 공귀(拱貴)와 같은 말이고 협구(夾丘)는 협구공재(夾丘拱財)와 같은 말이다. 암회(暗會)는 보이지 않게 있는 것이므로 전실(塡實)되지 않은 것이다.}-

06 官星在生旺之方 逢則何須發見 印綬臨孟仲之下 見而不見 露形印綬 得官星爲貴 財源喜傷貴爲奇.

- 관성이 생왕하면 구태여 투출할 필요가 없고, 인수가 고(庫)에 임(臨)하면 보이지 않으므로 인수가 노출하고 관성을 얻어야 貴命이 되고, 재원(財源)이 상관을 좋아하는 것은 귀(貴)가 뛰어나기 때문이다.
-{맹중지하(孟仲之下)는 庫(-辰戌丑未)를 말한다.}-

07 傷官要見印綬 貴不可言 歸祿若見子孫 祿無限妙.

- 상관이 인수를 만나면 더 없이 귀하게 되고 귀록(歸祿)은 식신을 만나면 봉록(俸祿)이 한없이 좋다

08 年月立有陰陽陽刃 刑罰重犯 官殺混逢天月德 壽位高遷.

- 年月에 있는 음양차착(陰陽差錯)에 양인(陽刃)이 있으면 형벌(刑罰)을 중범(重犯)한다. 관살이 혼잡해도 천월덕(天月德)을 만나면 수(壽)와 직위(職位)가 올라간다.
-{여명 관살혼잡을 천월덕이 해소 할 수 있는가? 아니다.}-

09 飛刃伏刃 會刃多凶 傷官見官 剝官見禍.

- 비인(飛刃)이든 복인(伏刃)이든 인(刃)이 모이면 凶이 많고 상관견관은 파면(罷免)당하는 화(禍)를 만난다.
-{비인(飛刃)은 양인을 冲하는 것이다. 복인(伏刃)은 양인이 복음(伏吟)인 것을 말하고 칼로 자살(自殺)하는 것을 뜻한다.}-

10 陽刃若逢印綬 縱貴有病疾在身 七殺並制 逢官爲禍 而壽元不長.

- 양인이 인수를 만나면 신분은 貴할지라도 몸에 질병이 있고 七殺이 제복(制伏)되어 있어도 官星을 만나면 화(禍)가 되고 명이 길지 않다.

11 三偏三正 貴居一品之尊 四柱四合 福坐衆人之上.

◉ 삼편(三偏→편재 편인 편관)이나 삼정(三正→정관 정인 정재)이 되면 일품(一品)의 귀명(貴命)에 속한다. 네 기둥이 모두 합하면 복(福)이 뭇 사람보다 높다.

12 殺化爲印 早擢登科 財旺生官 少年承業.

◉ 殺을 印으로 化하면 일찍 등과(登科)하고 財가 旺하여 官을 生하면 소년(少年)에 가업을 이어간다.

13 官殺同來 要知扶官扶殺 偏正會合 須知合正合偏.

◉ 官殺이 함께 있으면 官을 도울 지 殺을 도울 지 알아야하고 편정(偏正) 財가 모두 있으면 편재를 합할지 정재를 합할지 알아야한다.
-{정재와 편재의 작용이 상대에 따라 다르므로 구분해야한다.}-

14 福祿若逢陽刃 世事不明 金神運入水鄕 身衰夭折.

◉ 만약 복록(관성)이 양인을 만나면 처신(處身)이 분명치 않고 金神은 水運에 들고 신(身)이 쇠약하면 요절한다.
-{금신(金神)은 火를 만나야 한다.}-

15 暗中藏殺 須憑月下刑神 見處無財 必受空中禍患.

◉ 지지에 암장된 살(殺)은 月支에서 刑해야 하고 보이는 곳에 재가 없으면 공중의 재난을 받는다.
-{보이는 곳에 재가 없다는 것은 암장간을 제외한 간지를 말한다. 즉 겉으로 나타난 간지에 재성이 없는 것이다.}-

16 陽刃兼會七殺 千里徒流 用財若遇劫奪 一生貧困.

◉ 두 개의 양인이 칠살이 하나면 천리 유배(流配)를 당하고 財를 쓰는데 겁탈(劫奪)당하면 평생 빈곤(貧困)하다.

17 人生前定 窮富已明 如要識其消長 亦多究其始終 或有前貧後富 或有驟發卒傾 或有白屋之公卿 或有朱門之餓殍 或一生長樂 或一生失所 當視流運之源 要察行年之位.

◉ 人生의 앞길은 정해진 것이고 빈부(貧富)는 이미 확실한 것이다. 그

소장(消長-흥망성쇠)를 알려면 그 시종(始終-본말)을 많이 연구해야한다. 처음은 가난하나 후에 부자가 되기도 하고 잘 나가가도 갑자기 망하고 가난한 가정에서 고관이 나오기도 하고 좋은 가문에서 굶주려 죽기도 한다. 평생을 행복하게 살기도하고 평생 의지할 곳 없이 사는 것도 운의 흐름에 있으니 대운의 흐름을 보고 유년을 살펴야한다.

18 身弱徒然入格 縱發早亡 福轉若遇休囚 卒發傾夭 是以用神不可妄求 形蹤自然發見.

⊙ 신약하면 格에 들어도 소용없는 것은 발달할지라도 일찍 죽기 때문이고 복(福-관성)이 휴수(休囚)를 만나면 갑자기 피어나도 망하고 죽는다. 그래서 用神을 잘못 찾으면 자연히 그 잘못된 흔적이 나타난다.

19 有福必當用彼 無時必是用身 禍患在於五行 福崇在於運氣 福源人所同具 如或傷終困 此中消息 陰陽在我 通明理智 榮辱兩端 媸妍一斷 自古相傳 非賢勿授.

⊙ 福이 있으면 내가 남을 부리고 때를 얻지 못하면 남이 나를 부리는 것이므로 화(禍)는 오행(五行)에 있고 복은 운기(運氣)에서 나온다. 福의 근원은 사람마다 갖추고 있지만 운에서 傷하면 결국 곤경에 빠진다. 이 중에 干支가 있고 음양은 나(일간)에게 있으니 이지(理智)를 밝게 통해야 영욕(榮辱)의 양단과 추미(醜美-길흉)를 판단한다. 예부터 서로 전하여 온 것이므로 현자(賢者)가 아니면 주지마라.
-{음양이 나(일간)에게 있다는 것은 일간에 따라 나머지 일곱 글자의 작용이 변한다는 의미이다.}-

자평백장론과갑가(子平百章論科甲歌)

01 魁星歲駕五經名 甲旺提綱榜眼淸 火明木秀從魁印 金白水淸甲第新

◉ 年에 괴성(魁星-식신)이 있으면 문장이 뛰어나 5등 안에 들고 甲木이 제강(提綱-월령)에 旺하면 진사(進士)에 합격한다. 화명목수(火明木秀-목화통명)이나 종괴(從魁-酉)가 인수가 되거나 금백수청(金白水淸-금수쌍청)이면 일등으로 합격한다.
-{괴성(魁星)은 문창성(文昌星-식신)을 말한다. 종괴(從魁-酉)가 인수가 되는 것은 壬日이 酉月에 태어난 인수격이다.}-

日干	甲乙	丙戊	丁己	庚	辛	壬	癸
魁星	巳午	申	酉	亥	子	寅	卯

02 重疊玉堂登紫閣 調和木火貫黃金 木生春令逢傷食 甲宿文場義理深

◉ 옥당(玉堂-천을귀인)이 겹치면 관직에 입신(立身)하고 木火가 고르게 중화(中和)되면 황금 띠를 찬다. 木이 봄에 태어나고 식신 상관을 만나면 일등으로 합격하고 문장의 의미와 이치가 심오하다.

03 財印兩輕官殺足 甲第連科一擧成 根苗天乙俱榜眼 爲魁木火定解英

◉ 財印이 모두 약해도 官殺이 충분하면 과거에 연속으로 합격하여 단번에 성공한다. 年月에 천을귀인이 있으면 진사(進士)에 합격하고 木에 火가 괴성(魁星-식신-목화통명)이면 재능이 뛰어나다.

04 相涵金水親黃榜 遞互丙丁侍紫宸 金水秋氣炎方取 魁星官殺貴分明

◉ 금수상함(金水相涵)은 황방(黃榜-합격자 명단)에 오르고, 丙丁火를 번갈아 만나면 비서실에 적합하다. 가을의 金水가 火를 취하고 괴성(魁星-문창성)과 관살이 있으면 貴命이 분명하다.

05 殺重身輕休道弱 如逢印綬作魁星 誰知識此分高下 熟記猶如徐子平

◉ 殺이 重하고 身이 약해도 가망이 없는 것이 아니니 인수를 만나면 괴성(魁星)으로 봐라. 누가 이런 것을 알고 고하(高下)를 구분하겠는가. 잘 기억하는 자가 바로 서자평(徐子平)이다.

사언독보(四言獨步)

01 先天何處 後天何處 要知來處 便知去處.
◉ 선천(先天-원명)은 무엇이고 후천(後天-대운)은 무엇인가. 오는 곳(원명)을 알아야 가는 곳(대운)을 알 수 있다.
-{우선 원국(元局)에서 격의 유무(有無)와 고하(高下)를 분명하게 알고 향배(向背)를 알아야 대운을 판단 할 수 있다.}-

02 四柱排定 三才次分 年干爲本 配合元辰.
◉ 사주를 세우고 삼재(三才-天地人-천원 인원 지원)를 구분하여 年干을 근본으로 하여 원진(元辰-일간)으로 음양을 배합(配合)한다.

03 神殺相絆 輕重較量 先觀月令 論格推詳.
◉ 신살(神殺-관살)이 혼잡하면 경중(輕重)을 비교하여 먼저 월령을 보고 격을 자세히 추단한다.
-{神은 관성을 말하고 殺은 칠살을 말한다. 희기편 참조.}-

04 以日爲主 專論財官 分其貴賤 妙法多端.
◉ 日을 위주로 하여 오로지 財官을 논하고 귀천(貴賤)을 분별하는데 기묘(奇妙)한 방법이 많다.

05 獨則易取 亂則難明 去留舒配 論格要精.
◉ 월령의 장간이 하나면 쉽게 格을 취하지만 복잡하면 취하기 어려우니 거류서배(去留舒配)로 격국이 분명히 해야 한다.
-{대체로 월령에 子午卯酉가 있으면 격을 취하기가 쉽다. 寅申巳亥나 辰戌丑未는 인원이 셋이므로 거류서배(去留舒配)로 격을 정하되 정밀하게 해야 한다.}-

06 日主高强 月提得令 用財爲物 表實爲正.
◉ 月에 득령하여 일주가 강할 경우 財로 물(物)을 삼고 실(實-관성)로 정(正)을 삼는다.
-{물(物-재성)은 보좌에 속하고 정(正-관성)은 用에 속한다.}-

07 年根爲主 月令爲中 日生百刻 時旺時空.
◉ 년은 근본이므로 주(主)가 되고 월령은 중심이 되고 日에서 백각(百刻-음양)이 발생하고 時에서 왕(旺)과 공(空)을 본다.

08 干與支同 損財傷妻 身支年同 破蕩祖基
◉ 일주의 干支가 같으면 재물이 깨지고 妻를 극하고 年支와 日支가 같으면 조상의 터전이 깨진다.
-{간여지동(干與支同)은 甲寅 乙卯 丙午 丁巳 庚申 辛酉 壬子 癸亥이다. 일지와 년지가 같은 것도 간여지동과 같은 맥락이다.}-

09 月令建祿 不住祖屋 一見財官 自然發福.
◉ 월령이 건록(建祿)이면 조옥(祖屋-조상의 터전)에 살지 못한다. 그러나 財官이 보이면 자연히 발복한다.

10 用火愁水 用木愁金 輕重論分 禍福自眞
◉ 火를 쓰면 水가 걱정이고 木을 쓰면 金이 걱정이니 -{걱정이 되는 것의}- 경중(輕重)을 구분하면 화복(禍福)이 자연히 뚜렷해진다.

11 五行生旺 不怕休囚 東西南北 數盡方休.
◉ 일간이 생왕하면 원국에 휴수(休囚)가 있어도 두렵지 않지만 동서남북 중에서 運이 다되면 비로소 명(命)이 끝난다.
-{동서남북은 대운을 말한다.}-

12 寅申巳亥 四生之局 用物身强 遇之發福
◉ 寅申巳亥는 장생 국이므로 그 안에 용물(用物-관성)이 있고 신강하면 발복(發福)한다.

13 辰戌丑未 四庫之神 人元三用 透旺爲眞
◉ 辰戌丑未의 고신(庫神)에는 쓸 수 있는 人元이 셋인데 그 중에 투출하고 왕한 것을 쓴다.

14 子午卯酉 四敗之局 男犯興衰 女犯孤獨.
◉ 子午卯酉는 패국(敗局)이므로 남자는 흥망성쇠를 겪고 여자는 고독

(孤獨)하다.
-{12 13 14번은 모두 월령을 말한다.}-

15 進氣退氣 命物相爭 進氣不死 退氣不生.
⊙ 진기(進氣) 퇴기(退期)는 명물(命物-용신)이 다투는 곳이므로 진기(進氣)에서는 용신이 죽지 않고 퇴기(退氣)에서는 용신이 살지 못한다.
-{정진론(定眞論)의 진퇴상경(進退相傾)을 참조.}-

16 財官臨庫 不冲不發 四柱支干 喜行相合.
⊙ 財官이 庫중에 있으면 충해야 발전하고 사주에 있는 干支는 합이 되는 운(運)을 좋아한다.

17 提綱有用 最怕刑冲 冲運則緩 冲用則凶.
⊙ 월령이 용신이 있으면 刑冲이 가장 두려운 데 이때 월령이 運을 冲剋하면 무난하지만 운이 월령을 충극(冲剋)하면 흉하다.

18 三奇透露 日主專强 其根有力 福祿榮昌.
⊙ 天干에 삼기(三奇-재관인)가 투출하고 일주가 강할 경우 三奇의 뿌리가 유력하면 복록이 번창한다.

19 十干化神 有影無形 無中生有 福祿難憑.
⊙ 十干이 化하면 그림자는 있으나 형체가 없는 것이니 무(無-化氣)중에 유(有-化氣不成)가 나오면 복록을 기대하기 어렵다.
-{無에서 有가 나오는 것은 합하여 화격(化格)이 되지 못한 것이다.}-

20 十惡大敗 格中大忌 若遇財官 反成富貴.
⊙ 십악대패(十惡大敗)는 크게 꺼리는 格이지만 만약 財官을 만나면 반대로 富貴를 이룬다.
十惡大敗; 甲辰 乙巳 丙申 丁亥 戊戌 己丑 庚辰 辛巳 壬申 癸亥

21 格格推詳 以殺爲重 化殺爲權 何愁損用
⊙ 격마다 자세히 추론(推論)하되 살(殺)을 중요하게 보라. 화살(化殺)하면 권(權)이 되고 식신으로 제살(制殺)해도 걱정 없다.

22 殺不離印 印不離殺 殺印相生 功名顯達.
◉ 殺은 印을 떠나지 않고 印이 殺을 떠나지 않으면 살인상생(殺印相生)이 되므로 공명을 얻고 출세한다.

23 官殺重逢 制伏有功 如行帝旺 遇之不凶
◉ 官殺을 많아도 제복(制伏)하는 공이 있으면 官殺의 旺地를 만나도 凶하지 않다.
-{22와 23번은 21번을 자세히 설명한 것이다.}-

24 時殺無根 殺旺取貴 時殺多根 殺旺不利.
◉ 時에 있는 殺은 뿌리가 없으면 殺旺운에 貴하게 되나 時의 殺에 뿌리가 많으면 殺이 왕한 運에 불리하다. -{시상칠살격}-

25 八月官星 大忌卯丁 卯丁剋破 有情無情.
◉ 甲木이 酉月에 태어나면 卯-양인이나 丁-상관을 크게 꺼리는데 卯나 丁이 酉를 극파(剋破)하면 유정(有情-吉)이 무정(無情-凶)으로 변하기 때문이다.

26 印綬根輕 旺中顯達 印綬根深 旺中不發
◉ 인수의 뿌리가 약하면 印旺 運에 출세하지만 인수의 뿌리가 깊으면 印旺 運에 발전하지 못한다.

27 印綬比肩 喜行財鄉 印無比肩 忌見財傷
◉ 인수를 지켜주는 비견이 있으면 財운을 좋아하지만 인수에 비견이 없고 財가 보이면 인수를 상(傷)하므로 꺼린다.

28 先財後印 反成其福 先印後財 反成其辱.
◉ 財가 앞에 있고 印이 뒤에 있으면 복이 되지만 印이 앞에 있고 財가 뒤에 있으면 반대로 욕(辱)이 된다.

29 財官印綬 大忌比肩 傷官七殺 反助爲權.
◉ 財官印이 격인 경우 비견을 크게 꺼린다. 그러나 상관이나 칠살이 격이면 오히려 도움이 되어 권력이 된다.

30 傷官用財 死宮有子 傷官無財 子宮有死.

◉ 時에 상관이 있어도 財를 쓰면 자식이 있고 時에 상관이 있고 財가 없으면 자식 궁이 사궁(死宮-無子)이 된다.

31 時上偏財 怕逢兄弟 月印逢財 比肩不忌.

◉ 시상편재는 비겁을 꺼리지만 월령의 인수격은 財를 만나면 비견을 꺼리지 않는다.

-{시상편재격과 인수격이다.}-

32 傷官見官 格中大忌 不損用神 何愁官至.

◉ 상관격에 관성이 보이면 크게 꺼리지만 용신을 傷하지 않으면 관성을 만나도 걱정 없다.

33 拱祿拱貴 塡實則凶 提綱有用 論之不同.

◉ 공록(拱祿)이나 공귀(拱貴)는 전실(塡實)되면 흉한데 월령에 용신이 있으면 전실 되어도 흉하지 않다.

-{월령에 용신이 있으면 공록 공귀격이 아니기 때문이다.}-

拱祿	癸亥日丑時. 癸丑日亥時. 丁巳日未時. 己未日巳時. 戊辰日午時
拱貴	甲申日戌時. 乙未日酉時. 甲寅日子時. 戊申日午時. 辛丑日卯時

34 月令財官 遇之發福 祿位高强 比肩奪福.

◉ 월령에 재관을 만나면 발복하는데 록위(祿位-日祿)가 아주 강(强)하면 비견이 복을 빼앗는다.

-{예를 들면 辛日에 酉祿이 있고 辛金이 투출한 것이다.}-

35 日祿居時 靑雲得路 庚日申時 透財歸祿.

◉ 일록(日祿)이 時에 있으면 귀록격의 청운득로(靑雲得路)가 되는데 庚日 甲申時는 甲木-財가 투출한 귀록이다.

-{귀록격은 時干에 식신이나 재성이 투출하면 더욱 좋다.}-

36 壬騎龍背 見戌無情 寅多則富 辰多則榮.

⊙ 임기용배(壬騎龍背)는 戌이 보이면 파격(破格)이 되고, 寅이 많으면 富命이 되고 辰이 많으면 貴命이 되어 영화를 누린다.

37 天元一氣 地物相同 人命逢此 位列三公.
⊙ 天干이나 地支가 모두 같은 글자로 이루어지면 고위직이다.

38 八字連珠 支神有用 造化逢之 名利必重.
⊙ 네 기둥의 글자가 이어지고 地支에 용신이 있을 경우 조화(造化-길운)를 만나면 명리(名利)가 重하다.
-{연주(連珠)는 地支가 子丑寅卯....로 이어진 것을 말한다.}-

39 日德金神 月逢土旺 雖有輕名 祖業漂蕩.
⊙ 일덕(日德)이나 금신(金神)은 월령에 土가 旺하면 가벼운 명성은 얻지만 조업이 몰락한다.
-{日德 : 甲寅 丙辰 戊辰 庚辰 壬戌}-
-{金神 : 甲日 癸酉 己巳 乙丑時}-

40 金神帶殺 身旺爲奇 更行火地 名利當時.
⊙ 금신(金神)격은 殺을 가지고 있는 것이므로 신왕해야 좋고 火運으로 가면 명리(名利)가 나타난다.

41 甲日金神 偏宜火制 己日金神 何勞火制.
⊙ 甲日의 金神격은 火로 制하여야 하지만 己日 金神은 火로 制할 필요가 없다.
-{己日은 金神格이 아니다. }-

42 六甲生春 時犯金神 水鄕不發 土重名眞.
⊙ 甲日이 寅卯月에 태어나고 時에 金神이 있을 경우 水가 있으면 발전하지 못하지만 土가 重하면 명성이 뚜렷하다.
-{발전을 가로막는 水를 土가 극제(剋制)하기 때문이다.}-

43 甲乙丑月 時帶金神 月干見殺 雙目不明.
⊙ 甲乙이 丑月에 태어나고 時에 金神을 가지고 있을 경우 월간에 殺이

보이면 두 눈이 어둡다.
-{원래 丑月은 金水가 왕한데 木이 丑月에 태어나 時의 金神과 金局을 이루고 월간에 辛-살이 투출하면 불이 꺼지는 象이다. 즉 丑月은 酉丑이나 巳丑합으로 殺局이 되고 辛丑月이 되므로 日干-木이 심하게 상하여 火(눈)을 생지 못하기 때문이다.}-

44 甲寅重寅 二巳刑殺 終身必損 遇火難發.

◉ 甲寅日에 寅이 또 있고 巳가 둘이 있고 刑하면 평생 손실이 있는데 火를 만나면 발전하기 어렵다.
-{지지(地支)가 寅寅巳巳로 네 기둥이 모두 刑이 되는데 또 火를 만나면 결국 재(灰)만 남는 상(象)이다.}-

45 六甲寅月 透財時節 西北行程 九流立業.

◉ 甲木이 寅月에 태어나고 土-재가 투출하면 金水-官印 운에 구류(九流)업에 종사한다.
-{月에 건록이 있으면 官殺을 써야하는데 土가 투출하여 財를 쓰기 때문에 貴를 바랄 수 없다. 많은 직업 중에 九流業이라고 한 것은 관살이 없는 당신 직업은 형편없다는 것이다. 다행히 官印운이라 먹고 산다.}-

46 乙日卯月 金神剛烈 富貴比肩 旺橫死絶.

◉ 乙木이 卯月에 태어나고 金神이 강열(剛烈)하면 富貴에 오르지만 旺하여 횡포를 부리면 막다른 길에 이른다.

47 天干二丙 地支全寅 更行生印 死見禍臨.

◉ 天干에 丙이 둘이고 地支가 모두 寅이 있고 다시 寅을 생하는 水운으로 갈지라도 死(酉)가 보이면 화(禍)가 닥친다.
-{丙火는 生地나 印星이 많아도 死地(酉)를 만나면 서산(西山)에 지는 태양이 되므로 禍를 만나거나 죽는다. 특히 丙火에 적용된다.}-

48 火旺二寅 月令水金 火鄕有救 見土刑身.

◉ 兩 寅이 생하여 火가 旺하고 월령이 金水-재관이 될 경우 火는 일주를 구해주지만 土가 보이면 몸에 형액(刑厄)이 따른다.

-{土를 꺼리는 것은 土가 火를 설기하여 빛이 어두워진다. 火의 생명은 빛에 있으므로 어두워지면 무용지물이다.}-

49 己日月戌 火神無氣 多水多金 眼昏目閉.
⊙ 己土가 戌月에 태어나면 火(눈)가 무력하므로 金도 많고 水도 많으면 눈이 보이지 않는다.
-{火가 戌 고(庫)중에 있어서 무력한데 여기에 金水가 많으면 고(庫)중에 있는 정화(丁火-눈)를 압박하기 때문이다.}-

50 年干會火 日時會金 己干用印 官徹名淸.
⊙ 年干으로 火가 모이고 日時에 金이 있을 경우 己-인수를 쓰면 관직으로 이름을 얻는다.
-{年의 火가 日의 金을 剋하는 화금상전(火金相戰)인데 己土가 火-칠살을 化殺生身하는 것이다. 己土 인수격으로 볼 수 있다.}-

51 秋金生午 丙火透露 運至南方 血傷泉路.
⊙ 庚日이 午月에 태어나고 丙이 투출하고 남방 火운에 이르면 피를 흘리고 저승으로 간다.

52 庚金坐午 辛金生未 透殺兩停 冬生最貴.
⊙ 庚午나 辛未日에 殺이 투출하여 日主와 殺이 양정(兩停)할 경우 겨울에 태어나면 가장 貴하다.
-{겨울에 태어나면 水-식신이 制殺하기 때문이다.}-

53 辛金月辰 庚金丑庫 逆數淸孤 順行豪富.
⊙ 辰月의 辛金이나 丑月의 庚金은 大運이 역행(逆行)하면 고독하고 순행(順行-관살)하면 호부(豪富)의 命이다.
-{月支 인수격이므로 火-관살을 좋아한다.}-

54 辛逢卯日 年月見酉 時帶朝陽 爲僧行醜.
⊙ 辛卯日이 年月에 酉가 보이고 戊子時가 되면 추행(醜行)을 일삼는 중이다.
-{육음조양이지만 子卯刑에 酉-도삽도화가 卯酉冲이 된다.}-

55 辛金亥日 月逢臨戌 水運初行 須防目疾.
◉ 辛亥日이 戌月에 태어나면 첫 亥대운에 눈병을 막아야한다.
-{兩 亥가 戌중의 丁火를 극하기 때문이다.}-

56 辛金坐酉 財官用印 順行南方 名利必振.
◉ 辛酉日에 財官이 있고 인수를 쓸 경우 순행하는 南方-관성운에 명성(名聲)을 날린다.

57 辛金坐巳 官印遇祿 須行南方 貴顯榮福.
◉ 辛巳日은 巳중에 祿(官印)을 만난 것이므로 南方運에 貴와 福을 누린다.

58 辛金逢離 透土何慮 無土傷身 壽元不住.
◉ 辛金이 午火-칠살을 만날 경우 土가 투출하면 걱정 없으나 土가 없으면 몸을 傷하고 수명이 길지 않다.

59 月生四季 日主庚辛 何愁主弱 旺地成名.
◉ 庚辛일이 辰戌丑未-인수월에 태어나면 신약해도 걱정할 일이 없고 관살이 왕한 곳에서 명성을 얻는다.

60 辛金逢火 見土成刑 陽金遇火 透土成名.
◉ 辛金은 火를 만나고 土가 보이면 고통이지만 庚金은 火를 만나고 土가 투출하면 이름을 얻는다.
-{辛金은 火土를 꺼리고 庚金은 火를 좋아한다.}-

61 壬生午位 祿馬同鄉 重重遇火 格局高強.
◉ 壬午日은 록마동향(祿馬同鄉)이므로 중중한 火-재를 만나면 格局이 높다.
-{록마동향은 財官이 한 자리에 같이 있는 것을 말한다.}-

62 壬癸多金 生於酉申 土旺則貴 水旺則貧.
◉ 壬癸日은 金이 많고 酉申월에 태어날 경우 土-관성이 旺하면 貴하고 水가 旺하면 가난하다.

-{월령에 인수가 있으므로 土-관성을 좋아한다.}-

63 癸向巳宮 財官抱印 運至南方 利名必振.
◉ 癸巳日은 巳-중에 財官印이 모두 있으므로 南方의 財-운에 이르면 이름을 날린다.

64 癸日己亥 殺財透露 地合傷官 有勞無富.
◉ 癸日이 己亥月에 태어나고 재살(財殺)이 투출할 경우 지(支)에서 亥중의 甲을 합하면 애만 쓰고 부(富)가 없다.

65 癸日申提 卯亥歲時 年殺月劫 林下孤棲.
◉ 癸日이 申月에 태어나고 卯亥가 年時에 있고 年殺에 月劫(己年 壬月)이면 은둔하여 외롭게 산다.
-{己亥年 壬申月 癸日 乙卯時가 될 수 있다. 월령의 인수는 土-관살을 좋아하는데 亥卯-식상이 관살을 극제하기 때문이다.}-

66 癸日干己 陰殺重逢 無官相混 名利必通.
◉ 癸日이 천간에 己-살을 중봉(重逢)하여도 戊-관성이 혼잡하지 않으면 반드시 명리(名利)에 통한다.

67 傷官之格 女人最忌 帶印帶財 反爲富貴.
◉ 상관격은 女命에 가장 꺼리지만 인성이나 財를 가지고 있으면 오히려 富貴한다.
-{인성은 상관을 制하고 재성은 상관생재가 된다.}-

68 殺多有制 女人必貴 官星重犯 濁濫淫類.
◉ 女命에 殺이 많을 경우 制하면 반드시 貴하다. 그러나 官星이 많으면 남자를 밝히고 음(淫)이 넘친다.
-{살은 왕하면 制할 수 있지만 관성은 제(制)하면 상관견관이 되고 제(制)하지 않으면 음란하다. 방법이 없다.}-

69 官星桃花 福德堪誇 殺星桃花 朝劫暮巴.
◉ 관성도화는 복덕을 자랑할 만하지만 살성도화는 아침에는 강탈하고

저녁에는 달라붙는 천한 여인이다.
-{겁(劫)은 쟁탈(爭奪)을 말하고 파(巴)는 하천(下賤)을 말한다.-

70 庚日申時 柱中金局 支無會合 傷官劫妻.

◉ 庚日 申時에 柱중에 金局(申)이 支에 子나 辰의 합이 없으면 관직을 상하고 妻가 겁탈 당한다.
-{庚日 申時는 귀록격이다. 火-관살을 꺼리므로 水局이 되면 좋다.}-

71 癸日寅提 寅時亥月 莫犯提綱 禍福難推.

◉ 癸日 寅月이나 癸日 寅時에 亥월일 경우 월령(亥)을 침범하면 화복(禍福)알기 어렵다.
-{癸日 寅月이나 癸日 甲寅時는 亥月에 태어나면 刑合格이 되지 못한다. 刑合格 시결에 癸日 甲寅時에 태어나도 이름만 형합(刑合)격인 가(假) 刑合格이라고 했다. 그래서 월령에 亥子가 있으면 상관격으로 봐야한다고 했다.}-

72 甲日乾提 見殺喜比 金水栽根 忌行卯未.

◉ 甲日이 亥月에 태어나고 庚-살이 보이면 木-비겁을 좋아하는데 金水-殺印의 뿌리가 있으면 卯나 未運으로 가는 것을 꺼린다.
-{육갑추건격(六甲趨乾格)이다.}-

73 戊己丑月 比肩透出 宜金入局 忌逢午未.

◉ 戊己土가 丑月에 태어나고 土-비견이 투출하면 金이 있어야하고 午未를 만나면 꺼린다.
-{土가 旺하여 金으로 설기하는데 午를 만나면 金을 剋하게 되고 未를 만나면 丑을 충하여 金의 뿌리가 깨지기 때문이다.}-

74 壬癸坎宮 支逢午戌 干頭比肩 東行爲吉.

◉ 壬癸日이 子月에 태어나고 支에 午戌-財局이 있을 경우 天干에 비견이 투출하면 寅卯-식상運이 좋다.
-{일주가 왕하고 火-재(財)를 쓰기 때문에 木-식상을 좋아한다.}-

75 甲乙辰宮 卯多須天 逆順運行 子申發福.

◉ 甲乙日이 辰月에 태어나고 卯가 많으면 요절하는데 대운의 순역(順逆)에 관계없이 子運과 申運에는 발복한다.

76 庚辛巳月 金生火旺 比劫栽根 西行成象.
◉ 庚辛이 巳月에 태어나면 金의 長生이지만 火가 왕하기 때문에 金-比劫이 뿌리가 두는 西方 운에 상(象-그릇)을 이룬다.

77 丙丁酉月 比肩不忌 火入離宮 比肩一例.
◉ 丙丁이 酉月-死地에 태어나면 비견을 꺼리지 않으므로 火-운을 만날 경우 午를 丙의 양인으로 보지 않고 비견과 동등하게 본다.

78 曲直丑月 帶印多金 壬癸丑月 土厚多金.
◉ 木이 丑月에 태어나면 癸-印綬를 가지고 있으므로 金-관살이 많아도 되고 壬癸일이 丑月에 태어나면 土가 후(厚)하여 金-인성이 많아도 된다.

79 食神生旺 勝似財官 濁之則賤 清之則垣.
◉ 食神이 生旺하면 財官보다 낫다. 식신이 탁(濁)하면 천(賤)하고 청(淸-뚜렷하다)하면 공직에 들어간다.
-{탁(濁)은 식신이 생왕하지 못한 것인데 극을 받거나 합으로 묶여 식신이 뚜렷하지 못한 것이다.}-

80 此法玄玄 識得成仙 學者寶授 千金莫傳.
◉ 이 법은 현묘하므로 깨달으면 신선이 된다. 배우는 자에게는 보배처럼 전수하고 천금을 준다 해도 전하지마라.

신약론(身弱論)

01 陽木無根 生於丑月 水多轉貴 金多則折.
◉ 丑月에 태어난 甲木에 뿌리(木)가 없고 水가 많으면 貴하게 되지만 金이 많으면 부러진다.

02 乙木無根 生臨丑月 金多轉貴 火土則折.
◉ 丑月에 태어난 乙木에 뿌리(木)가 없고 金이 많으면 貴하게 되지만 火土가 많으면 부러진다.

03 丙火無根 子申全見 無制無生 此身貧賤.
◉ 丙日이 뿌리(火)가 없고 子申가 모두 보일 경우 土-식상이 없고 木-인수가 없으면 빈천하다.

04 六甲坐申 三重見子 運至北方 須防橫死.
◉ 甲申日이 年月時에 子水가 셋이 보이고 運이 北方-水에 이르면 횡사(橫死)를 막아야한다.

05 丙臨申位 陽水大忌 有制身強 旺成名利.
◉ 丙申日은 壬水를 크게 꺼리지만 壬水를 制하고 신강하면 명리(名利)가 왕성하다.

06 己生亥日 怕逢陰木 月逢印生 自然成福.
◉ 己亥日은 乙卯-칠살을 두려워하지만 月에서 火-인수를 만나 생을 받으면 자연히 福을 이룬다.

07 己日逢殺 印旺財伏 運轉東南 貴高財足.
◉ 己日이 乙-殺을 만나고 인수가 旺하고 水-財가 무력하면 木火 운에 貴가 높고 재물이 풍족하다.

08 壬寅壬戌 陽土透露 不混官星 名崇顯祿.
◉ 壬寅이나 壬戌日에 戊-살이 투출할 경우 己-관성이 혼잡하지 않으면 출세한다.
-{壬寅日은 寅중 甲木이 制殺하고 壬戌日은 戌중 辛金이 化殺한다.}-

09 陰水無根 火鄉有貴 陽水無根 火鄉卽畏.
◉ 癸水에 뿌리(水)가 없을 경우 火가 있으면 貴한데 壬水는 뿌리가 없으면 火가 두렵다.

10 丁酉陰柔 不怕多水 比肩透露 格中返忌.

◉ 丁酉일은 음유(陰柔)하여 水가 많아도 두렵지 않지만 비견이 투출하면 꺼리게 된다.

11 戊寅日主 何愁殺旺 露火成名 水來漂蕩.

◉ 戊寅日은 殺이 旺해도 걱정 없고 火-인수가 투출하면 이름을 얻는다. 그러나 水-財를 만나면 몰락한다.
-{寅중의 丙火가 化殺하기 때문에 火가 투출하면 좋다.}-

12 庚午日主 支火炎炎 見土取貴 見水爲嫌.

◉ 庚午日의 地支에 火가 많아도 土가 보이면 貴하게 되는데 水가 보이면 꺼린다.
-{土가 화살생신(化殺生身)하여 貴가 되는데 水-식상이 보이면 水土相戰이 일어나기 때문이다.}-

13 辛金身弱 卯提入格 癸酉主衰 見財成格.

◉ 辛金이 신약하고 卯월에 태어나거나 癸酉가 신약하고 財가 보이면 격을 이룬다.

14 癸巳無根 火土重見 透財名彰 露根則賤.

◉ 癸巳日이 뿌리(水)가 없고 火土-재관이 많을 경우 火-財가 투출하면 명예를 얻는다. 그러나 뿌리(水)가 나타나면 천(賤)하다.
-{신약에서 종격으로 변한 것이다.}-

기명종살론(棄命從殺論)

01 甲乙無根 怕逢申酉 殺合逢之 雙目必朽.

◉ 甲乙日이 뿌리가 없고 申酉-殺을 만나면 두려운 데 殺이 合을 만나면 양 눈이 멀게 된다.
-{火는 申酉에 病地 死地가 되고 申子合은 水가 되고 巳酉丑은 水를 生하므로 화(火-눈)가 죽는다.}-

02 甲木無根 生於丑月 水多轉貴 金土則折.
⊙ 甲木에 뿌리가 없을 경우 丑月에 태어나 水가 많으면 貴하게 변하고 金土을 만나면 요절한다.

03 乙木酉月 見水爲奇 有根丑絶 無根寅危.
⊙ 酉月에 태어난 乙木은 水가 보이면 뛰어나다. 그러나 뿌리(木)가 있으면 丑운에 죽고 뿌리(木)가 없으면 寅운에 위태하다.
-{종살격이므로 水-인수가 있으면 좋다. 만약 乙木에 뿌리(卯)가 있으면 의지하게 되므로 酉丑合-殺局이 뿌리를 傷하므로 흉하다. 乙木이 寅을 만나면 위태(危殆)한 것은 寅중의 丙-상관과 酉중의 辛-칠살이 합하여 격이 변하고 水-인수가 寅에 병지가 되기 때문이다.}-

04 乙木坐酉 庚丁透露 二庫歸根 孤神得失.
⊙ 乙酉日이 庚-정관과 丁-식신이 투출하고 丑과 戌에 뿌리를 둘 경우 고신(孤神-寅申巳亥)을 만나면 득실(得失)이 있다.
-{庚-정관은 丑에 뿌리를 두고 丁-식신은 戌에 뿌리를 두게 되는데 丑이 巳를 만나면 庚-정관이 왕하여 득(得)이 되고 戌이 寅을 만나면 丁-식신이 왕하여 庚-정관을 극하게 되므로 실(失)이 된다.}-

年支	亥子丑年	寅卯辰年	巳午未年	申酉戌年
孤神	寅	巳	申	亥

05 丙火申提 無根從殺 有根南旺 脫根壽促.
⊙ 丙火가 申月에 태어나고 뿌리(火)가 없으면 종살(從殺)이다. 뿌리(火)가 있으면 火運에 좋은데 火運이 지나면 命을 재촉한다.

06 陽火無根 水鄕必忌 陰火無根 水鄕有救.
⊙ 丙火는 뿌리가 없으면 반드시 水운을 꺼리고 丁火는 뿌리가 없으면 水運이 구제(救濟)해 준다.

07 陰火酉月 棄命就財 北方入格 南則爲災.
⊙ 丁火가 酉月에 태어나 從財가 되면 水運에 格에 들지만 火運에는 재

화(災禍)가 있다.

08 戊己亥月 身弱爲棄 卯月同推 嫌根劫比.
◉ 戊己가 亥月에 태어나 종재가 되고 卯月에 태어나 종살(從殺)이 되면 뿌리인 비겁을 꺼린다.

09 庚金無根 寅宮火局 南方有貴 須防壽促.
◉ 庚金이 뿌리가 없고 寅午-火局이 있을 경우 南方-火 운에 귀하게 되지만 수명을 재촉한다.

10 辛巳陰柔 休囚官殺 運限加金 聰明顯達.
◉ 辛巳日은 음유(陰柔-신약)하므로 관살이 휴수(休囚)하고 運에서 金이 가세하면 총명하고 출세한다.

11 壬日戌提 癸日未月 運喜東方 逢冲則絕.
◉ 壬日이 戌月에 태어나거나 癸日이 未月에 태어나면 동방-木운을 좋아하고 冲을 만나면 끊어진다.

12 棄命從財 須要會財 棄命從殺 須要會殺.
◉ 종재(從財)는 財가 모여야 하고 종살(從殺)은 殺이 모여야 한다.

13 從財忌殺 從殺喜財 命逢根氣 命殞無猜.
◉ 從財는 殺을 꺼리지만 從殺은 財를 좋아한다. 그러나 根氣(일간의 뿌리)를 만나면 여지없이 죽는다.

오언독보(五言獨步)

01 有病方爲貴 無傷不是奇 格中如去病 財祿兩相隨.
◉ 병(病)이 있어야 貴가 되고 상(傷)하지 않으면 뛰어난 것이 없다. 格 중에 病을 제거하면 財祿이 모두 따른다.

02 寅卯多金丑 貧富高低走 南地怕逢申 北方休見酉.

◉ 寅卯는 金丑이 많으면 빈(貧) 부(富)를 모두 거치는데 남지(南地)는 申이 두렵고 북방(北方) 水는 酉가 만나지 않아야 한다.

-{南地-巳火가 있으면 寅巳申 三刑이 되므로 申을 만나는 것이 두렵고 北方-子水가 있으면 酉가 보이지 않아야 子卯刑을 酉丑이 冲하지 않는다. 기묘한 논법이다.}-

03 建祿生提月 財官喜透天 不宜身再旺 惟喜茂財源.

◉ 月에 建祿을 만나면 身旺하므로 天干에 財官이 투출하는 것을 좋아한다. 더 이상 身旺하면 안 되고 오직 재원(財源)이 무성한 것을 좋아한다.

-{건록은 관성을 쓰기 때문에 재가 왕한 것을 좋아한다.}-

04 土厚多逢火 歸金旺遇秋 冬天水木泛 名利總虛浮.

◉ 土가 많은데 火를 많이 만나거나 金이 旺한데 秋月에 태어나거나 水가 亥子月에 태어나고 木이 뜨면 名利가 모두 뜬 구름이다.

-{모두 인수가 많아서 병(病)이다.}-

05 甲乙生居卯 金多反吉祥 不宜重見殺 火地得衣糧.

◉ 卯月에 태어난 甲乙木은 金이 많으면 좋지만 만약 殺이 重할 경우 火地(巳午-식신)가 있으면 의식(衣食)을 얻게 된다.

06 火忌西方酉 金沉怕水鄉 木神休見午 水到卯中傷.

◉ 火는 서방의 酉를 꺼리고 金이 水를 꺼리는 것은 가라앉기 때문이고 木은 午가 보이지 않아야하고 水는 卯에 이르면 傷한다.

-{모두 死地가 되는 子午卯酉를 꺼린다.}-

07 土宿休行亥 臨官在巳宮 南方根有旺 西北莫相逢.

◉ 土는 亥에 절지가 되므로 가지 말아야한다. 巳는 官地가 되고 午는 旺地가 되어 왕하다. 西北(死地와 絶地)을 만나지 말아야한다

08 陰日朝陽格 無根月建辰 西方還有貴 惟怕火來侵.

◉ 육음조양격(六陰朝陽格)은 月支에 뿌리(金)가 없으면 申酉운에 貴하

게 되는데 오직 火가 침범하는 것을 두려워한다.
-{육음조양은 火-관살이 病死(申酉)地에 이르면 가장 좋다.}-

09 乙木生居酉 莫逢全巳丑 富貴坎離宮 貧窮申酉守.

◉ 酉月에 태어난 乙木은 巳酉丑이 온전하면 안 된다. 子水나 午火가 있으면 富貴하지만 申酉-관살이 있으면 빈궁(貧窮)하다.
-{酉月에 태어난 乙木은 子는 화살생신(化殺生身)하고 午는 식신제살(食神制殺)한다}-

10 有殺只論殺 無殺方論用 只要去殺星 不怕提綱重.

◉ 殺이 있으면 다만 殺을 論하고 殺이 없으면 용신(用神-格)을 논한다. 殺은 제거되기만 하면 제강(提綱-월령)이 重해도 걱정 없다.

11 甲乙若逢申 殺印暗相生 木旺金逢旺 冠袍必掛身.

◉ 甲乙木이 만약 申을 만나면 암(暗)으로 살인상생(殺印相生)한다. 木이 旺하고 金이 旺하면 관직(官職)에 든다.
-{申중에 壬이 암(暗)으로 화살생신(化殺生身)한다.}-

12 離火怕重逢 北方反有功 雖然宜見水 猶恐對提冲.

◉ 火가 많아 두려울 경우 북방-水는 오히려 功이 되므로 水가 보이면 좋다. 그러나 水가 火를 冲하면 안 된다.
-{水가 좋기는 하나 子가 午를 冲하거나 亥가 巳를 冲하면 안 된다. 즉 좋은 것을 만나도 부딪치면 좋지 않다는 의미이다.}-

13 八月官星旺 甲逢秋氣深 財官兼有助 名利自然亨.

◉ 酉月은 官星이 旺하므로 甲木이 가을의 氣가 깊은 것을 만난 것이다. 財官을 도와주면 名利가 자연히 형통한다.

14 曲直生春月 庚辛干上逢 南離推富貴 坎地却猶凶.

◉ 木이 봄에 태어나고 天干에 庚辛-관살을 만나면 火가 있으면 富貴하지만 子水가 있으면 오히려 凶하다.

15 甲乙生三月 庚辛戌未存 丑宮壬癸位 何慮見無根.

◉ 甲乙이 辰月에 태어나고 庚辛戌未가 있어도 丑이 있고 壬癸가 있으면 뿌리(木)가 없어도 염려 없다.
-{辰月에 태어난 木에 庚辛戌未가 있으면 財殺이 왕하여 걱정인데 丑에 있는 壬癸가 투출하면 化殺生身하기 때문에 따로 寅卯-뿌리가 없어도 된다.}-

16 木茂宜金火 身衰鬼作關 時分西與北 輕重辨東西.

◉ 木이 무성(茂盛)하면 金으로 制하거나 火로 泄하면 좋다. 그러나 신약하면 金-칠살이나 火-식상은 나를 구속하게 되므로 월령이 金-관살인지 水-인성인지 구별하고 또 金木의 경중을 분별해야한다.

17 時上胞胎格 月逢印綬通 殺官行運助 職位至三公.

◉ 시상포태(時上胞胎)격을 月에서 인수가 生하고 운이 官殺로 흘러 인수를 도와주면 직위가 삼공(三公)에 이른다.
-{예를 들면 甲日 申時가 되므로 時에 병(病)을 얻고 月에서 약(藥-인수)을 만난 것이다. 월령의 인수는 관살을 좋아 한다고 했다.}-

18 二子不冲午 二寅不冲申 二午不冲子 二申不冲寅.

◉ 二子는 午를 冲할 수 없고 二寅은 申을 冲할 수 없고 二午는 子를 冲할 수 없고 二申은 寅을 冲할 수 없다.
-{이 구결은 논란이 많은데 원칙에 기준을 두고 논할 필요가 있다. 원래 冲은 마주보는 것이다. 子方에는 子가 둘이 될 수 없고 午方에는 午가 둘이 있을 수 없다. 二甲이 一己를 합할 수 없고 二己가 一甲을 합할 수 없는 것과 같다.}-

19 得一分三格 財官印綬同 運中逢剋破 一命喪黃泉.

◉ 득일분삼(得一分三)격에 財官印이 함께 있고 運에서 극파(剋破) 당하면 황천(黃泉)으로 간다.

甲癸丁癸   女命 1983年6月4日生
寅亥巳亥   戊午 己未 庚申 辛酉 壬戌 癸亥
월령의 巳中에 戊庚丙-재관인이 모두 있는 一分三格이다. 여배우다. 庚

申운 30세 壬辰年 품행이 난잡하여 남편에게 살해당하였다. 庚申운에 申이 巳를 刑하여 得一分三이 깨지고 寅을 冲하여 寅申巳亥 四冲이 일어난다.

20 進氣死不死 退氣生不生 終年無發旺 猶忌少年刑.

◉ 진기(進氣)는 死를 만나도 죽지 않고 퇴기(退氣)는 生을 만나도 살지 못하는데 말년에는 발전이 없고 소년(少年)에 형(刑)이 되므로 오히려 더 꺼린다.

-{진기(進氣)와 퇴기(退氣)는 정진론(定眞論)의 진퇴상경(進退相傾)을 참고하여 숙지해야한다.}-

21 時上偏財格 干頭忌比肩 月生逢主旺 貴氣福重添.

◉ 시상편재격은 투출(透出)한 비견을 꺼리고 月에 인수를 만나 일주가 旺하면 貴에 福을 더한 금상첨화가 된다.

-{재(財)를 쓰기 때문에 비겁으로 생하면 안 되고 인수가 생하여 신왕해야 한다.}-

22 運行十載數 上下五年分 先看流年歲 深知來往旬.

◉ 대운은 10년이 되고 상하로 5년씩 나눈다. 먼저 유년(流年)을 보고 오고가면서 10년을 두루 살핀다.

23 時上一位貴 藏在支中是 日主要剛强 名利方有氣.

◉ 시상일위귀(時上一位貴)는 七殺이 支中에 숨어있는 것이 맞고 日主가 강해야 名利가 튼튼하다.

오행생극부(五行生剋賦)

01 大哉干支 生物之始 本乎天地 萬象宗焉.

◉ 干支는 위대하다. 만물을 생하는 시초(始初)가 되고 天地의 근본이니 만상(萬象)의 종(宗)이 된다.

02 有陰陽變化之機 時候淺深之用 故金木水火土無正形 生剋制化理取不一
- ⊙ 음양에는 변화의 실마리가 있으므로 계절의 천심(淺深)을 쓴다. 金木水火土는 정해진 형체가 없기 때문에 생극제화(生剋制化)는 하나의 이치를 취(取)하지 않는다.
-{즉 오행생극부는 생극제화의 여러 가지 경우를 논(論)한 것이다.}-

03 假如死木 偏宜活水長濡. 譬若頑金 最喜紅爐煅煉.
- ⊙ 예를 들면 사목(死木)은 활수(活水)로 적셔주어야 하고 완금(頑金-무쇠)은 火로 단련(鍛鍊)하는 것이 가장 좋다.
-{丁火는 金을 단련(鍛鍊)하고 丙火는 한기(寒氣)를 물리치고 木을 길러준다.}-

04 太陽火 忌林木爲仇 棟樑材 求斧斤爲友.
- ⊙ 丙火는 임목(林木-숲)을 적(敵)으로 삼고 꺼린다. 동량(棟樑)의 재목은 도끼가 친구가 된다.

05 火隔水 不能鎔金 金沉水 豈能剋木.
- ⊙ 水가 火를 막으면 金을 단련(鍛鍊)할 수 없고 金은 水에 잠기면 木을 剋하지 못한다.

06 活木忌埋根之鐵 死金嫌蓋頂之泥.
- ⊙ 활목(活木)은 땅속에 묻혀있는 철(鐵-金)을 꺼린다. 金이 사지(死地)에 있고 진흙이 덮고(천간) 있으면 싫어한다.

07 甲乙欲成一塊 須加穿鑿之功. 壬癸能達五湖 蓋有併流之性.
- ⊙ 甲乙이 한 덩어리가 되려면 천착(穿鑿)의 공(功)이 있어야한다. 壬癸는 흘러 호수에 도달하므로 흐르는 성질이 있다.
-{水가 旺(智)하면 재사(才士)가 된다.}-

08 樗木不禁利斧. 眞珠最怕明爐.
- ⊙ 저목(樗木)은 도끼가 그냥 두지 않는다. 진주(眞珠-辛金)는 기물(器物-완성품)이므로 화로(火爐)를 가장 두려워한다.

09 弱柳喬松 時分衰旺. 寸金尺鐵 氣用剛柔.

◉ 약류(弱柳)와 교송(喬松)은 월령(月令)으로 쇠왕(衰旺)을 구분한다. 촌금(寸金)은 미약(微弱)하므로 부조(扶助)하고 척철(尺鐵)은 강건(剛健)하므로 단련(鍛鍊)한다.
-{약류(弱柳)는 壬午癸未 양류목(楊柳木)이고 교송(喬松)은 庚寅辛卯 송백목(松柏木)이다.}-

10 隴頭之土 少木難疏. 爐內之金 濕泥反蔽.

◉ 롱두(隴頭-높은 산)의 土는 적은 木으로 소토(疏土)하지 못한다. 화로(火爐)에 있는 金이 습(濕)한 진흙을 만나면 火가 탐생망극(貪生忘剋)하여 金을 단련(鍛鍊)하지 않고 오히려 습토(濕土)를 생하여 金이 매몰된다.

11 雨露安滋朽木. 城牆不産眞金.

◉ 후목(朽木-썩은 나무)은 우로(雨露-癸)가 있어도 길러내지 못한다. 성장(城牆)은 진금(眞金)을 생하지 못한다.
-{성장(城牆)은 水의 범람을 막아주는 戊土-즉 燥土이므로 戊寅으로 보고 眞金은 辛丑으로 본다.}-

12 劍戟成功 遇火鄕而反壞. 城牆積就 至木地而愁傷.

◉ 검극(劍戟-칼)은 완성된 것이므로 火를 만나면 오히려 상(傷)한다. 쌓아올린 성장(城牆-제방 성곽)도 木을 만나면 근심이 발생한다.
-{성장적취가 木을 만나면 위장(胃腸)이나 사업에 저항을 받는다. }-

13 癸丙春生 不雨不晴之象. 乙丁冬産 非寒非煖之天.

◉ 癸(구름)와 丙(태양)이 봄에 생하면 비도 아니고 맑은 것도 아닌 흐린 하늘이다. 乙丁이 겨울에 태어나면 춥지도 덥지도 않는 象이다.
-{겨울의 乙木 丁火는 火氣가 꺼져있지만 木氣가 점차 生하는 진기(進氣)에 속하고 火는 木의 생을 받아 한기(寒氣)를 물리치므로 작은 貴를 얻는다.}-

14 極鋒抱水之金 最鈍離爐之鐵. 甲乙遇金强 魂歸西兌 庚辛逢火旺 氣

散南離.

⊙ 극봉(極鋒)은 水가 지키고 있는 金이므로 火를 만나지 못한 가장 무딘 무쇠를 말한다. 甲乙木은 강한 金을 만나면 혼(魂)이 西方으로 가고 庚辛 金은 旺한 火를 만나면 氣가 南方으로 흩어진다. 즉 官殺이 태과(太過)하여 흉한 것이다.

15 土燥火炎 金無所賴. 木浮水泛 火不能生.

⊙ 화염(火炎)의 조토(燥土)는 金을 생하지 못한다. 水가 범람하여 떠 있는 木은 火를 만나도 자라지 못한다.
-{戌未-조토는 金을 약하게 하므로 燥土가 인성이면 害가 된다.}
-{수범목부(水泛木浮)는 水가 범람하여 木이 뿌리를 내리지 못하고 丙火가 있어도 자라지 못하고 떠도는 象으로 불우(不遇)한 命이다.}-

16 三夏鎔金 安制堅剛之木. 三冬濕土 難隄泛濫之波.

⊙ 巳午未月에 태어난 金은 견강(堅强)한 木을 극하지 못한다. 즉 木-財가 있어도 감당하지 못한다. 겨울의 습토(濕土)는 범람(泛濫)하는 水를 제압(制壓)하지 못한다.
-{이런 사람은 우선 생계(生計)가 급하다.}-

17 輕塵撮土 終非活木之基. 廢鐵銷金 豈是滋流之本.

⊙ 경진찰토(輕塵撮土-한줌의 흙)는 甲乙木이 자랄 수 있는 土가 되지 못한다. 즉 빈곤(貧困)한 상이다. 폐철소금(廢鐵銷金-녹슨 금-신약한 金)은 水를 생하지 못한다.

18 木盛能令金自缺 土虛反被水相欺 火無木則終其光 木無火則晦其質.

⊙ 木이 盛하면 金이 망가지고 土가 虛하면 水-財星에게 기만당한다. 즉 재다신약(財多身弱)하면 財가 명주를 우롱(愚弄)한다.
火에 木-인성이 없으면 결국 꺼지게 되고 木은 火-식상이 없으면 발산(發散)하지 못하므로 목화통명(木火通明)이 되지 못한다.

19 乙木秋生 拉朽摧枯之易也. 庚金冬死 沉沙墜海豈難乎.

⊙ 乙木이 酉月에 태어나면 납후최고(拉朽摧枯-꺾이고 썩고 부러지고

마른다.)가 쉽게 일어난다. 子月의 庚金은 깊은 바다에 빠져 가라앉는 死地를 만난 것이다.
-{겨울 庚金은 水運을 만나면 의지할 골육(骨肉)이 없고 庚金이 가라앉는 子月은 상관이므로 옥살이를 피하기 힘들다. 火土의 조후가 없으면 가망이 없다.}-

20 凝霜之草 奚用逢金 出土之金 不能勝木.
◉ 응상지초(凝霜之草)는 金을 쓸 수 없다. 즉 서리 맞은 풀이므로 辛金-殺을 丙火로 合하거나 丁火로 制하여야한다. 출토지금(出土之金-土月에 태어난 金)은 木을 감당하지 못한다. 즉 土旺節에 태어난 金은 地支에 申酉가 없으면 묻히고 木을 감당하지 못한다. 그래서 日主가 무력하면 財官이 무용지물이다.

21 火未焰而先煙 水旣往而猶濕. 大抵 水寒不流 木寒不發 土寒不生 火寒不烈 金寒不鎔 皆非天地之正氣也.
◉ 火가 되기 전에 연기가 있고 水가 되기 전에 습(濕)있다. 대체로 한수(寒水)는 흐르지 못하고 한목(寒木)은 자라지 못하고 한토(寒土)는 생육을 못하고 한화(寒火)는 맹렬하지 못하고 한금(寒金)은 녹지 않는다. 이들은 모두 오행 본연의 쓰임이 되지 못하므로 천지의 운행의 정도(正道)에 속하지 못한다.

22 然 萬物初生未成 而成久則滅 其超凡入聖之機 脫死回生之妙 不象而成 不形而化 固用不如固本 花繁豈若根深.
◉ 그렇다. 만물은 처음 생겨나면 어리지만 성숙하면 소멸하는 법이다. 범속을 벗어나 성현(聖賢)의 경지에 이르면 회생(回生)의 묘(妙)가 있고 상(象)이 없어도 이루고 형(形)이 없어도 변하니 용(用)이 견고한 것보다 근본(體)이 견고한 것이 낫고 꽃이 무성한 것보다 뿌리가 튼튼한 것이 낫다.

23 且如 北金戀水而沉形(水多金沉) 南木飛灰而脫體(火旺木焚) 東水旺木以枯源(木盛水縮) 西土實金而虛己(金多土變) 火因土晦皆太過(土多火埋).

◉ 예를 들어 水가 많으면 金이 가라앉는 수다금침(水多金沉)과 火가 旺하면 木이 타서 소멸하는 화왕목분(火旺木焚)과 木이 성하면 水가 줄어드는 목성수축(木盛水縮)과 金이 많으면 土가 쇠약하게 변하는 금다토변(金多土變-) 土가 많으면 火가 어두워지는 토다화매(土多火埋)등은 모두 子가 旺하여 母가 쇠(衰)하게 된 것이므로 편고(偏枯)한 象이다.
-{運에서 偏枯가 해소되지 않으면 결국 패(敗)한다.}-

24 五行貴在中和 以理求之 慎勿苟言 掬盡寒潭須見底.

◉ 오행의 貴는 中和에 있으니 서두르지 말고 격물치지(格物致知)로 이치를 터득하라. 연못에 있는 물도 두 손으로 떠내면 바닥이 보이는 법이다.

자평거여요가(子平擧與要歌)

※ 同淵源-자평원문이다. 자평법의 요점을 정리한 것이다.
자평거여요가(子平擧與要歌)를 비롯하여 **상해정진론**(詳解定眞論) **희기편**(喜忌篇) **계선편**(繼善篇)은 요점을 운문(韻文)으로 만들었고 주(註)를 달았다. **낙록자삼명소식부**(珞碌子三命消息賦)는 낙록자가 지은 것을 자평이 註를 냈다. 모두 자평법의 원리와 철학적 이론이 담겨 있고 간명(看命)하는 방법을 서술하였으므로 연해자평의 핵심이라 할 수 있다. 생각건대 이에 능통하면 스스로 운용할 수 있는 능력을 갖추게 되어 평범한 술사에 머물지 않고 새로운 것을 얻을 수 있을 것으로 보인다.

01 造化先須詳日主 坐官坐印衰旺取.
⊙ 조화(造化-命과 運)는 먼저 日主를 자세히 본다. 일지에 관성이 있는지 인수가 있는지에 따라 일간의 왕쇠를 취한다.
-{일지로 일간(日干)의 왕쇠를 보는 것은 영향력이 크기 때문이다.}-
◎註→若甲子日生於申 用癸水 水能生木 爲印綬 謂之坐印 其餘者同.
≪註解≫ 만약 甲子日이 申月에 태어나면 癸를 쓰는데 水는 木을 생하는 인수이므로 좌인(坐印)이라 한다. 나머지도 이와 같다.

02 天時月令號提綱 元有元無旺重擧.
⊙ 천시(天時-절기)인 월령(月令)을 제강(提綱)이라고 한다. 천원(天元)에 있건 없건 왕(旺)하고 중(重)한 것이 취(取)할 대상이다.
◎註→提綱月支所藏之物 或金或木 以旺相者取之.
≪註解≫ 제강(提綱)인 月支에는 소장(所藏)된 물(物)이 있다. 金이든 木이든 왕상(旺相)한 것을 취한다.

03 大抵官星要純粹 正偏雜亂反無情.
⊙ 대체로 관성은 순수(純粹)해야 하는데 정관과 편관이 섞이면 혼란(混亂)이 되므로 반대로 무정(無情)하게 된다.
◎註→旣用官星 又嫌冲破 謂之無情.

≪註解≫ 官星을 쓸 경우 충파(冲破)되면 무정(無情)하다고 한다.
-{무정(無情)은 凶이 된다.}-

04 露官藏殺方爲福 露殺藏官是禍胎.

◉ 관성이 천간에 노출(露出)하고 殺이 암장(暗藏)하면 복(福)이지만 殺이 노출(露出)하고 官이 암장(暗藏)되어 있으면 화(禍)를 잉태(孕胎)한 것이다.

◎註→官露則淸高 爲人顯達 殺露則凶狠 爲人急暴.
≪註解≫ 관성이 노출하면 똑똑하여 출세하지만 殺이 노출(露出)하면 흉악하고 조급하고 거칠다.

05 官殺俱露將何擬 混雜財官取財議.

◉ 官殺이 함께 투출하면 어떻게 판단해야 할 것인가. 재관(財官)이 섞여 있는 것이므로 財의 의중(意中)을 取한다.
-{즉 財가 官殺을 생하는지 본다.}-

◎註→露殺露官 殺有制不傷官 或有財生之反禍 譬如小人挾制君子不能行道.
≪註解≫ 官과 殺이 노출하면 칠살을 제(制)하여 관성이 상(傷)하지 않아야한다. 그렇지 않고 財가 殺을 생하면 화(禍)가 발생한다. 비유하면 소인이 군자(君子-관성)의 양팔을 끼고 제지하면 도(道-福)를 행하지 못하는 것과 같다.
-{칠살을 제(制)하고 재가 관성을 생하면 복이 되지만 그렇지 못하면 재가 살을 생하게 되므로 화(禍)가 발생한다. 심하면 죽는다.}-

06 官旺怕官忌刑冲 官輕見財爲福利.

◉ 관성이 旺하면 관성을 두려워하고 관성이 刑冲되면 꺼린다. 관성이 경(輕)하고 財가 보이면 복리(福利)가 된다.

◎註→官旺怕官 如兩官相遇 運再逢之 見冲不利 官輕見財 以財爲祿則吉.
≪註解≫ 관왕파관(官旺怕官)은 관성이 왕한데 運에서 또 관성을 만나는 것이다. 관성은 冲이 보이면 불리하다. 관성이 가벼울 경우는 財가 보이면 재가 록(祿)이 되어 좋다.

己庚庚己　女命 -{연구 명조}- 관성이 冲을 만나 꺼리는 女命
卯子午酉　辛未 壬申 癸酉 甲戌 乙亥 丙子

月支의 午-관성(남편)을 子-상관이 冲하여 午가 깨졌다. 평생 결혼을 못했는데 처녀는 아니다. 상관과 관성이 충하여 처녀가 아니다.

07 年上傷官最可嫌 重怕傷官不可鐲.

◉ 年에 있는 상관을 가장 싫어하고 상관이 重하면 두렵기 때문에 상관이 또 있으면 안 된다.
◎註→年上傷官主剋祖 或傷祖業 月時重見 災禍不能免.
≪註解≫ 年에 상관이 있으면 조상을 剋하거나 조업(祖業)이 상(傷)하는데 여기에 月이나 時에 또 보이면 그때는 재화(災禍)를 면치 못한다.

08 傷官用財乃爲福 財絕官衰福亦然.

◉ 傷官은 財를 쓰면 복(福)이 된다. 財가 끊어지고 관성이 쇠(衰)하면 복(福)도 마찬가지로 끊어지고 쇠(衰)한다.
◎註→傷官主爲人喜財 官旺若無財主禍.
≪註解≫ 상관이 주(主)가 되는 사람은 財를 좋아한다. 이때 官이 왕하고 만약 財가 없으면 화(禍)를 당한다. -{상관견관이 된다.}-

09 貪合忘官榮不足 貪合忘殺爲已福.

◉ 官星을 탐합(貪合)하면 번영이 없고 殺을 탐합(貪合)하면 복이 된다.
◎註→官者 善人君子 既合之不爲大用. 殺者 凶惡小人 合而忌之 任其忌 为得所用.
≪註解≫ 官이란 훌륭한 군자(君子)인데 합이 되면 크게 쓰이지 못한다. 殺은 흉악한 소인(小人)인데 합을 무서워하므로 합으로 묶어두면 살에서 쓰임새를 얻는 것이다.

10 堪嗟身弱怕財多 更歷官鄕禍相逐.

◉ 신약하고 財가 많으면 두렵다고 했는데 관성이 있는 곳에서 화(禍)가 쫓아온다.
◎註→如甲申 甲戌 四柱 見戊己乃財多身弱 受之不得 若運至官鄉 兩官相爭必有禍

≪註解≫ 예컨대 甲申이나 甲戌日이 戊己-財가 보이면 재다신약이 되어 재물을 얻을 수 없다. 만약 官운에 이르면 두 관성이 싸우게 되므로 반드시 화(禍)가 있다.
-{관성이 둘이면 다투게 되는 것은 원래 권좌(權座)는 하나인데 둘이면 자리다툼이 일어난다. 목숨을 걸고 싸운다.}-

11 財多身弱食神來 食神會殺必爲災.

⊙ 재다신약하고 식신이 殺을 만나면 반드시 재앙(災殃)이 있다.
-{식신은 財가 많으면 살을 制하지 못하고 오히려 殺을 더 旺하게 하기 때문이다.}-
◎註→食神我生之子 盜氣之神.
≪註解≫ 식신은 나가 낳은 자식이지만 일주의 氣를 훔쳐간다.

12 會天合地有刑剋 更宜達士細推裁.

⊙ 干이 合하고 支에 형극(刑剋)이 있으면 유능한 달사(達士)일수록 더 자세히 살펴 판단하라.

상해정진론(詳解定眞論)

同淵源-자평원문 ※ 진리(眞理)를 자세히 논하다.

01 夫生日爲主者 行君之令 法運四時 陰陽剛柔之情 內外否泰之道.

◉ 生日 위주라는 것은 군주(王-일간)의 명령을 行하는 것이다. 사계절의 운행질서인 법운사시(法運四時-월령)와 음양(陰陽)의 강유(剛柔)와 내외(內外-천원과 인원)의 비태(否泰)가 있다.
-{이 단(段)은 일주 위주의 원리를 설명한 것이다.}-

◎註→以日爲主者 如人行君之令 四柱尊日爲主也.
法運四時者 春夏秋冬也 假如孟春木旺火生 木能生火也 孟夏火旺土生 火能生土也 孟秋金旺水生 金能生水也 孟冬水旺木生 水能生木也 土旺四季 辰戌丑未月也 故法運四時.
-{법운사시(法運四時)는 사계절의 운행질서를 말한다.}-
≪註解≫ 日을 위주로 하는 것은 백성이 왕령(王令)을 실행하는 것과 같으므로 사주는 일(日)을 숭상하고 주인으로 삼는다.
법운사시(法運四時)는 춘하추동이다. 이를테면 寅月은 木旺하여 火를 낳기 때문에 木은 火를 생할 수 있고, 巳月은 火旺하여 土를 낳기 때문에 火는 土를 생할 수 있고, 申月은 金이 旺하여 水를 낳기 때문에 金은 水를 생할 수 있고, 亥月은 水가 旺하여 木을 낳기 때문에 水는 木을 생할 수 있고 土는 사계(四季)에 왕하기 때문에 辰戌丑未月가 된다. 그래서 법운사시(法運四時)가 된다.

◎註→剛柔之情者 陰有剛柔 陽有剛柔. 月令有氣曰剛 無氣曰柔.
≪註解≫ 강유지정(剛柔之情)은 음(陰)에 강유가 있고 양(陽)에 강유(剛柔)가 있다. 월령(月令)이 유기(有氣)하면 강(剛)하고 무기(無氣)하면 유(柔)하다.
-{月令이 유기(有氣)하다는 것은 일주가 월령에 뿌리를 둔 것이다.}-

◎註→內外否泰之道 年月日時也 三元配合天干地支. 凡天干地支 透出日外 藏於日內. 否-塞也 泰-通也.

≪註解≫ 내외비태지도(內外否泰之道)는 年月日時인데 삼원(三元)이 천간지지에 배합된 것이다. 천간지지에는 밖으로 투출한 것과 안에 숨어 있는 것이 있다. 비(否)는 막힌 것이고 태(泰)는 통하는 것이다.
-{내외는 천간(天干)과 지(支)에 있는 인원(人元)을 말한다.}-

◎註→一歲之周 歲有十二月 日有十二時 蓋積時成歲 歲與日 陰陽之主也. 歲之正朝 日之從朝 若君臣之朝合從命也. 臣稟命於君 推之行之於身也. 故人臣行君之令 則有貴賤吉凶之分. 蓋能期日不能期月也 日能期歲 不能期月也 故言日爲主.

≪註解≫ 일세(一歲)의 주기(週期)는 12개월이고 하루는 12시간이다. 時가 쌓여 年이 되고 年과 日은 음양(陰陽)의 주가 된다. 비유하면 신년(新年)의 조회(朝會)나 아침에 조회에 신하(臣下)들은 왕(王-日)을 알현하여 왕명(王命)을 받아 행하는데 왕명을 수행하는 신하는 귀천길흉(貴賤吉凶)의 직분(職分)이 있다. 日은 주기(週期)가 있지만 月은 주기(週期)가 없고 日은 年의 주기(週期)가 되지만 月의 주기가 될 수 없다. 그래서 日이 주(主)가 된다고 말한다.
-{日은 밤과 낮이 음양이 되고 년(年)은 동지(冬至)와 하지(夏至)가 음양이 된다. 그러나 月과 時는 12로 나누어진 것이므로 음양의 주기가 없다.}-

◎註→日之主者 法運四時 法從常也. 蓋天地之氣有四時 常用五行之氣 於春夏秋冬. 故春之氣溫 木旺七十二日 夏之氣炎 火旺七十二日 秋之氣涼 金旺七十二日 冬之氣寒 水旺七十二日 四季月土各旺十八日 共計三百六十日以成歲功. 賦云 播歲功四季爲年.

≪註解≫ 日이 주가 된다는 것은 법운사시(法運四時)라는 불변의 법칙에 있다. 천지의 기(氣)는 四時가 있으므로 항상 춘하추동(春夏秋冬)에서 五行의 기(氣)를 쓴다. 그래서 봄에는 따뜻한 木이 72日 동안 旺하고 여름에는 더운 火가 72일 동안 旺하고 가을에는 서늘한 金이 72日 동안 旺하고 겨울에는 차가운 水가 72日 동안 旺하고 사계월(四季月)은 土가 각각 18日 동안 旺하다. 모두 합하면 360日로 一年이 된다. 그래서 부(賦)에 이르길 세공(歲功)이 사계절에 퍼진 것을 年으로 삼는다.

◎註→陰陽者 甲丙戊庚壬爲陽干 乙丁己癸辛爲陰干 凡推五行陰陽匹配 上下不相偏者 爲貴命也 若柱中有偏陰偏陽者 剛柔也 日干木用金爲官 其金秋生或帶水火 則金剛矣 若金春夏生帶丙丁 則木強而金柔矣.
≪註解≫ 음양이란 甲丙戊庚壬은 양간(陽干)으로 삼고 乙丁己癸辛는 음간(陰干)으로 삼는다. 대개 五行과 음양이 짝을 이루고 上下가 치우치지 않으면 貴命으로 본다. 만약 柱 중에 편음(偏陰) 편양(偏陽)이 되면 강유(剛柔)가 된다. 木은 金을 관성으로 삼는데 가을에 태어나거나 水火를 가지고 있으면 金이 강(剛)한 것이다. 만약 봄이나 여름에 태어나거나 丙丁을 가지고 있으면 木은 강(強)이 되고 金은 유(柔-弱)가 된다.

◎註→凡陰陽偏枯 不成配偶 雖金爲木官鬼 妻財不見 反爲仁義俱無 剛柔不濟 故偏陰偏陽之謂疾 此謂之有情無情也 凡術者且要明剛柔之情也 賦云乾坤識其牡牝 金木定居剛柔也.
≪註解≫ 음양이 편고(偏枯)하여 짝을 이루지 못하면 비록 金은 木의 관귀(官鬼)가 되지만 처재(妻財)가 없고 인의(仁義)마저 없다. 이는 강유(剛柔)가 구제(救濟)되지 못하고 편음(偏陰) 편양(偏陽)이 되므로 병(病)이다. 이를 두고 유정(有情-吉)하거나 무정(無情-凶)하다고 한다. 따라서 술자(術者)는 강유(剛柔)의 의미를 잘 알아야한다. 賦에 이르길 건곤(乾坤)이 모빈(牡牝-암수-음양)라는 것을 알 수 있듯이 金木에는 강유(剛柔)가 정착(定着)하고 있다고 했다.

◎註→凡看命者 專以日上天元爲主 定其禍福榮枯之理 支上天元爲外 支中所藏者爲內 天干與地支所藏者人元 或爲官爲福爲禍 方可定其吉凶之理.
≪註解≫ 간명(看命)은 오로지 日干으로 화복(禍福)과 영고(榮枯)를 정(定)한다. 天干은 외가 되고 支에 소장된 것은 內가 되는데 天干과 支에 소장한 것이 인원(人元)이 된다. 이것으로 관록(官祿)이 되는지 복(福)이 되는지 화(禍)가 되는지 알아야 비로소 길흉의 이치를 정할 수 있다.

◎註→且如甲日生 甲子爲印綬 甲寅爲建祿 甲辰爲財庫 甲午爲妻財 甲申爲官鬼 甲戌爲財官 若八月生正氣官星大貴命也 甲以辛酉金爲官星 若有丁

火傷辛金之官 柱中有癸水喜制其丁火 故癸水乃甲之印綬也 更要推詳四柱 內外吉凶而言之 當言元有財官 運臨財官 多是榮達之命也 元無財官 復行 財官地 不發也.

≪註解≫ 甲日에 태어난 경우 甲子는 인수, 甲寅은 건록, 甲辰은 재고 (財庫), 甲午는 처재(妻財-己), 甲申은 관귀(官鬼), 甲戌은 재관(財官)이 된다. 만약 酉月에 태어나고 정기관성(正氣官星)이면 대귀(大貴)명이다. 甲은 辛酉-金이 관성인데 丁火가 辛金-관성을 傷할 경우 柱 중에 癸水 가 있으면 丁火-상관을 制한다. 그래서 癸水는 甲의 인수가 된다. 이렇 게 사주 내외(內外-간 장간)를 상세히 추론(推論)하여 길흉을 말하는데 원국에 財官이 있고 運에서 財官이 임(臨)하면 영달(榮達)하는 명이 많 다. 그러나 원국에 財官이 없으면 財官 운을 만나도 되는 일이 없다.
-{정기관성(正氣官星)은 형충파해가 없는 온전한 관성을 말한다.}-

02 進退相傾.

⊙ 진기(進氣)와 퇴기(退期)의 향방(向方).

◎註→假如辛金以丙火爲官星 九夏生則是向官 主官遷進也 八月生氣退 其 官不遷進矣 柱用支神旺相 則有慶榮 若死絶休囚 則無慶榮 賦云 將來者進 功成者退也.

≪註解≫ 가령 辛日은 丙火가 관성인데 만약 巳午未月에 태어나면 관성 을 향(向)하기 때문에 관직이 올라간다. 그러나 酉月에 태어나면 퇴기 (退氣)가 되므로 관직이 올라가지 못한다. 柱에 있는 지신(支神)이 왕상 (旺相)하면 경사(慶事)와 영화(榮華)가 있지만 만약 사절휴수(死絶休囚) 되면 좋은 일이 없다. 賦에 이르길 앞으로 다가오는 것은 진(進)이고 공성(功成-공을 이룬 것)은 퇴(退)라고 했다.
-{가령 용신이 木일 경우 冬月에 태어나면 앞으로 木運이 다가오므로 진기(進氣)가 된다. 그러나 여름에 태어나면 木運이 이미 지나갔으므로 퇴기(退氣)가 된다. 金 水 火도 이런 식으로 논한다. 柱 중에 진기가 旺 相하면 영화가 있으나 사절휴수(死絶休囚)되면 영화가 없다.}-

03 動靜相伐.

⊙ 동정상벌(動靜相伐)은 干支의 전쟁이다.

◎註→蓋干爲天 能動不能靜. 以支爲地 能靜不能動. 甲乃天之首 子乃地之首 終爲亥而付於子 周流不息 循環十二支. 一動一靜 一陰一陽 相代用之 至癸亥而終矣. 不遇五神相剋 三生定命 分成六十花甲子之. 言後世學者 要知其動靜 可以知要訣矣.

≪註解≫ 干은 천(天)이므로 움직이고 고정되어 있지 않다. 支는 고정되어 있고 움직이지 못한다. 甲은 天의 시작이고 子는 地의 시작인데 甲이 子에서 시작하여 亥에 이르고 다시 子에서 쉬지 않고 十二支를 순환한다. 이렇게 일동일정(一動一靜)을 따라 일음일양(一陰一陽)이 번갈아 가면 癸亥에서 멈춘다. 오신(五神-木火土金水)이 상극(相剋)을 만나지 않는다. 60개의 화갑자(花甲子)가 나누어져서 삼생(三生-天元 人元 支元)으로 명(命)을 정(定)해진다. 후학(後學)에게 말하는데 동정(動靜)을 알아야 요결(要訣-비결)을 알 수 있다.
-{육십갑자가 처음 이루어질 때는 생으로 이루어졌지만 하나의 팔자가 정해지면 생극(生剋)이 발생하므로 간지(干支)의 동정(動靜-생극-간지의 전쟁)을 알아야 요결을 알 수 있다.}-

04 取固亨出入之緩急

⊙ 고형(固亨)을 취하고 運에서 완급(緩急)을 본다.
-{신의 강약을 구분하고 재관을 본다.}-

◎註→固者 堅也 亨者 通也 欲知貴賤吉凶 必須先看生日 身根堅固 更看四柱財官 有無破害 自然亨通 出入者 行運出入也 此卽陽男陰女 順行出戌入亥之類 如男命壬癸日生 運在戌 爲火土方聚之地 是財官吉運 出戌入亥 爲財官死絶之地 雖臨身旺之鄕 終爲凶運 我剋他爲妻財 在生旺之處 多福慶.

≪註解≫ 고(固)는 견고한 것이고 형(亨)은 통하는 것이다. 귀천(貴賤)과 길흉(吉凶)을 알려면 필히 먼저 日主를 보고 뿌리가 견고(堅固-신왕)하고 사주에 있는 재관이 파해(破害)되지 않으면 자연히 형통(亨通)

한다. 출입(出入)은 대운이 들고나는 것인데 양남음녀일 경우 순행이 되므로 戌運은 出이 되고 다음의 亥運은 入이 된다. 예컨대 壬癸日 남명(男命)이 戌운에 있으면 火土-財官이 모여 있는 곳이므로 財官의 길운이 된다. 戌運에서 亥運에 들어가면 재관의 사절(死絶)지가 되므로 身旺하지만 결국 凶운이 된다. 내가 剋하는 妻財가 生旺한 곳에 경사와 복이 많다.
-{신왕(固)하고 재관이 刑冲破害되지 않으면 자연히 형통(亨)한다.}-

◎註→皆以同五行體用陰陽 支用剋身爲官鬼之鄕 日干剋運爲財聚之地 皆從生月起運 如當生四柱財官之類 不居休敗之地 運到財官之鄕 凡百進皆榮達而急速 或當生無財官 日干無氣 又行財旺之鄕 凡所以爲財 皆退散而不成 須運臨吉慶 反因福以爲禍 災來而急速 雖榮發亦遲 賦云 乃行來出入抵犯凶方.

≪註解≫ 오행의 체용(體用)과 음양이 모두 같으면 日干을 剋하는 支에 있는 관귀(官鬼)를 쓰는데 일간이 극하는 운에 재물이 모인다. 누구나 月에서 대운이 일어나는데 월령에 財官이 있고 이것이 휴패(休敗)地에 있지 않으면 財官 운에 진급(進級)과 영달(榮達)이 빠르다. 그러나 월령에 財官이 없고 日干이 무력하면 財旺 운을 만나도 재물이 흩어지고 모이지 않는다. 재관운에 오히려 복(福)이 화(禍)로 변하고 재난이 쏜살같이 찾아온다. 비록 영화와 발전이 있더라도 더디다. 그래서 賦에 이르길 運이 바뀌는(出入) 때는 凶에 대비하라고 했다.
-{완급(緩急)은 운의 出入에서 보는데 신왕하고 재관이 왕하면 재관운에 영달이 빠르게 오나 재관이 없으면 영화가 있어도 더디고 신약하면 재관이 오히려 凶으로 변한다.}-

05 求濟復散斂之巨微.

⊙ 공명의 진퇴(進退)와 재물의 취산(聚散)과 다과(多寡)를 알 수 있다.

◎註→濟者進也 復者退也 是功名進退 散者散也 斂者聚也 是財帛聚散 巨者多也 微者寡也 是五行當生 命運稟令 貴賤禍福之兆 發覺之衆寡也

≪註解≫ 제(濟)는 전진이고 복(復)은 후퇴가 되므로 제복(濟復)은 공명

의 진퇴(進退)가 된다. 산(散)은 흩어지고 염(斂)은 거두어들이는 것이므로 산렴(散斂)은 재백(財帛)의 취산(聚散)이다. 거(巨)는 많고 미(微)는 적은 것이므로 거미(巨微)는 많고 적음이다. 이것은 태어나면서 오행으로 命運을 받게 되므로 귀천화복(貴賤禍福)의 조짐과 중과(衆寡)를 알 수 있다.

◎註→論財帛聚散者 若四柱有財帛之氣 日干更旺 更有敗財 陽刃 運臨財之鄕 則居局中財多而大發也 若元有財帛 却被鬼奪之 日主又衰 運臨財旺之地亦不發福 定是損財傷妻 故其根源淺薄 居福寡也 賦云 福星臨而禍發 以表凶人也.

≪註解≫ 재물의 취산(聚散)을 말하겠다. 만약 사주에 재물의 氣가 있으면 겁재나 양인이 있어도 運이 財에 임하면 국(局)에 財가 많게 되므로 대발(大發)한다. 그러나 만약 원국에 財가 있어도 극탈(剋奪)당하고 일주마저 약하면 財旺운을 만나도 발복이 안 되고 오히려 재물이 줄어들고 처를 상(傷)한다. 원국의 근원(根源)이 천박(淺薄)하기 때문에 福이 없는 것이다. 賦에 이르길 복성(福星)이 임(臨)해도 화(禍)가 발생하므로 흉한 사람임을 나타낸다고 했다.
-{재물의 기(氣)가 있으면 재운에 발재하지만 원국에 있는 재가 극탈당하고 신약하면 재운을 만나도 손재상처(損財傷妻)한다. 재를 만났지만 도리어 손재상처하게 되는 것은 원국에서 재가 깨졌기 때문이다.}-

06 擇日之法有三要 以干爲天 以支爲地 支中所藏者爲人元 乃分四柱 以年爲根 月爲苗 日爲花 時爲果 又擇四柱之中 以年爲祖上 則知世代宗派盛衰之理 月爲父母 則知親廕名利有無之類 以日爲己身 當推其干 搜用八字 爲內外生剋取舍之源 干弱則求氣旺之藉 有餘則欲不足之營.
◉ 日干 위주의 법에는 중요한 것이 셋이다. 干은 天이 되고 支는 地가 되고 支中에 소장(所藏)한 것은 人元이 된다. 따라서 年은 뿌리, 月은 싹, 日은 꽃, 時는 열매로 하여 네 기둥으로 나눈다. 年은 조상의 성쇠(盛衰)를 알 수 있고 月은 부모의 명리(名利)와 음덕을 알 수 있고 日은 자신이므로 팔자의 용신을 찾고 내외(內外-간 장간)의 생극과 취사(取

捨)를 근원으로 하여 일간이 약하면 旺한 氣로 부조(扶助)해야 하고 일간이 너무 旺하면 덜어내야 한다.
-{세 가지 중요하다는 것은 삼원(三元-천원 인원 지원)과 근묘화실(根苗花實)과 일주의 강약(强弱)이다.}-

◎註→以日爲主 年月之中 看有官無官 有財無財 有印無印 則貴賤可知. 故年上爲根苗 看年月中先有財官印綬 是根苗先有氣也 然後日時內象 開花結菓也. 經曰 根在苗先 實在花後.

≪註解≫ 日을 위주로 하면 年月중에 있는 관성의 유무(有無)와 재성의 유무(有無)와 인성의 유무(有無)로 귀천을 알 수 있다. 年을 근묘(根苗)로 삼기 때문에 년월의 조상에 財官印이 있으면 根苗인 조상이 유기(有氣)한 것이다. 그런 후 日時인 처(妻)에서 꽃이 피고 열매가 맺는 것이다. 그래서 經에 이르길 뿌리가 줄기보다 먼저 있고 꽃이 핀 뒤에 열매가 있다고 했다.
-{根苗花實로 조상의 귀천(貴賤)과 처자(妻子-아내)를 본다.}-

◎註→日爲己身 搜用八字 有得吉神凶神格局之類 喜者取之 忌者舍之 賦云 喜者存之 憎者棄之 日干弱 則求氣旺之藉 日干旺 却嫌氣旺 怕太過反爲不足之命 値此損財傷妻

≪註解≫ 日은 자신이므로 팔자에서 길신 흉신 격국을 찾고 희신은 취하고 기신은 버린다. 賦에 이르길 좋은 것은 두고 꺼리는 것은 버린다고 했다. 日干이 약하면 旺氣의 도움을 찾고 日干이 旺하면 旺氣를 싫어하고 태과(太過)하면 손재상처(損財傷妻)하여 반대로 부족한 命이 되므로 두려워한다.

《註》本是天元地支 故看根苗花果之說 仔細詳之 四柱年月日時貴賤高低 則有根苗花實之類 如人命元有財官 運臨財官則爲福 當生無財官 運臨財官則亦不爲福 爲根先生而後苗 花開而後有實 觀乎前兆 以察其源 根在苗先 實在花後

又擇四柱之中 以年爲祖上根基田宅 世代宗派之宮 若與年月日合爲富貴 更生月時不來刑害生年 則祖宗根基光華 而不衰也. 更得祖上名譽 實堪蔭祖

先田宅之福爲榮華 而永不衰也 若反此則不然矣

≪註解≫ 천간과 지지가 근본이므로 근묘화실(根苗花實)의 說을 자세히 봐야한다. 사주의 연월일시에 있는 귀천(貴賤)과 고저(高低)는 근묘화실에 있다. 명국에 財官이 있을 경우 運에 財官이 臨하면 福命이지만 원국에 財官이 없으면 運에서 재관을 만나도 福이 안 된다. 이것은 뿌리가 먼저 나고 뒤에 싹이 있고 꽃이 핀 다음 열매를 맺는 것으로 징조를 보는 것이다. 뿌리가 싹보다 먼저 있고 꽃이 핀 뒤에 열매가 있다는 것으로 근원을 살피는 것이다.

또 사주에서 가려내는 것은 年을 조상의 터전과 전택(田宅)으로 삼고 세대(世代)의 종파(宗派)가 되는 자리다. 만약 年月日이 적합하면 부귀한 명인데 여기에 月時가 生年을 형해(刑害)하지 않으면 조상의 바탕이 빛나고 쇠약하지 않는다. 또한 조상의 명예를 얻고 음덕(蔭德)과 재산을 자랑하고 영화(榮華)를 누리며 오래토록 쇠퇴하지 않는다. 그러나 이에 반하면 그렇지 않다.

《註》以生月爲父母之宮 若月內有財官之星 旺盛無冲破 更生日天元居生養之地 則人承父母之福 日干居死衰之地 爲人雖有父母之福 終不爲久長親蔭也.

≪註解≫ 生月은 부모 궁이므로 月에 재관이 왕성하고 충파(冲破)가 없고 日主가 생지(生地)나 양지(養地)에 있는 사람은 부모의 福을 이어받는다. 그러나 日干이 사지(死地)나 쇠(死地)에 있으면 부모 복이 있어도 결국 오래가지 못한다.

《註》以日爲己身者 是生日天元乃人己身也 自得之宮 必須推詳生日 天元看臨何宮之分 更看年月時中 有何格局 若貴人祿馬之類 並無破害 便爲好命 值此生旺無刑害 則喜而取之爲福 若當生之神 而逢死絶休敗 更值刑冲破害 則憎而棄之爲禍 日干衰而求氣旺之藉 且如壬癸巳午之類 皆因生日天元臨死絶之地爲身弱也 壬癸以丙丁爲財星 以戊己爲官星 巳午火生臨官生旺之地 更加九夏四季生 則有官星並祿馬之星 爲有福氣之慶 當有餘樂也 若壬癸生人在冬月生 雖日干持其旺氣 終身不以富取也 若財官之氣 俱皆旺水 火死土囚也 若人遇之 平生迍蹇奔馳 難享福之人也 雖旺亦多成敗 則官

將不成 財將不住矣.

≪註解≫ 日이 자신이라는 것은 生日의 天干이 바로 내 몸이다. 자신의 자리인 생일을 자세히 살피고 일간이 어떤 宮에 임했는지 보고 또 年月時 중에 어떤 格局이 있는지 본다. 만약 귀인과 재관(財官)이 있고 파해(破害)되지 않으면 좋은 命이다. 이처럼 生旺하고 형해(刑害)가 없으면 좋은 것이므로 福으로 취한다. 만약 일간이 사절휴패(死絶休敗)를 만나고 형충파해(刑冲破害)되면 증오하고 버려야하므로 화(禍)가 된다. 日干이 쇠(衰)하면 왕기(旺氣)를 찾는데 壬癸巳午는 모두 일간이 사절지(死絶地)에 임하여 身이 약하다. 壬癸는 丙丁이 재성이고 戊己가 관성이므로 巳午日에 태어나 官이 生旺한 地인데 여기에 巳午未나 辰戌丑未月에 태어나면 官星과 록마(祿馬)가 있으므로 부유(富裕)하고 즐겁다. 그러나 壬癸가 亥子月에 태어나면 日干은 旺하지만 평생 富를 가지지 못한다. 만약 財官이 旺하여도 월령에 水가 왕하기 때문에 火-재성은 亥子月에 사(死)가 되고 土-관성은 수(囚)가 된다. 이런 사람은 평생 어려움을 겪고 바쁘고 안락한 福을 누리기 어렵다. 신왕(身旺)하지만 성패(成敗)가 많고 장차 관록(官祿)을 이루지 못하고 또 재물 운도 좋지 않다.

《註》且如庚寅日 乃是天干氣衰弱也. 三命云 爲命多削 遇鬼方受官旺 當有財官之貴矣. 如庚金以乙木爲財 丁火爲官. 寅甲木臨官 丙火長生 爲官之旺地 爲人當以金之分看之 春夏則福矣. 秋冬生人 要健旺財官之氣 退散遇死絶休囚之地 爲人常有不足之營 家道寂寞難治也 定是剋妻害子矣. 日干衰則求氣旺之藉 有餘則欲不足之營也.

≪註解≫ 庚寅日도 역시 천간(天干-일간)의 氣가 쇠약하다. 삼명(三命)에 이르길 대부분 삭(削-剋)을 명으로 삼기 때문에 귀방(鬼方)을 만나 관성이 왕하면 당연히 財官의 貴가 있다고 했다. 庚金은 乙은 財이고 丁은 官이다. 寅은 甲-재의 臨官地가 되고 丙-살의 長生地가 되므로 官이 왕(旺)한 곳이다. 이사람은 金을 나누어서 보는데 춘하(春夏-木火)生은 福이 있다. 추동(秋冬-金水)生은 건왕(健旺)한 재관이 필요한데 재관이 퇴산(退散)하고 사절(死絶) 휴수(休囚)를 만나 항상 뜻대로 되지

않고 집안이 적막(寂寞)하고 妻를 극하고 자식을 해친다. 그래서 日干이 쇠약하면 의지할 왕기(旺氣)를 찾아야하고 기(氣)가 남으면 덜어내도록 해야 한다.
-{삭(削)은 일간을 극하는 관살을 말한다. 일주에 재나 관이 있는 경우를 논한 것이다.}-

07 干同以爲兄弟 如乙以甲爲兄 忌庚重也 甲以乙爲弟 畏辛多也.

◉ 日干과 같은 오행은 형제다. 乙은 甲이 형(兄)이므로 庚金-殺이 重하면 꺼리고 甲은 乙이 제(弟)가 되므로 辛金-살이 많으면 두려워한다.

◎註→則爲傷之論 如辛多傷其乙木 庚多傷其甲木 如此則兄弟有剋. 四柱有用則爲官貴也 不可一理而推. 干同爲兄弟者 蓋生日天元 比和相同之類. 甲日生以乙爲弟 柱中有辛金多 多剋乙木 爲不得姐妹之力也. 乙日生人 以甲爲兄 若四往中有庚金重剋甲木 則生平不得兄弟之力也. 凡看兄弟有無 效此以例推之.

《註解》 상(傷)을 논한 것이다. 甲日에 辛이 많으면 乙木을 傷하고 乙日에 庚이 많으면 甲木을 傷한다. 이렇게 되면 형제를 剋한다. 사주에서 유용(有用)한 것이 관귀(官貴)이지만 한 가지 이치만 추론하면 안 된다. 干이 같으면 형제가 되는데 대개 일간과 비화(比和)는 같은 부류에 속한다. 甲日은 乙이 제(弟)가 되므로 柱中에 辛金이 많으면 乙木을 많이 극하므로 자매의 힘을 얻지 못한다. 乙日은 甲이 형제가 되므로 사주에 庚金이 重하여 甲木을 극하면 평생 형제의 힘을 얻지 못한다. 일반적으로 兄弟의 유무를 보는 것은 이런 것을 본받아 추단한다.
-{관살을 귀(貴)로 삼지만 관살이 많으면 형제의 힘을 얻지 못한다.}-

08 干剋以爲妻財 財多干旺則稱意 若干衰則反禍矣.

◉ 日干이 剋하는 것은 妻財가 되므로 財가 많고 日干이 旺하면 흡족하지만 日干이 약하면 오히려 화(禍)가 된다.

◎註→財多干旺者 力能任財則爲福 干衰弱力不能任財 反禍矣 賦云 財多身弱 正爲富室貧人.

≪註解≫ 財가 많아도 일간이 旺하여 財를 감당하면 복명(福命)이지만 日干이 쇠약하여 財를 감당하지 못하면 오히려 禍가 된다. 그래서 賦에 이르길 재다신약(財多身弱)은 부옥빈인(富屋貧人)이라고 했다.

09 干與支同 損財傷妻.

◉ 日柱의 干支가 같으면 손재(損財) 상처(傷妻)한다.

◎註→干與支同者 甲寅 乙卯之類. 又曰 若地支同局之命 則損財傷妻. 更月令氣旺 年時未見財官 又無格局 窮必徹骨矣.

≪註解≫ 干支가 같은 것은 甲寅 乙卯 종류다. 또 地支의 局이 일간과 같으면 손재상처(損財傷妻)한다고 했다. 더구나 월령의 氣가 旺한데다 年時에 財官이 없고 또 格局이 없으면 가난이 뼈에 사무친다.
-{地支의 局이 일간과 같은 것은 甲乙日에 亥卯未가 있는 것이다.}-

◎註→凡干旺爲妻財者 乃生日干剋他爲財之星也. 若柱中財多而日旺者 凡舉動無不稱意. 經云 處世安泰 而財運有氣. 若反此財多而日干弱者 此命定因妻財而致禍 賦云 力衰不能任厚福.

≪註解≫ 일간이 왕하면 妻財로 삼는다는 것은 日干이 극하는 재성을 말한다. 만약 柱中에 財가 많고 일간이 旺하면 모든 것이 흡족하다. 그래서 經에 이르길 살기가 편한 것을 재운유기(財運有氣)라고 했다. 이와 반대로 재가 많고 日干이 약하면 妻財로 인하여 禍가 닥친다. 그래서 賦에 이르길 힘이 약하면 복(福)을 감당하지 못한다고 했다.

◎註→財多身旺者 假如 己未年 戊辰月 甲寅日 癸酉時. 如甲以戊己爲財 年月建居財庫 當生年又得己未土重 乃天元貴人帶財. 命日居祿 月建其官祿 財多官旺 則多稱意也. ≪註解≫

癸甲戊己 男命 (재다 신왕)
酉寅辰未 丁卯 丙寅 乙丑 甲子 癸亥 壬戌

戊己는 財가 되는데 月에 辰-財庫가 있고 生年에 또 己未-土가 重하고 未-귀인이 천간에 己土-財를 가지고 있다. 日支에 일간의 祿이 있고 월(辰)이 관록(官祿-酉)을 생하므로 財가 많고 관성이 旺하여 많이 흡족하다.
-{재다신약이 될 것 같지만 일록이 있고 진월에 태어났다. 좋은 것은 財가 酉-관성을 생하고 살이 없는 것이다.}-

◎註→假如一命 乙酉年 壬午月 壬午日 癸卯時
壬癸以丙丁爲財 午月自持財旺之 丁逢火祿之鄕 壬癸胎元絶之地 爲身弱不能任重財. 見壬癸 爲比肩分財 故因妻以致禍 辛死牢獄之中. 術經云 "六壬生臨午位 號曰祿馬同鄕"此言之非虛矣. 謂年月日時有卯字剋于午中己祿之官 故曰六壬日祿馬同鄕是也. 賦云 福星臨而禍發 以表凶人.
≪註解≫

癸壬壬乙 男命 (원문 명조)
卯午午酉 辛巳 庚辰 己卯 戊寅 丁丑 丙子
丙丁은 재성이다. 午月은 財가 旺하고 丁火의 록지(祿地)가 되고 壬癸의 태지(胎地)가 되므로 신약하여 중재(重財)를 감당하지 못한다. 月時의 壬癸-비견이 財를 나누므로 妻로 인하여 화(禍)를 당했고 옥(獄)중에서 죽었다. 술경(術經)에 이르길 壬午日은 록마동향(祿馬同鄕)이라고 했는데 이 말은 빈말이 아니다. 年月日時에 있는 卯-字가 午중의 己-관을 剋하기 때문에 壬日의 록마동향(祿馬同鄕)이 맞다. 부(賦)에 이르길 복성(福星-午)이 임(臨)하여도 화(禍)가 발생하고 흉이 나타나는 사람이라고 했다.
-{처로 인하여 화(禍)를 당하는 것은 감당하지 못하는 재를 壬이 극하고 癸가 극하여 禍가 발생한다.}-

◎註→干與支同 如甲寅之類 雖然强健 無他殘疾 多主損財傷妻. 若年月日時別入他格 或遇四柱中財官印之星 是貴顯有權之命也. 若三元無他格 四柱又無財官印 反生氣旺之月日 有背祿逐馬之星 此命主窮必徹骨 剋妻多數 終身無倚 則是常人. 賦云 小盈大虧 恐是劫財之地.
≪註解≫ 干支가 같은 간여지동(干與支同)은 甲寅같은 종류인데 몸이 불구가 되지는 않지만 많은 명조가 손재상처(損財傷妻)한다. 그러나 年月日時에 다른 격이 성립되고 四柱중에 財官印이 있으면 지위가 높고

권력이 있는 命이다. 만약 삼원(三元-간 지 지장간)에 다른 格도 없고 또 사주에 財官印도 없고 오히려 月日에 생기(生氣-인수)가 旺하고 배록(背祿-상관)이나 축마(逐馬-겁재)가 있으면 이런 명주(命主)는 가난이 뼈에 사무치고 여러 번 妻를 극하여 평생 기댈 곳이 없는 보통사람이 맞다. 그래서 賦에 이르길 작은 것을 얻고 큰 것을 잃는 겁재가 두렵다고 했다.

-{간여지동을 팔전(八專)이라고도 하는데 8日이 있다. 즉 甲寅 乙卯 丁未 戊戌 己未 庚申 辛酉 癸丑日에 태어난 것을 말한다.}-

10 男取剋干爲嗣 女取干生爲子 存失皆例 以時分野 當推貧賤富貴之區.

◉ 男命은 日干을 剋하는 관살이 자녀가 되고 女命은 日干이 生하는 식상이 자녀가 된다. 존실(存失)은 모든 예는 時의 영역에 있고 부귀빈천(富貴貧賤)을 추론하는 구역이다.

◎註→假令甲乙生人 以庚辛爲子息. 若女命甲乙生人 以丙丁爲子息. 更看時辰在何分野 輕重生旺 定居多少. 看於四柱或有剋子息之星 可言無子矣.

≪註解≫ 가령 甲乙日의 남자는 庚辛이 자식이고 甲乙日의 女命은 丙丁이 자식이다. 時의 영역에서 경중과 生旺으로 자식의 많고 적음을 정한다. 사주에 자식을 剋하는 오행이 있으면 자식이 없다고 할 수 있다.

◎註→ 五行眞假之論 鬼谷子曰 男取剋干爲嗣者 假如六庚日 午時生 乃子息多數 謂庚以乙爲財 乙木能生火 火剋庚金爲子星. 午時乃火之分野 丁火建祿之鄕 當有子多主顯貴命矣. 若生於戌亥子時 則是金水分野 火絶之地 則主子息少矣. 當主孤獨貧賤之子 不然僧道 過房 螟蛉之種矣. 女取干生亦然.

≪註解≫ 오행진가론에 귀곡자(鬼谷子)가 말하길 男命은 日干을 剋하는 것을 자식으로 삼는다고 했다. 가령 庚日 午時生은 자식이 많은데 庚은 乙-재성(처)이 火를 생하고 火가 庚金을 剋하므로 子息星이 된다. 午時는 火의 영역이 되고 丁火의 建祿地이므로 자식이 많고 출세하는 命이

다. 만약 戌·亥·子 時에 태어나면 金水의 영역에 속하고 火-관살의 絶地가 되므로 자식이 적다. 즉 명주가 고독하고 자식이 빈천(貧賤)하다. 아니면 자식이 중이 되거나 서자(庶子)나 양자(養子)를 둔다. 女命은 식상으로 자식을 삼고 보는 방법은 같다.

◎註→論子息多少 於生時內參詳 萬無一失. 看生時在何宮 當推其子星生落其時 宮分 若在長生 沐浴 冠帶 臨官 帝旺之鄕 定主多嗣 當生出美麗富貴之子. 若在-衰病死墓絶無氣胎養冲刑之鄕 定主子少 當生孤苦貧賤之子. 三命云 庚臨坎位時衰兮 後裔凋零 甲到離宮秋降也 兒孫滿目 此之謂與.

≪註解≫ 자식의 많고 적음을 논할 때 時를 자세히 대조하면 실수가 없다. 時에 어떤 宮(포태법)이 되는지 보고 자식성의 생락(生落)을 추론한다. 즉 자식성이 時에 長生 沐浴 冠帶 臨官 帝旺이면 자식이 많고 출중(出衆)하고 부귀하다. 그러나 자식성이 時에 쇠병사묘절(衰病死墓絶)이 되고 무력하고 태양(胎養) 冲刑이 되면 자식이 적고 외롭고 빈천(貧賤)하다. 三命에 이르길 庚日 子時는 火-관살이 時에 쇠지(衰地)가 되므로 자식이 시들어 떨어진다고 했다. 甲日의 時에 午-상관이 있어도 가을의 官殺月에 태어나면 자손이 많다. 이렇게 더불어 봐야한다.

癸庚己丁 男命 -{연구 명조}-
未子酉酉 戊申 丁未 丙午 乙巳 甲辰 癸卯
아들이 36명이다.

11 理愚歌云 五行眞假少人知 知時須是泄天機是也 俗以甲子作海中金 卽婁景之前 未知金在海中之論.

◉ 이우가(理愚歌)에 五行의 진가(眞假-납음)를 아는 사람이 적은데 시(時-命運)를 알면 결국 천기(天機)를 누설하는 것이다. 흔히 甲子를 해중금(海中金)이라고 하지만 루경(婁景)선생 이전(以前)에는 金이 해(海)중에 있다는 이론을 알지 못했다.
-{루경선생(婁景先生)은 초한(楚漢)시대 천기예언가(天機豫言家)인데 현재 그의 저서(著書)인 "루경서"가 전해오고 있고 그는 양자강이 범람한

-{것을 정확히 예측했다고 한다. 천기를 누설한다는 것은 한 치의 오차도 없이 정확하게 맞춘다는 의미이다.}-

◎註→理愚歌所謂 "五行眞假少人知 知時須是洩天機". 五行眞假者 納音是也 乃天地大衍數也. 先布大衍四十九數在地 次將甲己子午九 乙庚丑未八 丙辛寅申七 丁壬卯酉六 戊癸辰戌五 巳亥當屬四 等數除之 除減不盡 又按五行之數除之. 除者水一 火二 木三 金四 土五 相生取用 便是納音也 相生者 餘一生木 餘二生土 餘三生火 餘四生水 餘五生金.

≪註解≫ 이우가(理愚歌)에 이르길 오행의 진가(眞假)를 아는 이가 적은데 이를 알 때 결국 천기가 누설(漏洩)되는 것이라고 했다. 五行의 진가(眞假)란 납음(納音)인데 천지 대연수(大衍數)를 말한다. 먼저 대연수 49를 둔다. 그 다음 甲己子午-9 乙庚丑未-8 丙辛寅申-7 丁壬卯酉-6 戊癸辰戌-5 巳亥-4 가 되는 수(數)로 제(除)한다. 제(除)하여 남는 수를 다시 五行數(5)로 제(除)한다. 남은 것이 水一 火二 木三 金四 土五가 되면 이것을 다시 生하여 취한 것이 바로 납음이 된다. 만약 一이 남으면 水生木하여 木이 되고 二가 남으면 火生土하여 土가 되고 三이 남으면 木生火하여 火가 되고 四가 남으면 金生水하여 水가 되고 五가 남으면 土生金하여 金이 된다.

-{납음은 대연수(大衍數)에서 나온 것이다.}-

◎註→且如甲子乙丑四個字干支 共除了三十四數 外有十五數 以二五除了一十 餘得五屬土 土能生金 是甲子乙丑金也. 又如丙寅丁卯四個字干支 共除了二十六數 外有二十三數 以四五除了二十 餘剩三屬木 木能生火 是丙寅丁卯火也 餘者依此.

≪註解≫ 다음과 같은 방법도 있다. 甲子 乙丑의 네 글자를 합하면 34가 된다. 49(대연수)에서 34를 除하면 15가 남는데 다시 五로 제(除)하면 남는 수는 5가 된다. 五는 土에 속하므로 土生金하면 甲子 乙丑은 金이 된다. 또 丙寅 丁卯의 간지의 수를 합하면 26이 된다. 대연수-49에서 26을 제하면 23이 남는다. 23을 5로 제하면 3이 남는다. 三은 木이므로 木生火하여 丙寅 丁卯는 火가 된다. 나머지도 이런 식으로 한다.

◎註→豈得有金在海中 火在爐中之說. 世有不肖之說 未遇明師 道聽塗說 錯論古道 迷誤後人 焉能中理. 故將甲子乙丑金喩子丑近北方 水旺之地 爲海中金. 丙寅丁卯火 喩寅卯近東方 生火之地 如爐中之說 自漢時婁景先生以前 並無金在海中 火在爐中.

≪註解≫ 어째서 해(海)중에 金이 있고 노(爐)중에 火가 있는가. 세간에는 엉터리가 있는데 좋은 선생을 만나지 못하면 뜬소문이나 듣고 옛 가르침을 제대로 분간하지 못하는 이치가 어찌 맞겠는가. 甲子乙丑-金의 子丑은 北方의 水旺地이므로 해중금(海中金)이 되고 丙寅丁卯-火의 寅卯는 火에 가까운 東方이고 火를 生하므로 노중화(爐中火)라는 說이 된다. 한(漢)대의 루경선생이 납음을 만들기 전까지는 金이 해중(海中)에 있고 火가 노중(爐中)에 있다는 이론이 없었다.

◎註→子平之訣 不用胎元小運 不用納音 專以生日天元爲主 配合八字干支 並支中所藏者人元 或當生爲財 爲官 爲禍 爲福 依此參詳. 人命貴賤 得失 榮枯 賢愚可知矣 賦云 在識其道 拙說猶神 才知玄妙之奧.

≪註解≫ 자평법은 태원(胎元) 소운(小運) 납음(納音)등을 사용하지 않고 오로지 生日의 天干을 위주로 八字의 干支와 지장간(支藏干-인원)에 배합한다. 혹은 생년이 財인지 官인지 禍인지 福인지를 자세히 살피면 사람의 귀천(貴賤)과 영고(榮枯)와 득실(得失)과 현우(賢愚)를 알 수 있다. 그래서 賦에 이르길 도(道)를 알면 말은 변변치 못해도 귀신같다는 것을 알게 되면 비로소 현묘(玄妙)한 이치를 아는 것이라고 했다.
-{혹은을 기준으로 앞 문장은 자평법을 말하고 뒷 문장은 납음법을 말한 것이므로 자평법과 납음법을 모두 인정한 표현이다.}-

◎註→歌云
五行眞假少人知 大衍先排四九枝 當除甲己子午九 丑未乙庚八數推
丙辛猴虎同除七 卯酉丁壬六法宜 辰戌戊癸皆除五 巳亥當除四去之
後將五數追除了 餘者相生莫要疑 水一火二木三是 金四土五最幽微
此是乾坤眞甲子 知時須是洩天機.

≪註解≫ 가(歌)에 이르길 五行의 진가(眞假-납음)를 아는 이가 적은데

대연(大衍)수 49를 먼저 두고 甲己子午-九 丑未乙庚-八 丙辛寅申-七 卯酉丁壬-六 辰戌戊癸-五 巳亥-四로 제한 다음 다시 五로 제(除)하여 남은 수로 生하면 된다. 水-1 火-2 木-3 金-4 土-5 가 가장 심오한 것이다. 이것은 天地의 진정한 甲子이므로 이를 알았을 때 천기가 누설된 것이다.

◎註→歌曰 六旬甲子妙幽玄 七七抽除地與天 五減零求生數理 納音得此幾人傳 天地眞殺 夫萬物者 育乎天地 運乎四時 春以萬物 滋榮如歸 蓋生之歸藏 莫離乎土 土坤艮是也.

《註解》 歌에 이르길 심오(深奧)하고도 현묘(玄妙)한 것이 60甲子라고 했다. 七×七 49에서 地와 天을 제(除)하여 나온 수를 다시 5로 제하고 남은 수로 生하여 납음을 얻는 방법이 몇몇 사람들에게 전해진 것이다. 天地의 진살(眞殺)은 천지가 만물을 길러내고 四時를 운행하므로 만물은 봄에 소생하고 번영하지만 태어나면 결국 土로 돌아가고 土를 떠날 수 없기 때문이다. 土는 곤(坤)과 간(艮)을 두고 하는 말이다.
-{진살(眞殺)은 다시 흙으로 돌아가는 것이다.}-

◎註→易曰 艮乃萬物之始 坤乃萬物之終 甲乃天之首 子爲地之首 二儀之循環 一陽之來復 故甲子至壬申九數 甲己相合 子午相冲 故云甲己子午九 乙丑至壬申八數 乙庚相合 丑未對冲 故云乙庚丑未八 丙寅至壬申七數 丙辛相合 寅申對冲 故云丙辛寅申七 丁卯至壬申六數 丁壬相合 卯酉對冲 故云丁壬卯酉六 辰戌至壬申五數 戊癸相合 辰戌相冲 故云戊癸辰戌五 己巳至壬申四數 巳亥相冲 放巳亥單數四 賦云 略之爲定一端 故究之番成萬緖矣.

《註解》 易에 이르길 간(艮)은 만물의 시작이고 곤(坤)은 만물의 끝이라고 했다. 甲은 天의 시작이고 子는 地의 시작이다. 이의(二儀-천지)가 순환(循環)하여 일양(一陽-동지)으로 돌아온다. 甲子에서 壬申까지 九가 되므로 甲己는 합하고 子午는 冲이 되므로 甲己子午는 九가 된다. 乙丑에서 壬申까지 八이 되므로 乙庚은 합하고 丑未는 冲이 되므로 乙庚丑未는 八이 된다. 丙寅에서 壬申까지 七이 되므로 丙辛은 합하고 寅申冲이 되므로 丙辛寅申는 七이 된다. 丁卯에서 壬申까지 六이 되므로

丁壬은 合이 되고 卯酉는 冲이 되므로 丁壬卯酉는 六이 된다. 戊辰에서 壬申까지는 五가 되므로 戊癸는 合이 되고 辰戌은 冲이 되므로 戊癸辰戌은 五가 된다. 己巳에서 壬申까지는 四가 되므로 巳亥는 冲이 되므로 巳亥는 혼자서 四가 된다. 賦에 이르길 간략하게 하나의 실마리를 정하였다고 한 것이므로 번갈아 연구하면 만 가지 단서가 된다고 했다.

12 或以年爲主者 則可知萬億富貴相同者 以甲子年生 便可为本命忌日之戒.

◉ 年을 위주로 하면 부귀가 같은 사람이 많이 나온다. 甲子年에 태어나면 年(조상)이 日(나)을 꺼리면 일주가 조심한다.
-{년을 위주로 하면 모순이 발생하는 것을 나타낸 말이다.}-
-{일주가 조심한다는 말은 만약 년을 위주로 하면 년이 본인이므로 조심할 일이 없는데 생일을 위주로 하면 년이 조상이 되므로 년주(年柱)의 영향이 일주에 미친다는 의미이다.}-

◎註→世之談三命者 皆古法 往往多以年爲主 則可知萬億同者矣 小運納音爲論 則水之渙漫而無所歸矣 富貴有相同者謬矣
故子平法專以生日元爲主 日下支爲妻 言生年爲本爲根 又爲祖上田宅之宮 如甲子生 便爲本命太歲之尊神 忌生日支干 與太歲冲併戰鬪剋害 名爲本主不和 則人生來不靠祖業田宅 暌敗宗親 應難依靠 若生月時中與本命干支會合入局 或遇財官貴氣 則生平當有祖宗田宅 根基豊厚 聲譽之美也
《註解》 세간에 命을 論하는 모든 고법(古法)은 年을 위주로 하여 보는 경우가 흔한데 많은 사람의 命이 같게 나오는 것을 볼 수 있다. 소운(小運)과 납음(納音)을 논하면 물이 흩어져 갈 곳이 없는 것처럼 -{귀결(歸結)이 되지 않고}- 富貴가 같게 나오는 오류가 있다.
그러나 자평법은 오로지 일간을 위주로 하므로 日支를 妻로 보고 생년은 근본이 되고 뿌리가 되고 또 조상의 전택궁(田宅宮)이 된다. 甲子生은 본명의 태세(太歲-년)가 존신(尊神-어른)이 되므로 日柱와 태세(太歲-甲子年)가 冲하는 것은 물론 전투(戰鬪)와 극해(剋害)하는 것을 꺼린다. 日柱와 태세(太歲-년)가 불화하면 태어나 조업(祖業)과 전택(田宅)

을 의지할 수 없고 종친(宗親)과 헤어지거나 흩어지므로 태세(太歲-조상)를 의지 할 수 없다. 만약 태어난 月時와 年의 干支가 합하여 局이 되거나 아니면 財官의 貴氣를 만나면 평생 조상의 전택(田宅)과 뿌리와 터전이 풍후(豊厚)하며 명성을 얻고 칭송(稱誦)을 듣는다.

13 以月爲兄弟 如火命生酉戌亥子月 言兄弟不得力之斷.

◉ 月은 兄弟가 된다. 火日이 酉戌亥子월에 태어날 경우 형제의 힘을 얻지 못하는 것으로 판단한다.

◎註→月爲兄弟之宮 爲男取比和同類 便爲兄弟之星. 且如六丙日生人 以丁火爲弟妹. 六丁日生人 以丙火爲兄姐 若臨酉戌亥子月 言兄弟不得力之論. 謂酉月火死 戌月火入墓 亥月火絶氣 子月火懷胎 故言兄弟不得力斷 其餘依此而推.

≪註解≫ 月은 형제宮이고 남자는 비화(比和)인 같은 부류가 형제가 된다. 예컨대 丙日에 태어나면 丁火가 아우와 손아래 누이가 되고 丁日에 태어나면 丙은 형과 손위의 누이다. 만약 酉戌亥子月에 태어나면 형제의 힘을 얻지 못한다고 논한다. 酉月은 火의 사지(死地)가 되고 戌月은 火의 묘지(墓地)가 되고 亥月은 火의 절지(絶地)가 되고 子月은 火의 태지(胎地)가 되므로 형제가 힘이 되지 않는다고 판단한다. 나머지도 이렇게 본다.

14 以日爲妻 如在冲刑剋殺之地 言剋妻妾之斷.

◉ 日은 妻가 되므로 만약 刑冲剋을 당하면 처첩(妻妾)을 剋하는 것으로 판단한다.

◎註→論妻妾者 以生日支辰爲妻妾之宮 無所剋之物爲吉. 若在空刑剋害之地 則剋妻妾 不然重婚再娶 剋之輕者 主疾病.

≪註解≫ 처첩을 論할 때는 日支는 처첩 宮이 되므로 剋하는 것이 없어야 좋다. 만약 日支가 空亡이고 刑이나 剋害를 당하면 처첩을 剋하거나 아니면 중혼(重婚)하거니 재취(再娶)한다. 剋이 가벼우면 처첩이 질병을 치른다.

壬戊甲戊　男命 -{연구 명조}-
子午寅戌　乙卯 丙辰 丁巳 戊午 己未 庚申
子-妻星이 日支-처궁을 冲剋하여 결국 처궁(午)과 처성(子)이 모두 傷하였다. 평생 결혼을 하지 않았고 결국 丁巳 大運에 중이 되었다.

15 以時爲子息 臨死絶之鄕 言子少之斷.

◉ 時는 자식이 되므로 자식성이 時에 死絶되면 자식이 적다고 본다.

◎註→論子息之多少者 當以生時爲子息宮 男取剋干爲子嗣 女取干生爲子息 若臨死墓胎絶衰弱之地 子息甚少. 如男命六乙日申時生 當有子息多. 乙木以庚金爲子息 申時乃金之分野 庚金建祿之鄕 故言子多也. 若生在子丑寅卯巳午時爲子息少之斷 謂居剋墓絶胎受制之鄕. 或四柱中有刑破剋害損於時中 定是晩年少嗣 縱有亦需僧道過房 貧賤夭折 螟蛉出祖之輩也.

≪註解≫ 자식의 많고 적음은 時의 자식 宮으로 논한다. 男命은 관살을 女命은 식상을 자식으로 본다. 만약 자식궁에 사묘태절쇠약(死墓胎絶衰弱)이면 자식이 아주 적다. 남명이 乙日 申時生일 경우 자식이 많은데 庚金은 乙木의 子息이 되고 申時는 金의 영역이고 庚金의 建祿地가 되므로 자식이 많다. 그러나 時가 子丑寅卯巳午일 경우 자식이 적다고 판단하는데 극(剋)과 묘절태(墓絶胎)로 제(制)를 받는 곳이기 때문이다. 혹 四柱중의 刑 破 剋 害가 時를 상(傷)하면 말년에 자식이 적다. 있어도 자식이 중이 되거나 아니면 입양되거나 빈천 요절하거나 양자가 되어 집을 떠난다.

16 蓋此論之皆非人之所爲 造物陰陽之所致 傾世術士 不知斯理而潛亂於俗 不可以言傳 當巧幽微之妙矣.

◉ 지금까지 論한 것은 인위적인 것이 아니고 만물을 창조하는 음양의 소치(所致)이다. 잘못된 술사들이 이치를 모른 채 세상을 어지럽히지만 말로 다 전할 수는 없으니 심오한 묘리를 연구해야한다.

≪註解≫ 前篇論生年於祖 乃父母世代宗派盛衰之宮 切忌四柱中有刑冲破害之物 傷於當生年 應主祖宗暌敗根基 雖有親蔭無依也. 以生月兄弟之宮

若此比肩者 兄弟之星也. 若臨死絕墓胎之月 言兄弟不得力也. 以日辰爲妻妾宮 若臨空刑剋害之地 言剋妻妾也. 以時爲子息之星 子星若臨死墓絕之鄕 言子息少之斷. 賦云 論其眷屬 審其死絕. 三命云"四柱內觀其九族 三元中辨其六親. 凡父母祖宗爲依倚 兄弟如手足 妻子如心腹 孰不有親愛之眷屬哉".

◎註→앞서 논한 生年은 조상내지 부모세대 종파(宗派)의 성쇠(盛衰)를 보는 궁이므로 사주에 刑冲破害하는 것이 生年 宮을 傷하면 조종(祖宗)의 근기(根基)가 무너져 의지할 수 없으므로 절대 꺼린다. 生月은 형제궁이고 비견은 兄弟星이다. 月이 사절묘태(死絕墓胎)에 임하면 형제의 힘을 얻지 못한다. 日辰은 처첩 궁이므로 공망이나 형극해(刑剋害)하는 地가 되면 처첩을 극한다. 時는 자식 궁이므로 자식성이 사묘절지(死墓絕地)에 臨하면 자식이 적다고 판단한다. 賦에 이르길 권속(眷屬-가족)을 논할 때는 사절(死絕)을 살핀다고 했고 三命에 이르길 사주 내의 구족(九族)을 보는 것은 삼원(三元)으로 육친을 판별한다고 했다. 일반적으로 부모와 조종(祖宗)은 의지가 되고 형제는 수족과 같고 妻子는 심복(心腹)과 같으므로 누구나 친숙하고 사랑하는 것이 권속(眷屬-가족)이 있다.

◎註→蓋六親多寡 存失 貴賤 榮枯 衰旺 皆非世人可得能爲 實天地之造化 誠陰陽之所致 鬼神不能移矣. 古云 自古賢達之士 博通精典 窮理盡性 深明造物之發端 五行無不通曉. 吾夫子云 不知天命 無以爲君子. 今世不肖之術士 不能通變之明陰陽造化幽微之理. 差之毫厘 謬之千里 其斯之謂與 是以五行辨通之道 取用多門 故不可言傳 當考幽微之妙矣

≪註解≫ 육친의 많고 적음과 존실(存失)이나 귀천(貴賤)과 영고(榮枯)와 흥망의 모든 것을 인간이 할 수 있는 것이 아니다. 이는 실로 천지의 조화에 있고 음양의 소치이므로 귀신도 어쩔 수 없다. 옛 말에 이르길 현달지사(賢達之士)는 두루두루 정밀하게 알고 사물의 이치를 탐구하고 조물(造物)의 발단(發端)을 깊이 이해하면 통달하지 못한 五行이 없다고 했다. 선생(공자)께서 말하길 천명(天命)을 모르면 군자(君子)라 할 수 없다고 했다. 요즘에 불초한 술사들은 음양조화(陰陽造化)의 심

오한 이치를 통변할 수 없다. 털끝만한 실수로 초래하여 천리(千里)의 오차가 난다. 이에 따라 이르건대 오행에 통하는 길은 여러 방법이 있고 말로 다 전할 수는 없으니 심오한 묘리를 연구해야한다.

희기편 (喜忌篇)

喜者吉神也 忌者惡神也
※희(喜)는 좋은 신(神)이고 기(忌)는 나쁜 신(神)이다.

01 四柱排定 三才次分 專以日上天元 配合八字支干.

◉ 네 기둥을 세운 다음 三才(간 지 지장간)를 나누고 오로지 日干을 팔자의 干支에 배합(配合)한다.

◎註→凡看命先看四柱年月日時 次分天地人三元. 干爲天元 支爲地元 以支中所藏金木水火土爲人元. 年爲基本 月爲提綱 日爲命主 時爲分野. 故以日上天元配合 取其財官印綬 有無敗傷爭鬪 論其八字也.

≪註解≫ 命을 보는 법은 먼저 사주의 년월일시를 본 다음 天地人 三元(干 支 支藏干)을 구분한다. 干은 天元이고 支는 地元이고 支에 소장한 金木水火土는 人元이다. 年은 기본(基本)이 되고 月은 제강(提綱)이 되고 日은 命主가 되고 時는 분야(分野)가 되므로 日干으로 배합(配合)을 보고 재관인(財官印)을 취하여 패(敗)하고 상(傷)하고 싸우는 패상쟁투(敗傷爭鬪)의 유무(有無)를 보고 팔자를 논한다.

02 有見不見之形 無時不有.

◉ 보이지 않는 것을 만나는 것은 때를 가리지 않고 있다.

◎註→碧玉歌曰 甲官辛兮柱無有 支酉宜精究卯冲 酉合喜合巳酉丑 如無喜絶衰旺休. 或三合六合貴地 雖祿馬妻財子孫 父母兄弟皆是 有見不見之形 無時而不有也.

≪註解≫ 벽옥가(碧玉歌)에 이르길 甲日에 辛-관성이 없을 경우 卯가 酉를 冲하여 불러오는지 자세히 연구하라. 酉는 巳酉丑 合을 좋아하고 절쇠왕휴(絶衰旺休)를 좋아하지 않는다. 三合 六合 귀지(貴地-천을귀인)는 물론 재관(財官) 처재(妻財) 자손(子孫) 부모(父母) 형제(兄弟)가 모두 보이지 않는 것을 만나는 것인데 때를 가리지 않고 있다.

丁甲甲丁　男命　-{연구 명조}-
卯辰辰卯　乙巳　丙午　丁未　戊申　己酉　庚戌

관리(官吏)의 命이다. 辛酉가 관성인데 원국에 없다. 年時에 있는 卯木이 酉를 沖하고 辰土가 육합(六合-辰酉합)으로 끌어오므로 貴命이다. 관성이 보이지 않지만 만나는 것이 된다. 이렇게 보이지 않는 불견지형이 관성이 될 경우 보이는 관성보다 더 좋다고 한다.

03 神殺相絆 輕重較量.

◉ 신살(神殺-관살)이 상반(相絆-혼잡)하면 경중(輕重)으로 구분하라.

◎註→神者-貴人也 殺者-七殺也 若神殺混雜 看入節氣深淺 或有去官留殺 或去殺留官 四柱或歲運亦當知輕重較量. 甲以庚爲殺 庚金乃休囚 身旺則輕.

≪註解≫ 神은 귀인(貴人-관성)이고 殺은 칠살(七殺)이다. 만약 관살이 혼잡(混雜)하면 절기의 심천(深淺)을 본다. 그렇게 해서 거관유살(去官留殺)이 있거나 거살유관(去殺留官)이 나온다. 사주나 세운에서도 경중(輕重)을 분별하면 알 수 있는데 甲은 庚이 殺이므로 庚이 휴수(休囚)되고 身旺하면 庚-殺이 경(輕)한 것이다.
-{즉 경중을 이렇게 본다.}-

04 若乃時逢七殺 見之未必爲凶 月制干強 其殺反爲權印.

◉ 만약 時에 七殺을 만나고 노출되어도 반드시 凶한 것을 만난 것이 아닌데 月에서 時의 칠살을 制하고 일간이 강하면 七殺이 오히려 권인(權印-권력)이 된다.

◎註→此論時上一位貴格. 只有一位 方可爲貴 別位不要再見 始爲清貴. 若年月上再見之反爲辛苦艱難之命. 要日干生旺 不畏刑害、陽刃. 爲人性重 剛執不屈. 若四柱中元有制伏 卻要行官旺運 然後可發福. 又不可專言制伏 貴在得其中 乃盡法無民之命.

≪註解≫ 이는 시상일위귀격(時上一位貴格)을 논한 것인데 살(殺)이 時柱에만 있고 다른 곳에 보이지 않아야 귀(貴)가 뚜렷하다. 만약 年月에 또 칠살이 보이면 반대로 고되고 힘들게 사는 命이다. 일간이 생왕해야 하고 형해(刑害)나 양인(陽刃)을 두려워하지 않는다. 성격이 무겁고 강

직하고 굽히지 않는다. 만약 원국에 제복(制伏)이 있으면 오히려 관성이 旺한 운으로 가야 발복한다. 또 중화(中和)되어야 귀(貴)가 되므로 칠살을 제복(制伏)하기만 하면 진법무민(盡法無民)이 된다.

-{살(殺)을 지나치게 제복하면 凶은 없어지지만 살(殺)이 쓸모없게 되므로 진법무민(盡法無民)이라고 한다. 살(殺)이 강하고 제복이 되어야 살의 공이 크게 나타난다.}-

假如史彌遠之命 甲申、丙寅、乙卯、辛巳 此用日干旺 時上偏官 月上制伏 得其中和 故爲貴矣. 庚子、戊子、戊寅、甲寅 時上偏官 年上制伏 早年登第 歷任尙書 乃先年巡按繡衣李如桂八字也.

辛乙丙甲 男命 사미원(史彌遠) 우승상(右丞相)
巳卯寅申　丁卯 戊辰 己巳 庚午 辛未 壬申 癸酉
≪註解≫ 일간이 왕하고 시의 편관을 월에서 제복하여 중화되어 귀명이 되었다.

-{해설 ; 巳에 祿을 둔 丙-상관이 辛-살을 合制하고 巳-상관이 또 制한다. 制가 重하여 殺이 약하므로 財殺 운을 만나야 한다. 戊辰운 24세 丁未年에 財가 殺을 생하여 진사(進士)가 되었고 辛未대운 45세 戊辰年에 우승상(右丞相)에 올랐다. 癸酉대운 70세 癸巳年에 巳酉 金局이 되고 대운과 유년의 兩 癸水가 丙火를 꺼버렸다. 制伏이 없어지자 旺한 살이 身을 공격하여 죽었다.}-

05 財官印綬全備 藏蓄於月季之中.

◉ 辰戌丑未월에는 財官印을 모두 간직하고 있다.
-{寅申巳亥는 "맹(孟)" 子午卯酉는 "중(仲)" 辰戌丑未는 "계(季)"}-

◎註→此論雜氣財官印綬格. 四季時辰戌丑未也 乃天地不正之氣 爲雜氣也.
≪註解≫ 이것은 잡기재관인수격(雜氣財官印綬格)을 논한 것이다. 사계(四季)는 辰戌丑未를 말하는데 天地의 부정(不正)한 기(氣)가 잡기(雜氣)가 된다.

◎註→蓋辰中有乙木餘氣 壬癸之庫墓 有戊己之土 辰戌丑未 各以所藏之氣 而言之 此四者藏蓄雜氣 爲我之官星 財氣 祿馬 印綬也 須看四柱天元透出 何字爲福 次分節氣淺深. 若殺旺官少 要制伏 不喜財 若主旺相冲 要行財 運庫旺 大抵福聚之地 不可破 如無所忌大發財.

≪註解≫ 辰中에는 乙木 여기(餘氣)가 있고 壬癸의 묘고(墓庫)가 되고 戊己土가 있는데 이는 辰戌丑未가 가지고 있는 기(氣)를 말한다. 이 넷은 잡기(雜氣)를 간직하고 있는데 나의 관성(官星)이나 재기(財氣)나 록마(祿馬)나 인수(印綬)가 되므로 천간에 어떤 "字"가 투출하여 복이 되는가를 본 다음 절기(節氣)에서 천심(淺深-司令)을 구분한다. 만약 殺이 旺하고 관성이 적으면 殺을 제복(制伏)해야 하므로 살을 생하는 財는 좋아하지 않는다. 만약 日主가 旺相하고 冲하면 財運으로 가야 庫가 旺하다. 대체로 福이 모여 있는 곳이 깨지지 않고 꺼리는 것이 없으면 크게 발재(發財)한다.

◎註→假如史太師命 丙戌 戊戌 甲午 己巳 雜氣財官格 此命用辛官 己爲財 戌中有辛金餘氣 戊己土財旺生官 所以富貴兩全. 但墓庫中物 自扁鑰以閉藏 要有刑冲破害 開扁鑰之物 則言發財官之貴矣 若四柱元有刑冲破害之物 再不要逢此運氣 則反貴爲賤 元若無財又喜行此運矣 學者直細推之.
≪註解≫

己甲戊丙 男命 사태사(史太師)
巳午戌戌 己亥 庚子 辛丑 壬寅 癸卯 甲辰
≪註解≫ 잡기재관격이다. 이 命은 辛金 官星을 쓰는데 己-財星이 있고 戌중의 辛金 여기(餘氣)가 있다. 戊己-財가 旺하여 辛-관성을 生하므로 부귀가 온전하다. 묘고(墓庫-진술축미)중에 있는 것이 잠겨 있으므로 刑冲破害가 있어야 자물쇠가 풀리고 문이 열려야 發財하거나 官貴를 얻는다. 만약 원국에 형충파해가 있는데 運에서 형충파해를 또 만나면 貴가 오히려 천(賤)이 된다. 만약 원국에 재성이 없으면 형충파해 운(運)을 좋아한다. 배우는 자는 자세히 보고 추단해야한다.

庚庚辛辛　男命 -{연구 명조}-
辰戌丑未　庚子 己亥 戊戌 丁酉 丙申 乙未 甲午

辰戌丑未가 온전하고 빗장은 열려있지만 財官이 없고 인성이 왕하여 매금(埋金)된 象이다. 丁酉 운에 노력을 많이 했지만 功名을 이루지 못했고 그 후 홀아비로 살았다.

丁庚乙辛　男命 -{연구 명조}-
丑辰未丑　甲午 癸巳 壬辰 辛卯 庚寅 己丑

乙丁-財官이 未에서 투출하였는데 丑未冲으로 인하여 財官의 뿌리가 무너져 財官이 무용지물이다. 壬辰 운에 丁火-관성이 상(傷)하여 처와 자식을 모두 잃었고 가업(家業)이 완전히 없어져 삭발(削髮)하고 중이 되었다.

丁丁壬戊　홍무황제(洪武皇帝-주원장(朱元璋))
未丑戌辰　癸亥 甲子 乙丑 丙寅 丁卯 戊辰 己巳

甲丁壬癸　女命 -{연구 명조}- (陰1973年10月13日 辰時)
辰未戌丑　1癸亥 11甲子 21乙丑 31丙寅 41丁卯 51戊辰

선천적인 벙어리다.

06 官星財氣長生 鎭居於寅申巳亥.

◉ 官星과 財氣의 장생은 寅申巳亥에 있다.

◎註→財官生旺於四孟 寅申巳亥 乃五行長生之地
≪註解≫ 재관이 사맹(四孟)에서 생왕한 것은 寅申巳亥가 오행의 長生地이기 때문이다.

◎註→假如壬申 辛亥 己巳 丙寅 此命先榮後辱 己用甲爲官 亥中有甲木長生 己用壬爲財 申中有壬水長生 己用丙爲印綬 寅中有丙火長生 此爲四孟凶局. ≪註解≫

丙己辛壬　男命 (원문 명조)
寅巳亥申　壬子 癸丑 甲寅 乙卯 丙辰 丁巳

≪註解≫ 이 命은 먼저는 영화(榮華)를 누렸으나 후에 치욕을 당했다. 甲-관성은 亥에 장생이고 壬-재성은 申에 장생이고 丙-인수는 寅에 장생이 되는데 사맹(四孟)의 흉국이다.

庚癸乙壬 男命 -{연구 명조}-
申亥巳寅 丙午 丁未 戊申 己酉 庚戌 辛亥

처음 대운의 丙午未 運에 좋았는데 酉運에 이르러 巳中에 있는 丙戊-재관이 死地가 되어 재물이 줄어들고 妻와 자식이 모두 죽었다.

壬丁壬己 男命 -{연구 명조}- 도당(都堂)
寅未申卯 辛未 庚午 己巳 戊辰 丁卯 丙寅

丁火가 申月에 태어났지만 寅卯未가 생조(生助)하여 신강하다. 月支-申金은 정재가 사권(司權)하였고 壬水-관성의 長生地이므로 貴氣가 生을 얻어 도당(都堂)에 올랐다.

戊辛庚丙 男命 -{연구 명조}- 어사(禦史)
戌酉寅辰 辛卯 壬辰 癸巳 甲午 乙未 丙申

일지에 祿이 있고 丙-관성이 寅에 長生이므로 어사(禦史)에 이르렀다.

07 庚申時逢戊日 名食神干旺之方 歲月犯甲丙卯寅 此乃遇而不遇.

◉ 戊日 庚申時는 식신간왕(食神干旺)이라고 하는데 年月에 甲丙寅卯를 만나면 식신이 쓸모없다.

-{식신간왕(食神干旺)은 천간에 투출한 식신이 자기자리에 뿌리를 두고 있어서 왕(旺)한 것이다. 乙-관성을 암(暗)으로 불러 쓰는 격에 속하고 時의 庚申이 격을 이루기 때문에 庚申과 극전(剋戰)이 일어나는 甲丙寅卯를 꺼린다.}-

◎註→此論專旺食神格 戊以庚爲食神 其中有庚金建祿. 戊土用水爲財 申中有水長生 乃財旺也. 戊用乙爲官星 庚能合卯中乙木爲戊土官貴氣. 若四柱透出甲丙卯寅四字 則壞了申中庚金貴氣 此乃遇而不遇. 假如己未 壬申 戊子 庚申 此謝丞相之命.

≪註解≫ 이것은 전왕식신격(專旺食神格)을 논한 것이다. 戊日이 時에

庚-식신이 있고 庚의 祿인 申이 있다. 水-재성이 申에 장생이므로 財가 旺하다. 戊는 乙-관성을 쓰고 庚金이 卯중에 있는 乙木을 합하여 戊土의 귀기(貴氣)가 된다. 만약 사주에 甲丙卯寅 네 개의 글자가 투출하면 申中 庚金의 貴氣가 무너져 버리므로 무용지물이 된다. 아래는 사승상(謝丞相)의 명이다.

庚戊壬己 男命 사승상(謝丞相) (원문 명조)
申子申未 辛未 庚午 己巳 戊辰 丁卯 丙寅

申金 식신이 월령에 사권(司權)하였고 時柱에 또 庚申을 만나 설기(泄氣)가 지나치다. 다행히 大運이 土火-印比로 行하여 身을 도와 식신을 감당하여 貴가 극품(極品)에 이르렀다.

庚戊己丙 생원(生員) -{연구 명조}-
申辰亥子 庚子 辛丑 壬寅 癸卯 甲辰 乙巳

년간(年干)에 丙이 투출하여 식신전왕격에 들지 못한다. 월령에 亥水가 있고 申子辰 水局이 되어서 財格이다. 49세 甲子年에 공물(供物)을 바쳐 생원(生員)이 되었으나 甲辰대운에 水-용신이 辰에 입묘(入墓)하여 죽었다.

08 月生日干無天財 乃印綬之名.
◉ 月에서 日干을 生하고 天干에 財가 없으면 인수가 된다.

◎註→此論印綬格 十干生我者是也. 爲父母 爲生氣 又能護我之官星 故印綬無傷官之患矣. 大要生旺忌死絶 若四柱中元有官星尤好. 忌見財氣 格行官運則發. 若行財旺鄉 貪財壞印 禍患百端 行死絶運必受其傷.
假如丙辰 甲午 己未 丁卯 此命月生日干爲印綬 係高和尙命 大運丁酉 流年壬午 當年三十歲 至元十九年三月二十四日遭極刑 故謂印生逢死絶之運 又見壬來破印也 此當年用天元 大運用地支.
≪註解≫ 이것은 인수격을 논한 것이다. 인수는 나를 生하므로 부모가 되고 생기(生氣)가 된다. 또 관성을 보호하므로 인수가 없으면 관성이 傷하여 화(禍)가 된다. 인수의 요지(要旨)는 生旺하여야 하고 사절(死

絶)되면 꺼린다. 만약 원국에 관성이 있으면 더욱 좋다. 財를 만나면 꺼리고 인수를 생하는 官運에 피어난다. 만약 財가 旺한 運을 만나면 탐재괴인(貪財壞印)으로 인하여 갖가지 실책과 화(禍)가 일어나고 死絶 운에는 반드시 상해(傷害)를 받는다.

≪註解≫

丁己甲丙 男命 (원문 명조) 중(僧)
卯未午辰 2乙未 12丙申 22丁酉 32戊戌 42己亥

月이 日干을 생하는 인수격이다. 丁酉운 壬午年 27세 3月24日(至元19年)에 극형(極刑)을 당했다. 酉運에 火-인성이 사절(死絶)되고 또 壬午年의 壬水가 丙火 인성을 깨버렸다. 유년은 天干을 쓰고 대운은 地支를 쓴다.
-{원문에는 30세라고 되어 있으나 壬午年은 27세가 맞다.}-

09 日祿居時沒官星 號靑云得路.

◉ 日祿이 時에 있고 官星이 없으면 청운득로(靑雲得路)라고 한다.

◎註→此論歸祿格 要四柱中無一點官星 方爲此格 爲靑云得路. 最要日干 生旺 兼行食神 傷官之鄕可發福. 但歸祿有六忌 一則忌刑冲 二則忌作合 三則忌倒食 四則忌官星 五則忌日月天元同 六則忌歲月天元同 犯此六者 不可一例以爲貴矣.

≪註解≫ 귀록(歸祿)격을 논한 것이다. 四柱에 관성이 하나도 없어야 이 格에 들고 청운득로(靑云得路)가 된다. 가장 중요한 것은 日干이 生旺하면서 식신이나 상관운으로 가야 발복한다. 그러나 귀록격은 6가지 꺼리는 것이 있는데 1-刑冲 2-合 3-倒食 4-官星 5-日月의 天干이 같은 경우 6-年月의 天干이 같은 경우인데 이 6가지를 범하면 하나같이 貴하지 않다.
-{청운득로(靑雲得路)는 관직에 쉽게 올라 권력을 얻는 것이다.}-
-{1과 2는 귀록이 刑 冲 合 되는 것을 말한다. 사주에 관성이 없어야 하므로 육격(六格)에 속하지 않는다.}-

◎註→假如甲子 丙子 癸丑 壬子 此是張都統命 乃子多爲聚福歸祿矣

壬癸丙甲 장 도통(張 都統) (원문 명조)
子丑子子 丁丑 戊寅 己卯 庚辰 辛巳 壬午
장도통의 命인데 子가 많아서 福이 모인 귀록격이다.

己乙丁甲 男命 -{연구 명조}-
卯丑丑子 戊寅 己卯 庚辰 辛巳 壬午 癸未
時에 卯-祿이 있지만 子-편인이 刑하여 귀록격이 아니다. 丑中 己土가 투출하여 편재격이다. 술사들이 모두 귀록으로 보고 관직에 입신출세하는 命이라고 했으나 의학을 공부하였고 辛巳運 37세 庚子年에 죽었다.

10 陽水疊逢辰位 是壬騎龍背之鄕.

◉ 壬日에 辰-字가 겹쳐 있으면 임기용배(壬騎龍背)가 되는 곳이다.
-{향(鄕)은 원국이나 대운의 地支를 말한다.}-

◎註→如壬辰日生 遇辰字多者貴 寅字多者富. 蓋壬以己土爲官星 丁火爲財星. 辰日暗冲戌中之官庫 所以貴也. 寅字多能合午中之財 所以富也. 詩曰 陽水多逢辰字鄕 壬騎龍背喜非常 柱中俱有壬辰字 富貴雙全在廟堂. 丙子 甲午 壬辰 甲辰 此一生員八字 術士見其早年利考 皆作壬騎龍背格 許其堪靑紫. 餘獨以財格看 謂酉戌運不善 至此果不祿 且無嗣.

≪註解≫ 예컨대 壬辰日에 태어나고 辰-字가 많으면 貴를 얻고 寅-字가 많으면 富를 얻는다. 詩에 이르길 壬日에 辰-字를 많이 만나면 임기룡배(壬騎龍背)가 되어 아주 좋은데 柱中에 壬辰이 많으면 조정(朝廷)의 중신(重臣)이 되고 부귀쌍전(富貴雙全)한다고 했다.

甲壬甲丙 생원(生員) (원문 명조)
辰辰午子 乙未 丙申 丁酉 戊戌 己亥 庚子
술사들이 임기용배격이라고 하며 크게 출세할 것이라고 했다. 그러나 나는 재격(財格)으로 판단하였고 酉戌 運이 좋지 않다고 했는데 酉運에 죽었고 자식이 없었다.
-{午 중에 丁己-재관이 전실(塡實) 되었기 때문이다.}-

11 陰木獨遇子時 爲六乙鼠貴之地.

◉ 乙日이 時에 子 하나를 만나면 육을서귀(六乙鼠貴)地가 된다.
-{子-字가 둘이면 안 되고 원국에 관성이 없어야 한다.}-

◎註→此論大懼午字冲 丙子時尤妙 謂之聚貴也. 或四柱中有庚字 辛字 申字 酉字 丑字 內則有庚辛金則減分數 歲君大運亦然. 如月內有官星則不用此格 若四柱中元無官星方用此格.

≪註解≫ 午-字가 冲하면 크게 두려워한다. 丙子時의 묘한 작용으로 貴가 모인 것이다. 혹 사주 중에 庚辛申酉丑-字가 있거나 庚辛金이 지장간에 있어도 福이 감분(減分)되는데 유년과 대운도 마찬가지다. 만약 월에 官星이 있으면 이 格이 아니므로 四柱 원국에 관성이 없어야 서귀격(鼠貴格)으로 본다.

12 庚金全逢潤下 忌壬癸巳午之方 時遇子申 其福減半.

◉ 庚金이 地支에 申子辰이 모두 있으면 壬癸 巳午를 꺼리고 時에 子나 申을 만나면 福이 반감(半減)한다.

◎註→此論井欄叉格 只是庚子 庚申 庚辰合水局爲貴 何也? 蓋庚用丁爲官 子冲午. 庚用木爲財 而申冲寅 戌中戊土爲庚之印 而辰冲之 又辰戌爲財印 故以申子辰三字來冲寅午戌爲財官印綬. 若四柱中須用申子辰全爲貴 不止庚金 得三庚金者尤爲奇. 或戊子 丙辰亦不妨. 喜行東方財地 北方傷官 南方火格不爲貴 忌壬癸巳午方也. 假如庚子 庚辰 庚申 丁丑 此是王都統制命 丁卯出戎邊土 得十四官誥.

≪註解≫ 정란차격(井欄叉格)을 논한 것이다. 오직 庚子 庚申 庚辰日이 水局을 이루어야 貴命이 된다. 왜냐? 子로 午를 冲하여 庚의 관성인 丁火를 쓰고, 申으로 寅을 冲하여 木-재성을 쓰고, 戌中의 戊를 庚의 인성으로 삼기 때문에 辰으로 冲한다. 또 辰戌은 財印이 된다. 원래 申子辰 석자가 寅午戌을 冲하여 財官印으로 삼는다. 四柱에 申子辰이 온전하여야 貴가 되는데 庚金이 셋이면 더 좋고 혹 戊子나 丙辰으로 冲하여도 상관없다. 東方의 財地를 좋아하고 北方-상관이나 南方-火는

貴가 되지 않고 壬癸와 巳午方을 꺼린다.
-{무형(無形)의 火를 쓰기 때문에 木운이 좋고 水를 꺼리고 火운은 전실(塡實)되기 때문에 꺼린다.}-

丁庚庚庚　男命 왕도통제(王都統制) (원문 명조)
丑申辰子　辛巳 壬午 癸未 甲申 乙酉 丙戌
≪註解≫ 이것은 왕도통제의 命이다. 28세 丁卯年에 변방으로 출정(出征)하였고 十四 관고(官誥)를 얻었다.
-{관고(官誥)는 제왕이 봉증(封贈)하는 조서(詔書)인데 오색금화(五色金花)로 만든 비단이라고 한다.}-

丙庚戊庚　男命 -{연구 명조}-
戌辰子申　己丑 庚寅 辛卯 壬辰 癸巳 甲午
정란차격에 들지만 生員에 불과했고 發財는 했으나 貴를 얻지는 못했다. 戌-字 기신(忌神)이 있다.

庚庚甲戊　男命 -{연구 명조}- 각노(閣老-明淸代의 내각대신)
辰申子寅　乙丑 丙寅 丁卯 戊辰 己巳 庚午
東方의 재운에 청운(靑雲)의 뜻을 이루어 상승하였다. 庚午大運에 午火가 子水를 冲하여 귀양살이를 했다. 寅-字가 기신(忌神)이다.

13 若逢傷官月建 如凶處未必爲凶.

◉ 月에 상관(傷官)을 만나면 흉(凶)한 곳이지만 반드시 凶한 것만은 아니다.

◎註→此論傷官格. 傷官之法 務要傷盡而不爲禍. 四柱若元有官星 傷之尤重 元無官星 傷之則輕. 若三合會起傷官之殺及運行傷官之地 其禍不可言也. 故傷官見官 爲禍百端. 若當生年有傷官七殺 爲禍最重 爲之福基受傷 終身不可除去. 若月時見傷官之地 可發福矣. 若女人命有傷官者 主剋夫. 若見合多爲卑賤或淫濫. 如無制者爲師尼 合則非良婦也. 若遇貴人殺者 亦作命婦而推之.

≪註解≫ 이것은 상관격을 논한 것이다. 상관은 상진(傷盡)되어야 화

(禍)가 없다. 원국에 관성이 있으면 상해(傷害)가 重하고 원국에 관성이 없으면 상해(傷害)가 가볍다. 만약 三合하여 상관살(傷官殺)이 된 것이 傷官운으로 가면 그 禍가 이루 말할 수 없다. 그래서 상관견관(傷官見官)을 위화백단(爲禍百端)이라고 한다. 만약 생년에 상관 칠살이 있으면 화(禍)가 가장 중(重)한데 복(福)의 기반(基盤)이 傷하기 때문에 평생 화근(禍根)이 지워지지 않는다. 그러나 月時에 傷官을 만나면 년의 상관과 달리 發福이 가능하다. 女命에 상관이 있으면 극부(剋夫)하고 합이 많이 보이면 비천(卑賤)하고 음란방탕하다. 만약 상관을 制하는 것이 없으면 비구니나 무당(巫堂)이 되고 합하면 좋은 아녀자가 못된다. 그러나 만약 천을귀인(天乙貴人)을 만나면 명부(命婦-공직자의 妻나 母)가 가능하다.

-{상관상진은 상관격에 관성이 전혀 없는 것을 말한다.}-

甲丁戊己 男命 -{연구 명조}- 고관(高官)
辰巳辰丑 丁卯 丙寅 乙丑 甲子 癸亥 壬戌

土-식상이 지나치게 설기하므로 甲-인성과 巳-겁재가 喜神이다. 丁卯에서 甲子대운 까지 뜻을 이루고 요직을 두루 거쳤다. 癸亥 運에 巳火를 冲하고 상관견관이 되어 질병으로 죽었다.

14 內有正倒祿飛 忌官星亦嫌羈絆.

◉ 支에 정도록비(正倒祿飛)가 있으면 官星이 있는 것과 기반(羈絆)을 꺼린다.

-{정도록비(正倒祿飛)는 비천록마를 말한다.}-

◎註→內有正倒祿飛者 乃丁巳得巳字多 冲出亥中壬水爲丁官星 乃正飛天祿馬格也. 若辛日得亥字多 冲出巳中丙火爲辛官星 乃是倒飛天祿馬格也. 柱中有壬癸辰巳 皆是官星羈絆也 則減分數 歲運亦同.

≪註解≫ 정도록비(正倒祿飛)에는 丁巳日에 巳-字가 많으면 巳중 戊土가 亥중에 壬-관성을 충출(冲出)하는 정비천록마(正飛天祿馬)격과 辛日에 亥-字가 많으면 亥중 壬水가 巳중에 丙-관성을 충출하는 도비천록마(倒飛天祿馬)격이 있다. 柱중에 壬癸辰巳가 있으면 官星을 기반(羈絆)

하므로 福이 줄어드는데 歲運도 마찬가지다.

◎註→詩曰
祿馬飛天識者稀 庚壬二日貴非疑 柱無羈絆官星現 平步青云到鳳池
飞天祿馬少人知 辛癸多逢亥位宜 不見官殺無羈絆 少年富貴拜丹樨
≪註解≫ 詩에 이르길
록마비천을 아는 사람이 별로 없는데 庚壬 二日의 비천록마격이면 반드시 貴하고 柱中에 기반(羈絆)과 官星이 없으면 순조롭게 출세한다고 했다. 비천록마를 아는 사람이 드믄데 辛亥가 亥를 많이 만나고 官殺이 없고 기반(羈絆)이 없으면 힘들이지 않고 중신(重臣)이 되어 富貴한다고 했다.

乙丁丁戊　男命 랑중(郎中) -{연구 명조}-
巳巳巳辰　戊午 己未 庚申 辛酉 壬戌 癸亥
丁火日에 세 개의 巳火가 있고 官星이 없어서 비천록마격이다. 亥中에 壬水를 冲하여 관성으로 삼은 것이다.

15 六癸日時逢寅位 歲月怕戊己二方.

◉ 癸日 甲寅時는 年月에 戊己가 있으면 꺼린다.

◎註→此論刑合格 以六癸日爲主星 用戊土爲正氣官星 喜逢寅時 用巳中戊土 癸日得官星. 如庚寅刑不成 惟甲寅時是 行運與飛天祿馬同. 若四柱有戊字 己字 又怕庚金傷甲字 刑壞了寅字 忌申字. 假如癸酉 辛酉 癸卯 甲寅 乃妻參政命也.
≪註解≫ 형합격(刑合格)을 논한 것이다. 戊土를 정기관성(正氣官星)을 삼기 때문에 寅時를 만나면 좋아한다. 寅이 巳를 刑하여 巳中에 있는 戊-관성을 얻기 때문이다. 庚寅은 刑을 이루지 못하므로 오직 甲寅時가 되어야하고 運을 보는 법은 비천록마와 같다. 만약 四柱에 戊-字나 己-字가 있으면 꺼리고 또한 庚金이 甲-字를 傷하는 것도 두렵고 申-字도 꺼리는데 寅이 巳-字를 刑하지 못하게 한다.

甲癸辛癸　루 참정(婁 參政) (원문 명조)
寅卯酉酉　庚申 己未 戊午 丁巳 丙辰 乙卯

甲癸甲丁　女命 -{연구 명조}-
寅亥辰酉　乙巳 丙午 丁未 戊申 己酉 庚戌

癸日 甲寅時이지만 女命은 우선 관성을 본다. 身旺하고 甲寅(상관)이 투출하여 미모(美貌)가 뛰어나 보는 사람마다 좋아한다. 辰-관성이 합을 당하고 상관이 둘이나 투출하여 夫星이 좋지 않다. 창기(娼妓)의 명이다.

16 甲子日再逢子時 畏庚辛申酉丑午.

◉ 甲子日 甲子時는 庚辛 申酉 丑午를 꺼린다.

◎註→此論子遙巳格. 甲用辛官 辛祿在酉 二子爲甲木之印綬. 如子中癸水遙合巳中丙戊 合動酉位之辛爲甲之官星. 巳酉丑三合會起官星 喜壬癸亥子月 忌庚申辛酉 乃金來傷甲木. 午字來冲子字 丑羈絆則不能去遙合矣.

≪註解≫ 자요사(子遙巳)格을 논한 것이다. 甲은 辛-관성을 쓰는데 辛祿이 酉에 있고 子-인수가 둘이다. 子중 癸水가 巳중에 있는 丙戊를 요합(遙合)하고 酉에 있는 辛을 합하여 甲의 官星으로 삼는다. 巳酉丑 三合이 되어도 관성이 된다. 壬癸亥子월을 좋아하고 庚申辛酉-관살을 꺼리고 金이 甲木을 상하는 것을 꺼린다. 午가 子를 충하거나 丑이 子를 기반(羈絆)하면 요합(遙合)하러 갈 수 없다.

◎註→假如甲申 甲戌 甲子 甲子 此乃是羅禦史之命 雖然是遙巳 然年上有甲庚冲尅甲 運行戊寅 寅刑巳 番成禍矣 流年乙丑則罷官.

甲甲甲甲　나어사(羅禦史) (원문 명조)
子子戌申　乙亥 丙子 丁丑 戊寅 己卯 庚辰

巳를 요합하지만 年에서 甲庚이 冲尅하여 甲을 극한다. 戊寅대운에 寅이 -{子가 요합(遙合)한}- 巳를 刑하여 몇 차례 화(禍)를 당했고 乙丑년에 관직에서 파면되었다.

17 辛癸日多逢丑地 不喜官星 歲時逢子巳二宮 虛名虛利.

⊙ 辛日과 癸日은 丑이 많으면 官星을 좋아하지 않으므로 年時에 子巳를 만나면 名利가 헛된다.

◎註→此論丑遙巳格 只辛丑 癸丑二日可用. 但要四柱中無一點官星方用此格. 蓋辛用丙官 癸用戊官 丙戊祿在巳也. 丑能遙巳 丙戊之祿出矣 不要填實巳位 子午羈絆不能遙也. 若申酉得一字爲好.

≪註解≫ 축요사(丑遙巳)格을 논한 것이다. 辛丑과 癸丑日에만 해당하고 사주 중에 관성이 하나도 없어야 이 格이 된다. 辛日은 丙을 官星으로 쓰고 癸日은 戊를 官星으로 쓰는데 丙戊의 祿이 巳에 있기 때문에 丑이 巳를 요합(遙合)하여 巳에서 丙戊의 祿이 나온 것이다. 그래서 巳-字가 보이면 안 되고 子-字가 丑을 기반(羈絆)하면 巳를 요합(遙合)할 수 없다. 만약 원국에 申이나 酉-字가 하나 있으면 巳를 合해 오기 때문에 좋다.

◎註→假如乙丑 己丑 癸丑 癸丑 乃是葉侍郎之命 又有丁丑 癸丑 辛丑 己丑 乃王通判之命

≪註解≫

癸癸己乙　男命 엽시랑(葉侍郎) (원문 명조)
丑丑丑丑　戊子 丁亥 丙戌 乙酉 甲申 癸未

己辛癸丁　男命 왕통판(王通判) (원문 명조)
丑丑丑丑　壬子 辛亥 庚戌 己酉 戊申 丁未

癸癸乙癸　男命 -{연구 명조}-
亥丑丑丑　甲子 癸亥 壬戌 辛酉 庚申 己未

命局과 運에 財星이 없고 한기(寒氣)가 왕(旺)한데도 맨손으로 부자가 되었다. 축요사(丑遙巳)이다.

18 拱祿拱貴 塡實則凶.

⊙ 공록공귀(拱祿拱貴)는 전실(塡實)되면 흉하다.

◎註→此論拱祿拱貴二格 乃兩位虛拱貴祿之地 四柱不可占了貴祿之宮 則填實不容物矣 只爲官星榮顯也. 其祿貴者拱之 盛物之器皿 若空則容物 乃貴祿榮顯. 經曰 官崇祿顯 定是夾祿之鄕. 又忌傷了日時 皆拱不住矣.

≪註解≫ 공록(拱祿) 공귀(拱貴)격을 논한 것이다. 日時의 兩支가 보이지 않는 귀록(貴祿)을 공(拱)하는 곳이 된다. 사주에 귀록(貴祿)이 있으면 그 자리를 차지하기 때문에 안 된다. 즉 전실(塡實)되면 받아들일 수 없다. 관성이 번영하려면 록귀(祿貴)를 공(拱)하는 그릇이 비어야 귀록(貴祿)을 받아들이고 귀록(貴祿)이 번영을 하게 된다. 經에 이르길 관록이 높은 것은 협록(夾祿)하는 支가 안정된 것이다. 또 日時가 상(傷)하면 공(拱)이 될 수 없으므로 꺼린다고 했다.
-{협록지향(夾祿之鄕)은 日과 時의 지지(地支)를 말한다.}-

◎註→假如丁巳 丙午 甲寅 甲子 此是王郞中之命 此時日來夾丑中癸水餘氣 辛金庫墓 巳上乘旺 乃甲木之財 官之長生 人命逢之 豈不爲貴 後運行辛丑 除通判 入庚子運 庚金剋甲木 又是年月冲破甲子 乃天中殺 卽空亡 夾貴不住 走了貴人 一旦壞了.

甲甲丙丁 왕랑중(王郎中) (원문 명조)
子寅午巳　　乙巳 甲辰 癸卯 壬寅 辛丑 庚子

日時의 子와 寅 사이에 丑-귀인이 공협된 것인데 丑중에는 癸水 여기(餘氣)가 있고 辛金의 묘고(墓庫)가 된다. 巳에서 甲木의 財(土)가 승왕(乘旺)하고 官의 장생지가 되는데 어찌 귀명(貴命)이 아니겠는가. 辛丑운에 통판(通判)을 지냈다. 庚子운에 들어와 庚金이 甲木을 극하고 또 年月이 甲子 공망을 冲破하므로 협귀(挾貴)가 머무를 수 없고 귀인이 가버려 하루아침에 무너졌다.
-{丑은 재성이면서 천을귀인이 되고 丑중에는 辛金-관성이 있다.}-

壬壬戊庚 男命 -{연구 명조}-
寅辰子戌　　己丑 庚寅 辛卯 壬辰 癸巳

11세 庚寅년 1차 향시(鄕試)에 합격하고 19세 戊辰年에 진사가 되었으나 辛卯대운에 공귀(拱貴-卯귀인)가 전실(塡實)되어 죽었다. 공록(拱祿)

은 진록(眞祿)이 보이면 안 되고 공귀(拱貴)는 진귀(眞貴)가 보이면 안 된다. 단지 암(暗) 중에만 있어야한다. 만약 원국에 眞祿이 보이면 다른 격으로 논한다.

丁丁癸己　男命 원세개(袁世凱) -{연구 명조}-
未巳酉未　壬申 辛未 庚午 己巳 戊辰 丁卯

日時 사이에 午火가 공록(拱祿)이 있으나 巳酉合局의 편재격이다. 庚午 運 壬午年에 조선의 壬午정변(政變)을 진압하였고 평생 출세만 하여 잠깐 동안 황제에 오른 命이다.

拱祿格 五日
丁巳日-丁未　己未日-己巳　戊辰日-戊午
癸丑日-癸亥　癸亥日-癸丑

拱貴格 六日
甲寅日-甲子時　壬辰日-壬寅時　甲申日-甲戌時
戊申日-戊午時　乙未日-乙酉時　辛丑日-辛卯時.

19 時上偏財 別宮忌見.
◉ 시상편재는 다른 곳에 편재가 보이면 꺼린다.

◎註→此論時上偏財格 又名時馬格 與時上偏官同. 用時上天元及支內人元 只要時上一位有之 始爲貴 若別位有之 便多了 難作偏財而論. 要身旺 不要剋破 要財運旺卽發矣. 假如丁酉 己酉 戊子 壬子 邵統制命也.

《註解》 시상편재격을 논하는 것인데 시마격(時馬格)이라고도 한다. 시상편관과 같다. 時의 천간이든 지지이든 지장간이든 時에 있어야 貴가 되는데 단지 時에만 있어야 貴하다. 만약 다른 곳에 또 있으면 시상 편재로 논하기 어렵다. 身旺하고 극파(剋破)가 없고 財旺 운으로 가야 발전한다.

壬戊己丁　男命 소통제(邵統制) (원문 명조)
子子酉酉　戊申 丁未 丙午 乙巳 甲辰 癸卯

편재가 旺하고 강한 金-상관이 설기하는데 日主에는 뿌리(土)가 없다.

丁-인수 역시 뿌리가 없으므로 신약하여 財와 상관을 감당하지 못한다. 다행히 南方운으로 행하고 인성이 旺하여 貴하게 되었다. 南方 운을 만나지 못했으면 평상인에 불과하다.

辛丁己丁　男命 -{연구 명조}-
亥丑酉丑　戊申 丁未 丙午 乙巳 甲辰 癸卯
時에 편재가 있고 月支와 丑중에 財가 旺하여 재다신약(財多身弱)이다. 가업이 완전히 깨졌다.

20 六辛日逢戊子 嫌午未位 運喜西方.
◉ 辛日 戊子時는 午未를 꺼리고 서방의 金運을 좋아한다.

◎註→此論六陰朝陽格. 辛金至亥爲六陰之地 而得子時 故曰 六陰盡處一陽生 故云六陰朝陽之格 乃謂陰盡還陽. 辛用丙官 癸爲壽星 只是要子字一位 若多不中 喜戊干 戊來合癸動巳中暗丙 丙爲辛之官星 四柱中忌見午冲破子祿. 西方乃金旺之地 故喜也. 東方財氣 土鄕次之. 不要行南方火鄕 北方水傷官也.

≪註解≫ 육음조양(六陰朝陽)격이다. 辛金이 육음지(六陰地)인 亥에 이르면 子時를 얻게 된다. 육음(六陰)이 다하면 一陽이 생기므로 육음조양격이라 하는데 陰이 다하면 다시 陽이 되기 때문이다. 辛日은 丙火가 관성이고 癸-식신은 수성(壽星-수명)이 된다. 子-字는 하나만 있어야하고 많으면 안 된다. 時에 투출한 戊가 子중의 癸를 합하고 子는 巳중에 丙火를 암동(暗動)하여 辛金의 관성이 된다. 사주 중에 午가 보이면 꺼리는데 時의 子祿을 충파(冲破)하기 때문이다. 西方의 金旺地를 좋아하고 東方의 木-재성과 土-인성은 다음이다. 南方-火는 원치 않고 北方의 水는 관성을 상(傷)한다.

戊辛庚戊　男命 필보우(畢甫遇) (원문 명조)
子卯申辰　辛酉 壬戌 癸亥 甲子 乙丑 丙寅

戊辛癸甲　女命 -{연구 명조}-
子丑酉子　壬申 辛未 庚午 己巳 戊辰 丁卯

酉丑-金이 癸子를 생하고 다시 甲-재성을 생하지만 아깝게도 官星이 없다. 女命에 관성이 없으면 세 번째 남자와 해로한다고 했다. 戊辰대운 46세 己酉年에 남편이 죽었다.

21 五行遇月支偏官 歲月時中宜制伏 類有去官留殺 亦有去殺留官 四柱純殺有制 定居一品之尊 略有一位正官 官殺混雜反賤.

◉ 일간의 오행이 月支에 편관을 만나면 年月時중에서 제복(制伏)해야 하는데 거관유살(去官留殺)이나 거살유관(去殺留官)이 있다. 사주에 순수한 殺을 制하면 일품(一品)의 벼슬에 정착한다. 이때 정관이 일위(一位)에 있으면 관살혼잡이 되므로 반대로 천(賤)하다.

◎註→此論偏官之格. 若四柱中全無一點官星 用七殺爲偏官. 若有正官 此謂七殺之鬼 乃剋天干也 故謂有見不見之形. 全要日干生旺 故喜身旺 怕冲動陽刃 只要制伏 不要四柱見正官 有兄不顯其弟之說.

≪註解≫ 편관격을 논한 것이다. 만약 사주 중에 관성이 하나도 없으면 七殺을 편관으로 삼는다. 만약 正官이 있으면 칠살의 귀(鬼)라 하는데 天干을 剋하기 때문에 이를 두고 보이지 않은 것을 만난 것이라고 한다. 일간이 완전히 生旺해야 하므로 신왕을 좋아하고 양인을 충동(冲動)하면 두려워하는데 칠살을 제복(制伏)하여야 하기 때문이다. 사주에 정관이 보이지 않아야 하는데 兄(칠살)이 있으면 弟(정관)가 나타나지 않아야 한다.

-{양인은 칠살을 합하여 제복하기 때문에 양인을 충하면 안 된다.}-

◎註→或歲運中 或四柱中是去官留殺何也? 乃制伏是也. 若官殺混雜不爲清福. 只此偏官七殺者 乃小人之輩 多凶暴 無忌憚 乃能勞力以養君子也. 惟是不懲不戒 無術以控制之 則不能馴服而爲用. 若四柱中原無制伏 要行制伏之運. 四柱中原有制伏 要行身旺之鄕 若有制伏又行制伏之運 蓋爲盡法無民之喩.

≪註解≫ 혹 歲運이나 四柱중에서 거관유살(去官留殺)이 되면 어떻게 해야 하는가? 이때는 살을 제복하는 것이 옳다. 관살이 혼잡하면 복(福)이 뚜렷하지 않기 때문이다. 편관 칠살은 흉폭하고 거리낌이 없는

소인배이지만 오히려 노력하면 군자를 봉양할 수 있다. 다만 징계(懲戒)하지 않거나 제압하는 기술이 없으면 훈복(馴服)시켜 쓸 수 없다. 만약 四柱 원국에 制伏이 없으면 제복하는 運으로 가야하고 원국에 제복이 있으면 身旺 運으로 가야한다. 만약 원국에 制伏이 있는데 또 제복하는 운으로 가면 대개 이런 경우 진법무민(盡法無民)이 된다는 것을 알아야한다.

◎註→假如己未 乙亥 丙寅 辛卯 乃王章明相公之命也 乃月偏官制伏在年上 兼日坐長生之火 三合木局 丙日逢貴 所以發祿 後遭刑戮 死無棺槨 初行壬申起福運矣.

辛丙乙己　男命 왕장명 상공(王章明 相公)
卯寅亥未　甲戌 癸酉 **壬申** 辛未 庚午 己巳

≪註解≫ 亥-편관을 年의 己未가 제복하였고 丙火가 寅에 장생이고 亥卯未 木局이 되었다. 亥-貴人을 만나 관록이 좋았으나 후에 처형(處刑) 당했는데 관(棺)도 없이 묻혔다. 殺이 약하기 때문에 木을 制하고 殺을 생조(生助)하는 壬申 대운부터 일어났다.

己丙己辛　男命 증국번(曾國藩) -{연구 명조}-
亥辰亥未　戊戌 丁酉 丙申 乙未 甲午 癸巳

亥-칠살이 강하여 상관으로 제살하는 격이다. 乙未대운 43세 癸丑年에 훈련군이 되었다. 44~45세 甲寅 乙卯年에 木-인수가 土-상관을 制하는 바람에 전쟁에 여러 번 패하여 투신자살을 기도했다. 그러나 甲午運 47세 丁巳年 여러 차례 승전(勝戰)하여 혁혁한 전공(戰功)을 세워 총독(總督)에 올랐다.

22 戊日午月 勿作刃看 歲時火多 却爲印綬.

◉ 午月의 戊日은 年時에 火가 많으면 양인으로 보면 안 되고 이때는 인수가 된다.

◎註→此論陽刃者 非犬羊之羊 乃陰陽之陽 此祿前一位是. 推陽位有刃 陰位無刃. 如丙戊祿在巳 午爲陽刃者. 戊日得午月 午上不爲刃. 不爲刃者

何也? 乃陰火生陽土 正謂月生日干 若歲干時干又見火 乃是印綬格也.
≪註解≫ 이것은 양인을 논한 것인데 陽刃은 개나 양(羊)이 아니고 음양의 陽으로 祿앞의 一位에 있는 것이다. 陽에는 인(刃)이 있지만 陰에는 刃이 없다. 丙戊의 祿은 巳가 되고 午는 陽刃이다. 戊日 午月의 午를 양인이 아니라고 하는 것은 왜 그런가? 陰火-丁이 陽土-戊를 생하기 때문에 月이 日干을 생하는 데 이때 만약 년간(年干)이나 시간(時干)에 火가 보이면 인수격이다.

23 月令雖逢建祿 切忌會殺爲凶.

◉ 월령(月令)에 록(祿-정관)을 만나도 殺이 모이면 흉하다.
-{월령에 정관을 만나도 살이 있으면 안 된다.}-

◎註→大凡命中以財官爲貴 若四柱中有以作合 謂貪合忘官 又兼會起七殺 反爲凶兆. 且如甲日用酉月爲官星正氣 若年時子辰又會兼起申中庚爲七殺 乃甲之鬼賊 故爲凶.
≪註解≫ 대개 명(命)중에 있는 財官으로 貴로 삼는데 만약 四柱 중에 관성이 합하면 탐합망관(貪合忘官)이라 한다. 또 겸하여 七殺이 모이면 오히려 흉조(凶兆)가 된다. 예를 들면 甲日은 酉月을 정기관성으로 삼는데 이때 만약 年時에 子辰이 있고 또 申이 합하면서 庚金-칠살이 일어나고 甲의 귀적(鬼賊)이 되기 때문에 흉하다.
-{이 결의 建祿은 월령에 정관이 있는 것을 말한다. 申子辰 水局이 되면 살인상생이 될 것 같지만 甲申은 일지가 申-칠살이기 때문에 흉하다. 월령의 酉-관성은 辰酉合이 되어 탐합망관이 된다.}-

24 官星七殺交差 却以合殺爲貴.

◉ 官殺이 교차(交差)하면 殺을 합하여 貴로 삼는다.
-{관살교차(交差)는 관성과 칠살이 마주친 것이다.}-

◎註→官星乃貴氣之神 純而不雜 乃爲淸福 雜而不純 便壞造化. 有支中合出七殺爲吉兆. 經云 合官星不爲貴 合七殺不爲凶 乃是五行賴之救助. 且如甲日生人得卯時 卯中之乙能合庚字爲甲之偏官 是爲合殺也. 若男子得之

和氣 與人投合 貴者. 女子得之 多主心意不足 雖美麗 性樂私情 主剋夫害子. 如庚日生 四柱見丙爲殺 則有申辰合起子爲水局來救之 丙化爲官則吉矣.

≪註解≫ 관성은 귀기(貴氣)이므로 섞이지 않고 순수하면 福이 뚜렷하다. 그러나 섞이면 불순(不純-혼잡)하므로 조화(造化-명운)가 즉시 무너진다. 이때 支에서 七殺을 합하여 끌어내면 길조(吉兆)가 된다. 經에 이르길 관성이 합하면 귀하게 되지 못하고 七殺을 합하면 凶하지 않다고 했다. 즉 오행이 구조(救助)된 것이다. 예를 들어 甲日生 卯時일 경우 卯中의 乙이 庚-칠살을 합하면 甲의 편관으로 삼는데 이것이 바로 합살이다. 이럴 경우 남자는 화기(和氣)가 있고 사람과 영합(迎合)하여 귀하게 된다. 여자가 이럴 경우에는 생각이 부족하여 얼굴이 예쁘더라도 사정(私情)을 좋아하고 남편을 극하고 자식을 해친다. 만약 庚日에 丙-칠살이 보일 경우 申子辰 수국이 구제하면 丙-칠살이 관성으로 化하여 吉하다.
-{여명은 탐합망관(貪合忘官) 탐합망살(貪合忘殺) 모두 좋지 않다.}-

25 柱中官星太旺 天元羸弱之名.
◉ 柱중에 官星이 太旺하면 天元(일간)이 나약(懦弱)하다.

◎註→大抵人生以財官祿馬爲貴 取其中和之氣爲福厚 偏黨之氣爲福薄. 若官星太旺 天元身弱 又行官旺鄕 反成其禍. 且如甲乙日天元用庚辛申酉巳丑爲官貴 四柱中官星旣多 元有制伏則妙. 本身弱須行制伏之運乃可發福. 若行官旺之鄕 乃造化太過 其禍害破財不可勝言 運數亦然.

≪註解≫ 대체로 財官을 貴로 삼고 중화(中和)되면 福이 후(厚)하고 편당(偏黨)하면 福이 박(薄)하다. 만약 관성이 태왕(太旺)하면 천원(天元-일주)이 약하므로 또 官이 旺한 運으로 가면 오히려 화(禍)를 이룬다. 즉 甲乙日에 庚辛 申酉 巳丑을 쓰면 관귀(官貴)가 되는데 사주에 이미 관성이 많으면 원국에 제복(制伏)이 있어야 좋고 본신(本身-일주)이 약해도 모름지기 제복하는 運으로 가야 발복한다. 만약 官이 旺한 運으로 가면 조화(造化-명운)가 지나치므로 말할 수 없는 화해(禍害)와 파재(破

財)를 당한다. 대운 유년도 마찬가지이다.
-{일반적으로 관성이 둘이면 왕하고 셋 이상이면 태왕하다. 관성을 상관으로 제하면 상관견관이 되므로 식신으로 제(制)하거나 인성(印星)으로 화살(化殺)하는 것이 마땅하다.}-

癸丙庚辛　男命 -{연구 명조}-
巳子子巳　己亥 戊戌 丁酉 丙申 乙未
年과 時에 巳火-祿이 둘이나 있지만 丙申運 44세 甲子年 10月 죽었다. 丙申운에 申이 兩 巳를 刑하여 巳가 무너지고 44세 甲子년에는 子水 셋이서 유약(柔弱)한 丙火를 공격한 때문이다.

丁甲辛戊　男命 -{연구 명조}-
卯申酉申　壬戌 癸亥 甲子 乙丑 丙寅 丁卯
甲木이 卯에 뿌리를 두었으나 申申酉辛으로 관살이 득령득세(得令得勢)하였다. 25세 壬申年에 사기를 쳤는데 26세 癸酉年에 卯木 양인을 冲하여 6年 刑을 선고 받았다.

26 日干旺甚無依 若不爲僧卽道.

◉ 日干이 심하게 旺하고 의지할 것이 없으면 중(僧)이나 도사(道士)다.
-{일간은 재관(財官)을 의지한다.}-

◎註→此論時旺 殺爲主 本得地 乃爲時旺之鄕也. 其人沉屙不染 老年齒牢 發黑 以邁天年. 如此格多出俗避位出塵 尙志慕道修禪 乃日干甚旺. 且如庚日生人 月時在申 或運入西方 此庚以火爲官星 火至西方而死 庚以木爲財 木至西方而絶 旣是財官祿馬俱無 則欲步於前程 何以施設 故無依倚 乃持身旺地 蓋順身遠害之命. 假如乙卯 丙子 丙午 癸巳 此祁眞人命 日干旺於東南方運.

≪註解≫ 이것은 때(月令)가 왕한 것을 말하므로 殺을 위주로 한다. 근본적으로 득지(得地)하여 때가 旺한 것이다. 이런 사람은 고질병에 걸리지 않고 늙어도 치아가 튼튼하고 머리가 검고 천명(天命)을 다한다. 이런 格은 대부분 지위와 세속을 벗어나 道를 숭상하고 선(禪)을 수련

하는데 日干이 심히 旺한 때문이다. 예를 들어 庚日의 月 時에 申이 있고 運이 西方 金으로 가면 庚의 官星인 火는 西方에 死地가 되고 財星인 木은 絶地가 되어 이미 財官이 없는 것인데 무슨 영화를 구하겠는가. 그래서 일주가 의지할 재관이 없고 身旺地에 있으므로 몸이 순조롭고 해(害)와는 거리가 멀다.

癸丙丙乙 男命 기 진인(祁 眞人) 道士 (원문 명조)
巳午子卯 乙亥 甲戌 癸酉 壬申 辛未 庚午
癸水 관성이 사권(司權)하고 투출하였지만 午가 子를 冲하여 정관이 무너졌다. 초운에 火가 약하고 水-用神이 유력하여 좋았으나 南方 운에 格局이 무너져 출가(出家)하였다.

壬癸甲戊 男命 도가(道家) -{연구 명조}-
子亥子申 乙丑 丙寅 丁卯 戊辰 己巳 庚午

27 印綬生月 歲時忌見財星 運入財鄉 却宜退身避位.

◉ 月에서 인수가 생하고 年時에 財星이 보이면 꺼리고 運이 재성에 들면 자리에서 물러나 몸을 피해야한다.

◎註→此論月生日干 乃印綬之名. 印綬乃喜官星 畏財氣 若天干財鄉 乃壞印也. 印綬者乃我氣源 須根固 若行財位者宜退身避位 不然必遭降謫徒配也.

≪註解≫ 이것은 月이 日干을 생하는 인수가 된다. 인수는 관성을 좋아하고 財氣를 꺼리는데 만약 天干에 財星이 있으면 인성이 무너진다. 인수는 내 氣의 근원이므로 인수의 뿌리가 견고해야 한다. 만약 財運을 만나면 마땅히 본인의 지위에서 물러나야한다. 그렇지 않으면 반드시 강등이나 유배(流配)를 당한다.

◎註→假如庚戌 甲申 癸丑 丁巳 此命月中正氣庚金印綬 本主雜氣不合 巳中丙火爲癸之財 其水見財 貪財壞印 一生蹭蹬. 故曰 印綬在刑剋之地 心亂身亡之故也 後大運行己丑 流年丙寅 四月死 何故? 原有傷印之財 歲運又行傷運氣 庚入墓也. ≪註解≫

丁癸甲庚　　男命 (원문 명조)
巳丑申戌　乙酉 丙戌 丁亥 戊子 己丑 庚寅

月이 正氣 庚金 인수인데 本主의 雜氣(丑戌)와 화합이 되지 않는다. 巳중의 丙火-財가 탐재괴인(貪財壞印)이 되므로 평생 실패와 좌절이 있다. 그래서 인수가 형극(刑剋)되는 곳에 있으면 심란(心亂)하여 죽는다고 했다. 己丑대운 丙寅年 四月에 죽은 이유는 뭔가? 申金-인수를 傷하는 巳火-財가 원국에 있는데다 세운 壬寅(丙寅)이 또 運氣를 傷하고 庚金이 대운의 丑에 入墓된 때문이다.
-{丙寅年은 17세나 77세에 해당한다. 己丑대운은 50대에 속하므로 丙寅 流年이 나올 수 없다. 따라서 53세 壬寅年이 가능하다.}-
-{인수의 심란(心亂)은 우울증이다. 실패와 좌절이 평생 있는 것은 巳火가 時에 있기 때문이다. 원국에 丑戌刑이 있는데 己丑대운이 칠살이고 流年에 寅巳申 삼형이 되는 것을 생각해 볼 수 있다.}-

28 劫財陽刃 切忌時逢 歲運併臨 災殃立至.

◉ 겁재 양인을 時에 만나지 말아야 하는데 세운병임(歲運併臨)이 되면 재앙이 닥친다.

◎註→劫財乃是日上天元分爭財祿 比肩是也. 陽刃者 祿前一位是也. 且如甲祿在寅 甲用己土爲財 見卯爲刃 來相侵奪己土也. 假如戊午日並月時相同者 二三丁戊字者 其相侵奪癸水爲財 故曰劫財. 以戊祿在巳 前一辰見午 午有己土剋癸水 此之謂劫財陽刃 故主破財散業 離家失祖 施恩反怨 心性辛暴 進退狐疑. 偏主庶妻爲正 帶疾破相 性貪婪 智大心高 傷害不足. 若運流年逢之 因財爭競 不然疾病 連及妻子矣.

≪註解≫ 겁재는 日主의 재록(財祿)을 분탈(分奪)하는 비견이다. 양인(陽刃)은 祿의 앞자리에 있는데 예를 들면 甲의 祿이 寅에 있으므로 甲은 己가 재물이 되므로 卯-刃이 보이면 己土-財를 침탈(侵奪)한다. 가령 戊午日의 경우 月이나 時에 戊午가 또 있으면 두셋의 丁戊가 癸水-財를 서로 침탈하므로 겁재라고 한다. 戊의 祿이 巳에 있으므로 앞에 있는 午를 만나면 午중의 己가 癸水-財를 극한다. 이것을 겁재 양인이

라고 하는데 재물이 깨지고 직업을 잃고 집을 떠나 조상을 잃고 은혜가 원수로 돌아오고 옹졸하고 사납고 이럴까 저럴까 의심이 많고 누차(屢次) 아내를 갈아치우고 질병으로 용모가 변한다. 탐욕이 많고 포부가 커서 남을 해치는 것으로 그치지 않는다. 만약 대운과 유년에 만나면 재물로 인하여 다투거나 아니면 질병이 생기고 해(害)가 妻에게 미친다.

◎註→假如癸未 乙卯 甲子 己巳 此嶽飛將軍命 此爲劫財陽刃 甲以己爲財 以乙爲刃 見卯陽刃 劫而有損 乙卯正謂劫財陽刃 運行辛亥 流年辛酉 三十九歲死於獄中. ≪註解≫

己甲乙癸   악비장군(嶽飛將軍) (원문명조)
巳子卯未   甲寅 癸丑 壬子 辛亥 庚戌
악비장군(嶽飛將軍)의 명인데 이것이 겁재 양인이다. 甲은 己가 재물이 되고 乙은 刃이 되고 卯-양인이 보이므로 겁탈을 당하여 손해가 있으므로 乙卯를 겁재양인이라고 한다. 辛亥대운 39세 辛酉年 옥중에서 죽었다.

29 十干背祿 歲時喜見財星 運至比肩 號曰背祿逐馬.

◉ 十干의 배록(背祿-식상)은 年時에 財星이 보이면 좋아하지만 운이 비견에 이르면 배록축마(背祿逐馬)라고 한다.
-{배록축마는 배록(背祿)이 축마(逐馬)운에 이른 것이다.}-

◎註→祿之向也爲順 背也爲逆. 且如甲得酉爲祿 若遇巳丙爲背祿. 經曰 背祿主無財之論 主初明後晦 喜財星 戊己土助其身 火至亥無氣 至比肩見甲分財. 經云 馬者 在乎財位 乃甲見寅爲身旺. 甲寅用土爲財 土至寅病 用金爲祿 金至寅絶 乃祿馬皆不扶身. 賦云 馬劣財微 宜退身避位 豈不謂之守窮途而凄惶也.

≪註解≫ 록(祿-관성)을 따르면 순(順)이지만 거스르면 역(逆)이 된다. 예를 들면 甲木이 酉-정관을 얻으면 록(祿)인데 만약 巳丙-식신을 만나면 배록(背祿)이다. 經에 이르길 배록(背祿-식상)은 財가 없는 것이라고

했다. 처음은 밝아도 후(後)에는 불길하므로 재성-戊己土가 身을 도와주면 좋아한다. 火-배록이 亥에 이르면 무력하고 木-비견에 이르면 甲-비견이 財를 분탈(分奪)한다. 經에 이르길 馬는 재성이 있는 곳이라고 했다. 甲은 寅이 보이면 身旺한데 甲寅이 土-財를 쓸 경우 土는 寅에 병지(病地)가 되고 金-관은 寅에 절지(絶地)가 되므로 록마(祿馬-土金)가 모두 일주에게 도움이 안 된다. 그래서 賦에 이르길 재마(財馬)가 열세(劣勢)하고 미미하면 자리에서 물러나고 피해하는 것이 마땅하다고 했다. 곤경에 처한 몸이 어찌 슬프고 불안하다고 하지 않겠는가.
-{배록(背祿)은 관성을 극히는 것이고 축마(逐馬-비겁)는 재성을 극하는 것이다. 배록(背祿)은 財가 없다는 것은 財가 없으면 식상이 財를 생할 수 없고 자연히 관성을 극하므로 배록이 된다.}-

30 五行正貴 忌刑冲剋破之宮.

◉ 오행의 정귀(正貴-정관)는 형충극파(刑冲剋破)하는 궁(宮)을 꺼린다.

◎註→正氣官星者 提綱之要. 用時上財氣乃貴人也 忌刑冲剋破之神塡之.
≪註解≫ 정기관성(正氣官星)이 월령에 있어야한다. 이때 時에 재기(財氣)가 있으면 귀인(貴人)이 되므로 時를 형충극파(刑冲剋破)하는 것이 있으면 꺼린다.

31 四柱干支 喜三合六合之地.

◉ 사주 간지는 三合 六合하는 地를 좋아한다.

◎註→凡干支有三合六合者 乃天地陰陽萬物 皆有感應相合. 倘得剛柔相制 兩相對 所以是眷屬性情 妻貴在乎大人之重 樂乎生人之祿 合財爲官祿之相從 合刑爲刑殺之相壓也.
≪註解≫ 干支에 있는 三合 六合은 천지의 음양 만물의 감응(感應)이 잘 되는 것이다. 혹 강유(剛柔)가 서로 제(制)하는 것도 양쪽이 상대하는 것이므로 부부의 성질이 된다. 妻가 귀중한 것은 성인(成人)이 소중하기 때문이고 즐거움은 봉록(俸祿-돈)이 생기는데 있다. 그래서 財를 합하면 관록(官祿)을 따르고 刑을 합하면 형살(刑殺)의 압박이 있다.

-{合을 和合으로 보지만 무엇을 합하느냐에 따라 길흉을 논한다.}-

32 日干無氣 時逢陽刃不爲凶.
◉ 日干이 무력하면 時에 양인을 만나도 凶하지 않다.

◎註→且如甲申日 卯時爲陽刃 此是申中庚金能剋卯中乙木 爲財爲馬爲妻 雖逢刃不爲凶矣.
≪註解≫ 예를 들면 甲申日은 卯時가 양인이다. 申중의 庚金은 卯중의 乙木을 극하여 土-재(財)를 보호하기 때문에 陽刃을 만나도 凶하지 않다.

丁甲庚乙　男命　-{연구 명조}-
卯申辰亥　己卯 戊寅 丁丑 丙子 乙亥 甲戌
七殺이 강하다. 卯-양인이 亥를 합하여 木局이 되므로 신강하여 殺을 대적한다. 살인(殺刃)格으로 병권(兵權)을 쥐었는데 申-살이 양인을 制한 것이 아니고 陽刃이 殺을 합하고 일주를 도와 功을 세운 것이다.

33 官殺兩停 喜者存之 憎者棄之.
◉ 官殺이 양정(兩停)하면 희신은 두고 기신은 버린다.

◎註→甲用辛酉爲官星 又見庚申 何以是？又見三合之混雜. 甲乙用庚辛爲官貴 而有巳有丑 是官殺混雜 雖有制伏之運 或去殺用官 或去官用殺 方發福. 若混雜之命 歲運更在旺鄕 混官殺 其禍不可俱述也.
≪註解≫ 甲日이 辛酉를 관성으로 삼는데 또 庚申-칠살이 보이면 어떻게 하고 또 三合으로 관살혼잡이 되면 어찌 할 것인가? 甲乙은 庚辛이 관귀(官貴)가 되므로 巳가 있고 丑이 있으면 巳酉丑 삼합으로 관살혼잡이 된다. 비록 운에서 제복(制伏)하더라도 -{원국에서}- 거살용관(去殺用官)이 되거나 거관용살(去官用殺)이 되어야 발복할 수 있다. 만약 관살이 혼잡한 명이 歲運에 관살이 왕한 곳에서 혼잡이 되면 그 화(禍)를 말로 다 할 수 없다.

丁庚辛丙　男命 -{연구 명조}- 부판(府判)
亥戌卯申　庚寅 己丑 戊子 丁亥 丙戌 乙酉

丁火 丙火로 관살혼잡이다. 辛金이 丙火 殺을 合하여 丁火가 貴로 쓰인다. 즉 합살유관(合殺留官)이다. 이런 명은 원국에서 제복이 되었기 때문에 歲運에 관살이 왕하고 혼잡이 되어도 큰 문제는 없다.

34 地支天干多合 亦云貪合忘官.

◉ 地支와 天干에 合이 많으면 탐합망관(貪合忘官)이 된다.

◎註→且如甲用辛爲官而有丙 見庚爲殺而有乙 用庚爲官而辛爲殺 又有丙 及支干多合. 此陽官陰殺 則陰官陽殺 乃是造化之必然也. 若是四柱有合是 爲貪合忘官. 經云 合官星不爲貴 合七殺不爲凶 五行有救助之謂也.

《註解》 예를 들면 甲日은 辛을 관성으로 삼고 丙-식신이 있을 경우 庚-살이 보이고 乙-겁재가 있으면 庚을 官으로 삼고 辛은 殺이 되는데 또 丙이 있으면 干支에 합이 많은 것이 된다. 陽이 官이면 陰이 殺로 변하고 陰이 官이면 陽이 殺로 변하는 것은 필연적인 조화다. 사주에 이와 같은 합이 있으면 탐합망관(貪合忘官)이다. 그래서 經에 이르길 관성을 합하면 貴하지 않고 七殺을 합하면 凶하지 않다고 한 것인데 이를 두고 구조(救助)하는 오행이 있다고 한다.

-{辛-관성을 丙-식신이 합하여 탐합망관(貪合忘官)이 되어 辛을 쓰지 못하고 庚-살은 乙-겁재가 합하여 탐합망살(貪合忘殺)이 되므로 庚을 관성으로 삼기 때문에 辛은 殺로 변하는데 辛을 합하는 丙이 또 있으면 支干에 합이 많은 것이다. 합으로 인하여 官이 殺로 변하고 殺이 官으로 변한 것이다.}-

35 四柱殺旺運純 身旺爲官淸貴.

◉ 四柱에 살이 왕해도 運이 순수하고 신왕하면 관직(官職)이 뚜렷하고 貴하다.

◎註→此七殺卽偏官也 宜制伏. 四柱內以殺爲官. 且如甲見庚爲殺 而甲生於寅地 乃身旺. 其寅暗包丙長生 則不畏金爲殺 以殺化爲官星. 則甲庚各

自恃旺之勢 而行純旺運 乃爲極品之貴.

≪註解≫ 이는 칠살이 즉 편관이 되는 것인데 제복(制伏)하면 사주에 있는 殺이 관(官)으로 된다. 예를 들어 甲은 庚이 보이면 殺이지만 甲이 寅월에 태어나고 身旺하면 寅중에 丙火-식신이 長生이므로 庚金 殺을 두려워하지 않는다. 때문에 殺을 관성으로 삼는다. 즉 甲庚은 각각 旺한 세력을 가지고 있으므로 일주가 순왕(純旺) 運으로 가면 극품(極品)의 貴가 된다.

丁甲辛庚 男命
卯申巳午 壬午 癸未 甲申 乙酉 丙戌 丁亥

일지에 七殺이 있고 年月에 관살이 투출하여 殺이 강하다. 時의 양인이 일주를 부조하고 丁巳午-火가 殺을 제복하므로 신강하고 殺도 왕하다. 文人이지만 軍을 통솔하였고 대담하게 직언을 하고 청렴결백하여 청사(靑史)에 남는 인물이었다.

36 凡見天元太弱 內有弱處復生.

◉ 대체로 日主가 태약(太弱)하여도 내부의 약한 곳에서 다시 살아난다. -{아래 42번 구절에 다시 나온다.}-

◎註→此論日主自坐官殺 乃爲人元弱處復生 乃是胎生元命. 且如甲胎在申 申中有庚金爲偏官 爲六合中受氣相感氣生胎元 得壬水長生 酉上沐浴 戌上冠帶 亥上臨官 如人之算日必生木也. 此格只要官星旺運方可發福 不要冲剋.

≪註解≫ 日支에 있는 官殺을 논한 것이다. 人元이 약한 곳에서 다시 살아나는 것인데 바로 태(胎)에서 원명(元命-일주)이 살아나는 것이다. 예를 들면 甲의 태(胎)는 申에 있는데 申중에는 庚金-편관이 있다. 천지의 氣를 받아 氣가 감응(感應)하여 태지(胎地)에서 生하는 것이다. 壬水가 신(申)에서 長生을 얻고 酉에 목욕(沐浴), 戌에 관대(冠帶), 亥에 임관(臨官)이 되므로 인간의 목숨은 나무가 자라는 것과 같다. 이런 格은 관성이 旺한 運에 발복하므로 -{日支를}- 冲剋하면 안 된다.
-{甲木은 日支의 申에 절지가 되지만 申中의 壬水가 長生이므로 甲木

이 생을 받아 다시 태어나는 것이다. 이를 절처봉생(絕處逢生)이라고도 하는데 관성이 인수를 생하기 때문에 관성이 왕한 운에 발복한다.}-

37 柱中七殺全彰 身旺極貧.

◉ 柱 중에 七殺이 전창(全彰)하면 신왕해도 극빈(極貧)하다.

◎註→傷官本祿之七殺 敗財本馬之七殺 偏官身之七殺 四柱有之 身旺建祿 不爲富矣.
◎註→상관은 관성의 칠살이 되고 패재(敗財)는 재성의 칠살이 되고 편관은 일주의 칠살이 되는데 이것들이 네 기둥에 있으면 建祿이 있고 신왕해도 富命이 되지 못한다.

38 無殺女人之命 一貴可作良人.

◉ 여인의 명(命)에 살(殺)이 없고 귀(貴-관)가 하나면 좋은 여인이다.
-{일귀(一貴)는 정관이 하나 있는 것을 말한다.}-
-{좋은 여인의 기준은 어디에 두어야 하는가. 가정을 위하여 남편에게 협조하고 사랑으로 자녀를 기르는 것이다. 이런 여인을 나쁘다고 할 수 없다. 사업을 일으켜 돈을 잘 벌고 사회적으로 명성을 얻는 것을 좋은 여인이라고 할 수 없다. 이런 여인은 출세한 여인이다.}-

◎註→大抵看男命與女命不同. 女命不取官星 不取財星 不取貴人 不取三合六合 不要財馬生旺暴敗 不要干支剛強陽刃 不要比肩. 乃見如此 何以知其貴賤乎?
≪註解≫ 대체로 남녀의 명을 보는 법이 다르다. 여명은 관성이나 재성이나 귀인이나 三合 六合을 取하는 것이 아니다. 재성이 生旺하면 폭패(暴敗)하므로 안 되고 干支가 강(剛)한 양인이나 비견도 필요 없다. 그러면 어떻게 귀천(貴賤)을 아는가?

◎註→答曰 陰人者 如此一同論 若天元運助 豈能分別 寒暑 四時 八節 霜露 雨雪 陰晴豈能辨哉? 陰人者 全靠夫主 夫貴妻亦貴矣 夫貧妻亦貧 乃天地陰陽之理也. 凡女人之命 大喜要安靜淸貴 旺夫旺子爲妙 若絶氣並刑沖破害不美 若命有夾貴者 必爲貴人妻矣.

≪註解≫ 답을 말하겠다. 여인은 다음과 같이 논한다. 만약 運이 日干을 도와준들 이것을 무슨 수로 분별할 것이며 한서(寒暑) 사시(四時) 팔절(八節) 상로(霜露) 우설(雨雪) 음청(陰晴)으로 어찌 분별할 수 있겠는가? 여인은 전적으로 남편을 의지하므로 남편이 貴하면 따라서 貴하고 남편이 가난하면 따라서 가난하게 되는 것이 천지 음양의 이치인 것이다. 일반적으로 女人의 命은 안정(安靜)하여야 귀(貴)가 뚜렷하고 夫가 旺하고 子가 왕하면 뛰어난 명(命)이다. 만약 氣가 끊어지고 형충파해(刑冲破害)되면 좋지 않다. 귀(貴-관)를 공협(拱挾)하면 반드시 貴人의 妻가 된다.
-{팔절(八節)은 立春 立夏 立秋 立冬 春分 夏至 秋分 冬至를 말한다.}-

丁庚丙庚　女命 -{연구 명조}-
亥申戌寅　乙酉 甲申 癸未 壬午 辛巳 庚辰

일지에 申-祿이 있어서 年干의 庚-비견도 약하지 않다. 時에 丁-정관이 투출하고 月에 丙-편관이 투출하였고 地支의 寅戌이 丙火를 받들고 있다. 미모가 뛰어나 자랑하지만 관살이 혼잡하여 음람(淫濫)하고 몸을 팔아 재물을 얻는다.

39 貴衆合多 必是師尼娼婢.

◉ 귀(貴-관성)가 많고 합(暗合 三合 六合)이 많으면 사니(師尼-비구니)나 창비(娼婢-기생이나 계집종)에 속한다.
-{합은 어쨌든 합이다. 여러 가지 합이 있으므로 그 안에 男女合이 없을 수 없다. 그래서 관성이 많고 합이 많으면 남자와 합이 많다.}-

◎註→貴者官殺也. 官者正夫 殺者偏夫. 合者地支暗合 三合六合 心多不足 雖生美質 性樂私情 非良婦也.

≪註解≫ 貴는 官殺을 말하는데 관성은 정식 남편이고 殺은 외간 남자가 된다. 합은 地支의 暗合이나 三合 六合을 말하는데 이게 많으면 의지가 부족하여 비록 본질이 좋게 태어나도 사정(私情)을 즐기게 되므로 좋은 부녀자가 아니다.

辛丁丙乙 女命 -{연구 명조}-
亥卯戌未 丁亥 戊子 己丑 庚寅 辛卯 壬辰
丙辛合, 亥卯未三合 卯戌六合으로 全局에 합이 많다. 창기(娼妓)는 아니지만 다른 남자와 情을 통하다 남편에게 발각되어 이혼 당했다.

庚丁丙己 女命 -{연구 명조}-
戌亥寅亥 丁卯 戊辰 己巳 庚午 辛未 壬申
日支에 亥水-관성이 있어서 좋을 것 같지만 年支에 또 있고 寅亥合 寅戌合으로 관성과 합이 많아 애교가 많고 바람기가 다분한데다 욕정이 많은 여인으로 유명하다.

40 偏官時遇 制伏太過乃是貧儒.

◉ 偏官을 만났을 경우 制伏이 지나치면 가난한 선비에 불과하다.

◎註→偏官主人性聰明 有剛强傲物. 若四柱中制伏多 乃盡法無民也. 中和之氣爲福厚 偏黨爲福薄.

≪註解≫ 편관이 있는 명주는 총명하고 굳세고 강하고 교만하다. 만약 四柱 중에 制伏이 많으면 결국 진법무민(盡法無民)이 된다. 중화(中和)되어야 福이 넉넉하고 편당(偏黨)하면 박복하다.

◎註→假如丙午 甲午 癸亥 乙卯 此乃是錢應賓秀才命 月上偏官 所以傷殘目盲足跛 却有文章秀氣 終身貧窮矣. ≪註解≫

乙癸甲丙 男命 전안빈 수재(錢鴈賓 秀才) (원문 명조)
卯亥午午 乙未 丙申 丁酉 戊戌 己亥 庚子
月에 있는 己-편관이 상잔(傷殘)되어 눈이 멀었고 절름발이다. 문장이 뛰어났지만 평생 가난하였다.
-{午중의 己-편관을 亥중의 甲木과 월간의 甲木이 合去하고 卯중 乙木이 剋하여 殺을 지나치게 制하여 진법무민이다. 木을 制하고 日干을 生하는 金이 있으면 己-殺이 죽지는 않는다. 午중의 丁火가 己土를 生할 것 같지만 亥중의 壬이 合하여 그나마 그것도 안 된다.}-

41 四柱傷官 運入官鄉必破.

◉ 사주에서 관성을 상하고 運이 관지(官地)에 들면 반드시 깨진다.

◎註→此論傷官. 四柱有官星 運入官鄉 被破者輕 須要明輕重. 假如癸未 癸亥 辛未 癸巳 此一都丞命 辛以丙爲官 時中有丙 見癸水則破其官星矣.
≪註解≫ 이것은 관성이 상한 것을 論한 것이다. 四柱에 있는 官星이 運이 官地에 들어 깨지는 것이 가벼운 경우는 모름지기 경중(輕重)을 분명히 해야 한다.

癸辛癸癸 男命 도승(都丞) (원문 명조)
巳未亥未 壬戌 辛酉 庚申 己未 戊午 丁巳

辛은 丙火를 官으로 삼는데 時에 丙火가 있다. 癸水가 보여 관성이 깨졌다.
-{관성이 상(傷)한 것인데 운이 관지(官地)에 들면 원국에서 깨진 정도에 따라 흉이 나타난다. 원국에서 크게 깨졌으면 크게 나타나고 작게 깨졌으면 작게 나타난다.}-

42 五行絕處 卽是胎元 生日逢之 名曰受氣.

◉ 일간의 오행의 절처(絕處)가 바로 태원(胎元)인데 생일에 만나면 이름을 수기(受氣)라고 한다.

◎註→胎元逢生 名曰受氣. 詩曰 五行絕處是胎元 生日逢之富貴全 更若支元來佑助 定然衣錦早乘軒. 度理可以知幽微之妙 度性可以知生死之理. 木絕在申 卽受氣 胎酉 則養戌 亥宮是主死中復生 氣亡又伏 存才名遂.
≪註解≫ 태원(胎元)에서 生을 만나는 것을 수기(受氣)라고 한다. 詩에 말하길 일간 오행의 절처(絕處)가 바로 태원(胎元)이라고 했다. 생일이 태원(胎元)을 만나면 富貴가 온전하고 다시 地支에서 도와주면 관직에 오른다. 심오한 이치를 터득하여 본질을 헤아리고 生死의 이치(理致)를 알면 본성을 헤아릴 수 있다. 木은 申에 절지(絕地)이지만 氣를 받기 때문에 酉에 태(胎)가 되고 戌에 양(養)이 되고 亥에서 다시 살아나므로 氣가 죽은 듯이 잠복하고 있다가 비로소 명성을 이룬다.

43 是以陰陽罕測 不可一例而推 務要稟得中和之氣 神分貴賤 略敷古聖之遺書 縱約以今賢之博覽 若通此法參詳 鑒命無差無誤矣.

⊙ 그래서 사람의 자취를 예측하는 것은 한 가지 방법으로 추단하면 안 되고 中和의 氣를 터득하도록 힘써야 한다. 神처럼 귀천(貴賤)을 분별하려면 예부터 내려온 훌륭한 책의 요점을 상세히 보고 금세(今世)의 현인들의 학문을 두루 섭렵하고 이 法을 자세히 연구하여 통(通)하면 감명에 실수가 없다.

계선편(繼善篇)

01 人稟天地 命屬陰陽 生居覆載之內 盡在五行之中.

◉ 天地의 氣를 부여받은 인간의 命은 陰陽에 속하고 天地間에 살아가는 것은 모두 오행중에 있다.

◎註→人稟二五之數 猶天地之生物以成形. 人得萬物之靈 乃天地之正氣方爲人 所屬陰陽五行 不離乎金木水火土也.

≪註解≫ 인간이 이오(二五=음양오행)의 數를 부여 받은 것은 天地가 만물을 생하고 형(形)을 이루는 것과 같다. 인간은 만물의 영기(靈氣)를 얻은 것이므로 天地의 正氣가 비로소 인간이 되었고 음양오행에 속하므로 金木水火土를 벗어나지 못한다.

02 欲知貴賤 先看月令乃提綱.

◉ 귀천(貴賤)을 알려면 먼저 월령(月令)인 제강(提綱)을 본다.

◎註→月令乃八字之綱領 更知節氣之深淺以知災禍. 如寅中有艮土餘氣七日半 丙火寄生又七日半 甲木正令共十五日. 此三者不知用何爲禍爲福 見正官 正印 食神則吉 傷官 偏印則凶也.

≪註解≫ 月令은 八字의 강령(綱領)이므로 절기의 심천(深淺)으로 재화(災禍)를 알 수 있다. 예컨대 寅中에는 간토(艮土-戊)의 여기(餘氣)가 7日半이 되고 丙火는 7日半을 기생(寄生)하고 나머지 15日은 甲木이 정령(正令)하고 있다. 이 삼자(三者-여기 중기 정기)를 모르고서 어떻게 화복(禍福)을 알겠는가. 월령에 정관 정인 식신이 보이면 吉하고 상관 편인을 만나면 凶하다.

-{심천(深淺)은 월률분야도에서 구분할 수 있다.}-

03 次斷吉凶 專用日干爲主本. 三元要成格局 四柱喜見財官.

◉ 다음으로 길흉을 판단하는데 오직 일간을 위주로 하여 三元(天元 人元 地元)으로 格局을 이루어야하고 사주에 財官을 만나면 좋아한다.

◎註→天干爲天元 地支爲地元 以支中所藏者爲人元. 年月日時爲四柱 專

以生日之干配合四柱三元而成格局 惟喜財官.
≪註解≫ 天干은 天元이 되고 地支는 地元이 되고 支 중에 암장된 것은 人元이 된다. 年月日時는 네 기둥이 된다. 오로지 日干을 사주의 三元에 배합(配合)하여 格局이 되는데 오직 財官을 좋아한다.

04 用神不可損傷 日主最宜健旺.

⊙ 用神은 손상(損傷)되면 안 되고 日主는 마땅히 왕성해야 한다.

◎註→如月令有官不可傷 有財不可劫 有印不可破 凡柱中有用神不可損害也. 仍要日干強健 則能任其財官.

⊙ 月令에 관성이 있을 경우 傷하면 안 되고 재(財)가 있으면 겁탈하면 안 되고 인성이 있으면 깨지면 안 된다. 일반적으로 柱中에 있는 用神은 손상하면 안 되고 日干은 항상 강건(強健)해야 능히 財官을 감당할 수 있다.

05 年傷日干 名爲主本不和.

⊙ 年이 日干을 상(傷)하면 주(主-나)와 본(本-조상)이 불화한다.

◎註→假如日干甲乙 年見庚辛剋之 故曰主本不合 乃父子不相合也. 年逢七殺剋日 祖宗無力過房. 若還日月及時中 歸祿馬財夭喪. 殺旺運逢爲禍 印生多助爲祥. 比肩運旺莫疑猜 只是單衾紙帳.

≪註解≫ 가령 甲乙日이 年에 庚辛을 만나면 剋하기 때문에 주(主-일주)와 본(本-년주)이 불화하고 부자(父子)간에 화합하지 못한다. 즉 年에 日干을 剋하는 칠살을 만나면 조상이 무력하여 양자(養子)가 된 것인데 만약 日月時에 재가 몰려있으면 일찍 죽는다. 殺이 旺한 運을 만나면 禍가 되고, 인수의 도움이 많으면 복이 되지만 비견이 왕한 운에는 판잣집에서 홑이불을 덮고 사는 것을 의심하지마라.

-{年干에 칠살이 있을 경우 月日時에 재가 있으면 殺을 생하므로 일찍 죽는다. 그래서 살이 왕한 운에는 화(禍)를 만나고 인수가 왕한 운에는 살인상생이 되어 좋다. 비견이 왕하면 재와 비견과 살이 다투게 되므로 빈한(貧寒)하다.}-

06 歲月時中 大怕官殺混雜.

◉ 年月時 중에 관살이 혼잡하면 크게 두려워한다.

◎註→歲月日時中既有官星又見七殺 則不吉也 務要配合而取斷之 則禍福有憑也.
≪註解≫ 年月日時에 官星이 있고 또 칠살이 보이면 불길하다. 이때는 배합(配合-거살유관 거관유살 생극합충 형충파해)을 보고 추단하여 화복을 따른다.

07 取用憑於生月 當推究其淺深 發覺在於日時 要消詳於强弱.

◉ 用神을 取하고 천심(淺深-사령)을 규명하는 것은 月에서 하고 용신의 강약은 日時를 자세히 살펴야 한다.

◎註→用者 月令中所藏者 如甲木生於十一月 乃建子之月 就以子中所藏癸水爲用神 癸爲甲母 忌土剋之 要日時相輔 其旺相休囚可也 其餘仿此而推.
≪註解≫ 용신은 월령에 소장된 것이다. 예컨대 甲木이 子月에 태어나면 子 중에 있는 癸가 用神이다. 癸는 甲木의 母가 되므로 己土가 剋하는 것을 꺼린다. 이때 日時에서 보좌해야 하므로 왕상휴수(旺相休囚)를 본다. 나머지도 이렇게 한다.

08 官星正氣 忌見刑冲.

◉ 정기(正氣) 관성은 刑冲을 만나면 꺼린다.

◎註→碧玉歌曰 官星正氣莫混 財多傷食莫逢. 且如乙卯見庚辰時 月戌逢冲損. 甲生巳酉丑月 午未火局休逢 若還官旺見冲刑 有印見之吉用.
≪註解≫ 벽옥가(碧玉歌)에 말하길 정기관성은 칠살이 섞이지 말아야 하고 財가 많은 것과 식상을 만나지 않아야 한다고 했다. 예를 들면 乙卯日이 庚辰時를 만날 경우 月支에 戌을 만나면 冲을 당하여 -{庚이}-상(傷)한다. 甲木이 巳酉丑月에 태어나면 午未-火局을 만나지 말아야 한다. 만약 官星이 旺할 경우 刑冲을 만날 경우 인수가 보이면 좋게 쓰인다.

-{정기관성(正氣官星)은 극을 당하거나 깨지거나 상하거나 형충파해(刑冲破害) 되지 않은 것이다. 관성이 왕하고 刑冲될 경우 인수가 좋은 것은 인수가 관성을 보호하기 때문인데 刑冲이 완전히 해소된 것은 아니다.}-

09 時上偏財 怕逢兄弟.

⊙ 時上偏財는 비겁을 만나면 두려워한다.

◎註→甲人見戊辰時爲偏財 見乙字比劫之地 則不吉之命也.
≪註解≫ 甲日은 戊辰時가 偏財인데 乙-字 비겁이 있으면 불길한 命이다.

10 生氣印綬 利官運畏入財鄕.

⊙ 월지 인수는 官運을 만나면 좋지만 財運을 만나면 두려워한다.

◎註→甲乙生人 見亥子月爲印 喜見庚辛申酉運則發. 若行入戊己巳午運 不吉兆也.
≪註解≫ 甲乙日主가 亥子月을 만나면 印이다. 庚辛申酉-관살운을 만나면 좋지만 인(印)을 극하는 戊己巳午 운은 불길하다.
-{일주가 월지의 인수를 의지할 경우 財運을 만나면 인구가 일주를 생하지 못한다. 그래서 뇌물(財)을 먹으면 직장을 그만 두고 일주가 약한 운에 있으면 그길로 간다.}-

11 七殺偏官 喜制伏不宜太過.

⊙ 칠살 편관은 제복(制伏)을 좋아하지만 제복이 지나치면 안 된다.

◎註→壬日見戊爲七殺 要見甲木制之則吉貴也. 甲木多則太過也 如小人受制君子 太過必主反逆.
≪註解≫ 壬日은 戊가 칠살이므로 甲木으로 制하여야 吉하고 貴하다. 그러나 甲木이 많으면 制伏이 심한 것이다. 이를테면 小人은 君子의 制를 받지만 지나치면 반역(叛逆)한다.

12 傷官復行官運 不測災來 陽刃冲合歲君 勃然禍至.
◉ 상관이 다시 官운으로 가면 뜻밖의 재난을 만나고 陽刃이 流年을 冲合하면 갑자기 禍가 발생한다.

◎註→此甲日生人 見卯乃爲陽刃 遇酉金而冲之 見戌而合之 則禍至. 若當生四柱中原有陽刃之神 忽來相對 剋破流年太歲 或三合相招剋害歲君 則有勃然禍至. 若歲乙巳 於申日生 四柱有巳亥對冲 或巳酉丑爲禍.
≪註解≫ 甲日의 卯-양인을 酉-정관이 冲할 경우 戌이 合하면 禍가 닥친다. 만약 원국의 양인이 流年을 극파(剋破)하거나 양인이 三合하여 流年을 극해(剋害)하여도 갑자기 禍가 일어난다. 만약 乙巳年 申日에 태어난 사주에 巳亥 冲이 되거나 巳酉丑이 되면 禍가 된다.

13 富而且貴 定因財旺生官.
◉ 富하면서도 貴한 것은 반드시 財가 왕하여 官을 생한 것이다.

◎註→經云 財多生官 須要身强 財多盜氣 本身自柔. 且如甲乙以庚辛爲官 戊己爲財. 氣得天干生旺 則土生金 金乃木之官也. 主先貧後富 蓋是財旺生官也.
≪註解≫ 經에 이르길 財가 많고 官을 생하면 반드시 신강해야 한다. 財가 많으면 氣를 훔쳐가므로 日主가 자연히 약해진다. 예를 들면 甲乙日은 庚辛은 官이 되고 戊己는 財가 된다. 이때 일간이 生旺하면 土가 金을 생하고 金은 木의 관성이 된다. 이럴 경우 命主가 처음에는 가난해도 후에 부자가 되는데 財가 旺하여 官을 생하기 때문이다.

14 非夭卽貧 必是身衰遇鬼.
◉ 요절(夭折)하거나 가난한 것은 반드시 日主가 약하고 七殺을 만난 것이다.

◎註→經云 旺則以殺化權 衰則變官爲鬼 且如甲乙生人 巳午亥爲身災 失天時 見庚辛申酉來剋 不夭則貧且賤矣.
≪註解≫ 經에 이르길 신왕하면 殺이 권(權)으로 되지만 신약하면 관성

이 殺로 변한다고 했다. 예를 들면 甲乙이 巳午亥를 만나서 몸에 재해(災害)가 일어나는 것은 천시(天時-월령)를 잃은 데다 庚辛申酉-살이 剋하기 때문이다. 요절하지 않으면 가난하고 또 천하다.

15 六壬生臨午位 號曰祿馬同鄉.
⊙ 壬午日은 록마동향(祿馬同鄉)이라고 한다.

◎註→壬以丁爲財馬 己爲祿官 丁己祿居午 故曰祿馬同鄉. 此格喜秋生 有庚辛金制甲乙 故爲無害. 若見寅卯旺則文秀而不明 冬生玄武當權 知是見財而紛爭. 春生甲乙旺 寅卯時乃爲凶殺會聚也.

≪註解≫ 壬은 丁-財와 己-官이 午에 祿이 되므로 록마동향(祿馬同鄉)이라고 한다. 이 格은 申酉월에 태어나면 좋은데 庚辛金-인성이 甲乙-식상을 制하여 해(害)가 없기 때문이다. 만약 寅卯-식상이 旺하면 문장은 아름답지만 현명하지 못하다. 壬日이 亥子월에 태어나면 현무당권(玄武當權-水월령)이 되므로 財가 보이면 분쟁(紛爭)이 된다. 寅卯월에 태어나고 甲乙이 旺하고 寅卯時이면 흉살(凶殺)이 모여 있는 것이다.

16 癸日坐向巳宮 乃是財官雙美.
⊙ 癸巳일이 바로 재관쌍미(財官雙美)다.

◎註→癸日以戊爲官 丙爲財 乃丙戊祿在巳也 故曰財官雙美. 若是四柱中不要見水局 時逢癸丑不爲凶 何故？巳中戊土 丑中癸水 水餘氣 乃是財馬也.

≪註解≫ 癸日은 戊-관성과 丙-재성이 巳에 祿이 되기 때문에 재관쌍미(財官雙美)라고 한다. 사주 중에 水局이 보이지 않아야 한다. 時에 癸丑을 만나면 凶하지 않은데 왜냐하면 巳중 戊와 丑중 癸가 -{戊癸合이 火가}- 재성이 되기 때문이다.

17 財多身弱 正爲富屋貧人.
⊙ 재다신약(財多身弱)이 바로 부옥빈인(富屋貧人)이다.

◎註→且如甲申年 壬申月 丙申日 辛卯時 申中有庚金 乃爲財多 又有壬水

乃七殺制日主 身弱之甚也 此是富家營干之命也. ≪註解≫

辛丙壬甲　男命(원문 명조)
卯申申申　癸酉 甲戌 乙亥 丙子 丁丑 戊寅
申중에 있는 庚金으로 財가 많고 壬水-칠살이 日主를 制하므로 아주 신약하다. 부잣집의 살림을 맡은 집사(執事)의 명이다.

18 以殺化權 定顯寒門貴客.

◉ 殺이 권(權)으로 화(化)하면 평민에서 출세하여 권력을 쥔다.

◎註→大抵七殺化爲官星 如丙忌壬爲殺 巳午劫財反恃土之勢 則壬水不能爲害 化殺爲官 發於白屋 若四柱中有土 則丙逢壬時以爲極品之貴也.
≪註解≫ 七殺이 관성으로 되는 것이다. 丙이 壬-殺을 꺼릴 경우 巳午-겁재가 있으면 土勢를 의지하므로 壬水가 해(害)가 되지 않는다. 殺이 변하여 관성으로 삼으면 백옥(白屋-평민)에서 태어나 출세한다. 만약 四柱 중에 土-식신이 있고 丙이 壬時를 만나면 貴가 극품에 이른다.

19 登科甲第 官星臨無破之宮.

◉ 등과급제(登科及第)는 官星이 깨지지 않아야 한다.

◎註→正氣官星 四柱中不見傷官 無殺混雜 行旺運 幼年必主登科及第.
≪註解≫ 正氣 관성이 되고 사주 중에 상관이 보이지 않고 殺이 혼잡하지 않고 -{관성이}- 旺한 運으로 가면 소년(少年)에 등과급제 한다.
-{관성이 왕하게 하는 것은 재성이다.}-

20 納粟奏名 財庫居生旺之地.

◉ 납속주명(納粟奏名)은 財庫가 生旺地에 있는 것이다.

◎註→此爲墓庫格 謂如臨財官星之庫墓 須要一物開之. 其人難發於少年 經云 少年難發庫中人. 只怕有物壓之 若行財旺運或開庫 故云納粟奏名.
≪註解≫ 이것은 묘고(墓庫)격이다. 재성이나 관성이 고묘(庫)에 있으면 庫가 열려야 한다. 이런 사람은 소년(少年)에 발전하기 어렵다. 경(經)

에 이르길 庫가 있는 사람은 소년에 발전하기 어렵다고 했다. 고중에 있는 것을 압박하면 두렵기 때문에 財가 旺한 運이나 庫를 열어주는 운을 만나야 하므로 납속주명(納粟奏名)이라고 한다.

21 官貴太盛 纔臨旺處必傾.

◉ 관성이 너무 왕성한데 다시 관성이 왕한 곳에 임(臨)하여면 반드시 무너진다.

◎註→且如甲乙用庚辛申酉爲官星 又有巳酉丑之類 乃是官星多. 若四柱中無制伏 更行官旺運 造物太過 其禍患不勝言.
≪註解≫ 예를 들면 甲乙은 庚辛申酉가 官星인데 또 巳酉丑의 類가 있으면 官星이 많은 것이다. 만약 四柱 중에 제복(制伏)이 없는데 다시 관성이 旺한 運을 만나면 조물(造物)이 태과하여 그 화환(禍患)을 말로 다할 수 없다.

22 印綬被傷 倘若榮華不久.

◉ 인수가 상(傷)하면 만약 영화(榮華)가 있어도 오래가지 못한다.

◎註→印綬本生氣之源 不可有傷 被傷乃見財也 爲福有損 縱應祿位 不久而敗 所謂貪財壞印是也. 財見重重 有事難誇.
≪註解≫ 인수는 본래 일주의 氣를 生하는 원천이므로 傷하면 안 된다. 상(傷)한다는 것은 財가 보이는 것인데 인성이 傷하면 福이 줄어들고 설령 관직에 있어도 오래가지 못하고 패(敗)한다. 탐재괴인(貪財壞印)이라는게 바로 이것인데 財가 많이 보이면 말 못할 변고가 일어난다.

23 有官有印 無破作廊廟之材.

◉ 官과 印이 있고 깨지지 않으면 조정(朝廷)의 재목이다.

◎註→有官有印乃雜氣所藏官印也. 鬼谷子云 罡中有乙 魁中伏辛 此爲雜氣印綬財官也 乃少年不發庫中人也.
≪註解≫ 官과 印이 있다는 것은 잡기(雜氣-辰戌丑未)중에 소장한 관인(官印)을 말한다. 귀곡자가 말하길 辰중에 乙이 있고 戌중에 辛이 있다

고 한 것은 이것으로 잡기인수재관(雜氣印綬財官)을 삼기 때문에 庫中에 있는 사람은 소년에는 발전하지 못한다.

◎註→假如丙寅 辛丑 甲辰 丙寅 此延王俊命 甲用辛爲官 己土爲財 癸水爲印 提綱中有癸水餘氣 辛金墓庫 己土見旺 故得諡封之貴也.
≪註解≫
丙甲辛丙　男命 연왕준(延王俊) (원문 명조)
寅辰丑寅　壬寅 癸卯 甲辰 乙巳 丙午 丁未
甲은 辛-官을 쓰고 己는 財가 되고 癸는 印이 된다. 丑-제강(提綱)에는 癸水 여기(餘氣)가 있고 辛金의 묘고(墓庫)가 되고 己土-財가 旺하여 시호(諡號-사후에 받는 칭호)의 貴를 얻었다.

24 無印無官有格 乃朝庭之用.

⊙ 官印이 없어도 格이 있으면 조정(朝廷)에서 쓰인다.

◎註→正氣雜氣 憑財官印綬爲貴格 富貴之命. 若成格時 要全無一點財官 方爲富貴之命矣.
≪註解≫ 정기(正氣)나 잡기(雜氣)는 재관인수에 의지하여 貴格을 삼고 富貴命이 된다. 만약 格을 이룰 때는 財官이 하나도 없어야 富貴命이다.
-{재관을 쓰지 않은 격을 말한다. 임기용배 육음조양 등등}-

◎註→假如己未 壬申 戊子 庚申 此乃謝左丞相之命 此命專食合祿之格 若四柱中全無一點財官印綬 以戊用乙官 癸財 丁印 四柱中全無矣 取戊食庚 於申 申建祿 戊祿在巳 與申六合 名前格.
≪註解≫
庚戊壬己　사 좌승상(謝 左丞相) (합록격) (원문 명조)
申子申未　辛未 庚午 己巳 戊辰 丁卯 丙寅 乙丑
이 命은 -{戊日 庚申時의}- 전식합록(專食合祿)격이다. 사주 중에 財官印이 없는데 乙-官과 癸-財와 丁-印이 사주중에 전무(全無)하다. 戊는 申에서 취한 庚의 록(申)으로 일간-戊의 록(巳)을 六合하여 전식합록격

(專食合祿格)이 된다.
-{庚-식신으로 乙-관을 합하고 申-식신으로 戊의 祿인 巳를 합하는 것이다. 재관이 없을 경우 취하는 격이다.}-

25 名題金榜 須還身旺逢官 得佐聖君 貴在冲官逢合.

◉ 등과급제는 身旺하고 官星을 만난 것이고 성군(聖君)을 보좌하는 것은 귀(貴)는 官을 冲하여 合을 만나는데 있다.
-{무형(無形)의 관성을 충하여 합하는 요충 요합이다.}-

◎註→身旺逢正氣官星 又行旺運 必登科及第. 若四柱中是飛天祿馬 冲官合祿 乃文臣極貴也 冲官者只有四日 庚子 壬子 辛亥 癸亥.
≪註解≫ 身旺하고 正氣官星을 만나고 일주가 왕한 運으로 가면 반드시 등과 급제한다. 만약 비천록마 사주가 되면 官을 冲하고 祿을 합한 극히 貴한 문신(文臣)이 된다. 관성을 冲하는 것은 단지 四日이 있는데 庚子 壬子 辛亥 癸亥日이다.

26 非格非局 見之焉得爲奇 身弱遇官 得後徒然費力.

◉ 格도 안 되고 局도 안 되는데 어찌 출세가 되겠는가? 신약하면 관을 만나도 공연히 헛수고만 한다.

◎註→若四柱用神爲財官 而見傷剋爲忌 或雖有格局 而有財官 此等命均不爲奇妙 又論 自身天元羸弱 縱官星得之 榮華不久也.
≪註解≫ 四柱의 財官 용신을 상(傷)하고 극(剋)을 당하면 꺼린다. 격국이 있어도 財官이 있는 命은 모두 좋지 않다. 또 말하는데 일간이 허약하면 관성을 얻어도 영화가 오래 못 간다.
-{재관격과 요충요합격과 신약한 명이 관성을 만난 세 가지 경우다.}-

27 小人命內 亦有正印官星.

◉ 소인(小人)의 명에도 정인 정관이 있다.

◎註→印綬者 怕逢財氣壞印. 官星者 畏見傷官必敗. 若四柱中雖有財官印綬 遇其傷害 不成眞名 反爲凶惡 豈不爲小人哉.

≪註解≫ 인수는 재기(財氣)를 만나면 무너지고 官星은 상관을 만나면 반드시 敗한다. 만약 四柱 중에 財官印이 있어도 상해(傷害)를 만나면 진명(眞名-참된 이름)을 이루지 못하고 오히려 흉악한데 어찌 소인이 아니겠는가.
-{재관인이 깨지면 깨지는 것이 끝이 아니고 오히려 흉악하다.}-

28 君子格中也犯七殺陽刃.
◉ 君子의 格 중에도 칠살 양인이 있다.

◎註→七殺有制化爲官 陽刃無冲極爲貴 偏官發於白屋 陽刃起於邊戌 爲將爲相 豈不爲君子者哉 刃與殺主誅戮之權
≪註解≫ 七殺은 제화(制化)하면 관성이 되고 陽刃은 冲이 없으면 극히 貴하다. 편관은 평민에서 출세하고 양인(陽刃)은 변방을 방어하는 장상(將相)이 되는데 어찌 군자가 아니리오. 인(刃)과 살(殺)은 주륙(誅戮-生殺)의 권력이 된다.

29 爲人好殺 陽刃必犯於偏官.
◉ 살생(殺生)을 좋아하는 사람은 양인이 편관을 범(犯)한 것이다.
-{양인과 칠살이 합하여 귀명이 될지라도 살생을 좋아한다.}-

◎註→陽刃者 在天爲紫暗星 專行誅戮 在地爲陽刃殺 偏官者 七殺之暗鬼 陽刃又犯七殺 人多主凶 若遇貴人吉 無則大忌.
≪註解≫ 양인이란 하늘에 있는 자암성(紫暗星)인데 오로지 죽이는 일을 하고 땅에서는 양인살이다. 편관은 칠살의 암귀(暗鬼)를 말한다. 양인이 칠살을 또 범한 사람은 대부분 흉하다. 이때 만약 천을귀인을 만나면 좋지만 없으면 크게 꺼린다.

30 素食慈心, 印綬遂逢于天德
◉ 인수가 천덕(天德)을 만나면 소식(素食)하고 자비심이 있다.

◎註→如命中元犯凶神惡殺 若遇天月二德神救之 則凶不逞也. 印綬本慈善之神 又逢天月德相助 主人心慈而食齋矣.

≪註解≫ 명중에 흉신이나 나쁜 살이 있어도 천월이덕이 구해주면 凶이 나타나지 않는다. 인수는 본래가 자선가(慈善家)인데 다시 천월덕이 도와주면 자비심이 있고 소식(素食)한다.

月	寅	卯	辰	巳	午	未	申	酉	戌	亥	子	丑
天德	丁	申	壬	辛	亥	甲	癸	寅	丙	乙	巳	庚

月	寅午戌	申子辰	亥卯未	巳酉丑
月德	丙	壬	甲	庚

31 生平少病 日主高强.

◉ 평생 병이 적은 것은 日主가 강한 것이다.

◎註→日主自旺爲恃旺殺 乃是本主得地 自恃旺鄕 其人沉病不染 老年齒牢 發黑 强其體骨 天元遇旺 順身遠害 欣然無憂 樂天之命也.

≪註解≫ 日主가 자왕(自旺)하면 旺한 殺을 의지한다. 즉 日主가 득지(得地)하여 왕지를 의지한 것이다. 그런 사람은 질병에 걸리지 않고 노년에도 치아가 튼튼하고 머리가 검고 강골(强骨)이다. 일간이 旺하면 해(害)와 멀고 걱정이 없는 낙천적인 命이다.

-{自旺은 월령에 있는 록이나 겁재를 말한다.}-

32 一世安然 財命有氣

◉ 한 평생 무사하게 지내는 것은 財命이 유기(有氣)한 것이다.

-{현대사회는 관직을 갖는 貴보다 재명이 유기한 富가 낫다.}-

◎註→此論財者 妻財 馬也. 財旺有氣來助 我身乘旺 必享財而用之 是得安然之樂矣 如甲生辰戌丑未之鄕 皆作財有氣.

≪註解≫ 이것은 財를 논한 것이다. 財는 妻財 馬를 말한다. 財가 旺하고 日主가 旺하면 반드시 財를 누리고 쓰기 때문에 편하고 즐겁다. 甲이 辰戌丑未월에 태어날 경우 모두 財가 有氣한 것이다.

-{재명유기(財命有氣)는 신왕하고 재가 왕한 것이다.}-

33 官刑不犯 印綬天德同宮.

◉ 관형(官刑)이 범하지 않는 것은 인수가 천덕과 함께 있는 것이다.

◎註→此五行自得天時 名爲時旺. 若印綬扶身 又帶天月二德 一生不犯官刑之論.

≪註解≫ 일간이 天時를 만난 것을 시왕(時旺)이라고 하는데 인수가 월령에서 생하고 천월이덕을 가지고 있으면 평생 관형(官刑)이 범하지 않는다고 논한다.

34 少樂多憂 蓋緣日主自弱.

◉ 즐거움보다 걱정이 많은 것은 일주가 약하기 때문이다.

◎註→此言日主無氣 落於衰鄕 又失了天元氣 持鬼敗之鄕矣. 多主奴婢之下 孤寡臨於五墓 一生憂悶 不足之命也.

≪註解≫ 이 말은 일간이 쇠지(衰地)에 있어서 무력한 것이다. 일간이 힘을 잃고 무력한 것은 귀패(鬼敗)地에 있는 것인데 노비(奴婢-종)가 많다. 고과(孤寡)가 오묘(五墓-진술축미)에 임하면 일생을 걱정과 고민 속에서 사는 명(命)이다.
-{귀패(鬼敗)의 귀(鬼)는 칠살이고 패(敗)는 욕지(浴地)이고 오묘(五墓)는 辰戌丑未를 말한다.}-

35 身强殺淺 假殺爲權.

◉ 신강하고 殺이 천(淺)하면 가살(假殺)이 권력이 된다.

◎註→假如丙戌日見壬辰時是也 生於四五月依此而斷. 碧玉歌云 化殺爲權何取？甲生寅卯之鄕 更逢亥卯未成行 何怕庚金作黨. 乙生巳酉丑月 喜逢木局相當 若逢亥卯未生殃 處世艱難貧漢.

≪註解≫ 가령 丙戌日이 壬辰時를 만나고 巳午月에 태어나면 그렇다. 벽옥가에 이르길 화살(化殺)은 어떤 것을 권력으로 취하는가? 甲木이 寅卯月에 출생하고 다시 亥卯未를 만나면 庚金-칠살이 작당(作黨)을 한들 두려울 게 없다. 乙이 巳酉丑月에 태어나고 적절한 木局을 만나면

좋아하지만 만약 亥卯未를 만나면 재앙이 발생하고 처세(處世)가 어렵고 빈한(貧漢)하다.

36 殺重身輕 終身有損.

⊙ 殺이 重하고 신약하면 평생 손상이 따른다.

◎註→如戊寅 壬戌 壬戌 己酉是也 月時暗有戊土爲七殺 故爲傷身也.
≪註解≫
己壬壬戊   男命 (원국 명조)
酉戌戌寅   癸亥 甲子 乙丑 丙寅 丁卯 戊辰
月令에 暗으로 있는 戊土가 七殺이기 때문에 몸이 상한다.

37 衰則變官爲鬼 旺則化鬼爲官.

⊙ 日主가 쇠약하면 관성을 귀(鬼)로 삼고 日主가 강하면 귀(鬼)를 관성(官星)으로 삼는다.

◎註→若日主衰弱 縱有官星 當他不得 故變官爲鬼矣 若日主旺盛 縱有七殺 其殺自降伏 當化鬼爲官 乃主大富大貴之命也.
≪註解≫ 만약 日主가 쇠약하면 官星이 있어도 감당하지 못하므로 관성이 귀(鬼-殺)로 변한다. 만약 日主가 왕성하면 七殺이 있어도 그 살이 스스로 항복하여 귀(鬼)가 관성으로 변하므로 명주가 대부대귀(大富大貴)의 명이 된다.
-{일주의 쇠왕(衰旺)에 따라 官이 殺로 변하고 殺이 官으로 변한다.}-

38 月生日干 運行不喜財鄕.

⊙ 月에서 일간을 생하면 운이 재성으로 가면 좋아하지 않는다.
-{인수격이다.}-

◎註→月生日干卽印綬也 印乃母也 故云忌財破之 運行入財鄕謂之貪財壞印 譬如爲官者掌印 貪百姓之財則不美.
≪註解≫ 月이 日干을 생하는 것은 인수인 모친이다. 그래서 財가 인성을 파(破)하는 것을 꺼린다. 財運에 들면 탐재괴인(貪財壞印)이 되는데

비유하면 백성을 다스리는 결재권을 쥐고 있는 공직자가 백성의 재물을 욕심내면 좋지 않은 것과 같다.

39 日主無依 却喜運行財地.

◉ 日主가 의지할 곳이 없으면 운이 오히려 재지(財地)로 가면 좋다.

◎註→甲乙生於春月 柱中若無財官 謂之無依 若運行辰戌丑未運 以土爲財 方可發福 餘者仿此而推 如背運不可言福.
≪註解≫ 甲乙日이 봄에 태어나고 柱中에 財官이 없으면 무의(無依)라고 하는데 만약 辰戌丑未 運을 만나면 財가 되므로 發福한다. 나머지도 이런 식으로 보는데 배운(背運-食傷)을 만나면 福이 된다고 말하면 안 된다.
-{신왕하고 재관이 없을 경우 식상 운을 만나면 설기하여 좋을 것 같지만 원국에 재성이 없는데 식상운인들 좋을 것이 없다. 식상이 없으면 차라리 재운을 만나면 복이 된다고 한 것이다.}-

40 時歸日祿 生平不喜官星.

◉ 귀록격은 평생 관성을 좋아하지 않는다.

◎註→命中日祿居時者最怕官星 所以強破祿 反貴爲賤矣 碧玉歌曰 日祿居時最妙 年提畏殺官星 若見官星則剝祿矣.
≪註解≫ -{귀록격이다.}- 命 중에 일간의 祿이 時에 있으면 관성을 가장 두려워한다. 강한 것이 록을 깨는 것이므로 오히려 貴가 賤으로 변하기 때문이다. 벽옥가(碧玉歌)에 이르길 歸祿은 가장 뛰어나지만 年이나 月에 殺이나 官星이 있으면 두려워한다고 했다. 만약 관성이 보이면 록(祿-봉록)을 박탈당한다.
-{귀록이 관성을 꺼리는 것은 일간이 時의 祿을 의지하기 때문이다. 관성이 祿을 극하면 일간이 의지할 곳이 없다. 일간이 시의 록에 의지하여 식상이 재를 생하기 때문에 財가 보이면 貴命이다.}-

41 陰若朝陽 切忌丙丁離位.

⊙ 육음조양(六陰朝陽)격은 丙丁午를 극히 꺼린다.

◎註→此言六辛日見戊子時也 歲月若見丙丁二字 乃南方火傷了辛金 所以不得朝陽以成眞格局 若不見丙丁 皆主大富貴命 官自居一品之尊 此謂喜忌篇云 "六辛日逢戊子時 嫌午位運喜西方 忌見丙字 露出官星"見丁字 乃七殺剋辛 此說非虛矣.

≪註解≫ 이 말은 辛日이 戊子時를 만난 것인데 만약 年月에 丙丁 두 글자가 보이면 辛金이 傷하기 때문에 진정한 조양(朝陽)격국이 되지 못한다. 만약 丙丁이 보이지 않으면 크게 富貴하는 命으로 일품(一品)의 직위를 갖는다. 희기편(喜忌篇)에 이르길 六辛日이 戊子時를 만나면 午-字를 꺼리고 西方-金 運을 좋아한다고 했고 丙-字를 꺼리는 것은 官星이 노출한 것이고 丁-字를 꺼리는 것은 辛金을 극하는 七殺이기 때문이다. 이 말은 헛된 소리가 아니다.
-{子-字는 하나만 있어야하고 丑이 子를 合하거나 午가 子를 冲하는 것을 꺼리고 丙巳를 더욱 꺼린다. 유년과 대운도 마찬가지다.}-

42 太歲乃衆殺之主 入命未必爲殃 若遇鬪戰之鄕 必主刑於本命.

⊙ 태세(太歲-流年)는 모든 신살(神煞)의 주인이다. 태세가 命에 들어온다고 반드시 재앙(災殃)이 되는 것은 아니고 만약 전투(戰鬪)를 만나면 반드시 本命에 刑이 있다.
-{刑은 고통을 말한다.}-

◎註→太歲乃一年所主之君 統衆殺之主君也 未可便作凶推. 若命中陽刃諸殺或日主刑剋歲君 乃臣犯君 必招戰鬪之禍.

≪註解≫ 太歲는 一年을 주관하는 군왕(君王)이다. 많은 殺을 통솔하는 군왕이지만 凶하게만 생각하면 안 된다. 만약 命 중에 양인이나 제반 살성이나 혹 일주가 세군(歲君-유년)을 형극(刑剋)하면 신하가 군왕을 침범하는 것이므로 반드시 전투(戰鬪)로 인한 화(禍)를 초래한다.

43 歲傷日干 有禍必輕 日犯歲君 災殃必重.

⊙ 유년 태세가 日干을 극하면 禍가 가볍지만 일간이 태세를 극하면 반

드시 재앙(災殃)이 重하다.

◎註→若太歲剋日干 謂爲父怒子 其情可恕 日剋歲君 如子怒父 罪不可赦也. 假如太歲庚辛 日干甲乙則災輕 日干庚辛 太歲甲乙 無救則災重.

≪註解≫ 만약 太歲가 日干을 극하면 아비가 자식에게 화를 낸 것이므로 용서가 된다. 그러나 日干이 세군을 극하면 자식이 아비에게 화를 내는 下剋上이므로 용서할 수 없다. 가령 태세가 庚辛이고 日干이 甲乙이면 재(災)가 가볍다. 그러나 日干이 庚辛인데 太歲가 甲乙일 경우 구조(救助)가 없으면 그 재앙(災殃)이 重하다.
-{구조(救助)는 일간이 태세를 만나면 태세가 편재에 속하므로 사주의 원국에 식상이 있으면 구조가 된다.}-

44 五行有救 其年反必爲財 四柱無情 故論名爲剋歲.

⊙ 오행의 구조되면 그 해에는 오히려 재물이 들어오는데 사주가 무정(無情)하면 극세(剋歲)라고 한다.

◎註→此言日犯歲君 若當生有救 禍減一半 其年反招其財. 若無食神救之 便是造意不好 主害歲君 還傷日主. 如甲日剋戊歲 若得己字在 便是夫婦貪合有情 乙日剋己 歲君干頭有庚 亦是夫婦貪合有情 若無配合剋制 便是無情 其禍不免.

≪註解≫ 이 말은 일간이 유년을 침범하는 일범세군(日犯歲君)이다. 만약 적절한 구제(救濟)가 있으면 禍가 반감(半減)되고 해당 年에는 오히려 재물이 들어온다. 만약 식신의 구제(救濟)가 없으면 좋지 않고 일주가 세군(歲君)을 해치면 일주가 傷한다. 만약 甲日이 戊土-태세를 극할 경우 사주나 대운에 己-字가 있어서 甲을 합하면 부부탐합(夫婦貪合)의 구제가 되므로 유정(有情)한 것이다. 乙日이 己土를 극할 경우 歲君의 天干에 庚이 있으면 역시 부부탐합(夫婦貪合)으로 되어 有情하다. 만약 극제하는 배합이 없으면 무정(無情)하므로 화(禍)를 면치 못한다.

45 庚辛來傷甲乙 丙丁先見無危.

⊙ 庚辛 金이 태세(太歲)의 甲乙木을 傷할 경우 丙丁-관살이 먼저 보이

면 위험하지 않다.
-{먼저는 관살이 사주 원국이나 대운에 있는 것이다.}-

◎註→如庚辛金剋甲乙木 柱中若有丙丁巳午火 則有救也 其餘依此例. 丙丁反無庚辛 壬癸遇之不畏 戊己愁逢甲乙 干頭須要庚辛 壬癸慮遭戊己 甲乙臨之有救 壬來剋丙 須要戊字當頭 癸去傷丁 却喜己來相制.

≪註解≫ 庚辛이 甲乙을 극할 경우 柱 중에 丙丁巳午가 있으면 구조(救助)가 있는 것이다. 나머지 오행도 이런 식으로 한다. 丙丁日은 庚辛-재가 없으면 壬癸-살을 만나도 두렵지 않고, 戊己日은 甲乙-살을 만나면 걱정이므로 庚辛-식상이 천간에 있어야한다. 壬癸일은 戊己-살을 만나면 걱정인데 甲乙-식상이 임하면 구조(救助)된다. 壬이 丙을 剋하면 戊-字가 천간에 있어야하고 癸가 丁을 傷하면 己土가 도와주면 좋아한다.
-{일간이 칠살 유년을 만났을 경우 식신이 있으면 구조된다.}-

46 丙丁反無庚辛 壬癸遇之不畏 戊己愁逢甲乙 干頭須要庚辛 壬癸慮遭戊己 甲乙臨之有救 壬來剋丙 須要戊字當頭 癸去傷丁 却喜己來相制.

◉ 丙丁日은 庚辛-재가 없으면 壬癸-살을 만나도 두렵지 않다. 戊己가 甲乙-살을 만나면 庚辛-식상이 천간에 있어야하고 壬癸가 戊己-살을 만나면 甲乙-식상이 임하면 구조(救助)된다. 壬이 丙을 剋하면 戊-字가 천간에 있어야하고 癸가 丁을 傷하면 己土가 制하면 좋다.

47 庚得壬男制丙 夭作長年 甲以乙妹妻庚 凶爲吉兆.

◉ 庚이 壬-식신을 얻어 丙-살을 制하면 천명(天命)을 다하고 甲은 乙-겁재로 庚-살을 合하면 凶을 길조(吉兆)로 삼는다.

◎註→庚金最怕丙火 有壬水制伏反吉 甲木忌見庚金 得乙妹配庚爲妻 則以甲爲妻兄 以變凶化吉也.

≪註解≫ 庚金은 丙火-칠살을 가장 무서워하지만 壬-식신이 있으면 丙-살을 制伏하므로 오히려 吉하다. 甲木은 庚金을 꺼리는데 乙-겁재-누이가 있으면 乙은 庚金의 妻가 되고 甲은 庚金의 妻兄이 되므로 凶이

吉로 변한다.

48 天元雖旺 若無依倚是常人 日主太柔 縱遇財官爲寒士.

◉ 日主가 旺해도 의지할 것(財官)이 없으면 평상인이고 日主가 너무 무력하면 재관을 만나도 가난한 서생(書生)이다.

◎註→碧玉歌曰 天元日主太旺 歲時月印財官 三才不顯 主貧寒 僧道孤刑 之漢 日柔全無生旺 財官多反生殃 當之不住過寒窓 守若囊消貌狀
≪註解≫ 벽옥가(碧玉歌)에 이르길 日主가 太旺하고 年月時에 재관인이 없으면 빈한(貧寒)하거나 중이나 도사 아니면 刑을 받는 사람이다. 日主가 약한데다 生旺이 전혀 없으면 財官이 오히려 재앙(災殃)이 된다. 고학을 하고 계속해서 고생을 하고 재물을 아무리 지켜도 새나간다고 했다.

49 女人無殺帶二德 作兩代之封.

◉ 여명에 살(殺)이 없고 천월이덕(天月二德)이 있으면 귀족(貴族)이다.
-{兩代之封=귀족}-

◎註→凡陰人之命 不宜見偏官 若有天月二德全者 必主有封贈矣 天月二德 命中有者 主人慈惠溫良 鎭壓諸殺 不敢犯也.
≪註解≫ 대체로 女命에 편관이 보이면 마땅치 않은데 만약 天月二德이 온전하면 반드시 귀족에 속한다. 팔자에 天月二德이 있으면 선량하며 제반 살성(殺星)을 제압하므로 殺星이 침범하지 못한다.

月	寅	卯	辰	巳	午	未	申	酉	戌	亥	子	丑
天德	丁	申	壬	辛	亥	甲	癸	寅	丙	乙	巳	庚

月	寅午戌	申子辰	亥卯未	巳酉丑
月德	丙	壬	甲	庚

50 男命身强遇三奇 爲一品之貴.

◉ 남명이 신강하고 財官印을 만나면 大貴의 命이다.

◎註→訣曰 日主高強富貴 財官印綬俱全 甲逢辛己癸爲祿 乙戊庚壬可見. 丙日癸辛乙位 丁壬庚甲高遷 戊喜癸乙丁齊 己壬甲丙三奇. 庚辛壬癸例依前 無破名登金殿.

≪註解≫ 訣에 말하길 일주가 강하고 財官印이 온전하면 부귀하다고 했다. 甲은 辛己癸이 재관인이고 乙은 戊庚壬이 재관인이고 丙日에 癸辛乙이 재관인이고 丁에 壬庚甲이 재관인이다. 戊는 癸乙丁을 좋아하고 己는 壬甲丙이 三奇가 된다. 庚辛과 壬癸日도 앞의 방식인데 재관인이 깨지지 않으면 중앙정부에 이름이 오른다.

51 甲逢己而生旺 定懷中正之心.

⊙ 甲이 己를 만나고 生旺하면 반드시 정직하고 바르다.

◎註→訣曰 甲逢己土合生旺 富貴榮華定可量 常懷中正得人心 當遇貴人須可望. 甲屬東方生旺之氣 主乎仁. 土屬中央厚重之氣 主乎信. 甲己化土而四柱中更帶生旺 爲人忠厚正直之輩.

≪註解≫ 訣에 말하길 甲이 己土를 만나 合하고 生旺하면 부귀영화를 누리는데 마음이 바르고 귀인(貴人-후견인)을 만나 반드시 발탁된다고 했다. 甲은 동방(東方)의 생왕지기(生旺之氣)에 속하여 인(仁)이 주가 되고 土는 중앙의 후중지기(厚重之氣)에 속하여 신(信)이 주가 되므로 甲己가 土로 化하고 사주 중에 生旺한 土를 가지고 있으면 충후정직(忠厚正直)하다.

52 丁遇壬而太過 必犯淫訛之亂.

⊙ 丁에 壬이 태과(太過)하면 음란(淫亂)하다.

◎註→訣曰 丁遇壬而太過多 陰獨陽盛主淫訛 男因酒色須傾夭 女主私通內亂多. 丁與壬爲合 若丁日見壬水制太過 主淫亂.

≪註解≫ 訣에 이르길 丁이 만난 壬이 태과(太過)하면 陰 하나에 陽이 왕성하여 방탕과 사기를 일삼는데 男子는 주색으로 패가하여 일찍이 죽고 女子는 남편 몰래 情을 통하고 가정이 문란하다고 했다. 丁과 壬은 합하는데 만약 丁日을 壬水가 지나치게 制하면 음란하다.

53 丙臨申位逢陽水 難獲延年.

◉ 丙申日이 壬水를 만나면 수명이 길지 않다.

◎註→訣曰 丙臨申位火無煙 陽水逢之命不堅 若得土來相救助 却加福壽享延年 若丙申日主 行壬申 壬辰 壬子運主夭
≪註解≫ 訣에 말하길 丙이 申에 임(臨)하면 불길이 없고 壬-살을 만나면 命이 견고하지 못한데 이때 만약 土-식상이 구조해주면 도리어 福과 壽를 누린다고 했다. 만약 丙申일주가 壬申 壬辰 壬子 運으로 가면 요절한다.

54 己入亥宮見陰木 終爲損壽.

◉ 己亥日이 乙卯木을 만나면 결국 수명이 상(傷)한다.

◎註→己亥日主 行乙木及亥卯未運 主壽夭. 訣曰 己爲强土見雙魚 陰木臨之壽必疏 四柱若無金救助 酆都嶽嶺壽元虛.
≪註解≫ 己亥日이 乙木이나 亥卯未 運으로 가면 요절한다. 訣에 이르길 己土는 강하여도 쌍어(雙魚-亥)가 보이고 乙卯-살이 임(臨)하면 수명이 박(薄)하다고 했다. 사주에 구조하는 金이 없으면 악령(嶽嶺-높은산)의 풍도(酆都-지옥)에 이르니 명(命)이 허망하다고 하였다.
-{일지의 亥가 木-살을 생하기 때문이다.}-

55 庚值寅而遇丙 主旺無危.

◉ 庚寅日은 丙-칠살을 만나도 日主가 旺하면 위태롭지 않다.

◎註→庚寅日主而遇柱中有丙火 若庚金多亦無恙 謂之多則生出艮土 土又生金 故無危也. 訣曰 庚逢寅位祿當權 丙火重逢壽必延. 身旺鬼衰猶可制 應爲鬼殺化爲權.
≪註解≫ 庚寅日이 柱中에 丙火가 있어도 庚金이 많으면 탈이 없다. 많다는 것은 간토(艮土-丑寅月)에서 태어난 것인데 土가 또 金을 생하기 때문에 위험이 없다. 訣에 이르길 庚寅이 申月에 태어나면 丙火를 많이 만나도 수명이 길다고 했다. 신왕하고 귀(鬼-살)를 制하여 귀살(鬼殺)이

권(權)으로 변하기 때문이다.

56 乙遇巳而見辛 身衰有禍.

◉ 乙巳日에 辛이 보이고 신약하면 화(禍)가 있다.

◎註→乙巳日主 柱中有辛金多 乃乙木衰而殺旺 故有禍也. 訣曰 乙逢雙女木衰殘 若見辛金壽必難 若得丙丁來救助 豈知安樂木成歡.
≪註解≫ 乙巳日은 柱中에 辛金이 많으면 乙木이 쇠약하고 殺이 旺하여 禍가 있다. 訣에 말하길 乙이 巳를 만나 병(病)이든 것이므로 辛金-칠살이 보이면 수명이 어렵다. 만약 丙丁이 구조(救助)해주면 얼마나 좋은지 乙木이 알기나 하겠는가?

57 乙逢庚旺 常存仁義之風.

◉ 乙이 만난 庚金이 旺하면 항상 인의(仁義)가 있다.

◎註→訣曰 仁義之風 乙日見申月之類. 此格者有仁有義之人也. 訣曰 乙逢庚旺是官星 遇此當爲宰相行 若遇五行無冲破 常存仁義鎭邊疆.
≪註解≫ 訣에 말하길 인의지풍(仁義之風)은 乙日이 申月을 만난 부류인데 이 格은 인의(仁義)가 있는 사람이다. 訣에 말하길 乙이 왕한 庚-官星을 만나면 재상(宰相)이 되고 오행이 충파(冲破)를 만나지 않으면 항상 인의(仁義)를 가지고 변방(邊方)을 진압(鎭壓)한다고 했다.

58 丙合辛生 鎭掌權威之職.

◉ 丙日이 辛月에 태어나면 권위(權威)의 직(職)을 쥔다.

◎註→丙日見辛酉月 辛日見巳月 此格局者 當主有權柄之命也. 訣曰 丙合辛生非是賤 掀轟名利眞堪羨 不然黃閣顯公卿 執掌兵權難有變.
≪註解≫ 丙日이 辛酉月에 태어나거나 辛日이 巳月에 태어난 것인데 이 격국은 권력을 쥐는 명이다. 訣에 이르길 丙이 辛月에 태어나면 천(賤)하지 않고 명리가 높이 솟고 빛이 나므로 부러워한다. 그렇지 않으면 정부의 고관이 되거나 계속 병권(兵權)을 쥔다.
-{단지 이것만 보고 판단하면 안 되고 가능성을 염두에 두고 다시 재

관의 상황을 본 다음 격국의 고저(高低)를 판단하여야 옳다.}-

59 一木重逢火位 名爲氣散之文.
◉ 木 하나에 火가 많으면 기산지문(氣散之文)이라고 한다.

◎註→甲乙日生 重見丙丁之火 則泄氣也 詩曰 "木能生火本榮昌 木火通明 佐廟廊 一木重逢離火位 終身泄氣落文章.
≪註解≫ 甲乙日生이 丙丁火를 많이 만나면 氣를 泄하게 된다. 詩에 이르길 木이 능히 火를 生하면 영창(榮昌)하니 목화통명(木火通明)으로 조정(朝廷)을 보좌하는 신하가 된다. 그러나 木은 하나뿐인데 火를 많이 만나면 평생 설기(泄氣)가 되므로 문장이 변변치 않다고 했다.
-{木火通明이지만 식상이 많다는 것은 결국 가난한 선비다.}-

60 獨水三犯庚辛 號曰體全之象.
◉ 水 하나에 庚辛金이 셋이면 체전지상(體全之象)이라고 한다.

◎註→壬日生 重見庚申辛酉 則印綬生身 主富貴也 詩曰 獨水三犯庚辛重 金能生水水還同 年生骨格天年秀 名利雙全福祿豐 主大富貴.
≪註解≫ 壬日生이 庚申辛酉를 많이 만나면 인수가 日主를 생하여 부귀하다. 詩에 말하길 水 하나에 庚辛이 셋이면 金이 水를 생하여 水가 되고 年이 골격(骨格-體-일간水)을 생하면 年干이 수기(秀氣)가 되므로 명리가 온전하고 복록이 풍성하여 부귀가 크다고 했다.
-{이 구절은 水日에 火가 地支에 뿌리를 두고 天干에 투출하여 旺할 경우 四柱에 3개의 庚辛이 있어야 日主(水-體)가 온전하다. 火-財가 용신이기 때문에 水-비겁으로 制하지 못하고 많은 印星으로 日主를 생하여 火-재성을 감당하여 富貴를 얻는 명이다.}-

庚癸丙庚 男命 유기문(劉紀文) 貴命 -{연구 명조}-
申酉戌寅 7丁亥 17戊子 27己丑 37庚寅 47辛卯 57壬辰
庚申時가 되어 申酉戌 西方의 一氣로 독수삼범(獨水三犯)의 체전지상(體全之象)이다.

61 水歸冬旺 平生樂自無憂.

◉ 壬癸水가 亥子丑月에 당령(當令)하면 평생 즐겁고 걱정이 없다.

◎註→甲乙生於春三月 丙丁生於夏三月 庚辛生於秋三月 壬癸生於各三月 戊己生於辰戌丑未月 皆節氣內 主壽高 生平病少無憂.

≪註解≫ 甲乙日이 寅卯辰월이나 丙丁日이 巳午未월이나 庚辛日이 申酉戌월이나 壬癸日이 亥子丑월이나 戊己日이 辰戌丑未월에 태어나면 모두 절기(節氣)의 內가 되므로 수(壽)가 높고 평생 병이 적고 걱정이 없다. -{절기의 內는 日干과 같은 五行을 의미한다. 월에 비겁이 있어서 돈도 직위도 없는데 뭐가 좋다는 것인지?}-

壬癸甲癸 팽조(彭祖-장수의 대명사) 양생가
子亥子亥 癸亥 壬戌 辛酉 庚申 己未 戊午
실제로 146세를 살았다고 한다.

62 木向春生 處世安然必壽.

◉ 木日이 봄에 태어나면 처세(處世)가 평온하고 반드시 장수한다.

◎註→甲日生居春月 柱逢寅卯二重 溫良性格定慈心 青史朝廷仍用. 財食印官旺處 太旺又反夭窮. 術家精究似中庸 談命方才有用.

≪註解≫ 甲日이 봄에 태어나고 柱中에 寅卯를 二重으로 만나면 성격이 따뜻하고 조정(朝廷)의 역사에 이름이 남는다. 財官印食이 너무 旺하면 오히려 궁(窮)하고 박명(薄命)하다. 술가(術家)는 중용(中庸)을 정밀히 하여 命을 말하여야 비로소 쓸모 있는 것이다. -{木 왕하면 장수}-

63 金弱遇火炎之地 血疾無疑.

◉ 金이 약하고 화염(火炎)地를 만나면 혈질(血疾)이 틀림없다.

◎註→金主肺 肺者 心之華蓋 金若被火來冲 必主因酒色成疾 肺心受傷 嘔血癆瘵病也.

≪註解≫ 金은 폐(肺)가 되고 폐는 심장의 덮개가 되는데 火가 金을 冲하면 주색으로 병을 얻어 心肺가 상하고 피를 토한다.

64 土虛逢木旺之鄕 脾傷定論.

◉ 土가 약한데 旺木을 만나면 비(脾-소화기)가 傷하는 것은 정론(定論)이다.

◎註→土主脾胃 若被木來剋制 必受脾腹寒病之症.
《註解》 土는 비위(脾胃)에 속하므로 만약 木의 극제(剋制)를 받으면 반드시 뱃속이 냉(冷)하여 병이 있다.

65 筋骨疼痛 蓋因木被金傷.

◉ 근육과 뼛속이 아픈 것은 金이 木을 傷한 것이다.

◎註→訣曰 甲木身衰不旺 運提辛酉庚申 歲逢巳酉丑來臨 害目風癲邪症. 乙日身衰同論 巳酉丑字相刑 未逢此地四肢寧 雖足不宜自矜.
《註解》 訣에 말하길 甲木이 쇠(衰)하여 왕하지 못한데 운에서 辛酉庚申를 만나고 流年에서 巳酉丑을 만나면 눈을 상하거나 간질이 있다. 乙日도 신약하면 마찬가지로 巳酉丑을 刑으로 논한다. 刑을 만나기 전에 사지(四肢)가 멀쩡하다고 해서 자만하면 안 된다.

66 眼目昏暗 必是火遭水剋.

◉ 눈이 어둡고 보이지 않는 것은 火가 水의 剋을 만난 것이다.

◎註→肝屬木 心屬火 腎屬水 水剋火 無相生之道 故有眼暗目昏之疾者矣.
《註解》 肝은 木, 心은 火, 腎은 水에 속하는데 水-극-火하여 相生의 길이 없으면 눈이 어두워 보이지 않는다.

67 下元冷疾 必是水值火傷.

◉ 하원(下元-배꼽아래)의 냉질(冷疾-냉증)은 水가 火를 상한 것이다.

◎註→腎主北方水 心屬南方火 腎水上升 心火下降爲旣濟. 若上下不交 則有冷疾之症也.
《註解》 신(腎)은 北方의 水요 心은 南方의 火인데 腎水는 상승(上昇)

하고 心火는 하강(下降)하여야 기제(旣濟)가 된다. 만약 상하의 교류가 없으면 냉증(冷症)이 있다.
-{수화기제(水火旣濟)는 체온(體溫)의 전체적인 균형을 맡는다.}-

68 金逢艮而遇土 號曰還魂.

◉ 金이 간(艮-丑寅)을 만나면 土를 만난 것이므로 환혼(還魂-소생)이라고 한다.

◎註→庚辛金受氣於寅卯 得土生金 故曰還魂.
≪註解≫ 庚辛金은 寅卯월에 태어나도 간토(艮土)가 金을 생하기 때문에 환혼(還魂)이라고 한다.

69 水入巽而見金 名爲不絶.

◉ 水가 손(巽-巳)에 들면 庚金이 보이므로 부절(不絶)이라고 한다.

◎註→壬水受氣於巳 水得金而能生水 故曰不絶. 水至巳而絶 且金長生於巳故也.
≪註解≫ 壬水는 巳에서 氣를 받는데 사(巳)중 金이 水를 생하기 때문에 부절(不絶)이라고 한다. 원래 水는 巳에 절(絶)이지만 巳에서 金이 장생이기 때문이다.

70 土臨卯位 未中年便欲灰心 金遇火鄕 雖少壯必然挫志.

◉ 土가 卯에 임(臨)하면 중년이 되기 전에 의기소침하고 金이 午火를 만나면 비록 젊더라도 반드시 좌절하게 된다.

◎註→戊土生至卯 厄於沐浴之地 雖是中年進退 五行遇此 必挫其志氣也. 金至午暴敗中沐浴之地 男子至此 必挫其志.
≪註解≫ 戊土가 태어나 卯운에 이르면 욕지(浴地)의 액(厄)이 되는데 비록 中年에 진퇴(進退)가 있지만 日主가 이것을 만나면 좌절한다. 金이 午-목욕(沐浴)에서 폭패(暴敗)하는데 남자가 이에 이르면 좌절한다.
-{土金이 욕지(卯午)에 이르면 되는 일이 없고 좌절한다.}-

71 金木交差刑戰 仁義俱無 水火遞互相傷 是非日有.

◉ 金木이 교차하여 형전(刑戰)이 일어나면 인의(仁義)가 없고 수화(水火-明暗)가 번갈아 傷하면 시비가 끊이지 않는다.
-{교차(交差)는 金木이나 水火가 전쟁으로 모두 해(害)를 입는 것이다. 木-仁과 金-義가 싸우기 때문에 인의(仁義)가 없고 水-智가 火-禮와 싸우면 서로 傷하고 승자가 없으므로 시비(是非)가 계속된다.}-

◎註→賦云 不仁不義 庚辛與甲乙爭差 或是或非 壬癸與丙丁相畏 云云.
≪註解≫ 賦에 이르길 불인불의(不仁不義)는 庚辛과 甲乙의 싸움에서 나오고 시비(是非)는 壬癸와 丙丁이 서로 두려워하는 것이라고 했다.

72 木從水養 水盛而木則漂流.

◉ 木은 水가 길러주지만 水가 왕성하면 木이 표류(漂流)한다.

◎註→水生木弱 用金土爲官 太旺財官失矣. 訣曰 甲子生居子地 但逢一二爲奇 壬癸亥子疊干支 則木漂流無倚 辛亥年 提庚子 甲申日 乙丑時支 年逢丁酉運 甲木溺水之災無疑.
≪註解≫ 水가 木을 生하면 木이 약해도 土金을 관직으로 삼는데 水가 太旺하면 재물과 관직을 잃는다. 그래서 訣에 말하길 甲子가 子月에 태어나면 한두 개의 水를 만나면 좋지만 壬癸亥子가 干支에 겹치면 木이 표류(漂流)하여 의지할 곳이 없다고 했다.
-{인수가 太旺하여 일어나는 폐해(弊害)를 말한 것인데 그 중 木日에 水-인수가 많으면 부목(浮木)이 }-

乙甲庚辛 男命 (원문 명조)
丑申子亥 庚子 己亥 戊戌 丁酉 丙申 乙未
丙申대운 47세 丁酉年에 甲木이 물에 빠지는 재난이 있다.

73 金賴土生 土厚而金遭埋沒.

◉ 金은 土가 생하지만 土가 너무 많으면 金이 매몰(埋沒)된다.

◎註→金以木火爲財官 若土太多 則金遭土埋沒而乏光輝矣.

≪註解≫ 金은 木火를 財官으로 삼는데 만약 土가 너무 많으면 金이 土를 만나 매몰(埋沒)되므로 빛을 잃는다.

74 是以五行不可偏枯 務稟中和之氣 更須絶慮忘思 鑒命無差誤矣.

◉ 그래서 五行이 편고(偏枯)되지 말아야 하고 중화(中和)의 기를 받아야 한다. 잡념을 버리고 감명하면 실수가 없다.

◎註→看命要審節氣淺深 旺相休囚 去留舒配 順逆向背之理 只以中和爲貴命 旺相爲福 若休囚死絶 非格非局 爲下賤矣.

≪註解≫ 간명(看命)할 때는 절기의 천심(淺深)과 왕상휴수(旺相休囚) 거류서배(去留舒配) 순역향배(順逆向背)를 살핀다. 다만 중화로 貴命을 삼고 旺相하면 福이 있다. 만약 일주가 휴수사절(休囚死絶)되고 格도 없고 局도 안 되면 하천(下賤)한 명이다.

락록자삼명소식부
(珞琭子三命消息賦)

락록자삼명소식부주(珞琭子三命消息賦注) 이권(二卷)
송(宋) 서자평(徐子平) 찬(撰)

락록자(珞琭子)는 북송인(北宋人)의 은사(隱士)라는 것 외에 알려진 바가 없다. 삼라만상의 이치가 간지(干支) 안에서 생장소멸(生長消滅)하기에 간지(干支)를 소식(消息)으로 대신하여 소식부(消息賦)라고 한 것이다. 다시 말하면 간지부(干支賦)라고 할 수 있다.

락녹자소식부(珞琭子消息賦)는 왕정광(王廷光) 이동(李仝) 석담형(釋曇瑩)등이 납음법의 주(註)를 냈고 삼명통회에는 통현자(通玄子)의 주(註)가 있다. 자평(子平)은 일간 위주(爲主) 법에 맞게 주(註)를 냈다. 자평은 이 부(賦)의 내용을 후학이 이해하도록 전하였으나 내용이 심오(深奧)하여 많은 연구가 필요하다. 이런 상황에 납음법의 소식부까지 하는 것은 오히려 혼동을 초래하고 지나친 욕심이라고 할 수 있다. 이곳에 있는 부(賦)는 사고전서(四庫全書)에 있는 것이다.

상권(上卷)

01 元一氣兮先天, 稟淸濁兮自然, 著三才以成象, 播四氣以爲年。

◉ 원(元)은 일기(一氣)로 선천(先天-태극)이 되고 청탁(淸濁-음양)을 부여받아 자연이 되고 삼재(三才-天地人)가 나타나 상(象)을 이루고 사기(四氣-춘하추동)가 퍼져 년이 된 것이다.

《子平註》元者始也, 一者道生一 冲氣也. 有物混成, 先天地生, 以看命法論之, 如人初受胎月, 在母腹中, 男女未分. 以四柱言之 則知人本命也 尚未有生月日時, 卽貴賤壽夭未分, 故云 一氣, 以大道言之, 則混一氣而生育天地也, 主祖宗之宮也。

※ 원(元)은 시작이고 一은 道에서 一이 생하여 氣가 부딪친 것이다. 만물은 뒤섞여서 이루어지므로 먼저 天地가 생겨났다. 이것을 간명법(看命法)으로 말하면 사람이 처음에 수태(受胎)되어 어미의 뱃속에 있고 아직 남녀로 나누어지지 않은 것이다. 사주로 말하면 본명(本命-年柱)은 알 수 있지만 아직 月日時가 없으므로 귀천(貴賤)과 수요(壽夭)를 식별하지 못하기 때문에 이를 일기(一氣)라고 한다. 대도(大道)로 말하면 일기(一氣)가 섞여서 天地를 길러내므로 조종(祖宗-年-조상)宮이 된다.

《子平註》陰陽旣分, 淸氣爲天, 濁氣爲地, 地法天, 天法道, 道法自然, 以命術言之, 則如在母胎中, 以是成形, 男女已分也, 以大道言之, 天地分也, 以四柱言之, 則生月是也, 主父母宮。

※ 음양이 나뉘어 청기(淸氣)는 天이 되고 탁기(濁氣)는 地가 된 것이다. 지법(地法)은 天이고 천법(天法)은 道가 되고 도법(道法)은 자연(自然)이 된다. 명술(命術)로 말하면 어머니의 뱃속에서 형체가 이루어지고 남녀로 나뉜다. 대도(大道)에 비유하면 天地가 나뉘는 것이고 四柱로 말하면 生月에 속하므로 명주(命主)의 부모 궁(宮)이 된다.

《子平註》天地人爲三才, 以命術言之, 是人生日是也, 乃人身自得之宮, 看下臨何宮分也。

※ 천지인(天地人)은 삼재(三才)가 되므로 명술(命術)로 말하면 사람이 태어난 生日이다. 자신의 자리를 얻은 것이므로 日支가 임(臨)한 곳에 무엇이 있는지 구분해야한다.

《子平註》四氣者, 布木火水金以爲四時, 各旺七十二日, 土旺四季, 各旺十八日, 故爲一年五行之休旺也, 以看命論之, 是人生時也。以四柱論之, 本命 生月 生日 生時 四柱也, 每一宮有三元, 有天元 人元 支元。生時主子孫也, 更看生時, 天元不居休敗, 居於旺相, 則佳矣, 死囚則見多而晚成。

※ 四氣는 木火金水가 퍼져 사계절이 된 것인데 각 72일이 旺하고 土는 사계(四季-辰戌丑未)이므로 각 18일이 왕하므로 一年은 오행의 휴

왕(休旺)이 된다. 간명(看命)으로 論하면 사람이 태어난 때가 된다. 四柱로 논하면 年(本命) 月 日 時의 네 기둥이 된다. 각 宮마다 삼원(三元)이 되는 天元 人元 地元이 있다. 生時는 자손(子孫)이 주가 되는데 다시 生時를 보고 천원(天元-일간)이 휴패(休敗)되지 않고 왕상(旺相)이 자리잡고 있으면 좋고 사수(死囚)는 성취가 늦다.
-{년주(年柱)를 본명(本命) 또는 세명(歲命)이라고 한다.}-

02 以干爲祿, 向背定其貧富, 以支爲命, 詳順逆以循環。

◉ 간(干-일간)으로 록(祿)을 삼고 향배(向背)로 빈부(貧富)를 정하고 支로 명(命)을 삼고 순역(順逆-대운의 순역)에 따라 순환(循環-대운의 흐름)을 살핀다.

《子平註》干者-是生日天元也, 看干下有何支, 支內有何人元, 而與生日天元爲祿, 或有祿印, 或有財帛。假令六甲日生人, 甲子生旺, 甲寅建祿, 甲辰爲財庫, 甲午爲妻財, 甲申爲官印, 甲戌爲財官。其甲子, 以水生木, 如秋生並十二月生, 則有官貴命, 官印無失。甲以庚辛爲官印, 印爲子, 有癸 善制其丁, 故曰, 癸乃甲之印綬也。

※ 干은 생일의 천원(天元-日干)이다. 干의 아래가 어떤 支인지 支의 안에는 있는 인원(人元)이 무엇인지 보는데 일간의 록(祿)인지 혹은 록인(祿印)인지 혹 재백(財帛)인지를 본다. 가령 甲日生이면 甲子日은 生旺하고 甲寅日은 건록(建祿)이 되고 甲辰日은 재고(財庫)가 되고 甲午日은 처재(妻財)가 되고 甲申日은 관인(官印)이 되고 甲戌日은 재관(財官)이 된다. 甲子日은 水가 木을 生하므로 가을이나 丑月에 태어나면 관인(官印)을 잃지 않아 관귀(官貴)가 있는 명이다. 甲木은 庚辛이 官이 되고 子는 印이 된다. 癸가 있으면 丁火-상관을 제(制)하여 좋기 때문에 癸는 甲의 인수가 된다.

《子平註》更須消息四柱內外, 吉凶輕重, 而配其休祥。其言不可大疾, 疾則不盡善矣。向者要生日天元, 向其祿馬也, 如無祿馬, 向其財帛, 或有向其壽限, 向其旺相也。假令六甲生日天元, 若得夏至生, 而居辰戌丑未, 並丑位之上, 則有財帛, 及有祖基, 若是秋生, 居巳酉丑申戌, 四柱之內, 別無丙丁, 則甲之向祿也。

※ 또한 사주 干支의 내외(內外)에는 길흉경중의 배합에 따른 길상(吉祥)이 있다. 그 말은 큰 병(病)이 있으면 안 되고 좋지 않다는 것이다. 향(向)이란 日干이 록마(祿馬-재관)를 따라야 하는 것이다. 록마(祿馬-관성)가 없으면 재백(財帛-재성)이나 수한(壽限-식신)을 따르고 향(向)이 왕상(旺相)해야 한다. 가령 甲日이 하지(夏至)에 태어나고 辰戌丑未에 丑이 있으면 재물이 있고 조상의 기반이 있다. 만약 가을에 태어나고 巳酉丑申戌이 있고 四柱 내에 따로 丙丁-식상이 없으면 甲이 록(祿-官)을 따르는 것이 된다.

-{내외(內外)의 내(內)는 人元을 말하고 외(外)는 天干을 말한다.}-

《子平註》甲以金爲官印, 秋生金旺, 故曰向也, 若運到西方者, 亦向祿也, 運行南方及四季, 亦向財也。若生月內有官印於生日天元, 則主官出祖宗, 如生月及支內有財於生日天元, 則主有祖財, 若生時支內有財, 別無刑冲剋破, 則主自立財, 其論官論財, 更須精其休旺輕重言之, 財庫並旺相爲佳, 官長生 官庫 官旺相爲妙。

※ 甲은 金이 관인(官印)인데 가을에 태어나면 金이 旺하므로 향(向)이 된다. 만약 運이 西方에 이르러도 역시 록을 따르는 것이다. 운이 南方의 사계(四季)로 가면 재(財)를 따르는 것이 된다. 만약 生月에 관인(官印)이 있으면 조상이 관직에 있다. 生月 및 支 안에 財가 있으면 조상의 재물이 있다. 만약 時支 안에 財가 있고 따로 형충극파(刑冲剋破)가 없으면 본인이 재물을 일군다. 그 官과 財를 논할 때는 그 휴왕(休旺)의 경중을 더 정밀히 보고 말하라. 財庫가 왕상해도 좋고 官이 장생이나 官庫나 旺相하면 아주 좋다.

-{소식부에 나오는 관인(官印)은 대개 관직이나 관성이 된다.}-

《子平註》支者 十二支也, 支內有天元 十干, 甲祿在寅, 乙祿在卯之類, 宜生日天元, 取年月時中內天元, 配其吉凶, 或有財帛, 或有官印, 或壽或夭。假令甲日天元屬木, 取金爲官印, 取土爲財帛, 見丙爲壽星, 見乙 並亥卯未爲劫財, 合用官印或財帛, 須精休旺言之。

※ 支는 十二支가 있고 支에 있는 천원(天元)은 十干이다. 甲祿은 寅에

있고 乙祿은 卯에 있는 것을 말한다. 日干으로 年月時의 안에 있는 천원(天元)으로 길흉을 보고 재물이나 관록이나 수명의 장단(長短)을 본다. 가령 甲日은 木에 속하므로 金은 관인(官印)이 되고 土는 재물이 되고 丙이 보이면 수명이 되고 乙이나 亥卯未가 보이면 겁재가 된다. 관인(官印)이나 재백(財帛)이 쓰이면 반드시 휴왕(休旺)을 정밀히 보고 말하라.

03 運行則一辰十歲, 折除乃三日爲年. 精休旺以爲妙, 窮通變以爲玄

◉ 大運의 일진(一辰)은 10년이 되고 3日로 제(除)하여 년(대운의 수)을 삼는다. 대운의 휴왕(休旺)을 정밀히 하고 궁구(窮究)하여 변화에 통하면 현묘(玄妙)하다.

《 子平註 》行運則一辰十歲, 折除乃三日爲年, 折除者 一年二十四氣, 七十二候, 命有節氣淺深, 用之而爲妙. 假令六甲日生人, 以金爲官印, 得六月下旬生, 則有官印者, 有祖財, 更若順行陽運則爲佳, 逆行則運背矣. 甲以金爲官印, 南方火能奪甲之貴,
南方火土之分, 卻向財帛, 若七八月尤佳, 若六月上旬, 或中氣生, 則無官, 若年月時在申巳酉丑位, 更運行西方, 則卻有官印, 而亦榮顯也, 若六月中氣或初氣下生, 卻更看與時在寅午戌 亥卯未之位, 更天元有丙丁, 只是商賈之命也. 其五行休旺, 已具前述,

※ 대운의 일진(一辰)은 10년 이므로 3日로 절제(折除)하여 年으로 삼는다. 3日은 24절기(節氣)로 72후(侯)를 절제(折除)한 것이므로 명(命)에 있는 절기(節氣-월령)의 천심(淺深)을 써야 정묘(精妙)하게 나온다. 가령 甲日의 관인(官印)은 金이므로 未月 하순(下旬)에 태어나고 金-官印이 있으면 조상의 재물이 있다. 순행(順行-申酉戌亥子丑)하면 좋고 역행(逆行-午巳辰卯寅丑)하면 배운(背運)이 되므로 좋지 않다. 甲은 金이 관인(官印)이므로 南方의 화(火-식상)는 甲木의 貴人 관성을 뺏을 수 있기 때문이다.
南方은 火土로 나누어지고 재백(財帛)을 따르므로 申酉月에 태어나면 더 좋다. 만약 未月 상순(上旬)이나 중기(中氣)에 태어나면 관(官)이 없

지만 年月時 중에 申巳酉丑이 있고 또 運이 西方으로 가면 관인(官印)이 있기 때문에 출세한다. 그러나 未月의 中氣나 初氣에 태어나고 時에 寅午戌 亥卯未가 있고 천간에 丙丁-식상이 있으면 상업에 종사하는 명이다. 五行의 휴왕(休旺)은 앞에서 이미 설명했다.

-{24절기로 72후(侯)를 나눈 수가 3이기 때문에 3으로 제(除)하여 대운의 數를 낸다. 1후(侯)는 5일이므로 72후(侯)는 360일이 된다.}-

-{천심(淺深)이란 가령 입춘(立春)을 기준으로 할 경우 입춘과 가까운 시기에 태어나면 천(淺)이 되고 경칩과 가까운 하순(下旬)에 태어나면 입춘과 멀기 때문에 심(深)이 된다. 태어난 日에 따라 천심(淺深)이 다르고 천심에 따라 길흉에 차이가 나므로 필히 천심을 구분해야한다. 천심을 분야(分野)로 나타낸 것을 월율분야(月律分野)라고 한다. 월율분야(月律分野)를 인원(人元)과 동일한 것으로 생각하는 학자가 있는데 월율분야는 천심(淺深)을 구분하는데 사용한다. 인원(人元)은 삼원(三元)의 하나로 격(格)을 찾거나 오행의 작용을 본다. 戊日 卯月을 예로 들면 월율분야 에는 卯 중에 있는 甲乙로 천심(淺深)을 구분한다. 인원(人元)에는 오직 乙木 하나만 있기 때문에 戊土가 卯月에 태어나면 乙을 취하여 정관격이 되지만 甲이 없기 때문에 칠살격이 나오지 않는다.}-

《子平註》凡看命, 見貴賤未可便言, 且精四柱內外, 天元並三合有無剋奪所有之貴。假令壬午日生, 乃祿馬同鄉, 切不可年, 月, 時, 中有甲乙 並寅卯, 若春生, 則甲乙旺, 土死, 則壬背祿也, 若夏秋生, 雖見甲乙寅卯, 亦有官印, 夏生, 土旺, 則官印旺也, 秋生, 則甲乙絕而無害, 餘仿此。

假令壬子年, 壬子月, 丙申日, 辛卯時, 然丙申辛卯, 天地六合, 被太歲是壬子, 更壬子月, 二壬刑於卯位, 此合而不合也, 若丙取辛作妻, 定因財致禍, 而身災也。凡看命, 切詳內外五行相合, 有無忌神, 更看所用者 內外天元得淺深向背而用之。

※ 대체로 命을 볼 때 귀천(貴賤)을 쉽게 말하면 안 된다. 四柱의 내외를 세밀히 하여 天元과 더불어 三合의 유무와 귀(貴-관성)를 극탈(剋奪)하는지 보아야한다. 가령 壬午日은 午중에 丁己-재관이 있으므로 록마동향(祿馬同鄉)이다. 이때 年月時 중에 결코 甲乙 寅卯-식상이 있으

면 안 된다. 만약 봄에 태어나면 甲乙이 旺하고 土가 죽게 되므로 壬日의 배록(背祿)이다. 여름에 태어나면 土-관성이 왕하므로 관인(官印)이 왕하고, 가을에 태어나면 甲乙-식상이 절지(絶地)가 되므로 해가 없다. 나머지도 이렇게 본다.

辛丙壬壬 남명 陰1072年 10月 21日 (원문 명조)
卯申子子 10癸丑 20甲寅 30乙卯 40丙辰 50丁巳 60戊午

보다시피 丙申 辛卯는 天地 六合인데 年에 있는 壬子와 月에 있는 壬子의 두 壬이 卯를 刑하므로 이 합은 부당(不當)하다. 이때 丙은 辛을 妻로 삼기 때문에 재물로 인하여 화(禍)가 발생하고 몸에 재난이 따른다. 命을 볼 때는 천간과 장간의 오행이 알맞은지 기신(忌神)의 유무를 자세히 살피고 다시 필요한 것을 보는데 내외의 天元이 얻은 천심(淺深)으로 향배(向背)를 쓴다.
-{재물로 인하여 禍가 발생하는 것은 丙이 신재를 합한 중에 子卯刑이 되기 때문이다.}-

04 其爲氣也, 將來者進, 功成者退, 如蛇在灰, 如鱔在塵。

◉ 장차 기(氣)로 삼는 것에는 앞으로 다가 오는 진(進)이 있다. 공(功)을 이룬 퇴(退)는 뱀이 잿더미에 있거나 선어(鱔魚)가 흙먼지위에 있는 것과 같다.

《子平註》氣者, 四時向背之氣也, 假令六甲六乙生日, 春生則無官, 夏生則有財, 秋生則向祿, 冬生則生旺。秋生 得申巳酉丑, 或壬戌, 庚辰, 則有官印重矣, 若生時卻居寅午戌巳上, 更有戊己丙丁在時中, 則官減半言之, 如本位犯丙丁南方火位, 亦奪甲之印也。五行當權者用之爲福, 不當權者用之, 無慶,
假令, 金用火爲官印, 九夏生則向官, 七月生則氣退, 卽官不遷進也, 當用之神, 旺相則有慶, 死囚休敗則退也。又如水命人, 以土爲官印, 卻得十月 正月 二月生, 雖有土而不中用也, 以五行退則不當權而休息, 此論五行氣退罷權之道, 如蛇鱔之在灰塵, 則何可長久也。

※ 기(氣)는 四-계절의 향배(向背)의 기(氣)를 말한다. 가령 甲乙日이 봄에 태어나면 관직이 없고, 여름에 태어나면 재물이 있고, 가을에 태어나면 록(祿-貴)을 따르고 겨울에 태어나면 生旺(인수)하다. 가을에 태어나 申巳酉丑을 얻거나 壬戌 庚辰이 있으면 관인(官印)이 重하다. 만약 寅午戌巳 時에 태어나고 또 戊己丙丁이 時에 있으면 관(官-벼슬)이 반으로 줄어든다고 말하라. 본위(本位)를 丙丁-남방火가 침범하여도 甲木의 인(印-권한)을 빼앗는다. 일주가 당권(當權-유력)한 재관을 쓰면 福이 되지만 당권하지 못한 재관을 쓰면 경하(慶賀)할 일이 없다.
가령 金日은 火를 관인(官印)으로 삼으므로 巳午未월에 태어나면 官을 향(向)한 것이다. 그러나 申월에 태어나면 火氣가 물러났기(退) 때문에 직위가 오르지 않는다. 用神이 왕상(旺相)하면 경사(慶事)가 있지만 사수휴패(死囚休敗)되면 퇴(退)가 된다. 또 예를 들면 水日은 土가 관인(官印)인데 亥月이나 寅月이나 卯月에 태어나면 土-官이 있어도 쓸모가 없다. 五行이 퇴(退)하여 당권(當權)하지 못하면 쉬게 된다. 이 말은 오행의 기(氣)가 퇴(退)하면 권직(權職)을 그만 두는 것을 말한다. 뱀이 잿더미에 있고 선어(鱔魚)가 먼지위에 있는데 어찌 멀리 갈 수 있겠는가?
-{향배(向背)의 향(向)은 재관을 따르는 것이고 배(背)는 재관을 등지고 배척하는 것이다. 이것은 아주 중요하므로 분명하게 알아야한다. 喜用神이 進氣에 있는지 退氣에 있는지 대운에서 구분해야 앞날에 발전이 있는지 없는지 알 수 있다.}-

05 其爲有也, 是從無而立有, 其爲無也, 天垂象以爲文。

◉ 유(有-貴)는 무(無-絶地)에서 일어서고 무(無-절지)는 천수상(天垂象)을 문(文-법)으로 삼는다.
-{천수상(天垂象)은 日支에 있는 절지(絶地)를 말한다.}-

《子平註》此五行論於絶地而建貴也, 五行絶處有祿馬, 假令丁亥 丙子 庚寅 甲申 乙酉 戊寅 壬午 癸巳 己卯 己亥 皆從無天元受絶休囚之地, 卻成貴強之位。

鬼谷曰"干雖絶而建日," 成鑒曰"受氣推尋胎月須深," 亦當論生日天元, 破絶而貴也, 賦言五行窮絶處 無也, 絶中建祿, 則有也, 凡此者皆合大道, 貴而淸也, 易曰,"懸象著明 莫大乎日月," 日月者 天之文也, 陰陽之柄也, 日往則月來, 暑往則寒來, 皆一生造化之文也。

※ 이는 일간이 절지(絶地)에서 貴를 일으켜 세우는 것인데 일간의 절처(絶處)에는 록마(祿馬)가 있기 때문이다. 가령 丁亥 丙子 庚寅 甲申 乙酉 戊寅 壬午 癸巳 己卯 己亥는 모두 일간이 모두 절(絶)이 되어 휴수(休囚)地이지만 오히려 貴가 강한 자리가 된다.

※ 귀곡(鬼谷)이 말하길 일간이 비록 절지(絶地)에 있어도 日을 세운다고 했고 성감(成鑒)에 이르길 태월(胎月-胎地)에서 받는 氣가 깊다고 했다. 이 역시 생일의 천간을 말하므로 파절(破絶)되어 귀하게 된다는 뜻이다. 賦에 말하길 일간의 궁지(窮地)가 되는 절처(絶處)가 무(無)인데 절(絶)중에서 록(祿-貴)을 세우기 때문에 유(有)가 된다고 했다. 이런 命은 대도(大道)에 부합(符合)하므로 貴가 뚜렷하다. 易에 이르길 가장 뚜렷한 상(象)으로는 일월(日月-해와 달)보다 큰 것이 없다고 했다. 일월(日月)은 하늘에 나타나는 글(문자)이 되고 음양을 관장하기 때문에 날이 가면 달이 오고 더위가 가면 추위가 오듯이 모든 일생(一生)의 조화(造化)를 나타내는 문(文)이 된다.

06 其爲常也, 立仁立義, 其爲事也, 或見或聞。

◉ 상(常)은 인의(仁義-金木)가 서는 것이고 그 사(事)는 견문(見聞-天干과 藏干)에 있다.

-{인의(仁義)는 金木을 말하고 견(見)은 천간을 말하고 문(聞)은 장간을 말한다. 仁義가 선다는 것은 견(見-천간)과 문(聞-장간)에 있는 金木이 화합하는 것이다. 金이 木을 심하게 剋하거나 木이 심히 旺하여 金이 무력하면 仁義가 아니다. 천간과 장간에 있는 金木의 中和를 본다.}-

《 子平註 》五行者 在天爲五星 在地爲五嶽, 在人爲五臟, 推而行之 則爲五常 常有可久之道 則秉乎仁義者。易曰"立天之道 曰陰與陽 立地之 道曰柔與剛, 立人之道 曰仁與義。" 人之道 非仁與義則不能立也。命遇金者必

要木, 有木者須要金, 是謂有剛濟柔, 仁而尚勇, 遇此格者多貴,
賦曰 金木定其剛柔 是也。其爲也者 今術者將人生年月日時中支 匹配吉凶 作爲也, 或見者-年月日時上天元也, 或聞者-支內人元也, 甲在寅之內。又 辰乃水土之庫 戌火庫 丑金庫 未木庫, 辰中有乙-是春木之餘氣, 未中有丁-是夏火之餘氣, 戌內有辛-是秋金之餘氣, 丑中有癸-是冬水之餘氣, 有春分 秋分 夏至 冬至 二十四氣 七十二侯。分陰陽所主之事 以定貴賤, 今術者看命而定吉凶, 知見與不見之理, 執法而善用之則爲妙矣。

※ 五行이란 天에서는 오성(五星-별)이 되고 地에서는 오악(五嶽-산)이 되고 인간에게는 오장(五臟)이 되고 추진(推進)하여 행(行)하는 것을 오상(五常)이라고 한다. 道가 지속되어 상(常)이 되면 인의(仁義)를 주관하게 된다. 易에 말하길 천도(天道)를 세우는 것은 음과 양이고, 지도(地道)를 세우는 것은 강(剛)과 유(柔)가 되고 인간의 道는 인(仁)과 의(義)라고 했다. 그래서 인도(人道)는 인의(仁義)가 아니면 세울 수 없다. 命에 金(義)을 만나면 木(仁)이 필요하고 木이 있으면 金이 있어야 한다. 이것을 일러 강(剛-金)은 유(柔-木)를 구제하고 인(仁-木)은 용(勇-金)을 숭상한다고 한다. 그래서 이런 격을 만나면 귀(貴)가 많다.

※ 부(賦)에 이르길 金木으로 강유(剛柔)를 定한다고 했다. 기위야자(其爲也者)는 술자(術者)가 할 일이므로 年月日時 支의 음양을 맞추어 吉凶을 보는 것이다. 혹견(或見)은 년월일시의 天干을 말하고 혹문(혹聞)은 支에 있는 인원(人元)을 말하기 때문에 甲은 寅에 있고 또 辰은 水土의 庫가 되고 戌은 火庫가 되고 丑은 金庫가 되고 未는 木庫가 된다. 辰중에 있는 乙은 卯의 여기(餘氣)에 속하고, 未중에 있는 丁은 午의 여기(餘氣)에 속하고, 戌중에 있는 辛은 酉의 餘氣에 속하고, 丑중에 있는 癸는 子의 餘氣에 속한다. 춘분(春分) 추분(秋分) 하지(夏至) 동지(冬至) 24氣 72侯의 음양을 구분하여 귀천(貴賤)을 정하는 주(主)가 된다. 술자(術者)는 命의 吉凶을 정(定)할 때 천간과 더불어 장간의 이치를 알고 활용해야 절묘(絶妙)함이 있다.

-{이 단(段)은 천간과 지장간의 작용을 강조한 것이다.}-

07 崇爲寶也 奇爲貴也, 將星扶德, 太乙加臨 本主休囚, 行藏汨沒

◉ 숭(崇)을 보(寶)로 삼고 기(奇)를 귀(貴)로 삼는데 장성(將星)이나 천월덕(天月德)이 도와주고 천을귀인이 임(臨)하여도 일주가 휴수(休囚)되면 행장(行藏-진로)이 매몰(埋沒)된다.
-{이 단(段)은 삼기(三奇)의 용법을 서술한 것이다.}-

《子平註》崇者尊也, 凡看命 主本得則成慶, 切忌別位歲月時中沖剋破, 本位有損 則或貴而輕也, 損之重 則貴而不貴也, 生日歷貴地而不旺 不可擊損也, 故曰 崇爲寶也。又如命中有掌壽 掌財 掌災福之辰, 亦不可被別位制伏刑剋損奪, 被損則有災禍。

※ 숭(崇)은 존(尊-官)이다. 일반적인 看命에서 이(三奇)를 얻으면 경(慶)을 이룬다. 歲月時 중에서 이것을 충극(冲剋)하여 깨지면 안 된다. 이것이 훼손되면 貴가 가벼워지고 훼손이 심하면 귀(貴-관성)가 있어도 귀(貴)가 아니다. 日支에 있는 관성을 旺하지 않기 때문에 충격(衝擊)하여 손상(損傷)하면 안 된다. 그래서 숭(崇)은 보(寶)가 된다. 또 命中에 수명이나 재물이나 재복(災福)을 쥐고 있는 곳을 다른 곳에서 제복(制伏)하거나 형극(刑剋)하거나 빼앗거나 손상하면 재화(災禍)가 있다.

《子平註》假令甲日生人, 年月日時中 庚來剋身, 有乙或卯 巳午火, 則能救之也。爲福之地 不可被傷, 禍聚之地 不可無救。三奇爲貴者, 謂年月日時內外三爲匹配者, 三奇祿馬則貴命也, 更看祿馬所乘輕重而言之。三奇歌云"甲己六辛頭, 乙戊向庚求, 丙辛遭癸美, 丁壬辛更優, 戊癸逢乙妙, 己壬並甲遊, 庚乙丁須聽, 辛甲丙同周, 壬丁己堪重, 癸丙戊何愁。"將星者-月將也, 扶德者-德辰也, 又曰 六合也,

※ 가령 甲日이 年月日時중에 있는 庚金-칠살이 日主를 剋할 경우 卯나 乙이나 巳午火가 있으면 능히 구조하여 복지(福地)가 된다. 이런 것을 상(傷)하면 안 되는데 화(禍)가 모여 있는 곳을 구조하기 때문이다. 삼기(三奇)를 貴로 삼는 것은 年月日時 내외(內外-간 장간)에 있는 셋(三奇)이 음양배합이 이루진 것을 말한다. 이 삼기록마(三奇祿馬)는 貴命인데 다시 록마(祿馬-재관)의 경중을 보고 말해야한다. 삼기가(三奇歌)에 이르길 甲己-辛 乙戊-庚 丙辛-癸 丁壬-辛 戊癸-乙 己壬-甲 庚

乙-丁 辛甲-丙 壬丁-己 癸丙-戊 가 된다. 장성(將星)은 월장(月將)을 말하고 부덕(扶德)은 덕진(德辰)을 말하고 또 六合을 말한다.

天干	甲己	乙戊	丙辛	丁壬	戊癸	己壬	庚乙	辛甲	壬丁	癸丙
藏干	辛	庚	癸	辛	乙	甲	丁	丙	己	戊

《子平註》假令, 壬寅年、庚戌月、癸卯日、乙卯時, 九月將在卯, 扶其生日, 更得九月金土六合, 卯戌合, 乙庚合, 戊癸合, 如此五行各不居休敗, 則貴命也, 可作兩府之上貴格言。雖生日取合前面貴氣, 若亦本主休囚, 即不爲貴命也, 只可作虛名言之。故曰:本主休囚行藏汩沒也。

乙癸庚壬 男命 음력 1062年 8月 29日
卯卯戌寅 10辛亥 20壬子 30癸丑 40甲寅 50乙卯 60丙辰

戌月의 월장(月將)인 卯가 日에 있고 생일을 돕는데 다시 庚戌과 六合이 되므로 卯戌合 乙庚合 戊癸合이 된다. 이렇게 각 오행이 휴패(休敗)에 있지 않으면 귀명(貴命)인데 귀격(貴格)중 上格이다. 비록 생일이 貴氣를 합해도 日主가 휴수(休囚)되면 貴命이 되지 못하므로 실속이 없고 이름만 있다. 그래서 日主가 휴수(休囚)되면 앞날에 희망이 없다고 한 것이다.

08 至若勾陳得位, 不虧小信以成仁, 眞武當權, 知是大才而分瑞。

◉ 구진득위(句陳得位)는 작은 신의(信義)도 버리지 않고 정의를 위하여 자신을 희생하고 진무당권(眞武當權→玄武當權)은 뛰어난 재능이 있는 길상(吉祥)의 인물이다.

《子平註》句陳-戊己土也, 得位者-戊己日生, 臨於寅卯 並亥卯位, 下有官印長生 帝旺 庫墓 乃祿馬之鄕, 不虧小信以成仁者, 土厚主信也, 更得位則能成仁矣, 此三奇貴人 卽君子也, 故曰, 以成人之美也, 賦曰 約文而切理者也。又曰, 真武當權者 壬癸生日也, 以壬午 癸巳 壬辰 壬戌 癸丑 癸未日生也, 或四季月亦是, 下有官印祿馬旺相墓庫而成慶, 此乃作上格貴命言也。

※ 구진(句陳)은 戊己土를 말하고 득위(得位)는 戊己日이 寅卯에 임(臨)하거나 亥卯가 있는 것이다. 아래에 있는 官印이 長生이나 帝旺이나 庫墓가 록마(祿馬)에 속하므로 작은 신의도 저버리지 않고 정의를 위하여 희생한다. 土는 厚하고 信이 주(主)가 되는데 득위(得位)하여 仁을 이룬 것이다. 이 삼기귀인(三奇貴人)은 군자(君子)에 속하므로 남을 위하여 덕을 행한다. 賦에 말하길 이치에 딱 맞는 글이라고 했다. 또 말하길 진무당권(眞武當權)은 壬癸日에 해당하는데 壬午 癸巳 壬辰 壬戌 癸丑 癸未日에 태어나거나 辰戌丑未월에 태어나도 그렇다. 일지에 관인(官印)이 있는 것은 록마(祿馬-재관)가 왕상(旺相)하거나 묘고(墓庫)가 복이 되므로 이는 上格의 貴命이다.

09 不仁不義, 庚辛與甲乙交差, 或是或非, 壬癸與丙丁相畏。

⊙ 인의(仁義)가 없는 것은 庚辛과 甲乙이 교차(交差)하는 것이고 시비(是非)가 일어나는 것은 壬癸와 丙丁이 서로 두려워하기 때문이다.
-{교차(交差)나 상외(相畏)는 같은 의미로 화합(和合)하지 못하고 전투(戰鬪)가 일어나는 것이다.}-

《子平註》前二句是貴命 切忌五行交差, 甲己 乙庚 丙辛 丁壬 戊癸是陰陽相合 而成貴命也, 若甲見庚 乙見辛之類, 皆是五行陰陽不合 而交差也, 乃無福之命, 更有交差之論, 且如甲以金爲官印 見火而亦曰交差 則不成慶也。
更有十二支交差, 如午與未合 卻被戌刑丑破 卯辰破於未位, 此亦曰交差。卯與戌合 而忌辰冲, 丑刑 戌未三刑也, 辰與酉合 而忌午之破爲害, 餘可例求焉。

※ 앞의 두 구절은 貴命이므로 五行이 교차(交差)하는 것을 아주 꺼린다. 음양이 합하는 甲己 乙庚 丙辛 丁壬 戊癸는 貴命이다. 그러나 甲庚이나 乙辛은 음양이 배합하지 못하고 교차(交差)하므로 福이 없는 命이다. 교차(交差)하는 것이 또 있다. 예를 들면 甲日은 金이 관인(官印)인데 火가 보이면 火金이 교차(交差)하므로 복이 안 된다.

※ 또 12支에서 교차(交差)하는 것이 있다. 午未 合이 있을 경우 戌이 未를 刑하고 丑을 未를 冲하여 깨지는 것이나 未가 卯辰에게 깨지는 것

도 역시 교차(交差)라고 한다. 卯戌合을 辰이 冲하여도 꺼리고 丑이 戌 未가 刑하면 三刑이 된다. 辰酉合 역시 午가 酉를 파(破)하면 해(害)가 되므로 꺼린다. 나머지도 이렇게 찾는다.
-{十二支의 六合을 刑冲破하면 교차(交差)하는 것이 된다.}-

《子平註》是者五行和合也, 成慶而貴也, 非者五行內外陰陽不起 即不是 貴命也. 丁畏癸 丙壬相畏 故也. 若丁見壬即爲合, 丙見癸即爲官, 一陰一 陽曰道, 偏陰偏陽曰疾, 正合則爲貴命, 偏合不爲貴命也. 宜消息而言之.

※ 시(是)는 五行이 화합(和合)하는 것이므로 경사와 貴를 이룬다. 비(非)는 오행 내외(內外-간 장간)에서 음양의 배합이 일어나지 않는 것이므로 貴命이 아닌데 丁은 癸를 丙은 壬을 서로 두려워하기 때문이다. 만약 丁이 壬을 보면 合이 되고 丙이 癸를 보면 관성이 되므로 일음일양(一陰一陽)의 道가 되지만 편음편양(偏陰偏陽)은 병(病)이 된다. 그래서 정합(正合)은 貴命이 되지만 편합(偏合)은 貴命이 못되므로 간지(干支)가 마땅해야 하는 것을 말한 것이다.
-{이 단(段)은 음양이 배합을 이루어 편음편양(偏陰偏陽)이 되지 않아야하고 형충파해(刑冲破害)로 깨지지 않아야한 것을 말한다.}-

10 故有先賢謙己, 處俗求仙, 崇釋則離宮修定, 歸道乃水府求玄.

◉ 그래서 선현(先賢)은 자신을 겸손히 하고 속세에서 신선(神仙)이 되고자 했다. 석가를 숭상하면 이궁(離宮-정신)에서 수련(修練)하여 평정(平靜)을 추구하고 道에 귀의(歸依)하면 수부(水府-지혜)에서 현묘(玄妙)함을 추구하는 것이다.

《子平註》固有達賢之士 自謙而處俗塵, 降心火而進於水府, 養丹砂而成 妙道矣. 以看命言之 五行中有水火旣濟之命也, 又如丙子生人 得亥子時 或申子辰水位 亦曰旣濟, 假令丙申 丙辰 丙子 丁亥 丁丑 丁酉生人, 或火 以水相濟成慶, 皆爲水火旣濟之命也.

※ 통달한 현사(賢士)는 세속에서 겸손하게 처신하면서 수부(水府)에서 심화(心火)를 내리고 단사(丹砂)로 수양하여 도(道)에 통한다. 이것을 간명(看命)에 비유하면 일간의 오행이 수화기제(水火旣濟)가 된 命을 말

한다. 예컨대 丙子日이 亥子時나 申子辰 水를 얻으면 기제(旣濟)라고 한다. 가령 丙申 丙辰 丙子 丁亥 丁丑 丁酉日은 火를 水로 구제(救濟)하여 복(福)이 되면 모두 수화기제(水火旣濟)가 된 命이 된다.
-{불가(佛家)나 도가(道家)의 근원은 수화(水火)에 있다고 한다.}-

11 是知五行通道, 取用多門, 理於賢人, 亂於不肖, 成於妙用, 敗於不能。

◉ 五行을 통하는 방법은 많다. 사람이 바르면 통하지만 성실하지 못하면 정신만 산란하다. 오행에 통하면 불가사의(不可思議)하게 운용(運用)하지만 패(敗)하면 운용할 수 없다.

《子平註》取用多門 謂人命生處 各自不同, 基本亦異, 吉凶向背 行運用法 所主者異兆, 故曰取用多門, 卽非一途而取軌也, 亦要人用心消息, 五行所歸, 卽知吉凶也。賢達之人 深悉造化, 愚者豈能曉了, 易曰 "苟非其人, 道不虛行" 是也。

※ 取用에는 많은 길이 있다고 한 것은 사람은 태어난 곳이 각자 다르고 근본도 다르므로 길흉의 향배(向背)와 運을 쓰는 법도 사람에 따라 다르다. 그래서 취용(取用-통변)에는 많은 길이 있으므로 한 가지 길을 따르지 않고 干支에 심혈을 기울여 五行에 집중하면 吉凶을 알 수 있다. 통달한 현인(賢人)은 運을 뚜렷이 알지만 어리석은 자가 어찌 알겠는가. 그래서 역경(易經)에 이르길 그런 사람은 함부로 도(道)를 헛되게 행하지 않는다고 했다.
-{명(命)을 공부하는 자는 누구나 오행에 통(通)하고자한다, 그 방법은 모든 이치가 간지에 있으므로 간지에 심혈을 기울여 연구하는 것이 오행에 통하는 길이라고 한다.}-

12 見不見之形, 無時不有, 抽不抽之緒, 萬古聯綿。

◉ 보이지 않은 것은 아무 때나 만나고 실마리를 뽑는 것은 예부터 계속 내려온 것이다.
-{단서를 찾아야 명을 볼 수 있으니 보이지 않는 것에서도 단서를 뽑

아야 응험을 할 수 있다. 장간(藏干)의 형체(形體)를 알아야 아낙네가 고치에서 실을 뽑듯 단서를 찾을 수 있다고 했다.}-

《子平註》不見之形者-內天元也, 庫墓餘氣節令也, 冲刑剋破也, 及五行休旺 匹配 生死也, 三合貴地 祿馬 妻財 父母, 皆不見之形也, 只聞其有形而用之, 自然應驗矣。凡取用法 則比蠶婦抽絲之妙, 善取者能尋其頭緖, 自然解之得絲也, 不善者不知頭緖 萬古聯綿也。凡言命中貴賤吉凶, 先得頭緖, 則災祥自然應驗矣。
生時坐祿 甲日見寅時 乙日見卯時之類, 時坐本祿 更看歲月有無刑冲剋破本祿, 祿旺用之云。

※ 보이지 않는다는 불견지형(不見之形)은 암장간(暗藏干), 묘고(墓庫), 여기(餘氣), 절령(節令-절기), 형충극파(刑冲剋破), 및 오행의 휴왕(休旺), 배합(配合)과 생사(生死), 삼합(三合), 귀지(貴地), 록마(祿馬), 처재(妻財), 부모(父母)등이 모두 불견지형(不見之形)이다. 그 장간(藏干)의 형체를 알고 쓰면 자연히 응험(應驗)하는데 취용(取用)하는 법은 아낙네가 고치에서 실을 뽑듯 묘(妙)하다. 익숙하게 취(取)하는 자는 단서를 찾아 실마리를 풀어내지만 서투른 자는 실마리를 모르는 채로 계속 된다. 명의 귀천(貴賤)과 길흉은 먼저 단서를 찾아야 화복(禍福)을 응험(應驗)한다.

※ 시록(時祿)격으로 예를 들면 甲日 寅時나 乙日 卯時를 말하므로 일간의 祿이 時에 있는 것인데 주로 年이나 月이 時祿을 형충극파(刑冲剋破)하는지 본 다음 祿이 旺하면 취용(取用)할 수 있다.

13 是以河公懼其七殺, 宣父畏其元辰, 峨眉闡以三生, 無全士庶, 鬼谷播其九命, 約以星觀。今集諸家之要, 略其偏見之能, 是以未解曲通, 妙須神悟。

⊙ 그래서 하공(河公)은 칠살을 두려워했고 선부(宣父)는 원진(元辰)을 두려워했고 아미(峨眉)는 남들이 하지 못한 三命을 밝혔고 귀곡(鬼谷)은 구명(九命)을 전파하였으며 별을 보고 命을 가늠하였다. 이제 모든 술가의 요지(要旨)를 모아 편견을 줄였으니 아직 깨닫지 못하였거나 제대

로 알지 못한 것이 있으면 이해하여 깨달아야 훌륭한 술사가 된다.

-{이 단은 칠살에 관한 설이다. 원래 자평설은 관살을 가장 중요시하는데 그 중에서도 칠살의 원리를 알아야 한다는 것이다.}-

-{하공(河公)은 황로철학(黃老哲學)을 집대성하였고 도덕경에 주(註)를 냈다. 선부(宣夫)는 공자를 말하고 아미(峨眉)는 납음법의 이치를 밝혔고 귀곡(鬼谷)의 구명(九命)은 현존하는 칠정사여(七政四餘)를 말한다.}-

《子平註》此令術者既要見年月時 取其有剋而爲用者 是何? 作官印用之, 作官鬼用之。假令甲見庚 或見申位, 爲官爲鬼? 須見金木輕重之用言之。假令丙日生人 逢亥七殺, 亥中有壬 丙見壬爲七殺, 丁到子位 甲到申 辛到午 壬到巳 戊到寅 己到卯 庚到巳 皆爲七殺之地, 主有災。如當生元有七殺, 運更相逢 卽重矣, 不利求財 主有災, 如當生歲月日時 元無七殺, 則災輕, 故賦中引宣父畏以元辰者, 卽非前位元辰也, 是當生年月日時位元有七殺, 害生月生時者 乃名元有元辰也, 卽爲災重矣。

※ 이제 내가 술사(術士)에게 명(命)을 하건대 年月時에서 일간을 剋하는 것을 취한다는 것이 무엇인가? 관인(官印)을 쓰거나 관귀(鬼)를 쓰는 것이다. 가령 甲木에 庚이나 申이 보이면 이것을 관(官)으로 삼느냐 아니면 살(殺)로 삼느냐하는 것인데 이때는 金木의 경중을 보고 말해야 한다. 가령 丙日이 亥를 만나면 칠살인데 亥중에 壬이 있기 때문에 壬이 보여도 칠살이다. 丁이 子에 이르거나 甲이 申에 이르거나 辛이 午에 이르거나 壬이 巳에 이르거나 戊가 寅에 이르거나 己가 卯에 이르거나 庚이 巳에 이르는 것들이 모두 七殺地가 되므로 명주에게 재액(災厄)이 있다. 사주 원국에 七殺이 있을 경우 운에서 다시 칠살을 만나면 살이 重한 것이 되므로 재물을 구하는데 불리(不利)하고 재액(災厄)이 있다. 그러나 年月日時의 원국에 七殺이 없으면 재액(災厄)이 가볍다. 그래서 부(賦)에 인용한 공자도 두려워한다는 원진(元辰)은 앞자리에 있는 원진살(元嗔煞)이 아니다. 이것은 年月日時의 원국에 있는 七殺인데 생월(生月)이나 생시(生時)를 상해(傷害)하고 원국에 있는 煞이기 때문에 元辰이라는 이름이 된 것이고 재해(災害)가 重한 것이다.

-{원국에 있는 칠살을 원진(元辰)이라고 한다.}-

《子平註》虛中云,"當生元有則凶重, 無則凶輕。"所以宣父畏以元辰者, 是宣父命中元有殺害之辰也。又戊見甲, 己見乙 爲七殺, 戊己人在十月生 正月生 雖生時居巳午 或更有庚辛 亦夭壽, 爲土死不能生弱金, 金囚不能勝旺木, 賦云,"建祿而夭壽。" 餘仿此, 昔者峨眉先生 精通三命 每言貴賤, 少有全者, 鬼谷先生以九命之術 約以星宮, 爲賦比前賢自謙而言之, 與物難窮, 理則同也。

※ 이허중(李虛中)이 말하길 칠살이 원국에 있으면 凶이 重하지만 원국에 없으면 凶이 가볍다고 했다. 공자가 원진(元辰)을 두려워하는 것은 공자 命에 원국을 해치는 살(殺)이 있기 때문이다. 또 戊에 甲이 보이거나 己에 乙이 보이면 칠살이다. 戊己日이 亥月이나 寅月에 태어나면 時에 巳午-인성이나 庚辛-식신이 있어도 수(壽)가 짧은데 土가 죽으면 약한 金-식신을 생하지 못하고 金-식신은 수(囚)가 되므로 旺한 木-칠살을 이겨내지 못하기 때문이다. 그래서 賦에 이르길 건록(建祿)이지만 수명이 짧다고 했다. 나머지도 이렇게 본다. 옛적에 아미(蛾眉)선생은 三命(납음)에 정통하여 귀천(貴賤)을 잘 알았으나 온전하게 아는 자가 적었다. 귀곡(鬼谷)선생의 구명술(九命術)은 별자리로 부(賦)를 만든 것을 옛 선현(先賢)이 겸손하게 말한 것으로 궁구하기 어렵지만 이치는 모두 같다.

14 臣出自蘭野 幼慕眞風, 入肆無懸壺之妙, 遊街無化仗之神, 息一氣以凝神, 消五行而通道。

⊙ 신(臣)은 난야(蘭野)에서 태어난 후 어려서부터 오행을 흠모하였지만 절묘한 현호(懸壺)의 점포에 들어가 보지 못했고 화장지신(化仗之神)을 타 보지 못하였으나 정신을 집중하고 五行을 소화시켜 道에 통하였다.

-{현호(懸壺)는 의료행위를 말하고 화장지신(化仗之神)은 타고 날아다닐 수 있는 지팡이를 말하는데 후한서(後漢書)의 고사(故事)에서 나온 것이다.}-

【子平註】臣者 太子自稱於君父前也, 生於內庭 有芝蘭之野之稱。眞風者 自幼樂於五行之眞理者也。昔有懸壺先生 貨卜於市, 國君聞而召之, 先生 拒命而不往, 君令執之, 先生預知, 以仗化龍, 乘而去。息一氣者 天元也, 五行者 金木水火土也, 凝-聚也 消-散也, 通道者 符合也, 陰陽不偏 上下 符合, 則能知造化 而貴賤吉凶壽夭定矣, 猶然自謙無化仗乘龍之爲也。

※ 신(臣)은 태자(太子)가 군부(君父) 앞에서의 본인을 칭하는 것이고 난야(蘭野)는 궁정(宮庭)을 칭(稱)한 것이다. 진풍(眞風)은 五行의 진리를 어려서부터 즐겨 공부했다는 말이다. 옛날 현호(懸壺)선생이 있었는데 저자에서 매복(賣卜)할 때 국왕이 소문을 듣고 불러들였으나 거절하고 가지 않았다. 군왕이 잡아오라고 명령하였는데 선생이 미리알고 지팡이를 용(龍)으로 만들어 승천하였다. 식일기(息一氣)는 천원(天元-천간)을 말하고 五行은 金木水火土를 말한다. 응(凝)은 취(聚-모일 취)를 말하고 소(消)는 산(散-분산 분석)을 말한다. 도(道)에 통하는 것은 부합(符合-일치)이다. 음양이 치우치지 않고 上下가 부합(符合)하면 조화(造化-명운)을 알 수 있으므로 귀천 길흉 수요(壽夭)를 정(定)할 수 있다. 지금이라도 자신을 겸손히 하면 지팡이로 된 용(龍)을 타지 않아도 도에 통할 수 있다.

-{신(臣)은 락록자 본인을 말하고 신선에게 배우지 않아도 도(道)에 통할 수 있다는 것을 강조한 것이다.}-

-{입사무현호지묘(入肆無懸壺之妙)는 후한서(後漢書)에 있는 "비장방전(費長房傳)"의 고사를 말하는데 간략히 소개하면 다음과 같다. 동한(東漢)의 시기에 여남(汝南)에서 시장의 관리원이었던 비장방(費長房)이란 사람이 있었고 시장에는 약을 파는 노인이 있었는데 그 점포의 처마에 병이 하나 매달려 있었다. 시장이 파하자 노인이 병속으로 들어갔는데 오직 장방(長房) 혼자서 그 광경을 볼 수 있었다. 이상히 여긴 나머지 다음날 술과 안주를 준비하여 노인을 찾아가 인사를 했다. 노인은 장방(長房)의 속마음을 알고 내일 다시 오라고 했다. 다음날 장방과 노인이 함께 병속으로 들어갔는데 궁전은 옥(玉)으로 지어져 정말 아름다웠고 음식 맛이 그렇게 좋을 수 없었는데 인간세상에서는 맛볼 수 없는 것이

었다. 훗날 다시 찾아 갔는데 노인이 장방에게 말하길 "나는 원래 신선(神仙)인데 죄를 지어 그동안 인간 세상에서 귀양살이를 했다. 이제 돌아갈 때가 되었는데 나를 따라갈 생각이 없느냐"고 물었다. 長房은 도(道)를 통하고 싶었으나 가족을 보살피는 일이 걱정이었다. 노인은 장방의 속마음을 알고 장방의 키만 한 대나무 지팡이를 주면서 처마에 매달아 두라고 하였다. 장방은 시키는 대로 하였는데 장방의 아내가 처마에 매달린 대나무를 보자 아내의 눈에는 장방이 목을 매고 죽은 것으로 보인지라 아내가 슬피 울면서 長房의 장례를 치렀다. 장방은 그 광경을 차마 보기 힘들었지만 그것을 이겨내고 노인을 따라 깊은 산을 다니면서 수행을 하였다. 가시덤불 속이나 호랑이가 우굴 대는 곳에 혼자 있었지만 두렵지 않았다. 그가 누워 있는 바로 위에는 만근이 넘는 바위가 썩은 노끈에 매달려 있었는데 뱀들이 노끈을 물어뜯어도 장방은 움직이지 않고 버텼다. 어느 날 노인이 장방에게 똥을 먹으라고 했는데 똥 속에 충(蟲)이 우굴 대고 냄새가 심하여 노인의 가르침을 따르지 못했다. 노인이 장방에게 말하길 "네가 도를 이루지 못하여 한이 되는 구나." 하더니 지팡이를 주면서 말하길 "이것을 타면 원하는 곳을 갈 수 있다." 하면서 또 부적을 한 장 주면서 "이것이 있으면 지상의 신(神)이 된다."고 하였다. 長房은 지팡이를 타고 집으로 돌아왔고 겨우 10여 일이 지난 것으로 알고 있었는데 집을 떠난 지 이미 10여년이 넘은 것을 깨달았다. 집에 와서 아내에게 예전에 장례를 치른 것은 내가 아니라 지팡이 이었다고 말하자 아내는 놀라 죽었고 그는 그 지팡이를 가지고 백병(百病)을 치료할 수 있었다고 한다.}-

15 乾坤立其牝牡, 金木定其剛柔, 晝夜互爲君臣, 靑赤時爲父子。

◉ 건곤(乾坤)으로 암수를 정하고 金木으로 강유(剛柔)를 정하고 주야(晝夜-음양)로 군신(君臣-上下)을 삼고 청적(靑赤-木火)으로 부자(父子)를 삼는다.

《子平註》乾-陽物也, 坤-陰物也, 凡看命 見五行陰陽匹配 上下相合不偏者 爲貴命也, 若偏陽偏陰者 則五行有疾矣. 金木定其剛柔者 且如木用金

爲官印 其金秋生 或帶壬癸水而剋木 即剛也。謂金旺持水 木無火 則金剛矣, 若金生於春夏 木帶天元人元有火, 則木剛金柔也。

※ 건(乾)은 양이고 곤(坤)은 음이다. 命을 볼 때 五行이 음양으로 짝을 이루고 上下가 화합하고 치우치지 않으면 貴命이다. 만약 음양이 치우치면 五行에 병(病)이 있는 것이다. 金木을 강유(剛柔)로 정(定)한 다는 것을 예를 들면 木은 金-관인(官印)을 쓰는데 가을에 태어나면 壬癸-인성이 있어도 金이 木을 극하기 때문에 金이 강(剛)한 것이다. 水를 가진 金이 왕하다는 것은 木에 火-식상이 없기 때문에 金이 강건(剛健)한 것이다. 만약 金이 춘하(春夏-목화)월에 태어날 경우 木-재성이 天元과 人元에 火-식상을 가지고 있으면 木이 강(剛)한 것이 되고 金은 유약(柔弱)한 것이 된다.

《子平註》晝陽而夜陰 陽爲君 陰爲臣 日月相催 晝夜相代 則互爲君臣也。青赤時爲父子者 丁壬合生甲己, 壬生甲 壬乃甲之母 丁乃甲之父.
丁生己 己以壬爲父 丁乃己之母. 甲己再合 己生辛 甲生丙,
丙辛再合 丙生戊 辛生癸, 戊癸再合 戊生庚 癸生乙,
乙庚再合 乙生丁 庚生壬, 丁壬再合復生甲己 周而復始。
人只知 木生火 火生土 土生金 金生水 水生木, 即不知陰生陰 陽生陽 陽產陰爲父 陰產陽爲母, 丁乃甲之父 壬是甲之母, 故云青赤時爲父子。

※ 주(晝)는 양이고 야(夜)는 음이다. 양을 군(君)으로 삼고 음을 신(臣)으로 삼는데 日月이 변화하여 주야(晝夜)가 번갈아 바뀌어 군신(君臣)이 된다. 청적(青赤)을 부자(父子)로 삼는 것은 丁壬合이 甲己를 낳고 甲을 낳은 壬은 甲의 母가 되므로 壬과 합하는 丁은 甲의 父가 된다. 己를 낳은 丁은 己의 母가 되므로 丁과 합하는 壬은 己의 父가 된다.
甲己합은 己가 辛을 낳고 甲이 丙을 낳으므로 丙辛을 낳는다.
丙辛합은 丙이 戊를 낳고 辛이 癸를 낳으므로 戊癸를 낳는다.
戊癸합은 戊가 庚을 낳고 癸가 乙을 낳으므로 乙庚을 낳는다.
乙庚합은 乙이 丁을 낳고 庚이 壬을 낳으므로 丁壬을 낳으므로
丁壬합은 다시 甲己를 낳고 계속 순환한다. 사람들은 단지 木生火 火生土 土生金 金生水 水生木은 알아도 음생음과 양생양으로 양이 음을 낳

아 父가 되고 음이 양을 낳아 母가 되고 丁은 甲의 父가 되고 壬이 甲 木의 母가 되는 것을 모른다. 그래서 때로는 청적(靑赤)이 부자(父子)가 된다고 한 것이다.
-{자평서에서 보지 못한 육친이다.}-

16 不可一途而取軌 不可一理而推之, 時有冬逢炎熱, 夏草遭霜, 類恐陰鼠棲氷, 神龜宿火。

◉ 한 길만 따르거나 한 이치로만 추론하면 안 되는데 겨울에 더위를 만나거나 여름풀이 서리를 만나기도 하기 때문이다. 두려운 것은 子月에 얼음이 있고 신구(神龜)에 火가 머무는 것이다.
-{신구(神龜)는 거북의 등껍질인데 땅이 말라서 갈라진 형상(形象)이므로 전(轉)하여 戊土가 된다.}-
-{이 단(段)은 통변은 변화를 잡는 것을 말한 것이다. 능숙한 통변은 우선 갖추어야 할 것이 있는데 첫째 많이 알아야한다. 한 가지 방법만 알면 더 이상 선택의 여지가 없기 때문에 올바른 통변이 불가능하다.}-

《子平註》假令庚辛人 冬至後逢丙丁者 則爲官印, 謂一陽生也, 金逢火之生氣, 是冬逢火熱也。夏草遭霜者 言丙丁人 夏至後 逢壬癸而得用也, 謂之一陰生 是火逢官之生氣, 故曰夏草遭霜。
又丙丁人 冬至後生 雖遇七殺之鄕, 亦作官印之用, 偏陰偏陽 則有官而不清也。又庚辛人 夏至雖遇巳午未寅戌 亦可作官印用 亦苦不清, 夏至後, 陰氣深 則爲妙矣, 若夏至氣淺, 官雖發早 而不益壽, 更詳元辰 並運言之。

※ 가령 庚辛日이 동지 이후에 태어나고 丙丁을 만나면 관인(官印)이 되는데 동지(冬至)에서 일양(一陽)이 생하기 때문이다. 金이 火의 생기(生氣→인수→木)을 만나면 겨울에 더위(火熱)를 만난 것이 된다.
하초(夏草)가 서리를 만난다는 것은 丙丁日이 하지 이후에 태어나면 壬癸를 관인(官印)으로 삼는데 하지(夏至)가 지나면 일음(一陰)이 생하기 때문이다. 이것은 火日이 金-재가 생한 水-관을 만난 것이다. 그래서 여름초목이 서리(霜)를 만나는 것이 된다.

※ 또한 丙丁日이 동지(冬至)를 지나 태어나면 水-칠살(壬癸)을 만나도

관인(官印)으로 쓴다. 그러나 편음(偏陰) 편양(偏陽)이 되므로 관(官-貴)이 있어도 뚜렷치 않다. 또 庚辛日이 하지(夏至) 후에 태어나고 巳午未寅戌을 만나면 官印으로 쓰기는 하지만 관직 뚜렷치 않고 고통이 있는데 하지 후에는 음기(陰氣)가 깊은 편에 속하기 때문이다. 하지(夏至)에는 氣가 천(淺)하므로 일찍 출세는 하지만 命이 길지 않기 때문에 원진(元辰)과 運을 자세히 살피고 말해야한다.
-{밑줄 부분은 칠살을 만났는데 관성이 되는 것은 동지를 지나 火가 왕하고 水가 약하기 때문이다.}-
-{편음(偏陰) 편양(偏陽)은 음양이 서로 짝이 되지 못한 것이다.}-

《子平註》陰鼠棲氷 如癸祿在子爲地元, 神鬼宿火 如戊祿在巳爲人元也, 丙以癸爲官印 戊與癸爲匹配, 子與支德六合, 癸以戊爲官印 須識陰陽造化 尊卑順逆, 戊以癸爲財, 丙以癸爲官印, 此與水火旣濟之道 如冬逢炎熱 夏草遭霜, 在學人深求之也.

※ 음서서빙(陰鼠棲氷)은 癸祿이 있는 子를 地元으로 삼고, 신귀숙화(神龜宿火)는 巳에 있는 戊를 人元으로 삼는 것이다. 丙日은 癸를 관인(官印)으로 삼는다. 戊와 癸는 합하여 짝이 되므로 六合이 되는 子와 사(巳-支德)에서 癸가 戊를 官印으로 삼는다. 모름지기 음양과 조화(造化)와 존비(尊卑)와 순역(順逆)을 알아야 한다. 戊日은 癸를 재성으로 삼고 丙日은 癸를 관인으로 삼게 되고 이와 더불어 수화기제(水火旣濟)의 道가 된다. 동봉염열(冬逢炎熱)이나 하초조상(夏草遭霜)을 깊이 연구하여 알아내는 일은 공부하는 자의 몫이다.

-{이 구절은 과정이 복잡한데 음수(陰水)와 양화(陽火)에서 관성을 삼는 이치를 말한 것이다. 지덕(支德)은 지(支)에 있는 천덕(天德)이므로 巳를 말한다.}-

月支	寅	卯	辰	巳	午	未	申	酉	戌	亥	子	丑
天德	丁	申	壬	辛	亥	甲	癸	寅	丙	乙	巳	庚

17 是以陰陽罕測, 志物難窮, 大抵三冬暑少, 九夏陽多, 禍福有若

禎祥, 術士希其八九。

◉ 음양으로 예측하는 것이나 지물(志物-물의 본질)을 궁구하는 것은 어렵다. 대체로 술사중의 십중팔구(十中八九)가 겨울에는 춥고 여름에는 덥다는 것만 가지고 화복(禍福)의 응험이 나타나기를 바란다.

《子平註》 禎祥者 爲應 前賢比其五行吉凶應驗矣, 如天子親耕曰禎祥, 務天下民勤於耕種, 田中種穀則生穀苗, 時至七八月 則穀熟而爲祥, 元種豆苗, 時至七八月 豆熟而成祥, 其五穀下種 各有時也, 則收成也, 地內曾種則望成, 更有良田萬頃, 不曾耕種, 則遇大熟之歲 而亦無可收 不得禎祥也。此論人命八字內外 元無官印 則運臨官印之地, 亦不發官印, 爲年月日時中 元無貴氣, 論財 亦論元有元無也,

※ 정상(禎祥-길조)이란 응험을 말한다. 전현(前賢)이 오행길흉의 응험(應驗)한 것을 비유한 것이다. 천자(天子)가 몸소 경작하면 응험(應驗)이 되지만 백성은 천자와 달리 부지런히 경작해야 한다. 밭에 종자를 심으면 싹이 돋아나고 七~八月에는 곡식이 익어 복(福)이 된다. 콩을 심으면 七~八月이 되어야 콩이 익어서 복이 되므로 오곡(五穀)은 제때에 파종해야 수확을 하고 땅에 씨를 심어야 비로소 수확을 바랄 수 있다. 옥답(沃畓)이 만경(萬頃)이라도 심지 않으면 풍년이 드는 해라도 수확이 없으므로 복을 얻지 못한다. 이 말은 八字의 내외(內外-간 장간)에 관인(官印)이 없으면 관인(官印)이 임(臨)하는 곳을 만나도 관인이 일어나지 못하는데 원국의 연월일시 중에 귀기(貴氣-관성)가 없기 때문이다. 財를 논하는 것도 마찬가지로 원국에 있느냐 없느냐를 논해야한다.

-{이 단(段)은 곡식을 심지 않은 사람은 수확할 것이 없는데도 날씨가 좋으면 풍년을 기대하고 날씨가 나쁘면 흉년이라고 하는 것과 같다. 원국에 재가 없는데 재운을 만났으니 돈을 벌 것이고 원국에 관이 없는데 관직에 오를 것이라고 하면서 적중하기를 바라는 우를 범하는 것을 지적한 것이다.}-

18 或若生逢休敗之地, 早歲孤窮, 老遇建旺之鄉 連年偃蹇, 若乃初

凶後吉 似源濁而流清, 始吉終凶 狀根甘而裔苦.

◉ 만약 生月에 -{재관이}- 휴패지(休敗地)를 만나면 어려서 외롭고 가난한데 노년에 들어 건왕지(建旺地)를 만나도 계속 고달프다. 초년이 흉하고 말년이 길(吉)한 것은 원국은 흐리지만 運이 뚜렷한 것이고 초년이 길하고 말년이 흉(凶)한 것은 뿌리가 좋아서 초년에는 좋지만 싹이 좋지 않은 것이다.

《子平註》假令庚辛人 秋七八月生者 是也, 金以木爲財 木絶, 以火爲官印 火死, 早歲孤窮 謂生月爲父母 絶則爲無祖財 亦無官印 則早曆艱難也, 准此. 若或運臨祿馬貴官之鄕 亦多偃蹇而不成福. 初凶者 生月凶逢於休敗也. 後吉者 生時得地也, 居財旺 並官印旺地, 運行向所臨之位, 卻爲有慶, 止爲初年之滯, 中年晩年有福也, 故曰源濁伏吟 是也,

若生月爲鬼剋身 若生時有救 是源濁之類 五行活法則度, 如遇五行交錯 但消息勝負而言之. 人命有祖財而生者 少年富貴, 故云始吉, 如生時不得地 或祖敗官 或身災疾 更背於吉地 則爲凶也. 至於晩年祖財破盡 終身困苦 雖有富貴之家 生時失地 更不得運, 故曰終凶. 裔者-苗也, 如苦物而不堪也, 此先富而後貧也.

※ 가령 庚辛日이 申酉月에 태어나면 木-재성은 절지(絶地)가 되고 火-관성은 사지(死地)가 된다. 어려서 고궁(孤窮)한 것은 생월을 부모로 보기 때문에 생월에 재관이 절지(絶地)가 되므로 조상의 재물이 없고 관직도 없기 때문에 초년에 어렵게 지내는 것이 틀림없고 만약 運에서 재관을 만나도 고달프고 福을 이루지 못한다. 초년에 凶한 것은 재관이 生月에 휴패(休敗)를 만난 것이고 말년에 吉한 것은 재관이 生時에 득지(得地)한 것이다. 財官이 旺地에 있고 運이 길지(吉地)를 향(向)하면 역시 복이 되므로 초년에 막히는 것이 멈추고 중말(中末)년에 福이 있다. 그래서 근원이 탁(濁)하면 복음(伏吟-고통)이 되는 것이 맞다.

※ 만약 生月의 칠살이 日主를 극하고 生時에 구조(救助)가 있으면 근원이 탁(濁)한 부류인데 五行은 활법(活法)이 척도가 되므로 五行이 어긋나고 복잡하면 이때는 干支를 보고 승부(勝負)를 말한다. 조상의 재물이 있는 명으로 태어나면 초년에 부귀하므로 처음이 좋다고 말한다.

그러나 生時에 득지(得地)를 못하면 조상의 관직이 깨지고 몸에 병이 나고 여기에 길지(吉地)를 배척(排斥)하면 흉(凶)하다. 말년에 이르러 조상의 재물이 모두 없어지고 곤고(困苦)하게 되므로 평생 흉하다. 비록 집안이 부귀해도 生時에 득지(得地)하지 못하고 運조차 얻지 못했기 때문에 결국 흉하다. 예(裔)는 싹이 되므로 뜨거운 여름을 견뎌내지 못하는 것과 같다. 그래서 초년에는 부유하나 후에 가난하다.
-{이 단(段)은 청탁(淸濁)을 논한 것이다. 대체로 청(淸)은 재관이 뚜렷한 것이고 탁(濁)은 재관이 뚜렷하지 않은 것이다.}-
-{복음(伏吟)은 고통으로 일어나는 신음(呻吟)을 말한다.}-

19 觀乎萌兆, 察以其元, 根在苗先, 實從花後。

◉ 징조(徵兆-징후)를 보는 것은 원국을 살펴야 한다. 뿌리가 줄기보다 먼저고 꽃이 피어야 열매가 있는 법이다.
-{근묘화실의 원리가 원국에 있으므로 다가올 징조를 알 수 있다.}-

《子平註》欲知運內吉凶, 先看根元勝負, 根元有貴 則運臨貴地而發貴, 根元有財 運臨財地而發財, 根元有災 則運臨災而有災也。貴賤吉凶 自有根苗 則無不結實而應驗矣。

※ 運의 吉凶을 알려면 먼저 근원(根元-원국)으로 승부를 본다. 근원(根元)에 貴가 있고 運이 貴地에 임하면 귀하게 되고 根元에 財가 있고 運이 財地에 임하여야 재물을 얻는다. 根元에 재(災)가 있으면 災運을 만나면 재해가 있다. 귀천과 길흉이 근묘(根苗-년월)에서 나오므로 응험은 모두 결실(結實)에서 나온다.
-{사언독보에 先天何處 後天何處 要知來處 便知去處라고 했다.}-

20 胎生元命 三獸定其門宗, 律呂宮商 五虎論其成敗.

◉ 원국에 있는 삼합으로 문종(門宗-합국의 오행)을 정(定)하고 월령의 五行을 보고 오호(五虎)의 성패(成敗)를 논한다.

《子平註》胎生元命者 乃人之年月日時所得天元 人元 支元也。三獸者 寅午戌之類是也, 門宗者 一類也, 如寅午戌火之類, 五虎者支也, 持大運逆

順, 生日向背數而行之,

假令, 甲寅生午逢庚戌也, 亦曰鬼, 庚戌見丙午之類。賦曰 五虎者 以寅爲首也, 此乃五陽相剋也, 論其成敗者 有救而身旺則成, 無救而身衰則敗也, 好事者宜精詳之。

※ 태생원명(胎生元命)은 연월일시에 있는 天元 人元 地元을 말한다. 삼수(三獸)는 세 가지 짐승인데 寅午戌(호랑이 말 개)과 같은 부류를 말한다. 문종(門宗)은 한 가지 종류이므로 寅午戌이 하나로 된 火를 말한다. 오호(五虎)는 支가 되므로 대운의 순역(順逆)에 따라 생일의 향배(向背)와 운수(運數)를 행한다.

※ 가령 甲寅日이 午月에 태어나고 庚戌을 만나면 庚이 殺이고 庚戌이 丙午를 만난 것이 된다. 賦에 이르길 오호(五虎)는 寅이 첫머리가 되므로 五陽과 相剋이 된다고 했다. 론기성패자(論其成敗者)는 일주를 구조(救助)하여 신왕하면 성공하고 구조(救助)가 없고 신약하면 패(敗)하는 것이다. 유익한 것이므로 상세하고 정밀하게 알아야한다.

-{ 율여(律呂)는 월령을 말하고 궁상(宮商)은 오행을 말한다. }-
-{ 오호(五虎)는 甲寅 丙寅 戊寅 庚寅 壬寅을 칭(稱)한 것이다. }-
-{ 아래의 명을 보면 오호의 성패를 논하는 것을 알 수 있다. }-

丙壬庚壬   女命 -{연구 명조}-
午寅戌寅   8己酉 18戊申 28丁未 38丙午 48乙巳 58甲辰

寅午戌 火局이 되어 財가 왕하여 재다신약으로 보인다. 그러나 戌月은 金旺節이고 또 亥月로 넘어가는 시기이므로 財가 많지만 신약이 아니다. 더구나 壬寅이 五虎에 속하고 壬이 火局을 제압하여 富命이다. 丙午운에 많은 돈을 벌었다.
-{ 21번은 더 어렵다. 불견지격(不見之格)에서 볼 수 있다. }-

21 無合有合 後學難知, 得一分三 前賢不載。

⊙ 무합(無合) 유합(有合)은 후학(後學)이 알기 어렵다. 하나를 얻으면 셋이 분담한다는 득일분삼(得一分三)을 선현(先賢)이 기재(記載)하지 않았기 때문이다.

《子平註》無合者 年月時中 取財而無財, 取貴而不貴, 取合而不合, 兼之以根在苗先 實從花後, 此乃八字內有根而方發苗. 又云禍福者 然八字內外無合而有合在別位之內, 內外五行 刑冲剋破於別位之祿, 停住不得, 至令飛走. 三合就於本命生日相合 或寅刑巳內丙戊, 巳酉丑三合就走馬.

※ 무합(無合)은 年·月·時 중에 財를 취하지만 財가 없고 貴를 취하지만 貴가 되지 못하므로 取하여도 이루지 못한 것이다. 게다가 뿌리가 줄기보다 먼저고 꽃이 핀 후 열매가 있으므로 팔자에 뿌리가 있어야 싹이 피는 법이다. 또 화복(禍福)을 팔자의 내외(內外-천간과 인원)에서는 취합(取合)할 수 없고 다른 곳에서 취합(取合)하는 것이다. 내외(內外)의 오행이 다른 곳의 록(祿-관성)을 형충극파(刑冲剋破)하는 것인데 움직이지 않으면 얻지 못하므로 날아오게끔 하는 것이다. 본명의 生日로 합하여 三合을 이루거나 혹은 寅이 巳중의 丙戊를 형(刑)하여 巳酉丑 三合으로 달려오게 하는 것이다.
-{원국에 관성이 없을 경우 형충극파하여 무형(無形)의 관성을 합하여 오는 요충(搖冲) 요합(遙合)을 말한다.}-

《子平註》假令甲子年 丙寅月 癸丑日 辛酉時, 若論官 則背祿而不貧, 以八字內外三元無戊 兼正月土死, 其背祿明矣. 卻被寅刑巳 丑破巳 甲子遙剋於巳 而巳內有丙戊 被刑破, 破而飛走出巳 三合就馬 巳酉丑月三合, 丙就辛酉 戊就癸丑而合癸 癸以戊為官印, 此乃無合有合也, 故後學難知, 誠也, 信也.

辛癸丙甲　男命 陰 1084年 1月 13日
酉丑寅子　2丁卯 12戊辰 22己巳 32庚午 42辛未 52壬申
※ 관성을 논하여 본즉 배록(背祿-寅-상관)이지만 가난하지 않다. 내외(內外-간지)에 戊가 없고 寅月은 土가 죽은 것이므로 배록(背祿)이 분명하다. 그렇지만 寅이 巳를 刑하고, 丑이 巳를 破하고, 甲子가 巳를 요극(遙剋)하여 巳중의 丙戊-재관을 형파(刑破)하여 巳가 날아오게끔 하고 三合하여 馬(巳)를 끌어와 巳酉丑으로 月에 三合이 된다. 丙은 辛酉와 붙고 戊는 癸丑과 붙어서 癸와 合하므로 癸(일주)가 戊를 官印으로

삼는다. 이렇게 해서 무합(無合)이 유합(有合)으로 된 것이다. 후학이 이해하기 어렵겠지만 확실한 것이니 믿으라. 의심하지 말고 믿으라고
-{月에 巳酉丑 三合이 된다는 것은 月支의 寅-자 대신 巳-자가 자리를 차지하는 것이다.}-

《子平註》又古歌曰, "虎生奔巳豬猴定, 羊擊豬蛇自然榮," 有合無合歌, "飛祿飛來就馬騎, 資財官職兩相宜, 王中更得本家助, 上格榮華寶貴奇." 人歌, "志節二八廉貞女, 四面豬猴獰似虎, 先看天元乘地馬, 後邊集路教侵取."

또 고가(古歌)에 이르길 "寅이 巳를 불러오는 것을 申亥가 고정할 경우 未가 亥와 巳를 마주치면 자연히 번영한다."고 했다. 유합무합가(有合無合歌)에 이르길 "날아오는 비록(飛祿)을 財가 생하면 재물과 관직 모두 마땅하게 되고 종친의 도움으로 상격(上格)의 영화를 얻고 아주 귀하게 된다."고 했다. 인가(人歌)에 이르길 "정절이 곧은 二八 여인은 주변에 있는 申亥가 호랑이 같이 흉악하므로 먼저 財星위에 있는 天干을 보고 뒤에 오는 운에서 침범하는 것을 취한다."고 했다.

-{申亥가 멈추게 한다는 것은 申이 寅을 冲하고 亥가 寅을 合하여 사를 불러오지 못하게 하는 것이다.}-
-{未가 亥와 巳를 접촉한다는 것은 亥卯未 三合과 巳午未 方合이 되어 亥卯未는 乙庚合(卯申)으로 申을 묶어 寅을 冲하지 못하게 하고 巳午未의 巳는 亥를 冲하여 亥가 寅을 合하지 못하게 한다.}-
-{二八은 卯酉를 말한다. 甲日에 酉-관성이 없을 경우 卯로 酉를 冲하여 관성을 삼는다. 그러나 주변에 申亥가 있으면 申은 乙庚合으로 卯를 合하고 亥는 亥卯合으로 卯를 合하기 때문에 卯가 酉-관성을 冲할 수 없게 된다. 이때는 먼저 천간이 타고 있는 재성을 보고 뒤에 오는 운에서 침범하는 것을 취한다.}-

《子平註》得一者 既見有寅刑巳 丑破巳 而丙戊被刑破而出, 則便宜分三而行, 既得巳位爲用, 便是三合巳酉丑也, 須有酉丑上有癸辛字 則爲有合之命, 雖刑而祿出, 無合則不佳也. 前賢者 爲賦以前賢人也. 立此一訣之門後作賦者, 又指說得一合而三 合見頭緖, 則作三合取吉凶也。

※ 득일자(得一者)는 寅이 巳를 刑하고 丑이 巳를 破하여 丙戊가 형파(刑破)당하여 나온 것이다. 즉 셋(分三)에서 巳를 얻는 것이다. 巳酉丑 三合이 되면 모름지기 酉丑 위에 辛癸가 있어야 유합(有合-유정)의 명이 된다. 비록 刑하여 록(祿-관성)이 나와도 合(삼합)이 되지 않으면 좋지 않다. 전현(前賢)이란 이 賦를 만든 이전의 현인(賢人)을 말한다. 후에 이 賦를 만든 사람이 가리키는 의도는 세 가지 단서를 만나서 하나를 얻는 다는 것인데 三合하여 吉凶을 취(取)하는 것이다.
-{득일(得一)은 巳를 얻어내는 것이고 분삼(分三)은 巳를 얻는 세 가지 역할을 말한다. 즉 寅이 巳를 刑破하는 것과 丑이 巳를 破하는 것과 酉丑이 巳를 合하는 것으로 셋이 된다.}-

22 年雖逢於冠帶 尚有餘災, 運初至於衰鄕, 猶披尠福。

◉ 관대(官帶)를 만난 운에도 재앙이 남아 있고 쇠지(衰地)에 이르러도 오히려 적은 복이 남아 있다.

《子平註》此言冠帶大運也, 假令庚辛日人 初年無祖財, 又自戌酉逆行, 皆曆無財敗祿之運, 喜逢未運是財旺之地, 只可言方入祿運 漸向泰也, 只言從此運後 所求遂意, 後五年方有三五分福也, 運氣淺深而言之, 淺則福淺, 深則福厚也。庚辛見未爲冠帶, 緣運自西方而來, 久閑於財祿, 故曰尚有餘災也。言先曆貴旺之鄕 或建財之地 已成大器 而方交入敗宮失財之地, 未可作大敗之運言之, 只可言自入此運 不甚遂意, 謂前運久曆貴強之地, 根基極厚, 雖臨敗運, 未至大損, 故初運入衰鄕, 猶披鮮福也。

※ 이 말은 관대(冠帶) 대운을 말한다. 가령 庚辛日이 초년에 조상의 재물이 없고 또 運이 戌에서 酉로 역행하여 돈도 직위도 없는 운이 모두 지나가고 未運을 만나면 財가 왕한 곳이 된다. 점차 좋아지므로 이제부터 좋다고 할 수밖에 없는데 그래도 향후 五년 동안 너 댓 번은 福이 갈라진다. 運氣의 천심(淺深)을 말하는 것인데 천(淺)하면 福이 가볍고 심(深)하면 福이 후(厚)하다. 庚辛이 未를 만나 관대(冠帶)가 되지만 運이 西方에서 왔기 때문에 -{돈과 직위가 없이 살아온 것이므로}- 아

직 재해(災害)가 남아 있다. 그러나 지난 세월이 貴가 旺한 運이었거나 재운이 좋았거나 큰 그릇을 이루었을 경우 재물을 잃는 패궁(敗宮)에 들어서도 크게 패(敗)하는 운이라고 하면 안 된다. 다만 이제부터는 흡족한 운이 아니라고 말할 수 있다. 지난 運이 貴가 강한 운에 오랫동안 머물러 있었고 그 뿌리가 아주 크기 때문이다. 그래서 패운(敗運)에 들어와도 아직 큰 손실은 없고 쇠지(衰地)의 초기에는 여전히 작은 복이 남아 있다.

23 大段天元羸弱, 宮吉不及以爲榮, 中下興隆, 卦凶不能成其咎。

◉ 대체로 천원(天元)이 허약하면 궁(宮-월령)이 좋아도 번영이 되지 않지만 人元과 地支가 흥륭(興隆)하면 괘(卦-일주)가 凶해도 허물이 되지 않는다.

《子平註》天元者 干也, 雖臨祿馬之地, 若天元被傷 而本氣羸弱, 則亦不能爲榮。假令壬午人 四月生, 更別位戊己相剋, 貴而不貴也, 可作虛名及無祿言之, 然壬午宮吉 而天元無氣 更加重重戊己來剋, 故名不貴矣,
又云不及者 上下五行休旺不相負也, 又如庚辛日人 正月生, 更別位有重重火相剋於金 其金見寅卯甲乙 而亦無祖財 一生煎熬 遇財鄕反成禍而身在也, 金春生 剋木爲財, 而木中旺火 必害其金而成災, 此亦是天元羸弱 而宮內有財不得而發矣, 其餘五行仿此言之。

※ 천원(天元)은 일간이다. 일간이 록마(祿馬)地에 임(臨)하여도 天元이 傷하여 나약하면 번영(繁榮)할 수 없다. 가령 壬午日이 巳月에 태어나고 또 다른 곳에서 戊己-관살이 壬-일간을 剋하면 귀(貴-戊己)가 貴가 아니므로 헛된 이름만 있고 봉록이 없다고 말할 수 있다. 그렇다. 壬日은 午宮이 좋지만 일간이 무력하고 戊己-관살이 중중하여 剋하기 때문에 貴가 되지 못하는 것이다.

※ 또 불급(不及)이란 것이 있는데 日主의 干支가 왕한 것을 감당하지 못하고 있는 것이다. 庚辛日이 寅月에 태어나고 다른 곳에서 중중한 火가 金을 극하면 그 金은 寅卯甲乙-재성이 있지만 조상의 재물도 없고 평생을 시달리는데 財를 만나서 반대로 화(禍)가 된 것이다. 봄에 태어

난 金은 木이 財가 되는데 寅중에 있는 旺한 火가 金(日主)을 해치기 때문에 재앙이 된다. 이것 역시 천원(天元)이 약한 것이므로 宮에 재성이 있어도 발달하지 못하는 것이다. 나머지 오행도 이렇게 본다.
-{일간이 나약(懦弱)하면 관살이 극하여 흉한 것이고 불급(不及)하면 왕한 재를 감당하지 못하여 흉한 것이다.}-

《子平註》中者-人元也, 下者-支元也, 假令十月壬建其祿 亥乃水之旺鄕, 此乃中下興隆也。若丁亥日人 十月生, 乃火絶於亥 其丁生絶地 乃爲丁卦之凶也, 不能成其咎者 謂丁以壬爲官印, 而中下祿馬建旺而成慶, 雖火臨絶地 尚爲中下之貴。成鑒曰,"祿雖絶而建貴,"是也, 陶朱云,"絶祿旺財不爲凶兆。" 丙人十一月生, 壬癸人十二月生 並辰戌丑未, 金人正月生, 木人七八月生, 土人亥卯未月生, 皆臨貴旺之地, 謂消息也。

※ 中은 인원(人元-장간)을 말하고 下는 지원(地元-지지)을 말한다. 가령 亥月은 壬의 祿地가 되고 亥는 水가 旺하므로 藏干(壬)과 地支(亥) 모두 水가 왕성하다. 만약 丁亥日이 亥月에 태어나면 火가 亥에 절(絶)이 되는데 丁(일주)은 절지(絶地)가 되므로 월령이 凶하다. 그러나 이것이 잘 못된 것이 아닌데 壬은 丁의 관인(官印)이 되고 장간(藏干)과 지지(地支)에 壬-록마(祿馬)가 旺하여 복이 된다. 비록 丁火가 절지(絶地)에 임(臨)하였지만 오히려 중하(中下)에 속하는 貴命은 된다. 그래서 성감(成鑒)에 이르길 록(祿-관성)이 있으면 일주가 비록 절(絶)이 되지만 貴가 된다고 한 것은 이를 두고 하는 말이다. 도주(陶朱)가 말하길 일주의 絶地에서는 祿이 旺하므로 財가 흉조(凶兆)가 되지 않는다고 했다. 丙日이 子月에 태어나거나 壬癸日이 丑月에 태어나고 辰戌丑未가 있거나 金日이 寅月에 태어나거나 木日이 申酉月에 태어나거나 土日이 亥卯未月에 태어난 것이다. 모두 貴가 旺地에 임(臨)한 干支를 말하는 것이다.

24 若遇尊凶卑吉 救療無功, 尊吉卑凶 逢災自愈, 祿有三會, 災有五期。

◉ 존흉비길(尊凶卑吉)을 만나면 구제(救濟)가 안 되고 존길비흉(尊吉卑

흉)은 재해(災害)를 만나도 저절로 낫는다. 록(祿)은 三合에 있고 재난(災難)은 오기(五期)에 있다.

-{존(尊)은 가장 강력한 것이고 비(卑)는 존(尊)을 의지하는 것이다. 따라서 존(尊)이 흉하면 비(卑)가 길해도 소용없는 존흉비길(尊凶卑吉)이 되고 존(尊)이 길하면 비(卑)가 흉해도 해가없는 존길비흉(尊吉卑凶)이 된다.}-

《子平註》尊者 年月日時內外三元有最得力者是也, 賦云, "崇爲寶也," 尊也, 假令六甲生人 以庚及申爲七殺, 若大運則庚及申爲祿絶之鄕, 致身災也, 所爲不能遂心, 又如甲乙以庚辛爲官 大運至巳午 又見寅午戌是也, 神得氣定, 甲乙失官也,

※ 존(尊)은 연월일시의 내외(內外)의 삼원(三元)에 있는 가장 유력한 자(者)를 말한다. 賦에 말하는 숭(崇)을 보배로 삼는 다는 것은 바로 이 존(尊)을 두고 하는 말이다. 가령 甲日은 庚-申을 칠살로 삼기 때문에 대운이 庚이나 申이면 甲日의 절지(絶地)가 되므로 몸에 재해(災害)가 찾아오고 일이 뜻대로 안 된다. 또 甲乙日이 庚辛을 官星으로 삼을 경우 대운이 巳午에 이르고 또 寅午戌이 보이면 甲乙은 별수 없이 관직을 잃는다.

《子平註》若甲乙人秋生, 甲以辛爲官, 乙以庚爲官, 或二木用申爲官, 此乃鬼旺之鄕, 甲木全藉乙木或亥卯未爲救, 若遇行年太歲剋木, 或火運有害, 乙木之官使甲被剋 凶也, 元本甲藉賴乙配於庚 次用庚爲偏官, 若乙被害, 則甲亦凶也, 所謂緊用之者, 不可受害也, 乙旣被害, 則甲天元醫療無功也, 五行爲主者 病重而不能救也。

※ 만약 甲乙日이 가을에 태어나면 甲은 辛을 관성으로 삼고 乙은 庚을 관성으로 삼는데 혹은 甲乙 모두 申을 관성으로 삼는다. 이는 귀(鬼)가 旺한 곳이므로 甲은 완전히 乙木이나 亥卯未를 구조(救助)로 삼고 의지한다. 이때 만약 유년의 태세가 木을 극하거나 아니면 火運이면 해(害)가 있을 경우 乙木의 관성(庚)이 甲을 剋하면 凶하다. 원국에서 甲이 乙庚 合에 의지하면 甲은 庚을 편관으로 삼게 되는데 이때 乙이 피해를

당하면 甲도 역시 흉하다. 이를 두고 긴용(緊用)이라고 하는데 乙이 해(害)를 받으면 안 된다. 乙木이 이미 피해를 당하였으면 甲(일간)은 치료해도 소용없다. 일간오행을 위주(爲主)는 病이 重하면 구제(救濟)가 안 된다.

-{甲木의 길흉이 乙에 달려 있기 때문에 乙이 피해를 당하면 구제할 방법이 없다. 긴용(緊用)은 아주 친밀한 관계를 뜻한다.}-

-{乙은 존(尊)에 속하고 甲은 비(卑)에 속한다. 존(尊)은 명운의 길흉을 쥐고 있는 핵심이기 때문에 존(尊)이 깨지면 비(卑)가 吉해도 소용없기 때문에 존흉비길(尊凶卑吉)이라고 한다.}-

《子平註》若年月日時內外三元 雖有剋戰, 但不損外尊者 卽逢自愈也, 更切消息所損之神主何貴賤而言之, 害命則身災, 害妻則妻災, 害官則失官, 與行年不合 則主上位不喜 不宜干上位 若沖擊行年歲君 則主有不測官訟 小人橫事不足 或主身病, 故曰尊凶也。

※ 만약 年月日時의 내외(內外) 삼원(三元)에 극전(剋戰)이 일어나도 존자(尊者)가 상(傷)하지 않으면 병(病)이 스스로 낫는다. 그렇지만 干支가 손상을 입으면 그에 따라 命主의 귀천을 논한다. 명(命-일간)을 해치면 몸에 재난이 있고 財를 해치면 妻에게 재난이 있고 官을 해치면 관직을 잃고 流年과 불화(不和)하면 일주가 꺼리므로 그것이 천간에 있으면 안 된다. 만약 유년 세군(歲君)을 충격(沖擊)하면 뜻밖에 관송(官訟)이 있거나 소인(小人)의 불상사로 인하여 일을 망치거나 아니면 몸에 病이 오기 때문에 존(尊)이 凶한 것이다.

《子平註》假令甲乙以巳酉丑 申子辰爲祿, 甲以巳酉丑爲祿 卽三會也, 乙爲五期之災, 乙以申子辰三會爲祿之命, 大運行於官鄕 更行年太歲 是三會之年, 與本命位主本相生 會於祿馬, 則此年定遷官進祿也。若太歲 本命八字 及大運 內外不合, 更大運在鬼旺之鄕, 五期之歲, 定作災矣, 更精所生向背言之。

※ 가령 甲은 巳酉丑을 록(祿)으로 삼고 乙은 申子辰으로 록(祿)을 삼는다. 甲은 巳酉丑 삼합이 록(祿)이 되고 乙은 巳酉丑이 오기(五期)의 재(災)가 된다. 乙은 申子辰 삼합이 록(祿)이 되므로 大運이 관지(官地)로

行하고 다시 태세(太歲)가 三合이 되고 일주와 相生하고 록마(祿馬-재관)가 모이면 이해에 승진하여 자리를 옮긴다. 만약 태세가 本命의 팔자와 大運의 내외(內外)와 화합(和合)하지 못하고 여기에 殺이 왕한 大運에 있으면 오기지세(五期之歲)가 되므로 틀림없이 재해(災害)가 있다. 그래도 향배(向背)가 생하는 것을 더 정밀하게 보고 말하라.

-{甲은 巳酉丑 삼합이 祿-관성이 되지만 乙은 巳酉丑 삼합이 칠살이므로 五期가 된다.}-
-{원문에 있는 록유삼회(祿有三會)의 록(祿)은 生·旺·墓인 삼합에 있고 재유오기(災有五期)의 재(災)는 衰·病·死·絶·敗인 다섯에 있기 때문에 오기(五期)라고 한다.}-

25 凶多吉少, 類大過之初爻, 福淺禍深, 喩同人之九五。

◉ 凶이 많고 吉이 적은 것은 택풍대과(澤風大過)의 초효(初爻)와 같고 복(福)은 천(淺-얕고)하고 화(禍)가 깊은 것은 천화동인(天火同人)의 오효(五爻)와 같다.

《子平註》此兩卦卦爻, 以此人命四柱之中, 三元內外元無貴氣者, 更運背祿馬則爲凶, 可知矣.

※ 이것은 두 가지 괘(卦)를 들어 비유했는데 이와 같이 四柱의 三元에 귀기(貴氣)가 없는데다 運이 재관(財官)을 거스르는 배록(背祿)으로 가면 凶한 것을 알 수 있다.

26 聞喜不喜 是六甲之虧盈 當憂不憂 賴五行之救助.

◉ 좋은 소식이 기쁘지 않은 것은 六甲이 쇠(衰)한 것이고 걱정을 당해도 걱정 없는 것은 오행이 구조(救助)된 것이다.

《子平註》如甲乙用庚辛爲官印 乃爲喜也, 卻正月二月五月十一月生, 雖見金而無官印, 謂正月庚絶, 二月受氣 五月金囚 十月金病, 十一月金死, 故曰 聞喜不喜.
當憂不憂者 如甲人見庚或甲在七殺之地, 如年月日時中有乙或卯字, 或甲春生, 或三位內有丙丁火, 多助爲不憂也. 乙爲合庚夫, 庚親甲 爲妻之兄也, 若無乙 有卯亦得, 若十月十一月生, 雖有丙丁 亦不能爲用, 謂火無氣不能剋金, 若無乙字卯字, 即用爲憂也, 其餘准此.

※ 甲乙은 庚辛을 官印으로 삼고 좋아한다. 그러나 寅卯월이나 子午월에 출생하면 金이 보여도 貴가 없는데 寅月은 庚의 절지(絶地)가 되고 卯月은 태지(胎地)가 되고 午月은 金의 수(囚)가 되고 亥月은 金의 병지(病地)가 되고 子月은 金의 사지(死地)가 된다. 그래서 좋은 소식(官印)을 들어도 기쁘지 않으므로(絶胎病死) 문희불희(聞喜不喜)라고 한 것이다.

-{관성이 무력하여 오히려 귀찮은 것이 되므로 聞喜不喜가 된다.}-

※ 당우불우(當憂不憂)는 甲日이 庚金-살을 만나거나 殺地에 있을 경우 年月日時 중에 乙이나 卯字가 있거나 아니면 甲日이 봄에 태어나거나 年月時의 안에 있는 丙丁火의 도움이 많으면 걱정 없다. 乙이 庚을 합하면 庚은 乙의 남편이 되어 庚과 甲이 친하게 되는데 甲은 庚의 兄이 되기 때문이다. 이때 만약 乙이 없으면 卯가 있어도 된다. 甲木이 亥月이나 子月에 태어나면 丙丁-식상이 있어도 맥을 못 추는데 亥子月에는 火가 무력하여 金-살을 극할 수 없기 때문이다. 만약 庚-殺을 합하는 乙-자나 卯-자가 없으면 걱정이다. 나머지도 여기에 준한다.

-{칠살을 만나면 겁을 먹는데 殺을 합하거나 月이 自旺하거나 제살하여 걱정이 없으므로 당우불우(當憂不憂)가 된다. 즉 구조된 것이다.}-

《子平註》假令六甲生人 以辛爲官, 三春九夏 庚辛囚休, 雖見申酉之位並庚辛, 而不成慶也, 謂金囚故也. 春生甲日則剋妻 無財無妻 一生少病, 三月生, 則爲財庫, 夏生則有父母財, 歲時有亥子 則爲甲之生旺, 有辰戌丑未 爲財帛, 有申酉位則好學, 有始無終, 更看運行逆順向背, 如向遇鬼剋, 則橫發官資, 運背則逢財擊運而不發, 逢金亦不發官, 謂金土元居休敗, 故不獲福.

※ 가령 甲日은 辛을 官으로 삼는데 春夏(木火)에는 庚辛이 수휴(囚休)되기 때문에 申酉가 그 위에 庚辛이 있어도 복(福)을 이루지 못한다. 이것은 金이 수(囚-絶)가 된 때문이다. 봄에 태어난 甲은 妻를 剋하기

때문에 재물도 없고 妻도 없지만 한 평생 질병은 적다. 辰月에 태어나면 財庫가 있게 되고 夏月(火)에 태어나면 父母의 재물이 있다. 年時에 亥子-인성이 있으면 甲木이 生旺(인수)하므로 辰戌丑未-財가 있으면 재물이 된다. 申酉-관살이 있으면 학문을 좋아하지만 유시무종(有始無終)이 되므로 성공의 유무(有無)는 대운의 역순(逆順)과 향배(向背)를 더 살펴야한다. 만약 殺을 만나고 따르면 갑자기 관록과 봉록이 피어난다. 그러나 배운(背運)이 되고 財가 공격을 당하면 발달이 없다. 金-官을 만나도 관직에 들지 못하는 것은 金土-재관이 원국에서 휴패(休敗)에 있기 때문에 福을 얻지 못한다.
-{학문의 성취는 殺을 보기 때문에 財가 깨지면 殺을 생하지 못하고 결국 殺이 무력하므로 학문의 성공을 기대할 수 없다.}-

《子平註》假令乙生人 以庚爲官印, 春夏生無官, 正四月剋庚最重, 乙以土爲財, 春正二月土死無財, 三月爲乙之財庫 有祖財, 然申爲學堂 亦有始無終, 皆謂金休敗. 又如乙見庚爲官, 雖歲時位內有庚金或有申酉之金, 若見天元有丙 則亦無官, 此乃見庚而不用, 乃聞喜不喜之謂也. 乙若四月生 時居亥子或申子時水鄕, 則卻有祿, 謂四月是金之長生也, 乃乙遇官之辰生 兼有水鄕, 制其火而成慶, 亦不淸.

※ 가령 乙日은 庚을 관인으로 삼는데 춘하(春夏)에 태어나면 관직이 없다. 寅월과 巳월은 庚金을 가장 중하기 극하기 때문이다. 乙日은 土가 재성인데 寅卯月에는 土가 극을 당하여 죽어 있기 때문에 재물이 없다. 그러나 辰月은 乙의 財庫가 되므로 조상의 재물이 있다. 申은 학당(學堂)이지만 시작은 잘해도 결국 흐지부지한데 金이 寅卯月에 휴패(休敗)되기 때문이다. 또 乙이 庚을 官으로 삼을 경우 비록 年時에 庚이나 申酉金이 있어도 천간에 丙이 보이면 관직(官職)이 없다. 이렇게 庚이 보여도 쓰지 못하게 되는 것을 문희불희(聞喜不喜)라고 한다. 乙이 巳-상관月에 태어나도 時에 亥子나 申子 水가 있으면 오히려 관록(官祿)이 있는데 巳月은 金의 長生地이기 때문이고 水가 火를 制하여 福을 이루게 된 것이다. 그러나 -{巳火는 배록(背祿-상관)이기 때문에}- 貴가 뚜렷하지 못하다.

《子平註》如胡茂老丁卯年 庚戌月 戊寅日 癸亥時, 九月二十八生, 八歲八個月退運, 節氣極深, 起運將年月日時 節氣向背, 乃上下三元匹配 有兩三奇 八字俱無一字閑背, 祿馬同鄉, 不三台而八座, 以運臨乙巳 被當生癸亥冲擊大運, 並刑提綱罷權也。賦云, "與生地之相逢, 宜退身而避位。"

※ 호무로(胡茂老)의 명이다.

癸戊庚丁 男命 1087年 9月 30日
亥寅戌卯 9己酉 19戊申 29丁未 39丙午 49乙巳 59甲辰

9月 28일에 태어나 대운이 8세 8개월에 일어나고 역운(逆運)이므로 절기가 아주 깊다. 年月日時와 절기와 향배(向背)를 대운이 쥐고 있는데 上下의 삼원(三元)이 짝이 되고 삼기(三奇)가 둘이 있다. 팔자에 한신(閑神)이 하나도 없고 록마동향(祿馬同鄉)인 해(亥-甲壬)가 時에 있으므로 직위가 삼태(三台-상서)나 팔좌(八座-육조상서)에 이른다. 乙巳운에 임(臨)하여 癸亥-재성이 冲을 당하고 寅-殺을 刑하여 관직을 그만둔다. 그래서 賦에 이르길 生地를 만나면 자리에서 물러나고 피해야한다고 했다.

-{절기(節氣)가 깊다는 것은 戌月 下旬을 말하고 삼원(三元)에 三奇가 둘이라는 것은 戊癸乙와 庚乙丁을 말한다. 자평이 말하는 三奇는 신살에 속하는 三奇(甲戌庚 乙丙丁 辛壬癸)가 아니다. 생지(生地)는 庚金의 장생지인 巳를 말한다.}-

-{전체적인 요지는 재나 관성이 때(월령)를 만나지 못하면 년이나 시에 재관이 왕해도 쓸모가 없고 관성이 투출해도 상관을 만나면 관직에 들지 못한다.}-

27 八孤臨於五墓 戌未東行 六虛下於空亡 自乾南首.

◉ 팔고(八孤)가 오묘(五墓)에 임(臨)하여 戌未가 東으로 가면 불리하고 공망(空亡)에서 육허(六虛)가 나오고 亥를 따라 巳가 된다.

《子平註》乾在戌亥之間, 假令甲子旬中 戌亥空亡也。戌未東行者 戌東行見丑, 未東行見辰, 如見生命內八字三元上下居於辰戌丑未, 內人元被破而支虛, 則一生孤立少骨肉 或爲僧道, 游走入舍之命, 其於福氣 可詳所稟之

氣 察夫命向背言之爲妙,

※ 건(乾)은 戌亥에 있는데 甲子旬에는 戌亥가 空亡이다. 술미동행(戌未東行)이란 戌이 東으로 가면 丑을 만나고 未가 東으로 가면 辰을 만나는 것이다. 타고난 팔자의 辰戌丑未에 있는 三元을 보는데 인원(人元)이 깨지고 支가 육허(六虛)에 해당하면 일생이 고립되고 육친이 적거나 아니면 중이 되거나 떠돌이 신세가 되거나 데릴사위가 된다. 복기(福氣)를 자세히 보고 그 향배(向背)를 살펴서 말하면 신묘(神妙)하다.

癸戊戊甲　　男命 [하중기 看命]
丑子辰寅　　7己巳 17庚午 27辛未 37壬申 47癸酉 57甲戌

己巳대운 15세 戊辰年에 살인강도로 20년을 형(刑)을 받았고 하중기가 말하길 20년 옥살이라고 간명했는데 辛未대운 28세 辛巳年에 출옥하였다. 천하의 맹사(盲師) 하중기가 한 번의 실수를 했다. 이 명조는 日時에 있는 子丑이 공망이 팔고(八孤)에 해당한다.

-{고(孤)는 공망이고 허(虛)는 공망을 冲하는 것이다. 만약 戌亥가 공망이면 辰巳는 虛가 된다.}-
-{팔고(八孤)는 庫와 같이 있는 여덟 개의 空亡을 말한다. 12개의 공망 중에 戌亥 子丑 辰巳 午未가 이에 속한다.}-
-{戌未東行은 戌이나 未가 東으로 가면 辰戌冲 丑戌刑 丑未冲이 된다. 즉 공망이 깨지므로 파(破)중의 破가 된다.}-
-{육허(六虛)는 空亡을 冲하는 것이다. 사주에 卯酉 두 글자가 있을 경우 이중 하나가 공망이면 그 중 하나는 저절로 六虛가 된다.}-
-{辰戌丑未를 五墓라고 부르는 것은 오행의 墓가 되기 때문이다.}-

28 天元一氣 定侯伯之遷榮 支作人元 運商徒而得失.

◉ 천간의 기(氣)로 후백(侯伯)의 영전(榮轉)을 정(定)하고 지지의 人元으로 運의 득실(得失-길흉)을 가늠한다. 즉 천간으로 고하(高下)를 정하고 지지로 길흉을 판단한다.

《 子平註 》天元者-十干也, 支者-十二支也。定侯伯之遷榮者 將爲主 天

元配其人元 而定其吉凶貴賤也. 支作人元者 令好事者八字內外五行作爲也. 運商徒而得失 看見支下有財無財, 賦意令看命者 先看其有官印高低 有者次看財命如何, 有財則得財 無財則失財, 如得大運, 即將爲主天元 循環而推之,

※ 天元은 十干을 말하고 支는 十二支를 말한다. 후백(侯伯-관직)의 번영을 定하는 것은 장(將-천간)이 주(主)가 되므로 천간을 人元에 배합하여 길흉과 귀천을 정한다. 지작인원(支作人元)이란 지(支)에서 내외(內外)를 좋게 도와주는 것이다. 운상도이득실(運商徒而得失)이란 支에 財가 있는지 없는지 유무(有無)를 보는 것이다. 부(賦)에 의거하여 看命하는 것인데 먼저 관인(官印)이 있으면 그 官印의 고저(高低)를 본다. 다음으로 財가 있으면 財福이 어떤지를 보는데 財가 있으면 재물을 얻고 財가 없으면 재물을 잃는다. 大運에서는 장(將-장군)이 되는 天元을 위주로 순환하여 추단한다.

《子平註》每交一運 先看運下有何吉凶, 次看運命八字 無有何吉凶, 元有官則發官, 元有財則發財, 有災則發災, 若當生年氣深 則迎運前發其災福, 中氣則主中停, 如氣淺 則所居欲交前運而方發災福, 更看逐年太歲如何. 賦云, "根在苗先, 實從花後," 宜消息之,

※ 대운이 한 번 바뀔 때마다 맨 먼저 대운에 어떤 길흉이 있는지 보고 그 다음 명운(命運-팔자)을 보고 팔자에 어떤 길흉이 있는지 본다. 원국에 관성이 있으면 관운이 피어나고 원국에 財가 있으면 재물이 늘어나고 재(災)가 있으면 재앙(災殃)이 일어난다. 만약 생년(生年)의 氣가 깊으면 대운에 들기 전에 화복(禍福)이 일어나고 氣가 중(中)에 속하면 화복(禍福)이 멈추어 있고 氣가 천(淺)하면 대운에 들어간 후 화복(禍福)이 일어나므로 다시 매년 태세가 어떤지 본다. 그래서 賦에 이르길 뿌리가 줄기보다 먼저고 꽃이 핀 후에 열매가 있다는 것은 간지에 적합한 것이다.

-{대운을 보는 방법을 제시하였다.}-
-{생년의 기(氣)가 깊다는 것은 겨울에 태어난 것을 말한다. 반대로 생년의 기(氣)가 천(淺)한 것은 봄에 태어난 것을 말한다.}-

29 但看財命有氣, 逢背祿而不貧, 若也財絕命衰 縱建祿而不富。

◉ 신왕하고 財가 왕하면 배록(背祿)을 만나도 가난하지 않고 財가 절(絶)되고 命도 약하면 건록(建祿)일지라도 부명(富命)이 아니다.
-{이것은 실전에 항상 쓰이고 자평이 주장하는 중요한 것에 속하기 때문에 아래에 많은 설명이 있다.}-
-{재명유기(財命有氣)와 재절명쇠(財絕命衰)는 서로 반대가 된다.}-

《子平註》如壬癸人生在三春 或見寅午戌, 而八字內外或有甲乙二字 卽背祿矣。壬癸以戊己爲官印 被甲乙寅卯剋奪去官印 卽無官也, 唯有水剋火爲財 春生火旺 故曰, "財命有氣"也。十干背祿 甲乙日生見丙丁 丙丁見戊己 戊己見庚辛 庚辛見壬癸 壬癸見甲乙 見之背祿無疑。

假令生日爲甲, 歲月時上有丙丁, 若居巳午 皆背祿, 以辛爲官, 辛是丙之妻, 丁之正財, 自然奪辛金, 甲祿既背於丙丁 卻有戊己, 甲可取戊己爲妻財, 而爲了福矣。賦云, "背祿而不貧也," 更須精五行休旺 居支干方位 並休旺矣,

※ 만약 壬癸日이 寅卯辰月에 태어나고 혹 寅午戌이 보일 경우 팔자의 천간과 장간에 甲乙-식상 두-字가 있으면 배록(背祿)이다. 壬癸日은 戊己가 관인(官印)인데 甲乙寅卯-식상이 관인(官印)을 극탈(剋奪)하기 때문에 귀(貴)가 없다. 水는 오직 火-財를 극해야 재물이 되므로 봄에 태어나도 火-財가 旺하면 재운이 좋다. 그래서 재명유기(財命有氣)하다고 한다. 十干의 배록(背祿)은 甲乙日이 丙丁을 보거나 丙丁日이 戊己를 보거나 戊己日이 庚辛을 보거나 庚辛日이 壬癸를 보거나 壬癸日이 甲乙을 보면 배록(背祿)이 틀림없다.

※ 가령 甲日이 年月時에 丙丁이 있고 巳午에 있으면 모두 背祿이다. 甲은 辛을 官을 삼는데 辛은 丙-식신의 妻가 되고 丁의 정재가 되기 때문에 丁-상관은 자연히 辛金을 뺏는다. 甲의 록(祿-辛)을 이미 丙丁-식상이 등지고 있지만 戊己-재가 있으면 甲은 戊己를 처재(妻財)로 취(取)하기 때문에 福이 된다. 그래서 賦에 이르길 배록(背祿)을 만나도 가난하지 않다고 한 것이다. 또한 五行의 휴왕(休旺)에 정통(精通)해야

하는데 支의 위에 있는 干의 휴왕(休旺)도 함께 본다.

《子平註》建祿不富 六甲人正月生 逢丙寅, 是生月建祿也, 甲祿在寅 故曰建祿而不富也, 正月土病 甲以戊己爲財, 寅卯乃土病之地, 雖建甲之正祿旺而無祖也, 生月爲父母 故無祖財也, 死妻多數而孤, 若歲時位內有亥卯未 或有乙干, 故三妻之上, 主一世貧窮, 作事多虛詐, 爲人大樣, 或論官則名目而已, 權印極輕 謂無金, 只見甲之本祿而春生, 則一生少病,
若當生歲時得辛未, 癸未, 癸酉, 辛亥, 戊丑則佳。然金土本主休囚, 賴於金土分野爲官印爲財, 如得此歲扶 小慶之命, 大運遇巳酉丑位, 則官印財帛奮發 而亦不崇顯也 謂金土絕死, 賦云,"根在苗先, 實從花後," 故也,

※ 건록(建祿)은 부(富)가 안 된다. 甲日이 正月에 태어나 丙寅을 만나면 생월이 건록(建祿)이다. 甲祿은 寅에 있기 때문에 건록은 富命이 아니다. 寅月은 土가 병(病)인데 甲은 戊己를 財로 삼는데 寅卯는 土의 病地가 된다. 비록 甲은 寅에 正祿으로 旺하지만 조상의 덕이 없다. 月은 부모가 되므로 조상의 재물이 없고 妻가 죽고 대부분 외롭다. 만약 年時에 亥卯未가 있고 천간에 乙이 있으면 妻를 셋이 넘게 剋하고 평생 가난하다. 허튼 짓을 많이 하는데 대범한 면도 있다. 관직은 이름만 있거나 하급관리에 속하는데 金이 없기 때문이다. 단지 甲의 祿만 보이고 봄에 태어나면 평생 病은 적다.

※ 만약 年時에 辛未 癸未 癸酉 辛亥 戊丑 등이 있으면 좋다. 그러나 金土-재관이 휴수(休囚)되고 金土의 영역인 관인(官印)과 財에 의지하고 年에서 도와주기 때문에 복이 작다. 대운에서 巳酉丑을 만나면 관인과 재물이 되지만 분발해도 높게 되지 않은데 金土-재관이 사절(死絕)되었기 때문이다. 賦에 이르길 뿌리가 줄기보다 먼저 있고 꽃이 핀 다음 열매가 있다고 했다. 즉 원국에 복이 있어야 운에서 크게 나타날 수 있다.

《子平註》若當生歲時位內無金土之貴, 則遇金土而不發官印財帛也, 謂歲時月內外元無金土之貴, 則遇吉運而亦不發福 謂主本元無也, 故云,"福星臨而禍發 以表凶人," 謂運臨貴地而不發福, 以表當生歲時所稟富貴極厚 而運臨劫財七殺之地, 雖敗財敗官 亦自有喜, 謂所乘福氣之厚也。

※ 만약 年時에 金土-재관이 없이 태어나면 金土 運을 만나도 貴와 재물이 피어나지 못한다. 年月時의 干과 장간(藏干)에 金土의 貴가 없으면 吉運을 만나도 發福이 안 되는데 원국에 貴가 없기 때문이다. 그래서 말하길 복성(福星)에 임해도 화(禍)가 발생하고 凶이 나타나는 사람이라고 했다. 그래서 運이 귀지(貴地)에 임(臨)해도 福이 안 된다고 한 것이다. 年時에 부귀가 극히 후(厚)하게 태어난 사람은 겁재나 殺이 임(臨)하는 운에서 재물이 깨지고 관직이 깨지더라도 기쁨이 있다. 이것을 두고 후(厚)한 복기(福氣)를 타고 있다고 한다.

《子平註》六乙人二月生 是也, 若歲時位內有申並巳酉丑, 則官印稍得爲用 至輕也, 如歲時位內天元有庚則尤佳, 歲時若居辰戌巳上 則爲乙之財 亦妙矣。丑爲貴地 財官兩美 若月時位內有亥卯未或更別位天元上見甲乙或寅位, 則一生財帛不聚, 剋三妻以上, 亦無祖財, 爲性好剛, 亦平生少病, 謂木春生而身旺鬼絶也,
三月金方受胎 雖破命而長年也, 乙卯以辛或酉爲七殺 以春生金絶, 運逢金爲財庫 巳爲背祿而有財, 午未見財多而不成, 成鑒曰, "絶破皆空, 五行支枯也," 逢申運則財發官得權, 凡事遂意。若當生歲時元有申位 則依前申寅篇內究之, 其五行活法 未見歲時分野之氣 亦未可一途而取軌也。

※ 乙日이 卯月에 태어나면 건록이다. 만약 年時에 申이나 巳酉丑이 있으면 官印을 얻기는 하지만 가볍다. 이때 年이나 時의 천간에 庚이 있으면 더 좋다. 年時에 辰戌巳가 있으면 乙日의 財가 되므로 좋다. 丑은 귀지(貴地)로 삼는데 辛己-재관이 모두 좋기 때문이다. 만약 월령과 時에 亥卯未가 있고 甲乙이나 寅이 있으면 평생 재물이 모이지 않고 妻를 셋이 넘게 剋하고 조상의 재물이 없다. 성격이 강(剛)하고 평생 병(病)이 적은데 이것은 木이 寅卯월에 태어나 身旺하고 귀(鬼-관살)가 절(絶)이 된 때문이다.

※ 辰月은 金의 수태(受胎-養地)가 되므로 목숨을 내놓고 살아도 오래 산다. 乙卯는 辛이나 酉가 칠살이므로 봄에 태어나면 金이 絶이지만 <u>運에서 만나면 金이 재고(財庫-재물)가 된다. 巳는 배록(背祿)이지만 재물이 있고 午未는 財가 많이 보이지만 재물을 이루지 못한다.</u> 성감(成鑒)

에 이르길 -{재관이}- 절파(絶破)되면 모두가 껍데기 오행이므로 생기가 없다고 했다. 申-관운을 만나면 재물이 피고 권력을 얻고 일이 뜻대로 된다. 만약 年時에 申이 있으면 앞서 말한 寅月의 申을 연구하라. 五行은 활법(活法)이므로 年時에 -{재관이}- 보이지 않는다고 해서 한 가지만 따르면 안 된다.

-{運에서 金을 만나면 財庫가 되는 것은 辛酉-칠살이 비겁을 극하기 때문이고, 巳는 배록이지만 재물이 있는 것은 巳酉합이 되고 金이 장생이 되기 때문이고, 午未는 재물을 얻지 못하는 것은 午는 배록(背祿)에 속하고 金을 극하고 未는 卯未합으로 木局이 되기 때문이다.}-

《子平註》六丙人四月生 是也, 四月水絶, 若歲時得癸亥 壬子 壬戌 癸卯 甲子 則官稍得 此亦鬼絶, 而用鬼爲官印 然不淸 亦可作有用之命, 然一生坎坷, 若歲時內無壬癸亥子 則是建丙火本家祿主之命, 論六甲乙之命言之 亦無祖財, 若臨午未 則妻死三數 一生無財祿, 出軍班吏人 名目極卑。

※ 丙日이 巳月에 태어나면 巳月은 水-관살의 절지(絶地)가 된다. 만약 年時에 癸亥 壬子 壬戌 癸卯 甲子를 얻으면 작은 벼슬을 얻는다. 사월(巳月) 역시 귀(鬼)가 관인이지만 귀(鬼)가 절(絶)이므로 貴가 뚜렷하지 않고 재능이 있는 명(命)이지만 일생이 불우하다. 만약 年時에 壬癸亥子가 없고 월령에 建祿이 있는 命은 甲乙日 命에 말했듯이 조상의 재물이 없다. 만약 年時에 午未가 임(臨)하면 妻가 셋이 죽고 일평생 재물이 없고 군인이 되거나 벼슬을 해도 계급이 아주 낮다.

《子平註》六丁人五月生 是也, 謂丁祿在午, 丁以庚辛爲財, 五月金休敗 無祖財 或因主剋妻, 若歲時有亥子申辰水 則爲官印, 然名目不淸, 亦且入仕, 向武臣止大使臣, 文官京朝而已, 若歲時居巳戌 或干頭有戊己土 則名目而已, 權印祿輕, 情性動作 亦同甲乙, 皆是建旺本祿五行 別無造化而不君子也。

※ 丁日이 午月에 태어나면 건록이다. 丁은 庚辛이 재성인데 午月에 金이 휴패(休敗)하여 조상의 재물이 없고 妻를 극한다. 만약 年時에 亥子申辰의 水가 있으면 官을 쓰지만 직함의 명목이 뚜렷치 않다. 무관(武

官)이면 졸병에 불과하여 대사신(大使臣-범인을 체포하는 사람)이 되거나 문관(文官)이면 경조(京朝-고관의 비서)에 불과하다. 만약 年時에 巳戌이 있거나 천간에 戊己土가 있으면 권력이 극히 약하고 이름만 있을 따름이다. 성격이나 행동 역시 甲乙日과 같은데 모두 일간의 祿이 왕하여 별다른 행운도 없고 군자(君子-관직)가 되지 못한다.

《子平註》六己人五月生 是也, 謂己祿在午, 己以壬癸爲財, 五月以水囚無祖財也, 剋妻三數, 子見而不立, 運逢財而不聚, 作事厚而有理性 好靜, 可言語, 若歲時內有甲有寅 則爲正官爲福亦妙, 有亥卯未則爲偏官 干頭有乙則爲鬼而不剋身, 謂甲乙夏死 身旺鬼絶也, 以甲爲官 亦嫌木死而官卑, 如歲時辛亥 庚子 癸丑或申子辰 則財但得 亦無大富也。

※ 己日이 午月에 태어나면 건록이다. 午는 己의 祿이다. 己는 壬癸가 재성인데 午月은 水-재가 수(囚-절지)가 되므로 조상의 재물이 없다. 妻를 셋을 극하고 자식이 있어도 남아있지 않고 運에서 재성을 만나도 재물이 모이지 않는다. 인정이 많고 사리에 통하고 조용한 성격에 긍정적이다. 만약 年時에 甲이 있고 寅이 있으면 정관을 福으로 삼기 때문에 좋다. 亥卯未-편관이 있고 천간에 乙이 있으면 귀살(鬼殺)이지만 身을 극하지 못한다. 甲乙-관살이 여름에 사(死)가 되고 身旺하고 귀(鬼)가 절(絶)이 되기 때문이다. 甲이 관직이지만 사지(死地)가 되므로 관직이 낮다. 年時에 辛亥 庚子 癸丑이 있거나 申子辰이 있으면 재물을 얻지만 큰 부자는 못된다.

《子平註》六戊人四月生 是也, 謂戊祿在巳, 戊以壬癸爲財 四月水絶無財 剋妻 見子多而不立 致有絶嗣, 戊雖旺而鬼死 謂之偏易也, 故賦云,"眷屬憂其死絶," 若歲時居申子辰水位, 則子晚見而不絶也, 止有一數, 餘同上論。

※ 戊日이 巳月에 태어나면 건록이다. 戊는 壬癸가 재물인데 巳月은 水-재가 絶이 되므로 재물이 없고 妻를 극한다. 자식이 많아도 대(代)가 끊어진다. 戊(일간)는 旺하지만 귀(鬼)가 죽어 있어서 편역(偏易)이라고 한다. 그래서 賦에 이르길 사절(死絶)되면 가족에 걱정이 있다고 했다. 만약 年時에 申子辰 水가 있으면 자식이 늦게 하나가 있으므로 대가 끊어지지는 않는다. 나머지는 위에서 논한 바와 같다.

-{편역(偏易)은 좋지 않게 된 것을 말한다.}-

《子平註》六庚人七月生 是也, 謂庚祿在申, 論宮則庚干之建祿, 金以木爲財 七月木絕, 若上旬生, 則有祖財 謂有六月金餘氣, 未爲木庫 雖臨木絕之鄕 以七月氣而尙有三五分庫財之福也, 運至酉戌破盡也, 酉戌乃庚之劫財, 故賦云, "小盈大虧, 恐是劫財之地," 加以戌刑未 祖財所以破盡也, 若中旬末旬生 則無財也, 或歲時居寅卯並亥未 則生財而亦不廣, 若太歲臨於酉戌又無財也, 若歲時干有丙丁 居於東南方位, 亦爲官印, 若歲時支並卻有壬癸 則無官也, 若歲時居巳午 更兩位干是戊己 則有官祿而不淸不顯 以秋火無氣故也。

陶朱云, "若逢天元凶例遇鬼, 則父子不親," 壬癸時庚辛爲母, 以丙丁爲妻, 被水剋去丙丁, 所以庚辛背祿也, 運行午火旺地, 亦發福, 則只是暫得時而已, 終不成大器也。

※ 庚日이 申月에 태어나면 건록이다. 金은 木이 재물인데 申月은 木이 絶이다. 그런데 만약 申月의 상순(上旬)에 태어나면 조상의 재물이 있다. 申月 上旬은 未月의 여기(餘氣)가 있고 未는 木의 재고(財庫)가 되기 때문이다. 申月은 木의 절지(絶地)이지만 아직 남아 있는 未庫의 財가 너 댓으로 갈라져 福이 된다. 그러나 운이 酉戌에 이르면 -{재물이}- 모두 깨지고 없어지는데 酉戌은 庚의 겁재가 되기 때문이다. 그래서 賦에 이르길 겁재가 있는 곳이 두렵다고 했는데 작은 것을 얻고 큰 것을 잃기 때문이다. 여기에 戌未刑이 되면 조상의 재물이 모두 깨진다. 만약 申月의 중순(中旬-壬)이나 하순(下旬-庚)에 태어나면 재물이 없다. 혹 年時에 寅卯나 亥未-財가 있으면 돈을 벌기는 하지만 많지 않고 만약 年에 酉나 戌이 있으면 재물이 없다. 만약 年時의 천간에 丙丁-관살이 木火위에 있으면 관직이 있는데 年時에 壬癸-식상이 있으면 火-官殺을 극하므로 관직이 없다. 만약 年時에 巳午-관살이 있고 천간의 양쪽에 戊己가 투출하면 관록(官祿)이 있지만 뚜렷하지 못하고 출세가 힘든데 가을은 火가 무력한 때문이다.

※ 도주(陶朱)가 말하길 天元에 凶을 만난 것은 귀(鬼)를 만난 것이므로 부자(父子)가 친하지 않다고 했다. 時에 壬癸가 있을 경우 庚辛은 母가

되고 丙丁은 妻가 되는데 이때 壬癸水가 丙丁을 剋하기 때문에 庚辛의 배록이 된다. 午火 旺地 運에 발복하지만 잠시에 불과하여 큰 인물이 되지는 못한다.

-{時에 壬癸가 있으면 壬午 癸未時가 되므로 午未에 관성이 있게 된다. 즉 관성이 있지만 天干의 壬癸가 배록이 되기 때문에 午未運에 좋은데 큰 기대를 하지 말라는 의미이다. 여기의 귀(鬼)는 水를 말한다.}-

-{도주(陶朱)는 월(越)나라의 대신(大臣)으로 춘추 말기의 저명한 정치가 책사(策士)이면서 실업가인데 후인들이 "상성(商聖)"이라 부른다. 출신은 빈천하였지만 박학다재(博學多才)하였다.}-

《子平註》六辛人八月生 是也, 建祿臨官財印 亦以六庚同論, 若辛亥 辛卯 辛未 財則不缺, 亦無大績, 未爲辛之財庫, 卯爲辛之財鄕, 亥爲辛之財長生, 皆爲支內支財也, 以八月財絶命衰 縱建祿而不富也, 此三辛財且薄 其餘皆依庚論 如庚申 辛酉 辛丑 吉凶之論, 如辛巳時有貴而有官印亦輕。

※ 辛日이 酉月에 태어나면 建祿이다. 재물과 관직을 논하는 것은 庚日과 같다. 만약 辛亥 辛卯 辛未日이면 재물이 적지도 않지도 않다. 未는 辛의 財庫가 되고 卯는 辛의 재향(財鄕)이 되고 亥는 財가 長生이므로 모두 장간(藏干)이나 지(支)에 있는 財가 된다. 酉月은 재절명쇠(財絶命衰)하여 부명(富命)이 아니므로 이 三辛(辛亥 辛卯 辛未日)은 財가 박(薄)하다. 그 나머지는 庚金에 의거하여 논하고 辛酉나 辛丑日의 吉凶은 庚申처럼 논한다. 辛巳는 간혹 貴가 있지만 관직이 가볍다

-{재절명쇠(財絶命衰)는 재성도 약하고 일주도 약한 것을 말한다.}-

《子平註》六壬人十月生 是也, 壬以丙丁為財 十月火絶, 以戊己土絶, 賦云,"己巳戊辰 度乾宮而有厄,"是也。常術以水土絶於四月 其水固絶 土非也, 土絶在亥, 故以十一月生人 運到亥爲厄運也, 其壬十月無土無火 乃財絶命衰也, 壬亦以戊己爲鬼 十月戊己絶, 假令歲時位有戊己 或戌丑未 可作官印用, 亦不爲鬼, 賦云,"若乃身旺鬼絶, 雖破命而長年"是也。

※ 壬日이 亥月에 태어나면 건록이다. 丙丁-재성이 亥에 절(絶)이 인데 戊己-관살도 絶이 된다. 그래서 賦에 이르길 己巳 戊辰은 亥에 액(厄)

이 있다고 했는데 맞는 말이다. 보통 술(術)에서 水土가 巳月에 絶이라고 하는데 水는 絶이 맞지만 土는 절(絶)이 아니다. 土는 亥에서 絶이 되기 때문에 子月에 태어나고 亥運에 이르면 액운(厄運)이 있다. 壬日이 亥月에 태어나고 火土-財官이 없으면 財가 絶되어 <u>命이 쇠약(衰弱)하다</u>. 壬日에 戊己는 귀살(鬼殺)인데 亥月에는 戊己가 絶이 되기 때문이다. 만약 年時에 戊己나 丑戌未가 있으면 관직으로 삼고 귀(鬼-殺)로 삼지 않는다. 그래서 賦에 이르길 身旺하고 귀(鬼)가 絶이 되면 목숨을 내놓고 살아도 장수한다고 한 것이다.

-{命이 쇠약하다는 명쇠(命衰)는 신약(身弱)하다는 의미가 아니고 재관이 없어서 돈도 지위도 없다는 뜻이다. 신약은 신쇠(身衰)라고 한다.}-

【子平註】六癸人十一月生 是也, 癸祿居子 論財論官印論鬼, 亦依干祿仿言之。

※ 癸日이 子月에 태어나면 건록이다. 癸祿이 子에 있는 것이므로 財나 관인(官印)이나 귀살(鬼殺)을 논하는 것 역시 일간의 록(祿)에 기준을 두고 말한다.

30 若乃身旺鬼絶 雖破命而長年, 鬼旺身衰 逢建命而夭壽。

◉ 身旺하고 귀살(鬼殺)이 絶이면 목숨을 내놓아도 장수하고 귀살(鬼殺)이 旺하고 신약하면 건록을 만나도 단명하다.

【子平註】身旺者 甲人正月生, 甲以金庚爲鬼, 卽可爲堂之用, 不可作鬼, 謂之庚鬼, 自然絶 而不能害其甲, 雖破命而長年也。又經云身衰者 如甲人秋生 秋金旺乃甲木絶, 甲雖逢寅卯建祿之地 與庚金相逢 雖則重重之救, 必夭壽也。

※ 身旺이란 甲日이 寅月에 태어난 것인데 甲木은 庚이 칠살이지만 寅은 <u>甲木의 집</u>이 되므로 귀살(鬼殺)로 보지 않는다. 庚-殺은 자연히 절(絶)이 되므로 甲을 해칠 수 없다. 그래서 목숨을 내놓고 살아도 장수한다. 또 經에 이르길 신약은 甲日이 申酉월에 태어나고 金이 旺하여 甲木이 절(絶)이 된 것이다. 이런 甲은 寅卯-건록을 만나고 구조(救助)가 중중(重重)하여도 庚金-살을 만나면 반드시 요절한다.

-{甲木의 집은 월에 甲의 뿌리가 되는 寅이 있는 것이다.}-

31 背祿逐馬 守窮途而凄惶, 祿馬同鄉 不三台而八座。

◉ 배록축마(背祿逐馬)는 곤경에 처하여 비참한 것이고 록마동향(祿馬同鄉)은 삼태(三台)나 팔좌(八座)의 고관이 된다.

《子平註》如六甲人生在三春九夏 天元更帶丙丁 則背祿也。逐馬者 甲逢乙或亥卯木剋 逐馬也。甲以金爲官印, 春金絶 夏金囚 更歲月時中帶天元丙丁, 則甲背祿., 甲以己土爲財爲馬爲妻, 被乙並亥卯剋逐去己土, 則甲無財而無官 必剋妻也 故云, 餘皆仿此推之。

假令壬午生 下有丁己是三奇 祿馬同鄉, 更要生時不在休敗, 如得庚午時 則時中庚自坐祿, 以庚制其甲 辛制其乙, 使壬存己土卽祿重也 無失而早發矣。若壬午日得壬寅月時 則背祿也, 謂寅中有甲奪己土 卽壬無官也, 寅中卻有火生 則依上論,

※ 甲日이 春夏(木火)月 태어나고 천간에 丙丁이 있으면 배록(背祿)이다. 축마(逐馬)는 甲日이 乙이나 亥卯-木을 만나 土-財를 剋하는 것이다. 甲은 金을 관인(官印)으로 삼는데 金은 寅卯월에는 絶地가 되고 巳午월에는 수(囚-剋)가 된다. 다시 年月時의 천간에 丙丁-식상이 있으면 甲의 배록(背祿)이 된다. 甲은 己가 재물이 되고 妻가 되는데 乙과 亥卯가 己土를 극하여 제거하면 甲日은 재물도 없고 관직도 없고 반드시 妻를 극한다. 나머지 일간도 이렇게 본다.

※ 가령 壬午日은 午중에 있는 丁己가 삼기(三奇-재관)이므로 록마동향(祿馬同鄉)이 되는데 이때 時에 휴패(休敗-卯)가 없어야 한다. 만약 時에 庚午가 있으면 庚의 자좌(自坐)인 午에 壬의 록(祿-己)이 있게 된다. 庚-편인이 甲-식신을 制하거나 辛-정인이 乙-상관을 制하면 壬의 록(祿-己)이 중(重)하므로 확실히 일찍 발달한다. 만약 壬午日이 月時에 壬寅을 만나면 배록(背祿)이 되므로 寅중의 甲-식신이 午중의 己-관성을 빼앗기 때문에 壬에게 관직이 없다. 寅중에 있는 火가 生하는 것은 상론(上論)에 의거한다.

《子平註》如冬生則減半言之, 秋生卻有祿, 謂木絕不能奪土, 秋土懷金,

金生壬生癸 木絕火死 所以不能剋土, 若歲月時中有亥卯未 亦能破己土 卯亦破午, 如歲月時中無爭奪冲刑墮壞 則貴可定兩府, 更切精休旺言之爲妙, 賦云,"祿馬同鄕, 不三台而八座"是也, 若有爲害之位 更精爲害之休旺, 量力而言, 成鑒云,"更須四被無侵, 多獲吉慶," 云無全士庶 爲百全之命也,

※ 만약 壬午日이 亥子月에 태어나면 복이 반감(半減)된다. 그러나 申酉月에 태어나면 오히려 록(祿-土)이 있게 되는데 木-배록이 申酉月에 絕이 되므로 土-官을 빼앗지 못하기 때문이다. <u>秋月의 土는 金을 품고 있으므로 金은 壬을 낳고 癸를 낳는다. 木-배록은 絕地가 되고 火-재는 死地가 되므로 土-관성을 극하지 못한다.</u> 만약 年月時중에 亥卯未가 있으면 역시 己土를 破하고 卯는 午를 破한다. 만약 年月時 중에서 관성이 쟁탈(爭奪)이나 충형(冲刑)을 당하지 않고 무너지지 않으면 貴가 양부(兩府)에 이른다. 그래서 관성의 휴왕(休旺)을 정밀히 보고 헤아려 말해야 절묘한 판단이 나온다. 賦에 이르길 록마동향(祿馬同鄕)이면 삼태(三台)나 팔좌(八座)의 고위관직에 오른다고 했다. 만약 관성을 해(害)하는 곳이 있으면 해(害)의 휴왕(休旺)을 정밀히 보고 말해야한다. 성감(成鑒)에 이르길 -{록마동향이}- 침범 당하지 않으면 많은 복을 얻는다고 했으니 평범한 사람이 없고 모든 것이 온전하다고 했다.
-{밑줄은 壬午日이 가을에 태어나면 午중의 己는 秋土에 속하여 작용하는 것을 말한다. 己-관성이 金을 품고 있는 것은 木-배록을 방어하는 한다. 다소 복잡하지만 계절에 따라 일어나는 오행의 작용을 자세하게 설명한 것이다.}-

《子平註》謂如太宰唐公命 丙午年 庚子月 壬午日 丙午時, 何謂貴?, 謂壬午日 干起丙午上丙字來剋子上庚字, 子上庚卽被丙來剋 則避丙卻於午位 壬字乃庚之子 再得丙午時 丙又不與壬位 又來子位, 二丙在子 皆爲丙鼠, 兩丙皆曆貴地, 賦云,"歸道乃水府求元," 皆是丙癸造化也, 庚壬居干又是三奇祿馬同鄕, 此云飛天祿馬也, 天元動作出入 惟十二支辰不動 爲屬地也。

丙壬庚丙　男命
午午子午　辛丑 壬寅 癸卯 甲辰 乙巳 丙午
※ 태재(太宰)벼슬을 한 당공(唐公)의 명인데 어째서 貴하다고 한 것인

가? 壬午日을 보면 丙午에 있는 丙-字가 일어나 월간의 庚을 剋하자 庚-편인은 일간의 자리로 피하고 일간-壬은 庚의 자식이 된다. 時에 또 丙午가 있는데 時干의 丙은 壬과 같이 있지 않고 月干으로 자리를 옮긴다. 이렇게 하여 월간에는 丙이 둘이 있게 되는데 두 개의 丙-재가 두 개의 子-관성을 갖게 된 때문이다.

※ 賦에 이르길 道에 귀의(歸依)하는 것은 수부(水府)에서 근본을 찾는다고 했는데 모두 丙癸의 造化에 있다. 천간의 庚壬은 三奇의 록마가 동향(同鄕)이 되므로 이를 비천록마(飛天祿馬)라고 한다. 天干은 움직이므로 이렇게 출입(出入)하지만 오직 12支는 움직이지 않고 그대로 있기 때문에 속지(屬地-식민지)가 된다.

-{天干이 동(動)하여 자리를 옮겨가는 법을 논하였다.}-

32 官崇祿顯 定知夾祿之鄕, 小盈大虧 恐是劫財之地。

◉ 협록(夾祿)이 있으면 틀림없이 관직과 녹봉이 높고 작은 것을 얻고 큰 것을 잃는 겁재(劫財)지가 두렵다.

《子平註》謂夾祿, 戊辰日 戊午時, 丁巳日 丁未時, 己未日 己巳時, 壬戌日 壬子時, 癸丑日 癸亥時, 凡見夾祿者不可 本祿上有歲月所占, 占了則官實也, 實則不能容物也, 官不崇顯也, 其祿比盛物之器 空則容物, 有祿占非真夾祿也。假令宋景陽郎中命, 庚午年 丁亥月 己未日 己巳時, 兩己夾午中之祿也, 卻不合庚午太歲實了午位, 又十月冲動巳 己夾祿不穩 即不至清顯也, 如此之命 華而不實也。

※ 협록(夾祿)은 (戊辰日 戊午時,) (丁巳日 丁未時,) (己未日 己巳時,) (壬戌日 壬子時,) (癸丑日 癸亥時)를 말한다. 협록(夾祿)이 보이면 안 되는 것은 본록(本祿)이 年月에 자리를 차지하고 있는 것이다. 만약에 나타나 있으면 관실(官實)이 된다. 그렇게 되면 物을 받아들이지 못하게 되므로 직위가 높지 않다. 협록은 物을 담는 그릇이므로 비어 있어야 채울 수 있다. 그래서 祿이 보이면 진정한 협록(夾祿)이 못된다.
가령 송경양(宋景陽) 랑중(郎中)의 명을 예를 보면

己己丁庚 男命 송경양(宋景陽) 랑중(郎中)

巳未亥午　戊子 己丑 庚寅 辛卯 壬辰 癸巳

日時에 두 개의 己가 있고 巳와 未사이에 午-祿이 비어있는데 년에 午가 전실되어 협록이 되지 못한다. 즉 午가 전실(塡實)된데다 月의 亥가 巳를 冲하여 巳-협록(夾祿)이 안정되지 못하므로 출세가 어렵다. 이런 명은 겉만 번지르르하고 실속이 없다.

《子平註》凡見夾祿不穩 徒有虛耳 不可作夾祿論之。假如王中命 甲寅日 甲子時, 二甲夾丑 丑乃金庫之鄕 乃甲之貴地, 公運行辛丑 除通判, 丑運足而交庚子 被大運庚子剋了子上甲字 乃夾祿不住 走了貴氣, 一旦壞盡。所以福聚之地 不可被傷, 福聚之地 不可無救, 其餘夾祿夾貴仿此。

※ 일반적으로 협록이 숨어있지 않으면 협록(夾祿)으로 論하지 않는다. 가령 '王中'의 命을 보면 甲寅日 甲子時에 두 개의 甲에 丑이 공협(拱夾)하였는데 丑은 金의 庫가 되면서 甲의 귀지(貴地-천을)가 된다. 辛丑운에 통판(通判)직을 받아 만족하였으나 庚子운을 만나 甲子時의 甲을 극하여 협록(夾祿)이 머물지 못하자 貴氣가 도망가 버려 하루아침에 무너졌다. 그래서 福이 모인 곳은 傷하면 안 되고 福이 모이는 곳은 구조(救助)하는 것이 없으면 안 된다. 나머지 다른 협록(夾祿)이나 협귀(挾貴)도 이런 식으로 본다.

《子平註》戊見己 庚見辛 壬見癸 皆爲劫財, 與甲見乙同。前五陽見五陰 爲劫財 剋妻, 後五陰見五陽 敗財 不剋妻, 防陰賊或小人相侵。
乙以甲爲親兄 以戊己爲財, 甲能奪己壞戊., 丁以丙爲兄 丁以庚辛爲財, 丙能奪辛爲妻破庚, 己見戊爲兄, 己以壬癸爲財, 戊能奪癸爲妻 破壬, 辛以庚爲兄 辛以甲乙爲財, 庚奪乙爲妻 破甲, 癸見壬爲兄 癸以丙丁爲財, 壬奪丁爲妻 破丙, 假如甲奪乙財 是也,

※ 戊에 己가 보이거나 庚에 辛이 보이거나 壬에 癸가 보이면 모두 겁재인데 甲에 乙이 보여도 마찬가지이다. 五陽에 五陰이 보이면 겁재가 되므로 妻를 극한다. 五陰에 五陽이 보이면 패재(敗財)가 되므로 妻를 극하지는 않는데 음적(陰賊-음험한 부류)이나 소인(小人)의 침범을 막아야한다.
乙은 戊己가 재물인데 甲-형이 己를 탈취하고 戊-妻를 파(破)한다.

丁은 庚辛은 재물인데 丙-형이 辛을 탈취하고 庚-妻를 파(破)한다.
己는 壬癸가 재물인데 戊-형이 癸를 탈취하고 壬-妻를 파(破)한다.
辛은 甲乙이 재물인데 庚-형이 乙을 탈취하고 甲-妻를 파(破)한다.
癸는 丙丁이 재물인데 壬-형이 丁을 탈취하고 癸-妻를 파(破)한다.
가령 甲이 乙의 財를 탈취하는 것이다.

下卷

33 生月帶祿 入仕居赫奕之尊, 重犯奇儀 蘊藉抱出群之器。

◉ 生月에 록(祿-관성)을 가지고 있으면 공직에서 빛을 내고 기의(奇儀)가 중(重)하고 형충이 없고 화합(和合)하면 출중한 인물이다.
-{기의(奇儀)는 26번 구절의 삼기(三奇)를 말한다. }-

《子平註》世術用六甲人 正月生者, 此名建祿不富, 此非生月帶官祿也。生月帶官祿者, 如甲乙人秋生 丙丁人冬生 戊己人春生 庚辛人夏生 壬癸人生於四季月 是也。
且如甲乙木用金爲官祿也, 庚金旺, 是生月官祿也, 遇之者是官祿超遷 功名特達也。或問曰 此生月祿而有福者 尋常有之, 而賦意言之何重也？答曰 如賦云, "略之爲定一端, 究之翻成萬緖"是也。

※ 술법(術法)에서 말하는 甲日이 寅月에 태어나면 건록(建祿)은 부자(富者)가 아니라는 것은 생월에 관록(官祿-관성)이 없는 것이다. 생월에 관록(官祿)이 있는 것은 甲乙日이 申酉月에 태어나거나 丙丁日이 亥子月에 출생하거나 戊己日이 寅卯月에 출생하거나 庚辛日이 巳午月에 출생하거나 壬癸日이 사계(四季-辰戌丑未)월에 태어난 것이다.
예를 들어 甲乙木은 金을 官祿으로 삼는데 庚金이 旺하면 생월이 官祿이기 때문이다. 이렇게 되면 초고속으로 승진하고 공명이 특별히 뛰어난다. 간혹 따지는 사람이 있는데 생월에 祿이 있으면 유복(有福)한 사람도 있지만 평범한 사람도 있는데 賦에 있는 말이 뭔데 그렇게 중요하

게 여기는가? 내가 답하건대 賦는 간략하게 하나의 단서(端緒)를 정(定)한 것이고 뒤집어보면 수 없는 실마리가 있기 때문에 궁구(窮究)해야 한다.

《子平註》如甲戌人八月生 建酉, 酉中建辛, 辛爲甲之旺官祿, 若當生歲時居寅午戌火局 更別位有丙丁火, 亦不能損甲之官祿, 以八月火死故也, 或當生歲時居亥卯未木局, 更或別位有甲乙木, 亦不能奪甲之財帛, 以八月木絶故也, 有火不能損官祿, 有木不能劫財帛, 是財官兩喜 爲赫奕之尊, 故其宜也。凡命中帶祿者 祿出祖上, 又不如生月帶祿者 則父子之氣近 爲祿相須也。更有生日支內 天元自旺 生時不居休敗者 復更行運在祿鄕, 如此之命又何啻居赫奕之尊, 是三台八座之格, 就貴人之命, 子又何疑焉, 賦云,"根在苗先," 正此意也。

※ 甲戌日이 酉月에 태어날 경우 酉中에 있는 辛은 甲의 왕한 官祿이 된다. 만약 원국의 年時에 寅午戌 火局이 있고 또 다른 자리에 丙丁火가 있어도 甲의 酉-官祿을 손상하지 못하는데 酉月은 火의 死地가 되기 때문이다. 혹 年時에 亥卯未 木局이 있고 또 甲乙木이 있어도 甲의 재물을 빼앗지 못하는데 酉月은 木의 絶地가 되기 때문이다. 火가 있어도 官祿을 상하지 못하고 木이 있어도 재물을 겁탈하지 못하기 때문에 財官은 모두가 좋아하는 존귀하고 빛나는 것이다. 命 中에 록(祿)이 있을 경우 조상궁에 있는 록은 月에 있는 祿만 못하다. 그것은 父子가 조상보다 더 가깝기 때문이다. 여기에다 日支에 천원(天元-일간)이 자왕(自旺)하고 時에 휴패(休敗)가 없고 운이 록(祿)이 있는 곳으로 가는 命은 출세할 뿐만 아니라 고위관직에 오르는 貴命이다. 그런데도 여러분들이 또 의심을 해야 되겠는가? 그래서 賦에 이르길 뿌리가 줄기보다 먼저라고 한 것이다.

《子平註》奇者, 三奇官印也, 遇之者有威儀之貴也, 蘊藉者 三元內外 歲月生時 藏蓄五行 括囊造化 貴氣往還 無諸刑戰, 如此之命, 出乎其顯爲大器之貴命也, 且如向公安撫命,
戊寅年 甲子月 乙丑日 庚辰時, 何以爲貴? 戊以乙爲官印 乙丑自居官鄕 (乙見戊爲偏官)乙見戊爲財帛 戊居寅爲祿位 又見庚辰時 乙丑見庚爲官印

庚自居辰　辰中有乙爲財帛　乙丑六合甲子月　是乙見鼠貴, 則知宗族貴家, 是名乙戊向庚　爲三奇之貴也。不惟只此, 而又金土之氣堅潤, 十一月生　五行藏蓄　唯忌自火　其時火死水旺, 三任方面　可應出群之器, 余可例求焉。此賦論貴命根基, 此以後說運中會遇也。故下文云,

※ 기(奇)는 三奇의 관인(官印)을 말하는데 이를 만나면 위의(威儀)의 귀(貴)가 있다. 온자(蘊藉)는 三元 내외(內外)의 年月時에 숨어있는 오행이 조화(造化)를 이루고 귀기(貴氣)가 왕래하면서 모두 형전(刑戰-형충극)이 없는 것이다. 이런 命은 그릇이 크고 출세하는 貴命이다. 바로 공안무(公安撫)와 같은 命이다.

庚乙甲戊　男命 공안무(公安撫)
辰丑子寅　乙丑 丙寅 丁卯 戊辰 己巳 庚午

※ 왜 귀명(貴命)인가? 年干에 있는 戊(조상)는 日干 乙을 관인(官印)으로 삼고 乙丑은 子坐에 官地(辛)가 되고 戊-재백(財帛)이 甲祿의 위에 있다. 時의 辰위에 있는 庚-관은 乙丑의 관인(官印)이 되고 辰中 乙木은 庚金의 재물이 되고 乙丑은 子와 六合이 되고 子는 乙의 서귀(鼠貴-천을귀인)가 되므로 종족(宗族)이 貴한 가문(家門)임을 알 수 있다. 乙戊가 庚을 향(向)하므로 貴가 三奇(乙戊庚)에 있다. 또 金土-재관의 氣가 튼튼하고 윤택한 것은 月의 子가 오행을 보호하기 때문이다. 즉 가장 꺼리는 火는 子에서 死한다. 또 水가 旺하여 세 방면의 일을 담당하므로 당연히 뛰어난 그릇이 될 수밖에 없다. 내가 하나의 예를 들었는데 이 부(賦)에서는 貴命을 알아내는 기본을 말한 것이고 앞으로는 運에서 만나는 것을 말하겠다. 34번 賦에서부터 운에 관한 설명이 된다.

-{자수는 乙戊庚-三奇가 가장 꺼리는 火를 제압한다. 戊는 乙이 관성이고 乙은 庚이 관성이므로 三奇가 되는데 子水가 庚金-관성을 剋하지 못하게 보호한다. 이것을 두고 子平이 말하길 貴를 보는 기본이라고 했다.}-

34 陰男陽女 時觀出入之年, 陰女陽男, 更看元辰之歲。

◉ 음남양녀의 출입(出入)년을 보고 양남음녀의 원진(元辰)년을 본다.

《子平註》假令陰命男 三月下旬生 得節氣深 八歲運, 乙酉年 庚辰月 乙丑日 辛巳時, 乙木下取丑中金庫爲官印, 又三月氣深, 時迎初夏 又得辛巳時 當生年乙酉 三合巳酉丑 丑位不背官印, 三月氣深 木向衰病 金向長生 賦云,"向背定其貧富"是也, 又曰,"將來者進," 三十八歲運行丁丑 則財官兩美, 賦云,"每見貴人食祿 無非祿馬之鄕"是也。

三十九歲交丙子運, 是謂出入之年也, 且如乙用庚爲官印 見丙乃庚之七殺 當生年月氣深 向丙不遠, 又大運丙子 子與巳合 合起巳中丙 丙剋妻 則乙損官 乙以庚爲妻 則災妻損財 更或値丙丁巳午年則凶, 此是出入之年 爲凶可知也。時觀者 是當生年中四時之時也, 賦云,"一旬之內 於年中而問干, 一歲之中 於月中而問日,"是也, 此年運交出入 當時迎氣深 又辛巳時中有丙 初交丙子運 則災損自應也, 賦云,"陰男陽女" 便是陰女陽男也, 前運出入之年, 此論元辰之歲 其理無二也。

辛乙庚乙 男命 음남(陰男)
巳丑辰酉 8己卯 18戊寅 28丁丑 38丙子 48乙亥 58甲戌

※ 음남(陰男)의 명이 辰月 하순에 태어났다. 절기(節氣)가 깊어서 8세운이다. 日支 丑中의 금고(金庫)를 取하여 관인(官印)으로 삼는다. 辰月의 氣가 깊고 초여름(巳火)을 맞이하고 時의 辛巳와 生年의 乙酉와 三合하여 巳酉丑이 되므로 丑-관인(官印)을 배척하지 않고 따른다. 3월의 氣가 심(深)하여 일간-乙木은 쇠병(衰病)이 되지만 金-관은 長生을 향(向)한다. 賦에 이르길 빈부(貧富)는 향배(向背)로 정(定)한다고 했는데 진기(進氣)가 되므로 丁丑운 38세 까지 재관(財官-재복과 직위)이 모두 좋다. 賦에 이르길 貴人이나 식록(食祿)을 만날 때 마다 모두 록마(祿馬)가 아닌 곳이 없다고 했다.

※ 39세 丙子운은 출입지년(出入之年)이 된다. 즉 乙의 官印은 庚인데 庚의 칠살인 丙이 보인다. 태어난 月의 氣가 깊어서 巳月의 丙이 가깝게 있다. 또 丙子운의 子가 巳를 합하고 합으로 일어난 丙이 庚을 극하므로 乙의 官(庚)이 傷한다. 乙은 庚이 妻가 되기 때문에 妻에 재액이

있고 재물이 절단 나는데 丙丁巳午 유년을 만날 때 마다 흉(凶)하다. 이렇게 운이 바뀌는 出入年에 凶함을 알 수 있다. 時(때)를 본다는 것은 출생 년의 계절을 말한다. 그래서 賦에 이르길 年중에서 천간을 찾는 것은 일순지내(一旬之內-10일)에서 찾는 것이고 年에서 月을 찾는 다는 것은 日을 찾는 것이라고 했다. 이 해는 運이 출입하는 때가 깊고 時에 있는 巳중에 丙火-상관이 있기 때문에 丙子運에 접하면서 자연히 재액과 손재가 있게 된 것이다. 賦에서 말하는 음남양녀(陰男陽女)가 된다. 음녀양남(陰女陽男)도 마찬가지로 앞에 오는 運이 출입지년(出入之年)이다. 이것은 원진(元辰)년을 논하는 것이므로 이치는 하나다.

-{子가 巳를 합하는 것은 子중 癸가 巳중 戊를 합하는 것인데 이때 巳중 丙이 動하여 庚을 剋하는 것이다. 육음조양격(六陰朝陽格)에서는 子와 巳가 합하여 巳중 丙이 辛과 합하는 것인데 둘 다 巳중의 丙이 動하는 것은 마찬가지다.}-

《子平註》前論乙丑日, 陽命男運出丁丑欲入丙子, 此亦是五行來出入抵犯凶方之義, 前說三月深向丙丁之氣不遠, 運入丙子則失官, 財損, 妻災, 況在四月二五日生作三歲運, 是當生元有害官印之辰, 賦云, 宣父畏其元辰是也, 其或更值寅午戌年, 己未太歲是名元辰之歲, 則救療無功也, 便當生歲時中有壬癸, 小運在申子辰亦不濟事, 四月水絕故也, 大率所犯有傷不可救也,

※ 앞(33번)에 논한 공안무의 경우 乙丑日 陽男이 만약 丁丑운을 나와 丙子운으로 들어간다면 이 역시 오행이 출입하는 곳에서 凶方을 맞닥뜨린 것이다. 앞서 말한 三月은 절기가 깊어서 丙丁의 가깝기 때문에 丙子운에 들어와 관직을 잃고 재물이 줄고 妻에게 재액(災厄)이 있는 것이다. 하물며 四月의 2~5日 사이에 출생하였다면 3歲 운이 되고 생월(巳月) 자체가 金-관인(官印)을 해친다. 그래서 賦에 이르길 공자도 두려워한다는 바로 그 원진(元辰)이다. 이때 태세가 寅午戌년이나 己未년이면 원진(元辰)년이 되므로 구제(救濟)가 안 된다. 다시 말해서 원명의 年時중에 壬癸-인수가 있거나 小運에 申子辰이 있어도 소용없다. 巳月은 水의 절지(絶地)가 되기 때문에 대개 침범을 당하여 傷하면 구제가

안 된다.

35 與生地之相逢 宜退身而避位, 凶會吉會 伏吟反吟 陰錯陽差 天衝地擊。

◉ 生地를 만나면 자리에서 물러나고 피해야 한다. 출입지년(出入之年)에는 吉과 凶이 모이므로 복음반음(伏吟反吟) 음착양차(陰錯陽差) 천충지격(天衝地擊)을 본다.
-{이 부(賦) 역시 운을 논한 것이다.}-

《子平註》生者-生旺也, 凡五行皆不宜生旺, 陰陽書云, "金剛火强, 自刑本方, 木落歸本, 水流趨末," 則爲自刑之刑也, 且以庚辛言之 則金也, 旺於西方, 故庚祿在申, 辛祿在酉, 如庚辛生人, 運到申酉 則宜退身避位也, 夫何故？庚辛用丙丁爲官印 火至申酉則病死 則庚辛無官也, 庚辛剋甲乙爲財帛, 木到申酉則死絶 則庚辛無財也, 官財俱衰 雖建祿而不富, 故云, "與生地之相逢, 宜退身避位,"

※ 生은 生旺한 것이다. 일반적으로 오행이 生旺하면 모두 마땅치 않다. 음양서(陰陽書)에 이르길 金이 강(剛)하고 火가 강(强)하면 스스로 죽어 근본으로 돌아가는데 木은 떨어지면 뿌리로 돌아가고 水가 흘러 끝에 이른다. 즉 스스로 죽는 刑이다. 또 庚辛을 예를 들면 金은 西方에서 왕하기 때문에 庚祿은 申에 있고 辛祿은 酉에 있기 때문에 庚辛日에 태어난 사람의 運이 申酉에 이르면 자리에서 물러나야 한다. 왜 그러냐? 庚辛은 丙丁이 官貴인데 火가 申酉에 이르면 병사가 되므로 庚辛日에 官이 없어진다. 또 庚辛은 甲乙이 재물인데 木이 申酉에 이르면 사절(死絶)되므로 庚辛日에 財가 없어진다. 財官이 모두 쇠약하면 건록(建祿)이지만 富가 안 된다. 그래서 생지(生地)를 만나면 물러나는 것이 마땅하다고 한 것이다.

《子平註》鬼谷曰, "金降自乾, 東而震, 西南遇坤鄕而敗祿衰官," 正此意也, 賦意幽妙, 宜深識之, 此說運中造爲引問發明之辭, 如上文云, 出入之年, 皆吉凶兩存而不辨, 在學人曉而合之, 上下貫穿 而得其辭悟矣.

※ 귀곡(鬼谷)이 말하길 金이 건(乾)-(亥)에 이르고 木이 진(震)-묘(卯)

에 이르고 火金이 곤(坤)-미(未)에 이르면 록(祿-관성)이 敗하여 官이 쇠(衰)한다고 했는데 딱 맞는 말이다. 낙록자의 부(賦)의 의미는 심오하므로 깊은 의미를 알아야한다고 했는데 이 말은 運 중에서 일어나는 의문을 밝힌 말이다. 위에 말한 運의 출입지년(出入之年)에는 吉과 凶이 모두 다 있다는 것을 아직까지 분별하지 못하고 있으면 어떻게든 이해해서 알고 있어야한다. 상하(上下)를 꿰뚫어서 그 말을 깨달아야 한다.
-{木日을 기준하여 亥卯未를 만나면 金-관성이 쇠약하게 되는 것이다.}-

《子平註》伏吟者 大運與元命相對者 是也, 以眾術言, 則不佳, 以賦意言之, 其間亦有凶會吉會存焉。錯者-錯雜也, 差者-交差也, 人命有陰陽錯雜, 人運亦有陰陽交差, 多為災損, 如元命與運在東南 而遇太歲西者 謂之天沖, 元命與運在西北 而太歲在東南者 謂之地擊, 大概與陰陽差錯不殊, 然不能無別焉, 西北冲東南者, 主動改出入 是內冲外也, 東南冲西北者 雖冲而不動 是外冲內也, 遇此者主不寧 其間吉凶兩存, 詳而言之。

※ 복음(伏吟)은 대운과 원국을 서로 대조하여 보는 것이 맞는데 많은 사람들이 말하길 좋지 않다고 했다. <u>이 賦에서 말하는 의미는</u> 그 사이(出入之年)에 凶도 있고 吉도 있다는 것이다. 착(錯)은 뒤섞이는 것이고 차(差)는 어긋난 것이다. 命에서 음양이 착잡(錯雜)하고 運에서 음양이 교차(交差)하면 재액(災厄)과 손재(損財)가 많다. 이를테면 원명과 대운은 동남인데 유년에 西方을 만나면 천충(天冲)이라 하고 원명과 대운은 西北인데 유년이 東南이면 지격(地擊)이라고 한다. 대개 음양이 특별하게 섞이고 어긋나지 않으면 별다른 일이 없다. 서북(西北-金水)이 동남(東南-木火)을 충하면 동(動)하여 출입이 바뀌므로 내(內)가 외(外)를 충하는 것이 되고 동남(東南-木火)이 서북(西北-金水)을 충하면 충이 되지만 동(動)하지 않으므로 외(外)가 내(內)를 충하는 것이 된다. 이런 것을 만나면 안녕(安寧)치 못한데 출입지년의 사이에는 吉과 凶이 양존(兩存)한다는 것을 상세히 말한 것이다.
-{이 賦의 의미는 출입하는 년에는 吉凶이 모이므로 복음반음(伏吟反吟) 음착양차(陰錯陽差) 천충지격(天衝地擊)을 보라는 것이다.}-

-{金水(內)가 木火(外)를 冲하면 動하는 것은 극하는 쪽이 冲하기 때문이고 木火(外)가 金水(內)를 冲하면 動하지 않는 것은 극을 당하는 쪽이 冲하기 때문이다. 원국과 대운을 같은 팀이 되고 그에 상대자가 유년이 되는 점을 깊이 생각할 필요가 있다. 이것은 유년을 보는 방법이 되기 때문이다.}-

36 或逢四殺 五鬼 六害 七傷 地網 天羅, 三元 九宮 福臻成慶 禍並危疑 扶兮速速 抑乃遲遲。

◉ 사살(四殺) 오귀(五鬼) 육해(六害) 칠상(七傷) 천라(天羅) 지망(地網)이 삼원(三元) 구궁(九宮)이 福에 이르면 경사가 되지만 禍도 더불어 의심해봐야 하고 이런 것은 부조(扶助)하면 빠르게 나타나고 억제(抑制)하면 더디다.

《子平註》如元命犯辰戌丑未 在四柱中, 或大運又行到或辰戌丑未之上者-謂之四殺。五鬼 如大運干爲鬼 制財剋官印 此五行之鬼也, 與太歲同。六害者 且如丑未生人 四柱中復有丑未 更運在辰戌丑未之上 卻遇太歲在子午卯酉者 謂之六害, 遇之者主骨肉分離。七傷者 運中逢七殺是也, 如甲乙日生人 用庚辛爲官印 運在南方 或逢寅午戌巳與未太歲是也。四殺輕 五鬼重 六害輕 七傷重 運逢之輕 歲遇之重。

※ 辰戌丑未가 원국에 있거나 辰戌丑未 대운에 만나면 사살(四殺)이라고 한다. 오귀(五鬼)는 대운의 천간이 귀(鬼)가 되는 것인데 財를 제하고 官印을 剋하는 것이 오행의 귀(鬼)가 되고 태세(太歲)도 마찬가지다. 육해(六害)란 丑未日에 또 丑未가 있고 운에서 다시 辰戌丑未를 만나고 유년에 子午卯酉를 만나는 것이다. 이런 것을 만나면 육친과 헤어진다. 칠상(七傷)이란 運中에 칠살을 만나 상(傷)하는 것이다. 甲乙日이 庚辛-관인(官印)을 쓸 경우 運이 巳午未 남방이거나 혹은 유년에서 寅午戌巳未를 만나는 것이다. 사살(四殺)과 육해(六害)는 가볍고 五鬼와 七傷은 중(重)한데 대운에서 만나면 가볍고 유년에서 만나면 重하다.
-{四殺은 원국이나 대운에 있는 辰戌丑未를 말한다.}-
-{五鬼는 財를 制하는 비겁과 官을 剋하는 상관 대운의 천간이 되는데

유년도 마찬가지다.}-

-{六害는 丑未日에 年月時중에 丑이나 未가 있는데 대운에서 辰戌丑未를 만나고 다시 유년에서 子午卯酉를 만난 것이다. 이렇게 되면 골육이 헤어진다.}-

-{七傷은 관성을 극하는 상관대운이나 유년이 된다. 七傷은 상관에 해당하지만 五鬼는 상관과 비겁이 된다.}-

《子平註》地網天羅者 戌人不得見亥 亥人不得見戌 謂之正天羅,. 辰人不得見巳 巳人不得見辰 謂之真地網,. 遇之者災病連綿 不獨歲運忌逢之, 四柱中亦不宜也。三元者 日干爲天元 支爲地元 納音爲人元 即三元九宮也。假令戊寅年 壬戌月 甲申日 己巳時, 陽男命氣淺 八歲運 甲以金爲官印 九月生 是生月帶祿也, 三十六歲小運辛丑 大運乙丑 二運並在官祿財庫之上 未可言凶 此名吉會 故曰福臻則乃成慶也。

※ 지망천라(地網天羅)는 戌日에 亥가 없거나 亥日에 戌이 없는 것을 정천라(正天羅)하고 辰日에 巳가 없고 巳日에 辰이 없는 것을 진지망(眞地網)이라고 한다. 원국에 없는 것을 운에서 만나게 되면 재액과 질병이 그치지 않는다. 歲運에서 만나도 꺼리지만 四柱 중에 있어도 안 된다. 삼원(三元)이란 日干은 天元, 支는 地元, 納音은 人元이 되는데 바로 三元九宮이다. 가령 아래의 命을 보면

己甲壬戊   男命 (원문 명조)
巳申戌寅   8癸亥 18甲子 28乙丑 38丙寅 48丁卯 58戊辰

陽男이므로 氣가 천(淺)하여 8세 運이다. 甲日은 金이 官印인데 戌月에 태어나 戌중에 辛金 록(祿-관성)이 있다. 36세의 소운 辛丑과 대운 乙丑에 兩丑중에 관성이 있으므로 凶하다고 말하면 안 되고 길(吉)이 모이기 때문에 福이 되고 경사가 있다.

-{납음으로 대운과 소운으로 간명한 것이다.}-

《子平註》又如乙酉年 癸未月 庚戌日 甲申時 陰男, 命氣深 九歲運 逆行, 以生日庚戌下取火庫爲官印, 又六月生 亦是生月帶祿也, 三十九歲大運到庚辰, 乙庚合 小運甲辰 並天地六合之上, 未可言吉也, 以當生六月氣深

運到庚辰 辰冲戌, 辰乃水庫 水剋火 三合甲申水長生 兩辰冲戌破官印 則 爲凶會. 又曰 禍並是乃危疑也.

甲庚癸乙　男 (원문 명조)1225년 6월 21일
申戌未酉　9壬午 19辛巳 <u>29庚辰</u> 39己卯 戊寅 丁丑 丙子

※ 음남(陰男)이므로 氣가 천(淺)하여 9세운으로 역행한다. 庚戌日에 태어나 戌-火庫에서 관(官-丁)을 취하고 또 月의 未에도 丁-관성이 있다. 39세는 庚辰 대운에 이르러 乙庚合이 되고 小運은 甲辰이 되고 아울러 天地六合이므로 좋다고 말 할 수 없다. 六月의 말에 태어나 -{申월에 가깝고}- 運이 庚辰에 이르러 辰戌 冲으로 辰-水庫가 火를 극하고 甲申水(泉中水)를 三合하고 水가 申에 장생인데다 兩辰이 戌을 冲하여 관인(官印)이 깨져 凶이 모인 것이다. 또 화(禍)도 같이 의심해봐야 한다. -{天地六合은 년의 乙酉와 대운의 庚辰이 乙庚合 辰酉合이 된 것이다.}-

《子平註》扶兮速速者 如前戊寅年 以甲申爲主 運到乙丑者 或遇行年太歲 三合 合上扶同相助 則爲吉慶而速速也 扶助也, 若太歲無刑或相冲相害 則 是與氣運相抑, 抑不順也, 是乃發福遲遲也. 大凡推運 須看生年太歲與運 生剋生剋已定, 則吉凶無不應驗矣.

※ 부혜속속(扶兮速速)은 앞의 戊寅年 명국에서 甲申을 爲主로 하면 운이 乙丑에 이르고 太歲가 三合으로 도와주는 것이다. 상부(上扶)는 상조(相助)와 같고 福이 빠르게 오므로 부조(扶助)가 된다. 만약 유년에 刑이나 冲이나 害가 없어도 氣가 運을 억제하면 순조롭지 못하고 발복이 더디다. 대개 운을 추단하는 것은 생년태세(生年太歲)와 運의 生剋으로 추론하기 때문에 생극(生剋)이 정(定)해지면 길흉을 응험(應驗)하게 된다.

37 曆貴地而待時 遇比肩而爭競. 至若人疲馬劣 猶托財旺之鄕.

⊙ 日支에 官이 있어도 月에 있어야 좋고 비견을 만나면 다투게 된다. 인피마열(人疲馬劣)이 되는 곳에서 오히려 財가 왕하다.

《子平註》生日臨官印之貴 是曆貴權之地, 且如壬辰癸巳日 用土爲官印 用火爲財帛, 若生月不居九夏 不在四季, 則是虛聲之命, 雖曆貴地 而猶待 於四時基本元有元無也。

遇比肩而爭競者 如壬辰癸巳生人 更生九夏 四季得其官祿之時 大運又在火 土分野爲吉會 或遇太歲是壬癸 或爲冲刑 或爲破害 是比肩而爭競也, 如此 者, 防稱意中失意 主災禍也。如不是壬癸歲 是亥子丑同, 如當生歲時中有 戊己重者 爲有救。

※ 日支에 관인(官印)의 貴가 임하면 관직을 지내는 권지(權地)가 된다. 예를 들면 壬辰이나 癸巳日은 土가 관인이고 火는 재물이 된다. 이때 만약 월령에 巳午未나 辰戌丑未가 없으면 허세(虛勢-헛것)에 불과하다. 일지에 관성이 있어도 그 보다 월령에 있느냐 없느냐가 중요하기 때문 이다.

※ 비견을 만나면 다툰다는 것은 壬辰이나 癸巳日이 巳午未月이나 辰戌 丑未月에 태어나면 관록(官祿)이 되는 월령인데 大運이 또 火土-재관 영역이면 좋다. 그러나 유년에 壬癸를 만났는데 刑冲이나 파해(破害)가 되면 견주고 다투는 것이 된다. 이렇게 되면 좋은 운에서 좌절과 재화 (災禍)를 맞본다. 壬癸는 물론 地支에 亥子年을 만나도 마찬가지다. 이 때 원국의 年時에 戊己가 重하면 구조(救助)된다.

-{戊己가 重하다는 것은 火가 土를 生한 것이 되거나 戊戌이나 己未를 생각할 수 있다.}-

《子平註》人疲者-人元疲乏也, 馬劣者-所合之辰馬弱也。假令甲午生人 運行西方申酉戌者是也, 午爲人元 屬火 到西方死絕之地 是人元疲乏也, 甲以己爲財 午內有己土 己土到西方 亦自衰敗 是劣弱也。猶托財旺之鄉者 午雖疲乏 猶賴西方金旺爲財 己雖劣弱 秋金懷壬癸 亦可與己破鬼生財也。

※ 인피(人疲)란 人元이 피로(무력)한 것이고 마열(馬劣)이란 合이 되어 財가 약한 것이다. 예를 들면 甲午日이 서방의 申酉戌 운으로 가는 것 이 되는데 午의 人元은 火에 속하므로 서방의 死絕地에 이르면 丁-人 元이 피로하다. 甲은 己가 財인데 午중에 있는 己土가 서방에 이르면 역시 자연히 쇠패(衰敗)하여 열약(劣弱)하다. 그러나 유탁재왕지향(猶托

財旺之鄕)이라는 것이 된다. 즉 午가 피로하긴 하지만 오히려 西方의 왕한 金을 財로 삼고, 己가 비록 열약(劣弱)하지만 秋金(申酉)이 품고 있는 壬癸-귀(鬼)를 己가 깨고 申酉-財를 생하기 때문이다.

-{이를 종합하면 甲午日이 申酉戌 운에 이르면 金이 旺하지만 午中의 丁이 金을 財로 삼는데 己土가 도와주는 것이다. 그래서 甲午日의 午火가 金運에 이르러도 약하게 보면 안 된다. 일간으로만 재관을 논하는 것이 일반적인데 보다시피 일지의 도움이 크다는 것을 알 수 있다.}-

-{인피마열(人疲馬劣)은 午中의 丁己가 申酉-서방 운에 이르면 丁은 인피(人疲)가 되고 己는 마열(馬劣)이 된다. 합이 되어 財가 약한 것은 天干의 甲이 午中의 己를 합하여 己가 약(弱)한 것을 말한다.}-

-{원래 申酉운은 甲日의 관살이지만 午에서 보면 財가 된다. 丁이 申酉戌운에 이르면 약할 것 같지만 金이 품고 있는 水를 己-재가 극하여 午中의 丁을 보호하므로 丁은 申酉-金을 財로 삼는다. 때문에 西方운에 오히려 재성이 왕한 곳이 된다. 日支를 기준으로 운에서 재물이 되는 것인데 다소 이론이 복잡하지만 日支에 있는 人元의 작용을 자세히 설명한 것이다. 자평이 직접 피력한 오행의 논리이므로 자세히 연구할 필요가 있다.}-

38 或乃財旺祿衰 建馬何避衝掩, 歲臨尙不爲災 年登故宜獲福.

◉ 財가 왕하고 록(祿)이 衰하다고 어찌 건마(建馬-午)가 충엄(冲掩)을 피하겠는가? 세(歲)에 임(臨)하면 재앙이 아니므로 年이 복음(伏吟)이면 福을 얻게 된다.

-{건마(建馬)는 午火를 말한다. }-

《子平註》與前意同而理異也, 如丙午人運至西方 財雖旺而祿衰, 下元建馬爲助 言辛酉中有辛合丙也 則不畏冲掩也。掩者 伏滯也, 如伏吟之類, 冲者-冲擊也, 如反吟之類, 旣是支元人元有財 財且旺而祿衰者 猶可扶持, 縱歲運在掩伏冲擊者 亦無害事, 此與中下興隆不殊, 前說財運掩冲, 此論歲臨運位, 亦未可便言凶咎, 太歲爲造化之主, 百殺之尊, 來臨壓運多凶少吉。若於三元內外, 五行官印有用者, 亦可以利見大人而成吉會, 若三元內外財帛有用者 亦可因貴人而發財帛也. 且如生日是壬午 太歲是庚午 運是戊午, 此年歲運之臨 亦爲吉會也. 次年交辛未 其氣不殊 官印財帛有用 則固宜獲福也,

※ 앞의 賦와 의미는 같지만 이치(理致)가 다르다. 만약 丙午日의 運이 西方 이르러 財는 왕하지만 록(祿-水)이 쇠약(衰弱)하다. 하원(下元)의 건마(建馬-午)가 도와주다는 것은 辛酉 중에 있는 辛이 일간의 丙을 合하므로 충엄(冲掩-반음 복음)이 두렵지 않다는 것이다. 엄(掩)은 복체(伏滯-막힌 것)를 말하므로 복음(伏吟)과 같고 충(冲)은 충격(冲擊)이므로 반음(反吟)과 같다. 어차피 地支와 人元에 財가 있어서 財는 왕하지만 록(祿)이 약하기 때문에 오히려 -{財를}-도와주는 것이다. 歲運에서 복음(伏吟)이나 반음(反吟)이 일어나도 문제가 되지 않는데 이는 人元과 地支가 융성하기 때문이다. 앞에 말한 것은 대운의 財가 충엄(冲掩)되어도 두렵지 않은 것이고 지금 이 말은 유년이 대운에 臨하여 복음이 되어도 화(禍) 되지 않는 것을 말한다. 태세(太歲)는 조화(造化)의 주(主)가 되고 모든 殺의 지존(至尊)이 되므로 태세가 대운을 압박하면 凶이 많고 吉이 적다. 만약 三元의 내외(內外)에 官印이 있어서 쓰이면 이견대인(利見大人)이 되어 吉한데 三元의 내외(內外)에 재백(財帛)이 쓰이면 貴人으로 인하여 재물이 피어난다. 예를 들어 <u>壬午日이 戊午대운에 庚午년</u>을 만날 경우 이해에는 歲運이 임(臨)하여 吉이 된다. 다음 해 辛未년에 들어도 그 氣가 다르지 않고 관인(官印)과 재백(財帛)이 쓰이므로 당연히 복을 얻게 된다.

-{壬午日의 戊午대운에 庚午년이 임하면 午-財星이 복음이 되어 오히려 재물을 얻는 운이다. 그러나 만약 庚子년이면 歲運이 大運을 冲하기 때문에 吉보다 凶이 많다.}-

39 大吉生逢小吉 反壽長年, 天剛運至天魁 寄生續壽.

◉ 丑이 未를 만나 생봉(生逢)이 되면 오히려 오래살고 辰(天罡)이 戌(天魁)運에 이르면 기생(寄生)하여 장수한다.

-{대길(大吉)은 丑을 말하고 소길(小吉)은 未를 말하고 천강(天罡)은 辰을 말하고 천괴(天魁)는 戌을 말하고 종괴(從魁)는 酉를 말한다.}-

《子平註》丑爲大吉 未爲小吉, 如癸未日生人 行丑運, 或丁丑日生人 行未運, 不得謂之反吟, 皆謂之生氣, 且癸水受氣於巳 而成形於未, 丁火受氣於亥 而成形在丑, 故曰生逢。如壬課發用 丁課在未 而癸在丑, 亦此意也。丑未爲陰陽之中會, 天乙貴人所臨, 主本與運逢之 則有長年之壽也。

※ 丑은 大吉, 未는 小吉이다. 癸未日이 丑運을 만나거나 丁丑日이 未運을 만나면 반음(反吟)이라 하지 않고 모두 생기(生氣-인성)라고 한다. 癸는 巳에서 氣를 받고 未에서 形을 이루고, 丁은 亥에서 氣를 받고 丑에서 形을 이룬다. 그래서 生을 만나는 것이 된다. 임과(壬課-육임)에서 丁課는 未에 있고 癸는 丑에 있다는 의미가 된다. 丑未는 陰陽이 모인 것이고 천을귀인이 임(臨)한 것이므로 본명과 운이 만나면 장수한다.

-{밑줄의 水는 巳에 絶이지만 巳중에 庚이 長生이므로 기(氣)를 받게 되고 未는 養地가 되므로 형체(形體)가 생기는 곳이 된다.}-

《子平註》辰爲天罡, 戌爲天魁, 如庚戌生人 行辰運, 或甲辰生人 行戌運, 不得謂之反吟也。且庚金受氣於寅 而成形於辰, 甲木受氣於申, 而成形於戌, 皆是生氣。鬼谷子曰, "罡中有乙, 魁裏伏辛" 是也。前云生逢, 後曰寄生, 義不殊也。

※ 辰은 천강(天罡), 戌은 천괴(天魁)가 된다. 만약 庚戌日이 辰運을 만나거나 甲辰日이 戌運을 만나면 반음(反吟-冲)이 아니다. 庚金은 寅에서 氣를 받고 辰에서 形을 이루고 甲은 申에서 氣를 받고 戌에서 形을 이루므로 모두 생기(生氣)가 된다. 귀곡자가 말하길 辰중에 乙이 있고 戌중에 辛이 있다는 말이 맞다. 앞에 말한 생봉(生逢)이나 뒤에 말한 기생(寄生)이나 의미가 같다.

-{辰중에 乙이 있다는 말은 乙이 辰에서 養地가 되기 때문에 이미 생기를 받고 자라고 있는 것이다. 庚金 역시 辰에 養地가 되므로 形을 이룬 것이 된다. 즉 어미의 뱃속에서 자라는 形象이다. 戌도 이와 같다.}-

40 從魁抵蒼龍之宿 財自天來, 太冲臨昴胃之鄕 人元有害。

◉ 酉가 辰에 머무르면 재물이 저절로 찾아오고 卯에 酉가 임(臨)하면 인원(人元)에 해(害)가 있다.

《子平註》從魁-酉也, 蒼龍-辰也, 如酉日生人 運至辰者是也, 酉中有辛金 辰中有乙木 金剋木爲財 故曰財自天來 是用支內天元爲財也。太冲者-卯也, 昴胃者-酉也, 胃土雉 昴日雞 有二宿在酉也, 如卯日生人 運至酉者是也, 卯木也 酉金也 金剋木而反 相刑 支作人元是也, 故曰有害, 害者 是七殺也, 不獨冲刑剋制言之, 亦是偏陰偏陽也。

※ 酉는 종괴(從魁), 辰은 창룡(蒼龍-靑龍)이다. 만약 酉日이 辰運에 이르면 酉중에 辛金이 辰중에 乙木을 金剋木하여 財가 되기 때문에 재물이 스스로 온다고 한 것이다. 그래서 支의 안에 있는 天元이 재물이 된다. 태충(太冲)은 卯가 되고 묘위(昴胃)는 酉를 말한다. 위토(胃土-稚)와 묘일(昴日-雞) 둘은 酉에 있다. 卯日인 사람의 運이 酉에 이른 것이다. 卯木과 酉金은 金克木이지만 오히려 刑이 되는데 支가 人元이 되기 때문에 해(害)가 있다. 해(害)란 七殺인데 충형극제(冲刑剋制)뿐만 아니라 편음편양(偏陰偏陽)도 해(害)에 속한다.

-{日支로 財나 官을 보고 일주의 길흉을 보는 것이다.}-
-{창룡(蒼龍)은 원래 東方의 七宿이다. 여기에서는 단순히 청용(靑龍)의 의미로 木을 말한다.}-
-{지(支)가 人元이 된다는 것은 地支의 본기가 人元이라는 뜻이다. 위토(胃土)는 치(稚-꿩)에 속하고 묘일(昴日)은 계(鷄-닭)에 속한다.}-

41 金祿窮於正首 庚重辛輕, 木人困於金鄕 寅深卯淺。

◉ 金祿(金-관성)이 寅월 태어나면 궁지(窮地)인데 庚은 중(重)하고 辛은 경(輕)하다. 木日이 金地(申酉月)에 있으면 궁지(窮地)인데 寅은 깊고(深), 卯는 얕다(淺).

-{경중(輕重)과 심천(深淺)은 의미가 같다.}-

《子平註》金絶在寅, 庚受氣在寅, 假如庚日生寅時者多貴, 金以火爲官 寅爲火長生 是官長生也, 又不剋上 火在寅中 金生寅上, 賦云"金祿窮於正首", 成鑒云"受氣推尋, 胎月須深", 辛到卯位, 二月節是辛金之胎也, 甲在

申以金爲官印 申乃金臨官 乙在酉 乃帝王也, 賦云 "木人困於金鄕" 是也。
※ 金은 寅에 絶地이지만 庚은 寅에서 氣를 받는다. 가령 庚日이 寅月에 태어난 자에 貴가 많다. 즉 金日은 火를 관성으로 삼는데 寅에 長生이므로 관성이 장생이 된다. 또 寅中에 있는 火가 상(上-金)을 극하지 않으므로 寅위의 金이 살아 있다. 그래서 賦에 이르길 金祿은 寅에 궁(窮-끝)하다고 했고 성감(成鑒)에 이르길 氣를 받는 곳은 태(胎)월이 깊다고 했다. 辛이 卯位에 이르면 辛金의 태지가 된다. 甲은 申金이 관인(官印)인데 申은 金의 官地에 임한 것이고 乙이 酉에 있으면 金-관성이 酉에 제왕(帝王-旺地)이 된다. 그래서 賦에 이르길 木日인 사람은 금지(金地)에서 곤경(困境)에 처하는 것이라고 했다.

42 妙在識其通變 拙說猶神, 巫瞽昧於調弦 難希律呂。

◉ 통변을 알면 기묘하여 말이 서툴러도 응험은 귀신같다. 조현(調絃)에 어두운 무당이나 맹인에게서 음률(音律)을 바라지마라.

《子平註》凡人命中貴賤得失, 妙處於四柱日時之中, 要後人識其通變者言之, 然其辭雖拙 而妙應如神, 設若不遇明師 道聽途說, 巧言僞詞, 焉能中理, 如無目者之調弦, 又豈能明於律呂也?

※ 일반적으로 命의 귀천(貴賤) 득실(得失)은 四柱의 日時가 묘(妙)한 곳이 된다. 후세사람들이 통변을 알고 싶어 하는 것은 말은 서툴러도 귀신같이 적중하기 때문이다. 명사(名師)를 만나지 못하여 주워들은 말로 교묘히 꾸며낸 말이 어찌 맞겠는가. 만약 눈먼 자가 조현(調弦)을 한다면 어찌 음률을 밝게 할 수 있겠는가?
-{엉터리 명사(名師)에게 당하지 말고 통변을 잘하려면 우선 많이 알아야 하는데 그것은 배우는 사람의 노력에 있다.}-

43 庚辛臨於甲乙 君子可以求官, 北人運行南方 貨易獲其厚利。

◉ 庚辛이 甲乙에 임(臨)하면 군자는 관직을 구할 수 있고 水日인 사람의 運이 南方으로 가면 무역으로 큰 이익을 얻는다.
-{무역으로 돈을 버는 것은 관직에 들지 못하는 것이다.}-

《子平註》假令辛見甲 辛剋甲 甲中生出丙火 丙與辛合 辛見官印. 然不見 火而見甲 甲乃丙之母 火之根也. 須生日是辛日 歲月時內木 以辛剋甲 則 甲中有火也. 若年月時中 支干內有水 則辛無官也.

※ 가령 辛에 甲이 보이면 辛이 甲을 극하여 甲에서 丙火가 생겨나고 辛이 丙과 합이 되므로 관인(官印)을 만난 것이 된다. 이같이 火-관성이 보이지 않아도 甲이 보이면 甲은 丙-관성의 母가 되므로 火의 뿌리가 된다. 반드시 辛日에 태어나야 하고 年月時에 木-재성이 있으면 辛이 甲을 극하여 甲중에 火가 있게 된다. 이때 만약 年月時의 干支 內에 水-식상이 있으면 辛에 관성이 없는 것이 된다.

《子平註》壬寅或別位將亥子辰水來 卽木濕也, 故木濕則無官 源濁 伏吟 是也. 如見庚合 庚剋木 乙木生丁火 丁乃庚之官印, 若癸卯歲月時上有水 則乙木濕而剋之 無煙也, 只是金見木爲財 有財而無官 金木皆不能成器, 賦云"金木未能成器 聽哀樂以難名"也,
是火主禮 有禮則有君子 有君子則有官印也, 無禮則小人也, 無官則不貴也, 賦云"源濁伏吟, 惆悵於歇官之地", 寅卯乃火生之地 是木而無火 故惆悵也, 又與聞喜不喜同矣. 其餘五行倣此 亦用生日支干爲主, 此論庚辛日生人 也.

※ 壬寅은 다른 곳에서 亥子辰-水가 오면 木이 습(濕)하기 때문에 官이 없는 것인데 이것이 바로 원탁복음(源濁伏吟)이다. 만약 庚이 乙을 합해도 庚이 木을 극하는 것이 되므로 乙은 丁을 낳고 丁은 庚의 관인(官印)이 된다. 만약 癸卯日의 年月時에 水가 있으면 乙木이 습하기 때문에 剋하여도 木에 연기가 나지 않는다. 이것은 金이 木을 만나 財가 되는데 財가 있어도 火-官이 없으므로 金木이 모두 그릇이 되지 못한다. 그래서 賦에 이르길 金木이 그릇을 이루지 못하면 슬픈 가락을 듣고 즐겁다고 할 수 없다고 했다.
-{金이 木을 만날 경우 木이 火를 생하여야 金이 관성을 얻게 된다.}-
火는 예(禮)가 되고 예(禮)가 있으면 君子가 되고 君子가 되면 관인(官印)이 있는 것이다. 禮가 없으면 소인이므로 官이 없고 貴하지 않다. 그래서 賦에 이르길 원탁복음(源濁伏吟)이 되면 좌절한다고 했는데 官

地가 쓸모없기 때문이다. 寅卯는 火를 생하는 곳인데 木에 火가 없으면 실망하게 되므로 문희불희(聞喜不喜)와 같은 것이다. 나머지 오행도 이렇게 하고 생일의 支干을 위주로 한다. 이것은 庚辛日인 사람을 논한 것이다.

44 聞朝歡而旋泣 爲盛火之炎陽 剋禍福之賖遙 則多因於水土.

⊙ 기쁜 나머지 우는 것은 염양(炎陽)의 火에 있고 요원한 화복(禍福)을 견디는 것은 水土에 있다.

《子平註》自從魁抵蒼龍之宿己下 不獨運中災福 而又明相濟而爲得失 在學人可深求之也。聞朝歡而旋泣者 言火星高明而好炎上也, 明萬物者 莫盛乎火 故云爲盛火之炎陽, 鬼谷子曰"木火性本上"。剋禍福之賖遙 賖者-遠也, 又遙者-遠之甚也, 此言水土之性 沉伏而趨下也, 故云多因水土, 鬼谷子曰"水土性本下" 正此意也。

※ 종괴(西)가 창룡(辰)을 만나는 것이나 運에 있는 재난과 복록은 물론 구제(救濟)를 밝혀 득실(得失-길흉)로 삼는 것은 배우는 사람이 깊이 연구하는데 있다. 문조환이선읍자(聞朝歡而旋泣者)는 화성(火星)은 고명(高明)한 것이므로 염상(炎上)을 좋아하는 것을 말한다. 만물을 밝히는 것은 火보다 나은 것이 없기 때문에 왕성한 염양(炎陽)이라고 한 것이다. 그래서 귀곡자가 말하길 木火의 본질은 상(上) 이라고 했다. 극화복지사요(剋禍福之賖遙)의 사(賖)는 멀고 요(遙)는 까마득한 것이다. 이 말은 水土의 성질은 가라앉고 아래를 향한 것이므로 水土로 인한 것이 많다고 했다. 귀곡자가 말하길 水土의 본성은 하(下) 라고 했는데 맞는 말이다.

-{木火는 기쁨이 되고 水土는 어려움에 처한 것이 된다.}-

45 金木未能成器 聽哀樂以難名, 似木盛而花繁 狀密雲而不雨。

⊙ 金木이 그릇을 이루지 못하는 것은 슬픈 음(音)을 듣고 즐겁다고 할 수 없는 것이고 木이 무성한 것 같지만 꽃이 많은 것이나 구름이 빽빽해도 비가 될 수 없는 것과 같다.

《子平註》言金者則尚木 金得用而木乃成, 是以剛柔相濟也。言木者能尚金 木成器而金得著 仁者必有勇也。若有金而無木 勇而無禮則亂, 有木而無金 則庚辛虧而義寡, 金者 西方之器也 主哀, 木者東方之物也 主樂, 樂而不淫者 木遇金也 哀而不傷者 金得木也, 凡此者, 皆大人之命也。

※ 金이 木을 숭상(崇尙)한다는 말은 金은 쓰여 木에서 이루는 것이므로 강유상제(剛柔相濟)가 된다. 木이 金을 따른다는 말이 되므로 木이 그릇을 이루는 것은 金을 얻었다는 것을 나타내므로 인자(仁者)는 반드시 용(勇)이 있다. 만약 金이 있는데 木이 없으면 용감하지만 무례하여 무질서하다. 木이 있는데 金이 없으면 庚辛을 배신하므로 의(義)가 없다. 金은 西方의 기(器)로 슬픔이 되고 木은 東方의 물(物)로 즐거움이다. 즐겨도 방탕하지 않는 것은 木이 金을 만난 것이고 슬퍼도 상(傷)하지 않는 것은 金이 木을 얻은 것이다. 이런 자는 대개 대인(大人)의 命이다.

-{金이 木을 얻고 木이 金을 얻으면 대인(大人)의 명이 될 수 있다. 즉 오행은 상대가 있어야 쓰이고 이룰 수 있다. 강유상제(剛柔相濟)는 강과 유가 서로를 보충하여 조화를 이루는 것이다. 인자유용(仁者有勇)은 공자가 말한 '仁者必有勇'인데 오행을 비유한 것이므로 金木이 강유상제(剛柔相濟)를 이루면 인자유용(仁者有勇) 즉 대인(大人)이 나온다.}-

《子平註》若明水火之歸中 用乎金木之間隔 由是哀樂不能動其心 乃方外難名之人也。人命有偏陰偏陽之命 似木盛而花繁者 偏陽之謂也, 是五行逐末趨時 知進而不知退也。狀密雲而不雨者 偏陰之謂也, 如此者 豈能有濟化之功哉。大率人命須要五行制剋 陰陽兩停 財爲應格之命, 故下文云。

※ 만약 水火가 金木의 사이에 있으면 슬픈 가락은 즐겁지 못하므로 속세(俗世)를 떠난 우울한 사람이다. 사람의 명에는 편음편양(偏陰偏陽)으로 된 명(命)이 있는데 木이 성(盛)한 것 같지만 꽃이 많으면 편양(偏陽)이라고 한다. 이것은 五行이 근본을 버리고 지엽(枝葉)을 향하는 것이므로 나아갈 줄만 알고 물러날 줄은 모르는 것이다. 구름이 빽빽해도 비가 오지 않으면 편음(偏陰)이라고 하는데 이런 자가 어찌 제화(濟化)의 공을 이루겠는가? 대개 <u>사람의 명은 일주를 극제(剋制)하고 음양이</u>

양정(兩停)하여 財가 응(應)하는 格을 말한다. 그래서 아래(46 번)의 글에 말이 나온다.
-{일주를 극제하는 것은 관살을 쓰는 것이 되고 음양(陰陽)이 양정(兩停)하다는 것은 음양이 치우치지 않고 배합을 이룬 것이고 財가 응(應)하는 格이란 財가 官을 생하여 官星이 유용하게 되는 것을 말한다. 즉 관살은 음양배합이 되고 財가 생하여야한다.}-

46 乘軒衣冕, 金火何多, 位劣班卑 陰陽不定。

◉ 金보다 火가 많거나 火보다 金이 많은데 어찌 고관이 되고 이렇게 음양(陰陽-火金)이 부정(不定)한데 어찌 지위가 높겠는가.

《子平註》前論水火以相濟而成慶, 次論金爲木官鄕, 是知水貴升 火貴降 火要濟柔爲剛, 金要損剛益柔 則互用而爲慶, 其間獨有金剛火強 不可不知也。故賦云乘軒衣冕者 皆君子之器也, 亦須要金火兩停者能之。
金至堅之物也 非盛火則不能變其質, 火至暴之物也 非銳金則無以顯諸用, 金火兩存 則有鑄印之象 皆大人之事也, 或火多而金少 或金多而火寡 皆爲凶暴之命也。金旺於西方 火旺於南方 各恃其勢 則爲自刑之刑 如此之命 雖日時有用 終歸於位劣班卑而已 非純和之氣也 是陰陽不能得定分故也。火陽也 金陰也 旣陰陽兩偏 則貴賤高卑無所定著也, 況有金而無火 有火而無金者 皆爲凶徒之命。

※ 앞에 말한 수화(水火)는 상제(相濟-서로 도움)하면 복(福)이 되는 것이고 다음에 말하는 것은 木의 관성인 金을 논한 것이므로 水-印은 貴를 올려주고 火-식상은 貴를 끌어내리는 것을 알 수 있다. 火는 유(柔)를 강(剛)으로 삼고 金은 강(剛)을 덜어내 유(柔)가 되어야 득이 되므로 서로 이용하여 복이 된다. 그 사이에 금강화강(金剛火強)이 있다는 것을 모르면 안 된다. 그래서 賦에 이르길 승헌의면자(乘軒衣冕者)는 모두 군자의 그릇이라고 했다. 金이 강(剛)하고 火가 강(强)한 양정(兩停)이 되어야 인재(人材)가 된다.
※ 金은 아주 견고하기 때문에 왕성한 火가 아니면 질(質)이 변하지 않고 火는 세차고 모질지만 金이 강하지 않으면 실적이 없다. 金火가 모

두 있으면 주물(鑄物)의 象이 되므로 모두 큰일을 하는 사람이다. 혹 火는 많은데 金이 적거나 金은 많은데 火가 적으면 모두 흉악한 命이다. 西方-金이나 南方-火가 상대가 없이 혼자서 세력이 왕하면 自刑의 刑이 된다. 이런 命은 日時가 유용해도 결국 직위가 낮고 순화(純和)하는 氣가 없다. 이것은 음양이 일정한 몫을 얻지 못했기 때문이다. 火는 양(陽)이고 金은 음(陰)이므로 이미 모두 음양이 치우치면 귀천(貴賤)이나 고비(高卑)가 정착하지 못한다. 더구나 金은 있는데 火가 없거나 火는 있는데 金이 없는 것은 모두 흉악한 무리에 속한다.

-{이 단은 金도 왕하고 火도 왕해야 金이 火를 따라 변혁이 일어나는데 만약 金보다 火가 더 왕하면 망치게 되고 金은 왕한데 火가 약하면 중도에 멈추게 된다. 그래서 음양이 조화를 이루어야한다. 자형지형(自刑之刑)은 剋制하는 것이 없으므로 혼자서 태강(太强)한 것을 말한다. 즉 화금양정(火金兩停)이나 음양배합(陰陽配合)이 모두 없는 것이다.}-

47 所以龍吟虎嘯 風雨助其休祥, 火勢將興 故先煙而後焰。

⊙ 용이 울고 범이 포효(咆哮)하려면 비바람이 불어야 하고 火의 기세가 흥성(興盛)하려면 먼저 연기가 나야 후에 불이 붙는다.

《子平註》易曰 雲從龍, 風從虎 此自然之理也, 亦是陰陽洽合 五行唱和之義, 火勢將興 故先煙而後焰者 此亦明陰陽氣順 而有次序也 此與其爲氣也不殊,

※ 易에 이르길 구름이 용을 따르고 바람이 호랑이를 따르는 것은 자연의 이치인데 음양이 알맞고 五行이 호응하여 된 것이다. 화세(火勢)가 왕성하려면 먼저 연기가 난 후 불이 타는데 이 역시 음양의 氣가 순응하는 것을 나타내므로 순서가 있는 것이다. 자연과 더불어 氣는 다른 것이 아니다.

-{자연의 이치에 따르는 순서를 논한 것인데 봄이 와야 여름이 오고 씨를 심어야 싹이 나오고 꽃이 피어야 열매가 나오는 근묘화실의 원리로 조짐으로 결과를 알 수 있다. 아래에 이어진다.}-

48 每見凶中有吉 吉乃先凶 吉中有凶 凶爲吉兆。

◉ 항상 凶중에 吉이 있는 것은 먼저 흉이 있는 중에 吉이 나오고 吉중에 凶이 있는 것은 凶이 길조(吉兆)가 되기 때문이다.

《子平註》此復明氣順之理也, 屈伸寒暑 莫不有道也。且如前論從魁抵蒼龍之宿 言財自天來者也, 是酉中辛剋辰中乙木爲財也, 辰乃水鄉 復能奪辛金之官 論財卻不缺 而失官也 故凶。

太冲臨昴胃之鄉 人元有害者 凶也, 卻木用金爲官印 則不背官祿 凶中反吉也。賦意始於說運 次論五行 五行之後 再詳言之, 每見凶中有吉 吉乃先凶 吉中有凶 凶爲吉兆。又如火人行水運 則是七殺 凶也, 或用水爲官 吉也,. 水人行巳午運 南方獲利爲財 吉也, 卻下有戊己 七殺 凶也, 如此極多 要後人深造之 以根本取最重者言之 爲妙。

※ 이것은 자연의 이치를 따르는 氣를 밝힌 것인데 굴신(屈伸)이나 한서(寒暑) 모두 도(道)아닌 것이 없다. 예를 들어 종괴(從魁-酉)가 창룡(蒼龍-辰)을 만나면 하늘에서 재물이 온다고 한 것은 酉중의 辛金이 辰중의 乙木을 극하여 財로 삼는 것이다. 그러나 辰은 水地가 되고 辛金의 관성인 火를 빼앗게 되므로 재물은 모자라지 않지만 관직을 잃기 때문에 凶하다.

※ 태충(太冲-卯)이 묘위(昴胃-酉)에 臨하면 인원(人元-乙)이 상(傷)하여 凶하다. 반대로 木이 金을 관인으로 삼으면 官祿을 거스르지 않으므로 凶이 오히려 吉로 된다. 이 부(賦)의 의미는 運을 말하고 다음은 오행을 논하고 다시 오행의 장래를 자세히 논하는 것이다. 凶중에 吉이 있다는 것은 먼저 凶한 것이 吉이 된 것이고, 吉중에 凶이 있다는 것은 길조(吉兆)가 凶이 된 것이다. 火日이 水운으로 갈 경우 칠살을 만나면 凶하자만 水가 관성이면 吉하다. 水日이 南方의 巳午運으로 가면 재물을 얻는 것이 되므로 吉하다. 그러나 戊己-칠살이 있으면 凶하다. 이런 경우가 아주 많으므로 후인(後人)들은 깊이 연구 하라. 가장 중요한 것은 근본을 취하여 말을 해야 현묘(玄妙)하다.

49 禍旬向末 言福可以迎推, 纔入衰鄉 論災宜其逆課, 男迎女送 否

泰交居, 陰陽二氣 逆順折除。

⊙ 凶한 대운의 끝자락에 福이 맞아들이기도 하고 대운이 막 쇠지(衰地)에 들면 마땅히 재앙으로 논하지만 반대가 되기도 한다. 이에는 남영녀송(男迎女送)과 비태교거(否泰交居)가 있고 음양이기(陰陽二氣-대운)와 역순절제(逆順折除)가 있기 때문이다.

《子平註》如見在凶運十年終滿前交吉運者 若當生年月氣深 或行年太歲扶助 向祿臨財者, 更不須直待交吉運, 只在此運便可發福之慶 是可迎祥而推之也。才入衰鄕 人命久曆福地 方交肯祿財絶之運, 固難言其吉 然未可便言凶也, 是論災宜逆課也, 是知福深而禍淺也。更或行年太歲五行 三命別位有用, 而來朝運 與生日扶同者 宜其逆課也。更有當生節氣淺深之論, 不可不知也, 故下文有云 男迎女送者 陽男陰女 運順行也。

※ 凶한 대운 10년이 저물고 吉한 대운에 들기 전에 있을 경우 출생당년의 월기(月氣)가 깊거나 流年이 부조(扶助)하거나 祿을 向하고 財가 臨하면 아직 吉運에 들지 않았지만 이 運(흉운)에서 발복하기 때문에 복운을 맞아들이는 것이다. 복지(福地)를 오래 살아온 사람이 쇠지(衰地)에 들면 財官이 絶地에 들어서므로 좋다고 말하기도 어렵지만 바로 凶하다고 말 할 수도 없다. 원래 재앙으로 논해야 맞지만 그렇지 않는 것은 福이 깊고 禍가 얕기 때문이다. 혹은 流年 오행과 다른 곳에 있는 유용(有用)한 것이 운에 모여 생일을 같이 도우면 반대가 된다. 또한 태어난 절기의 천심(淺深)을 논(論)하는 것을 모르면 안 된다. 그래서 뒤에 있는 남영여송(男迎女送)이란 말은 양남음녀(陽男陰女)의 運이 순행(順行)하는 것을 말한다.

《子平註》然運十年 更分前後五年之中, 凡入吉運 得節氣深, 男迎者 前五年發福 是謂男迎也, 女送者 後五年方吉也 故謂之女送, 此與陰男陽女不殊。大運者 氣之所主也, 謂如甲子日生人 九月下旬生 陽命男四歲運 二十九歲交丑運, 是甲祿庫之運, 九月氣深 發福在五年也。
否泰交居也 此論小運之氣也, 寅爲三陽 化起泰卦 故男小運起丙寅, 申爲三陰 生處否卦 女小運起壬申, 此陰陽否泰交居 各分逆順。折除者 大運三日爲一年, 小運一年移一宮, 積十三年 並度一周天, 此合閏餘之數也。

※ 그리고 대운 十年을 앞뒤 5年씩 나누는데 일반적으로 吉運에 들고 절기가 깊으면 앞의 5年이 발복하는 남영(男迎)이 되고 뒤의 5年이 좋은 여송(女送)이 된다. 이를 남영녀송(男迎女送)이라 하는데 음남양녀(陰男陽女)와 같은 것이다. 대운은 氣가 主가 되는데 이를 테면 甲子日이 戌月의 하순(下旬)에 태어난 陽男으로 四세 대운이면 29세의 丑運은 甲의 祿인 辛金의 고(庫)가 되고 戌月은 氣가 깊으므로 5年 동안 발복한다.

※ 비태교거(否泰交居)는 소운(小運)의 氣를 말한다. 寅에서는 삼양(三陽)의 태괘(泰卦)가 일어나므로 남명은 丙寅에서 소운이 시작한다. 申에서는 삼음(三陰)의 비괘(否卦)가 일어나므로 여명은 壬申에서 소운이 일어난다. 이것은 음양의 비괘(否卦)와 태괘(泰卦)가 교거(交居)하기 때문에 각각 逆과 順으로 나누어진다. 절제자(折除者)는 大運은 3日이 一年이 되고 小運은 一年 마다 一宮을 옮기므로 13年이 쌓여 한 바퀴를 돌게 되고 이를 합하여 남는 수가 윤달이 된다.

50 占其金木之內 顯於方所分野, 標其南北之間 恐不利於往來, 一旬之內 於年中而問干, 一歲之中 求月中而問日, 向三避五 指方面以窮通, 審吉量凶 述歲中之否泰。

⊙ 金木이 차지하고 있는 영역 안에 남북(南北-水火)이 왕래(往來)하면 불리하다. 일순지내(一旬之內-열흘)에서 간(干)을 찾고 한해(一歲之中)의 月中에 일(日)을 찾는다. 향삼피오(向三避五)를 궁통(窮通)하여 吉을 찾고 凶을 가늠하여 일 년의 행(幸)과 불행(不幸)을 말하는 것이다.

《子平註》又有占其金木之內, 顯其方所分野, 入著當生歲月日時所占, 後運逢金木方所分野, 則顯其發福也, 且如木用金爲官印, 陽命男運, 出未入申, 陰命男運, 出亥入戌, 是向祿臨財於金木分野之際也, 又如金用木爲財, 陽男命運, 出丑入寅, 陰命男運, 出巳入辰, 是向祿臨財, 在木火方所之中也, 更加之以太歲月令氣候, 扶同而言之則尤妙,

※ 金木이 차지하고 있다는 것은 그 영역을 나타내는 것이다. 사주 원국의 年月日時에 金木이 있고 運에서 金木의 영역을 만나면 발복(發福)

이 나타난다. 예를 들어 木이 金-관인을 쓰면 陽男은 未運을 나와 申運에 들어가는 것이고 陰男은 亥運을 나와 戌運에 들어가는 것이다. 이것은 金木의 영역에서 金-록(祿)을 따르고 財가 臨한 것이다. 또 金日이 木-재성을 쓸 경우에 陽男은 丑을 나와 寅에 들어가고 陰男은 巳를 나와 辰에 들어가므로 祿을 따르고 財가 임하므로 木火가 있는 곳이다. 여기에 유년의 월령과 기후를 함께 더하여 말하면 더욱 기묘하다.

《子平註》標對本, 又有標准之義, 則是命基本也, 南者顯明而往也, 北者歸向而來也, 此言運氣出入動靜, 或吉或凶, 不可輕言也, 或遇交運之年, 不可輕舉也, 凡言命運動靜出處, 當入神祥謹而言之, 一失其源, 則無所利也, 自此以後, 論歲中禍福,

故下文云, 一旬之內, 於年中而問干者, 是月中求日也, 一歲之中, 求月中而問日者, 是年中求月也, 向三背五者, 是歲中求吉利方所也, 凡坐作進退, 向吉背凶, 莫大於此矣, 一旬十日也, 年中者生日也, 凡在一月之中, 一旬之內, 將生日天元配合而言之, 則知其日中休祥也, 是立生日以爲主也,

※ 표(標)는 근본을 향(向)하는 것인데 또 표준(標準)의 의미가 있고 命의 기본(基本)이 된다. 南은 밝은 곳을 向하여 가는 것이고 北은 돌아오는 것이다. 이 말은 운기(運氣)가 들고나는 동정(動靜)을 말하므로 吉이나 凶이 되기 때문에 가볍게 말하면 안 된다. 혹은 대운이 바뀌는 年을 만나면 가볍게 들춰내면 안 된다. 命運의 동정(動靜)이 나오는 곳이므로 정신을 집중하여 신중히 말을 해야 하고 한번 근원을 놓치면 얻는 게 없다. 이런 이후 유년의 화복(禍福)을 말하는 것이다.

※ 그래서 年中(生日)에서 干을 찾는 일순지내(一旬之內-10일)는 月에서 日을 찾는 것이고 月중에서 日을 찾는 일세지중(一歲之中)은 年에서 月을 찾는 것이다. 향삼배오(向三背五)는 日干으로 吉을 찾는 것이다. 日柱로 진퇴의 방향을 취하여 吉을 따르고 凶을 피하는 것인데 이보다 더 큰 것이 없다. 일순(一旬)은 열흘이고 년중(年中)은 生日인데 월중에 있는 열흘 중에 있는 생일(生日)의 천간(天干)으로 배합(配合)하는 것을 말한다. 즉 그 일(日)의 휴상(休祥)을 아는 것이 되므로 生日을 위주로 하는 자평법의 이치가 된다.

《子平註》一歲之中者, 取月令以生元配合而言之, 則知其月中休咎也, 且如人生得地而須太歲爲尊, 是一歲之中, 求生月帶祿, 或官印元有元無, 是月中而問日也, 此看命總法也,

又以行年歲運言之, 且如壬寅日生人, 遇辛未歲, 是謂宅墓, 壬用己爲官印, 歲位未中有己, 此年宜利見大人, 壬用丁爲財帛, 未中有丁, 此年因貴人獲財利, 或問曰, 財官在歲中, 甚月日得之? 答曰, 自巳至戌, 吉無不利, 此亦是歲中問日, 他准此, 或動或靜者, 卽向行年天醫福德生氣三方爲言, 其餘五鬼, 不可往也,

※ 일세지중(一歲之中)이란 말은 月令을 취하여 生日을 배합(配合)하는 것인데 그 月에 있는 것으로 휴구(休咎-禍福)을 알 수 있다. 예를 들어 사람이 태어나면 반드시 태세(太歲-년)가 존(尊)이 되기 때문에 生月에 가지고 있는 祿을 찾거나 혹은 官印이 원국에 있느냐 없느냐 보는 것이 일세지중(一歲之中)이므로 月에서 日을 찾는 것이다. 이것은 간명의 주요한 법이다.

※ 유년을 말하면 가령 壬寅日이 辛未年을 만나면 택묘(宅墓)가 되고 己는 관인(官印)이 되는데 태세의 未中에 己-官이 있으므로 이 해는 이견대인(利見大人)이 된다. 未中에 丁火-재물이 있으므로 이해에 貴人으로 인하여 財利를 얻는다. 혹 財官이 년에 있을 경우 어느 달 어느 날에 얻는가를 묻는다면 그 답은 巳月에서 戌月까지가 좋다. 이 역시 日로 年을 보는 것이므로 다른 것도 이렇게 본다. 혹 동(動)하거나 정(靜)하는 것은 당년의 천의(天醫) 복덕(福德) 생기(生氣)의 삼방(三方)으로 가야하고 그 나머지 오귀(五鬼)에 있으면 안 된다.
-{삼방(三方)은 생기(生氣) 복덕(福德) 천의(天醫)가 되고 오귀(五鬼)는 절체(絶體) 유혼(遊魂) 화해(禍害) 절명(絶命) 귀혼(歸魂)이 된다.}-

51 壬癸乃秋生而冬旺 亥子同途, 甲乙乃夏死而春榮 寅卯一類。

◉ 壬癸가 가을에 生이 되고 겨울에 旺이 되는 것은 亥子도 같고 甲乙이 여름에 死가 되고 봄에 번영하는 것은 寅卯도 마찬가지다.

《子平註》乍擧求勝 無非祿馬同鄉. 始論壬癸亥子 次論甲乙寅卯 卑辱尊

榮. 故貴居强坐實 此言水數一 水生木 木生火 故受之於丙寅丁卯 以言其序也.

※ 잠깐의 승리를 구하는 것도 록마동향(祿馬同鄉)이 아니면 안 된다. 壬癸亥子에서 시작을 논하면 다음은 甲乙寅卯를 논하므로 낮은데서 높은 곳에 이르는 것이다. 그래서 貴는 강하고 튼튼한 곳에 있는 것이다. 이 말은 水의 수(數)는 一이므로 水生木 木生火 하여 丙寅 丁卯에서 받기 때문에 순서를 말하는 것이다.

52 丙寅丁卯 秋天宜以保扶 己巳戊辰 度乾宮而脫厄.

⊙ 丙寅-丁卯 火는 金으로 지켜주고 戊辰-己巳 木은 亥를 지나야 액(厄)을 벗어난다.

《子平註》火者南方之氣也 萬物亨會之方 物盛且極 不可不戒. 故云秋天宜以保持也. 金者西方之氣也 乃藏萬物之辰 太上曰 "萬物芸芸 各歸其根." 是也. 保持者 土也. 能持載萬物 藉之以爲生者也. 四象不可無土 故下文云 己巳戊辰 度乾宮而脫厄也.

※ 丙寅丁卯는 南方의 氣가 되어 만물이 형통하는 곳이지만 만물이 왕성하여 극(極)에 달하기 때문에 경계하지 않을 수 없다. 그래서 金으로 지켜주는 것이 마땅하다. 金은 西方의 氣로 만물을 간직하는 별이 되기 때문이다. 태상(太上)이 말하길 "만물이 무성하면 각기 뿌리로 돌아간다."고 한 것이다. 유지(維持)하는 것은 土가 되는데 土는 만물을 싣고 유지하고 태어나고 자라게 하여 의지한다. 사상(四象-木火金水)은 土가 없으면 안 되기 때문에 뒤에 있는 己巳戊辰은 건궁(乾宮-亥)을 지나야 액(厄)을 벗어난다.

53 値病憂病 逢生得生, 旺相崢嶸 休囚滅絶, 論其眷屬 憂其死絶。

⊙ 병지(病地)를 만나면 질병이 걱정이고, 생지(生地)를 만나면 새것을 얻고 왕상(旺相)을 만나면 출중하고 휴수(休囚)는 완전히 상실하는 것이므로 가족을 논할 경우 사절(死絕)을 만나면 걱정이다.

《子平註》如壬寅人要丙丁爲妻財 戊己爲官印 庚爲壬之母 乙爲壬之子.

又如大運到火旺處 父旺. 庚旺處母旺. 若運在衰病處 逐類而言之. 若運到 墓絕之上 更逢七殺並者 是乃危疑而凶也.

※ 예컨대 壬寅日생은 丙丁이 妻가 되고 戊己는 관인이 되고 庚은 모친이 되고 乙은 자식이 된다. 또 大運이 火가 旺한 곳에 이르면 부친이 번성하고 庚이 旺한 곳이면 모친이 왕성하다. 만약 運이 衰病地에 있으면 그 부류에 따라 말한다. 만약 運이 묘절(墓絕)에 있고 다시 七殺을 만나면 凶을 의심해봐야 한다.

54 墓在鬼中 危疑者甚, 足下臨喪 面前可見.

◉ 칠살이 묘(墓)에 있으면 당신에게 상(喪)이 임한 흉운(凶運)이므로 심히 의심되는 바이다.

《子平註》庫絕位逢鬼 或流年歲命前後一辰也. 若人生時辰生日犯之 則主早剋父母也 乃有生離遠地. 或生日生時之干 來剋太歲下者 尤凶. 面前可見者 言其爲凶運.

※ 이것은 庫나 絕에 鬼(칠살)을 만나거나 아니면 유년(流年)에서 명의 전후에 있는 상문(喪門) 조객(弔客)을 말한다. 만약 時나 日에 있으면 일찍 父母를 극하는데 만약 부모가 살아있으면 멀리 흩어진다. 혹 생일이나 생시의 天干이 태세(太歲)를 극하면 더 凶하다. 면전가견(面前可見)이란 흉운(凶運)을 말한다.

弔客	戌	亥	子	丑	寅	卯	辰	巳	午	未	申	酉
年支	子	丑	寅	卯	辰	巳	午	未	申	酉	戌	亥
喪門	寅	卯	辰	巳	午	未	申	酉	戌	亥	子	丑

55 憑陰察其陽禍 歲星莫犯於孤辰, 恃陽鑒以陰災 天年忌逢於寡宿.

◉ 음(陰)으로 양화(陽禍)를 볼 때는 년에 고신(孤辰)이 없어야하고 양(陽)으로 음화(陰禍)를 볼 때는 년에 과숙(寡宿)이 없어야한다.

《子平註》陰以陽爲對 陽以陰爲耦. 如說陽卦多陰 陰卦多陽 其理一也.

既知其陰 則陽亦可知也 陰既得時而有立 則陽禍可知矣. 故曰憑陰察其陽禍也。

歲星者-太歲也 不可在孤神之上. 假令寅卯辰人 遇太歲在巳上是也。寅人勾絞 卯人喪吊 辰人謂之控神殺 又謂之邀神殺 主阻礙抑塞。天年者 亦太歲也 不可在寡宿之上. 又如寅卯辰人 遇太歲在丑是也, 辰人勾絞 卯人喪吊 寅人謂之窺神殺 又謂迫神殺 主人窺竊逼迫陷害. 其或三元刑戰 歲運不和 或是五行財祿爲害之年 則尤爲凶甚。

※ 음은 양과 짝이 되고 양은 음과 짝이 된다. 양괘(陽卦)에 음이 많거나 음괘(陰卦)에 양이 많아도 이치는 같다. 음을 알면 양을 알 수 있으므로 음이 월령에 득시(得時)하면 양에 禍가 있다는 것을 알 수 있다. 그래서 음을 살펴서 양의 화(禍)를 알 수 있는 것이다.

※ 세성(歲星)은 태세(太歲)를 말하므로 태세에 고신(孤神)이 있으면 안 된다. 가령 寅卯辰에 태어나고 태세(太歲)에 巳를 만난 것이 된다. 寅은 구교(勾絞)가 되고 卯은 상조(喪吊)가 되고 辰은 공신살(控神殺) 혹은 요신살(邀神殺)이라고 하는데 장애가 일어나고 막힌다. 천년(天年) 역시 태세를 말하므로 과숙(寡宿)이 있으면 안 된다. 寅卯辰에 태어나고 태세에 丑을 만난 것이다. 辰은 구교(勾絞)에 속하고 卯는 상조(喪吊)에 속하고 寅은 규신살(窺神殺) 혹은 박신살(迫神殺)이라고 하는데 명주가 핍박과 모함을 당한다. 삼원(三元)에 형전(刑戰)이 일어나고 歲運과 불화하거나 일간의 財祿을 해(害)치는 년에는 凶이 더욱 심하다.

年, 日	寅卯辰	巳午未	申酉戌	亥子丑
孤身	巳	申	亥	寅
寡宿	丑	辰	未	戌

-{신살로 유년을 보는 방법이다}-

56 先論二氣 次課延生, 父病推其子祿 妻災課以夫年。

⊙ 먼저 이기(二氣-음간 양간)를 논하고 다음 명운(命運)을 보는데 父(본인)의 병(病)은 자록(子祿)으로 보고 妻의 재화(災禍)는 부년(夫年-일간의 합)으로 본다.

《子平註》二氣者陰陽也. 延生者命運也. 分別陰陽 既分命運 自然響應. 父病推其子祿 妻災課以夫年. 亦是明陰陽進退之象也. 假令庚辰人十月生 庚金病在亥 是父母病也. 庚生壬爲子 壬祿在亥 是子有祿也. 妻災課以夫年者 庚以乙爲妻 大運到巳 乙木敗於巳 是妻災也. 而庚金復得延年 是妻災課以夫年 此大槪之論也.

假令丙戌日生人 下取辛爲妻年 辛生癸爲子 卻行亥子運 丙到亥子則衰病 而癸祿厚也. 如壬癸日生人 行亥子運 則父母災病 或丁憂也. 又丙以辛爲妻 運行寅卯 辛金絕於寅卯 則妻災也. 卻丙火逢生 是夫卻得延年也. 如丙丁日生 運行寅卯者則災 或喪偶也. 其餘准此。

※ 이기(二氣)는 음양(陰陽)을 말하고 연생(延生)은 명운(命運)을 말한다. 따라서 음양(陰陽)을 분별하면 자연히 명운(命運)이 구분되므로 그에 따른 반응이 나온다. 아비(본인)의 病은 자록(子祿-식신의 록)으로 보고 처재(妻災)는 부년(夫年-일간 합)으로 보는데 이 역시 음양진퇴(陰陽進退)의 상(象)이므로 분명하게 나타난다. 가령 庚辰日이 亥月에 태어나면 庚金이 亥에 병지가 되므로 부모(본인)의 병이 된다. 庚이 생한 壬은 자식이 되므로 壬祿이 亥에 있다는 것은 자식이 祿에 있는 것이다. 처재(妻災)를 부년(夫年-일간 합)으로 본다는 것은 庚은 乙이 妻가 되는데 乙이 巳-대운에 이르면 패지(敗地)가 되므로 妻에게 재액이 있다. 그러나 경금(庚金-본인)은 수명에 지장이 없다. 이것은 부년(夫年-일간 합)으로 처재(妻災)를 보는 방법인데 대략을 論한 것이다.

-{二氣의 음양은 음간(陰干)과 양간(陽干)을 말하고 음양진퇴(陰陽進退)의 象은 음간과 양간의 포태법(12운성)을 말한다.}-

※ 가령 丙戌日은 辛을 아내로 취하고 辛이 낳은 癸를 자식으로 삼는다. 丙이 亥子運을 만나면 丙은 衰病地가 되지만 癸는 祿이 후(厚)하다. 만약 壬癸日이 亥子運으로 가면 부모에게 재해와 질병이 있거나 정우(丁憂-부모상)를 당한다. 丙日은 辛을 妻로 삼기 때문에 寅卯운으로 가면 辛金이 寅卯에 절지(絕地)가 되므로 寅卯운에 처에게 재난이 있다. 그러나 丙火는 생(生)을 만나므로 본인은 오히려 장수한다. 이렇게 丙

丁日에 태어나고 寅卯운을 만나면 妻에게 재액이 있거나 妻가 죽는다. 나머지도 이렇게 본다.

57 三宮元吉 禍遲可以延推, 始末皆凶 災忽來而迅速.

◉ 삼궁(三宮-年月時)의 원국이 吉하면 재난을 물리치지만 처음과 끝이 모두 凶하면 재앙이 갑자기 빠르게 찾아온다.

《子平註》前論陰陽之始終 此說人命有吉凶. 如命內天元人元支元內外歲月時中値貴祿 不居休敗, 或値行年太歲運同乖危之地, 雖是凶運, 然亦可推禍以遲延也. 夫何故？以根基主本三元元吉故也. 若三元內外 雖有祿馬貴氣 卻八字中冲刑破害, 不唯有貴而不貴, 又終爲凶人之命也. 如遇吉運 則防因福生禍 則災忽來而迅速 故也.

※ 앞에 논한 것은 음양의 시종(始終)을 말한 것이고 이것은 吉凶을 말한 것이다. 命에 있는 天元 人元 地元 내외(內外)의 年月時에 있는 귀록(貴祿-관성)이 패(敗)하지 않으면 太歲와 運이 흉지(凶地)를 만나 비록 흉운(凶運)이지만 화(禍)를 물리친다. 왜 그런가? 근본적으로 三元이 吉하기 때문이다. 만약 三元의 내외(內外)에 록마(祿馬)나 천을귀인(天乙貴人)이 있더라도 충형파해(冲刑破害)되면 貴가 있어도 貴하지 못하고 결국 凶한 命이다. 좋은 運을 만날지라도 복(福)이 화(禍)로 변하는 것을 막아야 하는데 재앙이 갑자기 빠르게 나타나기 때문이다.

58 宅墓受殺 落梁塵以呻吟, 喪吊臨人 變宮商爲薤露.

◉ 택묘(宅墓)에 살(殺)이 있으면 낭랑한 소리가 신음(呻吟)으로 변하고 상문(喪門) 조객(弔客)이 임한 사람은 아름다운 노래가 상여(喪輿)소리로 변한다.

《子平註》歲命前後五辰爲宅墓, 人生日時與歲運不宜逢之 受殺也. 如見丙丁 是騰蛇 見戊己 是勾陳 見庚辛 是白虎, 見壬癸卽 是玄武, 見甲乙卽是青龍, 看類而言之 故云受殺. 凡遇此者 皆主家宅陰小財畜不和. 歲命前後二辰爲喪吊, 如人歲運日時犯之 主孝服哭泣, 輕者外服遠親 不利家宅, 骨肉離異.

※ 년주(年柱-歲命) 앞뒤의 다섯 번째에 있는 택묘(宅墓)를 日時와 세운에 있으면 마땅치 않다. 이를 만나면 살(殺)에게 당하는 것이다. 예컨대 丙丁이 보이면 주작(朱雀), 戊己가 보이면 구진(句陳 螣蛇), 庚辛이 보이면 백호(白虎), 壬癸가 보이면 현무(玄武), 甲乙이 보이면 청룡(靑龍)이다. 이런 부류가 보이는 것을 말하므로 수살(受殺)이라고 한다. 이것을 만나면 집안의 여자나 재물이나 가축으로 인하여 불화(不和)한다. 年柱 앞과 뒤의 두 번째가 상문(喪門) 조객(弔客)인데 歲運이나 日時에 범하면 상복을 입고 곡(哭)을 한다. 가벼운 경우는 외가나 먼 친척의 가택(家宅)이 불리하고 골육(骨肉)이 헤어진다.
-{수살(受殺)의 예를 들면 甲子年 丁酉日에 태어나고 癸巳를 만나면 宅墓가 되는데 癸가 칠살이므로 丁-朱雀이 살(殺)을 받는 것이 된다.}-

年	子	丑	寅	卯	辰	巳	午	未	申	酉	戌	亥
宅	巳	午	未	申	酉	戌	亥	子	丑	寅	卯	辰
墓	未	申	酉	戌	亥	子	丑	寅	卯	辰	巳	午
弔客	戌	亥	子	丑	寅	卯	辰	巳	午	未	申	酉
喪門	寅	卯	辰	巳	午	未	申	酉	戌	亥	子	丑

59 干推兩重 防災於元首之間, 支折三輕 愼禍於股肱之內, 下元一氣 周居去住之期。

◉ 간추양중(干推兩重)은 머리에 재난을 막는 것이고 지절삼경(支折三輕)은 팔 다리의 화(禍)를 조심하는 것이고 하원일기(下元一氣)는 끝없이 반복하여 변화하는 것이다.

《子平註》假令壬寅人逢戊爲太歲 戊爲月建者 兩戊剋壬 則爲干推兩重, 遇之者爲元首頭目之災 輕者爲股肱之患也, 此論未祥. 此賦意論三元動靜之理 物我輕重之別 四時變通之義. 如壬寅人 壬爲天元爲首爲尊長 見戊謂之七殺. 如遇戊爲太歲爲尊長 太歲則大人尊長之事 是以太歲爲尊 月建爲卑也. 此謂支干推也 推則有剛柔相推之義.

※ 가령 壬寅日이 戊-태세를 만났는데 월건(月建)에 戊가 있으면 壬을

兩戊가 극하므로 간추양중(干推兩重)이 된다. 이렇게 만나면 우선 머리와 눈에 재난이 되는데 가벼운 경우에는 고굉지환(股肱之患)이 되므로 이것은 복(福)으로 논하지 않는다. 이 부(賦)에서 말하는 것은 三元 동정(動靜)의 이치와 物과 나와(일간)의 경중을 구별하는 것이므로 사시(四時-월령)로 통변한다는 뜻이다. 예컨대 壬寅은 壬을 천원(天元) 수(首)가 되고 존장(尊長)으로 삼기 때문에 戊가 보이므로 칠살이 된다. 戊-태세(太歲)를 만날 경우 태세가 존장(尊長)이 되므로 태세는 어른인 존장(尊長)의 일이다. 그래서 太歲는 존(尊)이 되고 월건(月建)은 비(卑)가 된다. 이를 일러 지간추(支干推)라 하는데 추(推)는 강유(剛柔)로 궁구한다는 의미이다.

《子平註》兩重者 視壬與戊兩干勢孰重, 戊重則剋壬 防有尊長不喜 不利見大人,. 壬重見戊 不我剋 唯人事而已 或頭目作疾 此太歲之事也。與月建相剋者輕, 戊重則僚友不和, 壬重則小人爲害 或腰膝作疾, 更月支下三合如或有救 則爲災輕也. 折有變義 故云支折三輕 愼禍於股肱之內 此月建之事也。

上文論干祿支命, 天元十干常動, 地元十二支常靜, 復言下元一氣者 支也. 以壬爲天元 如四柱別有丁 或有己 則壬應而合之 或爲官印 或爲財帛 是干未常不動也,. 支者雖遇巳時 周流往還變易 而支未常不靜也,. 周者循環也 居者安居也 期者如限之期. 去住者氣也, 此言四時周流循環 無有始終 無有窮極, 而下元之辰 未嘗不善守其限也, 只可以三合取之 或干剋太歲者 看兩干勢力輕重而言之 或爲尊長頭目之災 或在僚友左右之嫉, 此與輕重較量不殊。

※ 양중(兩重)이란 壬과 戊중에 누구의 勢가 重한가 보는 것인데 戊가 重하여 壬을 극하면 존장(尊長-일간)이 좋아하지 않는 것을 막아야하므로 이견대인(利見大人-吉)이 안 된다. 壬이 重하고 戊가 보이면 나를 剋하지 못하므로 단지 인간관계가 있을 뿐이고 아니면 머리와 눈의 질병이 되므로 이는 <u>太歲의 일이다</u>. 月建의 剋이 가볍고 戊가 重하면 동료와 불화하고 壬이 重하면 小人이 훼방하거나 요슬(腰膝-허리 무릎) 질병이 되는데 月支에 三合이 되거나 구조(救助)가 있으면 재앙이 가볍

다. 절(折)은 변화의 의미가 있으므로 지절삼경(支折三輕)이라 한 것이고 고굉(股肱-팔 다리)의 화(禍)를 조심하라 한 것은 月建의 일이다.

※ 위에서 간록(干祿)과 지명(支命)을 논하였는데 天元의 十干은 항상 동(動)하고 地元의 十二支는 항상 움직이지 않는다. 다시 말해서 하원일기(下元一氣)는 지(支)를 말한다. 壬-일간의 사주에 따로 丁이나 己가 있으면 壬에 대응(對應)하여 관인(官印)이나 재백(財帛)이 되므로 干은 항상 움직인다. 支는 비록 기시(己時)를 만나도 두루 왕래하고 변하여도 支는 움직이지 않는다. 주(周)는 순환, 거(居)는 평안, 기(期)는 기한(期限), 거주(去住)는 氣를 말한다. 이 말은 사계절은 쉬지 않고 순환하고 시작도 끝도 없고 궁극(窮極)이 없는 地支는 무한(無限)하다. 부득이 三合을 取하거나 干이 太歲를 극하는 것은 兩干 세력의 경중(輕重)을 말하는 것이고 존장 두목(頭目)의 재(災)나 주변 동료의 시샘은 경중교량(輕重較量)과 다르지 않다.
-{기시(己時)는 자기(壬)의 時가 되므로 亥時를 말한다.}-

60 仁而不仁 慮傷伐於戊己, 至於寢食侍衛 物有鬼物, 人有鬼人 逢之爲災 去之爲福。

◉ 인이불인(仁而不仁)은 戊己를 상벌(傷伐)하는 것이고, 호위(護衛)가 침식(寢食)에 이르는 것은 물유귀물(物有鬼物)인 때문이고, 인유귀인(人有鬼人)이 되면 재앙이 되는데 이를 제거하면 복이 된다.

《子平註》仁者 是甲乙木也, 在五常爲仁, 今反言不仁者 以其剋伐乎土也 如甲見己則爲仁 乙見戊則爲仁 以其陰陽造化 萬物代之以爲生也, 若甲見戊 乙見己 偏陰偏陽 萬物危脆 則五行爲不仁也, 賦中引甲乙戊己爲例, 其餘五行則可以例求焉。
※ 仁은 甲乙 木이 되므로 오상(五常-仁義禮智信)에 있는 仁이다. 이와 반대로 불인(不仁)이란 土를 극벌(剋伐)하는 것이다. 예컨대 甲에 己가 보여도 仁이고 乙에 戊가 보여도 仁이다. 이는 음양이 조화를 이룬 것이므로 만물이 생(生)하는 것이 된다. 그러나 甲이 戊를 보거나 乙이 己를 보면 편음편양(偏陰偏陽)이 되어 萬物이 취약하면 불인(不仁)한 오

행이 된다. 이 부(賦)에서는 甲乙戊己를 예로 들은 것이고 나머지 오행도 마찬가지다.
-{陰이 陰을 극하고 陽이 陽을 극하면 불인(不仁)이다.}-

《子平註》侍衛者 是人養生之至近也, 又云寢食者則又近, 侍衛者至親也 寢食奉養也 此二者愼不可輕忽也. 夫物中有鬼物 人中有鬼人者 言吉凶之變遷 自近及遠 近速之甚也. 以看命言之 且如六戊日生人 用乙爲官印, 六己日生人 用甲爲官印, 木與土比和 陰與陽唱和 則爲仁也. 如戊見甲 己見乙 則仁而不仁也. 又如戊見甲爲不仁 或歲月時中見庚辛 則爲仁矣 或見己亦爲仁矣. 且戊見甲亦爲仁者 謂甲己合 己侍衛甲也. 見庚則爲仁 謂戊食庚者 逢之爲災 則是戊不逢庚 己被甲來剋制 與七殺同論. 去之爲福者 如戊見甲 則歲月時中有庚 戊己求救助 則爲福也. 餘仿此.

※ 시위(侍衛)는 측근이 길러주는 것이고 침식(寢食)은 가까운 것이다. 즉 시위(侍衛)는 육친을 말하고 침식(寢食)은 봉양(奉養)을 말하므로 이 둘은 절대 소홀히 할 수 없다. 물(物)에는 귀물(鬼物)이 있고 인(人)에는 귀인(鬼人)이 있다는 물중유귀물 인중유귀인(物中有鬼物 人中有鬼人)이라는 말은 길흉의 변천(變遷)을 말하는데 가까운 곳에서 먼 곳까지 빠르게 미친다. 이를 看命에 비유하면 戊日은 乙이 관인(官印)이고 己日은 甲이 관인(官印)이므로 木과 土가 화합하고 음양이 호응하므로 仁이 된다. 그러나 戊에 甲-살이 보이거나 己에 乙-살이 보이면 불인이다. 戊에 甲-칠살이 不仁인데 年月時 중에 庚辛-식상이 보이면 仁이 되고 혹 己가 보여도 역시 仁이 된다. 이렇게 戊에 甲-칠살이 보여도 仁이 되는 것은 甲을 己가 합하여 호위(護衛)하는 육친이기 때문이다. 庚이 보여도 仁이 되는데 庚은 戊의 식신이기 때문이다. 戊가 庚을 만나지 못하거나 己가 甲에게 극제(剋制)당하면 甲을 七殺로 논한다. 제거하여 福이 되는 것은 戊에 甲이 보일 경우 年月時 중에 庚이나 己가 구조해주면 福이 된다. 나머지도 이와 같다.
-{칠살(鬼)을 만났을 경우 식신으로 制하거나 합하는 것을 말한다.}-

61 就中裸形夾殺 魄往豊都, 所犯有傷 魂歸岱嶺.

◉ 나형(裸形)에 살이 끼면 넋이 풍도(酆都)로 가고 犯하여 傷하면 혼이 대령(岱嶺)으로 간다.

《子平註》裸形者 五行淋浴也, 如人本音淋浴 大運逢之者災, 水土人運在 酉 木人運在子 火人運在卯 金人運在午, 鬼谷子謂之波浪限也, 夾殺者 元 辰七殺也, 如人運在淋浴之上 與太歲並者災重, 可當生歲時 元有傷犯之辰 則魂歸岱嶺 魄往酆都 此至凶名也。

※ 나형(裸形)이란 五行이 씻는 것이다. 사람이 샤워하는 소리와 같은 것인데 大運에 만나면 재앙이다. 水土日이 酉대운이나 木日이 子대운이 나 火日이 卯 대운이나 金日이 午대운에 있는 것이다. 귀곡자가 말하길 심한 파도와 같다고 했다. 협살(夾殺)은 元辰-칠살이다. 그래서 運이 욕지(浴地)에 있고 태세가 칠살이면 재앙이 重하다. 사주의 年時를 傷 하면 혼(魂)이 대령(岱嶺-태산)으로 가고 백(魄)은 풍도(酆都-지옥)로 간다고 했으니 凶한 이름에 이른 것이다.
-{욕지(浴地)가 칠살에 이르면 마지막 가는 길이 된다.}-

62 或乃行來出入 抵犯凶方, 嫁娶修營 路登黃黑。

◉ 행래출입(行來出入)하여 흉방(凶方)을 범(犯)하여도 시집장가를 가고 경영을 하는 것은 황도(黃道)와 흑도(黑道)에 있다.

《子平註》出入者 言運出運入之異也. 如壬癸日生人 運行在戌 爲土火之 聚 則爲吉運 運交亥 亥爲火之絶 此爲凶運 乃是 行來出入 抵犯凶方。我剋 者爲之妻財 妻財在旺鄕 則爲之娶. 剋我者爲官鬼 又爲天官 喜在長生財旺 之地.
賦意總說 要扶同五行體用陰陽 或運來剋命 而爲官貴之鄕, 日剋運宮 乃是 發財之地, 皆以生月起建 陽男陰女則順. 陰男陽女則逆, 如運到黃道 凡百 皆利, 運至黑道 凡百抑塞, 凡人行爲動作 進退向背, 莫不本乎陰陽 體合運 氣吉凶, 俱不能逃也. 故云嫁娶修營 路登黃黑。

※ 출입(出入)이란 運에서 나와 다른 運으로 들어가는 것을 말한다. 壬 癸日生이 戌운에 있으면 土火-재관이 모인 것이므로 吉運이다. 운이 亥 로 바뀌면 亥는 火의 절지(絶地)가 되므로 흉운(凶運)이다. 즉 행래출입

(行來出入)으로 인하여 흉방(凶方)을 만난 것이다. 이때 내가 극하는 처재가 旺한 곳이면 장가를 들고 나를 극하는 관귀(官鬼)가 長生이나 財가 旺한 곳이면 길(吉)하다.

※ 이 부(賦)의 전체 의미는 오행 體用 음양이 서로 도와주어야 官貴-運이나 財星-運은 발재(發財)하는 곳이 된다는데 있다. 누구나 月에서 대운이 일어나고 양남음녀는 순행하고 음남양녀는 역행하므로 運이 황도(黃道)에 이르면 모든 것이 이롭고 運이 흑도(黑道)에 이르면 모든 것이 막힌다. 일반적으로 인간의 행위동작(行爲動作)과 진퇴향배(進退向背)는 음양(陰陽)보다 더 큰 것이 없으므로 체합(體合)이나 운기(運氣)나 길흉(吉凶)을 모두 음양을 벗어날 수 없다. 그래서 혼인을 하고 경영을 익히는 것들이 황도(黃道) 흑도(黑道)에 있다고 한 것이다.

63 災福在歲年之位內 發覺由日時之擊揚, 五神相剋, 三生定命, 每見貴人食祿 無非祿馬之鄕, 源濁伏吟 惆悵歇宮之地。

◉ 유년의 재난(災難)과 복록(福祿)은 日時의 격양(激揚)에서 알 수 있고 五神의 相剋과 三生으로 命을 정한다. 귀인(貴人)이나 식록(食祿)은 보일 때 마다 록마지(祿馬地)가 아닌 것이 없다. 근원이 탁(濁)하고 복음(伏吟)이 되는 곳은 좌절하는 곳이다.

《子平註》凡說歲中休祥, 專責日時與太歲相剋刑害冲破言之, 生日爲妻 時爲子, 日時與太歲和合 及財官有用 無諸壞者 依事類而言之。如太歲與日時相刑 或六合三合中有元辰七殺者凶, 亦會類而言之, 故下文云不過是 五神相剋 三生定命也, 每見貴人食祿 無非祿馬之鄕. 源濁伏吟 惆悵歇宮 之地. 上卷有例。

※ 일반적으로 말하는 유년의 길흉은 전적으로 日時와 태세의 상극(相剋)과 형해(刑害)와 충파(冲破)를 보고 말하고 日은 처에 속하고 時는 자식이므로 日時와 太歲가 화합하여 재관이 유용한지 무너지는 것이 없는지 부류를 보고 말한다. 太歲와 日時가 相刑하거나 六合 三合이 되는 중에 원진七殺이 있으면 凶하므로 이 역시 모여 있는 부류를 보고 말하는 것이다. 그래서 오신(五神)의 상극(相克)과 삼생(三生)으로 명(命)을

정한다고 한 것이다. 좋은 사람을 만나거나 복을 만나는 것은 항상 록마(祿馬-재관)아닌 것이 없다. 근원이 탁(濁)하고 복음이 되는 곳은 실망낙담하여 그만두는 곳이다. 상권(上卷)에 그 例가 있다. 上卷(43번)
-{五神은 오행을 말하고 三生은 天元 人元 地元을 말한다.}-

64 狂橫起於勾絞, 禍敗發於元亡, 宅墓同處 恐少樂而多憂, 萬里回還 乃是三歸之地。

◉ 심한 횡액(橫厄)은 구교(勾絞)에서 일어나고 화패(禍敗)는 칠살 亡身에서 일어난다. 흉살이 택묘(宅墓)와 같은 곳에 있으면 즐거움보다 근심이 많다. 만리(萬里)에서 돌아오면 삼귀지(三歸地)가 된다.

勾絞殺(구교살) (년위주)		
陽男陰女	命前三辰爲勾	命後三辰爲絞
陰男陽女	命前三辰爲絞	命後三辰爲勾

-{庚午年生의 예를 들면 酉는 구(勾)가 되고 卯는 교(絞)가 된다. '勾'는 연루(連累) '絞'는 속박(束縛)의 의미가 있다.}-
-{만리(萬里)에서 돌아오는 것은 운(運)의 흐름을 말하고 삼귀(三歸-三丘)는 辰戌丑未를 말한다.}-

《子平註》歲命前三辰爲勾 後三辰爲絞 不可在元命日時二運之上, 遇之者主非災橫禍 更或與元辰七煞並者尤凶., 歲命前後五辰爲宅墓 如戊子生 遇辛未太歲者是也, 亦須未字日上及時上本有 或大運同宮者 則重, 凡遇此者不利陰小家宅也。此言大運在十二辰之間 順逆回環 在三元本祿本財終宿之地, 遇此者則爲優安之福厚 更晚年遇財祿歸聚之處 則尤有所長也, 根本元無者 無所長也。

※ 년주(年柱-歲命) 앞의 세 자리는 구(勾)가 되고 뒤의 세 자리는 교(絞)가 되는데 원명(元命)의 日時나 대운 유년에 있으면 좋지 않다. 이것을 만나면 뜻밖의 화(禍)를 당하는데 칠살이 함께 있으면 더욱 凶하다. 年柱의 앞뒤의 다섯 번째는 택묘(宅墓)가 되는데 戊子年生이 辛未년을 만난 것이다. '未'字가 사주의 日이나 時에 있는 것인데 大運에서

未-字를 만나면 重하다. 이것을 만나면 집안에 있는 여자나 소인(小人)으로 인하여 좋지 않다. 이 말은 大運의 12辰 사이를 순역(順逆)으로 돌아가면 삼원(三元)의 본록(本祿)이나 본재(本財)가 머물러 있는 곳이 되는데 이런 것을 만나면 福이 뛰어나고 넉넉하다. 더구나 말년에 財祿이 모이는 곳을 만나면 더욱 뛰어난 것이 된다. 그러나 원국에 근본이 없으면 특별히 좋은 것이 없다.
-{本祿은 원국에 있는 官星이고 本財는 원국에 있는 財星이다.}-

65 四殺之父 多生五鬼之男, 六害之徒 命有七傷之事。

◉ 四殺이나 오귀(五鬼)나 육해(六害)가 많으면 명에 칠상(七傷)의 일이 있다.

《子平註》辰戌丑未爲四方之末季 爲五行之庫墓, 言辰戌丑未中 藏納五行死墓之氣, 如人運限逢之 生幽憂之疾 淹延之厄 如父子之相承 辛難不能救解, 破命者謂之害 如人運限逢之 皆主眷屬難合 人情反復 或更六害中逢七殺剋我者凶。

※ 辰戌丑未는 계절의 마지막으로 五行의 庫墓에 속한다. 辰戌丑未 중에는 五行의 사묘(死墓)의 기(氣)가 암장되어 있다. 이런 運을 만나면 슬픈 병이나 액(厄)이 오래가는데 父子가 대(代)를 이어가며 죽을 때 까지 풀리지 않는다. 파명(破命)이란 육해(六害)를 말하는데 運에 破命을 만나면 명주의 가족끼리 뜻이 맞지 않고 변덕을 부리는데 육해(六害)에다 칠살을 만나고 나를 극하면 더욱 흉하다.

-{사살(四殺)은 원국이나 대운에 있는 辰戌丑未를 말한다.}-
-{오귀(五鬼)는 비겁 상관에 해당하는 대운과 유년의 天干을 말한다.}-
-{육해(六害-破命)는 丑未日에 年月時中에 丑이나 未가 있는데 대운에서 辰戌丑未를 만나고 다시 유년에서 子午卯酉를 만난 것이다. 이렇게 되면 골육이 헤어진다.}-
-{칠상(七傷)은 관성을 극하는 상관대운과 유년이 된다.}-

66 眷屬情同水火 相逢於淋浴之鄕, 骨肉中道分離 孤宿尤嫌隔角。

◉ 가족과 사이가 좋지 않고 상극이 되는 것은 욕지(浴地)를 만난 것이고 골육이 중도에 분리되는 것은 고숙(孤宿)보다 더 꺼리는 격각(隔角)이 있기 때문이다.

《子平註》水陰火陽 相合而爲旣濟, 相資而爲仇讎, 言其反復多變, 或情通自乖而反合, 或情變自合而反乖, 故曰情同水火也, 義欲和而同久而遠者 必須在五行淋浴之時, 五行休敗 如人情處患難之時 未有不情同者也。以看命言之 如丙寅丁卯 貴在豬雞, 壬戌癸亥 貴於兔蛇, 此無他 大率五行貴在於衰敗之中 人情要處乎淡泊之際也。
凡命運隔角者 主中道骨肉離異之事。隔者 如卯日丑時 丑日卯時, 鬼谷子曰 "柱多隔角", 餘可例求也。丑者 北方之氣也, 卯者 東方之氣也, 其趣不同 遇之者中道分離也, 嫌疑孤神者殺也, 遇多孤立而未嫌 甚言隔角之重也。

※ 水-음과 火-양이 화합하면 기제(旣濟)기 되지만 서로 버티면 적이 되어 미워하고 변덕이 많아서 융합이 되지 않는다. 화합하고 싶어도 시간이 지나면 멀어지는데 이것은 일간이 욕지(浴地)에 있기 때문이다. 일간이 패(敗)지에 있다는 말은 누구나 고난에 처(處)하면 인정(人情)이 있다는 것과 같다. 看命으로 말하면 丙寅 丁卯는 亥酉가 귀인이고 壬戌 癸亥는 巳卯가 귀인이다. 이는 다른 것이 아니고 대개 일간의 귀(貴-천을귀인)가 쇠패(衰敗)중에 있으면 인정(人情)을 필요로 하는 곳이므로 욕심이 없는 것이다.

※ 대체로 命運의 격각(隔角)이란 중도에 골육과 헤어지는 것이다. 격(隔)은 卯日 丑時나 丑日 卯時 같은 것인데 귀곡자가 말하길 격각(隔角)은 원통(冤痛)한 것이 많다고 했다. 나머지도 위와 같이 찾는다. 丑은 北方의 氣에 속하고 卯는 東方의 氣에 속하므로 서로 취지(趣旨)가 다르기 때문에 中道에서 분리되는 것이다. 고신(孤神)은 의심하는 殺인데 이를 만나면 대부분 고립(孤立)되지만 싫어하지는 않는데 격각(隔角)이 중하면 심하다.

67 須要明其神殺 較重較量, 身剋殺而尚輕, 殺剋身而尤重。

◉ 신살(神殺)을 분명히 하는 것은 중량(重量)을 비교하는데 있다. 내가 殺을 剋하는 것은 가볍고 殺이 나를 극하는 것은 더 重하다.

《子平註》神殺者 官印祿馬貴賤之別名也, 如前說上剋下則不貴, 下剋上 卽貴, 意義不殊。 殺剋身者 是官來剋我者 是下剋上者也, 如身剋殺 是我 剋官 卽不貴也, 故賦曰須要明其神殺. 神譬官印 殺比財帛, 但官財是剋我 則爲之殺剋身, 我剋官財 則爲之身剋殺, 此明貴賤之本也, 更祥其輕重量而 言之。

※ 신살(神殺)은 관인(官印) 록마(祿馬) 귀천(貴賤)의 별명(別名)이다. 앞서 말한 것처럼 상극하(上剋下)는 貴하지 못하고 하극상(下剋上)은 貴 하다는 뜻과 다르지 않다. 殺(下)이 身(上)을 극하는 것은 官이 나를 극 하는 下剋上이 되고 身이 殺을 극하면 내가 官을 극하므로 貴가 못된 다. 그래서 賦에 말하길 신살(神殺-재관)을 분명히 하라고 했다. 神은 官印에 비유되고 殺은 재물에 비유된다. 단 官財가 나를 극하면 殺이 나를 극하는 것이 되고 내가 官財를 극하면 내가 殺을 극하는 것이 된 다. 이것은 貴賤을 밝히는 근본이므로 그 경중을 자세히 보고 말해야한 다.

-{자평은 항상 신살(神殺)을 관살(官殺)에 비유하였고 일반적인 신살(神 煞)은 거의 쓰지 않는 것으로 보인다.}-

68 至於循環八卦 因河洛以遺文 略之定爲一端, 究之翻成萬緒。

◉ 팔괘의 순환은 하도낙서(河圖洛書)에 있다. 이를 요약하여 하나의 단 서를 정하고 연구를 반복하면 만 가지 실마리가 된다.

《子平註》易曰 "河出圖 洛出書 聖人則之" 以敎後世, 循環於四時之中, 布八卦於四維之內, 而成一歲之功, 互古窮今 無有終窮者 道也。
道分爲陰陽 而人處乎其中, 則吉凶悔吝存焉。 是以動靜屈伸 體天法地 莫 不由乎命也, 故下文云一端者 道降而爲一也, 二三數六 又三而成九 又九 九而成八十一數, 自此以後 繞繞萬緒 莫能紀極。以看命言之 不過五神相 剋 三生定命 一也。其氣有淺深者, 運有向背 福有厚薄 壽有長短, 要後人 深求之 則得古人之妙也。

※ 易에 이르길 하(河)에서 그림이 나오고 낙(洛)에서 글이 나온 것을 성인(聖人)이 본받아 후세에 가르쳤다. 사계절이 순환하는 중에 사방에 팔괘(八卦)가 펼쳐지고 한해가 이루어 졌고 아득한 옛 부터 지금까지 끝을 밝혀낸 자가 없으므로 道가 된다.

※ 道가 나뉘어 음양이 되고 인간이 있는 곳에는 길흉과 회린(悔吝-걱정)이 있다. 동정(動靜)과 굴신(屈伸)으로 인하여 체(體)는 天이 되고 법(法)은 地가 되므로 命이 아닌 것이 없다. 그래서 일단(一端)이라는 것은 道에서 一이 나오고 二三은 六이 되고 또 三三은 九가 되고 九九는 81이 되는데 여기서부터 만 가지 실마리가 끝없이 얽힌다. 看命으로 말하면 오행의 상극(相剋)에 불과하므로 삼생(三生-천원 인원 지원)으로 命을 정(定)하는 것은 결국 한 가지다. 기(氣-월령)에는 천심(淺深)이 있고 運에는 향배(向背)가 있고 福에는 후박(厚薄)이 있고 壽에는 장단(長短)이 있으니 후세 사람은 깊이 탐구하여야 고인(古人)의 묘한 이치를 얻는다.

69 若值攀鞍踐祿 逢之則佩印乘軒, 馬劣財微 遇之則流而不返.

⊙ 만약 반안(攀鞍)이 록(祿-관성)에 타고 있는 것을 만나면 관직에 오르고 재(財)가 미약하면 흘러가서 돌아오지 않는다.

《子平註》攀鞍踐祿者 乃貴人之美稱也. 馬劣財微者 乃衆人所惡也.
凡人鎡基歲月帶祿者 日時得地 運順祿而向官鄉 則佩印乘軒 固不難矣. 此言根本元有官祿 運更向而不背者也.
馬劣財微者 其財必微 言人命歲月本無祖財 乃無父母財 雖日時得地 後運遇財絕之鄉 即財帛散 如水東流 往而不返 此明根本元無者也.

※ 반안천록(攀鞍踐祿)이란 귀인(貴人-관직)을 좋게 부른 것이고 마열재미(馬劣財微)는 모든 사람이 나쁘게 여기는 것이다.
대체로 능력이 있는 자는 年月에 록(祿-관성)이 있고 日時에 득지한 것인데 運이 관성을 따르고 관성이 있는 곳으로 향하면 관직에 오르는 것이 어렵지 않다. 이 말은 근본적으로 관록(官祿)이 원국에 있고 運이 관성을 거스르지 않는 것을 말한다.

※ 마열재미(馬劣財微)는 財가 미미(微微)한 것이므로 命의 年月인 조상이나 부모에 재물이 없는 것이다. 日時에 재성이 得地하여도 運에서 재성의 절지(絶地)를 만나면 재물이 흩어진다. 물이 東으로 흘러 돌아오지 못하듯 이것은 근본적으로 원국에 財가 없는 것을 말한다.
-{원래 반안은 12신살 중의 하나인데 관성과 연결하여 해석했다.}-

70 占除望拜 甲午以四八爲期, 口舌文書 己亥愼三十有二.

◉ 관직에 오르는 것은 甲午日은 四八이 시기가 되고 己亥日은 32세에 문서 구설을 조심하라.

《子平註》前文說有祿者吉 無財者凶. 此說元無祿者 遇有財祿運 則崇遷而榮. 無官者 遇鬼則退職也. 如甲午人下有丁己. 甲以己爲財 而無官印. 占除望拜 四八爲期者 四月爲金長生 甲以金爲官印 四月是官長生 八月是金帝旺. 如甲乙日生人 或問食祿在幾時? 須言在四月 八月爲食祿之期也.

※ 앞글에 말하길 祿이 있으면 吉하고 財가 없으면 凶하다고 했다. 이 말은 원국에 록(祿)이 없는 자는 재록(財祿)운을 만나면 승진하여 번영하고 官이 없는 자는 귀(鬼)를 만나면 퇴직한다. 예를 들면 甲午日인 사람은 午중에 丁己가 있으므로 己-재물이 있지만 金-官印이 없다. 그래서 점제망배(占除望拜) 사팔위기자(四八爲期者)라고 했는데 巳月은 金이 장생이므로 金을 官印으로 삼는다. 巳月은 官이 長生이 되고 酉月은 제왕(帝旺)이 된다. 이렇게 甲乙日에 태어난 사람이 언제 취직이 되느냐고 시기를 물으면 4월에서 8월에 된다고 해라.

《子平註》口舌文書 己亥愼三十有二者 言己亥日生人 亥中有甲木長生 元有官祿也 或運行巳 或到酉者 則爲口舌文書 口舌見訟事 文書則口章 己用甲爲官印 巳上木病 酉上木絶 三十二者 亦四八之數也. 此言戊己日生人 如遇巳或到酉運 則宜退身而避位也.

※ 구설문서(口舌文書) 기해신삼십유이자(己亥愼三十有二者)라고 한 것은 己亥日柱인 사람을 말하는데 亥중에 甲木-관성이 長生이므로 원국에 官祿이 있는 것이다. 巳나 酉운에 이르면 구설문서(口舌文書)가 되므로 구설은 송사(訟事)가 되고 문서(文書)는 법(法)을 말한다. 己의 관

성인 甲木이 巳(4)에 病地가 되고 酉(8)에 絶地가 되므로 32는 4×8에서 나온 數다. 이 말은 戊己日이 巳운이나 酉運에 이르면 몸이 물러나고 자리에서 피해야 한다.
-{일주를 위주로 하여 관성이 왕한 시기에는 직위를 얻고 관성이 병사(病死)지에 이르면 직위에서 물러나는 시기를 보는 방법이다. 자평은 시종일관 관성을 중심으로 추단(推斷)하는 것을 알 수 있다.}-

71 善惡相伴 搖動遷移, 夾殺持邱 親姻哭送, 兼須詳其操執, 觀厥秉持 厚薄論其骨狀 成器藉於心源, 木氣盛而仁昌, 庚辛虧而義寡。
◉ 길흉이 동반하면 요동(搖動)하여 옮기고, 칠살이 묘고에 있으면 울면서 육친을 보내므로 조집(操執)과 병지(秉持)를 살피고, 후박(厚薄)으로 골상(骨狀)을 논하고, 쓸모 있는 그릇은 심원(心源)에서 나오고, 木氣가 盛하면 仁이 번창하고, 庚辛이 무너지면 의(義)가 없다.

《子平註》善惡者 吉凶 相伴者 不偏也, 如人運行至此 吉凶爭勝之年 皆主身心不寧 動搖遷改 在陰陽則有所忌, 易曰-"吉凶悔吝生乎動也." 動則多凶 宜守愼詳約以處之 乃吉。
夾殺持邱者 如人運命遇太歲月建大運 與元辰七殺倂臨於五行墓絶之位者 此年愼不可吊喪問病也, 如賦云"物有鬼物 人有鬼人 逢之爲凶 去之爲福" 是也, 如遇此年 尤宜愼處 向吉背凶 則無不利矣。
※ 선악(善惡)은 길흉이고 상반(相伴)은 치우치지 않은 것이다. 이런 運에 이른 사람은 길과 흉이 서로 다투므로 심신이 편치 않은데 이는 동요하여 옮기고 고치는 일이 되므로 음택(陰宅)이나 양택(陽宅)에 손을 대는 것을 꺼린다. 易에 이르길 길흉회린(吉凶悔吝)은 움직이면 걱정이 생긴다고 한 것은 動하면 凶이 많게 되므로 삼가하고 준칙(準則)을 따라야 좋다.
※ 협살지구(夾殺持邱)는 태세(太歲)나 월건(月建)이나 대운에 원진 칠살이 묘절(墓絶)지에 함께 임(臨)한 것이다. 이런 해에는 문상(問喪)이나 문병(問病)을 삼가해야한다. 그래서 賦에 이르길 귀물(鬼物)이나 귀인(鬼人)을 만나면 흉하고 이를 제거하면 福이 된다고 했다. 이런 해를

만나면 더욱 조심하여 吉을 따르고 凶을 피하면 불리하지 않다.
-{선악상반 요동천이(善惡相伴 搖動遷移)는 길(吉)과 흉(凶)이 같이 있는 운이므로 움직이지 말고 양택(陽宅)이나 음택(陰宅)의 일을 하지 말라는 것이다. 길흉회린(吉凶悔吝)은 득실과 걱정을 말한다.}-
-{협살지구(夾殺持邱)는 辰戌丑未에 殺이 있는 것인데 문상이나 문병을 가지 말고 미리 흉을 막으라는 것이 된다.}-

《子平註》前說歲運休祥, 復明根本作用也, 且如木人秋生 木被金剋 則爲性有操執也, 甲申 乙酉 乙巳 乙丑 甲戌生人 不背官祿也, 或生於三春九夏季 木氣盛時 秉受旺氣 有所執持也, 故云觀厥秉持, 又須生時在西北方金土之中 或大運到金土分野 則有官印長遠, 若或甲申 乙酉 乙巳 乙丑 甲戌日生人 生於秋三月 或三春夏季 不背官祿 有所執持 才能操執, 卻歲月時居火木盛時 火木旺地 或行運在東南 有丙丁火旺, 早年雖發福 晩年蕭條也。

※ 앞에 말한 歲運의 휴상(休祥)으로 근본적인 작용에 눈을 뜨게 된다. 예를 들면 木이 가을에 태어나면 木이 金에게 剋을 당한 것은 일을 담당하는 조집(操執)이 되므로 甲申 乙酉 乙巳 乙丑 甲戌日에 태어난 사람은 관록(官祿)을 거스르지 않는다.

※ 寅卯辰이나 巳午未月의 木氣가 왕성(旺盛)할 때 태어난 것은 旺氣를 잡았기 때문에 관궐병지(觀厥秉持)라고 한다. 또 모름지기 西北方이나 金土에 속하는 절기(節氣)에 태어나거나 아니면 大運이 金土에 이르러야 관록이 오래간다. 만약 甲申 乙酉 乙巳 乙丑 甲戌日이 가을(申酉戌)이나 봄(寅卯辰)이나 여름(巳午未)에 태어나든 관록(官祿)을 거스르지 않고 쥐고 있으면 관록을 맡는다. 그러나 年月時에 木火가 왕성하거나 木火의 旺地이거나 아니면 운이 東南으로 가거나 丙丁-식상이 旺하면 일찍 발복할지라도 말년이 쓸쓸하다.

-{조집(操執)은 관운(官運)이 좋다는 것이다.}-
-{관궐병지(觀厥秉持)는 월령이 비겁이나 식상으로 왕하므로 재관이 왕한 운으로 가야하고 그렇지 못하면 발복해도 말년이 좋지 않다.}-

《子平註》賦意之要 言令後人觀五行造化向背 而詳言之。如前論甲申 乙

酉 乙巳 乙丑 甲戌者 雖居官印之位 然物有厚薄之不齊 則吉凶修短之有異, 何以言之, 木旺則天元厚 天元厚則有操持 有操持則權重也。金旺則祿厚 祿厚則官重 官重則有秉持也。若金木之氣俱薄, 則官祿何可長也, 故曰 厚薄論其骨狀是也。

成器藉於心源者 謂如金若不遇木 須用火爲官印也, 且如庚辛日生人 要在三春九夏 則財官兩美也, 所云乘軒衣冕, 金火何多 是也。心源 離宮也, 屬火, 金得火乃成器也。前說木遇金爲操持 次論金遇火而成器, 皆因五行相剋而成造化, 更看金火之器不偏, 運向祿而不背 則爲福長久也。

※ 이 부(賦)의 요지는 후세 사람들이 五行의 造化와 향배(向背)를 자세히 볼 수 있도록 말한 것이다. 앞서 論한 甲申 乙酉 乙巳 乙丑 甲戌이 비록 관인(官印)의 자리에 있지만 후박(厚薄)을 갖추지 못하면 吉凶에 차이가 난다. 무슨 말인고 하니 木이 旺하여 신왕하면 관인을 관리할 수 있으므로 권력이 중한 것인데 金이 旺하면 祿이 厚하고 祿이 후하면 官이 重하고 官이 重하면 -{권력을}- 장악하게 된다. 만약 金木의 氣가 모두 박(薄)하면 官祿이 어찌 오래 유지 되겠는가? 그래서 후박론기골상(厚薄論其骨狀)이라고 한 것이다.

※ 성기자우심원자(成器藉於心源者)는 金이 木을 만나지 못한 것이므로 이때는 火-官을 써야 관직이 된다. 이를테면 庚辛日이 寅卯辰이나 巳午未에 태어나면 財官이 모두 훌륭하다. 그래서 이른바 승헌의면(乘軒衣冕) 금화하다(金火何多)라고 한 것이다. 심원(心源)은 이궁(离宮)의 火를 말하므로 金이 火를 얻어야 그릇을 이룬다. 앞에 말한 것은 木이 金을 만나면 조지(操持)하는 것을 말한 것이고 이것은 金이 火를 만나 그릇이 되는 것이다. 대개 일간은 相剋에서 造化를 이루므로 金火가 치우치지 않고 運이 祿을 향하면 福이 오래 간다.

-{승헌의면(乘軒衣冕) 금화하다(金火何多)는 46번에 있다.}-
-{조지(操持)는 관리하고 처리하는 것을 말한다.}-
-{후박론기골상(厚薄論其骨狀)은 일주도 왕하고 관성도 왕한 것은 후(厚)가 되고 일주도 약하고 관성도 약하면 박(薄)이 되므로 후박(厚薄)을 살펴서 길흉의 차이를 보는 것이다.}-

-{성기자우심원자(成器藉於心源者)는 財가 없기 때문에 어차피 官星을 써야하는 것을 말한다.}-

《子平註》又下文云木仁也, 金義也, 木盛而逢金 則剛柔得中 如由豫之盍簪 有以利天下 則仁而昌, 庚辛履而逢火, 似井泥之而不食 不能廣濟 則寡於義, 此又何疑焉。賦云 兼須詳其操執 觀厥秉持者 以言其金木之體, 厚薄論其骨狀成器 藉於心源者 以言其金火之才 各得其宜 則爲好命。至於金木氣偏 木氣盛而仁昌 庚辛虧而義寡者 是財用不相宜 金木各不仁 則凶悔吝從之。

※ 또 木은 仁이 되고 金은 義가 되므로 木이 왕성(旺盛)하고 金을 만나면 강유(剛柔)가 중화를 얻는 것이므로 벼슬에 올라 天下를 이롭게 하여 仁이 번창한다. 庚辛이 火를 만나 밟히면 흙탕물을 먹을 수 없는 것처럼 의(義)가 없다는 것은 의심할 필요도 없다. 그래서 賦에 이르길 조집(操執)을 살피고 병지(秉持)를 보라고 하는 것은 金木의 체(體)를 말하는 것이다. 후박(厚薄)은 그릇을 이루는 골격이 되는 것이고 심원(心源)이란 金火가 적절해야 좋은 命이 된다는 뜻이다. 金木의 氣가 치우쳐서 木氣가 盛하면 仁이 번창하지만 庚辛이 손상하면 義가 없으므로 木-財를 쓰면 안 된다. 金과 木이 불인(不仁)하면 흉(凶)이 되므로 걱정이 따른다.

72 惡曜加而有喜 疑其大器, 福星臨而禍發 以表凶人。

⊙ 흉성(凶星)이 더해져도 좋은 것은 그릇이 크기 때문이고 복성(福星)이 임(臨)해도 禍가 발생하는 것은 명(命)이 흉(凶)하다는 것을 나타낸다.

-{四柱의 五行의 氣가 生旺하면 나쁜 오행이 있어도 凶이 福을 꺾지 못하기 때문에 凶이 吉로 변한다. 만약 五行이 휴수(休囚)사절(死絶)되면 吉星이 임(臨)해도 凶을 이겨내지 못하므로 화(禍)로 변한다.}-

《子平註》詳注見上卷 初至衰鄕猶披勘福內 更不重載。
※ 上卷에 자세히 나와 있다. 처음에 쇠향(衰鄕)에 이르면 오히려 복이 적다. 더 이상 중복해서 싣지 않겠다.

73 處定求動 剋未進而難遷, 居安問危 可凶中而卜吉.

⊙ 처정(處定)한 후 구동(求動)하여 미진(未進)하면 난천(難遷)하고 거안(居安)은 좋지만 문위(問危)는 凶中에 吉이 있다.

《子平註》此卷末 總言其妙旨也.
處定者 凡言人命用法 處者欲定其貴賤也, 貴賤既明 故曰處定也.
求動者 人命雖見官印財帛 而不貴富者, 宜於處定之中 復求其變動也, 既見其貴中未貴 財中未財, 則當剋未進而難遷也。未進者 未當升進, 難遷者 難爲遷移也。此與上文云 息一氣以凝神 消五行而通道之義不殊。
居安者 如是貴命 見行官祿所向集福之運以爲安也,
問危者 未可便宜言終吉, 況前云吉中有凶,
當於歲月時中 扶合行年太歲 三合三會 問危疑神殺, 參詳而言之, 如見有危疑之神 則必有危疑之事 則當懲戒 積善 以禳之 則凶中復吉矣, 如易說 "憂悔吝者存乎介者"是也。

※ 이것은 책의 마지막으로 전제의 요지(要旨)를 종합한 것이다.
처정(處定)은 인명(人命)의 용법을 말하는 것인데 처(處)는 귀천(貴賤)을 정하는 것이므로 귀천(貴賤)이 분명하면 처정(處定)이라고 한다.
구동(求動)은 命에 관인(官印)과 재백(財帛)이 보여도 富貴하지 못한 것인데 처정(處定)에서 다시 변동(變動)을 찾아야한다. 그러나 官이 보여도 貴하지 못하고 財星이 있어도 재물이 아닌 것은 극(剋)하지 못하여 나아갈 수 없으므로 변천(變遷)이 어렵다. 미진(未進)은 오르지 못한 것이고 난천(難遷)은 옮기기 어려운 것이다. 위에 말한 숨을 가다듬고 정신을 집중하여 五行을 소화하여 道에 통한다는 말과 크게 다르지 않다.
거안(居安)은 관록(官祿)을 향하여 運에 복이 모여 안정된 貴命이다.
※ 문위(問危)는 결국에는 좋다고 할 수 없는 것인데 앞에 말한 吉中에 凶이 있는 것이다. 당년의 年月時 중에 유년과 부합(扶合)하는 三合 三會와 의심되는 신살을 찾아서 말하는 것이다. 의심되는 신(神)이 보이면 반드시 의심했던 일이 있기 때문에 경계하고 적선(積善)하여 물리치면 凶한 중에도 다시 좋게 된다. 바꾸어 말하면 근심 걱정이 있다는 것

은 이런 것을 말한다.
-{귀천과 길흉을 살피는 전체적인 방법이다.}-

74 貴而忘賤 災自奢生, 迷而不返 禍從惑起。

◉ 貴하여 賤을 망각하면 사치에서 재앙이 생기고 갈피를 잡지 못하고 헤매면 禍가 따르고 갈팡질팡한다. 精微的道理

《子平註》貴而忘賤 是後人不明賤意 引大道之妙 而執方守隅, 見貴命而言貴, 不知貴中有賤, 或始貴而終賤者 則災自奢生與賒同 其源則妙理賒自遠也, 此說見貴忘賤之誤也。其或有不遇至人 不明道理者 執迷而見 寡陋偏學 滋蔓偏求 理無所出者 則是禍從惑起者 是也。

※ 貴하면 천(賤)을 망각하는데 후세 사람들이 賤의 분명한 의미를 모르기 때이다. 그래서 대도(大道)로 방(方-法)을 잡고 우(隅-염치)를 지키도록 해야 한다. 貴命을 보고 귀하다고 말하지만 貴中에 賤이 있는 것을 모르거나 처음엔 貴해도 결국에 천하게 된다. 재화(災禍)는 외상으로 사치하는 것과 같으므로 근본적인 좋은 방법은 외상을 스스로 멀리해야 한다. 이 말은 貴하게 되면 천(賤)을 망각하게 되는 잘못된 것을 말한 것이다. 불우(不遇)하게 되는 사람은 도리(道理)를 모르고 미혹에 집착하여 추(醜)한 것을 배우고 권력만 추구하여 사리에 맞지 않는 행동이 나오므로 갈팡질팡하게 되고 화(禍)가 따른다.

75 殊常易舊 變處爲萌, 福善禍淫 吉凶異兆。

◉ 변화를 알고 통하면 심오한 것을 알게 되고 복(福)은 선(善)하고 화(禍)는 방탕(放蕩)하게 되는데 이것은 吉凶의 징조가 다르기 때문이다.

《子平註》殊常者 知變也, 易舊者 善通也, 變處爲萌者 知其幽微也, 曾遇明師 必通道理者 誠有如易所謂 "苟非其人 道不虛行" 是也。古人爲道者 皓首窮經 專心致志 惟恐失於妙道, 雖行坐服食 未嘗心不在五行之中, 則能知幽妙, 有殊常易舊 變處爲萌 是知大道福善而禍淫, 故君子修身以俟命。

※ 수상(殊常)은 변화를 아는 것이고 이구(易舊)는 잘 통(通)하는 것이

고 변처위맹(變處爲萌)은 심오한 것을 아는 것이다. 일찍 명사(名師)를 만나 반드시 이치에 통하려하는 자는 진실한 것이니 易에서 이른바와 같이 "그런 사람은 함부로 도(道)를 헛되게 행하지 않는다."고 한 것이 맞다. 옛 사람의 道는 머리가 백발이 되어도 경(經)을 궁구하여 오로지 한 마음으로 전심전력으로 몰두하였고 道를 잃을까봐 두려워하였다. 수행 하건 밥을 먹건 마음속에서 오행이 떠나지 않아야 오묘하고 심오한 것을 알 수 있다. 변화를 알고 익숙하게 통하여 심오한 곳에 이르면 복(福)은 선행에 있고 화(禍)는 방종에 있는 것이 대도(大道)라는 것을 알게 된다. 그래서 군자는 몸을 닦고 천명을 기다리는 것이다.

76 至於公明季主 尚無變識之文, 景純仲舒 不載比形之妙。

◉ 공명(公明) 계주(季主)에 이르기까지 변통을 알 수 있는 글이 없었고 경순(景純)과 중서(仲舒)는 형상(形象)의 묘(妙)를 책에 싣지 않았다.

《子平註》易曰 "知變化之道者 其知神之所爲乎." 知進退存亡之道者 其唯聖人乎, 以此究之, 陰陽之道 難終又難窮也。故賦云 管公明董仲舒郭景純司馬季主者 皆王佐之才 博通經史 洞達陰陽 遺文教於後世 可謂賢矣。
※ 易에 이르길 변화의 道를 알면 神이 하는 바를 아는 것이고 진퇴존망(進退存亡)의 道를 알면 성인(聖人)이라고 했다. 이것을 궁구하여 끝에 이르는 것도 어렵지만 궁구하는 것도 어렵다. 그래서 賦에 이르길 관공명(管公明) 동중서(董仲舒) 곽경순(郭景純) 사마계주(司馬季主)는 모두 왕을 보좌(補佐)하는 기재들이었다. 이들은 경사(經史)에 박통(博通)하고 음양에 통달하고 글을 남겨 후세를 가르치므로 현인(賢人)이라고 한다.

관공명(管公明) 삼국의 위(魏)나라 술사.
동중서(董仲舒) 한대(漢代) 사상 철학 정치 교육자.
사마계주(司馬季主) 초(楚)나라 술사.
곽경순(郭景純-곽박(郭璞). 풍수의 비조(鼻祖)로 불리고 고전 명리의 옥조신응진경(玉照神應眞經)을 지었다.

77 詳其往聖　鑒以前賢　或指事以陳謀, 或約文而切理, 多或少剩, 二義難精, 今者參詳得失, 補綴遺蹤, 窺爲心鑑, 永掛清臺, 引列終編, 千希得一。

◉ 옛 성인(聖人)을 자세히 알고 선현(先賢)을 귀감으로 삼아 자세히 말하여 밝히고 사물로 설명하되 이치에 맞게 간략하게 했다. 너무 많거나 거의 없는 두 가지의 뜻을 세밀히 하는 것이 어려웠지만 이제 비로소 득실(得失)을 자세히 연구하여 지난 발자취를 보완 수정하여 마음으로 엿보고 살필 수 있도록 영원히 청대(淸臺)에 걸어 놓도록 인용하고 배열하여 편집하였으니 천(千)에 하나라도 얻기를 바라노라.

《子平註》然則致君澤民, 於當時則不能全身遠害也, 或指事以陳謀, 約文而切理者, 有之矣, 珞碌子萃衆妙之說, 將少者補其詳博 剩者遺其繁蕪, 故雲補綴遺蹤, 窺者所見者小也, 心鑑言自謙, 心有所見甚少也, 引列終編者 是探索前賢往聖 盡善於美之至道也, 得之於心 則永掛清臺, 善用者 千希得一也。

※ 임금에게 충성하고 백성을 잘 다스려도 당시(當時)에는 온 몸에 화(禍)를 면할 수 없기에 추상적(抽象的)인 글로 만족할 수 있도록 묶은 것이다. 락록자는 많은 說을 모아 적은 것은 상세하고 풍부하게 보완하였고 쓸모없는 것은 문장이 장황하여 뺏기 때문에 보완 수정을 하였다고 한 것이다. 규(窺)는 소견이 작다는 것이고 심감(心鑑)은 본인을 겸손히 말한 것이므로 본인의 소견이 아주 적다고 한 것이다. 인열종편자(引列終編者)는 선현을 탐색하여 가장 훌륭하고 심오한 도(道)가 되도록 정성을 다 한 것이다. 마음으로 얻는 것이 바로 영원히 걸어두는 청대(淸臺)와 같은 것이다. 선용(善用)하면 천(千)에 하나라도 얻을 수 있다.

회요명서설(會要命書說)

夫造命書, 先賢已窮盡天地精微之蘊而極矣。自唐李虛中, 一行禪師, 宋徐升東齋, 明王桂、醉醒子諸公, 登覺淵海淵源, 其理雷同, 至矣盡矣, 無非木火土金水之微妙耳。今之後學, 加增旨意口訣, 莫非先賢已發之餘意, 大同小異。今將淵海二書合成一集, 一覽便知。不必尋究二書之旨, 刪繁去簡, 永爲矜式。

명서(命書)를 만든 선현은 이미 천지의 정교(精巧)하고 심오(深奧)한 이치를 끝까지 철저하게 파헤쳐 절정에 이른 것이다. 당대(唐代)의 이허중(李虛中)을 비롯하여 일행선사(一行禪師)가 그랬고 송대(宋代)에는 서승(徐升) 동재(東齋-徐大升) 명대(明代)에는 왕계(王桂) 취성자(醉醒子) 등이 연해(淵海)와 연원(淵源)을 터득하였는데 그 이치가 서로 유사하고 완벽하여 미묘(微妙)하지 않은 木火土金水가 없다. 지금(明代)의 후학이 구결(口訣)의 더했지만 이미 선현이 이미 발표한 것들과 대동소이(大同小異)하다. 이제 연해(淵海)와 연원(淵源) 두 책을 하나로 하여 보기 쉽도록 하였고 두 책의 취지를 따로 탐구할 필요가 없도록 번잡한 것은 제거하여 간단히 하여 내내 모범이 되도록 하였다.